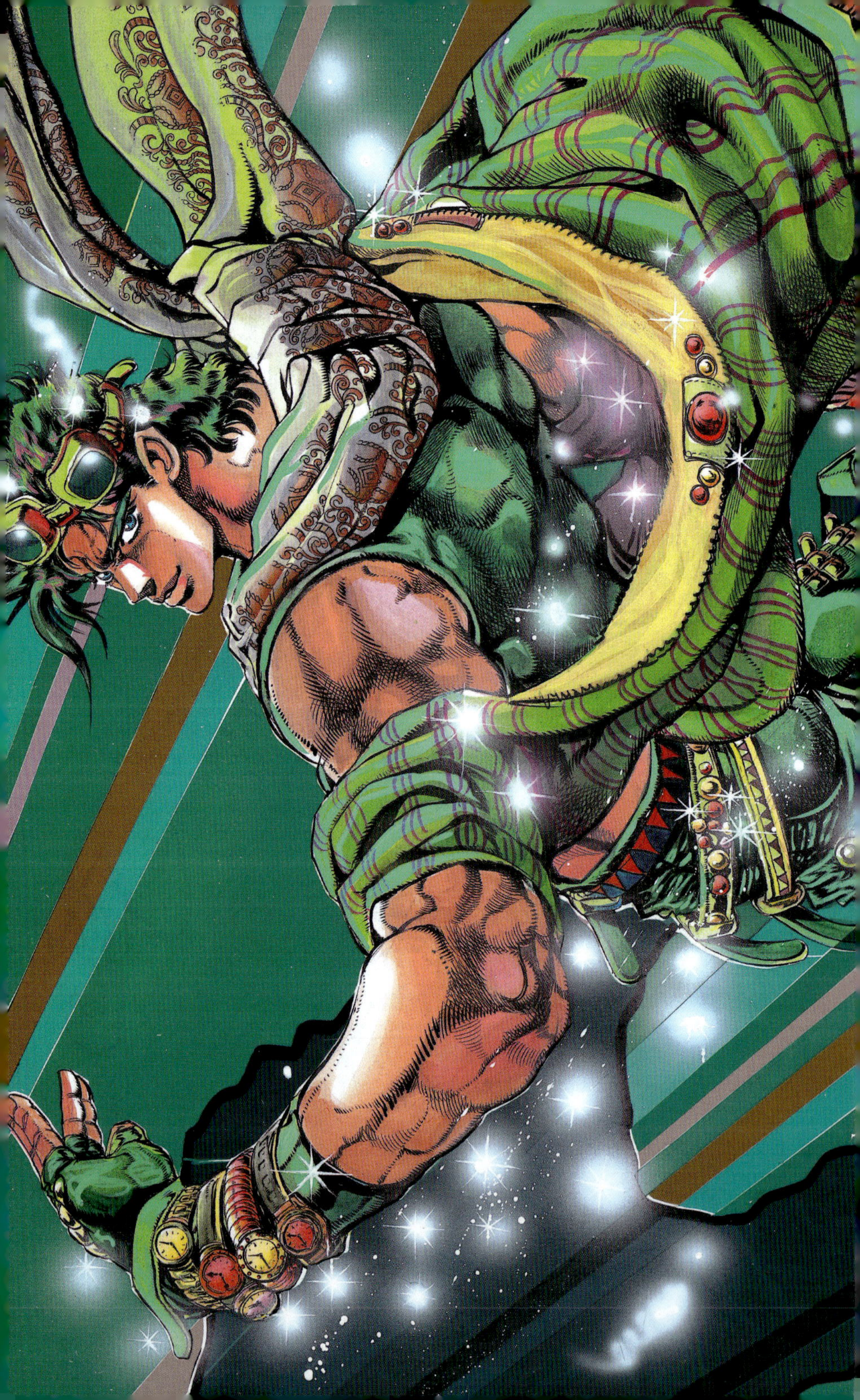

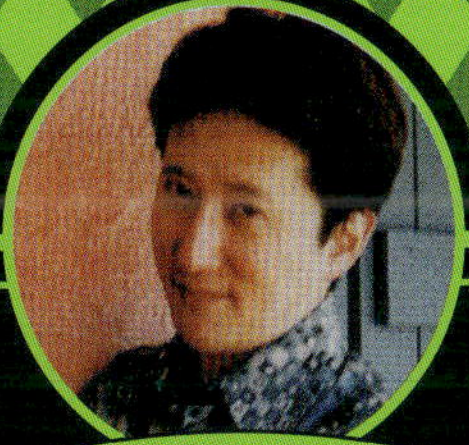

HIROHIKO ARAKI

Araki wurde am 7. Juni 1960 in der Stadt Sendai, Präfektur Miyagi, Japan geboren. Er ist Sternzeichen Zwillinge und hat Blutgruppe B.

1980 nahm er am Nachwuchswettbewerb des Weekly Shonen Jump teil und gewann mit dem One-Shot „Buso Poker“ (Poker Under Arms) den 20. Tezuka-Preis in der 2. Kategorie (die 1. Kategorie war in dem Jahr wie so oft unbesetzt).

In der ersten Ausgabe von Shonen Jump 1981 feierte er dann mit demselben Werk sein Debüt als Mangaka. In Ausgabe 42 des Jahres 1983 startete seine erste Serie „Mashonen Bi Ti“ (COOL SHOCK B.T.). Ab Ausgabe 45 des Jahres 1984 erschien seine zweite Serie „Bao Raihosha“ (Baoh), und ab Doppelausgabe 1/2 des Jahres 1987 schließlich „JoJo no Kimyou na Bouken“ (JoJo's Bizarre Adventure), das schnell eine riesige Fangemeinde um sich scharen konnte. Aktuell veröffentlicht er im Ultra Jump Magazin „JoJo's Bizarre Adventure Part 8: JoJolion“.

JOJO'S BIZARRE ADVENTURE

PART 2

BATTLE TENDENCY

02

JoJo's Bizarre Adventure Part 2

Battle Tendency

02

Inhalt

Joseph Joestar in Rom

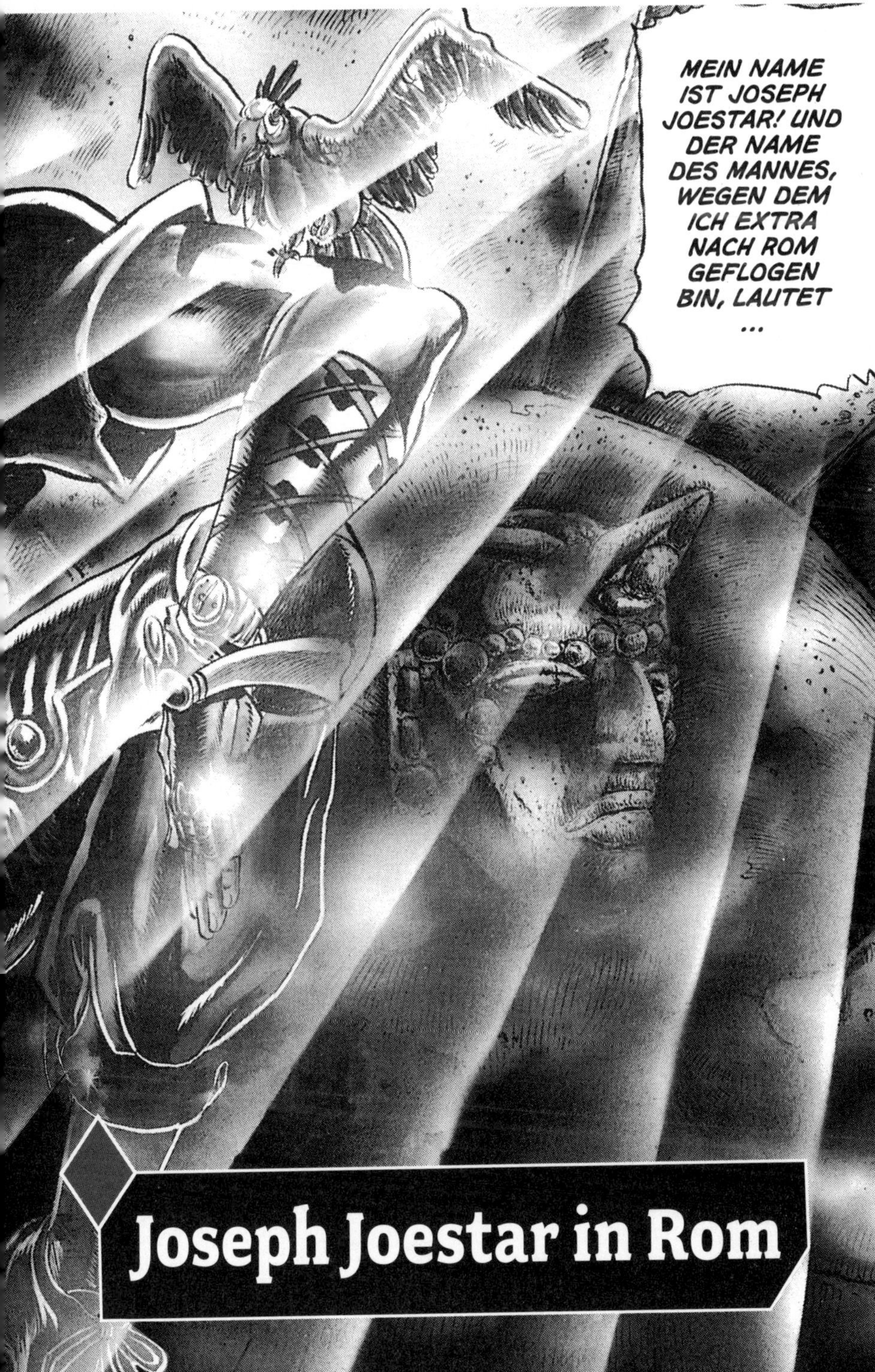

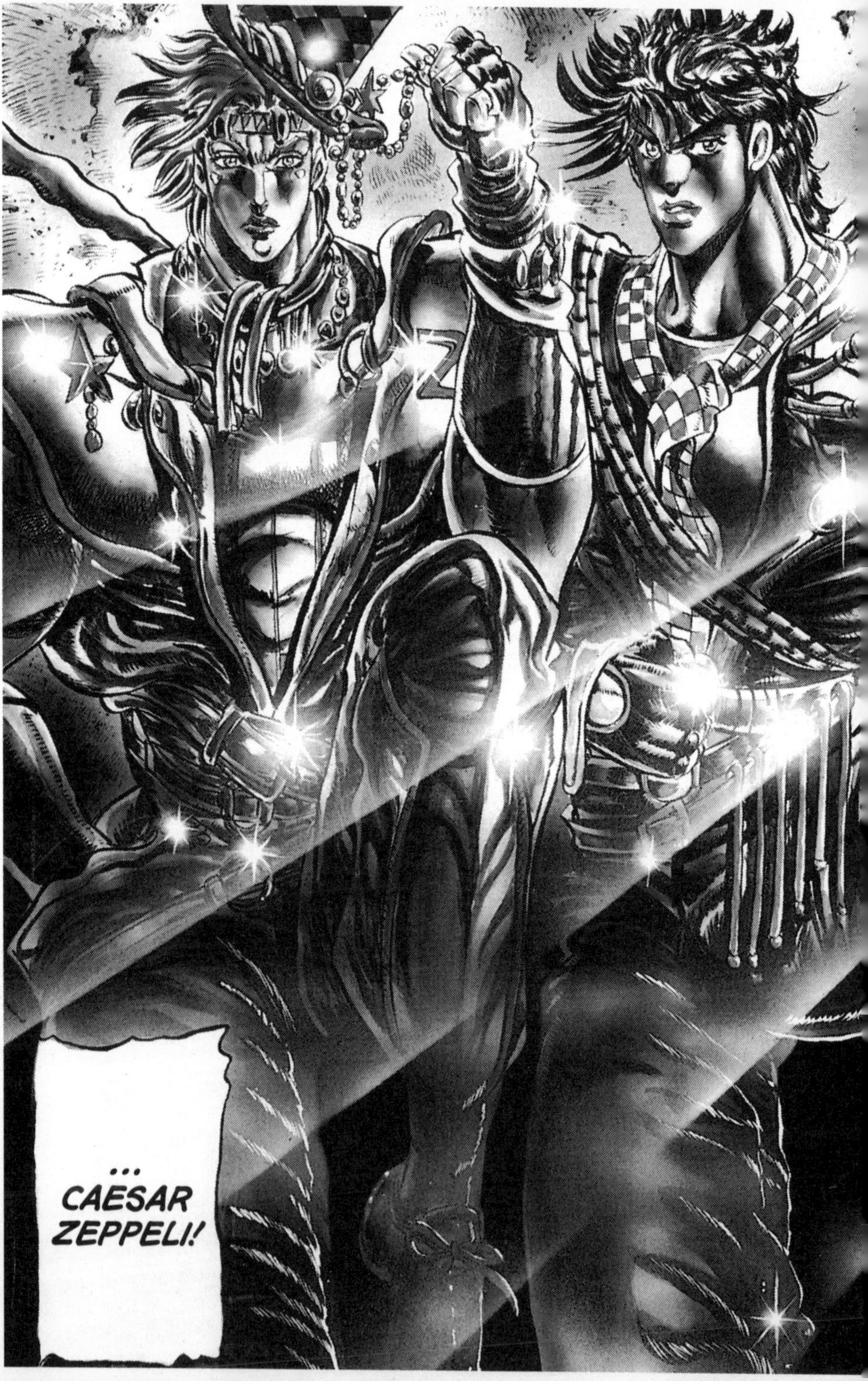
...
CAESAR
ZEPPELI!

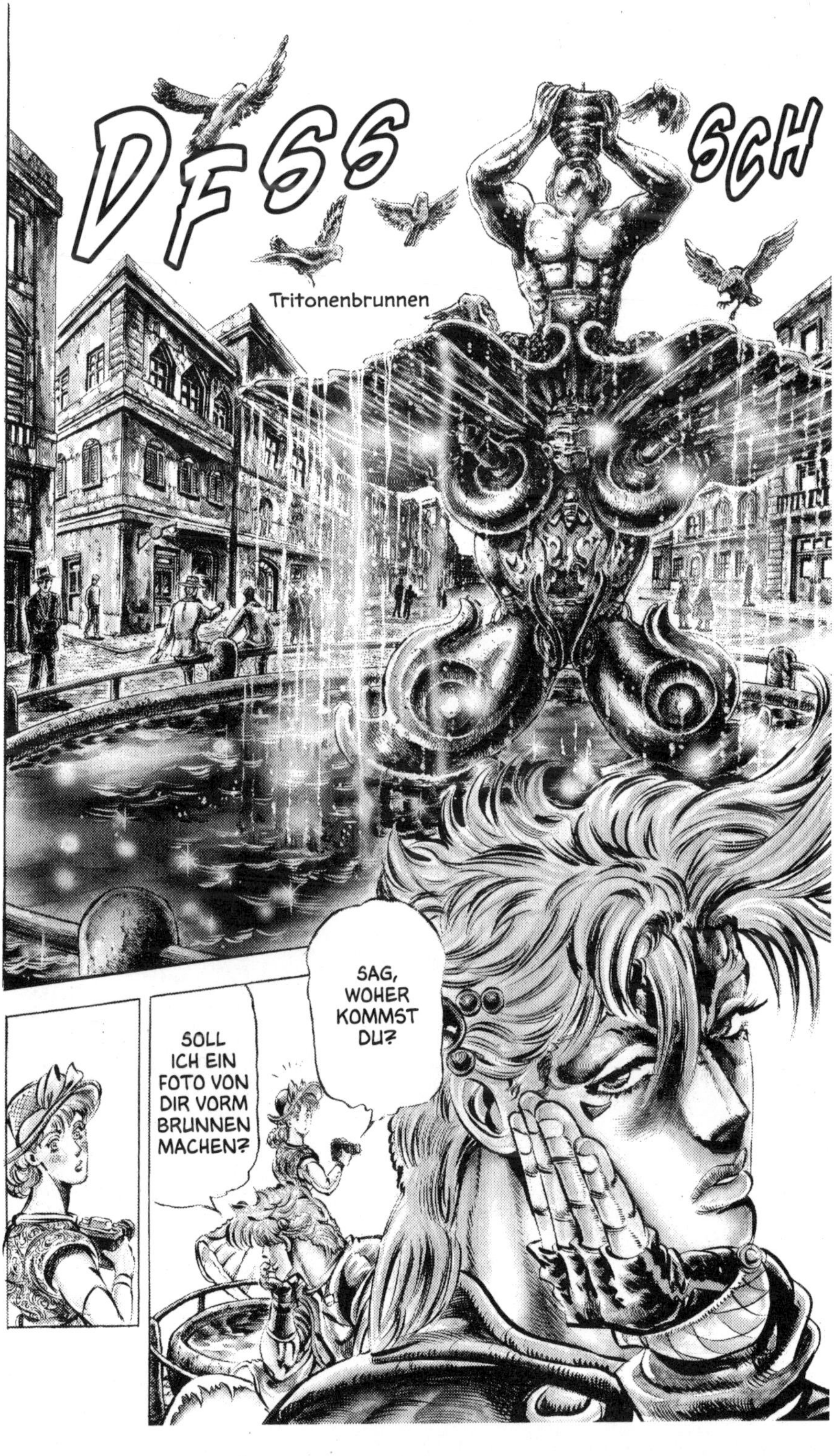
DFSS
SCH
Tritonenbrunnen
SAG, WOHER KOMMST DU?
SOLL ICH EIN FOTO VON DIR VORM BRUNNEN MACHEN?

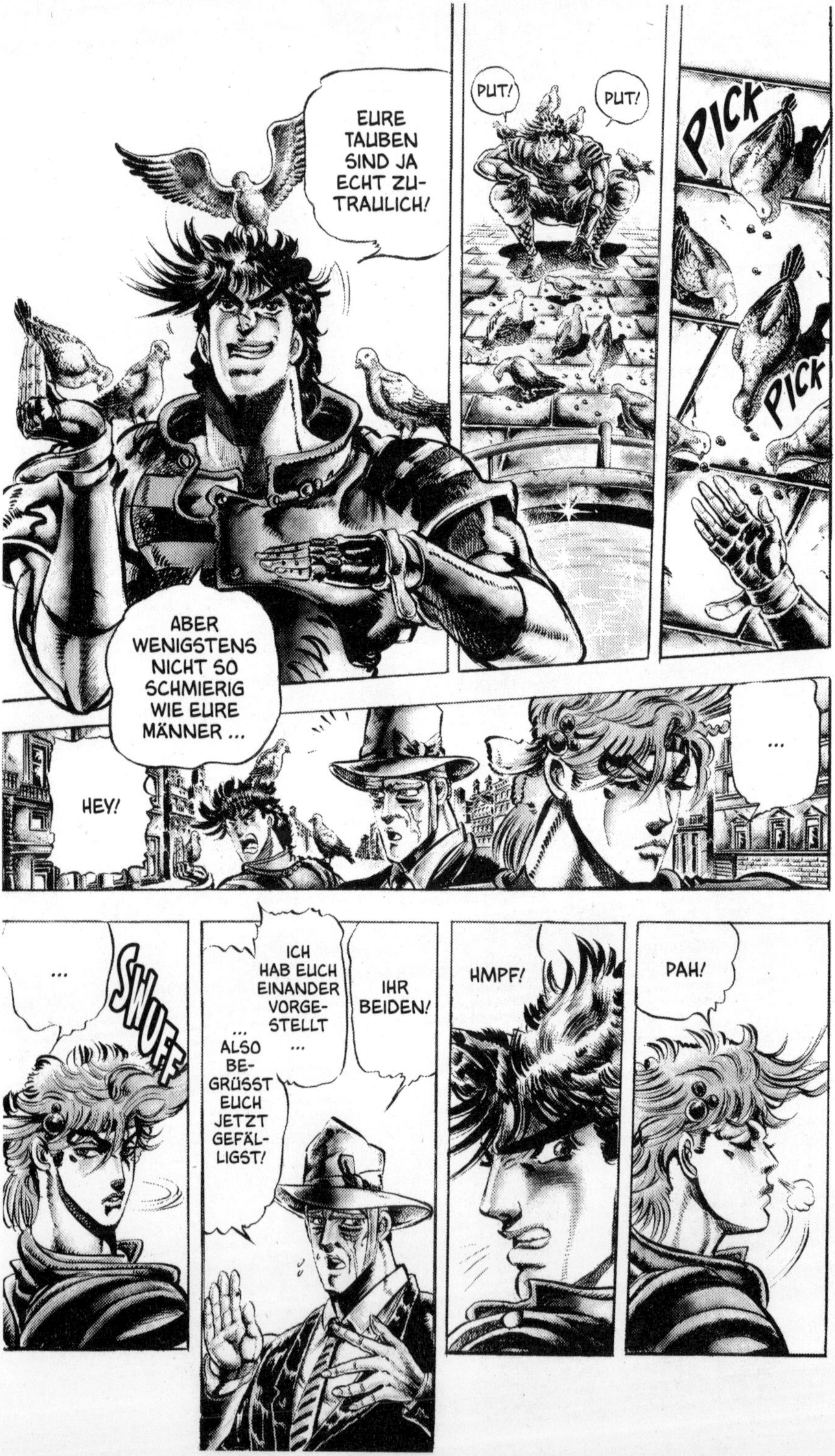
PICK
PICK
PUT!
PUT!
EURE TAUBEN SIND JA ECHT ZUTRAULICH!
ABER WENIGSTENS NICHT SO SCHMIERIG WIE EURE MÄNNER …
…
HEY!
PAH!
HMPF!
IHR BEIDEN!
ICH HAB EUCH EINANDER VORGESTELLT …
… ALSO BEGRÜSST EUCH JETZT GEFÄLLIGST!
…
SWUFF

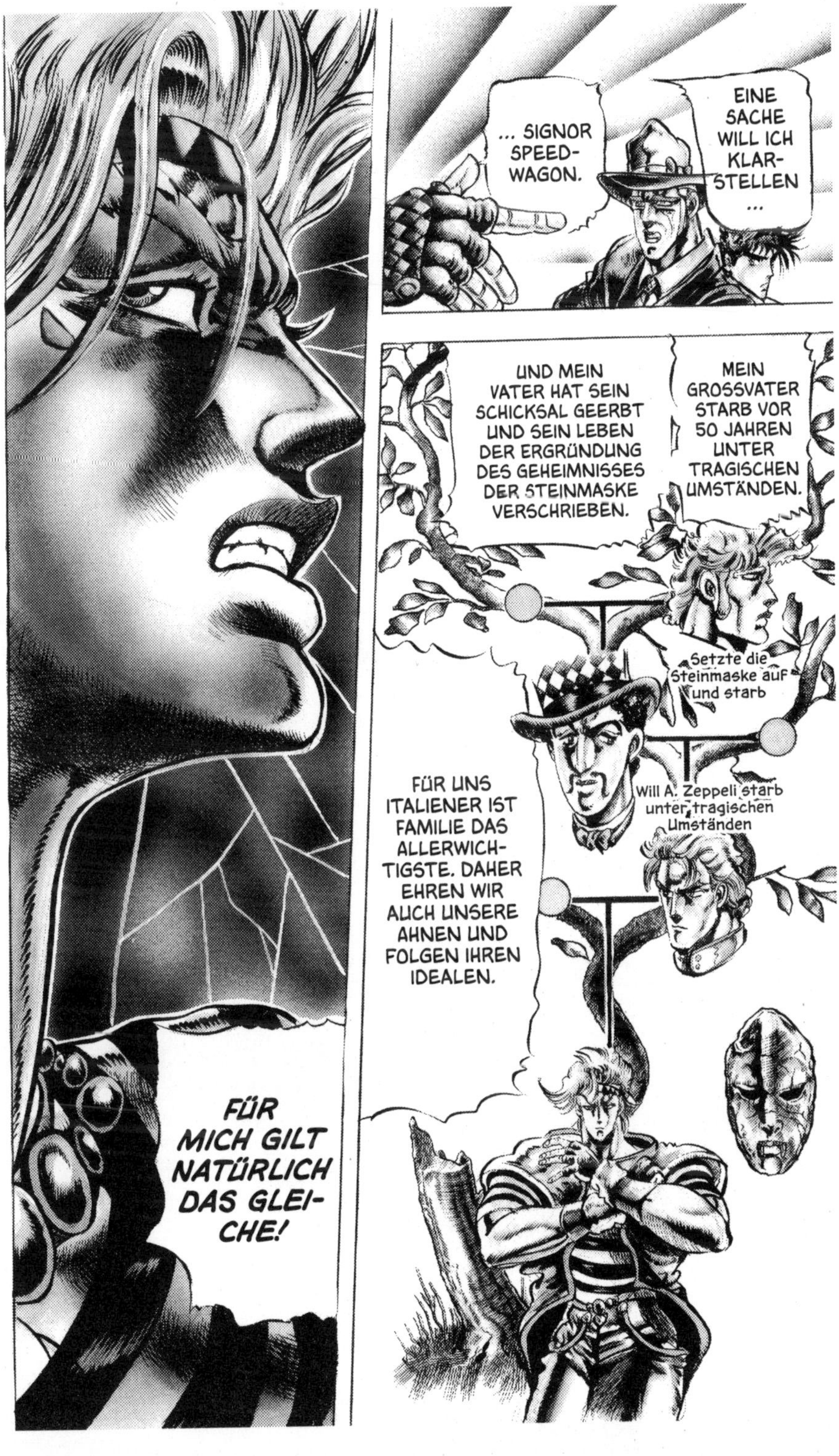

... SIGNOR SPEED-WAGON.
EINE SACHE WILL ICH KLAR-STELLEN ...
MEIN GROSSVATER STARB VOR 50 JAHREN UNTER TRAGISCHEN UMSTÄNDEN.
UND MEIN VATER HAT SEIN SCHICKSAL GEERBT UND SEIN LEBEN DER ERGRÜNDUNG DES GEHEIMNISSES DER STEINMASKE VERSCHRIEBEN.
Setzte die Steinmaske auf und starb
Will A. Zeppeli starb unter tragischen Umständen
FÜR UNS ITALIENER IST FAMILIE DAS ALLERWICH-TIGSTE. DAHER EHREN WIR AUCH UNSERE AHNEN UND FOLGEN IHREN IDEALEN.
FÜR MICH GILT NATÜRLICH DAS GLEI-CHE!

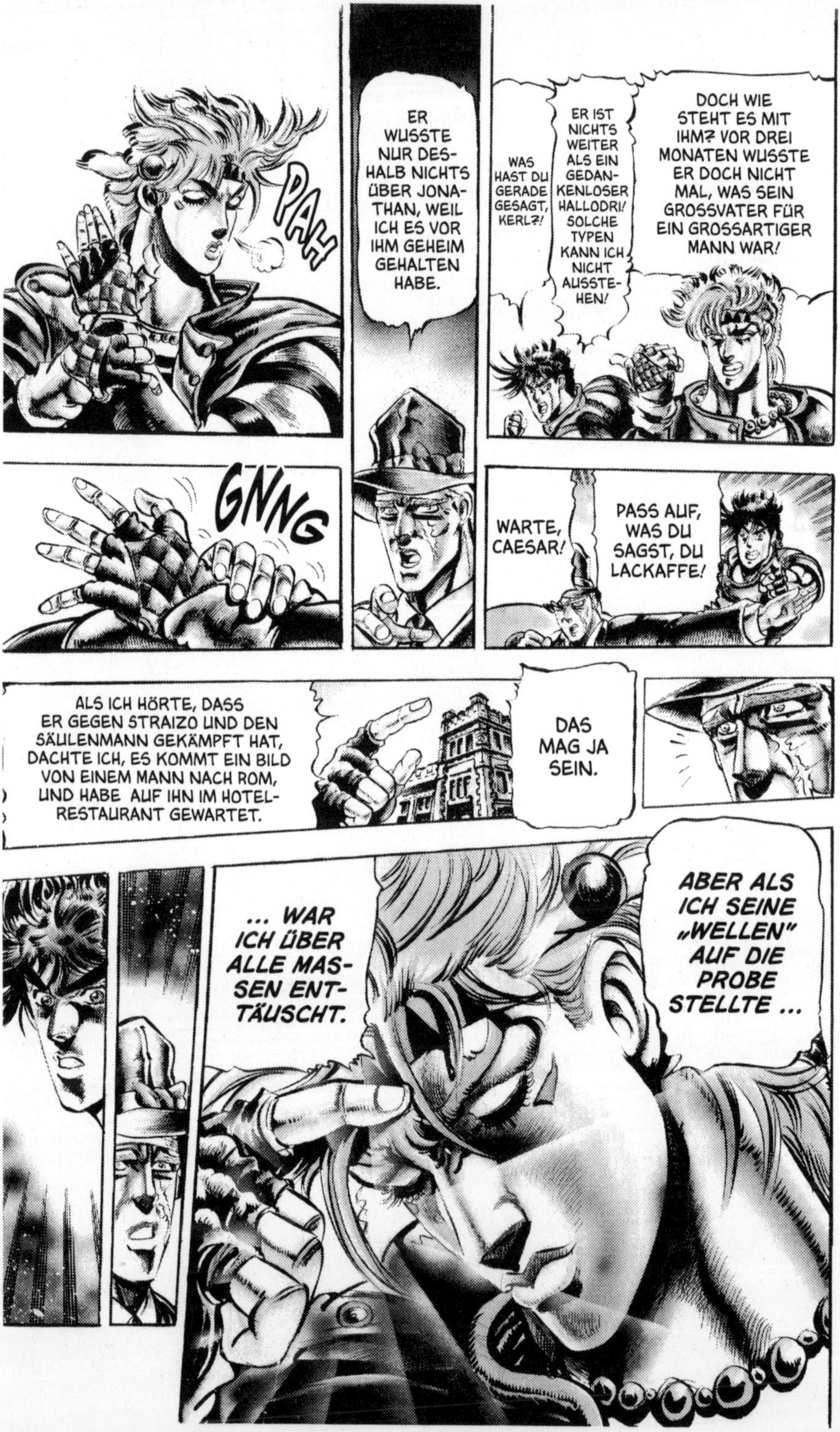

DOCH WIE STEHT ES MIT IHM? VOR DREI MONATEN WUSSTE ER DOCH NICHT MAL, WAS SEIN GROSSVATER FÜR EIN GROSSARTIGER MANN WAR!
ER IST NICHTS WEITER ALS EIN GEDANKENLOSER HALLODRI! SOLCHE TYPEN KANN ICH NICHT AUSSTEHEN!
WAS HAST DU GERADE GESAGT, KERL?!
ER WUSSTE NUR DESHALB NICHTS ÜBER JONATHAN, WEIL ICH ES VOR IHM GEHEIM GEHALTEN HABE.
PAH
PASS AUF, WAS DU SAGST, DU LACKAFFE!
WARTE, CAESAR!
GNNG
DAS MAG JA SEIN.
ALS ICH HÖRTE, DASS ER GEGEN STRAIZO UND DEN SÄULENMANN GEKÄMPFT HAT, DACHTE ICH, ES KOMMT EIN BILD VON EINEM MANN NACH ROM, UND HABE AUF IHN IM HOTELRESTAURANT GEWARTET.
ABER ALS ICH SEINE „WELLEN" AUF DIE PROBE STELLTE …
… WAR ICH ÜBER ALLE MASSEN ENTTÄUSCHT.

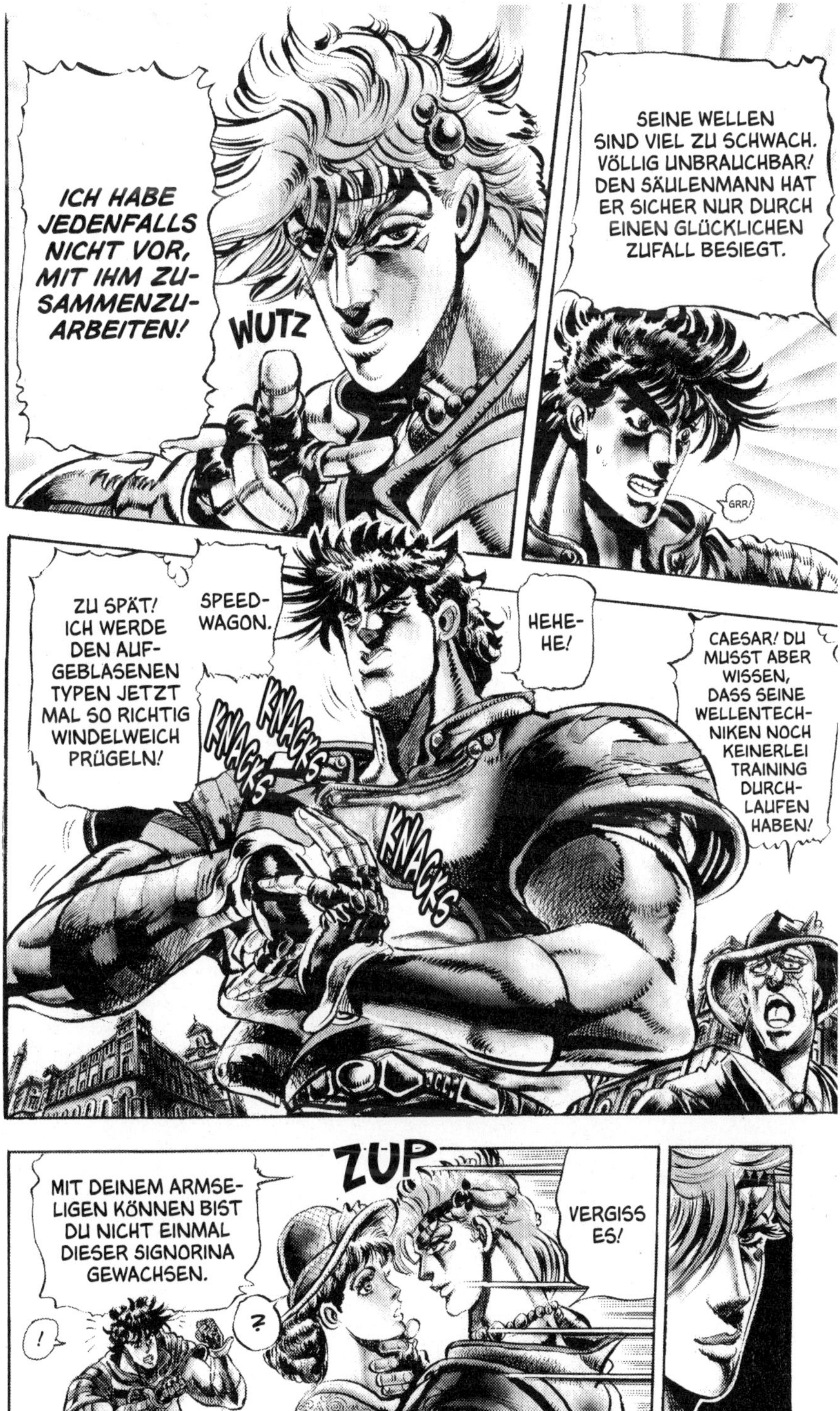
SEINE WELLEN SIND VIEL ZU SCHWACH. VÖLLIG UNBRAUCHBAR! DEN SÄULENMANN HAT ER SICHER NUR DURCH EINEN GLÜCKLICHEN ZUFALL BESIEGT.
GRR!
ICH HABE JEDENFALLS NICHT VOR, MIT IHM ZUSAMMENZUARBEITEN!
WUTZ
CAESAR! DU MUSST ABER WISSEN, DASS SEINE WELLENTECHNIKEN NOCH KEINERLEI TRAINING DURCHLAUFEN HABEN!
HEHEHE!
SPEEDWAGON.
ZU SPÄT! ICH WERDE DEN AUFGEBLASENEN TYPEN JETZT MAL SO RICHTIG WINDELWEICH PRÜGELN!
KNACKS
KNACKS
KNACKS
VERGISS ES!
ZUP
MIT DEINEM ARMSELIGEN KÖNNEN BIST DU NICHT EINMAL DIESER SIGNORINA GEWACHSEN.
?
!

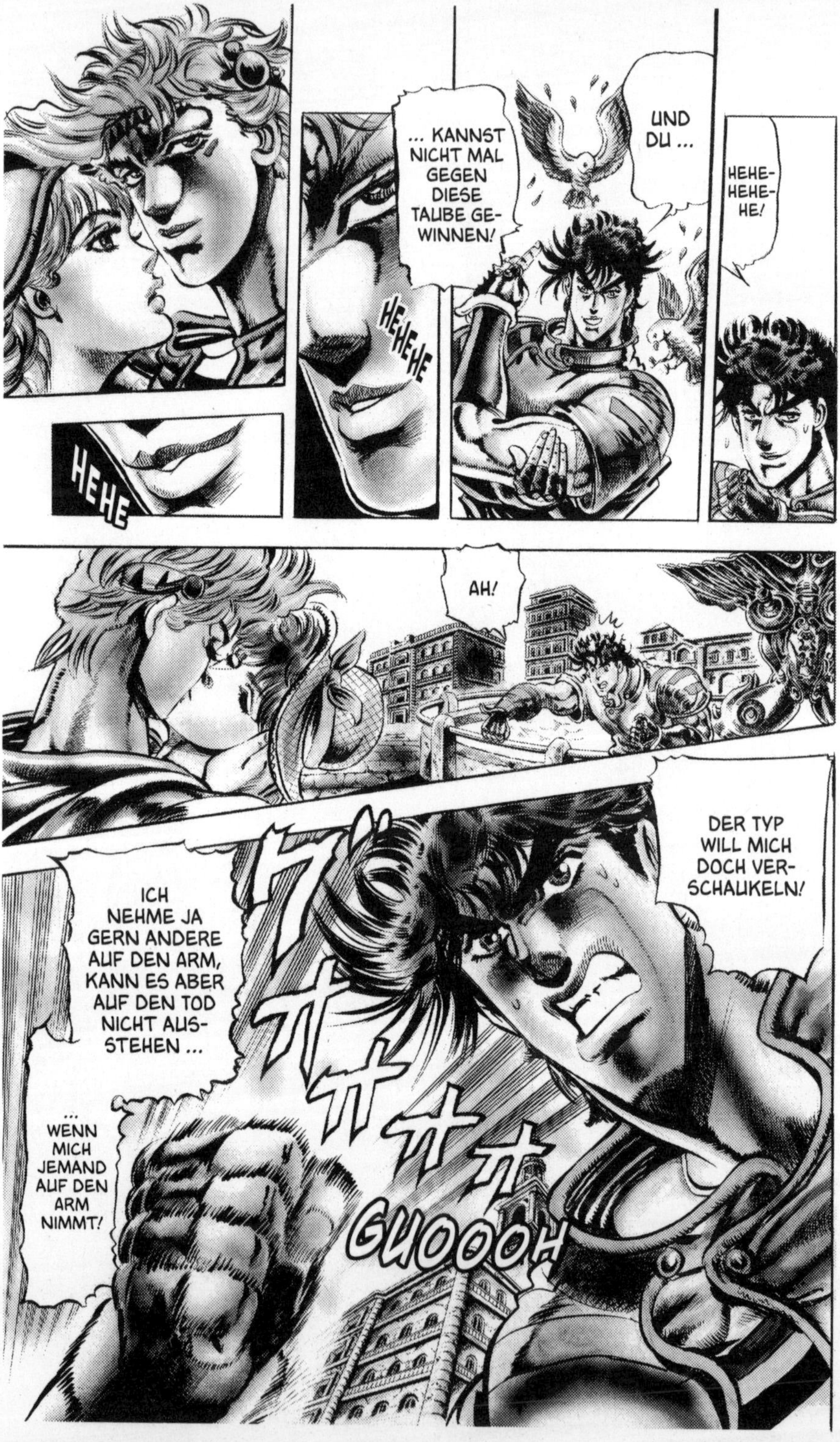
HEHE-
HEHE-
HE!
UND
DU ...
... KANNST
NICHT MAL
GEGEN
DIESE
TAUBE GE-
WINNEN!
HEHEHE
HEHE
AH!
DER TYP
WILL MICH
DOCH VER-
SCHAUKELN!
ICH
NEHME JA
GERN ANDERE
AUF DEN ARM,
KANN ES ABER
AUF DEN TOD
NICHT AUS-
STEHEN ...
...
WENN
MICH
JEMAND
AUF DEN
ARM
NIMMT!
GUOOOH

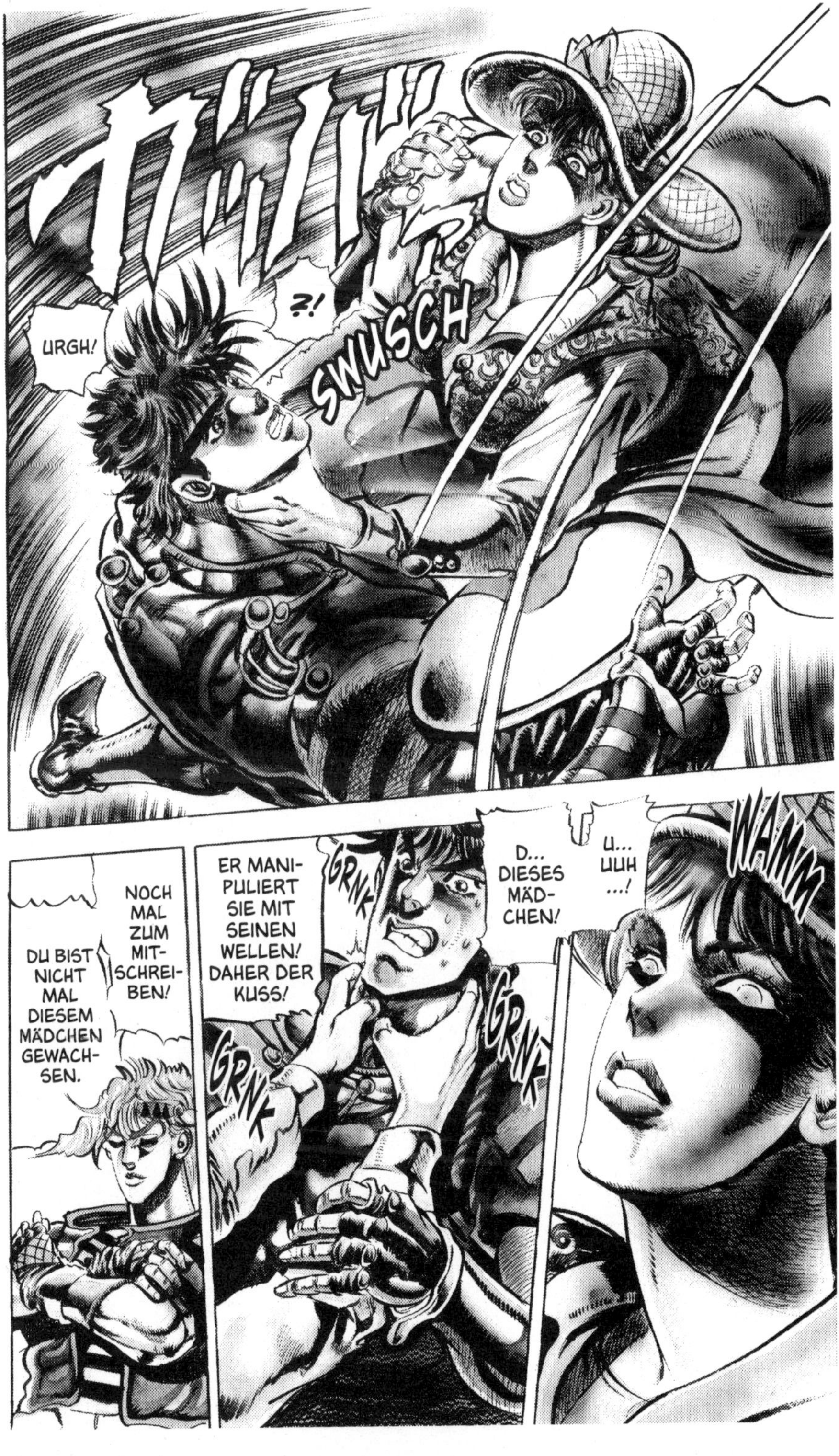
SWUSCH
?!
URGH!
WAMM
U... UUH ...!
D... DIESES MÄDCHEN!
ER MANIPULIERT SIE MIT SEINEN WELLEN! DAHER DER KUSS!
GRNK
GRNK
GRNK
NOCH MAL ZUM MITSCHREIBEN!
DU BIST NICHT MAL DIESEM MÄDCHEN GEWACHSEN.

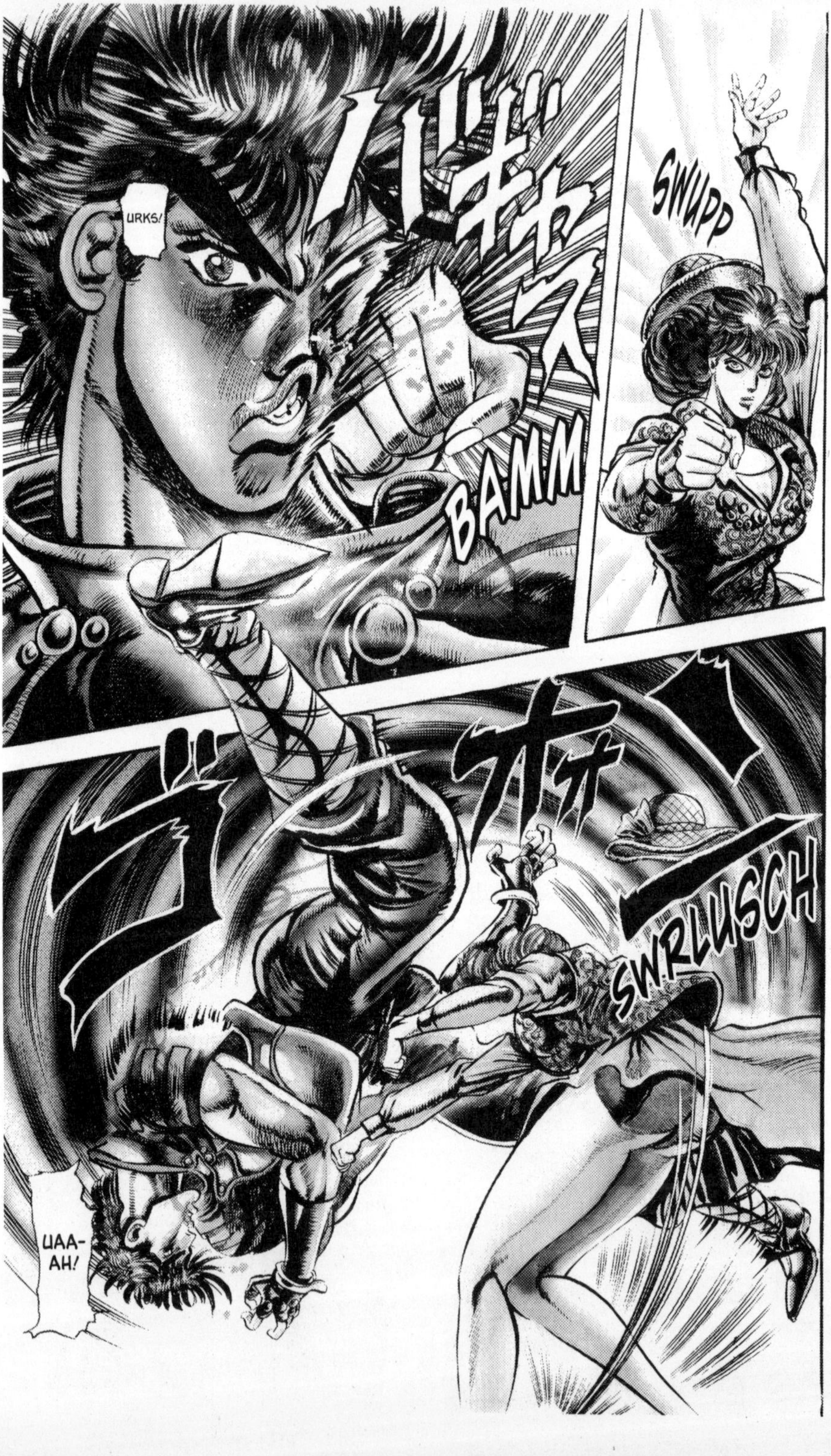
SWUPP
URKS!
BAMM
SWRLUSCH
UAA-AH!

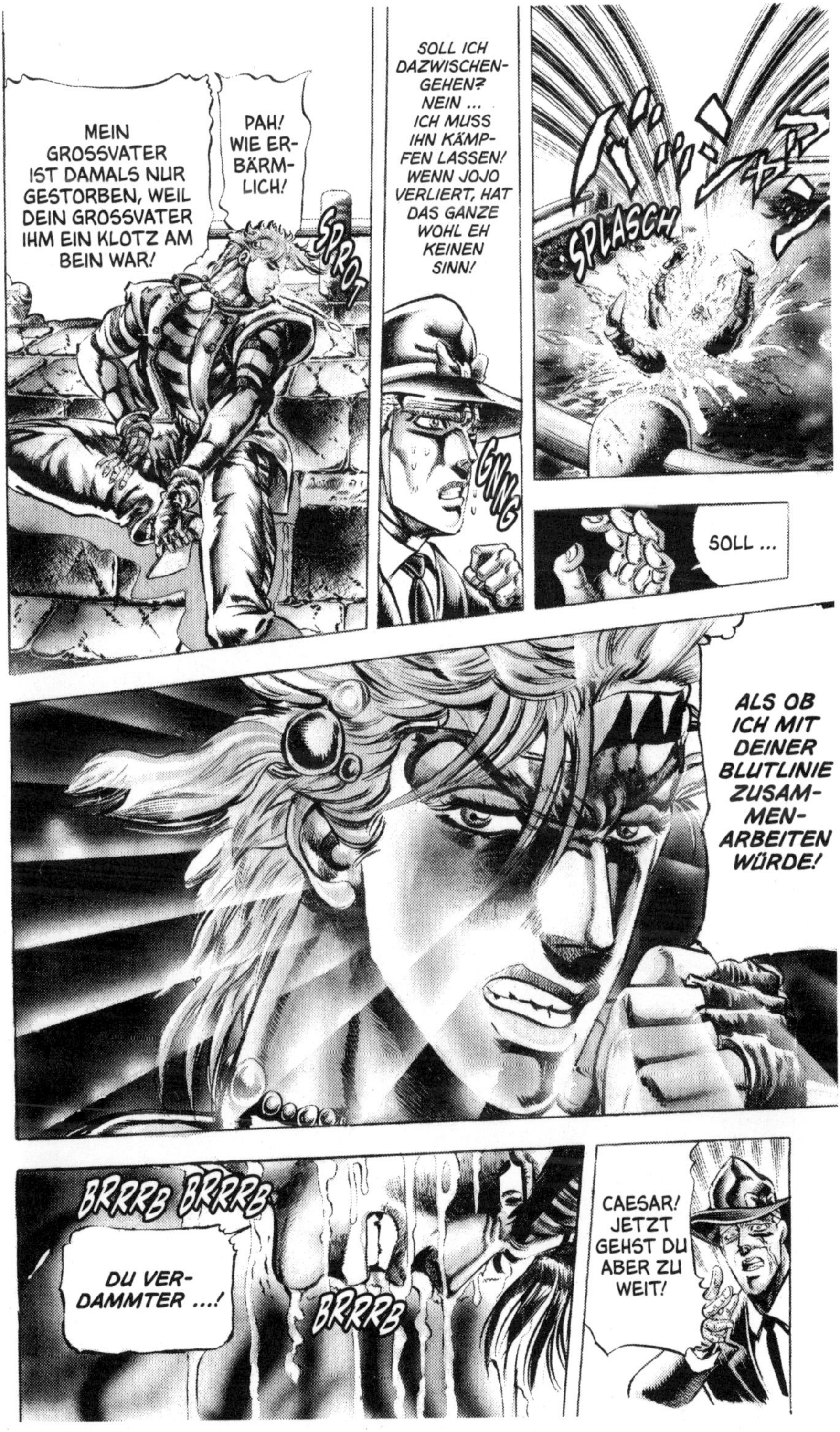
MEIN GROSSVATER IST DAMALS NUR GESTORBEN, WEIL DEIN GROSSVATER IHM EIN KLOTZ AM BEIN WAR!
PAH! WIE ERBÄRMLICH!
SPROT
SOLL ICH DAZWISCHENGEHEN? NEIN ... ICH MUSS IHN KÄMPFEN LASSEN! WENN JOJO VERLIERT, HAT DAS GANZE WOHL EH KEINEN SINN!
GNNG
SPLASCH
SOLL ...
ALS OB ICH MIT DEINER BLUTLINIE ZUSAMMENARBEITEN WÜRDE!
BRRRB BRRRB
DU VERDAMMTER ...!
BRRRB
CAESAR! JETZT GEHST DU ABER ZU WEIT!

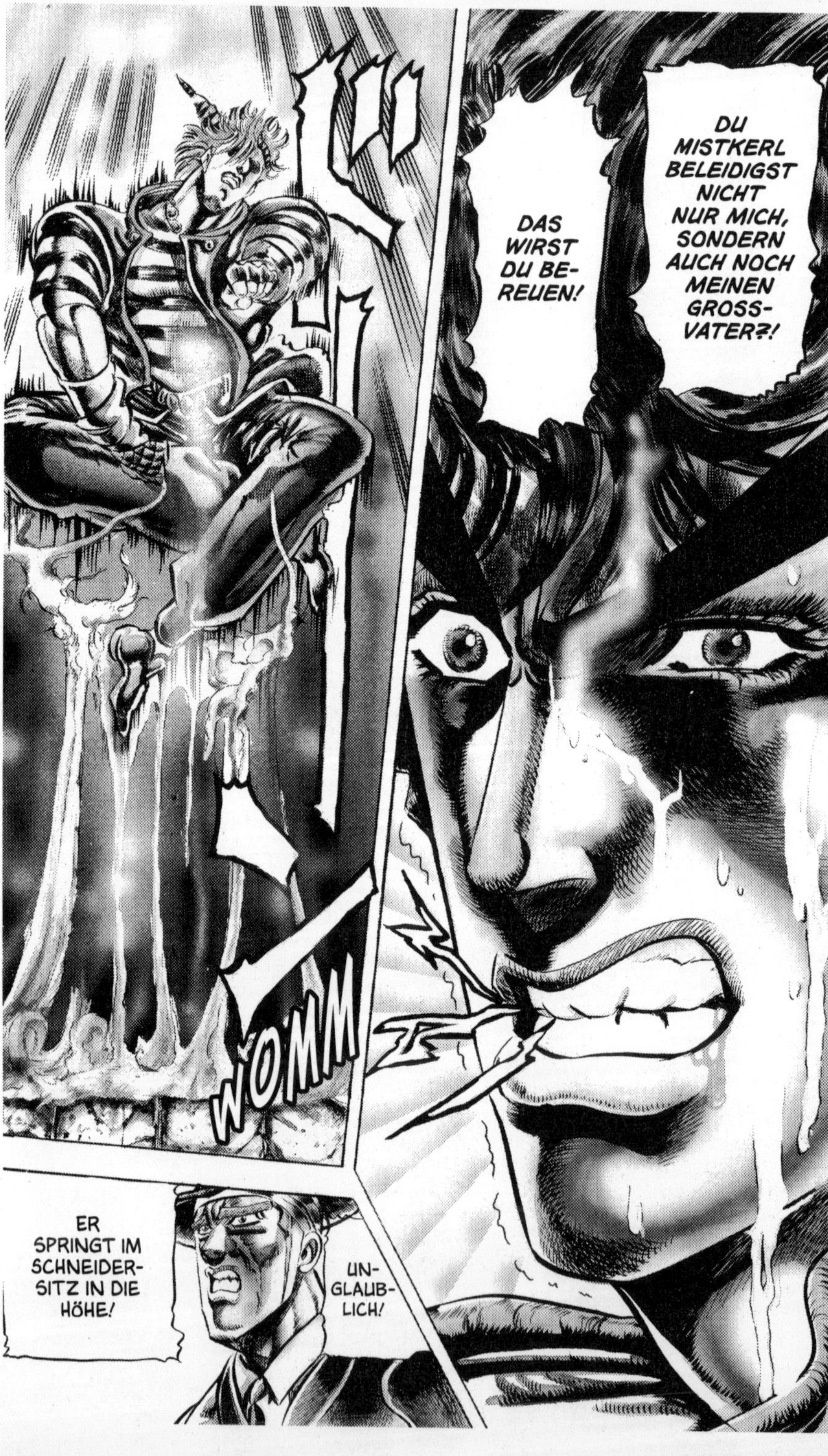
DU MISTKERL BELEIDIGST NICHT NUR MICH, SONDERN AUCH NOCH MEINEN GROSS-VATER?!
DAS WIRST DU BE-REUEN!
WOMM
UN-GLAUB-LICH!
ER SPRINGT IM SCHNEIDER-SITZ IN DIE HÖHE!

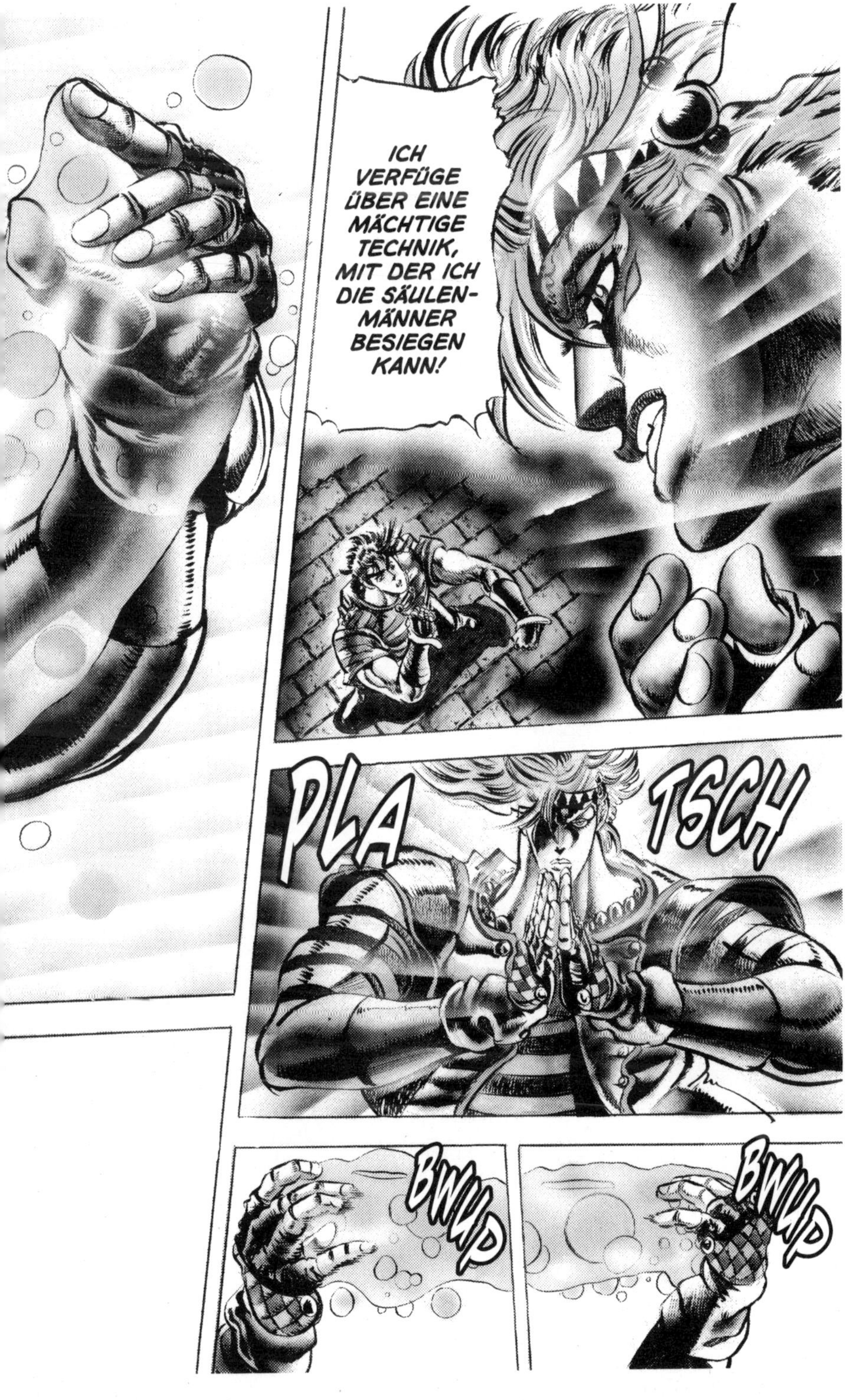
ICH VERFÜGE ÜBER EINE MÄCHTIGE TECHNIK, MIT DER ICH DIE SÄULEN-MÄNNER BESIEGEN KANN!
PLA TSCH
BWUP
BWUP

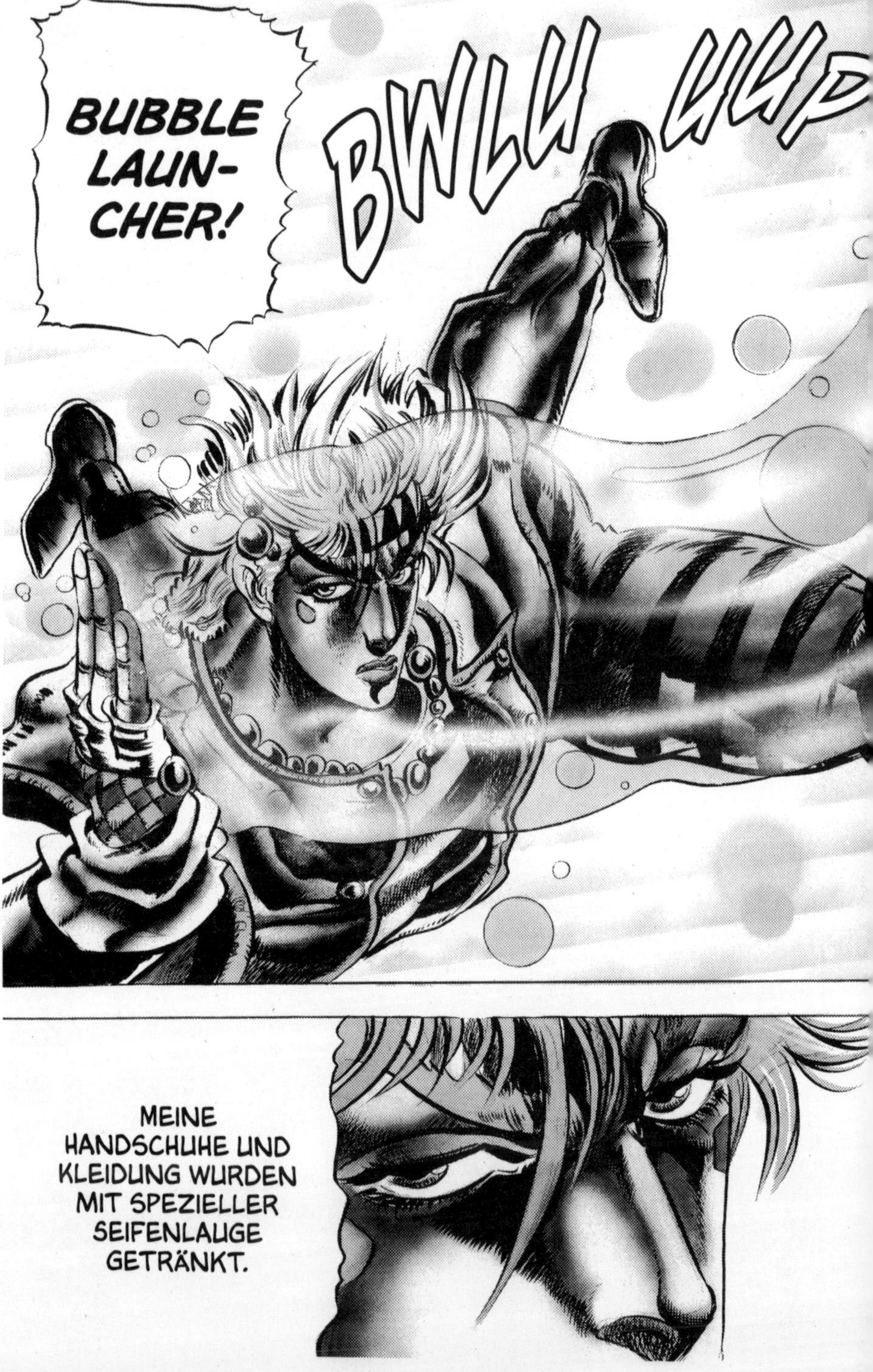
BUBBLE LAUN-CHER!
BWLU UUP
MEINE HANDSCHUHE UND KLEIDUNG WURDEN MIT SPEZIELLER SEIFENLAUGE GETRÄNKT.

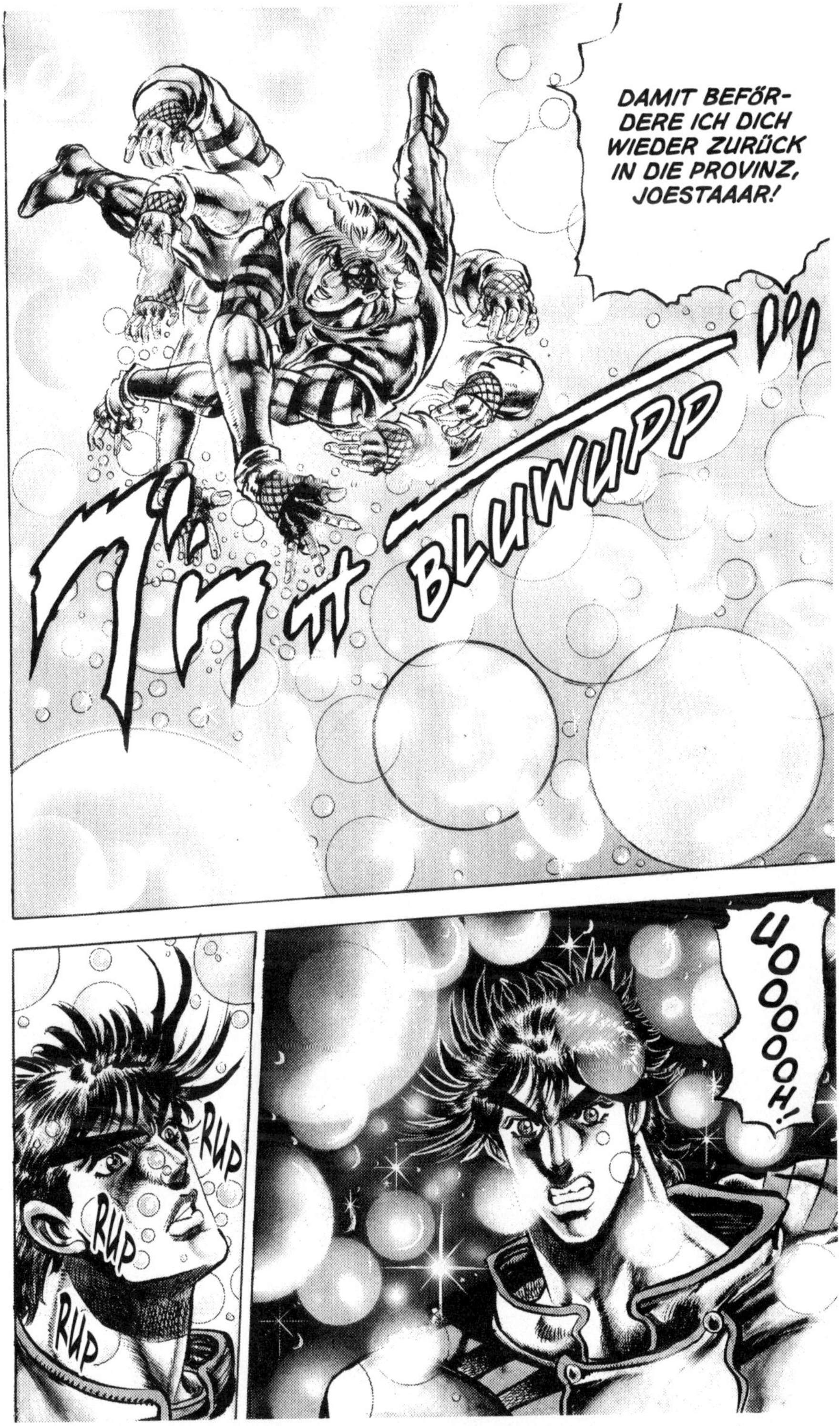
DAMIT BEFÖR-
DERE ICH DICH
WIEDER ZURÜCK
IN DIE PROVINZ,
JOESTAAAR!
BLUWUPP
UOOOOOOH!
RUP
RUP
RUP

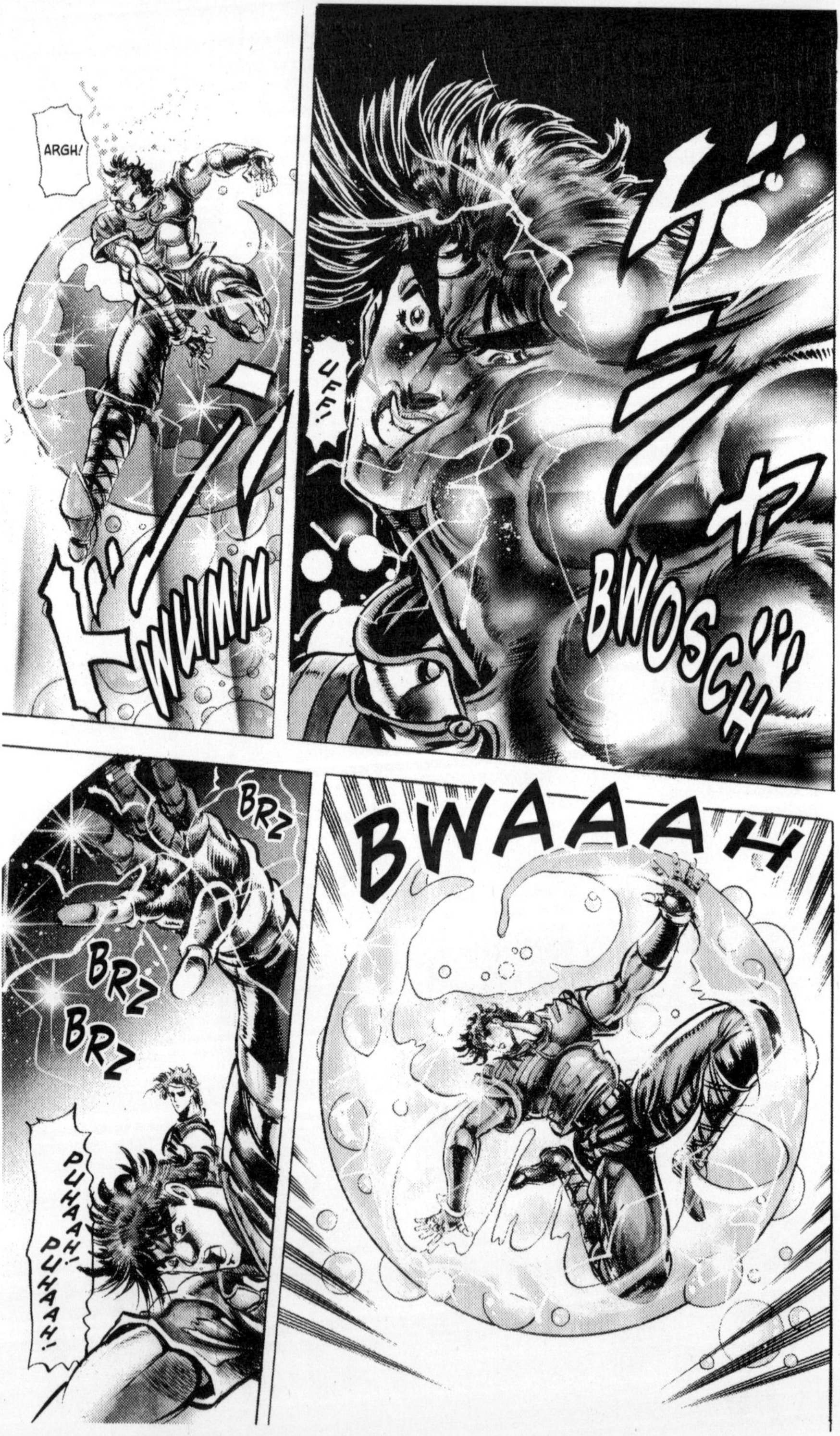

UFF!
BWOSCH
ARGH!
WUMM
BWAAAH
BRZ
BRZ
BRZ
PUHAAAH! PUHAAAH!

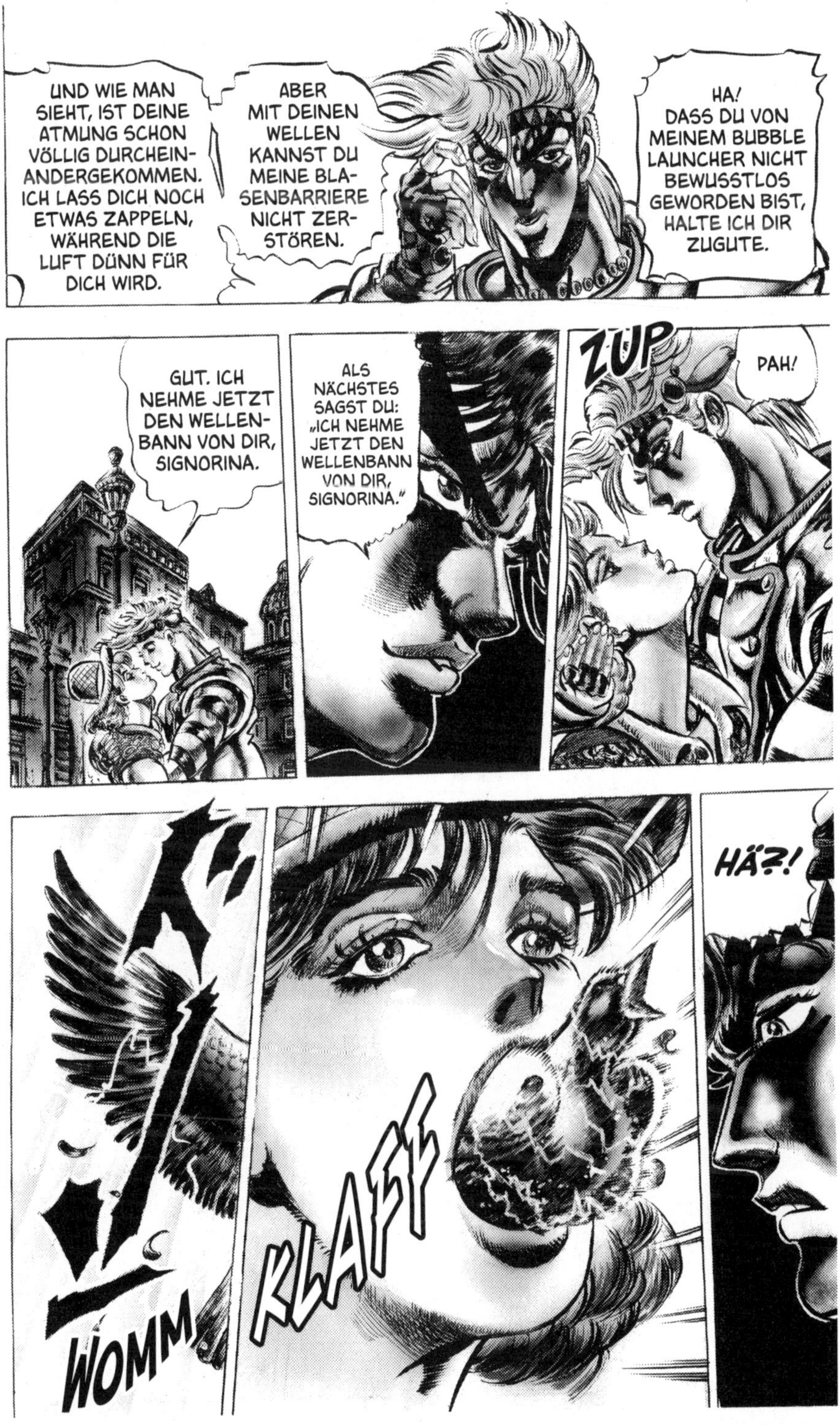

UND WIE MAN SIEHT, IST DEINE ATMUNG SCHON VÖLLIG DURCHEIN-ANDERGEKOMMEN. ICH LASS DICH NOCH ETWAS ZAPPELN, WÄHREND DIE LUFT DÜNN FÜR DICH WIRD.
ABER MIT DEINEN WELLEN KANNST DU MEINE BLA-SENBARRIERE NICHT ZER-STÖREN.
HA! DASS DU VON MEINEM BUBBLE LAUNCHER NICHT BEWUSSTLOS GEWORDEN BIST, HALTE ICH DIR ZUGUTE.
GUT. ICH NEHME JETZT DEN WELLEN-BANN VON DIR, SIGNORINA.
ALS NÄCHSTES SAGST DU: „ICH NEHME JETZT DEN WELLENBANN VON DIR, SIGNORINA."
ZUP
PAH!
WOMM
KLAFF
HÄ?!

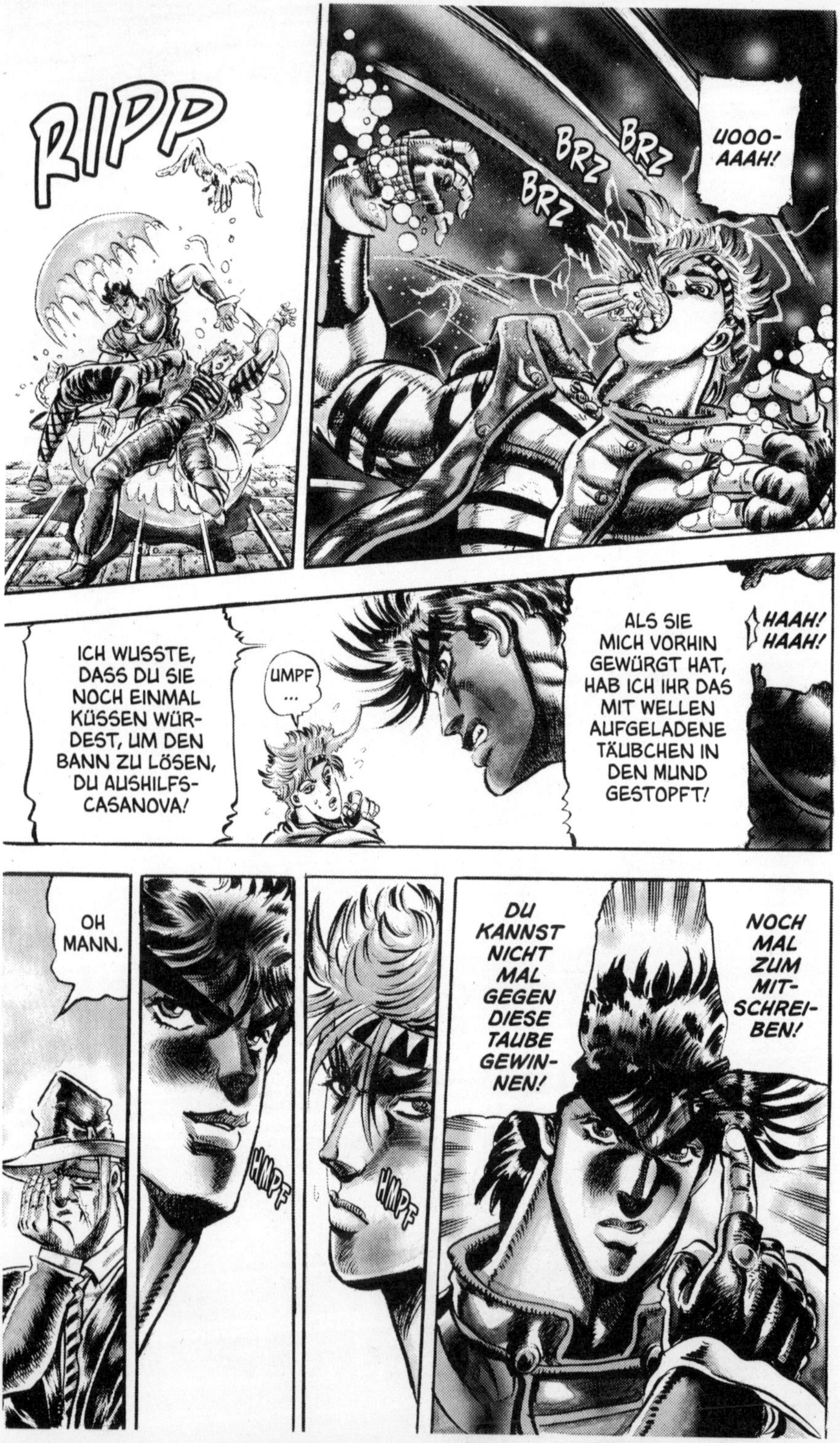
UOOO-AAAH!
BRZ BRZ BRZ
RIPP
HAAH! HAAH!
ALS SIE MICH VORHIN GEWÜRGT HAT, HAB ICH IHR DAS MIT WELLEN AUFGELADENE TÄUBCHEN IN DEN MUND GESTOPFT!
UMPF ...
ICH WUSSTE, DASS DU SIE NOCH EINMAL KÜSSEN WÜRDEST, UM DEN BANN ZU LÖSEN, DU AUSHILFS-CASANOVA!
NOCH MAL ZUM MIT-SCHREIBEN!
DU KANNST NICHT MAL GEGEN DIESE TAUBE GEWINNEN!
HMPF
HMPF
OH MANN.

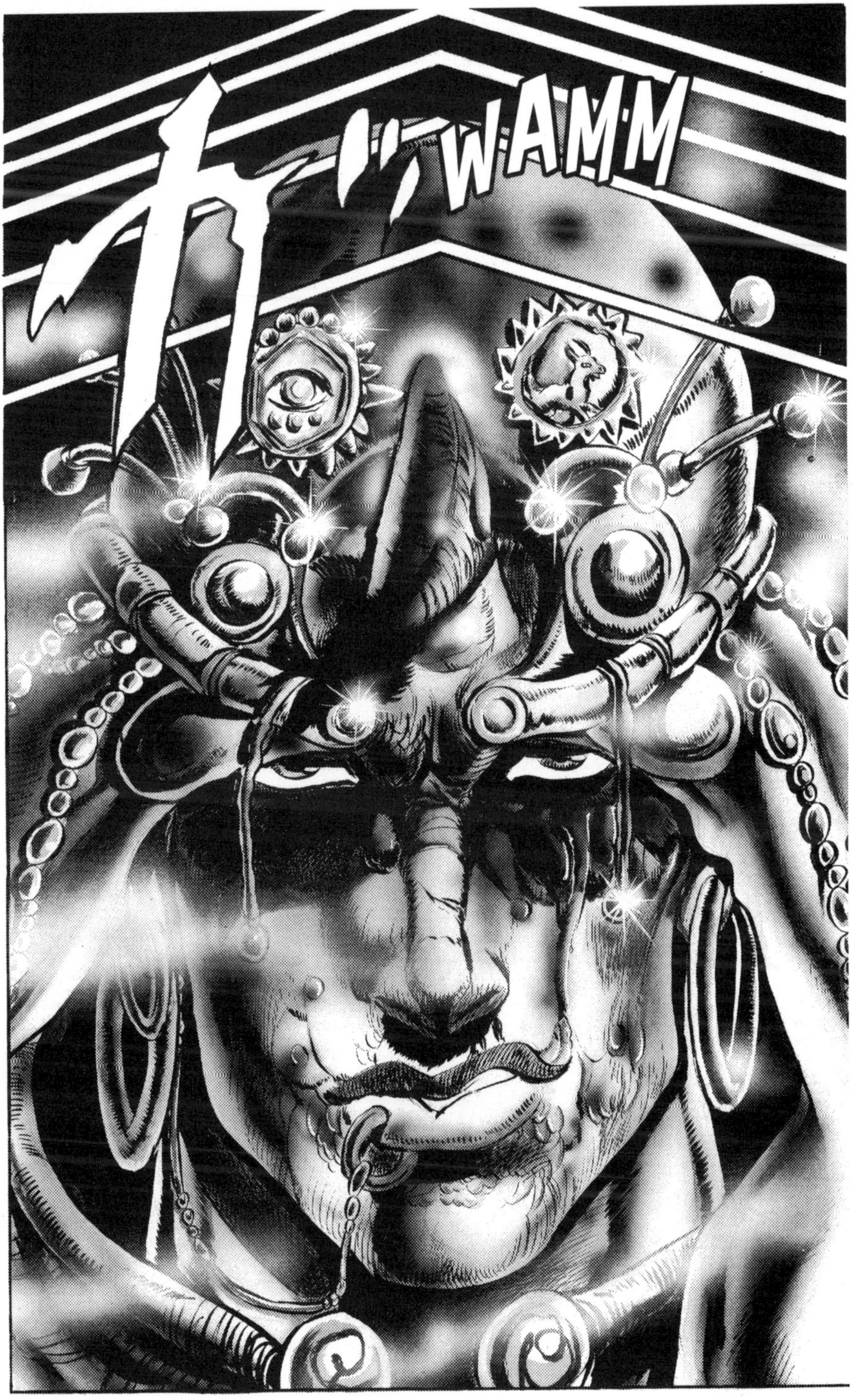
WAMM

JOJO'S BIZARRE ADVENTURE PART 2

BATTLE TENDENCY

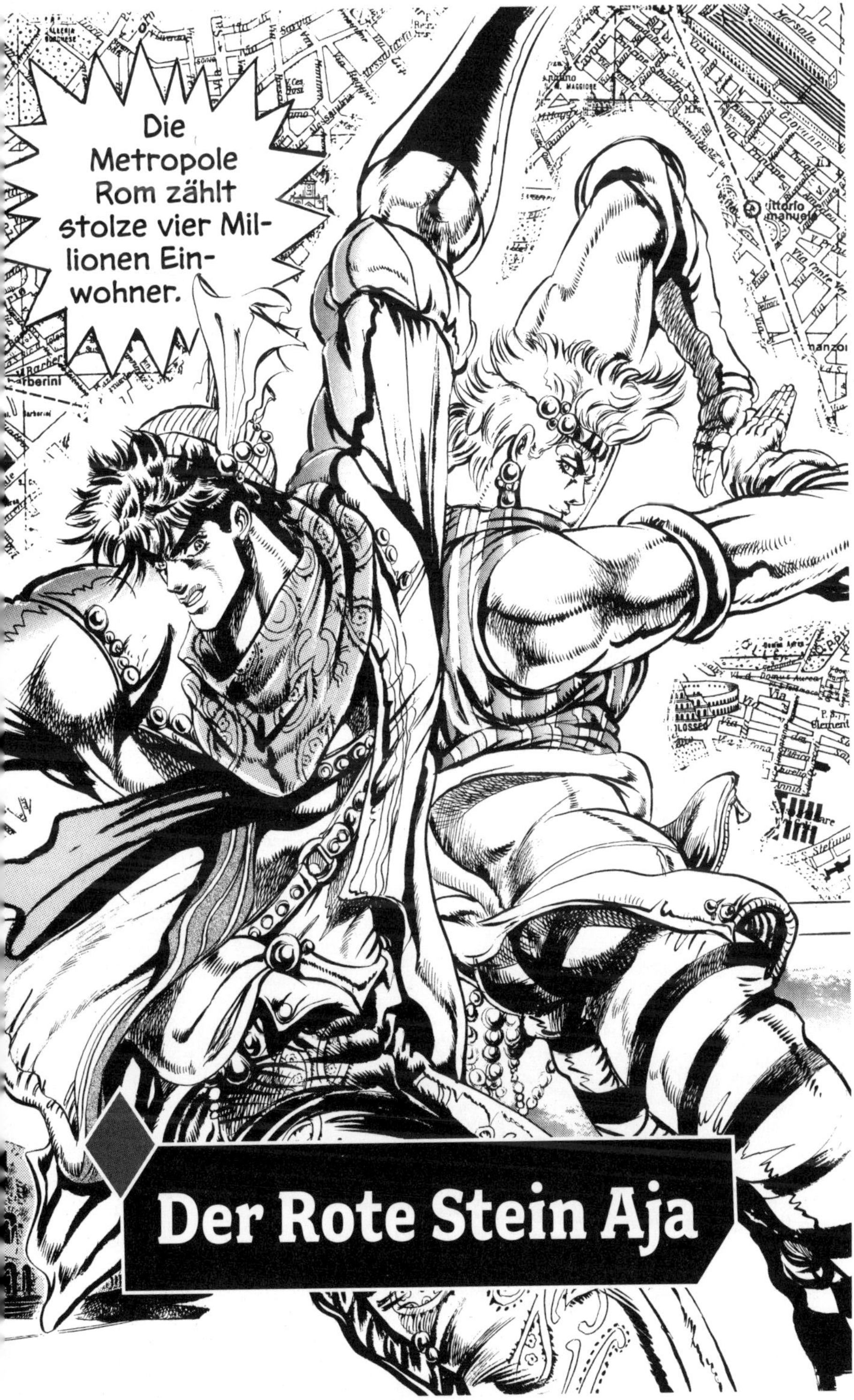

Der Rote Stein Aja

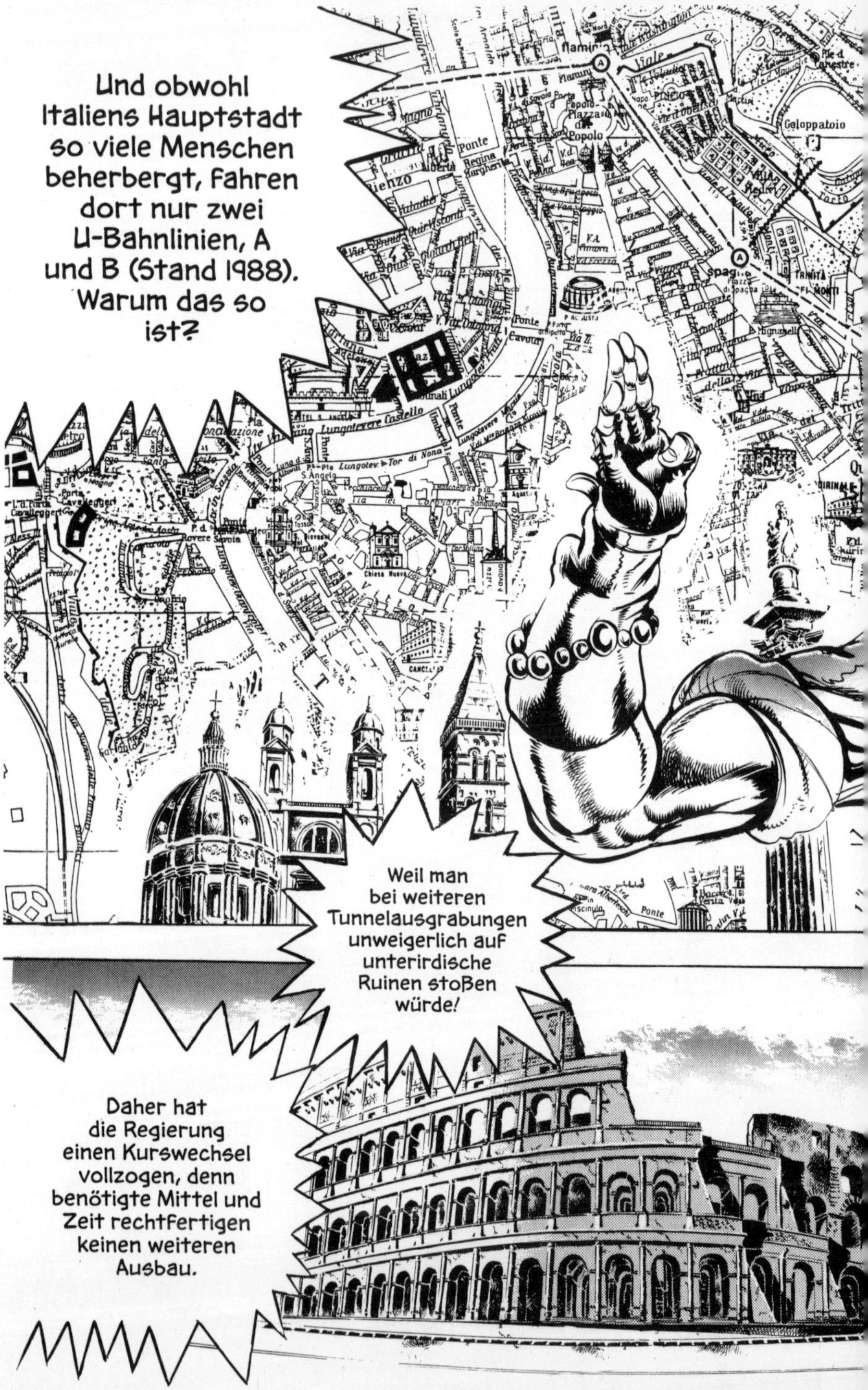
Und obwohl Italiens Hauptstadt so viele Menschen beherbergt, fahren dort nur zwei U-Bahnlinien, A und B (Stand 1988). Warum das so ist?
Weil man bei weiteren Tunnelausgrabungen unweigerlich auf unterirdische Ruinen stoßen würde!
Daher hat die Regierung einen Kurswechsel vollzogen, denn benötigte Mittel und Zeit rechtfertigen keinen weiteren Ausbau.

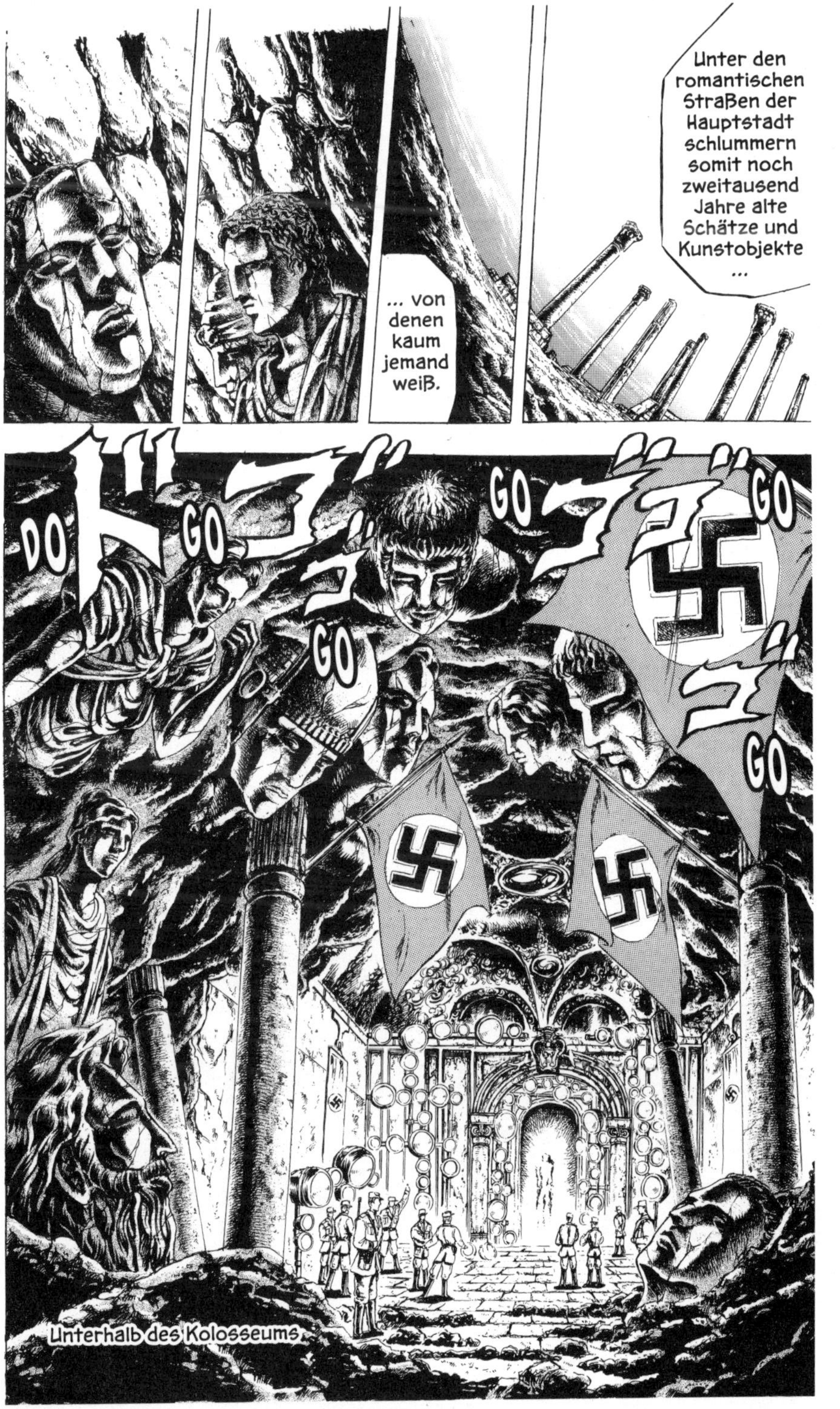
Unter den romantischen Straßen der Hauptstadt schlummern somit noch zweitausend Jahre alte Schätze und Kunstobjekte ...
... von denen kaum jemand weiß.
DO GO GO GO GO GO
Unterhalb des Kolosseums

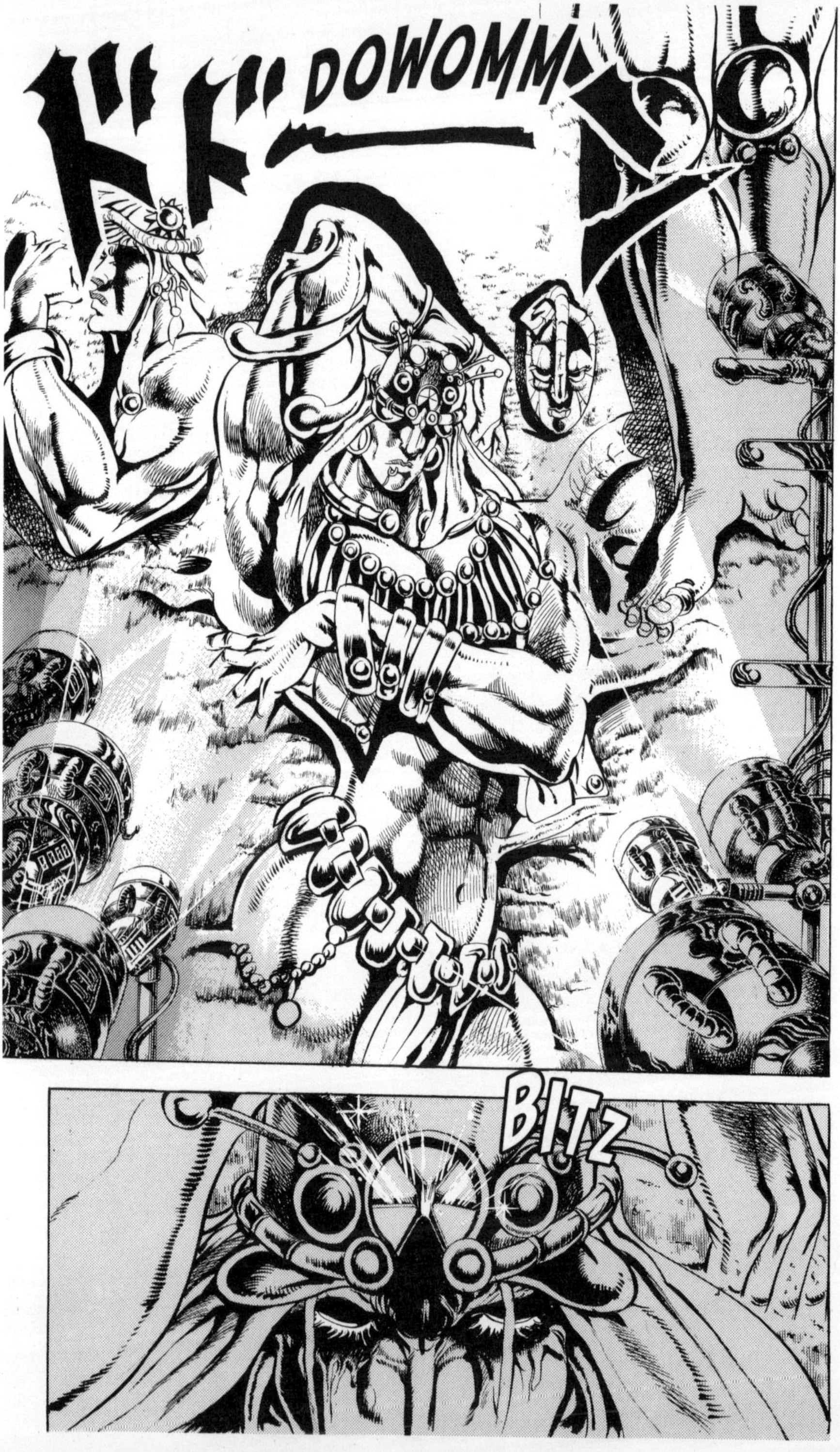
DOWOMM
BITZ

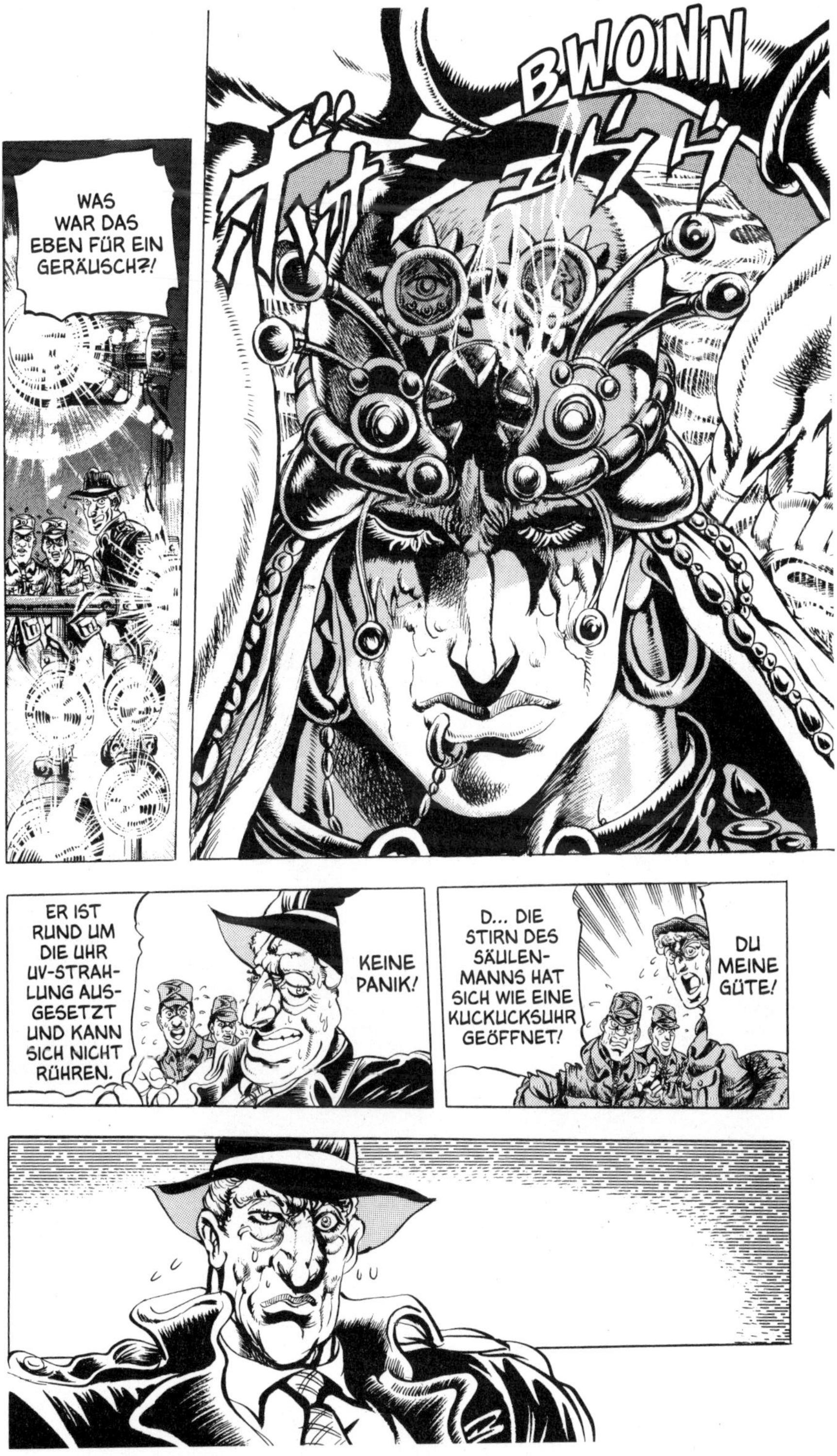
BWONN
WAS WAR DAS EBEN FÜR EIN GERÄUSCH?!
DU MEINE GÜTE!
D... DIE STIRN DES SÄULEN-MANNS HAT SICH WIE EINE KUCKUCKSUHR GEÖFFNET!
KEINE PANIK!
ER IST RUND UM DIE UHR UV-STRAHLUNG AUSGESETZT UND KANN SICH NICHT RÜHREN.

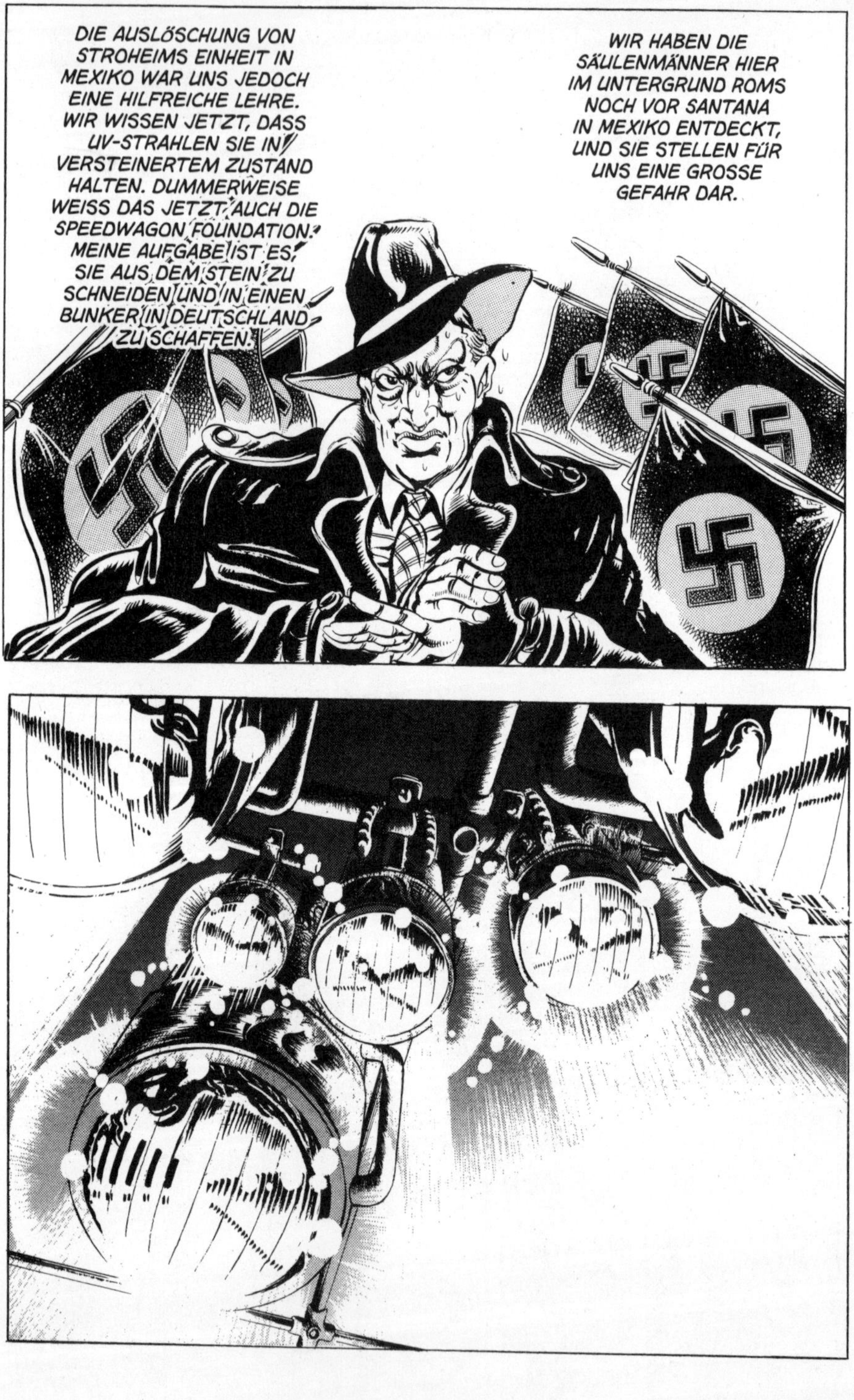
DIE AUSLÖSCHUNG VON STROHEIMS EINHEIT IN MEXIKO WAR UNS JEDOCH EINE HILFREICHE LEHRE. WIR WISSEN JETZT, DASS UV-STRAHLEN SIE IN VERSTEINERTEM ZUSTAND HALTEN. DUMMERWEISE WEISS DAS JETZT AUCH DIE SPEEDWAGON FOUNDATION. MEINE AUFGABE IST ES, SIE AUS DEM STEIN ZU SCHNEIDEN UND IN EINEN BUNKER IN DEUTSCHLAND ZU SCHAFFEN.
WIR HABEN DIE SÄULENMÄNNER HIER IM UNTERGRUND ROMS NOCH VOR SANTANA IN MEXIKO ENTDECKT, UND SIE STELLEN FÜR UNS EINE GROSSE GEFAHR DAR.

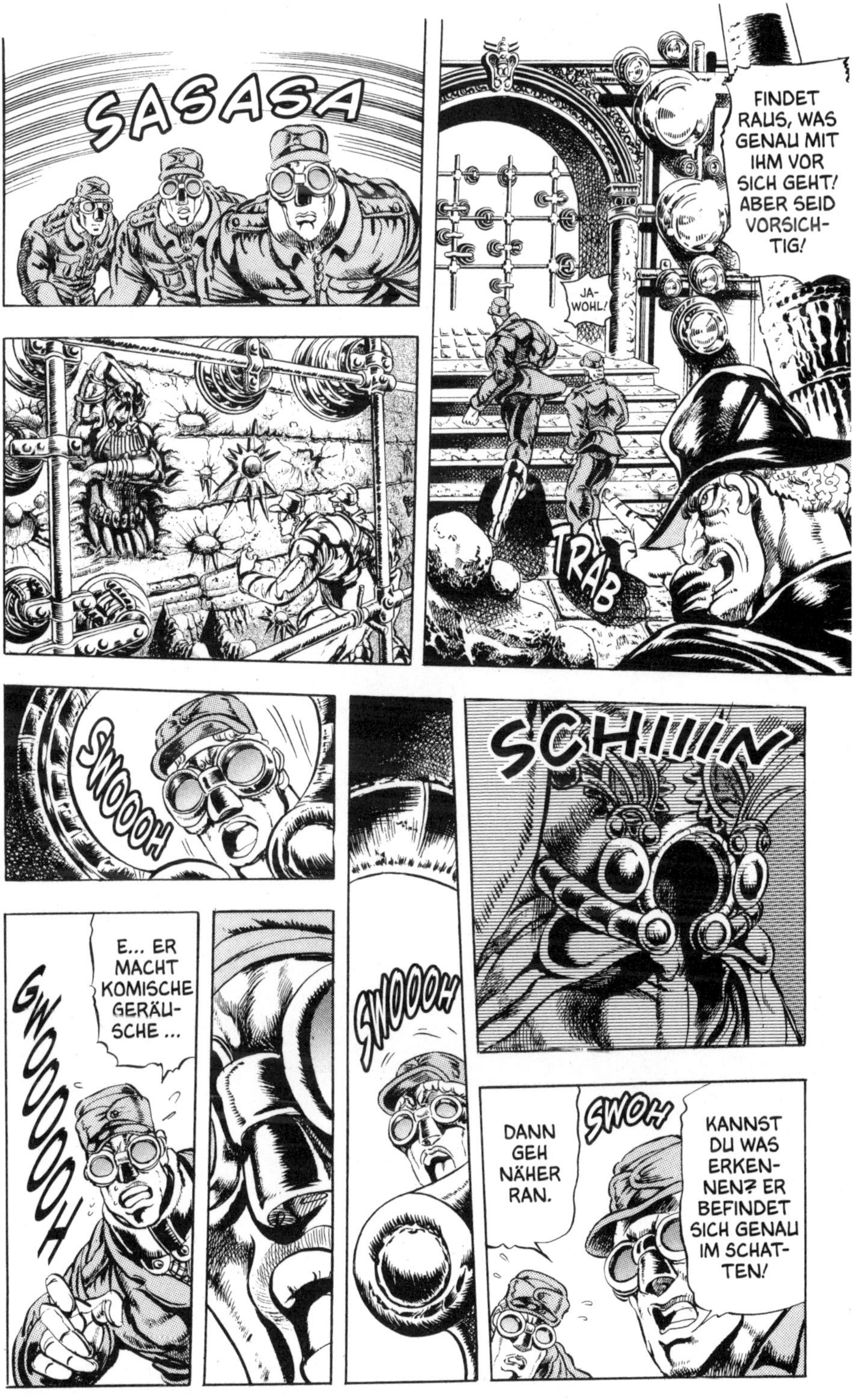
FINDET RAUS, WAS GENAU MIT IHM VOR SICH GEHT! ABER SEID VORSICH-TIG!
JA-WOHL!
TRAB
SASASA
SCHIIIN
SWOOOH
KANNST DU WAS ERKEN-NEN? ER BEFINDET SICH GENAU IM SCHAT-TEN!
SWOH
DANN GEH NÄHER RAN.
SWOOOH
E… ER MACHT KOMISCHE GERÄU-SCHE …
GWOOOOOOH

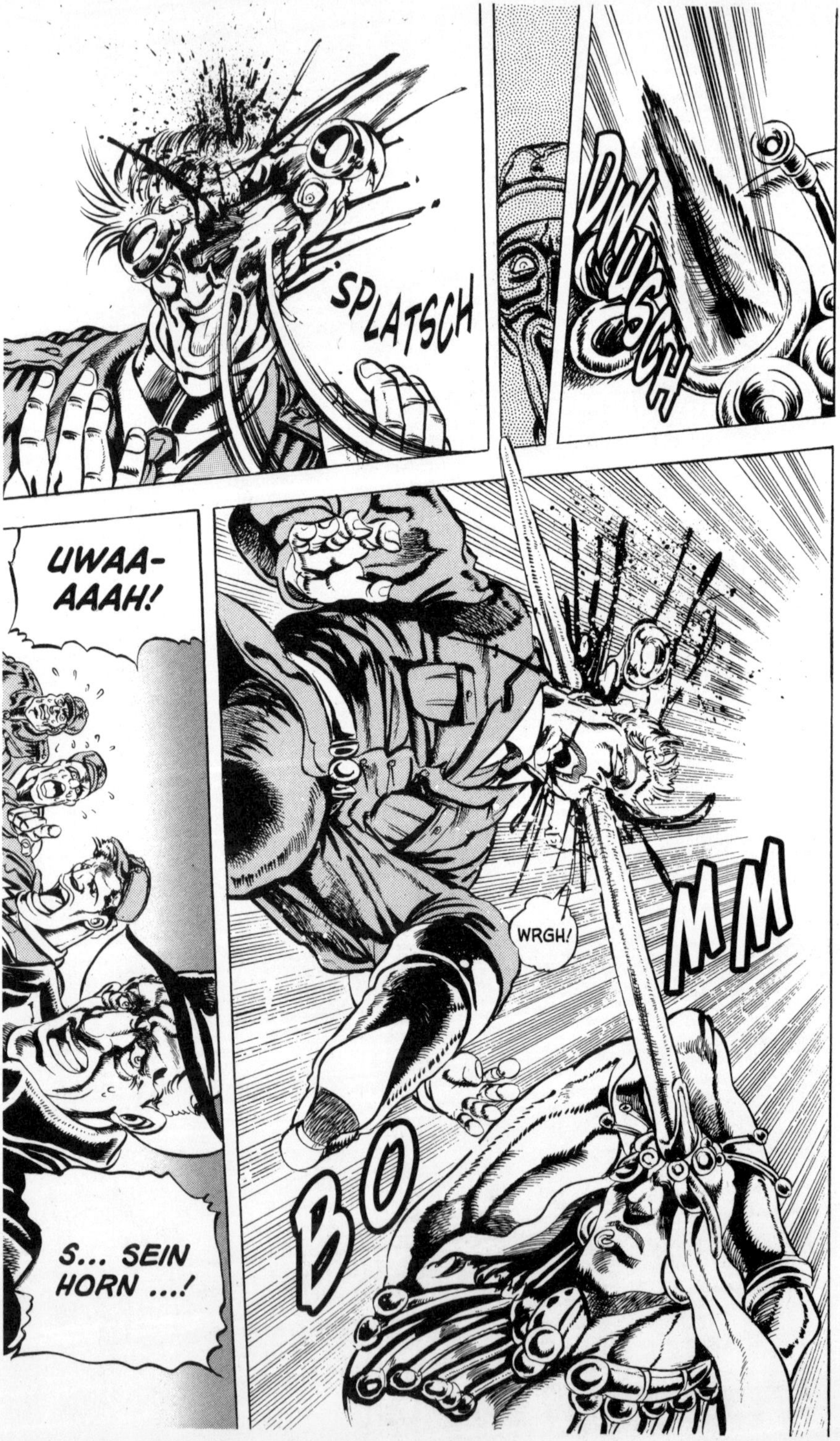
DWUSCH
SPLATSCH
WRGH!
BOMM
UWAA-
AAAH!
S... SEIN
HORN ...!

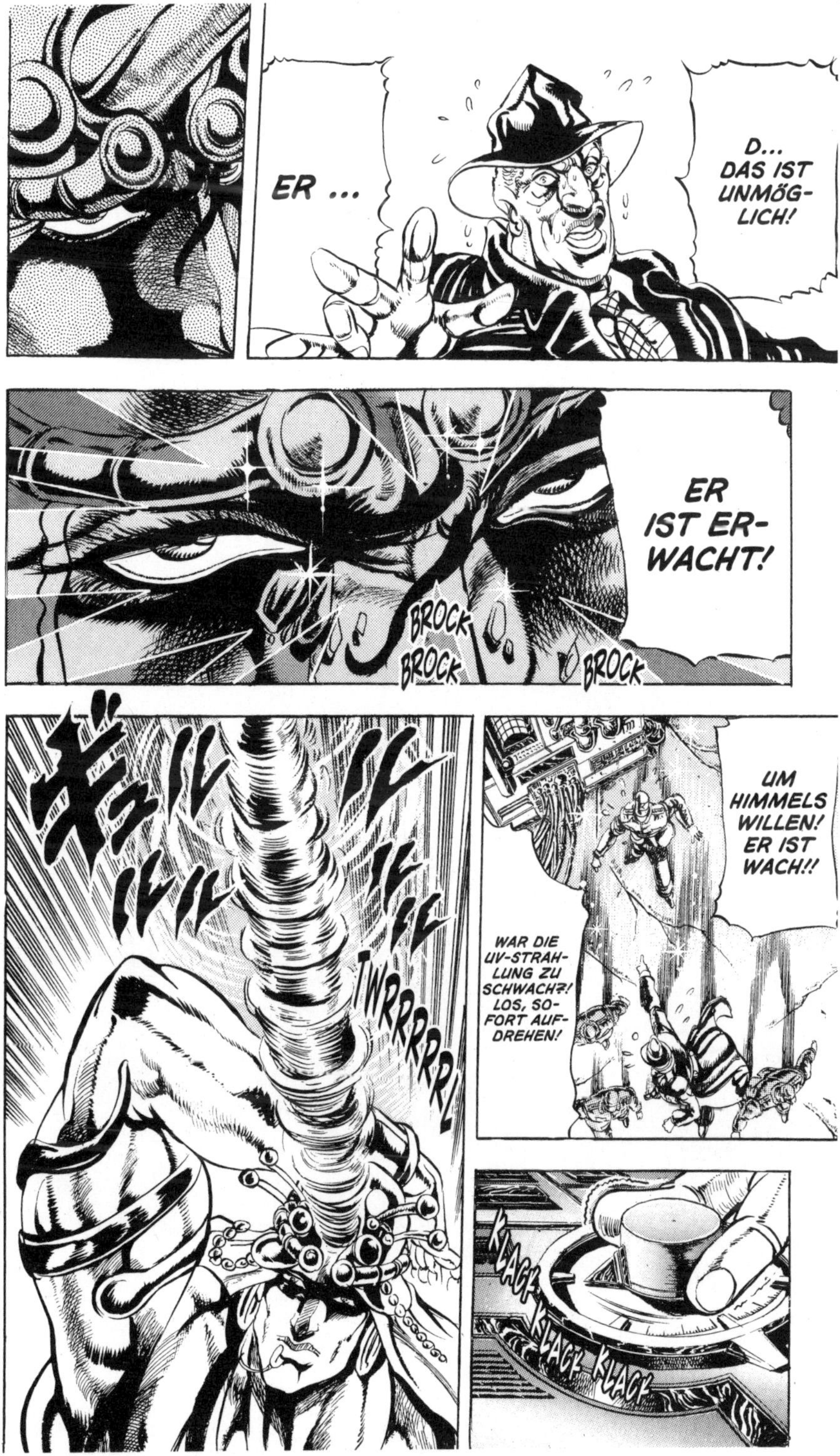

D... DAS IST UNMÖG-LICH!
ER ...
ER IST ER-WACHT!
BROCK BROCK
BROCK
UM HIMMELS WILLEN! ER IST WACH!!
WAR DIE UV-STRAH-LUNG ZU SCHWACH?! LOS, SO-FORT AUF-DREHEN!
TWRRRRRRL
KLACK KLACK KLACK KLACK

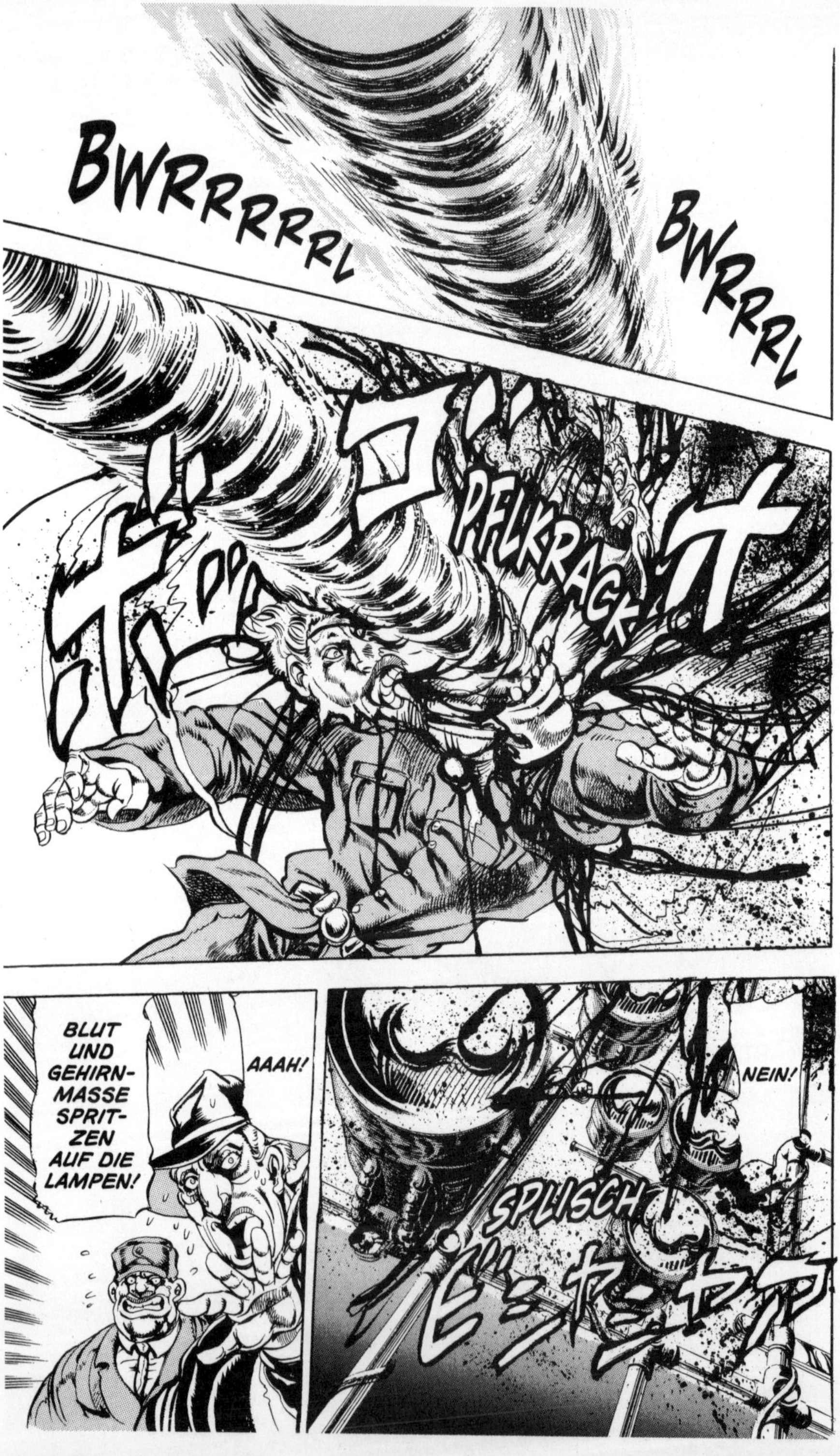
BWRRRRRRL
BWRRRRL
PFLKRACK
DDD
BLUT UND GEHIRN-MASSE SPRIT-ZEN AUF DIE LAMPEN!
AAAH!
NEIN!
SPLISCH

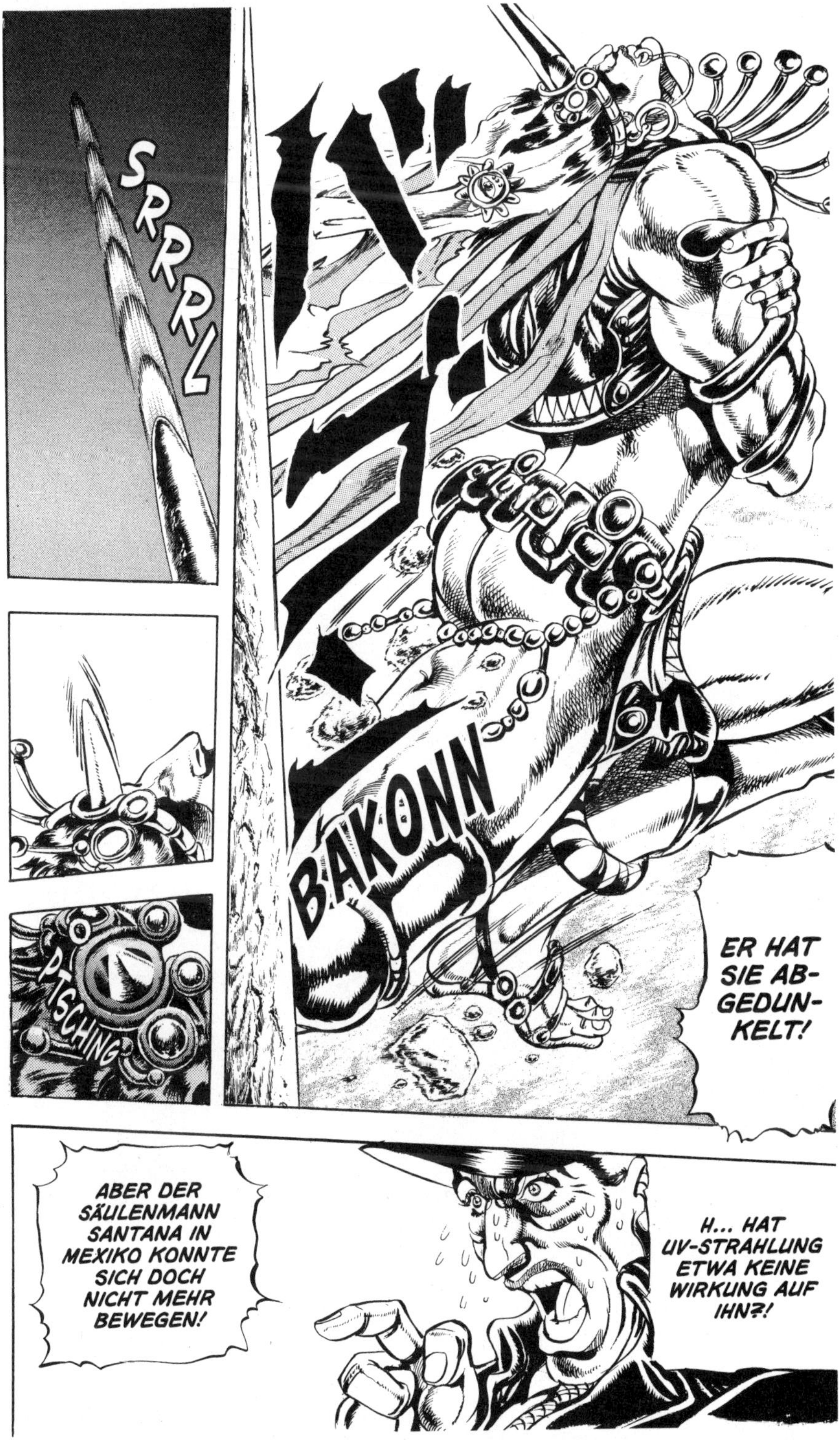
SRRRL
BAKONN
PTSCHING
ER HAT SIE AB-GEDUN-KELT!
H... HAT UV-STRAHLUNG ETWA KEINE WIRKUNG AUF IHN?!
ABER DER SÄULENMANN SANTANA IN MEXIKO KONNTE SICH DOCH NICHT MEHR BEWEGEN!

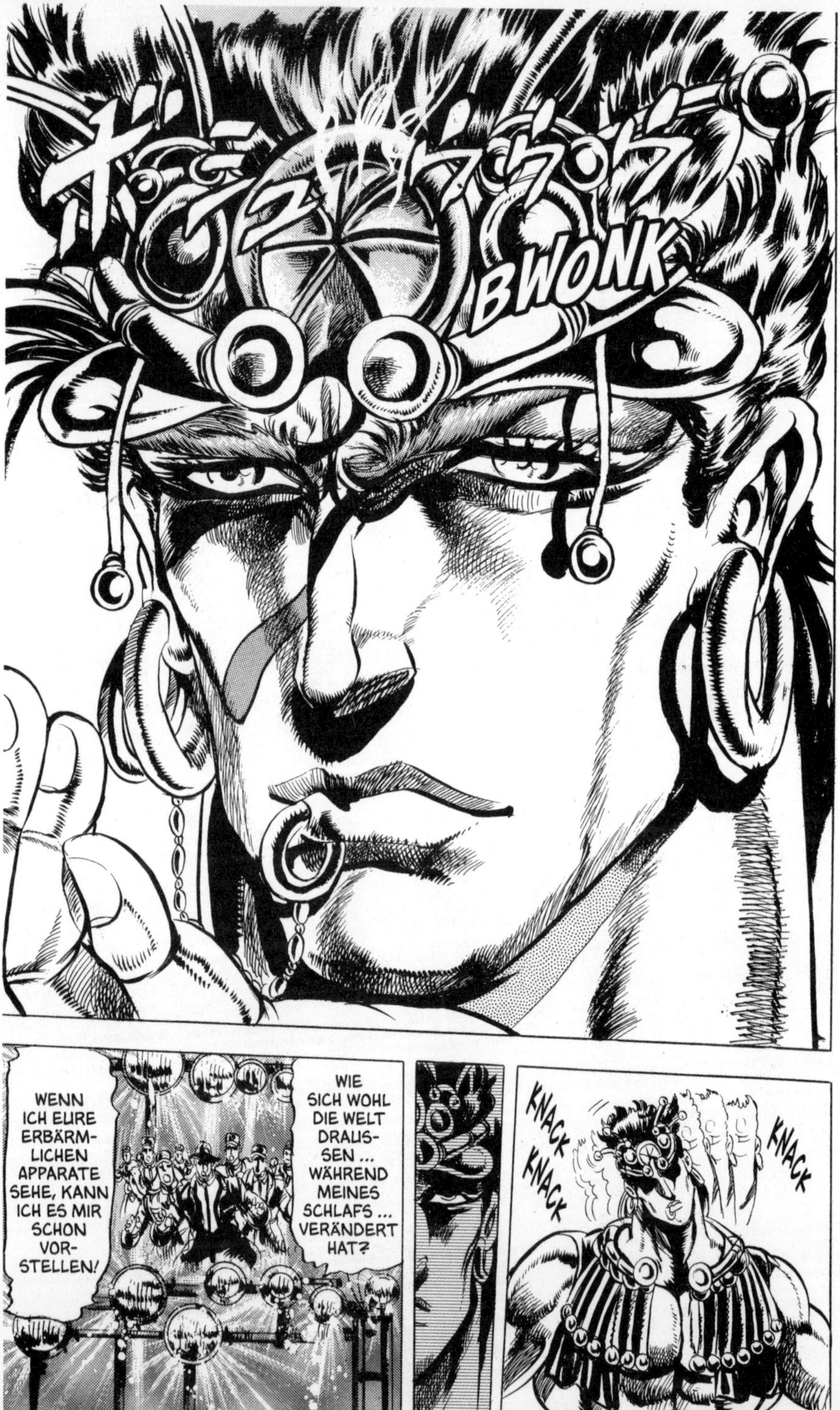
BWONK
KNACK KNACK KNACK
WIE SICH WOHL DIE WELT DRAUSSEN ... WÄHREND MEINES SCHLAFS ... VERÄNDERT HAT?
WENN ICH EURE ERBÄRMLICHEN APPARATE SEHE, KANN ICH ES MIR SCHON VORSTELLEN!

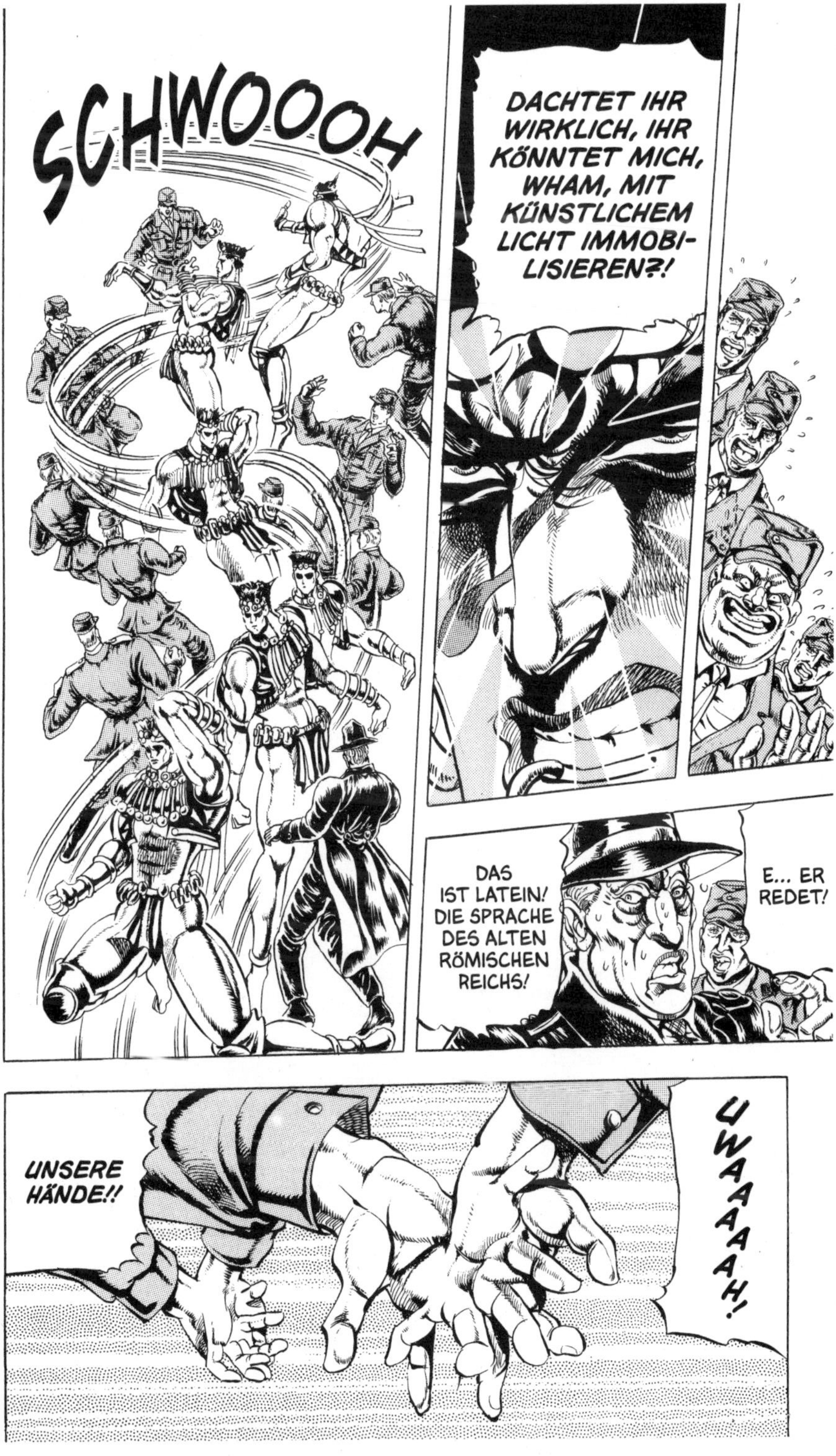
SCHWOOOH
DACHTET IHR WIRKLICH, IHR KÖNNTET MICH, WHAM, MIT KÜNSTLICHEM LICHT IMMOBILISIEREN?!
E... ER REDET!
DAS IST LATEIN! DIE SPRACHE DES ALTEN RÖMISCHEN REICHS!
UWAAAAAH!
UNSERE HÄNDE!!

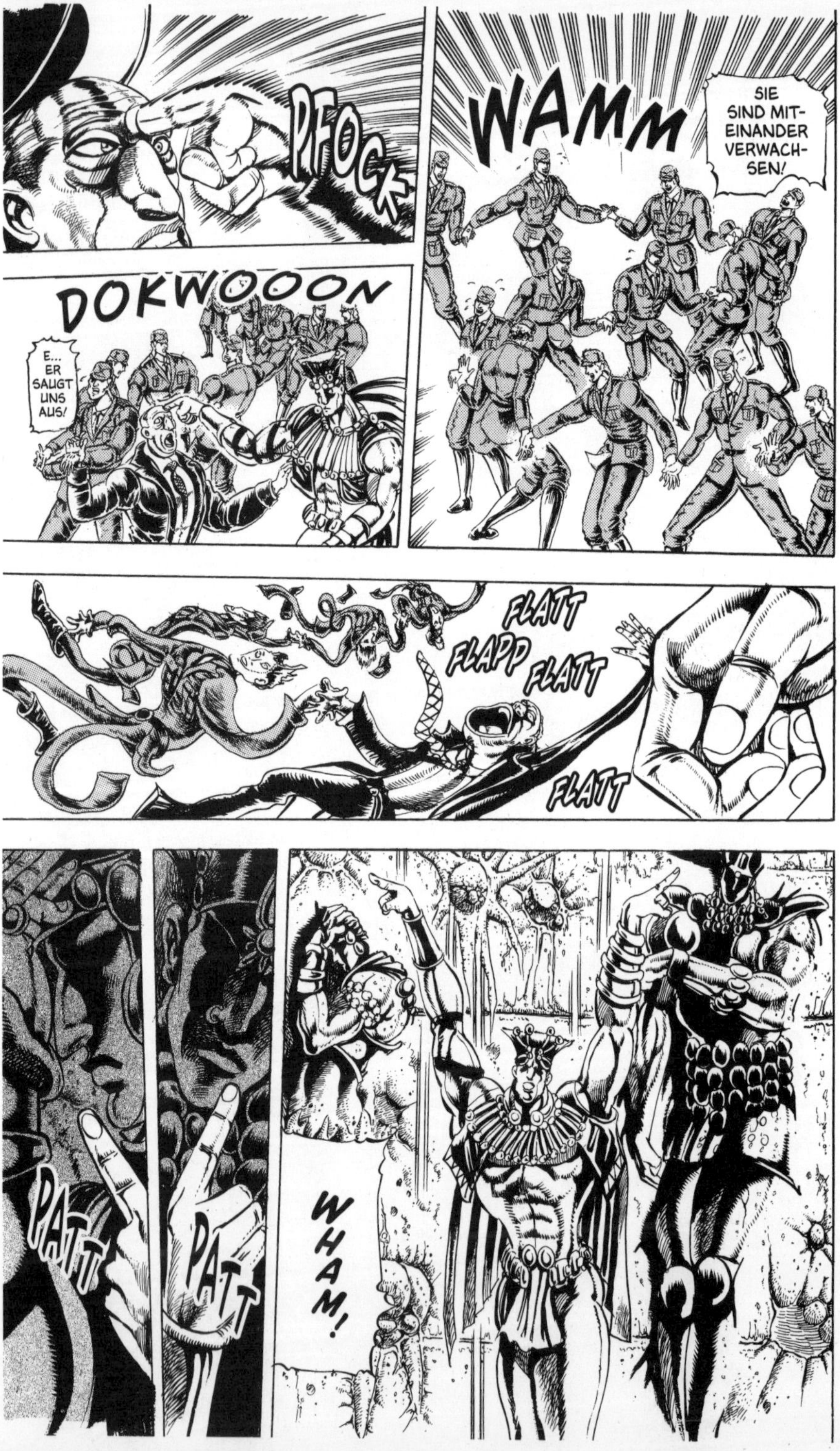
PFOCK
WAMM
SIE SIND MITEINANDER VERWACHSEN!
DOKWOOON
E... ER SAUGT UNS AUS!
FLATT
FLAPP
FLATT
FLATT
PATT
PATT
WHAM!

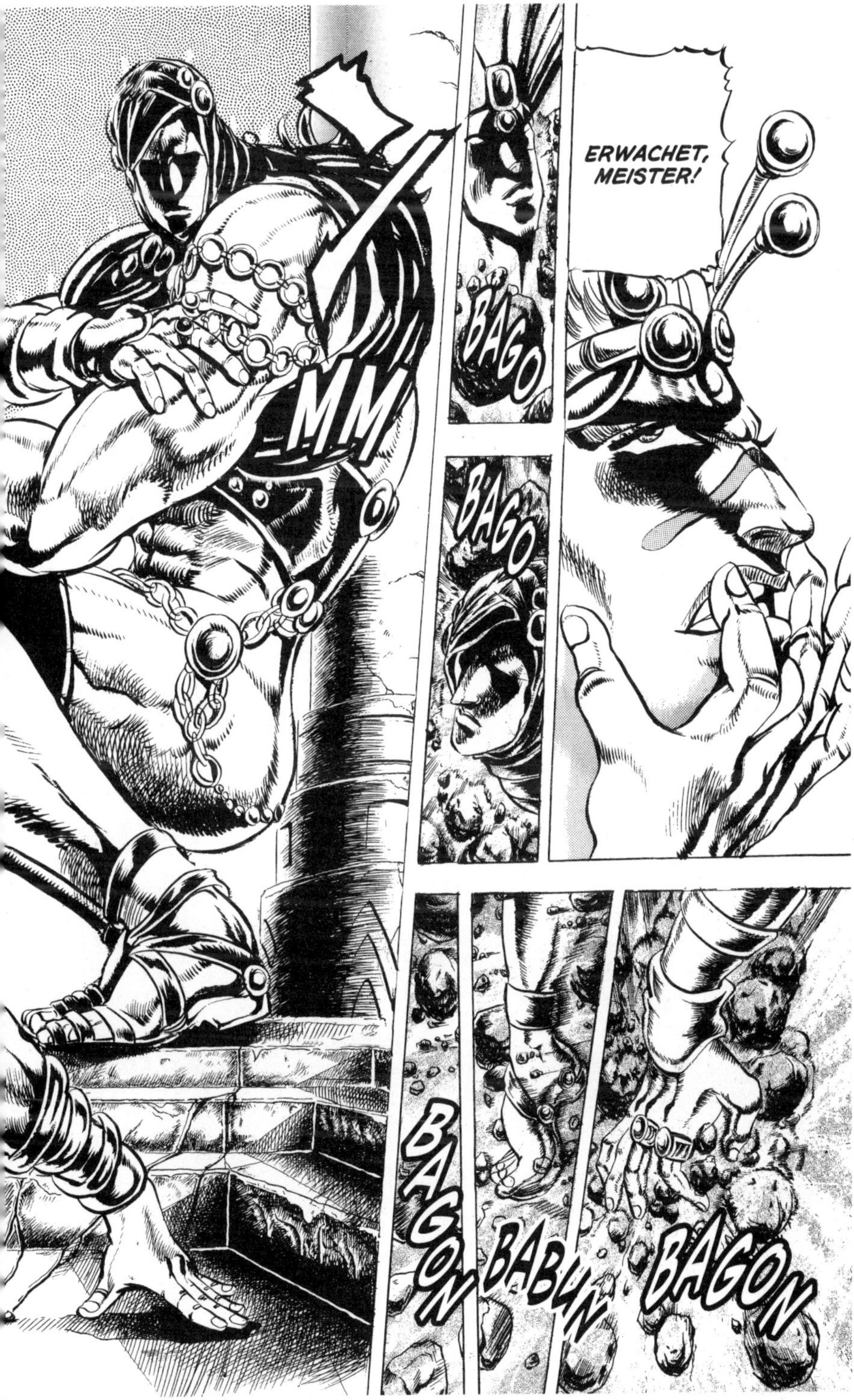
ERWACHET, MEISTER!
MM
BAGO
BAGO
BAGON
BABUN
BAGON

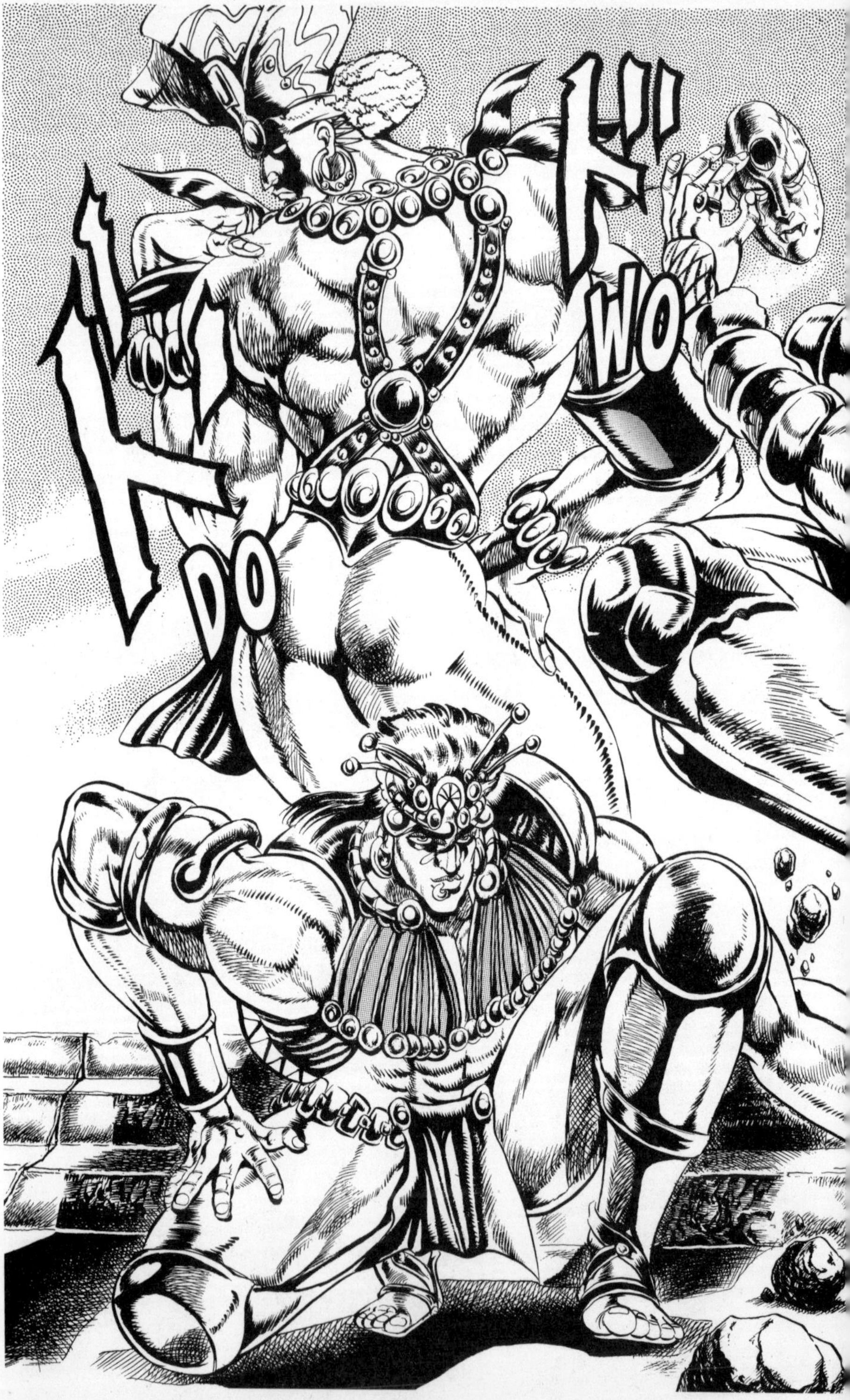
WO
DO

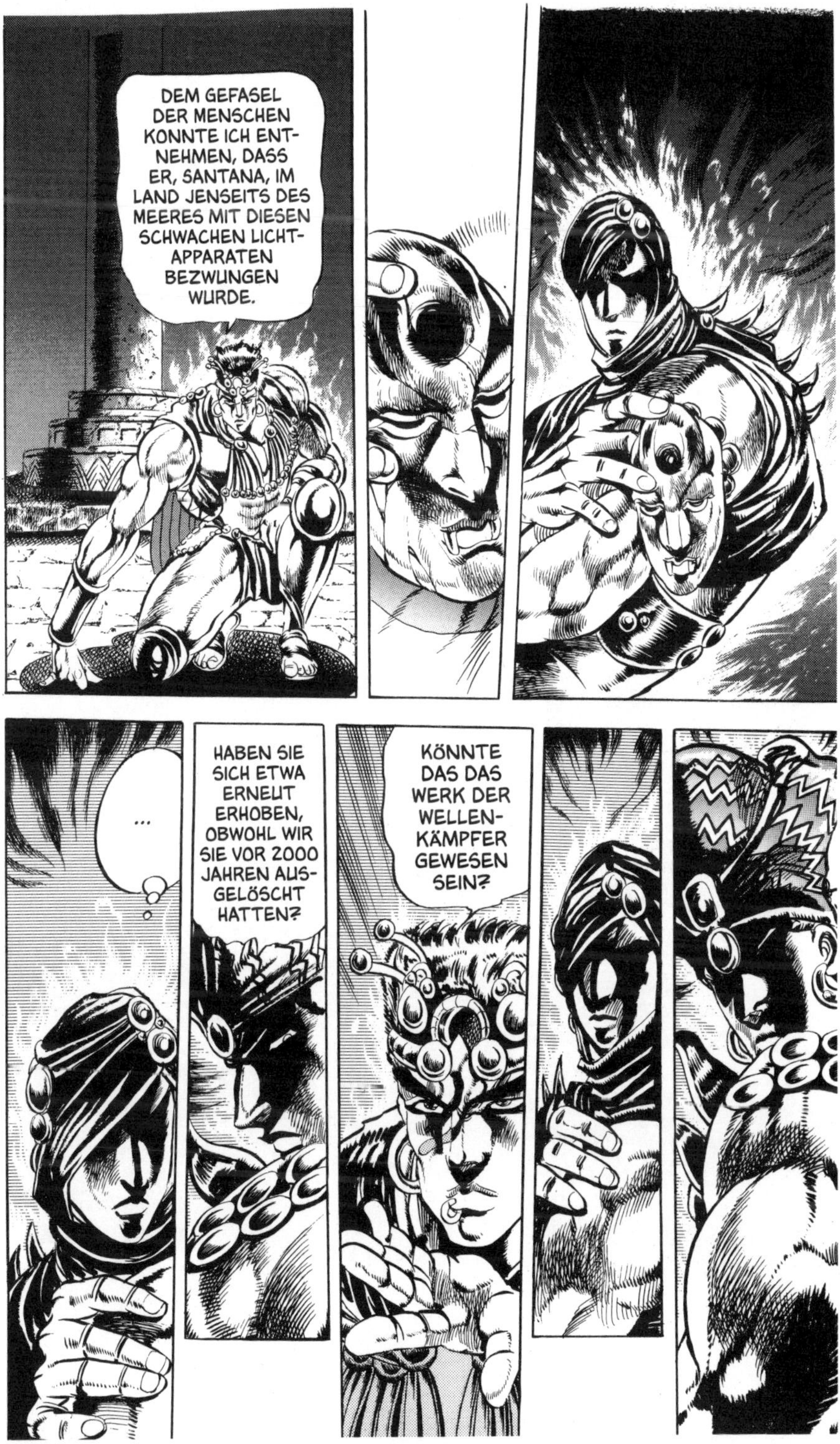
DEM GEFASEL DER MENSCHEN KONNTE ICH ENT-NEHMEN, DASS ER, SANTANA, IM LAND JENSEITS DES MEERES MIT DIESEN SCHWACHEN LICHT-APPARATEN BEZWUNGEN WURDE.
...
HABEN SIE SICH ETWA ERNEUT ERHOBEN, OBWOHL WIR SIE VOR 2000 JAHREN AUS-GELÖSCHT HATTEN?
KÖNNTE DAS DAS WERK DER WELLEN-KÄMPFER GEWESEN SEIN?

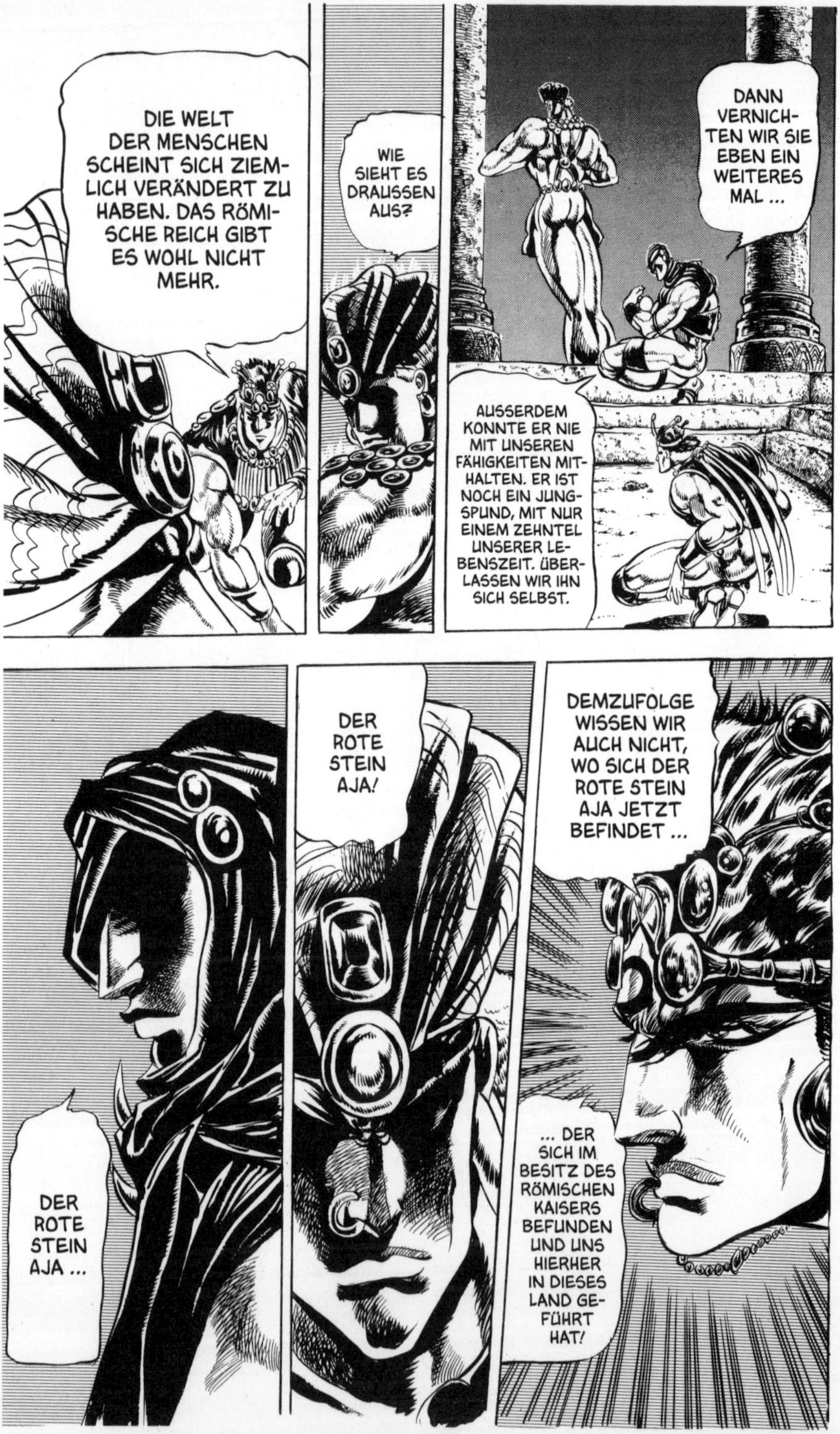
DANN VERNICHTEN WIR SIE EBEN EIN WEITERES MAL …
AUSSERDEM KONNTE ER NIE MIT UNSEREN FÄHIGKEITEN MITHALTEN. ER IST NOCH EIN JUNGSPUND, MIT NUR EINEM ZEHNTEL UNSERER LEBENSZEIT. ÜBERLASSEN WIR IHN SICH SELBST.
WIE SIEHT ES DRAUSSEN AUS?
DIE WELT DER MENSCHEN SCHEINT SICH ZIEMLICH VERÄNDERT ZU HABEN. DAS RÖMISCHE REICH GIBT ES WOHL NICHT MEHR.
DEMZUFOLGE WISSEN WIR AUCH NICHT, WO SICH DER ROTE STEIN AJA JETZT BEFINDET …
… DER SICH IM BESITZ DES RÖMISCHEN KAISERS BEFUNDEN UND UNS HIERHER IN DIESES LAND GEFÜHRT HAT!
DER ROTE STEIN AJA!
DER ROTE STEIN AJA …

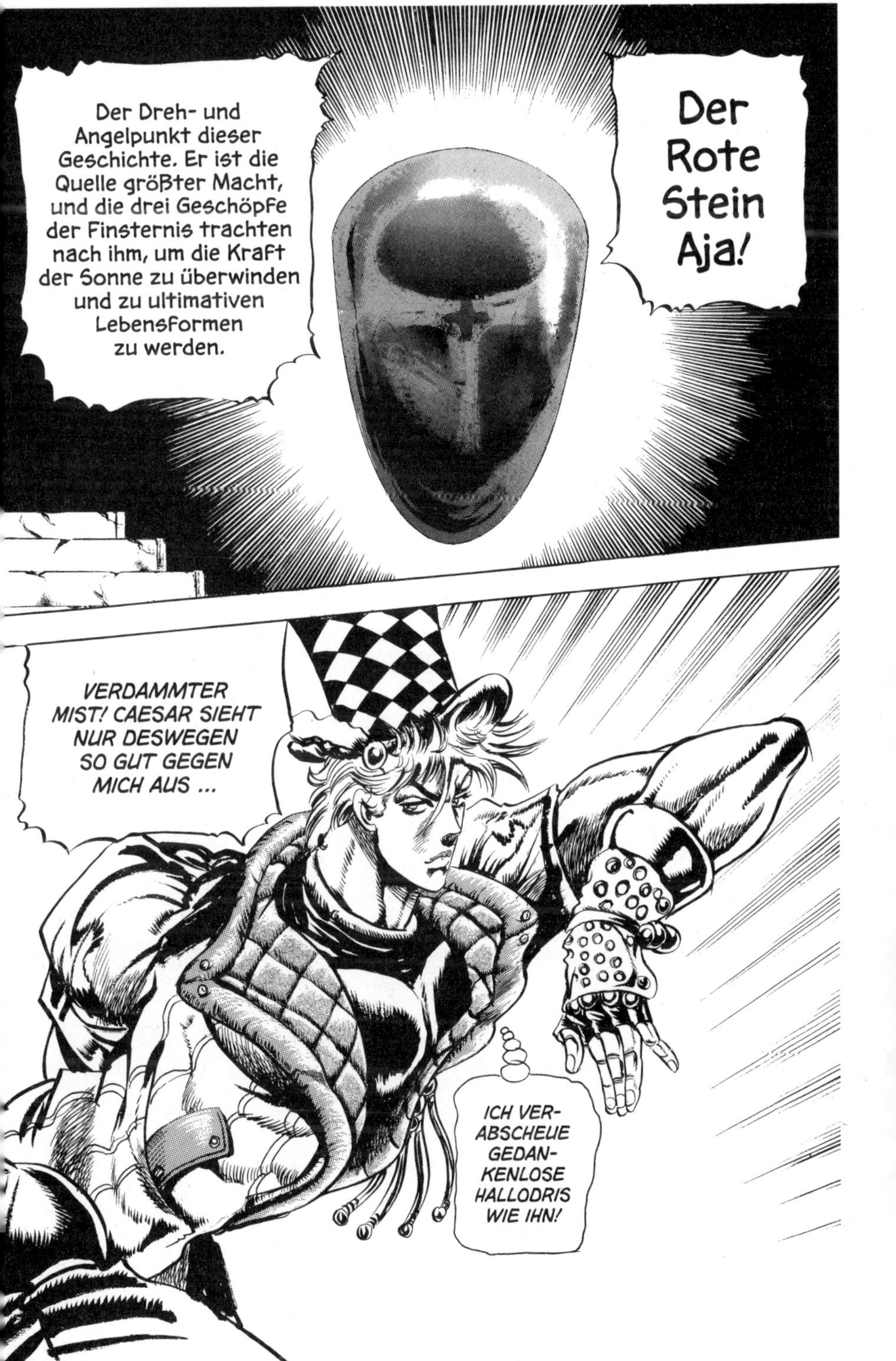
Der Rote Stein Aja!
Der Dreh- und Angelpunkt dieser Geschichte. Er ist die Quelle größter Macht, und die drei Geschöpfe der Finsternis trachten nach ihm, um die Kraft der Sonne zu überwinden und zu ultimativen Lebensformen zu werden.
VERDAMMTER MIST! CAESAR SIEHT NUR DESWEGEN SO GUT GEGEN MICH AUS ...
ICH VER-ABSCHEUE GEDAN-KENLOSE HALLODRIS WIE IHN!

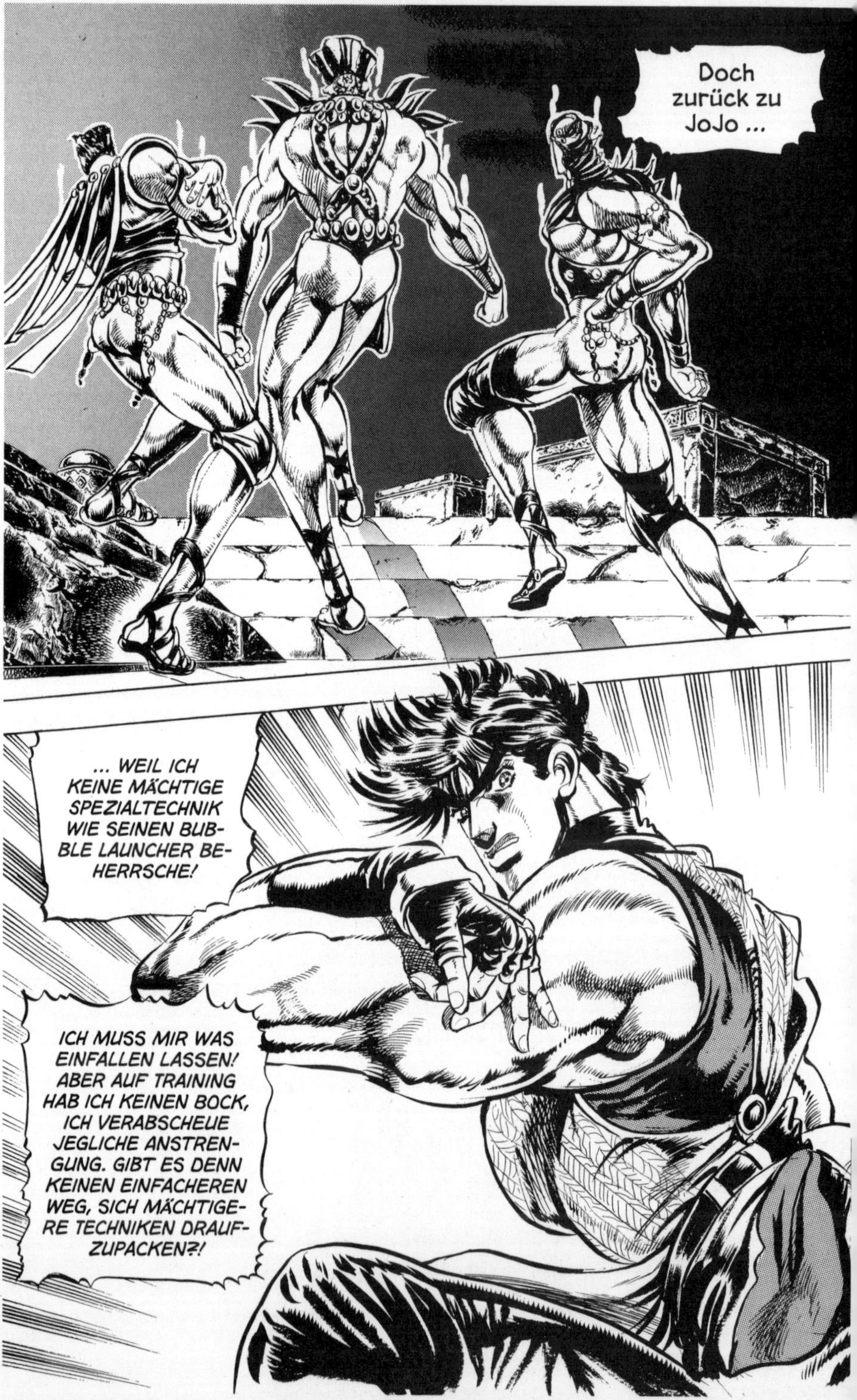
Doch zurück zu JoJo ...
... WEIL ICH KEINE MÄCHTIGE SPEZIALTECHNIK WIE SEINEN BUBBLE LAUNCHER BEHERRSCHE!
ICH MUSS MIR WAS EINFALLEN LASSEN! ABER AUF TRAINING HAB ICH KEINEN BOCK, ICH VERABSCHEUE JEGLICHE ANSTRENGUNG. GIBT ES DENN KEINEN EINFACHEREN WEG, SICH MÄCHTIGERE TECHNIKEN DRAUFZUPACKEN?!

JOJO'S BIZARRE ADVENTURE PART 2

BATTLE TENDENCY

Ultimative Krieger aus der Antike: Teil 1

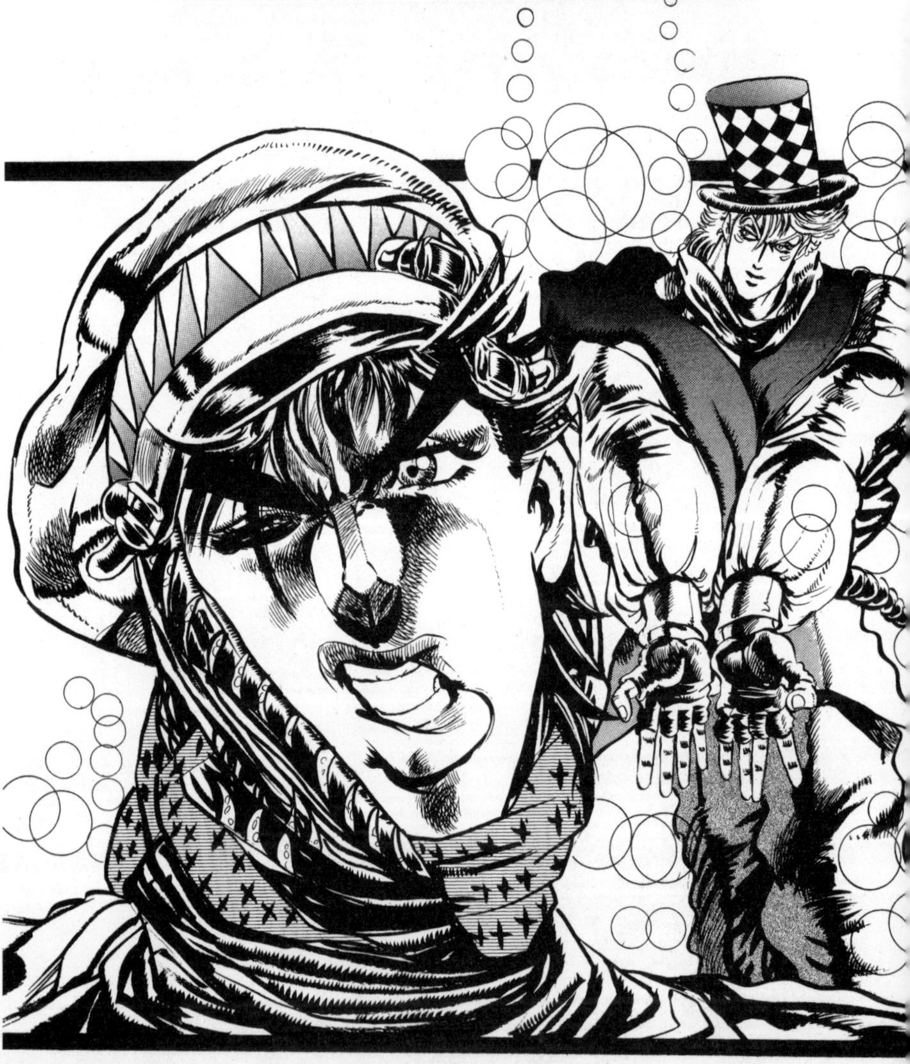

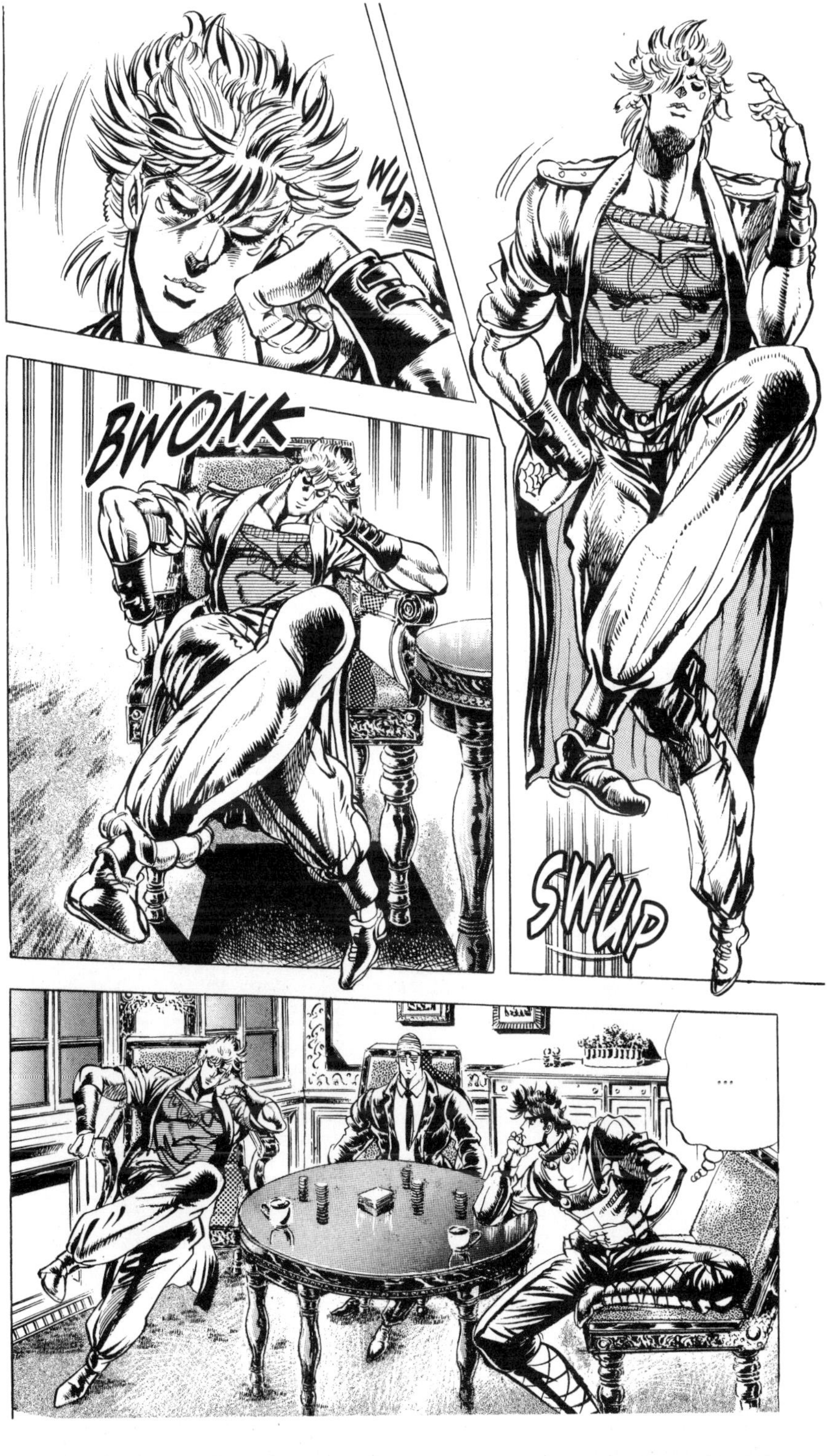
WUP
SWUP
BWONK
...

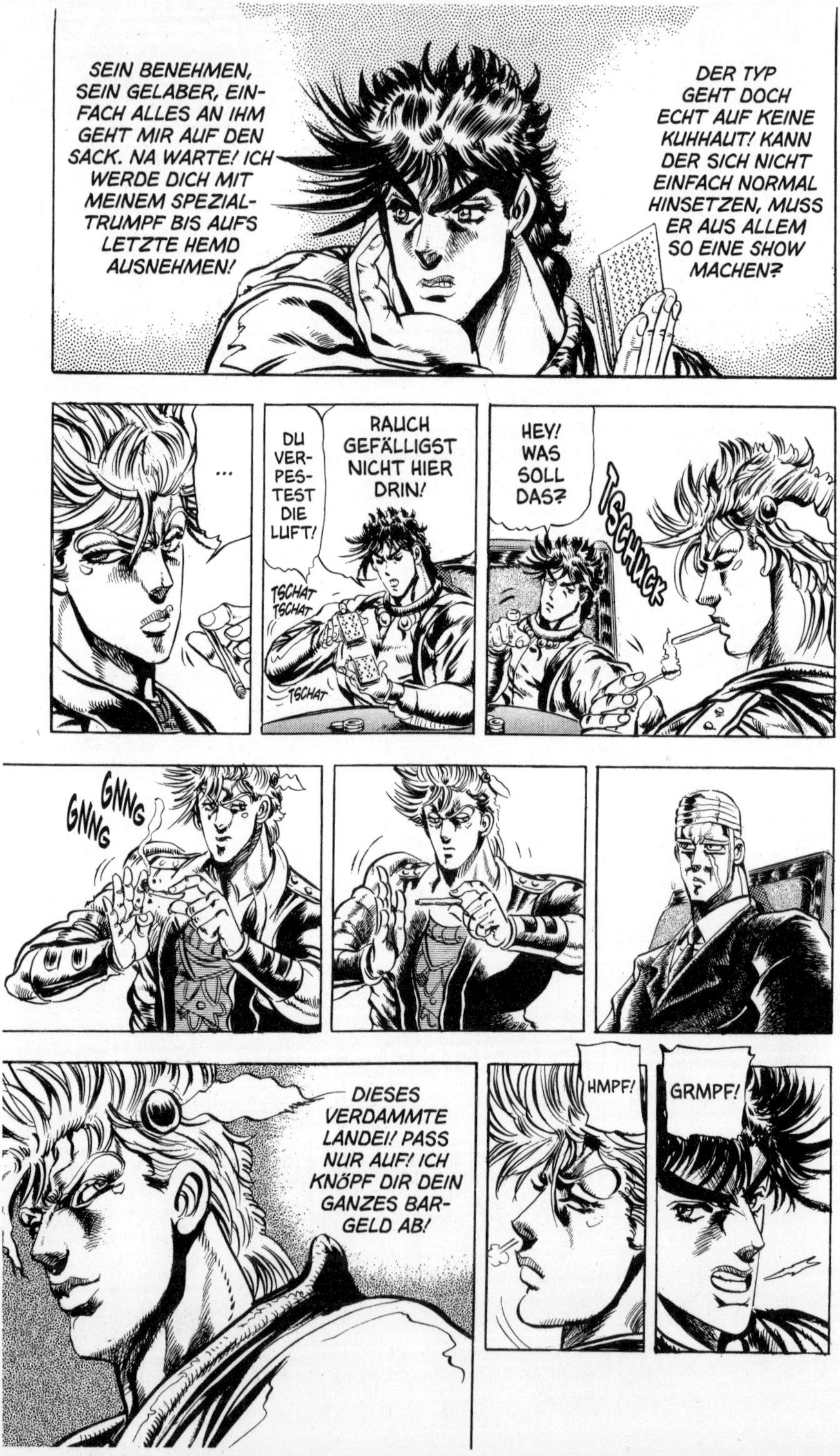
DER TYP GEHT DOCH ECHT AUF KEINE KUHHAUT! KANN DER SICH NICHT EINFACH NORMAL HINSETZEN, MUSS ER AUS ALLEM SO EINE SHOW MACHEN?
SEIN BENEHMEN, SEIN GELABER, EINFACH ALLES AN IHM GEHT MIR AUF DEN SACK. NA WARTE! ICH WERDE DICH MIT MEINEM SPEZIALTRUMPF BIS AUFS LETZTE HEMD AUSNEHMEN!
TSCHUCK
HEY! WAS SOLL DAS?
RAUCH GEFÄLLIGST NICHT HIER DRIN!
DU VERPESTEST DIE LUFT!
TSCHAT TSCHAT
TSCHAT
...
GNNG GNNG
GRMPF!
HMPF!
DIESES VERDAMMTE LANDEI! PASS NUR AUF! ICH KNÖPF DIR DEIN GANZES BARGELD AB!

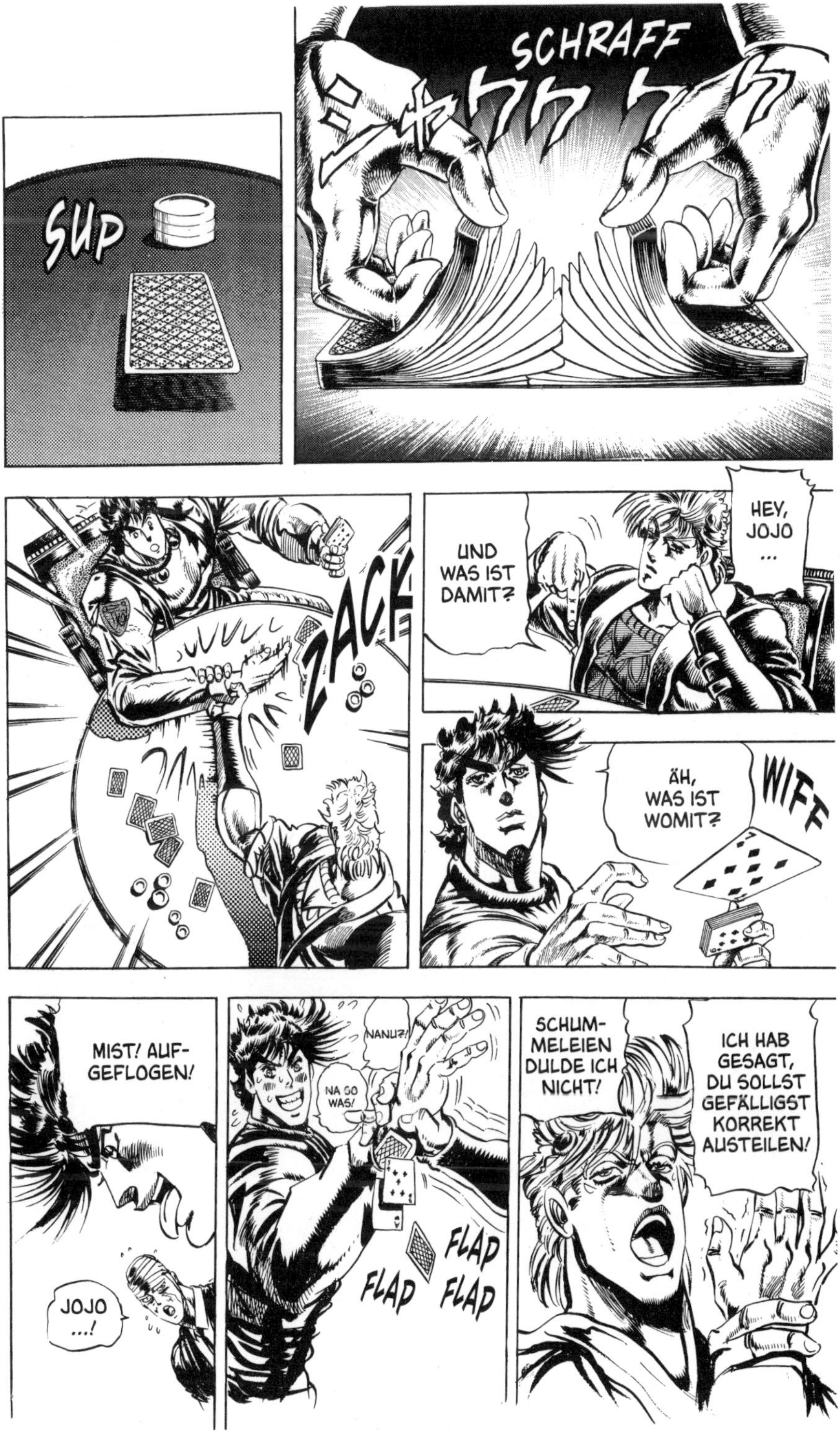
SCHRAFF
SUP
HEY, JOJO ...
UND WAS IST DAMIT?
ÄH, WAS IST WOMIT?
WIFF
ZACK
ICH HAB GESAGT, DU SOLLST GEFÄLLIGST KORREKT AUSTEILEN!
SCHUMMELEIEN DULDE ICH NICHT!
NANU?!
NA SO WAS!
FLAP
FLAP
FLAP
MIST! AUFGEFLOGEN!
JOJO ...!

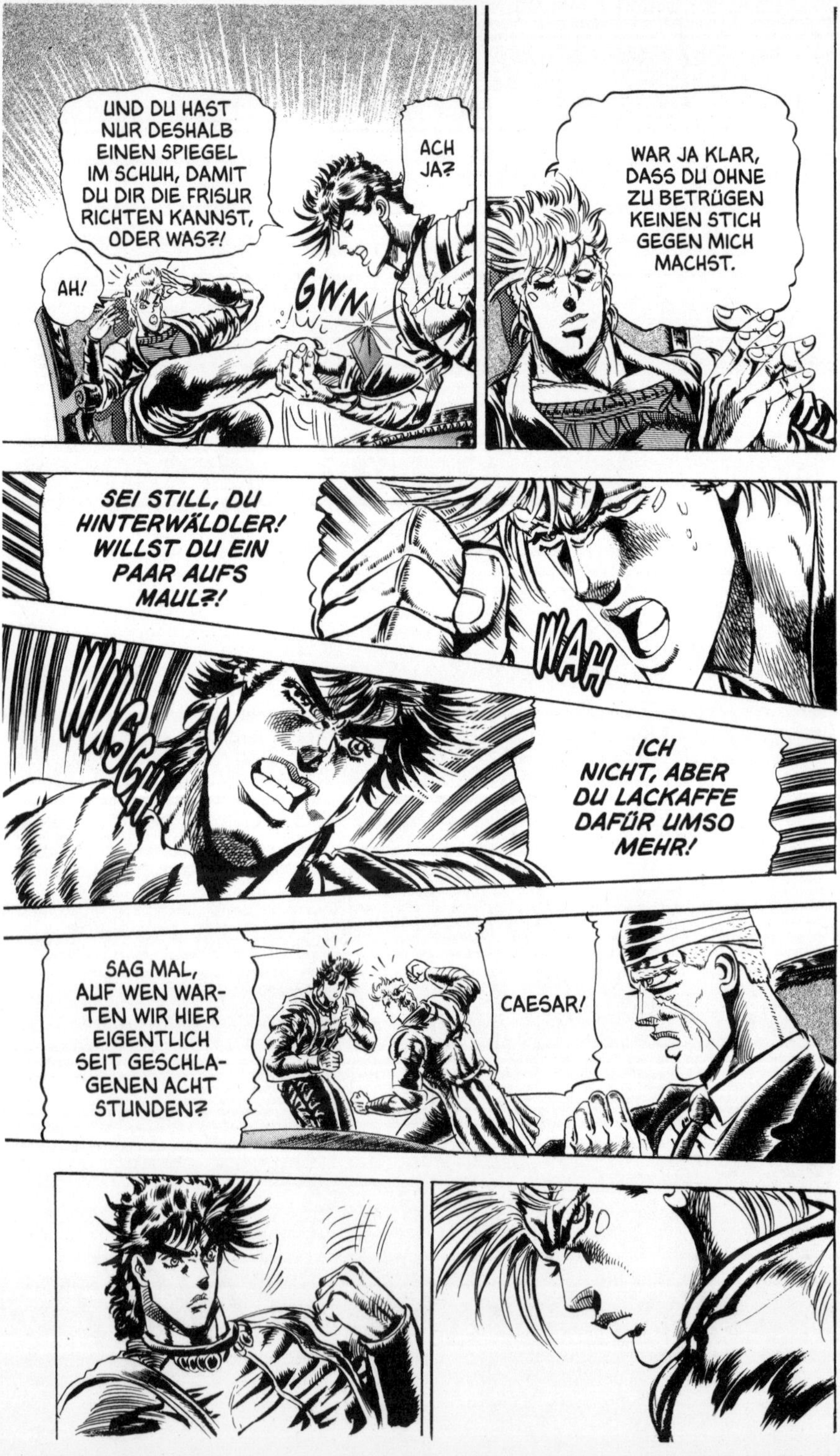
UND DU HAST NUR DESHALB EINEN SPIEGEL IM SCHUH, DAMIT DU DIR DIE FRISUR RICHTEN KANNST, ODER WAS?!
AH!
ACH JA?
GWN
WAR JA KLAR, DASS DU OHNE ZU BETRÜGEN KEINEN STICH GEGEN MICH MACHST.
SEI STILL, DU HINTERWÄLDLER! WILLST DU EIN PAAR AUFS MAUL?!
WAH
ICH NICHT, ABER DU LACKAFFE DAFÜR UMSO MEHR!
SAG MAL, AUF WEN WARTEN WIR HIER EIGENTLICH SEIT GESCHLAGENEN ACHT STUNDEN?
CAESAR!

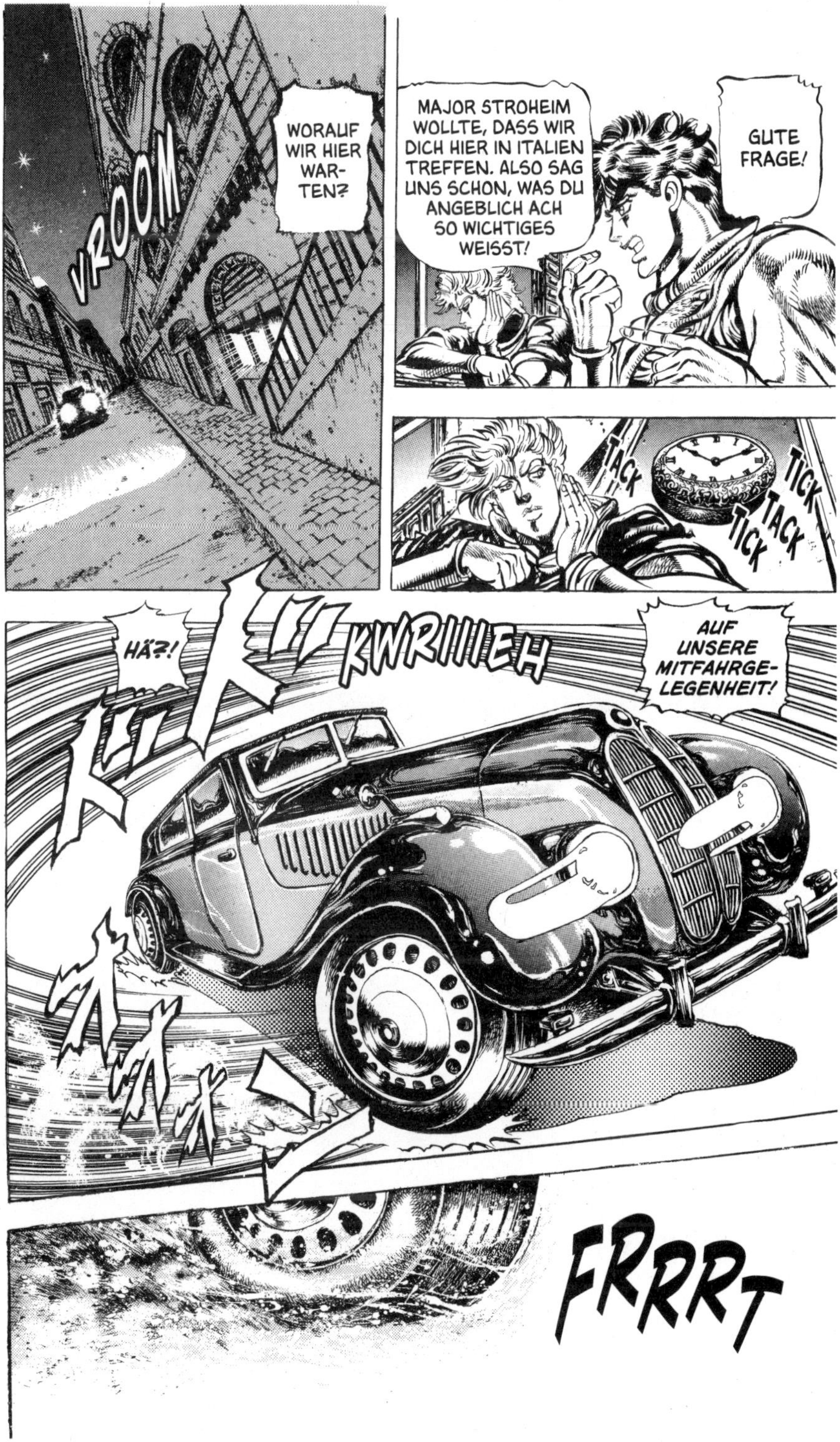
WORAUF WIR HIER WARTEN?
VROOM
MAJOR STROHEIM WOLLTE, DASS WIR DICH HIER IN ITALIEN TREFFEN. ALSO SAG UNS SCHON, WAS DU ANGEBLICH ACH SO WICHTIGES WEISST!
GUTE FRAGE!
TACK
TICK
TACK
TICK
HÄ?!
KWRIIIIEH
AUF UNSERE MITFAHRGELEGENHEIT!
FRRRT

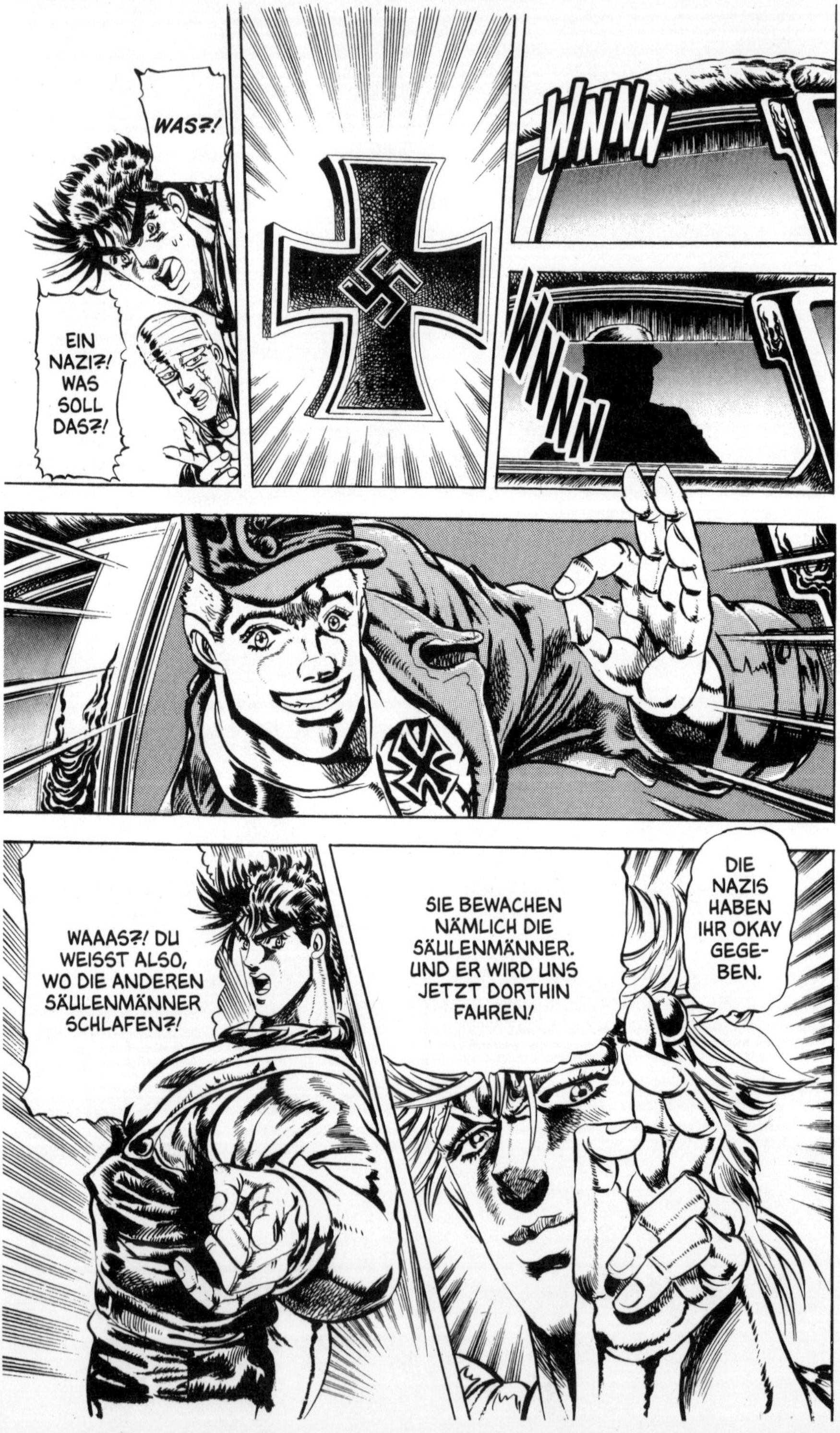
WNNN
WNNN
WAS?!
EIN NAZI?! WAS SOLL DAS?!
DIE NAZIS HABEN IHR OKAY GEGE-BEN.
SIE BEWACHEN NÄMLICH DIE SÄULENMÄNNER. UND ER WIRD UNS JETZT DORTHIN FAHREN!
WAAAS?! DU WEISST ALSO, WO DIE ANDEREN SÄULENMÄNNER SCHLAFEN?!

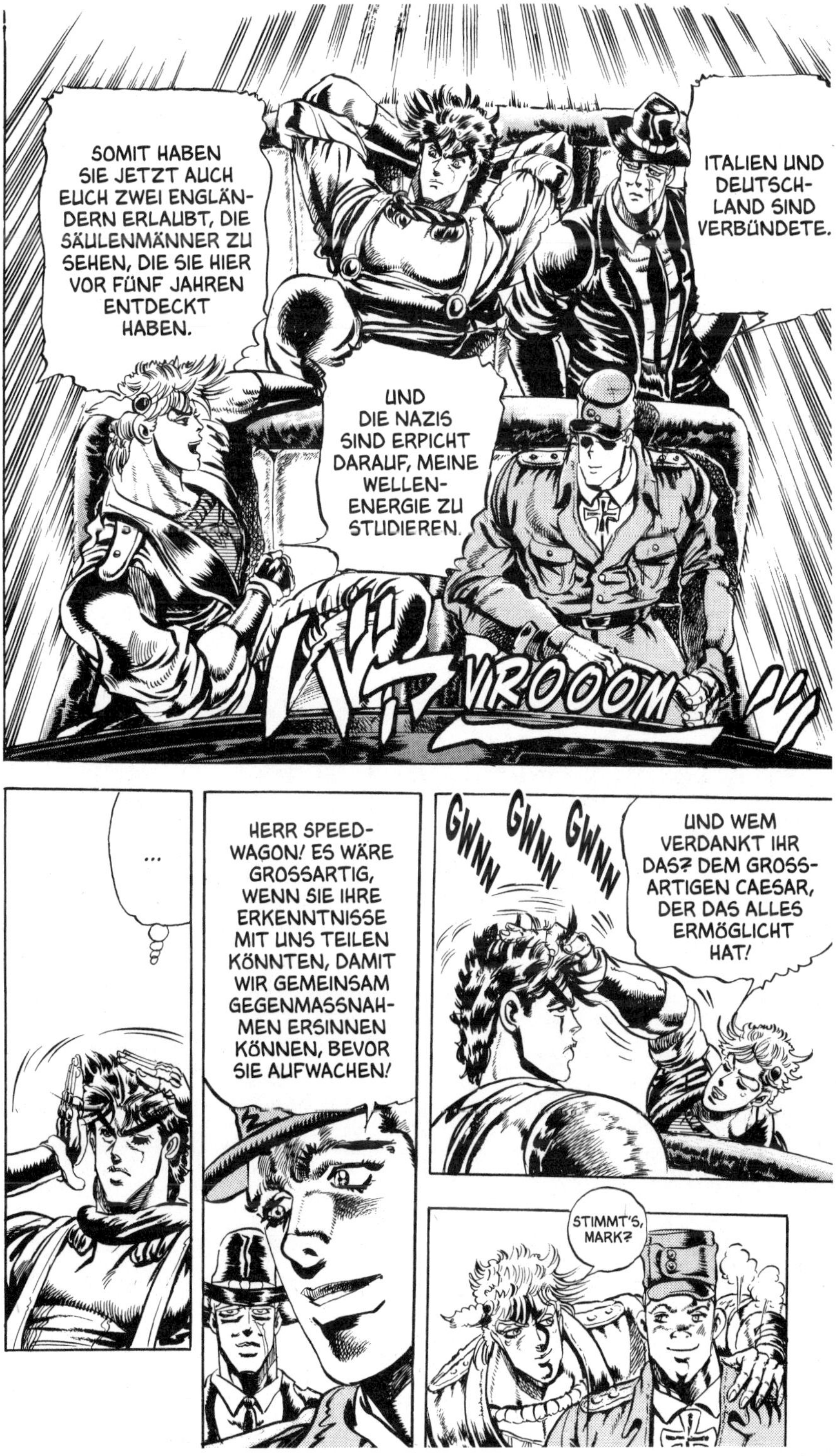
SOMIT HABEN SIE JETZT AUCH EUCH ZWEI ENGLÄNDERN ERLAUBT, DIE SÄULENMÄNNER ZU SEHEN, DIE SIE HIER VOR FÜNF JAHREN ENTDECKT HABEN.
ITALIEN UND DEUTSCHLAND SIND VERBÜNDETE.
UND DIE NAZIS SIND ERPICHT DARAUF, MEINE WELLENENERGIE ZU STUDIEREN.
VROOOM
...
HERR SPEEDWAGON! ES WÄRE GROSSARTIG, WENN SIE IHRE ERKENNTNISSE MIT UNS TEILEN KÖNNTEN, DAMIT WIR GEMEINSAM GEGENMASSNAHMEN ERSINNEN KÖNNEN, BEVOR SIE AUFWACHEN!
GWNN GWNN GWNN
UND WEM VERDANKT IHR DAS? DEM GROSSARTIGEN CAESAR, DER DAS ALLES ERMÖGLICHT HAT!
STIMMT'S, MARK?

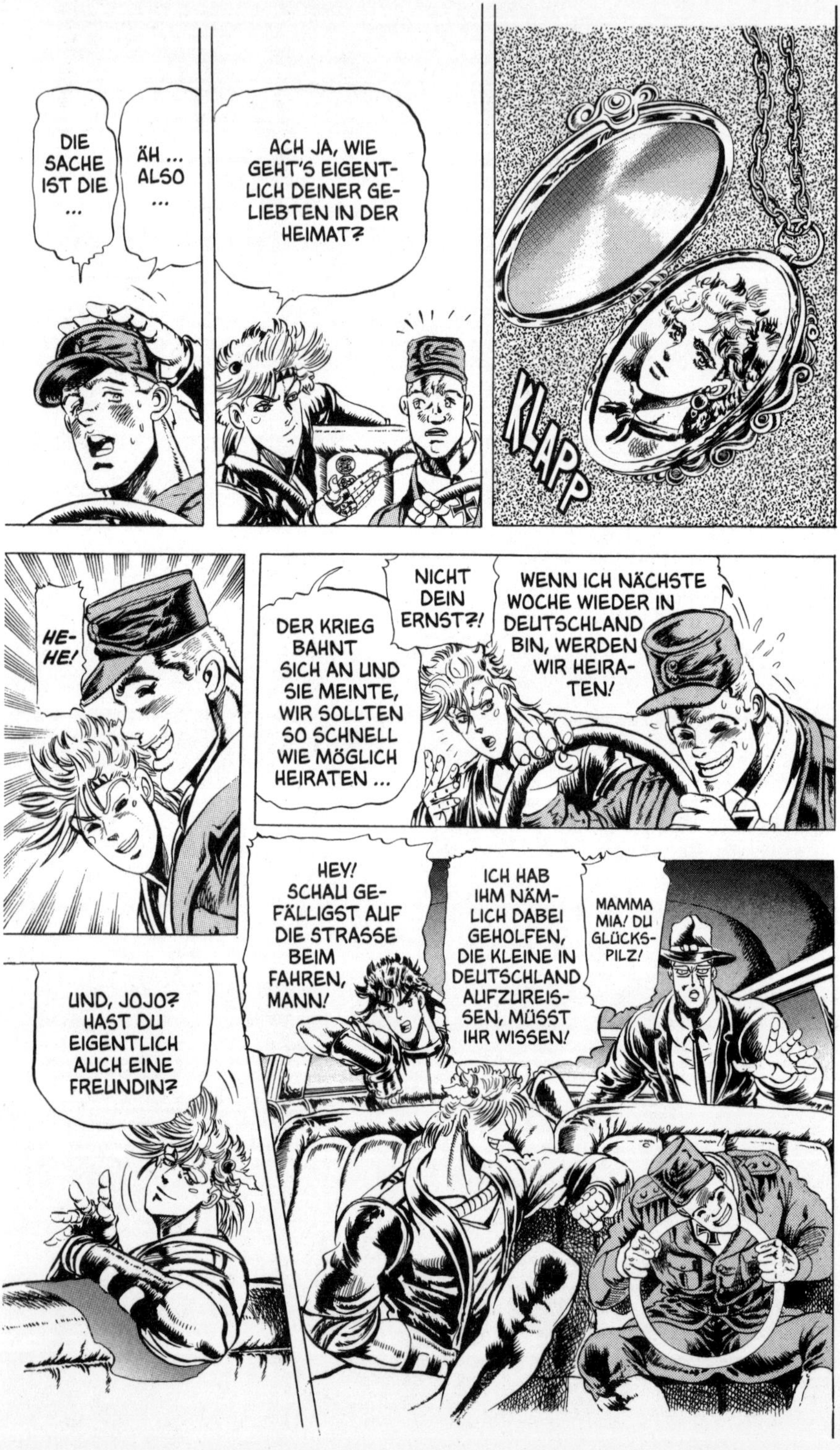
KLAPP
ACH JA, WIE GEHT'S EIGENTLICH DEINER GELIEBTEN IN DER HEIMAT?
ÄH … ALSO …
DIE SACHE IST DIE …
DER KRIEG BAHNT SICH AN UND SIE MEINTE, WIR SOLLTEN SO SCHNELL WIE MÖGLICH HEIRATEN …
WENN ICH NÄCHSTE WOCHE WIEDER IN DEUTSCHLAND BIN, WERDEN WIR HEIRATEN!
NICHT DEIN ERNST?!
HE-HE!
MAMMA MIA! DU GLÜCKSPILZ!
ICH HAB IHM NÄMLICH DABEI GEHOLFEN, DIE KLEINE IN DEUTSCHLAND AUFZUREISSEN, MÜSST IHR WISSEN!
HEY! SCHAU GEFÄLLIGST AUF DIE STRASSE BEIM FAHREN, MANN!
UND, JOJO? HAST DU EIGENTLICH AUCH EINE FREUNDIN?

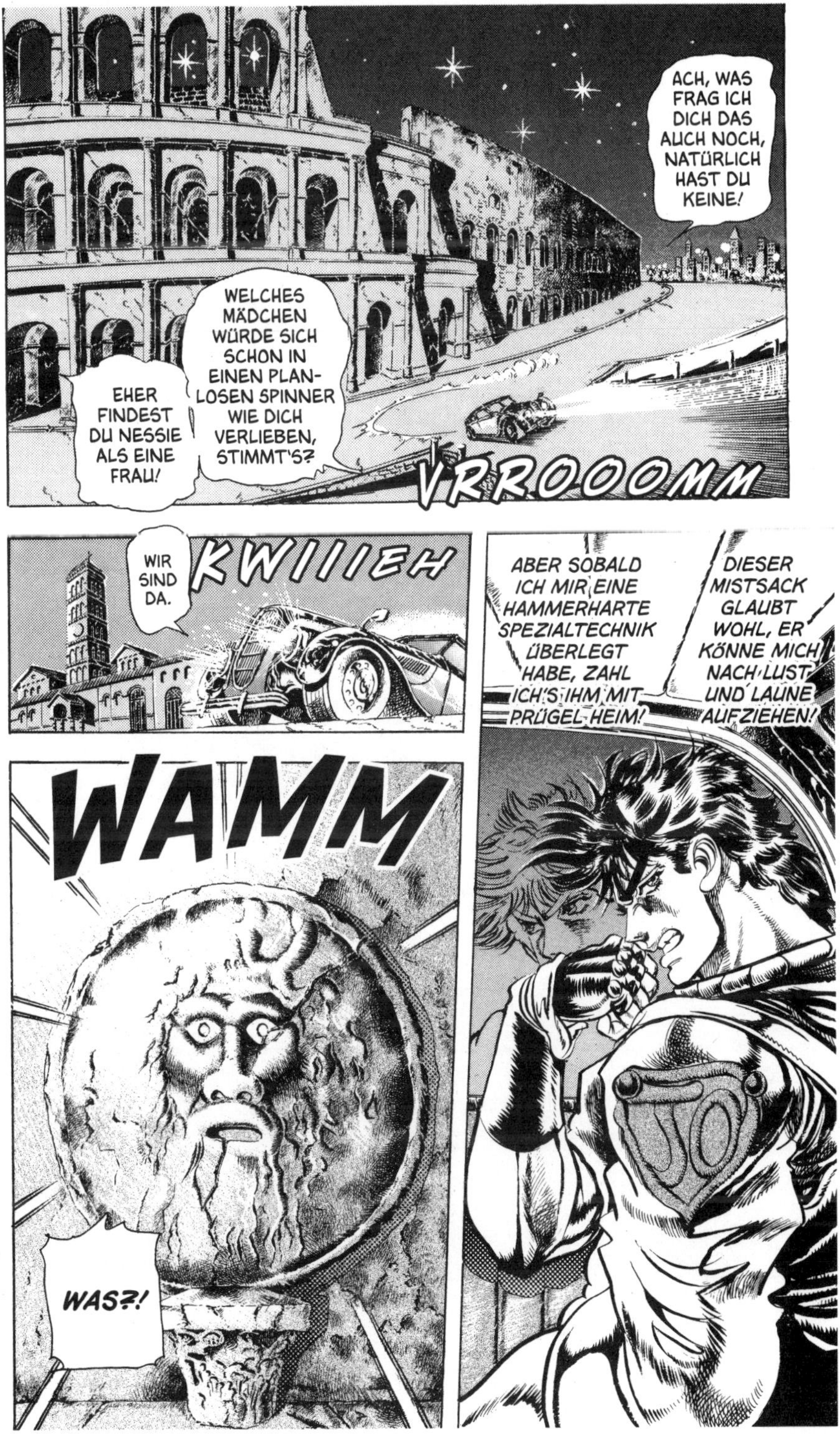
ACH, WAS FRAG ICH DICH DAS AUCH NOCH, NATÜRLICH HAST DU KEINE!
WELCHES MÄDCHEN WÜRDE SICH SCHON IN EINEN PLANLOSEN SPINNER WIE DICH VERLIEBEN, STIMMT'S?
EHER FINDEST DU NESSIE ALS EINE FRAU!
VRROOOMM
DIESER MISTSACK GLAUBT WOHL, ER KÖNNE MICH NACH LUST UND LAUNE AUFZIEHEN!
ABER SOBALD ICH MIR EINE HAMMERHARTE SPEZIALTECHNIK ÜBERLEGT HABE, ZAHL ICH'S IHM MIT PRÜGEL HEIM!
KWIIIEH
WIR SIND DA.
WAMM
WAS?!

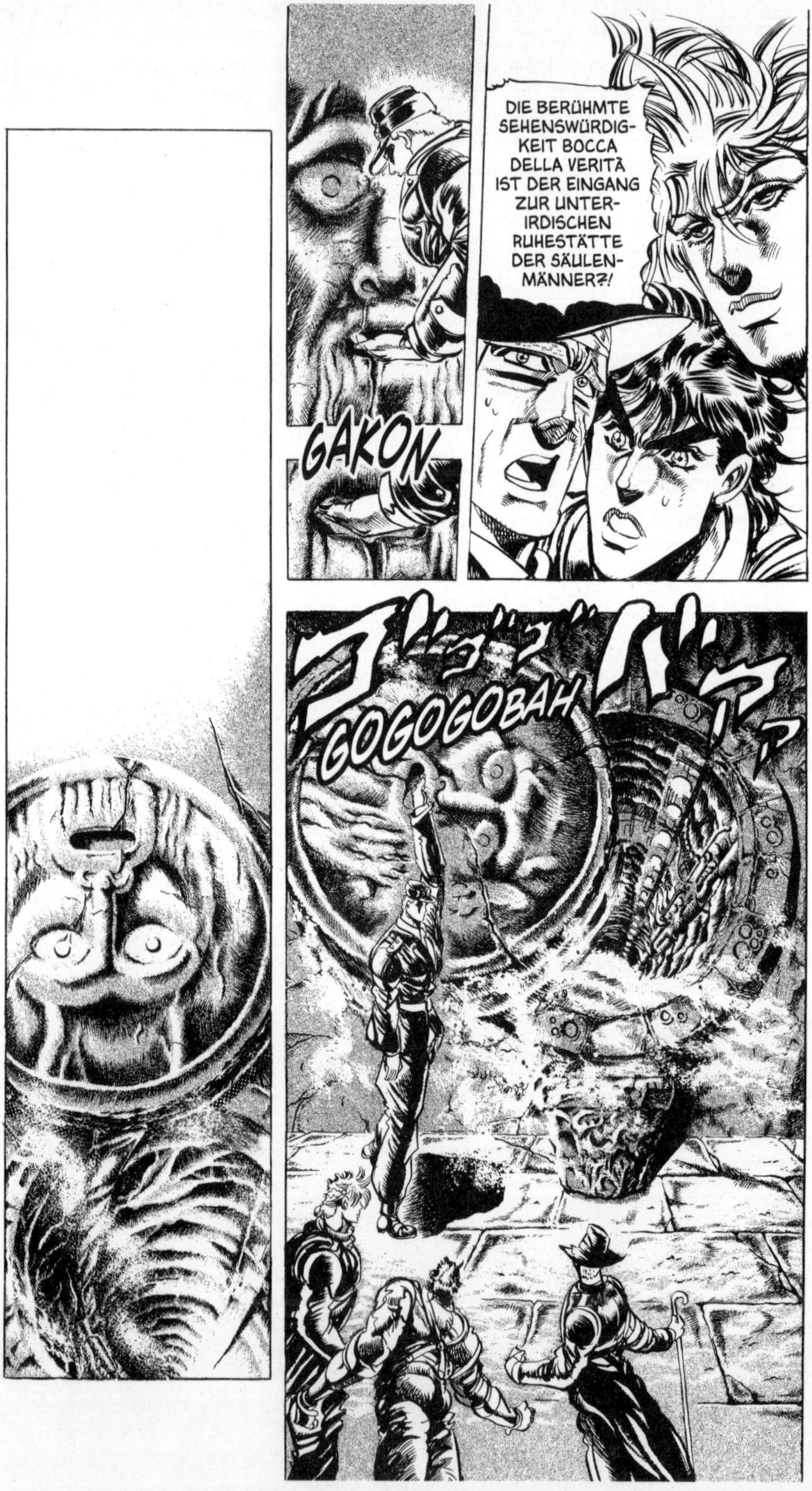
DIE BERÜHMTE SEHENSWÜRDIGKEIT BOCCA DELLA VERITÀ IST DER EINGANG ZUR UNTERIRDISCHEN RUHESTÄTTE DER SÄULENMÄNNER?!
GAKON
GOGOGOBAH

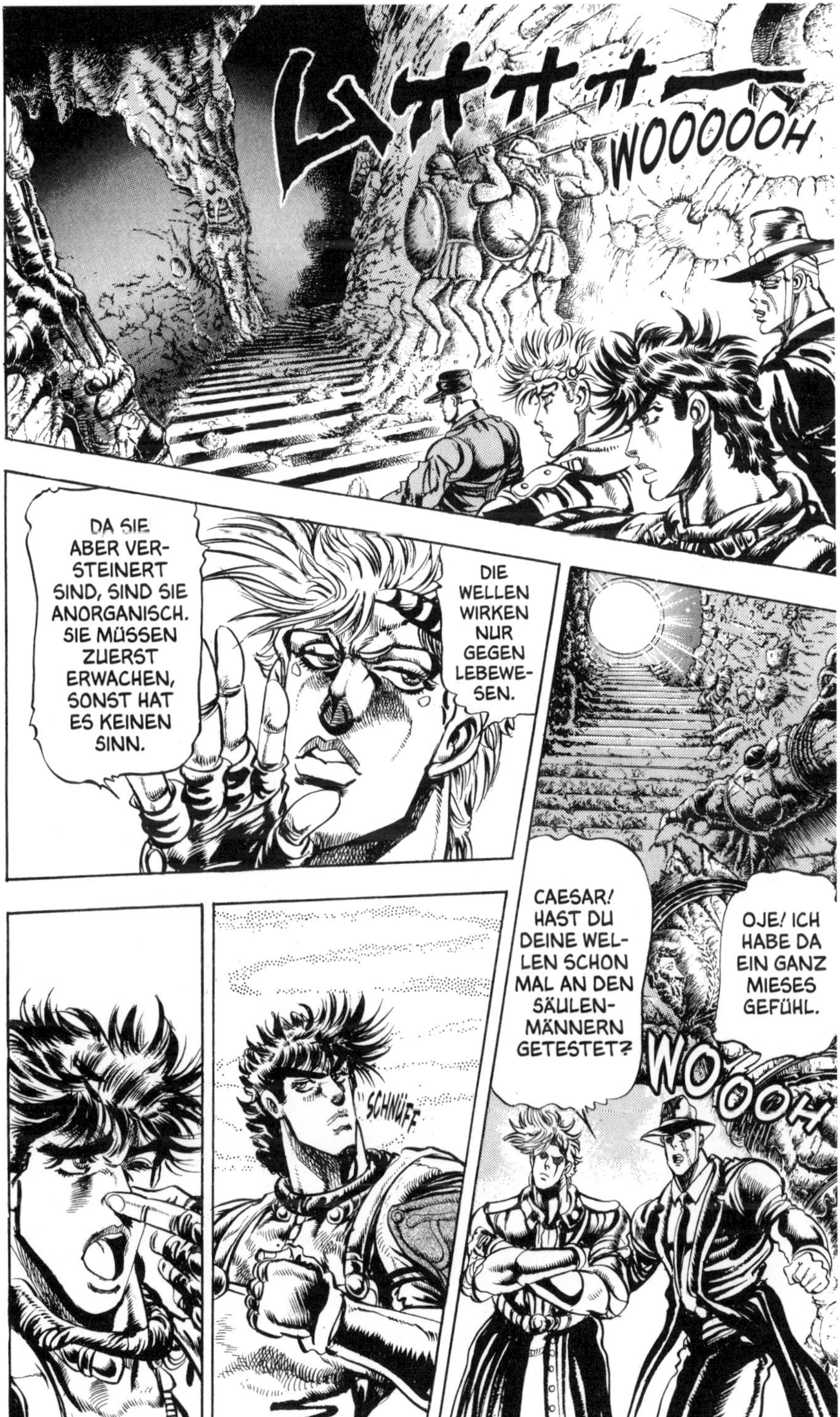
WOOOOOH
DIE WELLEN WIRKEN NUR GEGEN LEBEWESEN.
DA SIE ABER VERSTEINERT SIND, SIND SIE ANORGANISCH. SIE MÜSSEN ZUERST ERWACHEN, SONST HAT ES KEINEN SINN.
OJE! ICH HABE DA EIN GANZ MIESES GEFÜHL.
CAESAR! HAST DU DEINE WELLEN SCHON MAL AN DEN SÄULENMÄNNERN GETESTET?
WOOOH
SCHNÜFF

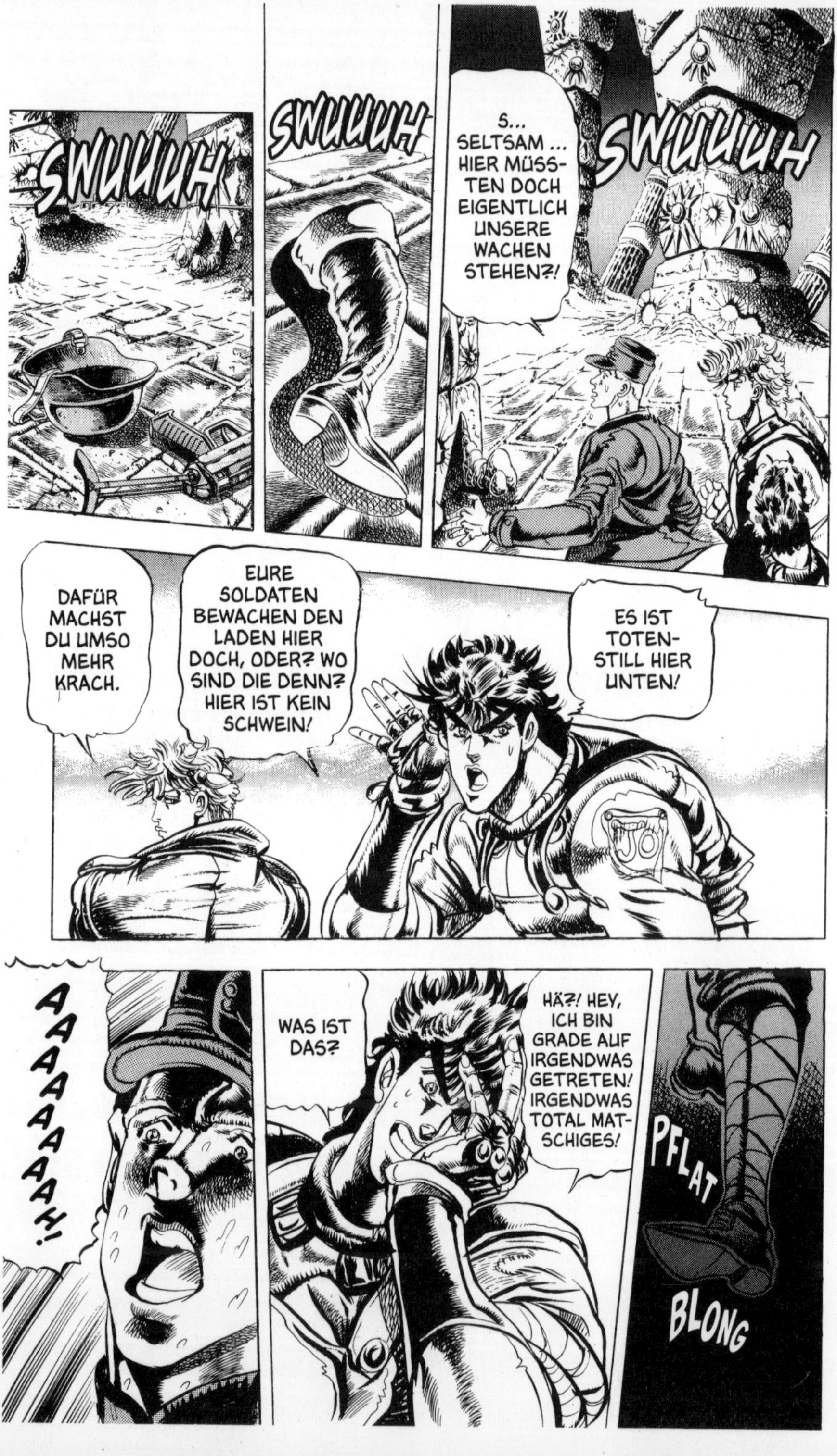
SWUUUH
S... SELTSAM ... HIER MÜSS-TEN DOCH EIGENTLICH UNSERE WACHEN STEHEN?!
SWUUUH
SWUUUH
ES IST TOTEN-STILL HIER UNTEN!
EURE SOLDATEN BEWACHEN DEN LADEN HIER DOCH, ODER? WO SIND DIE DENN? HIER IST KEIN SCHWEIN!
DAFÜR MACHST DU UMSO MEHR KRACH.
PFLAT
BLONG
HÄ?! HEY, ICH BIN GRADE AUF IRGENDWAS GETRETEN! IRGENDWAS TOTAL MAT-SCHIGES!
WAS IST DAS?
AAAAAAAAAH!

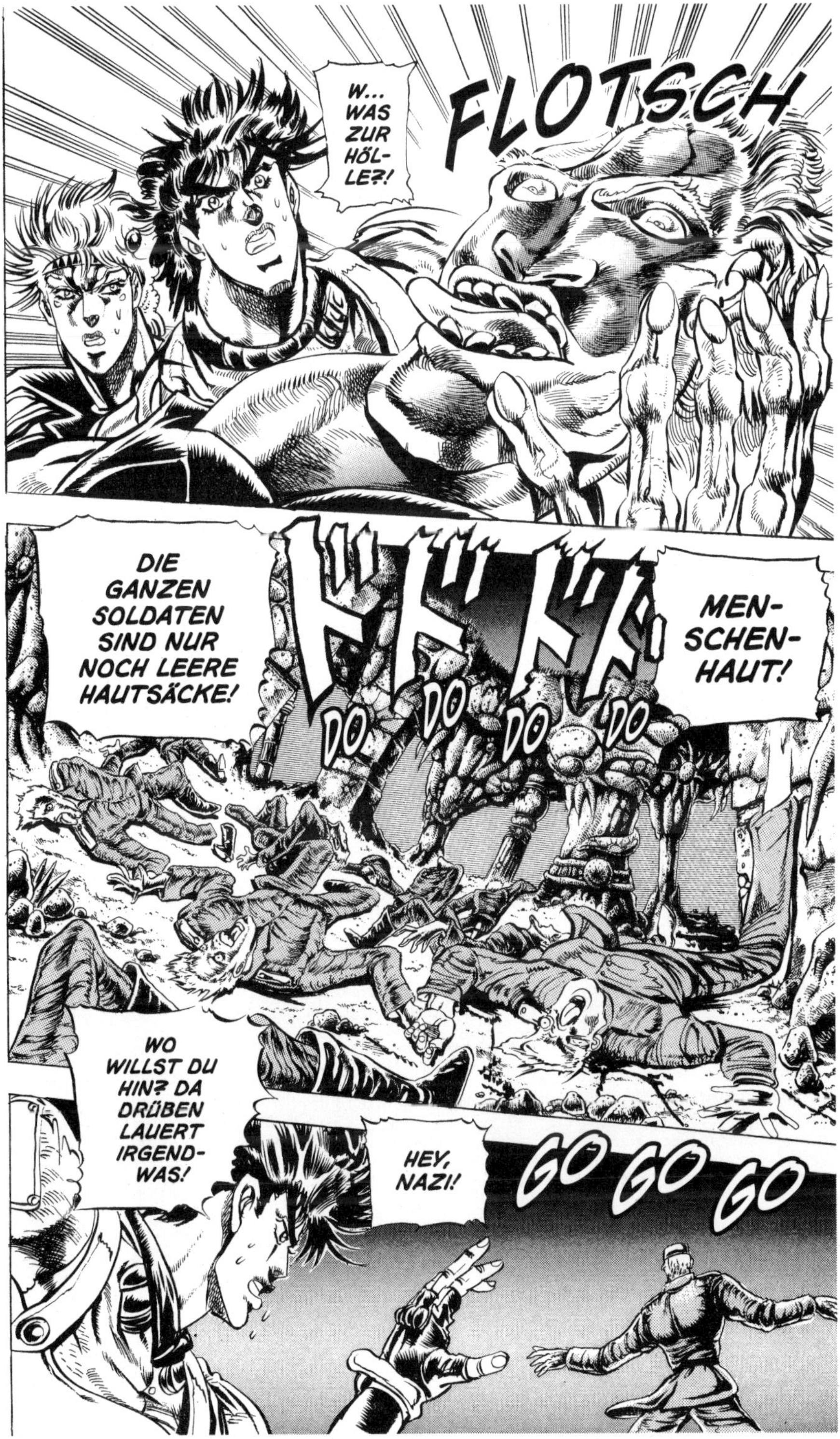
FLOTSCH
W... WAS ZUR HÖLLE?!
MENSCHEN-HAUT!
ドドドド
DO DO DO DO
DIE GANZEN SOLDATEN SIND NUR NOCH LEERE HAUTSÄCKE!
GO GO GO GO
HEY, NAZI!
WO WILLST DU HIN? DA DRÜBEN LAUERT IRGEND-WAS!

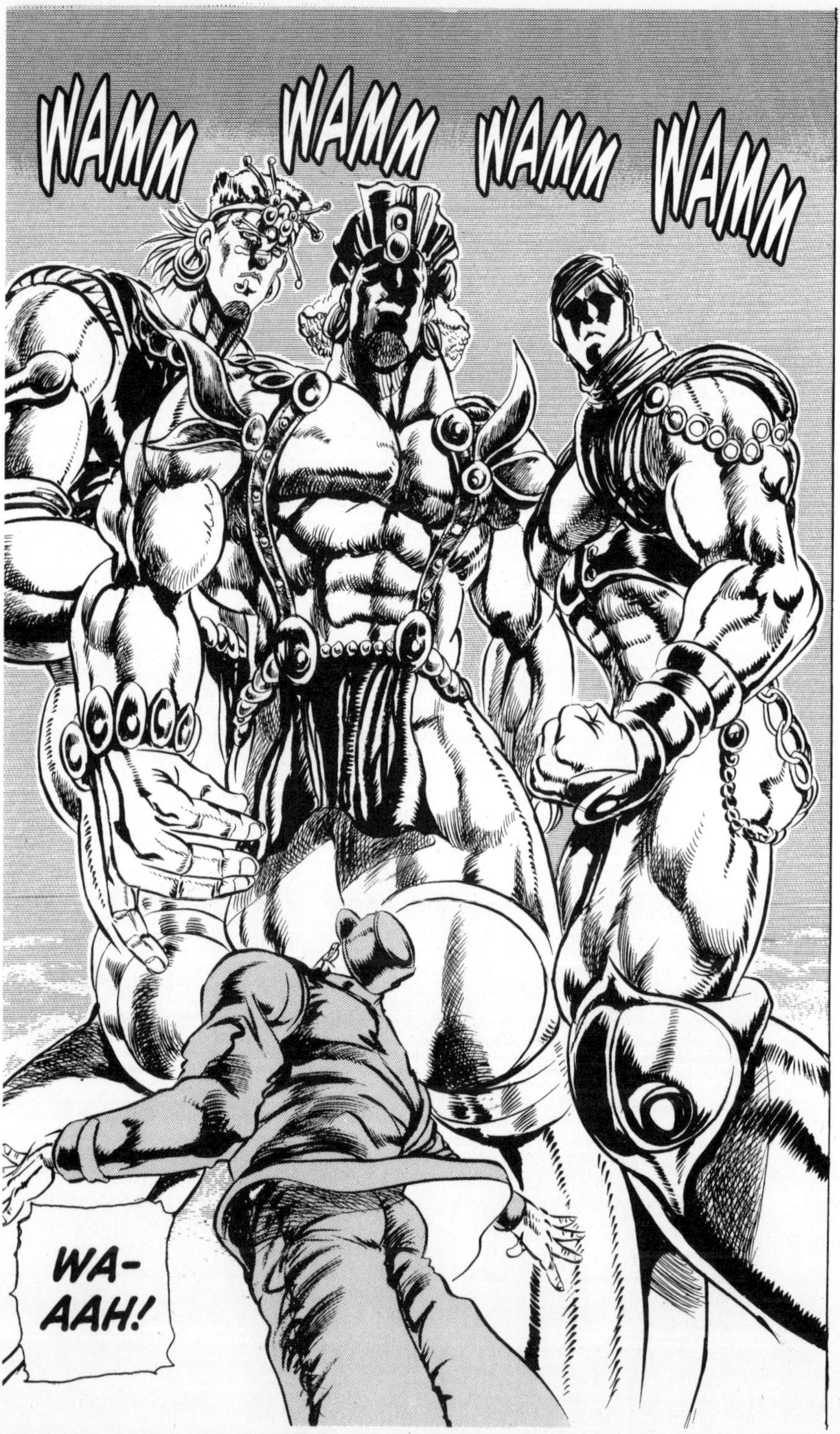
WAMM WAMM WAMM WAMM
WA-AAH!

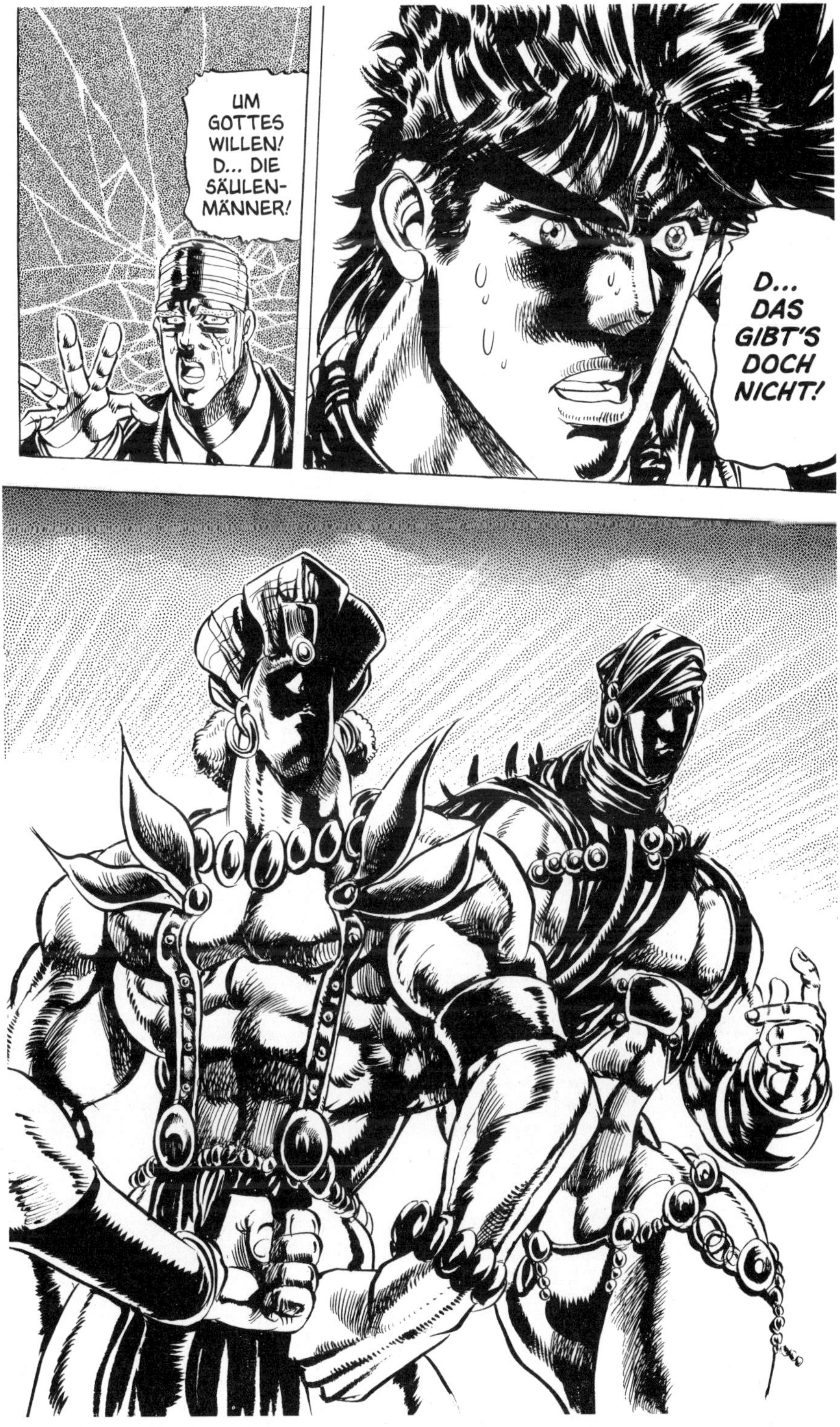
D... DAS GIBT'S DOCH NICHT!
UM GOTTES WILLEN! D... DIE SÄULEN-MÄNNER!

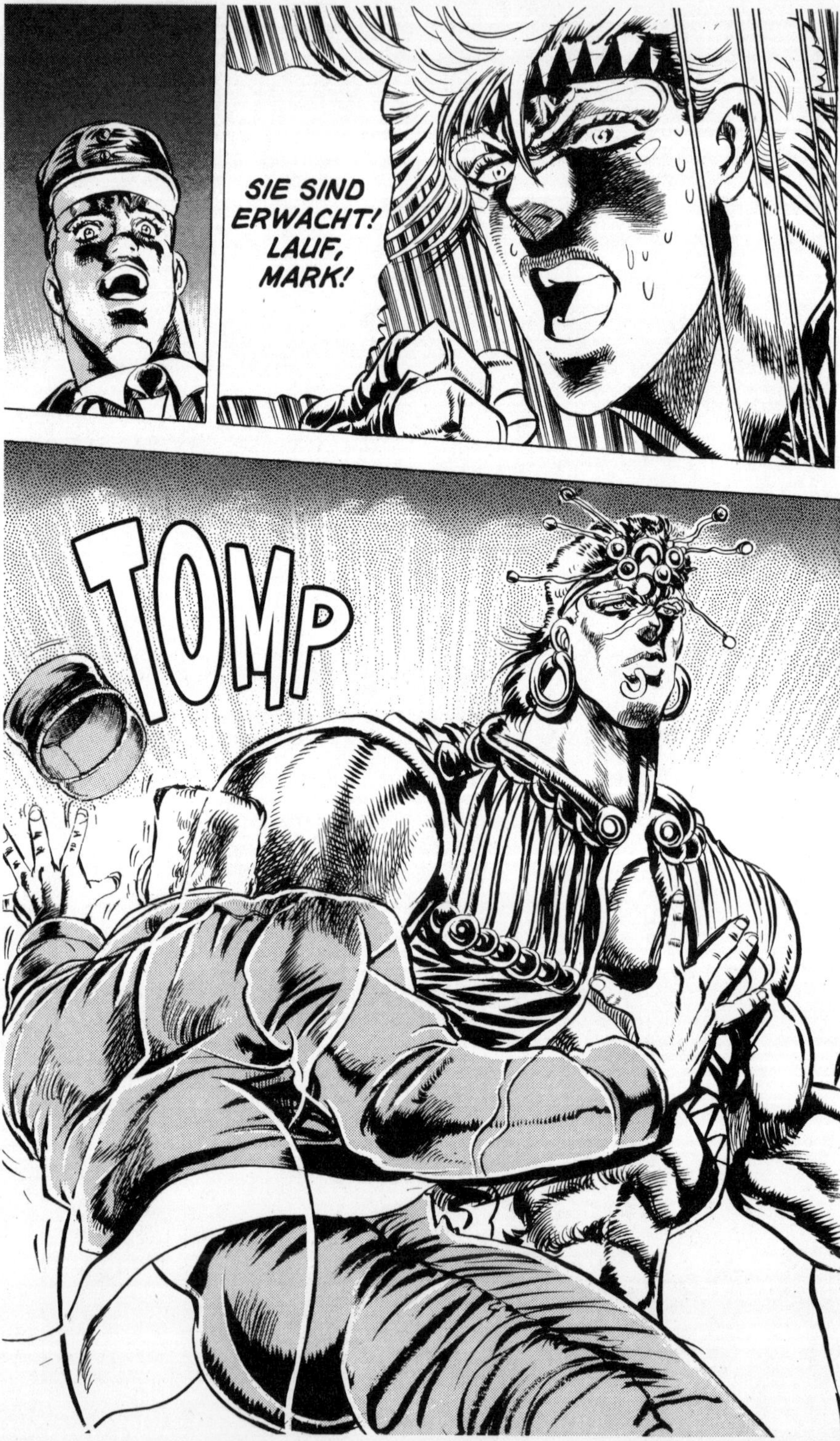
SIE SIND ERWACHT! LAUF, MARK!
TOMP

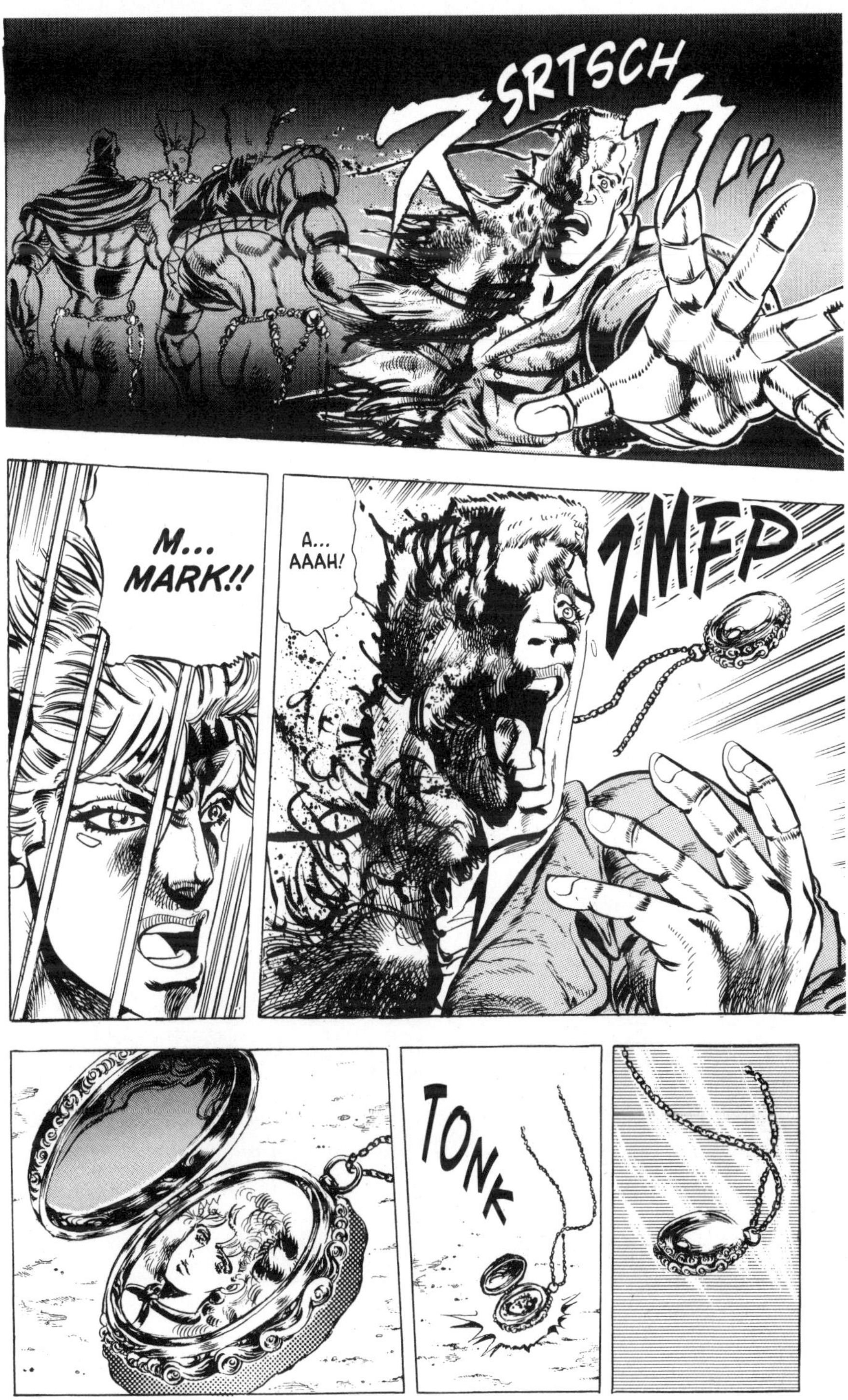
SRTSCH
M...
MARK!!
A...
AAAH!
ZMFP
TONK

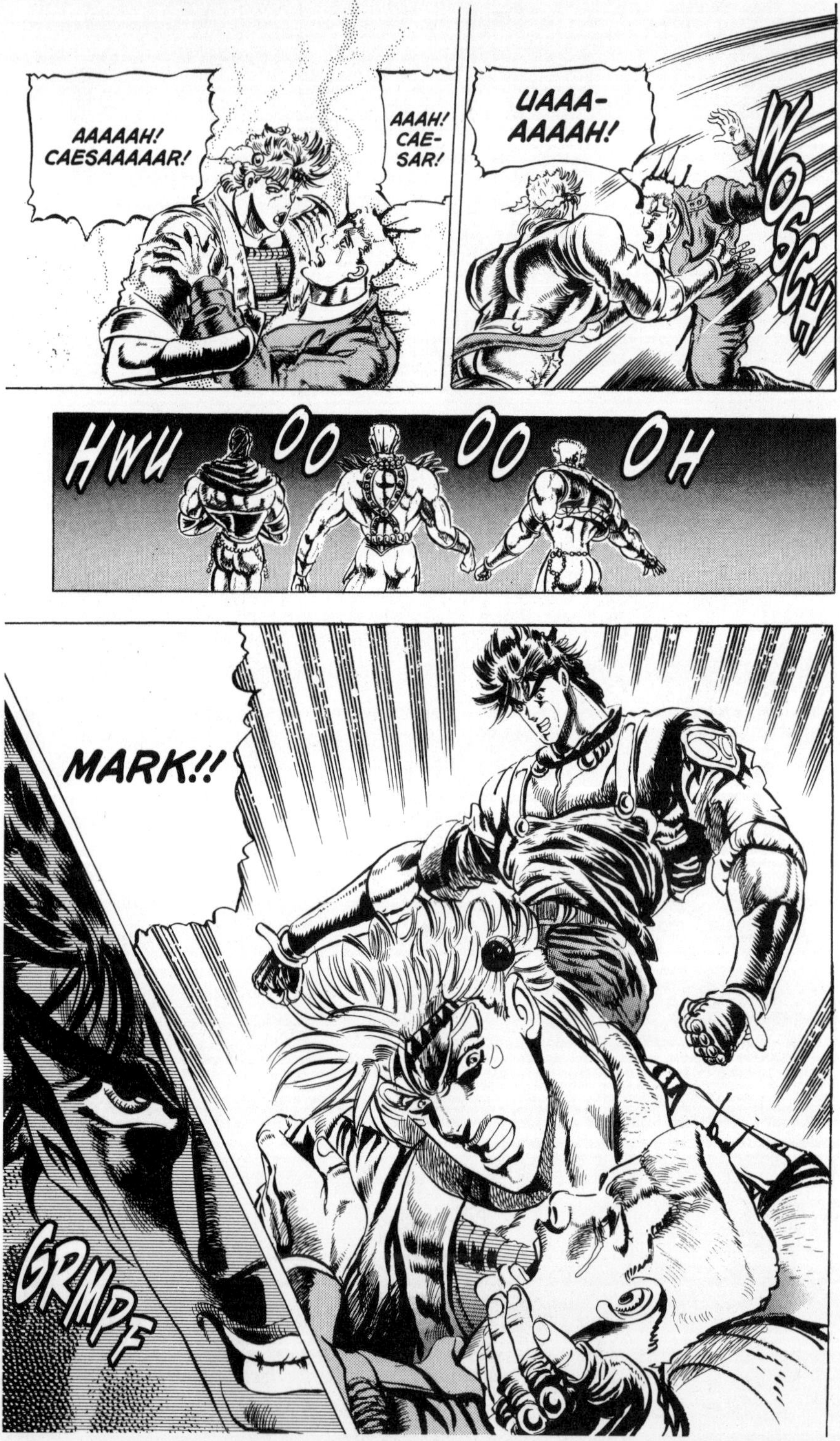
AAAAAH!
CAESAAAAAR!
AAAH!
CAE-
SAR!
UAAA-
AAAAH!
WOSCH
HWU OO OO OH
MARK!!
GRMPF

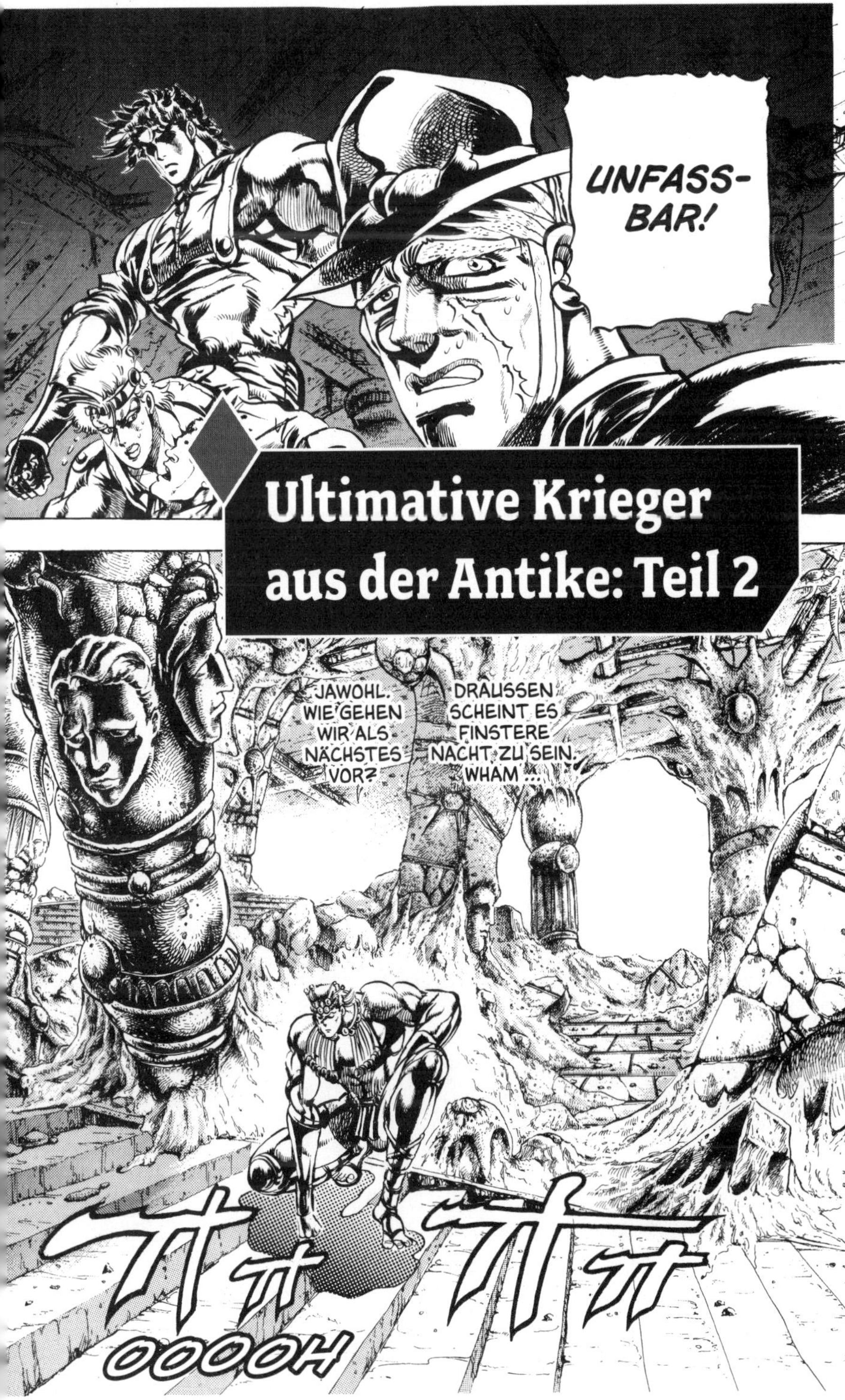
UNFASS-BAR!
Ultimative Krieger aus der Antike: Teil 2
DRAUSSEN SCHEINT ES FINSTERE NACHT ZU SEIN. WHAM ...
JAWOHL. WIE GEHEN WIR ALS NÄCHSTES VOR?
OOOOH

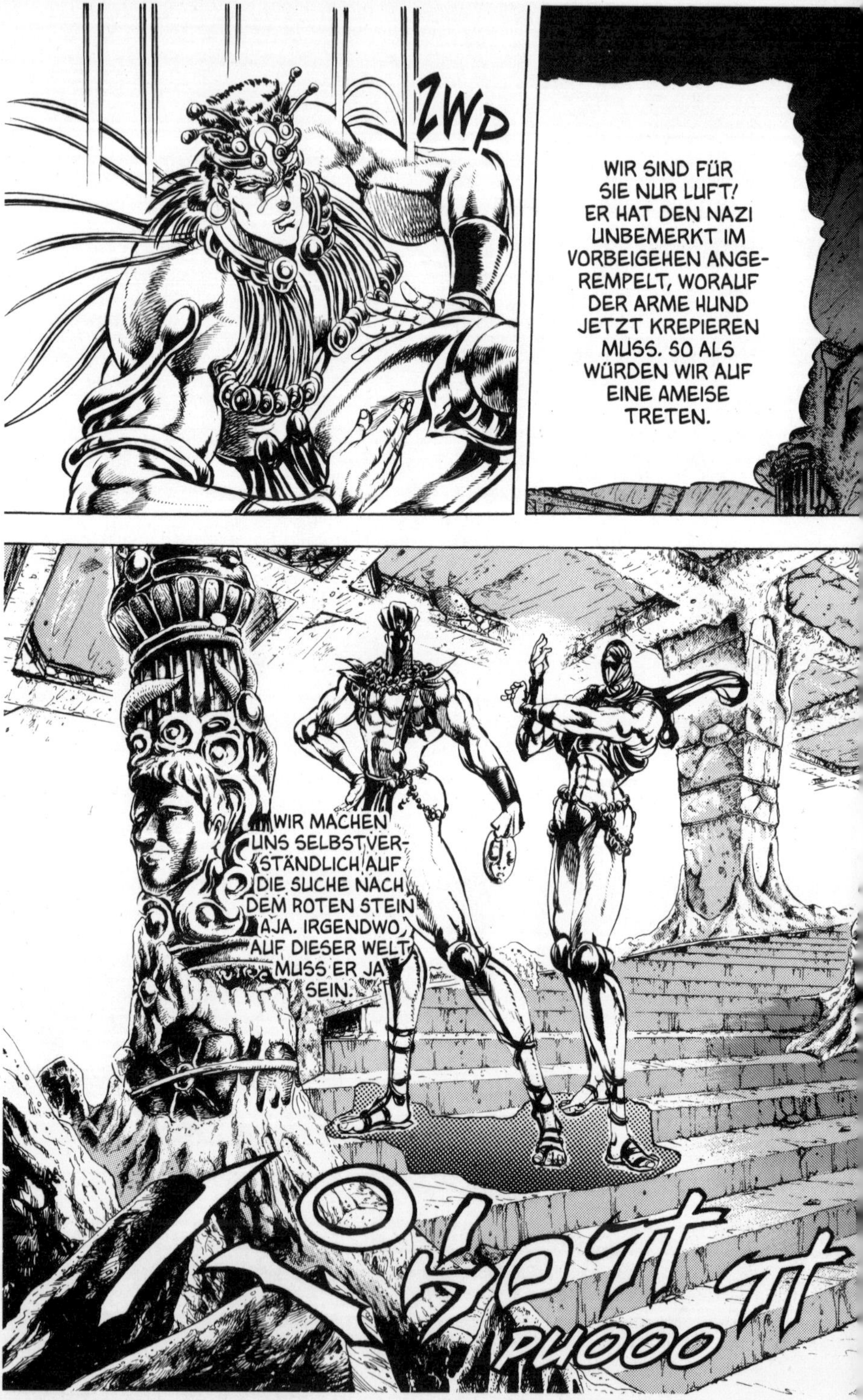
ZWP
WIR SIND FÜR SIE NUR LUFT! ER HAT DEN NAZI UNBEMERKT IM VORBEIGEHEN ANGE-REMPELT, WORAUF DER ARME HUND JETZT KREPIEREN MUSS. SO ALS WÜRDEN WIR AUF EINE AMEISE TRETEN.
WIR MACHEN UNS SELBSTVER-STÄNDLICH AUF DIE SUCHE NACH DEM ROTEN STEIN AJA. IRGENDWO AUF DIESER WELT MUSS ER JA SEIN.
PUOOO

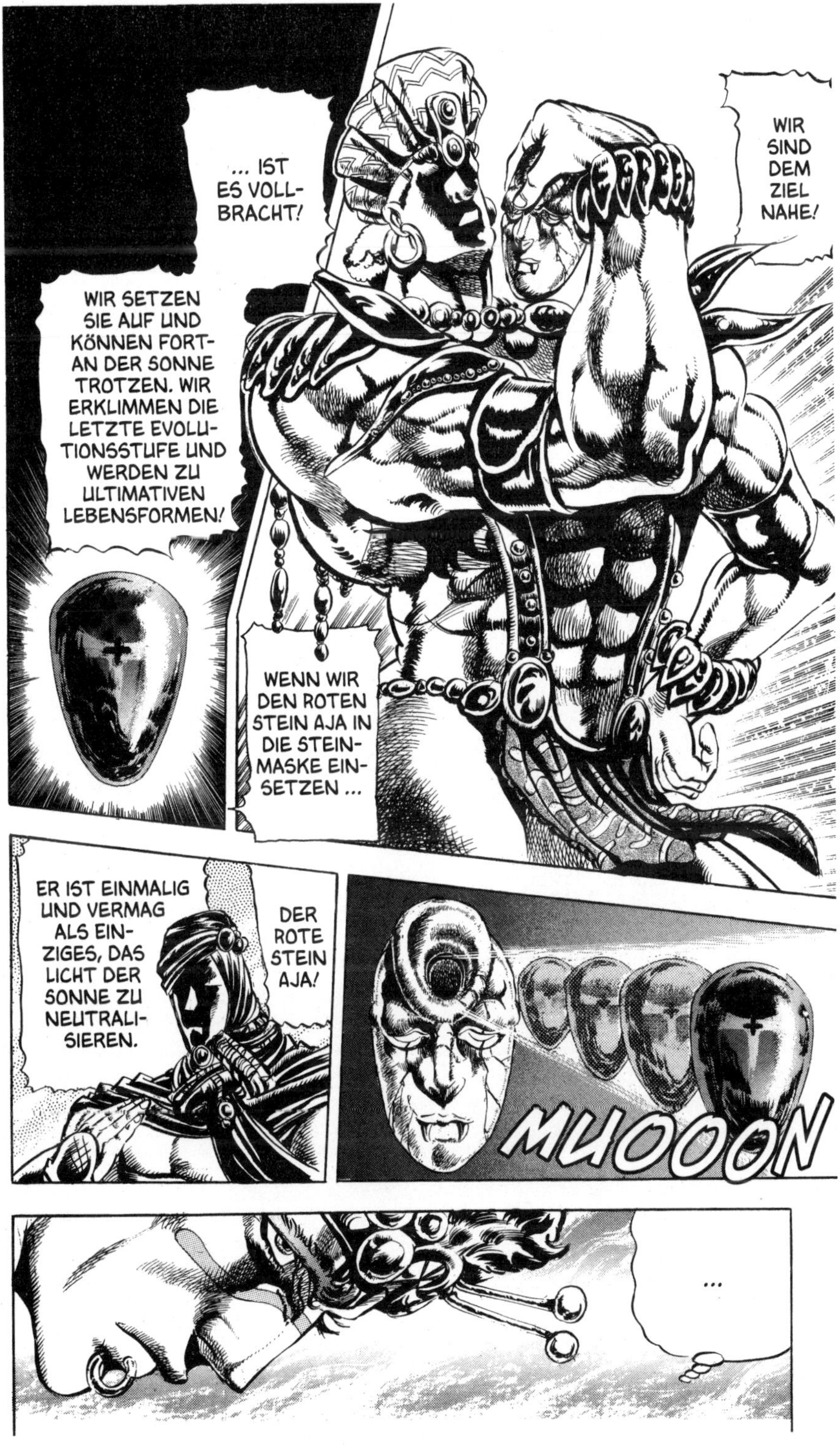
WIR SIND DEM ZIEL NAHE!
WENN WIR DEN ROTEN STEIN AJA IN DIE STEIN-MASKE EIN-SETZEN ...
... IST ES VOLL-BRACHT!
WIR SETZEN SIE AUF UND KÖNNEN FORT-AN DER SONNE TROTZEN. WIR ERKLIMMEN DIE LETZTE EVOLU-TIONSSTUFE UND WERDEN ZU ULTIMATIVEN LEBENSFORMEN!
MUOOON
DER ROTE STEIN AJA!
ER IST EINMALIG UND VERMAG ALS EIN-ZIGES, DAS LICHT DER SONNE ZU NEUTRALI-SIEREN.
...

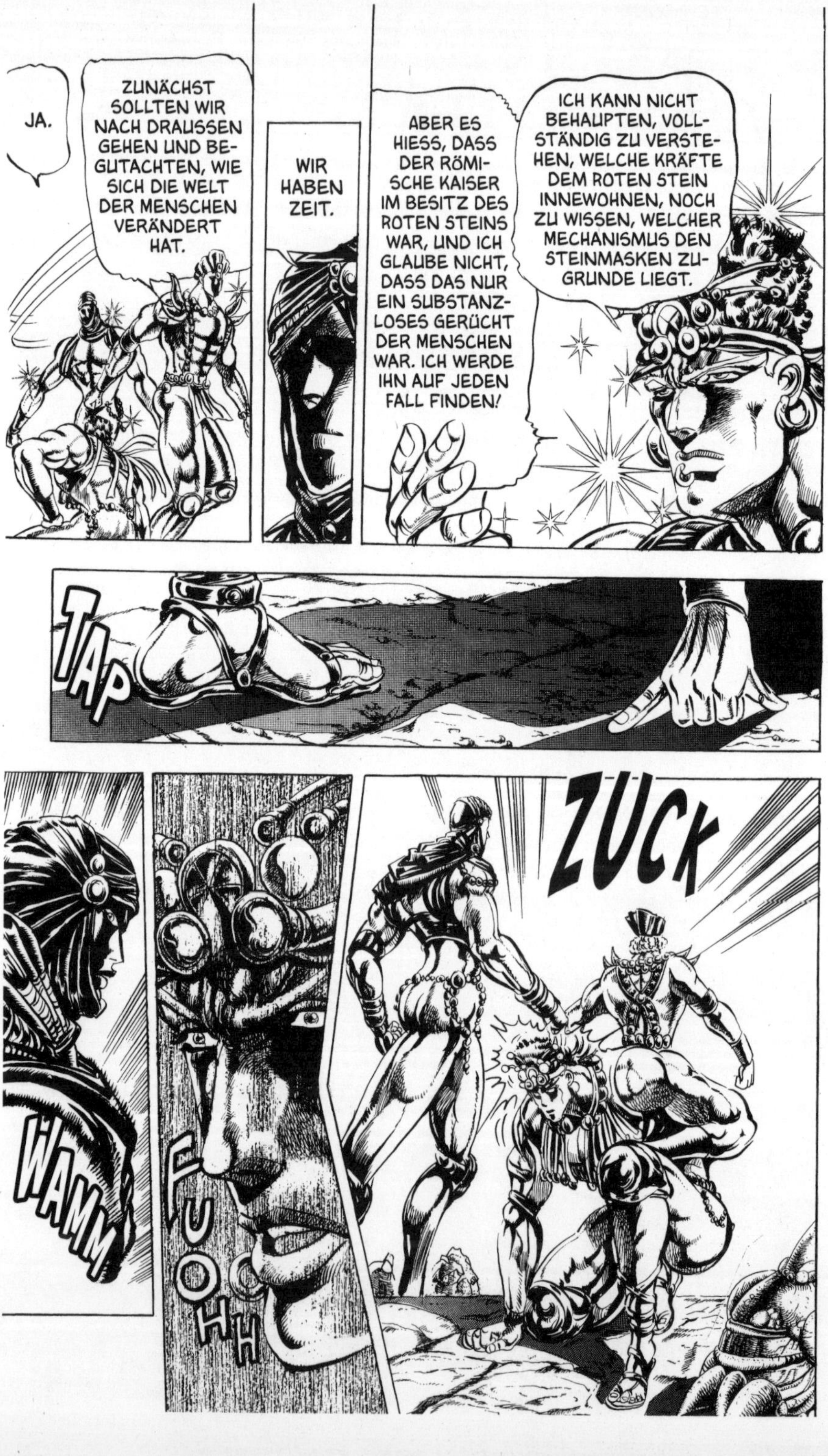
ICH KANN NICHT BEHAUPTEN, VOLLSTÄNDIG ZU VERSTEHEN, WELCHE KRÄFTE DEM ROTEN STEIN INNEWOHNEN, NOCH ZU WISSEN, WELCHER MECHANISMUS DEN STEINMASKEN ZUGRUNDE LIEGT.
ABER ES HIESS, DASS DER RÖMISCHE KAISER IM BESITZ DES ROTEN STEINS WAR, UND ICH GLAUBE NICHT, DASS DAS NUR EIN SUBSTANZLOSES GERÜCHT DER MENSCHEN WAR. ICH WERDE IHN AUF JEDEN FALL FINDEN!
WIR HABEN ZEIT.
ZUNÄCHST SOLLTEN WIR NACH DRAUSSEN GEHEN UND BEGUTACHTEN, WIE SICH DIE WELT DER MENSCHEN VERÄNDERT HAT.
JA.
TAP
ZUCK
FUOHH
WAMM

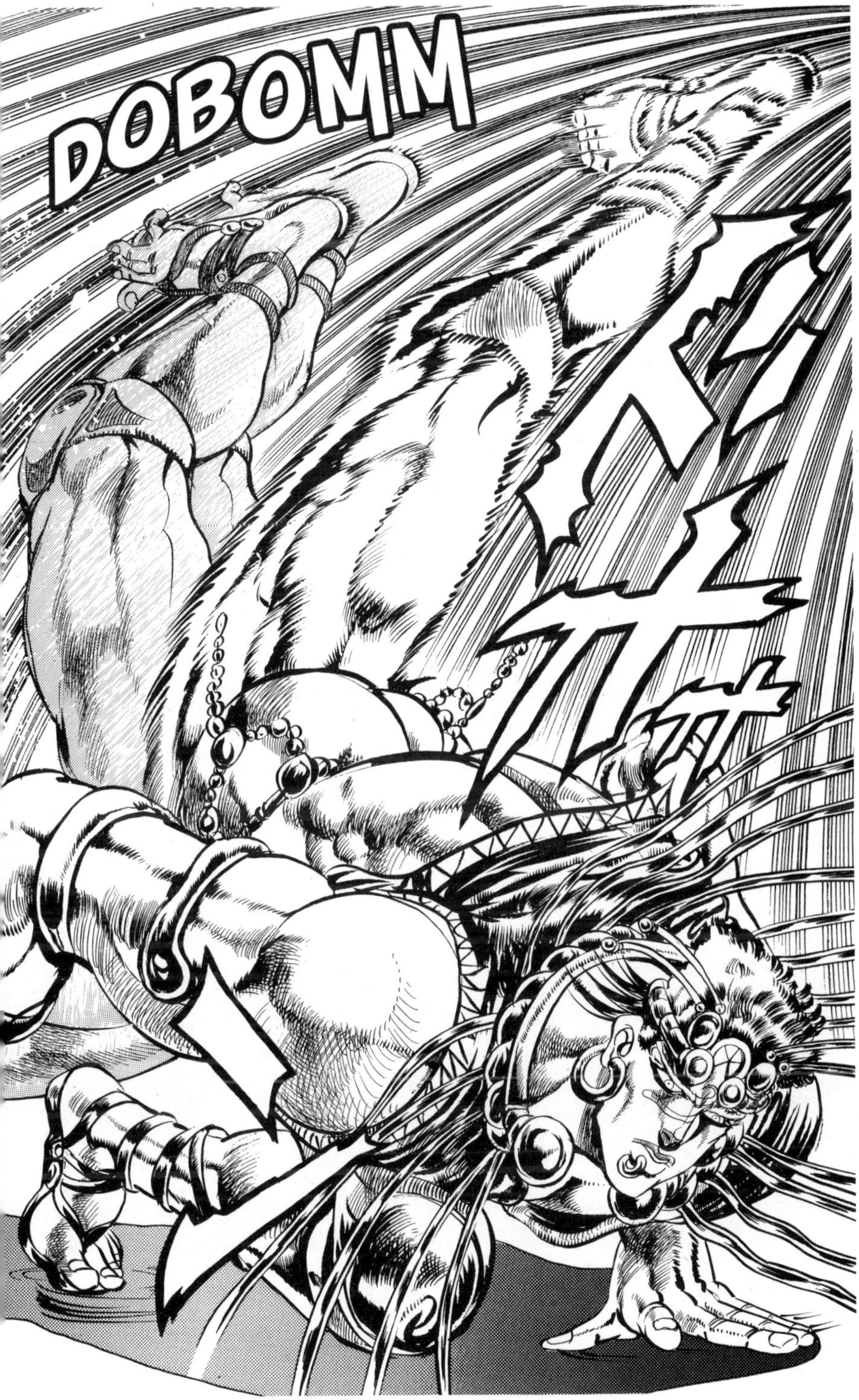
DOBOMM

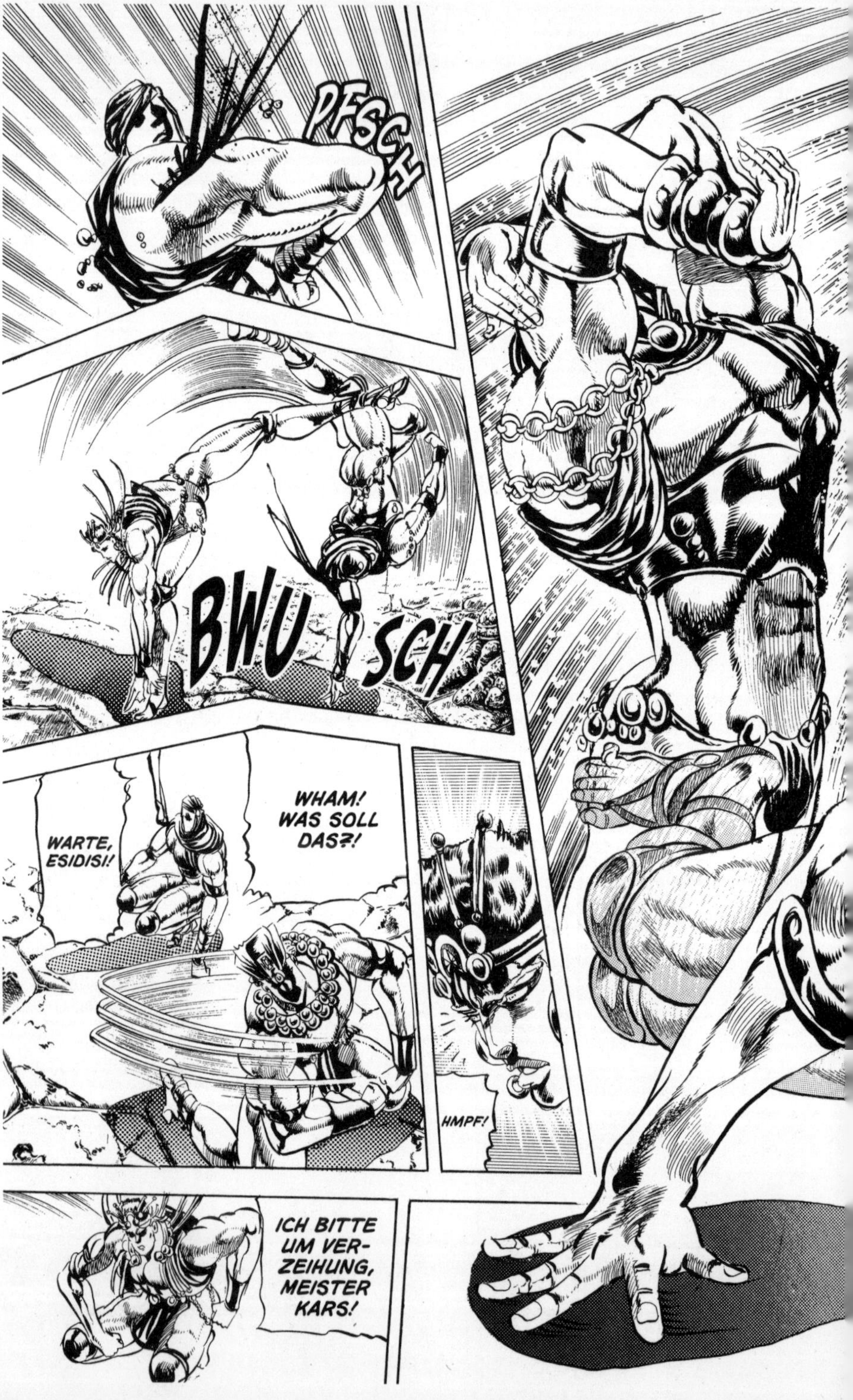
PFSCH
BWU SCH
WHAM! WAS SOLL DAS?!
WARTE, ESIDISI!
HMPF!
ICH BITTE UM VER-ZEIHUNG, MEISTER KARS!

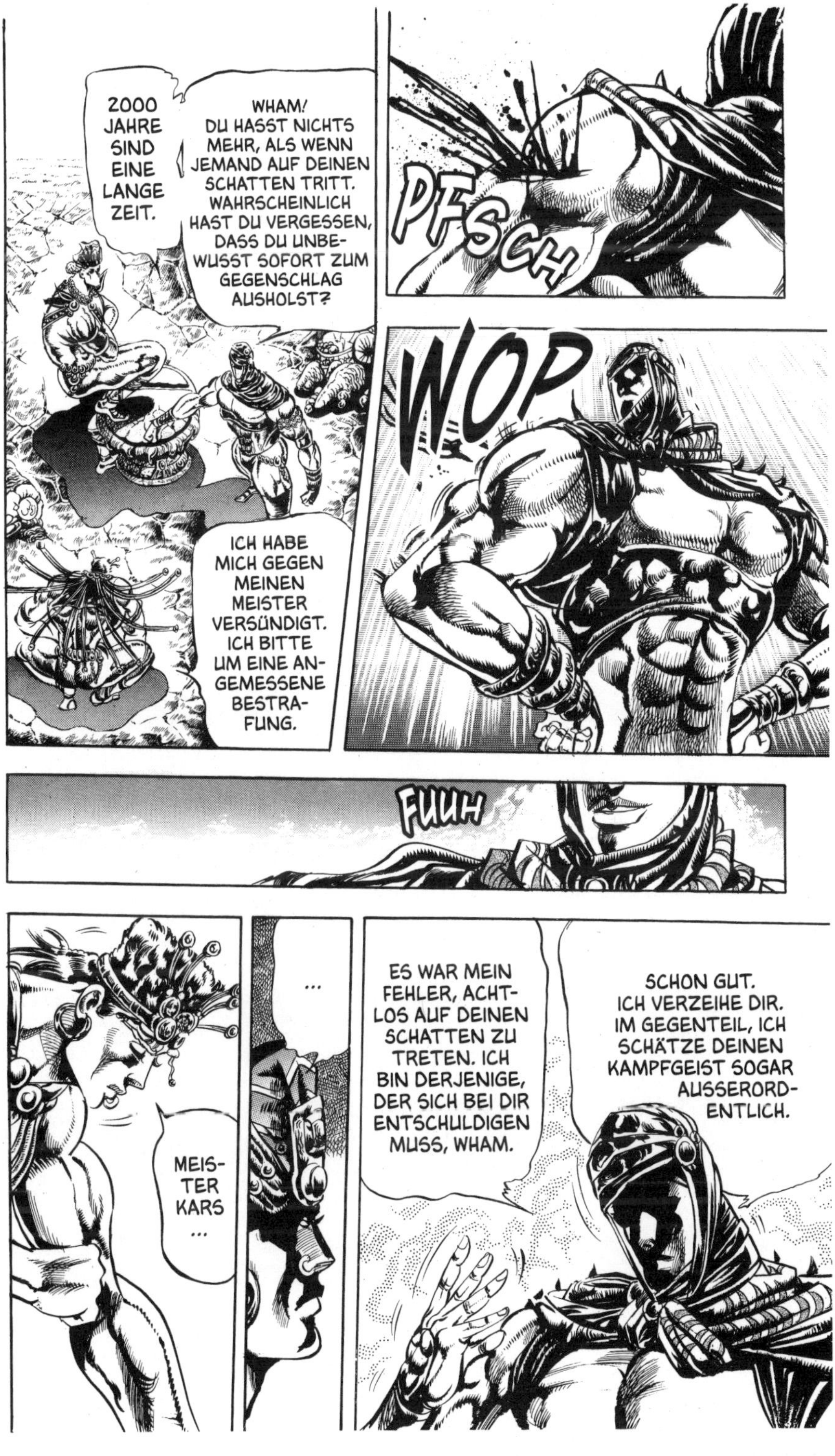
PFSCH
WOP
2000 JAHRE SIND EINE LANGE ZEIT.
WHAM! DU HASST NICHTS MEHR, ALS WENN JEMAND AUF DEINEN SCHATTEN TRITT. WAHRSCHEINLICH HAST DU VERGESSEN, DASS DU UNBEWUSST SOFORT ZUM GEGENSCHLAG AUSHOLST?
ICH HABE MICH GEGEN MEINEN MEISTER VERSÜNDIGT. ICH BITTE UM EINE ANGEMESSENE BESTRAFUNG.
FUUH
SCHON GUT. ICH VERZEIHE DIR. IM GEGENTEIL, ICH SCHÄTZE DEINEN KAMPFGEIST SOGAR AUSSERORDENTLICH.
ES WAR MEIN FEHLER, ACHTLOS AUF DEINEN SCHATTEN ZU TRETEN. ICH BIN DERJENIGE, DER SICH BEI DIR ENTSCHULDIGEN MUSS, WHAM.
...
MEISTER KARS ...

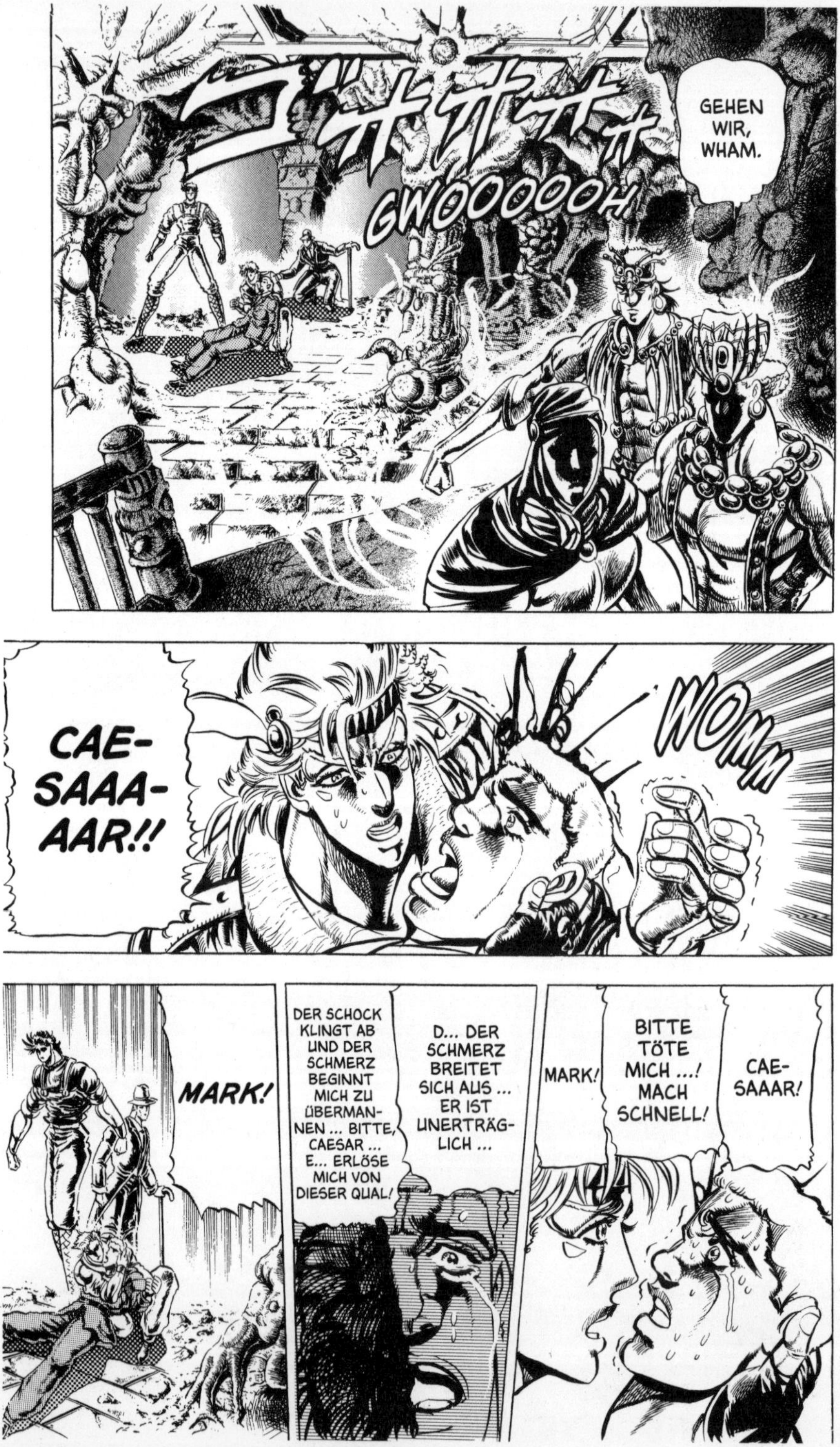
GWOOOOOH
GEHEN WIR, WHAM.
WOMM
CAE-SAAAA-AAR!!
CAE-SAAAR!
BITTE TÖTE MICH ...! MACH SCHNELL!
MARK!
D... DER SCHMERZ BREITET SICH AUS ... ER IST UNERTRÄGLICH ...
DER SCHOCK KLINGT AB UND DER SCHMERZ BEGINNT MICH ZU ÜBERMANNEN ... BITTE, CAESAR ... E... ERLÖSE MICH VON DIESER QUAL!
MARK!

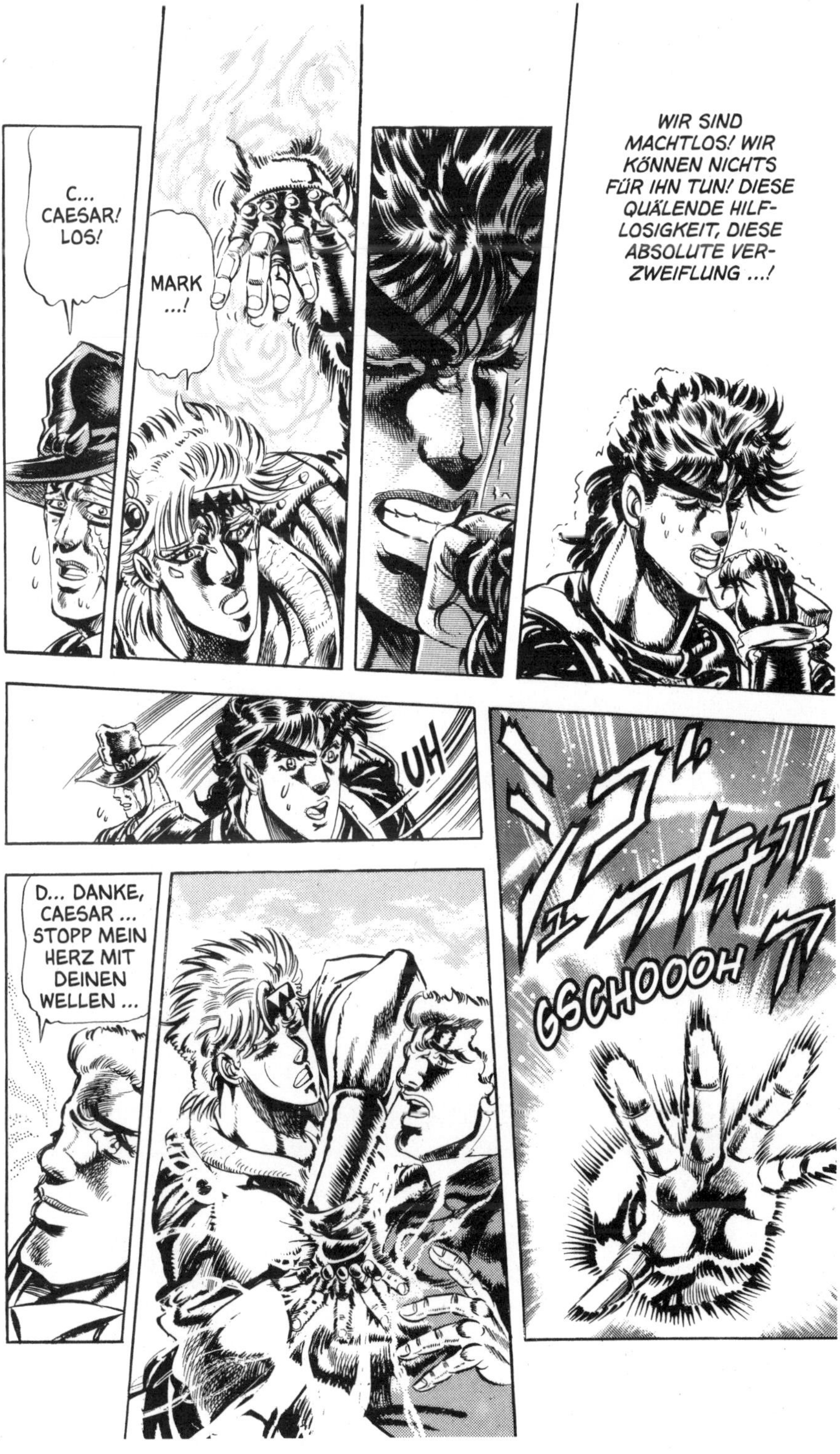
WIR SIND MACHTLOS! WIR KÖNNEN NICHTS FÜR IHN TUN! DIESE QUÄLENDE HILF-LOSIGKEIT, DIESE ABSOLUTE VER-ZWEIFLUNG ...!
MARK ...!
C... CAESAR! LOS!
GSCHOOOH
UH
D... DANKE, CAESAR ... STOPP MEIN HERZ MIT DEINEN WELLEN ...

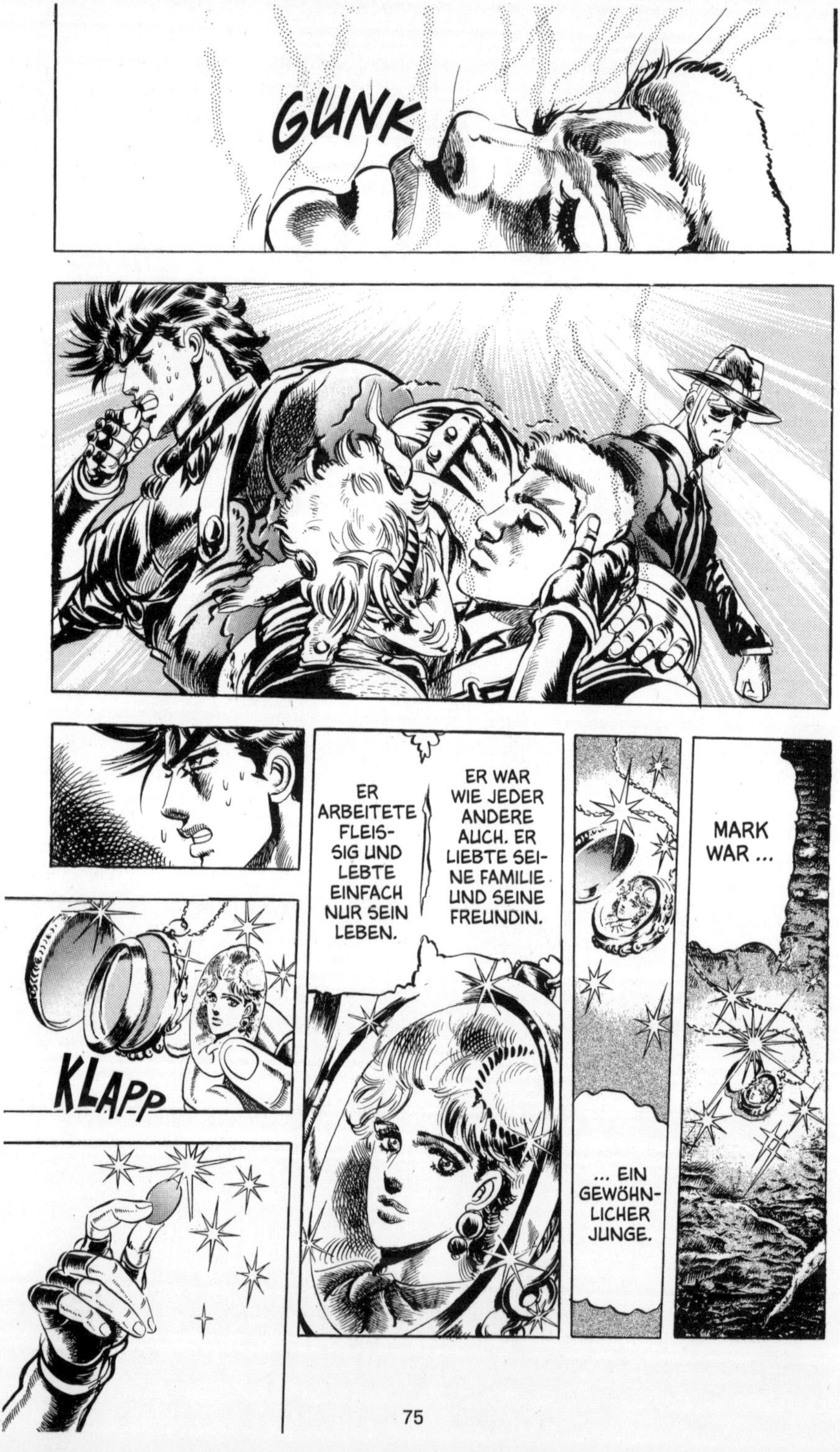
GUNK
MARK WAR ...
... EIN GEWÖHNLICHER JUNGE.
ER WAR WIE JEDER ANDERE AUCH. ER LIEBTE SEINE FAMILIE UND SEINE FREUNDIN.
ER ARBEITETE FLEISSIG UND LEBTE EINFACH NUR SEIN LEBEN.
KLAPP

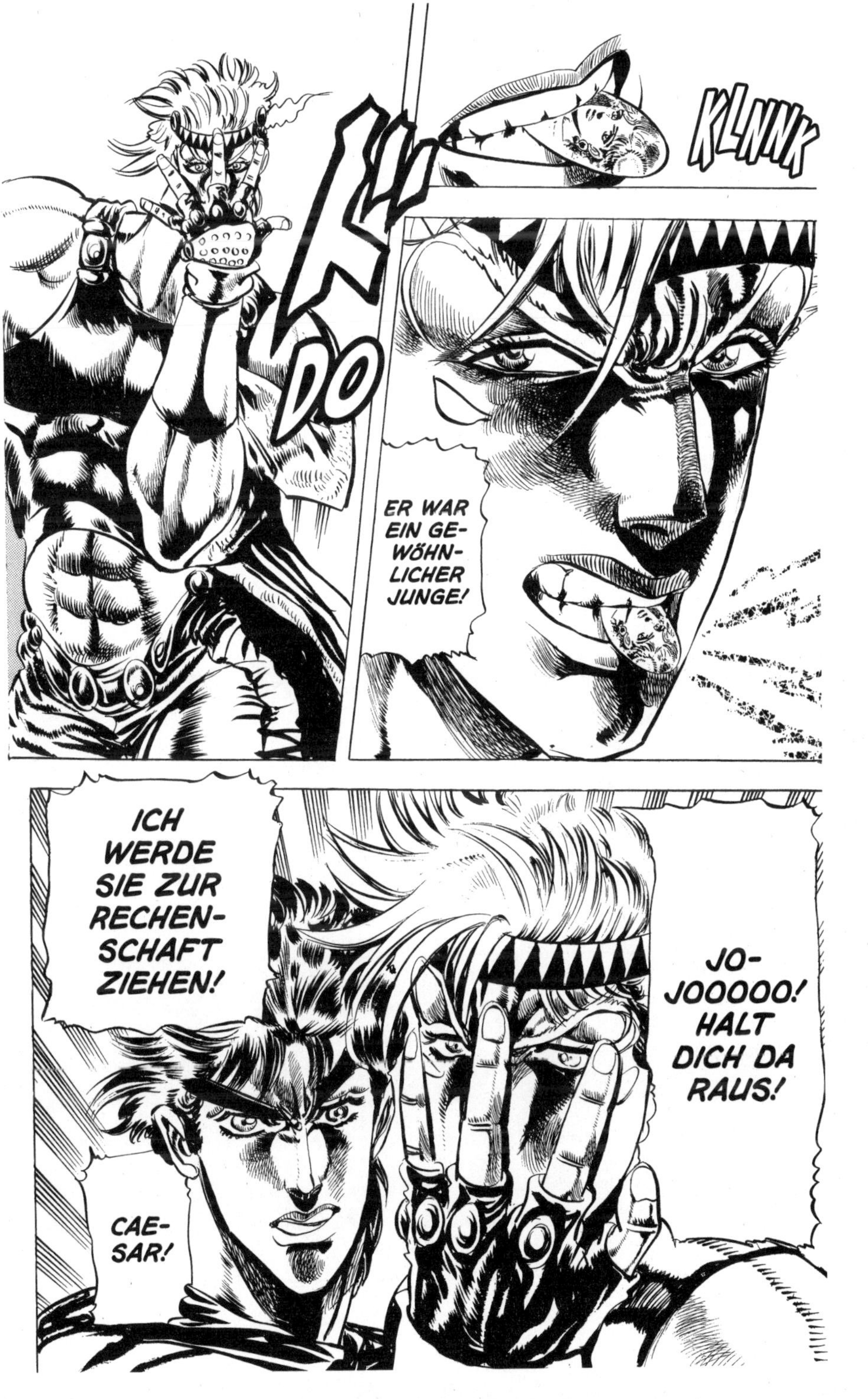
KLNNK
ER WAR EIN GE-
WÖHN-
LICHER
JUNGE!
DO
JO-
JOOOOO!
HALT
DICH DA
RAUS!
ICH
WERDE
SIE ZUR
RECHEN-
SCHAFT
ZIEHEN!
CAE-
SAR!

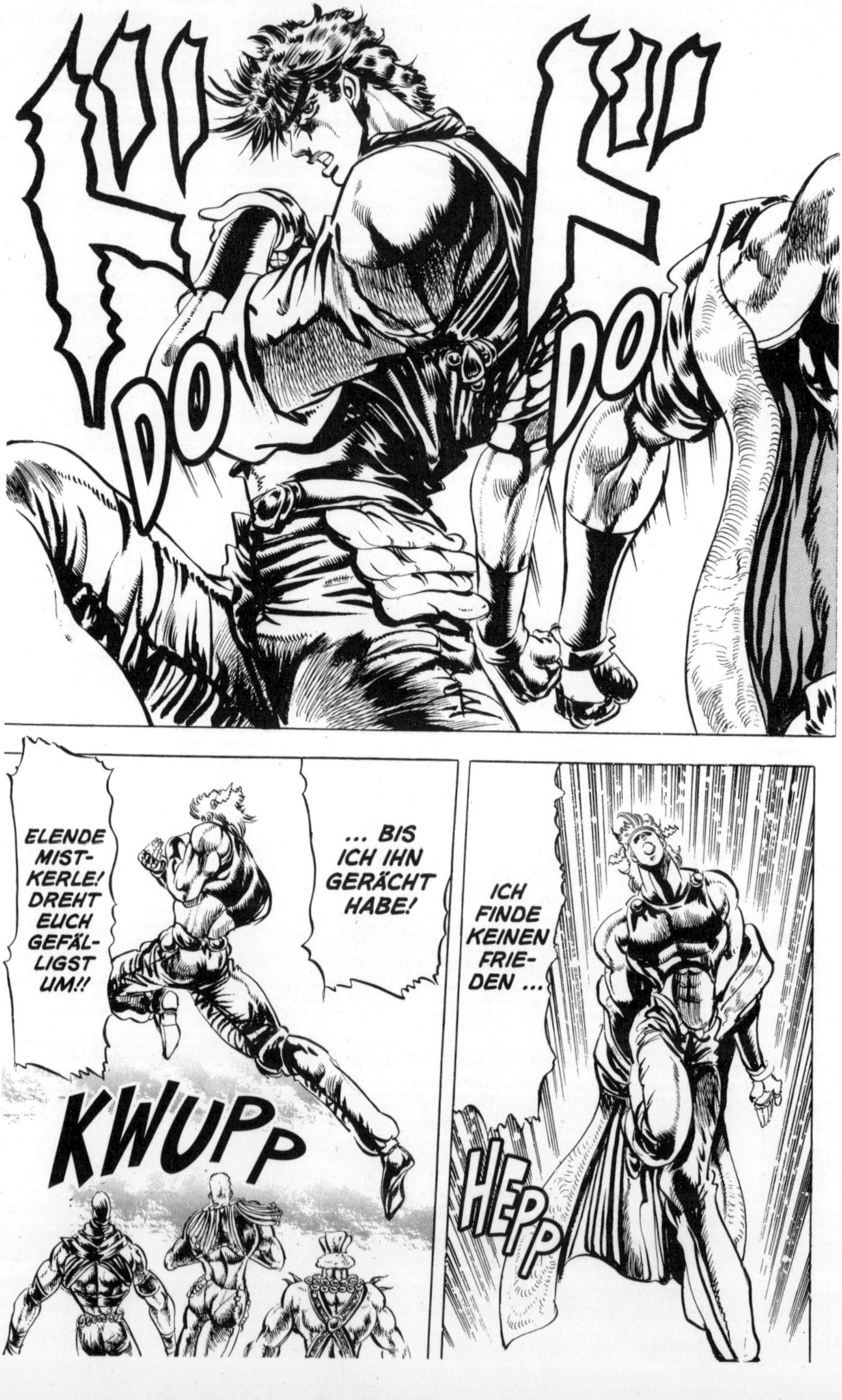
DO
DO
ICH FINDE KEINEN FRIEDEN ...
HEPP
... BIS ICH IHN GERÄCHT HABE!
ELENDE MISTKERLE! DREHT EUCH GEFÄLLIGST UM!!
KWUPP

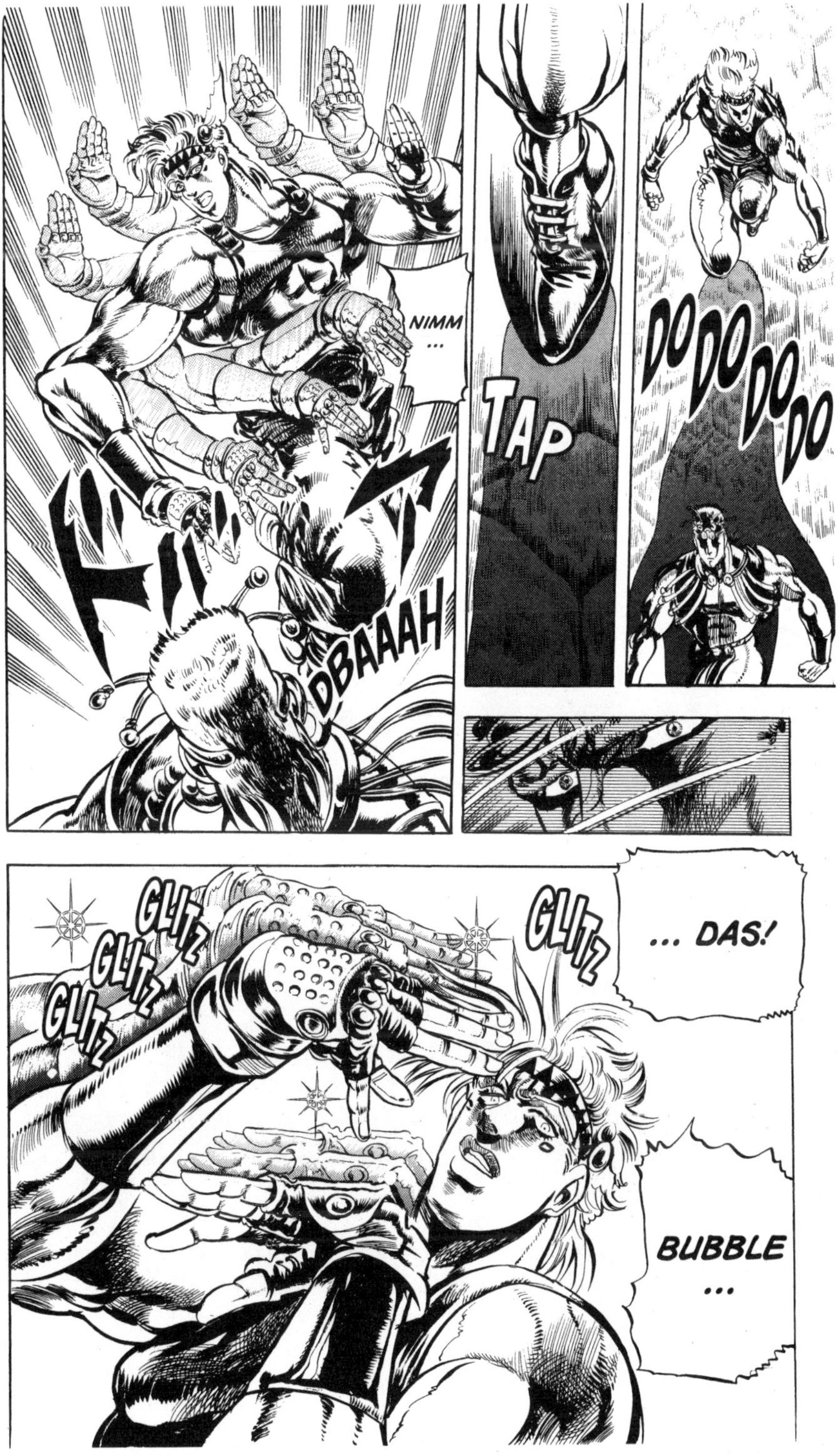
NIMM ...
DBAAAH
TAP
DO DO DO DO DO
... DAS!
GLITZ
GLITZ
GLITZ
GLITZ
BUBBLE ...

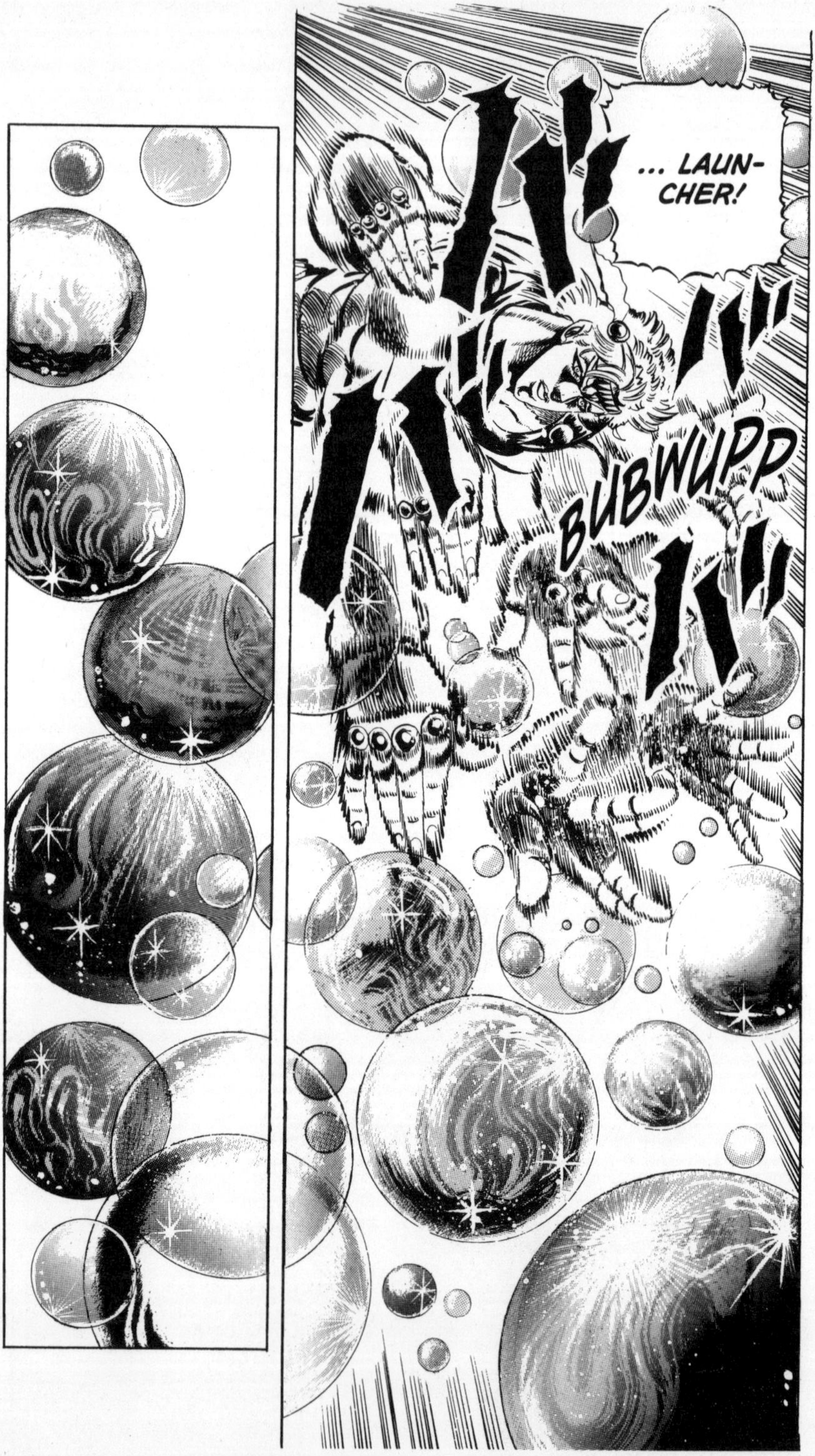
... LAUN-
CHER!
BUBWUPP

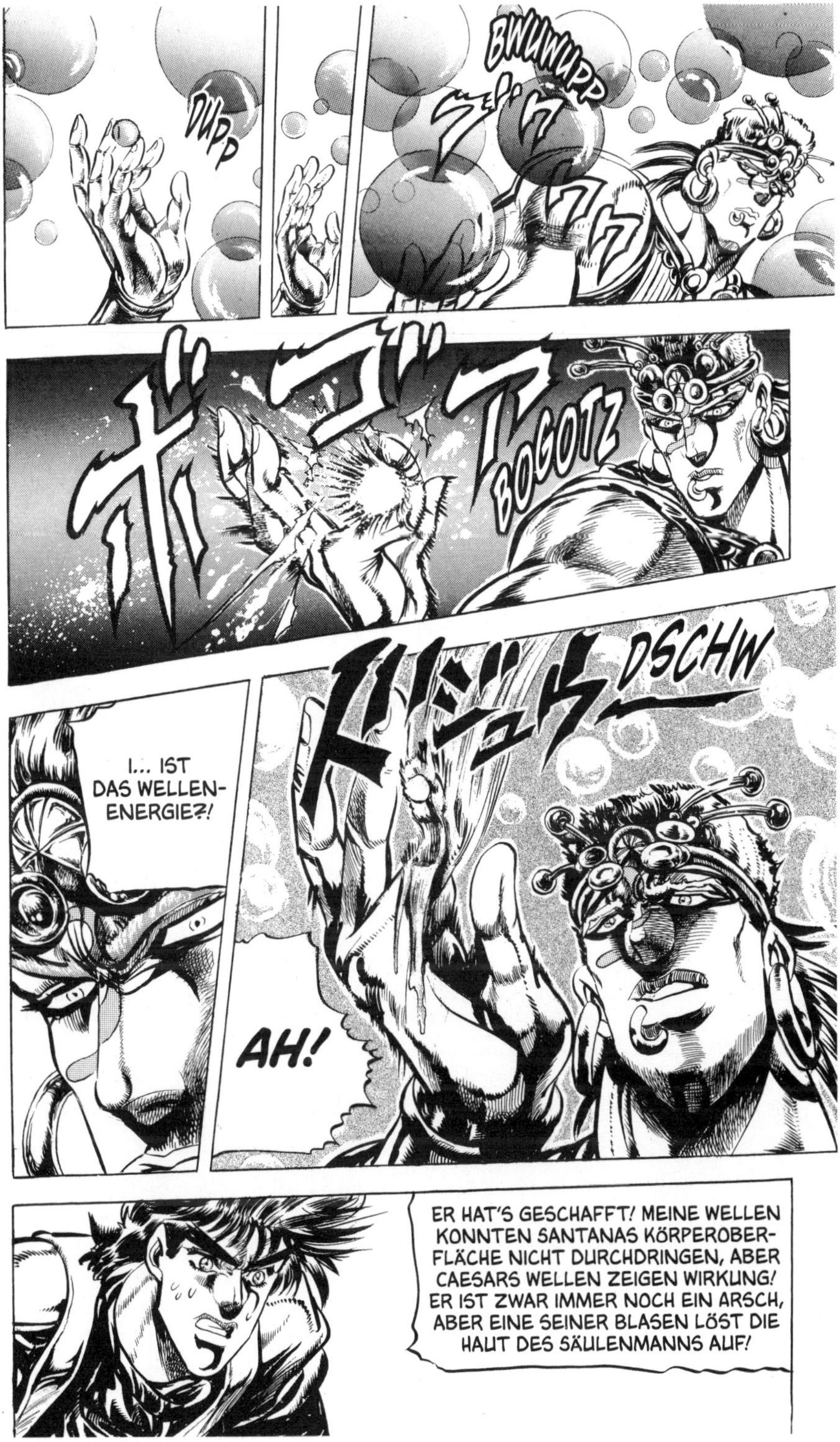
BWUWUPP
DUPP
BOGOTZ
DSCHW
AH!
I... IST DAS WELLEN-ENERGIE?!
ER HAT'S GESCHAFFT! MEINE WELLEN KONNTEN SANTANAS KÖRPEROBER-FLÄCHE NICHT DURCHDRINGEN, ABER CAESARS WELLEN ZEIGEN WIRKUNG! ER IST ZWAR IMMER NOCH EIN ARSCH, ABER EINE SEINER BLASEN LÖST DIE HAUT DES SÄULENMANNS AUF!

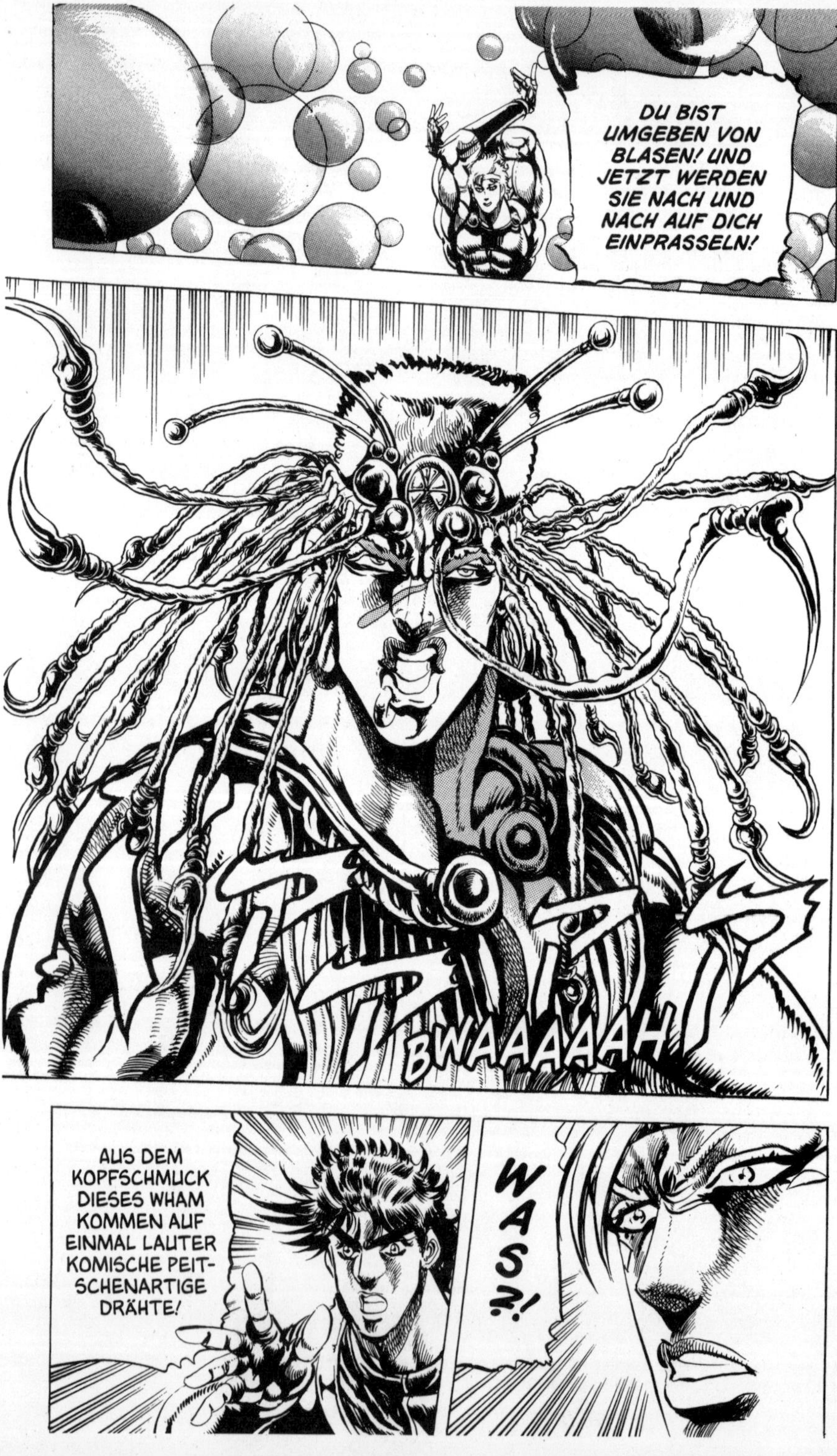
DU BIST UMGEBEN VON BLASEN! UND JETZT WERDEN SIE NACH UND NACH AUF DICH EINPRASSELN!
BWAAAAAAH
AUS DEM KOPFSCHMUCK DIESES WHAM KOMMEN AUF EINMAL LAUTER KOMISCHE PEIT-SCHENARTIGE DRÄHTE!
WAS?!

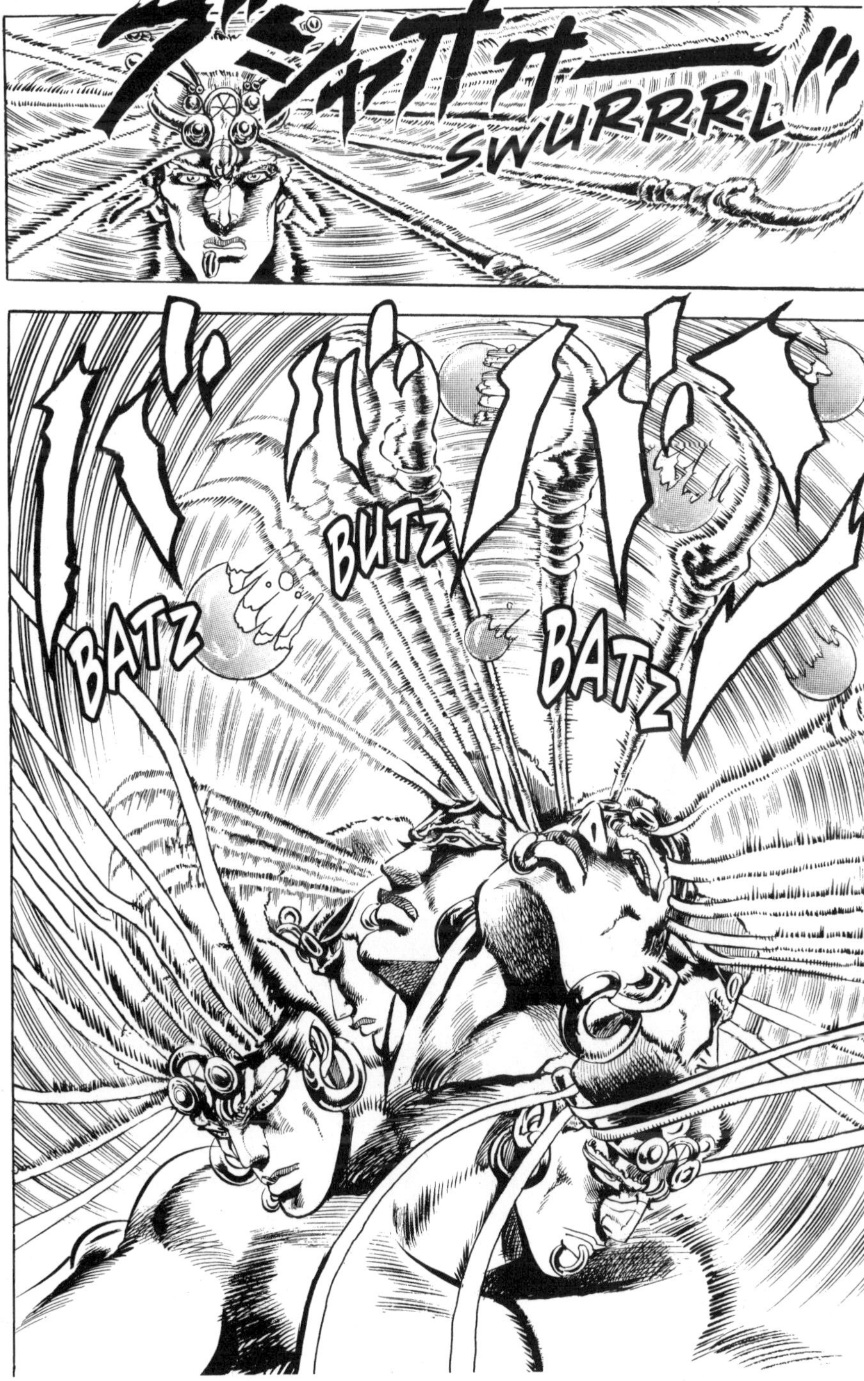
SWURRRL
BATZ
BUTZ
BATZ

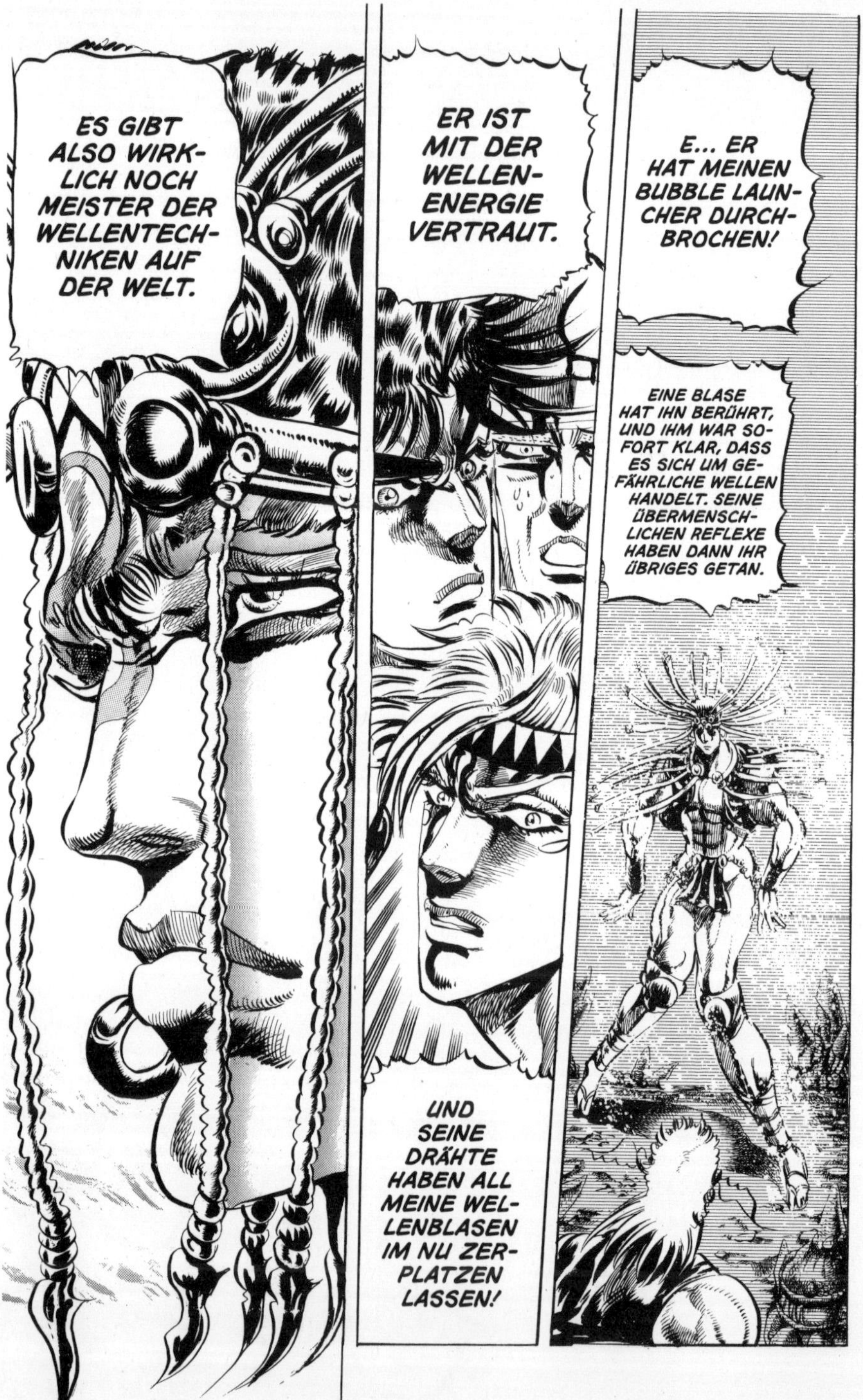
E... ER HAT MEINEN BUBBLE LAUNCHER DURCHBROCHEN!
EINE BLASE HAT IHN BERÜHRT, UND IHM WAR SOFORT KLAR, DASS ES SICH UM GEFÄHRLICHE WELLEN HANDELT. SEINE ÜBERMENSCHLICHEN REFLEXE HABEN DANN IHR ÜBRIGES GETAN.
ER IST MIT DER WELLENENERGIE VERTRAUT.
UND SEINE DRÄHTE HABEN ALL MEINE WELLENBLASEN IM NU ZERPLATZEN LASSEN!
ES GIBT ALSO WIRKLICH NOCH MEISTER DER WELLENTECHNIKEN AUF DER WELT.

JoJo's Bizarre Adventure Part 2 Battle Tendency

Ultimative Krieger aus der Antike: Teil 3

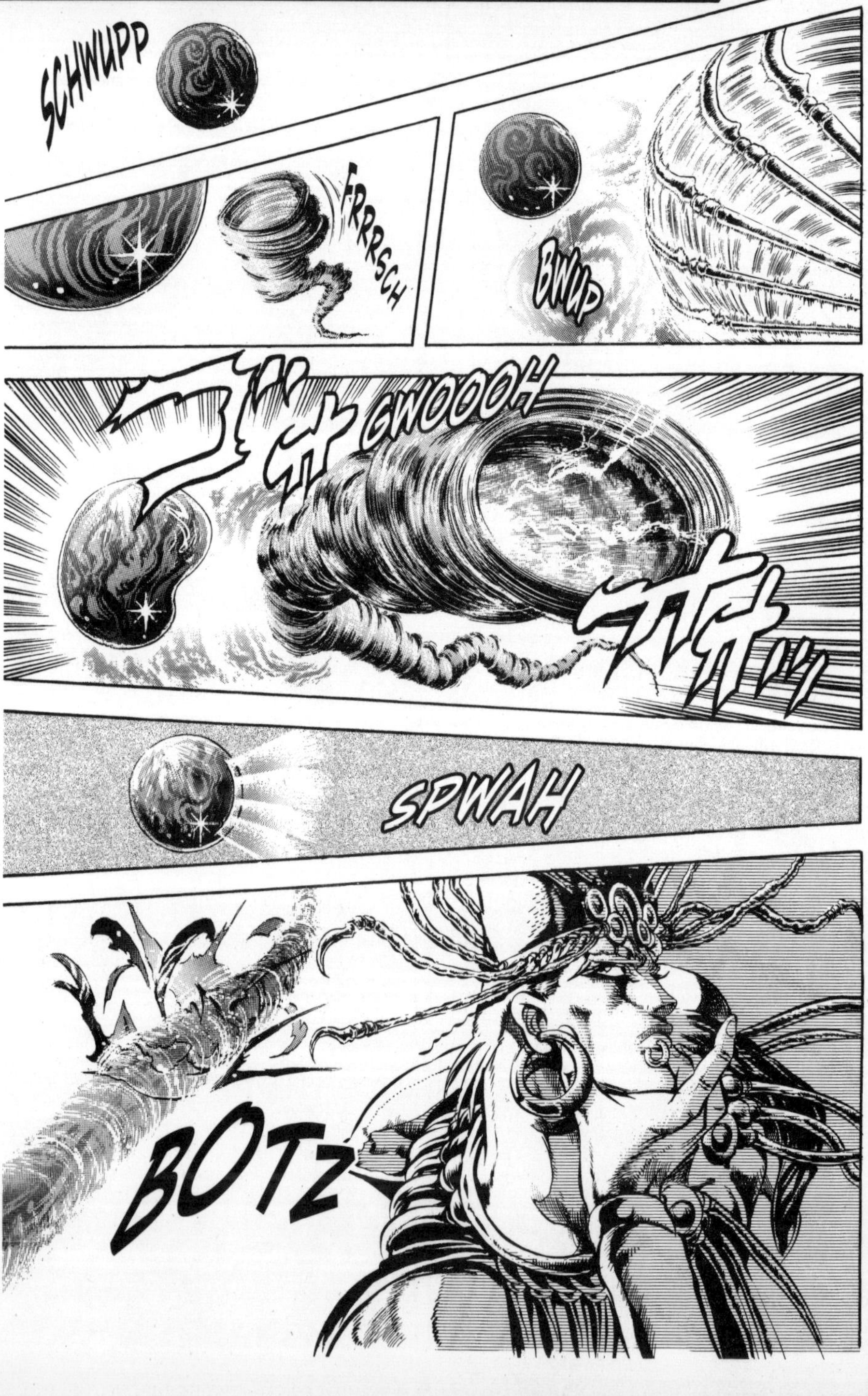

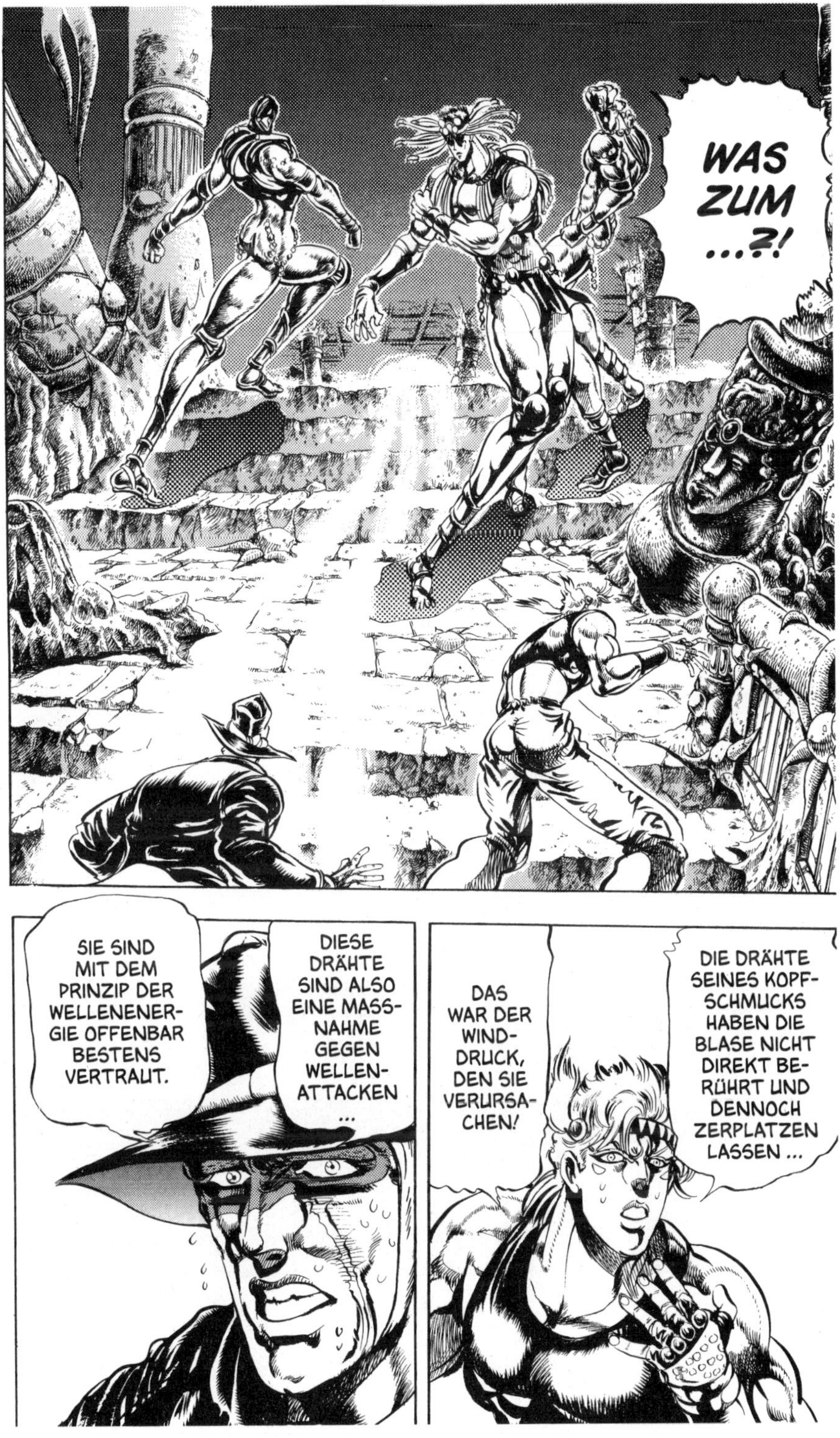
WAS ZUM ...?!
DIE DRÄHTE SEINES KOPF-SCHMUCKS HABEN DIE BLASE NICHT DIREKT BE-RÜHRT UND DENNOCH ZERPLATZEN LASSEN ...
DAS WAR DER WIND-DRUCK, DEN SIE VERURSA-CHEN!
DIESE DRÄHTE SIND ALSO EINE MASS-NAHME GEGEN WELLEN-ATTACKEN ...
SIE SIND MIT DEM PRINZIP DER WELLENENER-GIE OFFENBAR BESTENS VERTRAUT.

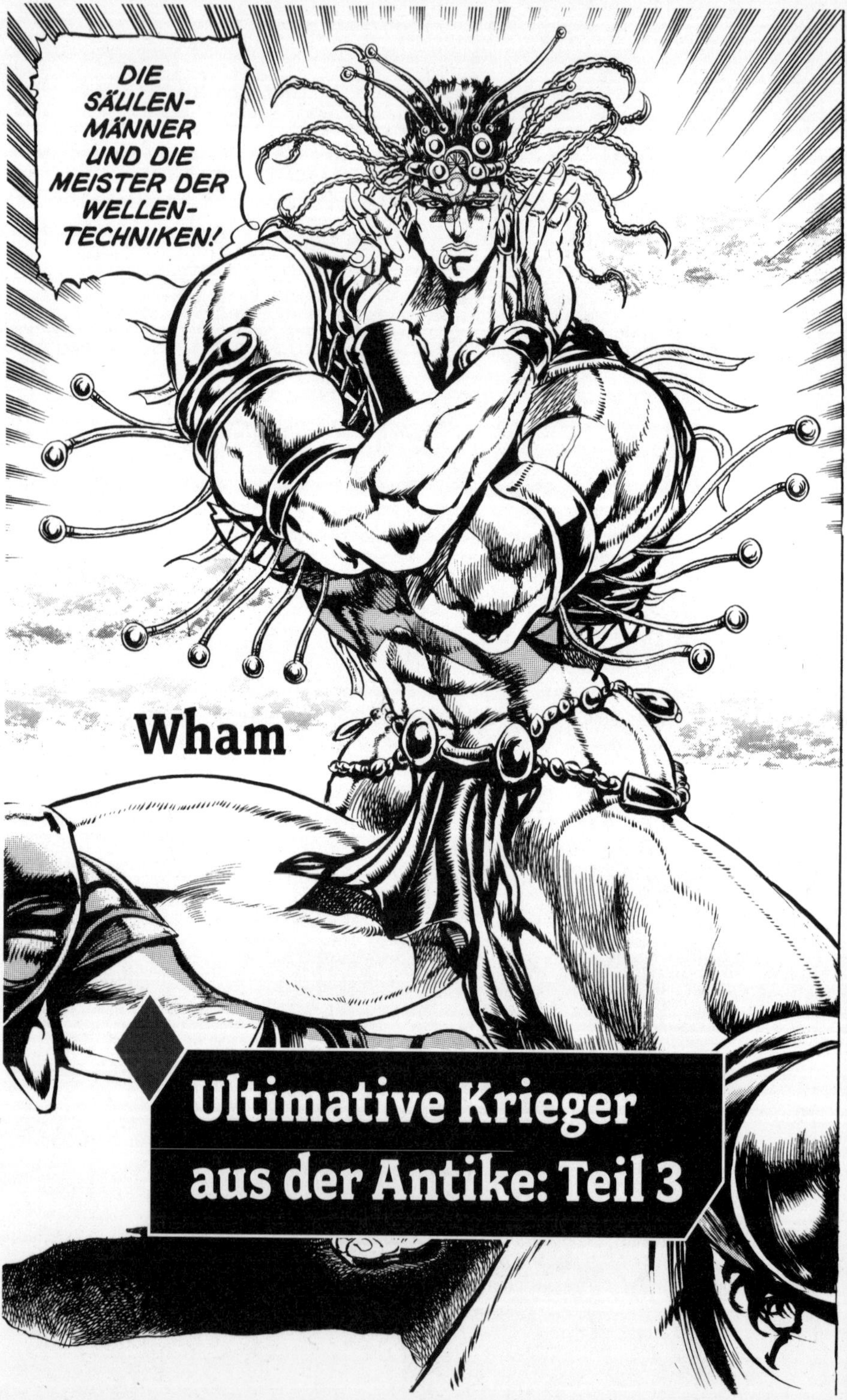

Ultimative Krieger aus der Antike: Teil 3

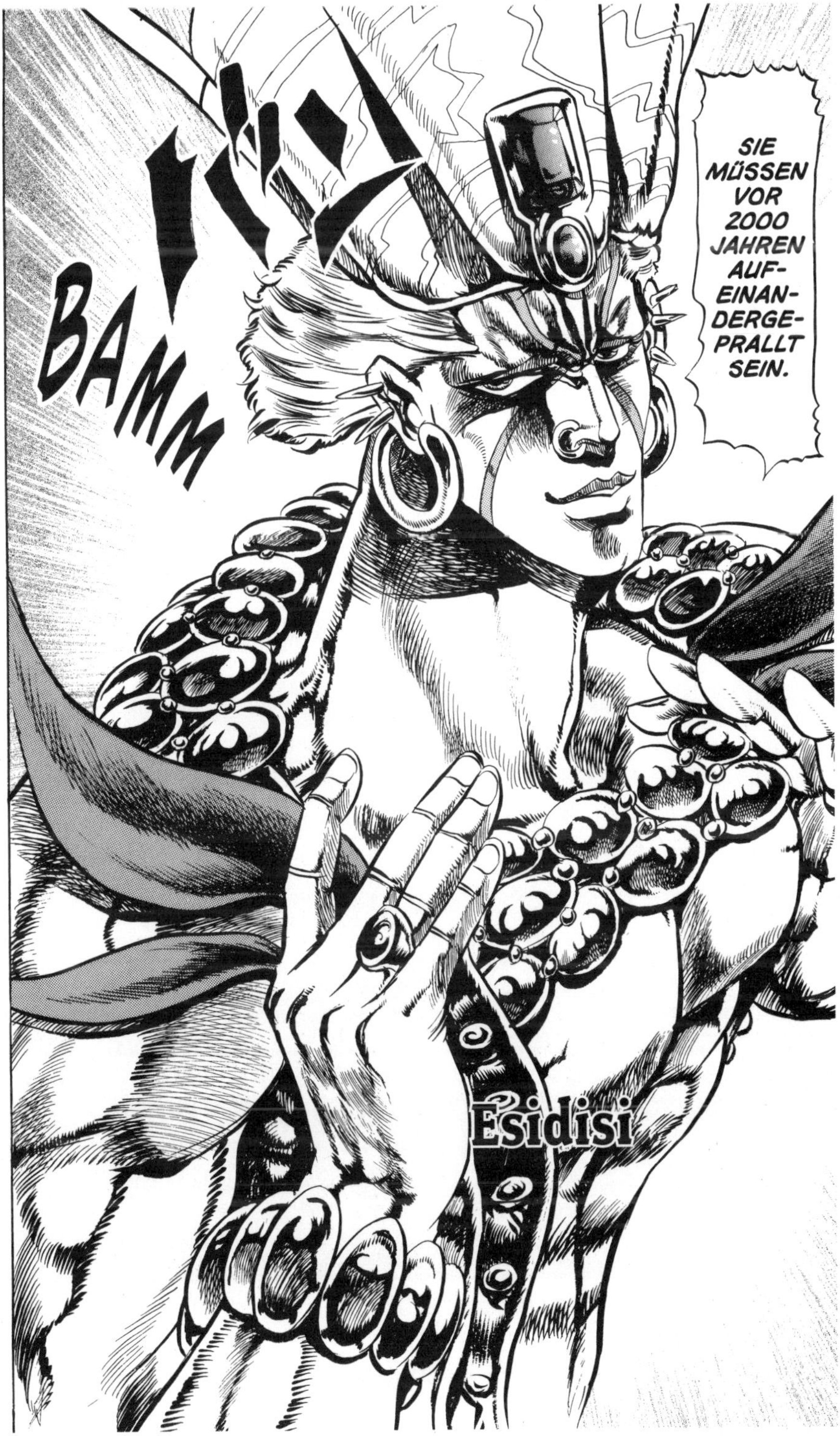
SIE MÜSSEN VOR 2000 JAHREN AUF-EINAN-DERGE-PRALLT SEIN.
BAMM
Esidisi

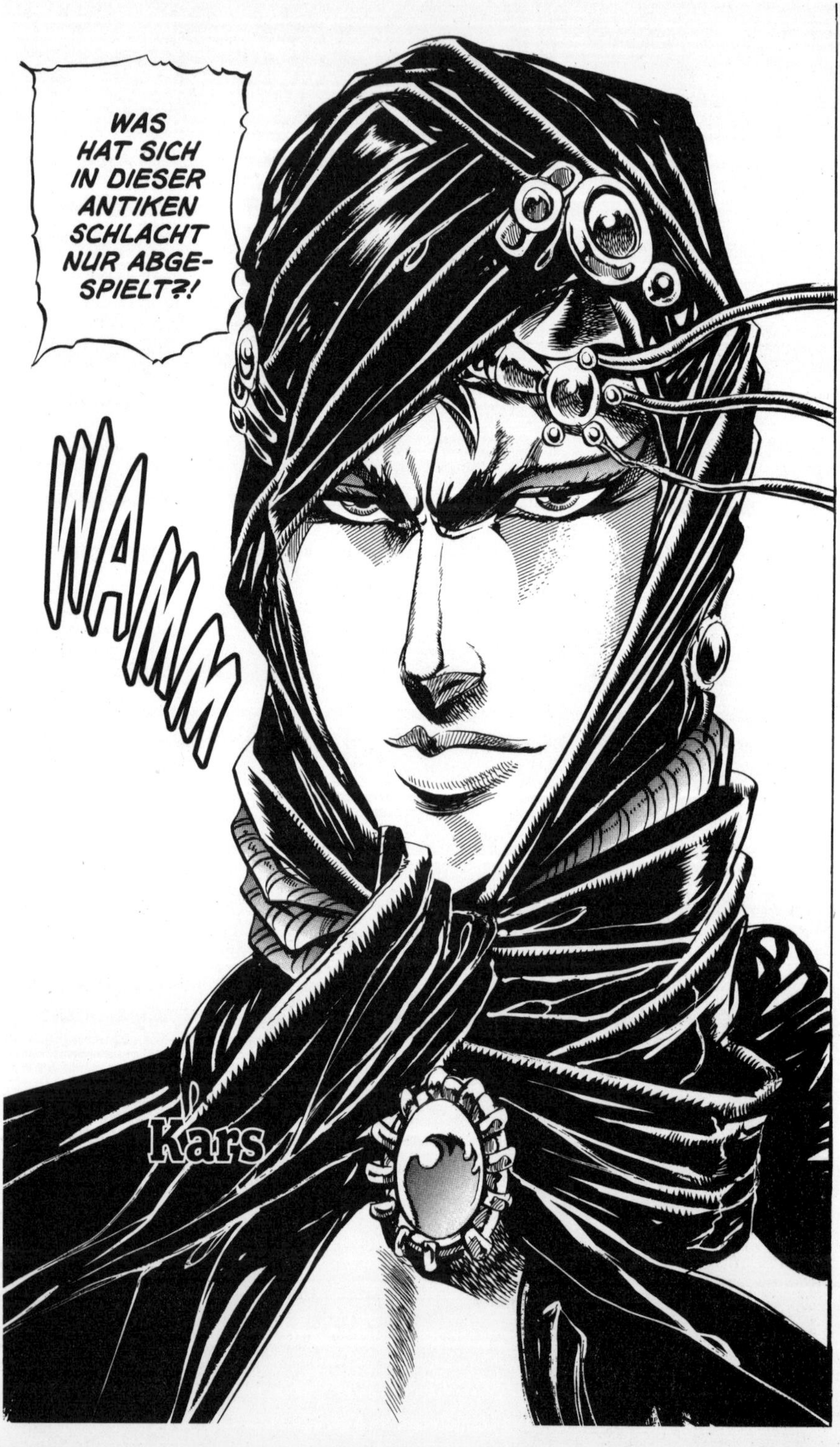
WAS HAT SICH IN DIESER ANTIKEN SCHLACHT NUR ABGE-SPIELT?!
WAMM
Kars

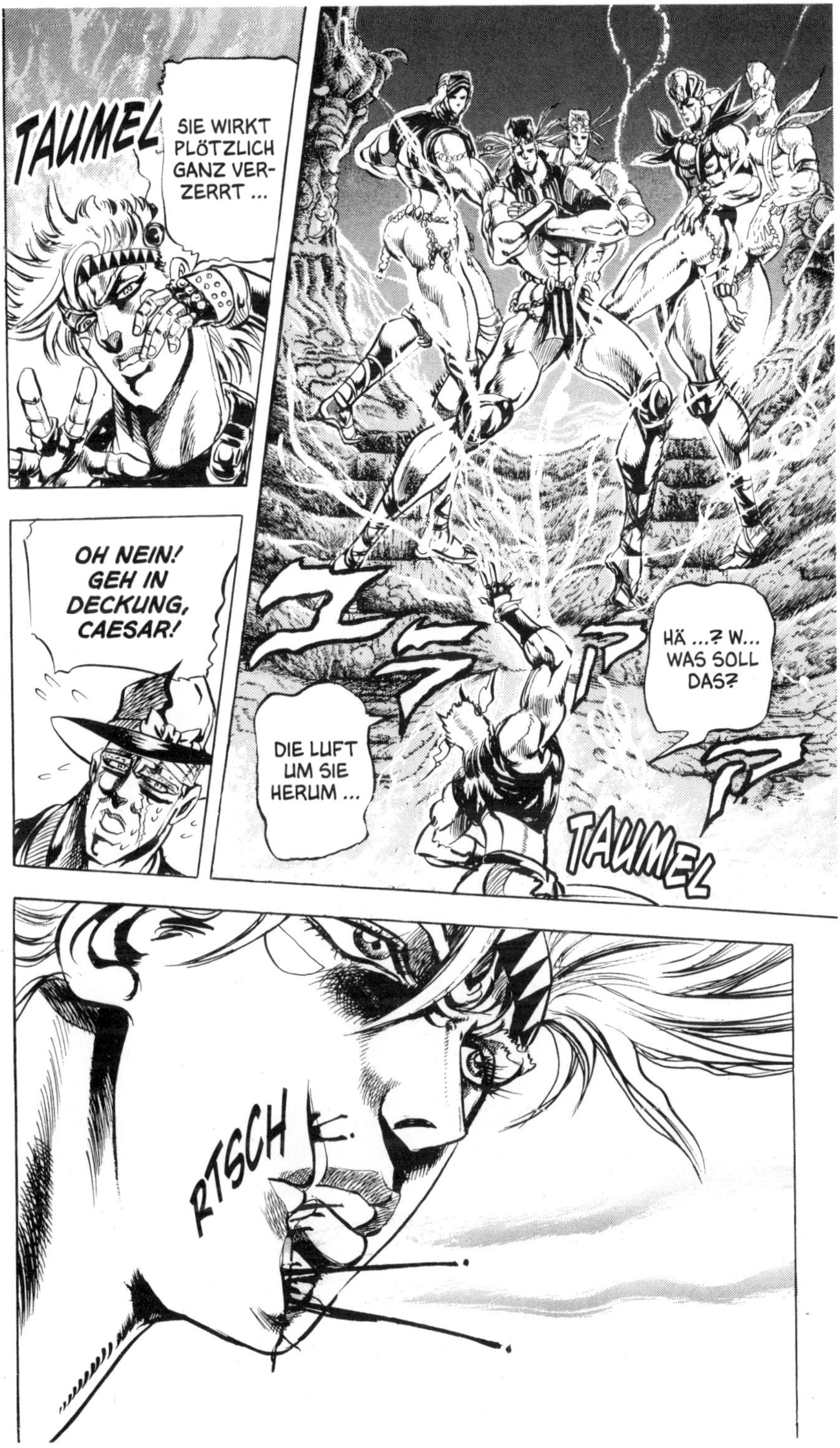

HÄ ...? W... WAS SOLL DAS?
DIE LUFT UM SIE HERUM ...
TAUMEL
TAUMEL
SIE WIRKT PLÖTZLICH GANZ VERZERRT ...
OH NEIN! GEH IN DECKUNG, CAESAR!
RTSCH

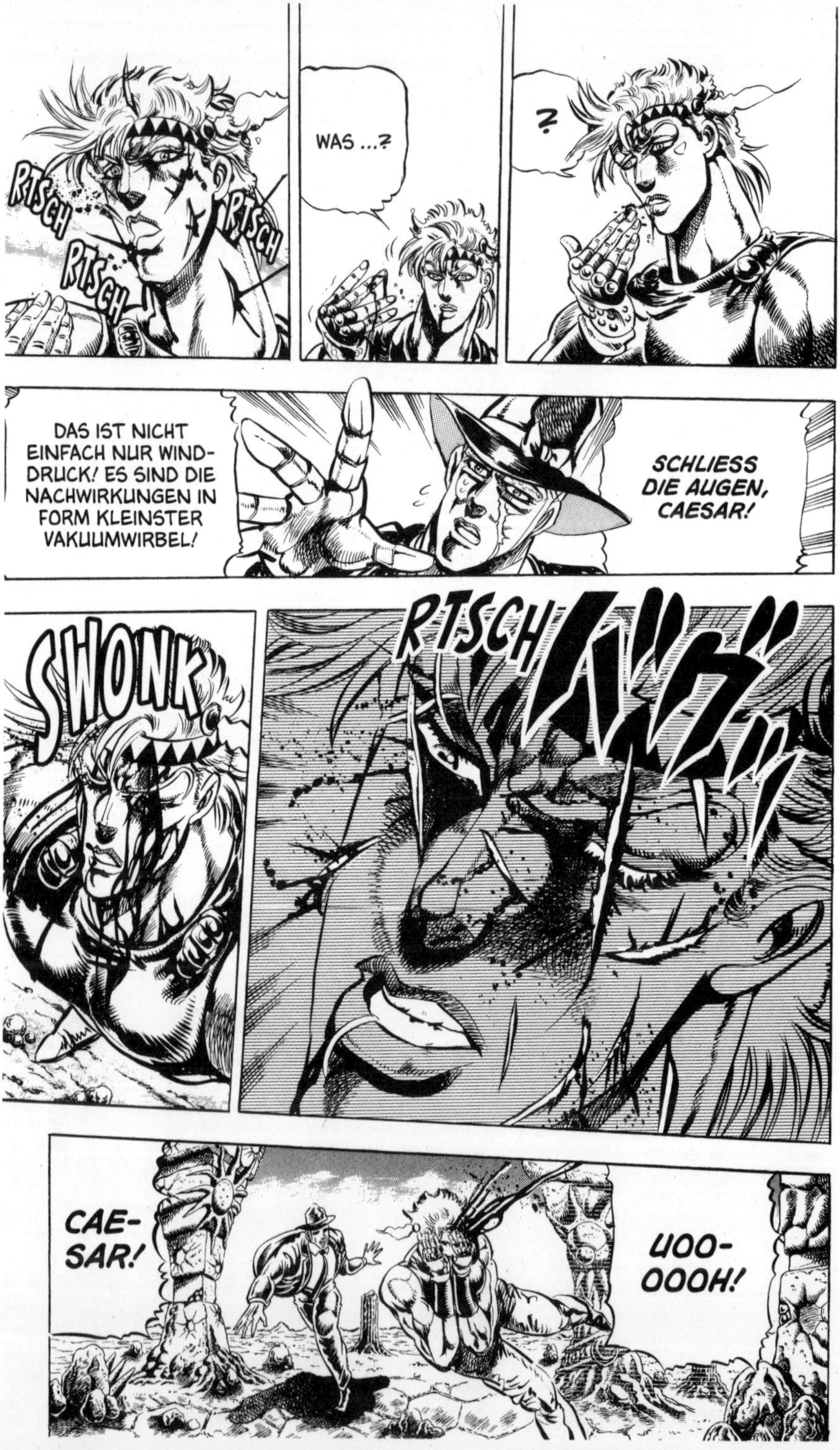
RTSCH
RTSCH
RTSCH
WAS ...?
?
DAS IST NICHT EINFACH NUR WIND-DRUCK! ES SIND DIE NACHWIRKUNGEN IN FORM KLEINSTER VAKUUMWIRBEL!
SCHLIESS DIE AUGEN, CAESAR!
SWONK
RTSCH
CAE-SAR!
UOO-OOOH!

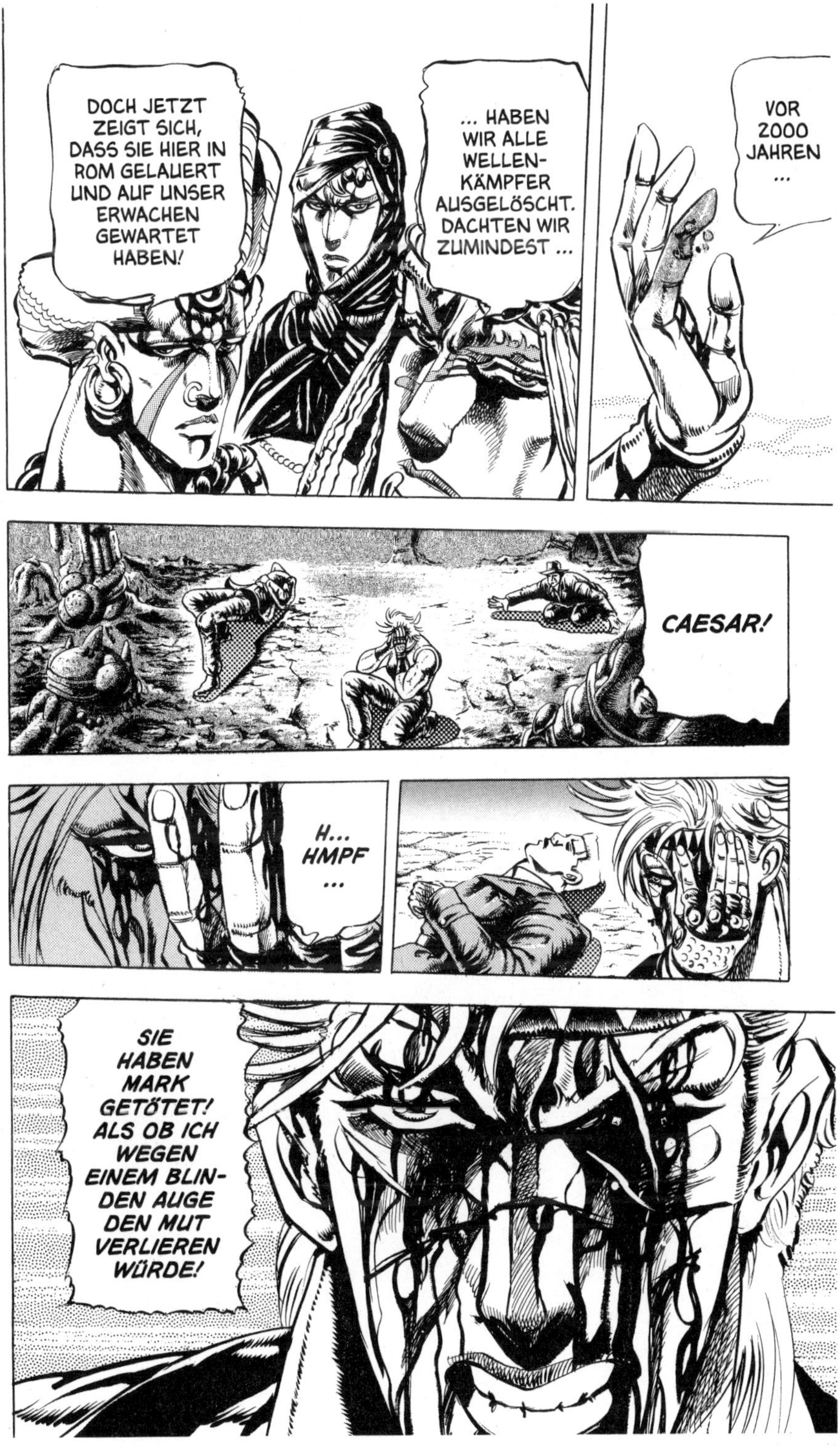
VOR 2000 JAHREN ...
... HABEN WIR ALLE WELLEN-KÄMPFER AUSGELÖSCHT. DACHTEN WIR ZUMINDEST ...
DOCH JETZT ZEIGT SICH, DASS SIE HIER IN ROM GELAUERT UND AUF UNSER ERWACHEN GEWARTET HABEN!
CAESAR!
H... HMPF ...
SIE HABEN MARK GETÖTET! ALS OB ICH WEGEN EINEM BLIN-DEN AUGE DEN MUT VERLIEREN WÜRDE!

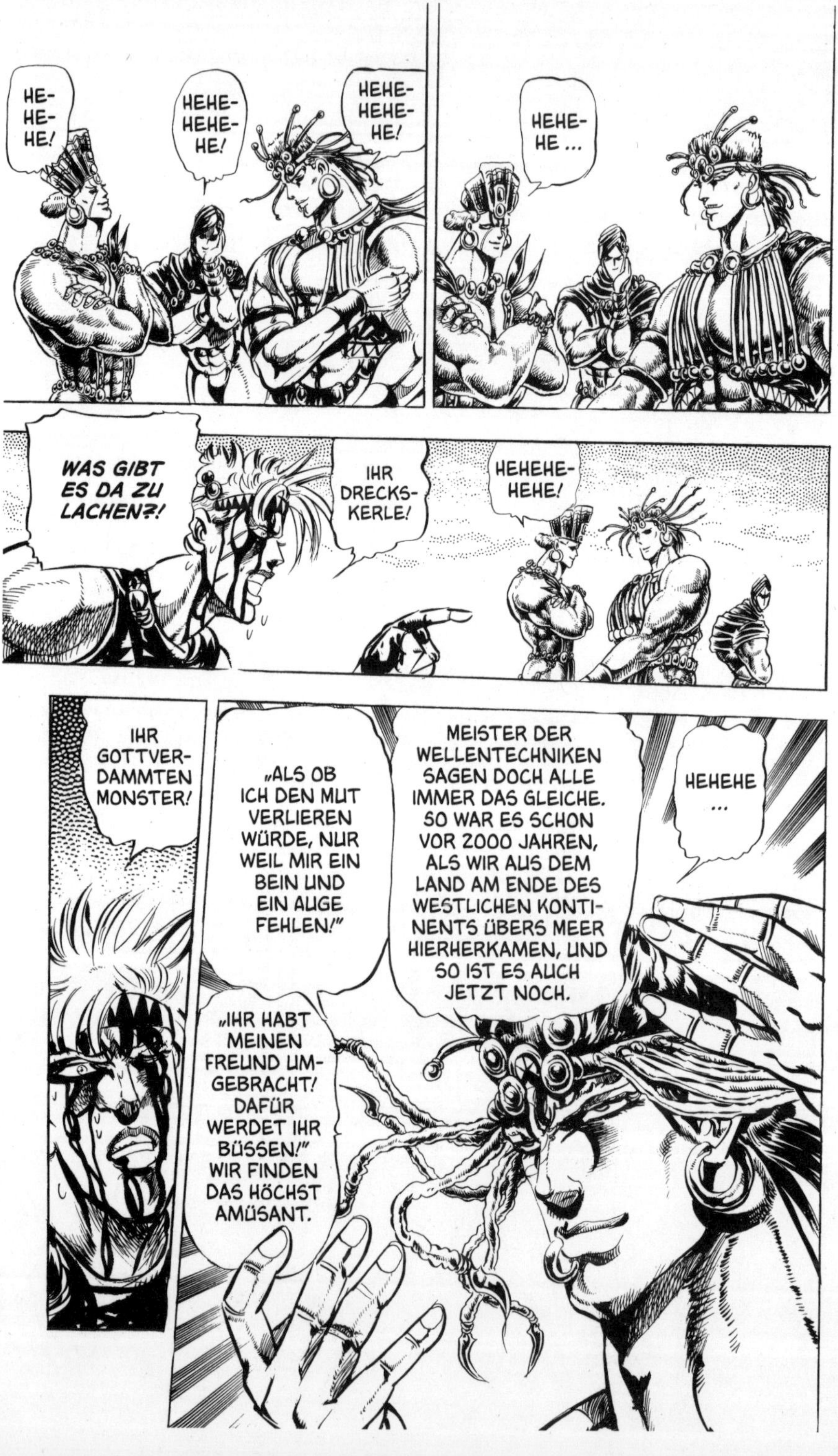
HEHE-HE ...
HEHE-HEHE-HE!
HEHE-HEHE-HE!
HE-HE-HE!
HEHEHE-HEHE!
IHR DRECKS-KERLE!
WAS GIBT ES DA ZU LACHEN?!
HEHEHE ...
MEISTER DER WELLENTECHNIKEN SAGEN DOCH ALLE IMMER DAS GLEICHE. SO WAR ES SCHON VOR 2000 JAHREN, ALS WIR AUS DEM LAND AM ENDE DES WESTLICHEN KONTINENTS ÜBERS MEER HIERHERKAMEN, UND SO IST ES AUCH JETZT NOCH.
„ALS OB ICH DEN MUT VERLIEREN WÜRDE, NUR WEIL MIR EIN BEIN UND EIN AUGE FEHLEN!“
„IHR HABT MEINEN FREUND UMGEBRACHT! DAFÜR WERDET IHR BÜSSEN!“ WIR FINDEN DAS HÖCHST AMÜSANT.
IHR GOTTVERDAMMTEN MONSTER!

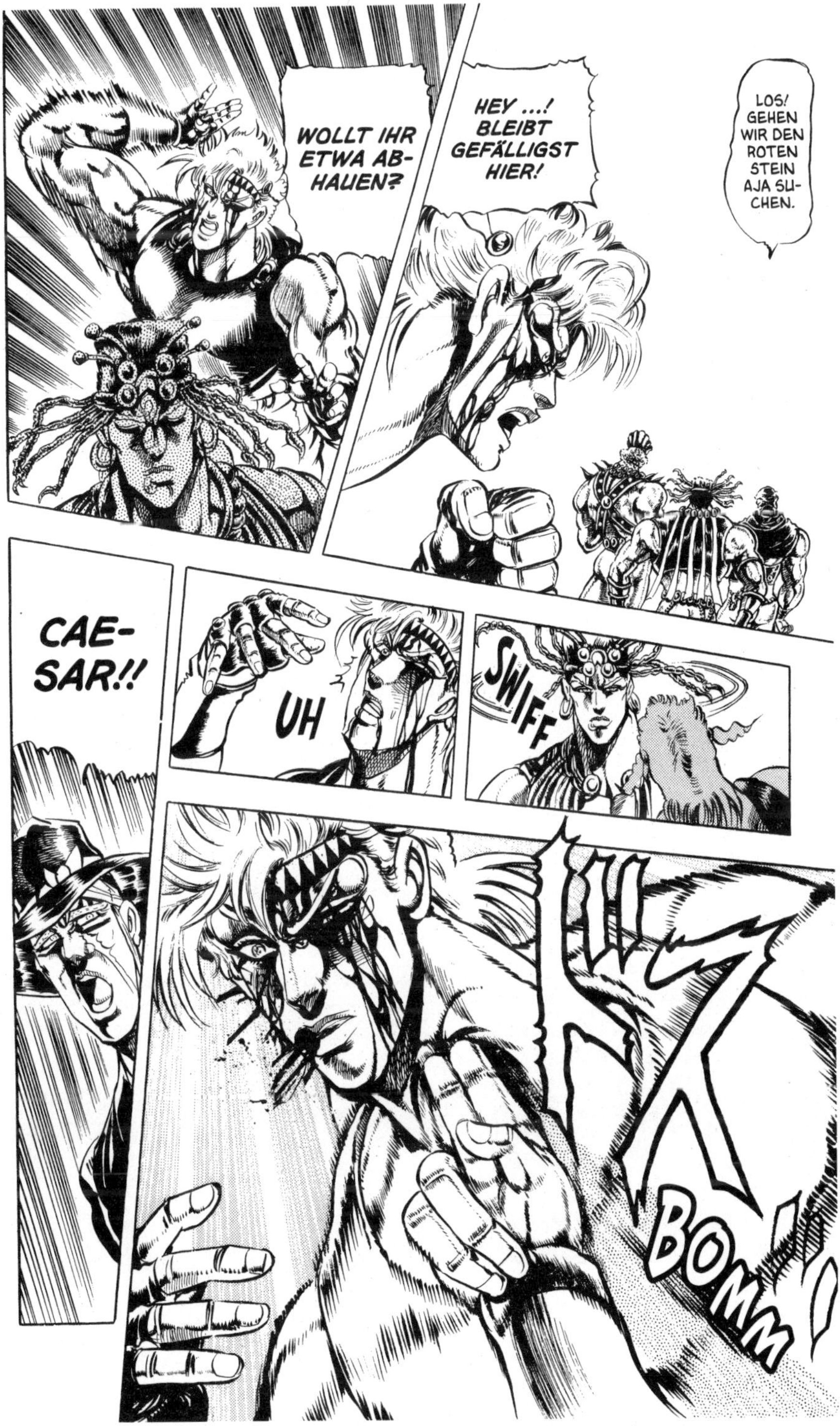
LOS! GEHEN WIR DEN ROTEN STEIN AJA SUCHEN.
HEY ...! BLEIBT GEFÄLLIGST HIER!
WOLLT IHR ETWA AB-HAUEN?
SWIFF
UH
CAE-SAR!!
BOMM

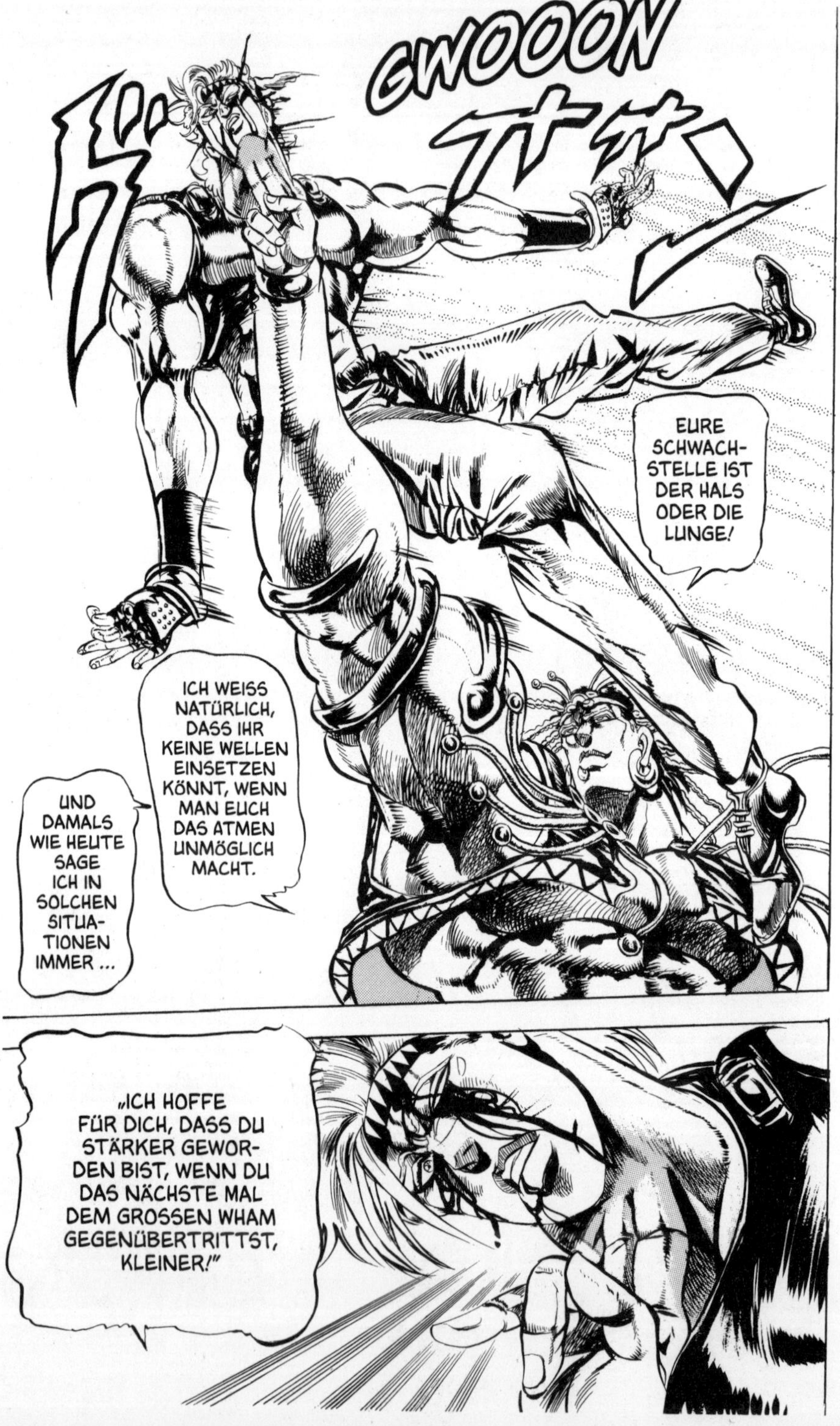
GWOOON
EURE SCHWACH-STELLE IST DER HALS ODER DIE LUNGE!
ICH WEISS NATÜRLICH, DASS IHR KEINE WELLEN EINSETZEN KÖNNT, WENN MAN EUCH DAS ATMEN UNMÖGLICH MACHT.
UND DAMALS WIE HEUTE SAGE ICH IN SOLCHEN SITUA-TIONEN IMMER …
„ICH HOFFE FÜR DICH, DASS DU STÄRKER GEWOR-DEN BIST, WENN DU DAS NÄCHSTE MAL DEM GROSSEN WHAM GEGENÜBERTRITTST, KLEINER!“

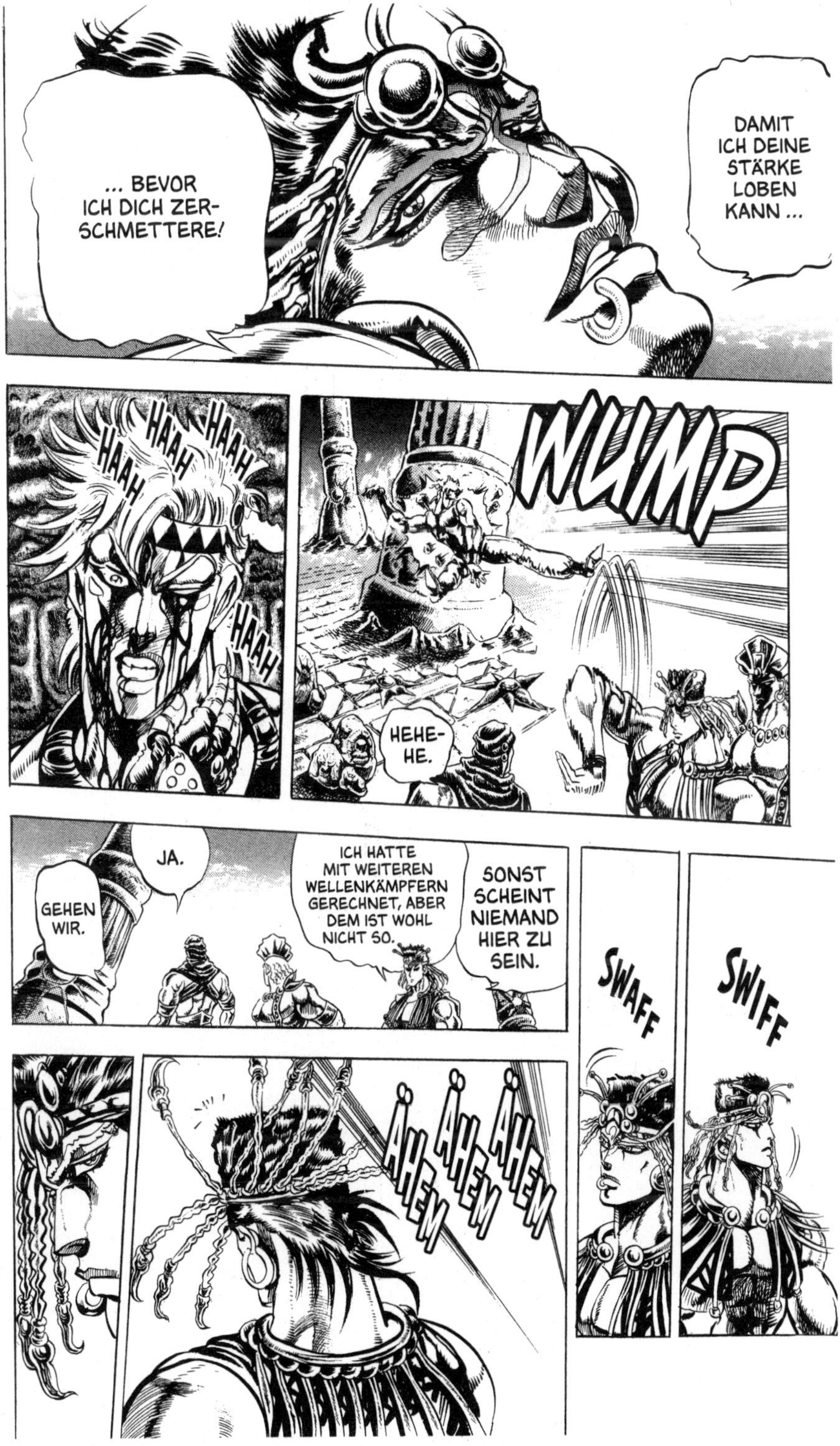
DAMIT ICH DEINE STÄRKE LOBEN KANN ...
... BEVOR ICH DICH ZER-SCHMETTERE!
WUMP
HEHE-HE.
HAAAH HAAAH HAAAH HAAAH
SWIFF
SWAFF
SONST SCHEINT NIEMAND HIER ZU SEIN.
ICH HATTE MIT WEITEREN WELLENKÄMPFERN GERECHNET, ABER DEM IST WOHL NICHT SO.
JA.
GEHEN WIR.
ÄHEM ÄHEM ÄHEM ÄHEM

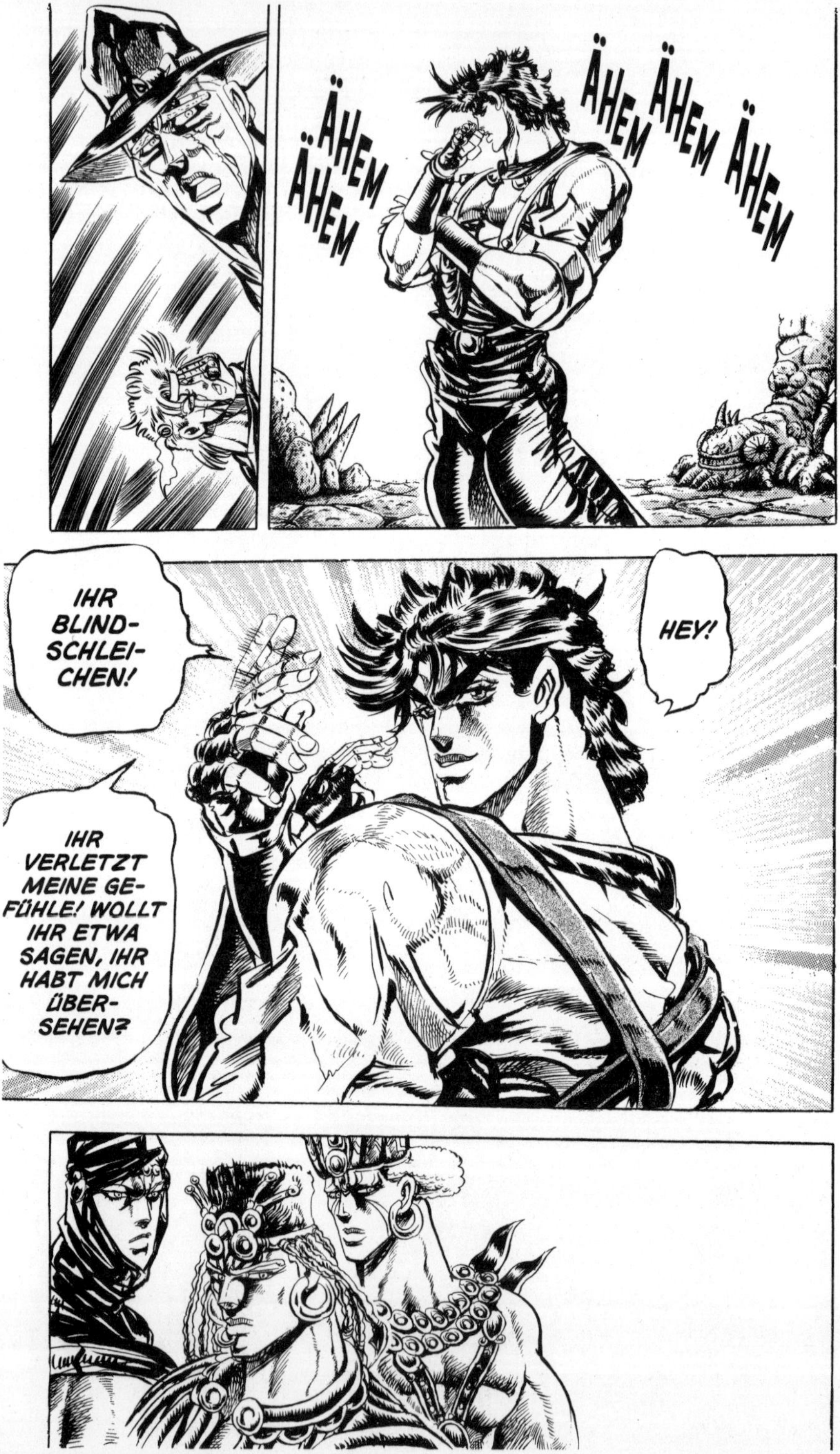
ÄHEM ÄHEM ÄHEM ÄHEM
ÄHEM ÄHEM
HEY!
IHR BLIND-SCHLEI-CHEN!
IHR VERLETZT MEINE GE-FÜHLE! WOLLT IHR ETWA SAGEN, IHR HABT MICH ÜBER-SEHEN?

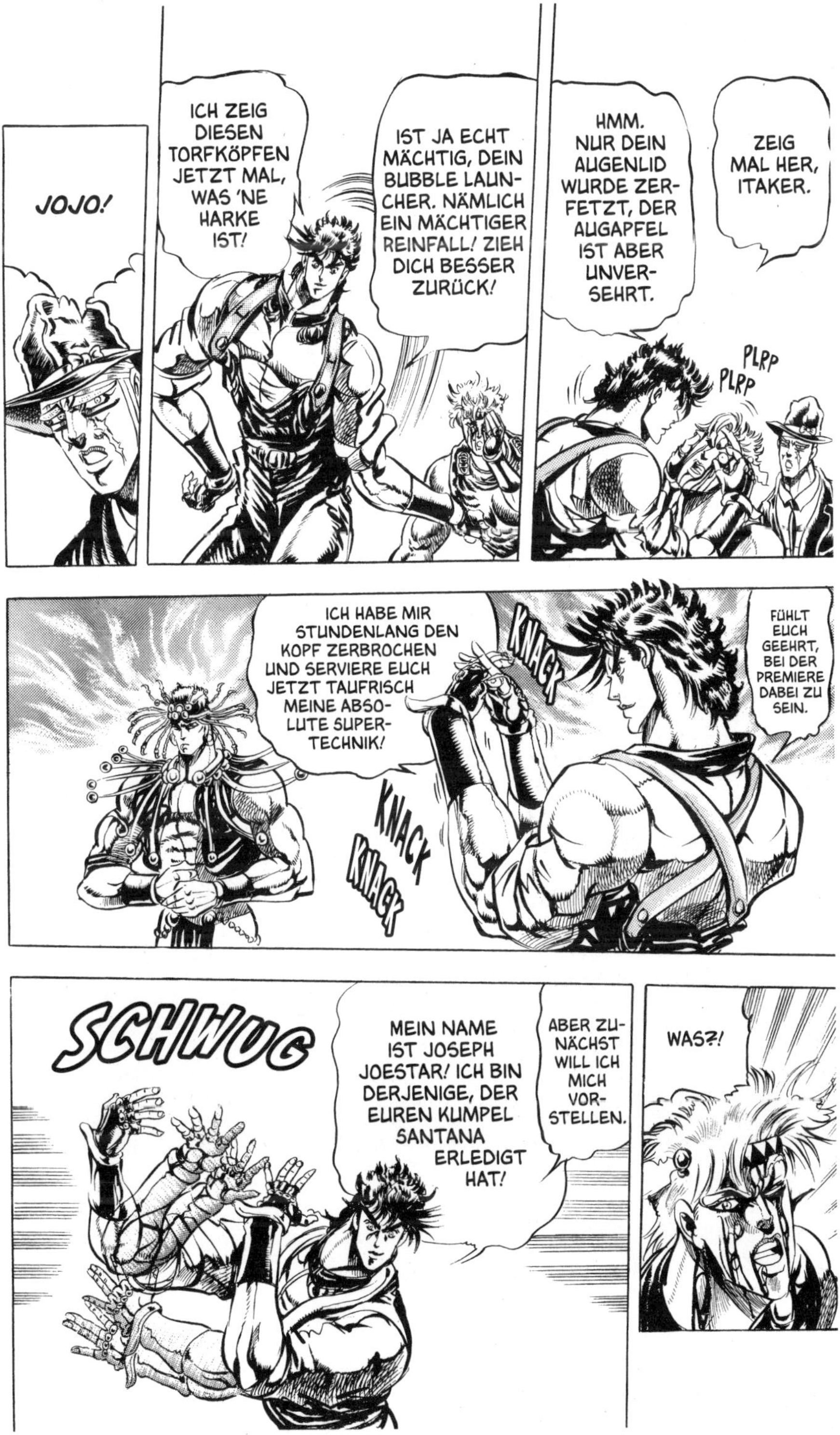

JOJO!
ICH ZEIG DIESEN TORFKÖPFEN JETZT MAL, WAS 'NE HARKE IST!
IST JA ECHT MÄCHTIG, DEIN BUBBLE LAUNCHER. NÄMLICH EIN MÄCHTIGER REINFALL! ZIEH DICH BESSER ZURÜCK!
HMM. NUR DEIN AUGENLID WURDE ZERFETZT, DER AUGAPFEL IST ABER UNVERSEHRT.
ZEIG MAL HER, ITAKER.
PLRP
PLRP
FÜHLT EUCH GEEHRT, BEI DER PREMIERE DABEI ZU SEIN.
KNACK
ICH HABE MIR STUNDENLANG DEN KOPF ZERBROCHEN UND SERVIERE EUCH JETZT TAUFRISCH MEINE ABSOLUTE SUPERTECHNIK!
KNACK
KNACK
WAS?!
ABER ZUNÄCHST WILL ICH MICH VORSTELLEN.
MEIN NAME IST JOSEPH JOESTAR! ICH BIN DERJENIGE, DER EUREN KUMPEL SANTANA ERLEDIGT HAT!
SCHWUG

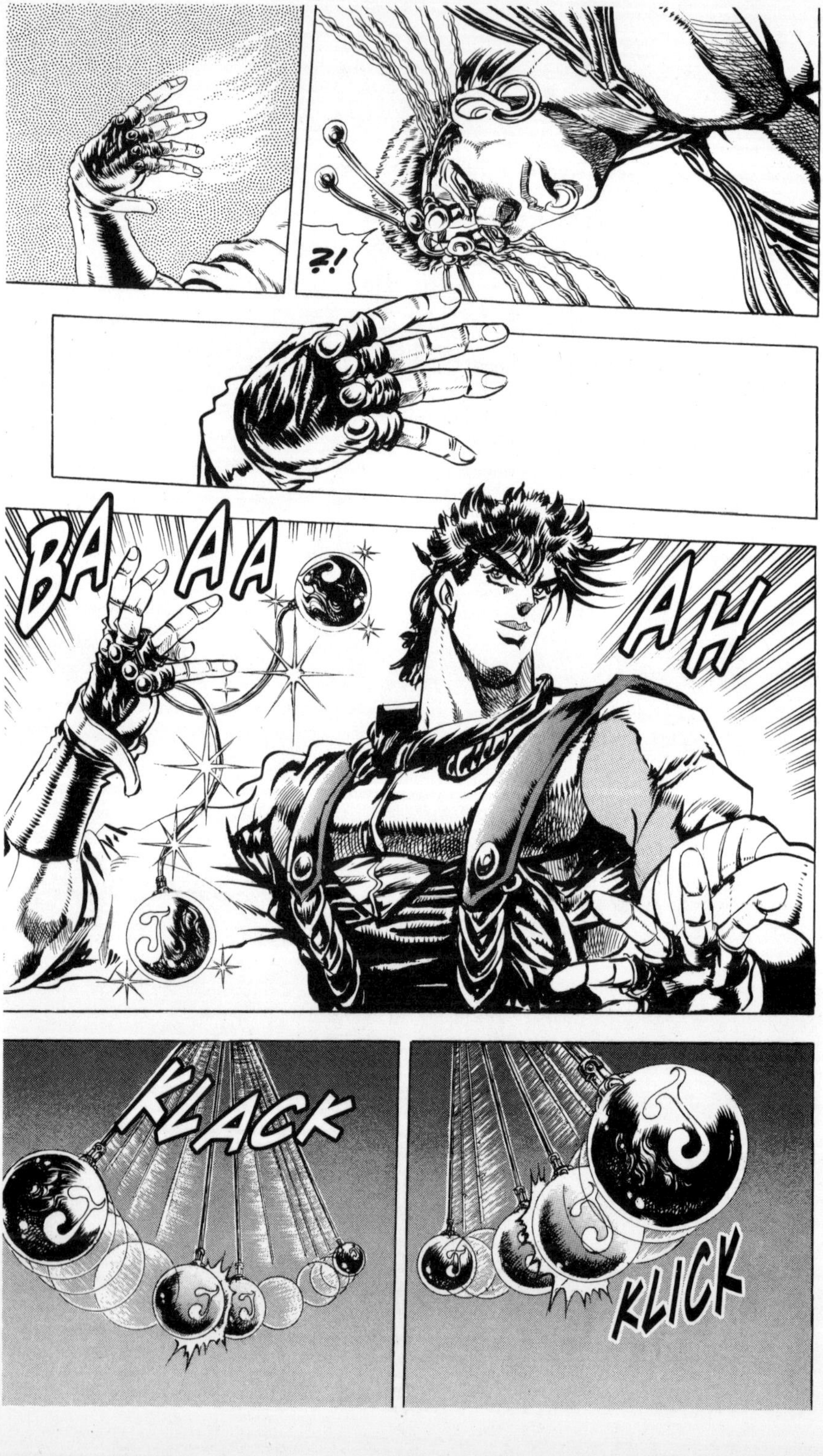
?!
BA AA AH
KLACK
KLICK

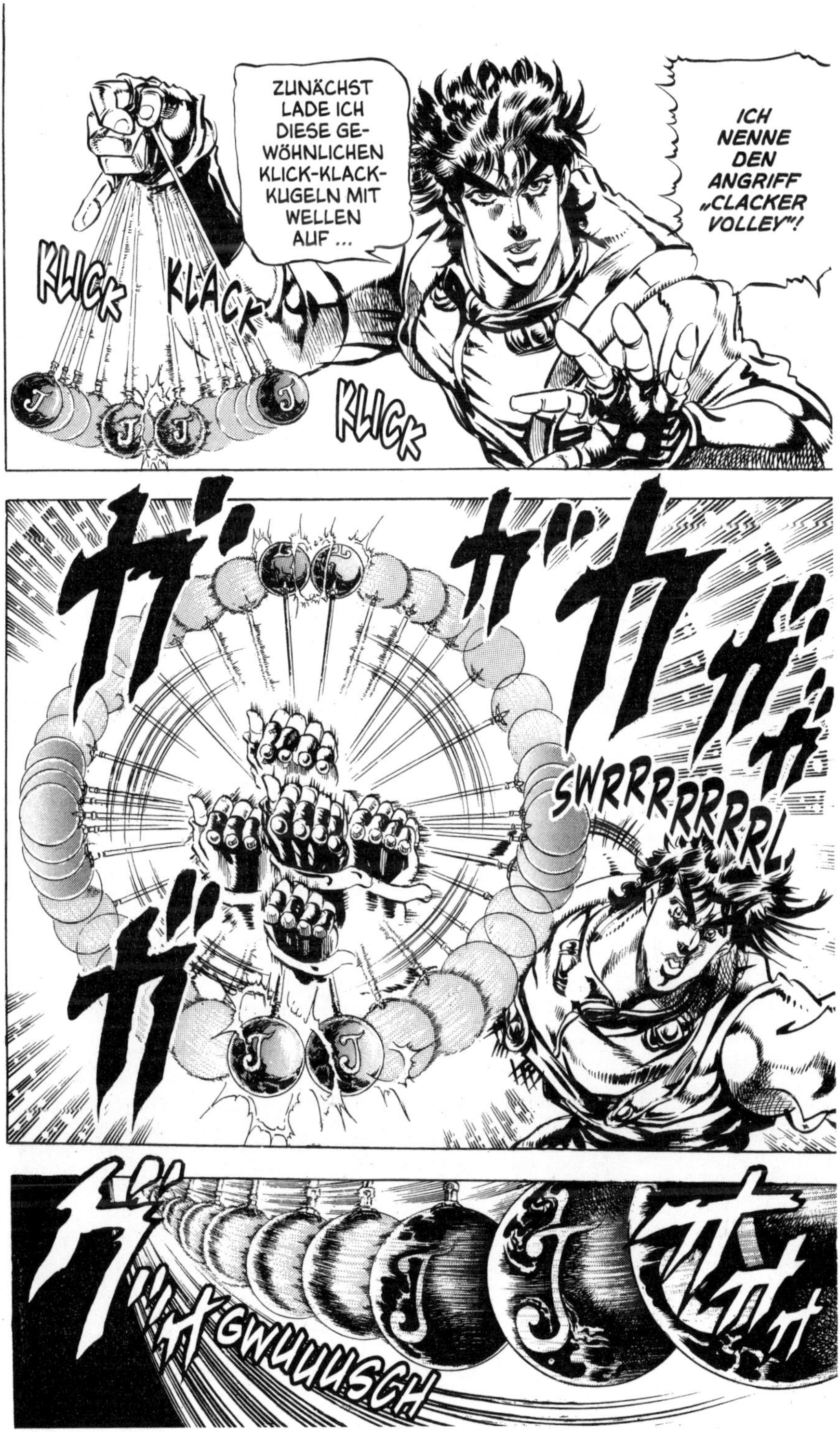
ZUNÄCHST LADE ICH DIESE GEWÖHNLICHEN KLICK-KLACK-KUGELN MIT WELLEN AUF …
ICH NENNE DEN ANGRIFF „CLACKER VOLLEY“!
KLICK
KLACK
KLICK
SWRRRRRRRRL
GWUUUUSCH

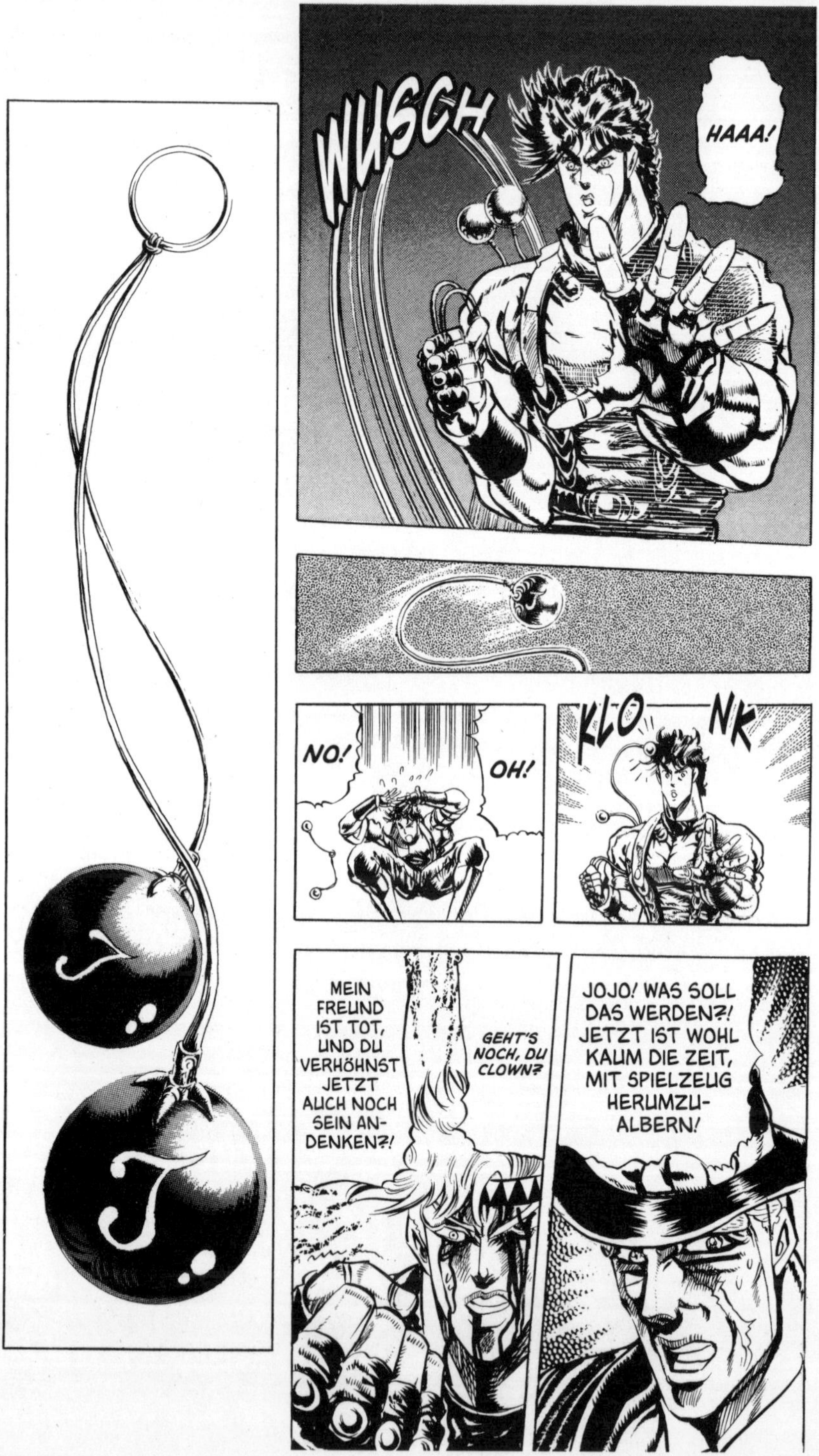
WUSCH
HAAA!
KLO NK
NO!
OH!
JOJO! WAS SOLL DAS WERDEN?! JETZT IST WOHL KAUM DIE ZEIT, MIT SPIELZEUG HERUMZU-ALBERN!
MEIN FREUND IST TOT, UND DU VERHÖHNST JETZT AUCH NOCH SEIN AN-DENKEN?!
GEHT'S NOCH, DU CLOWN?

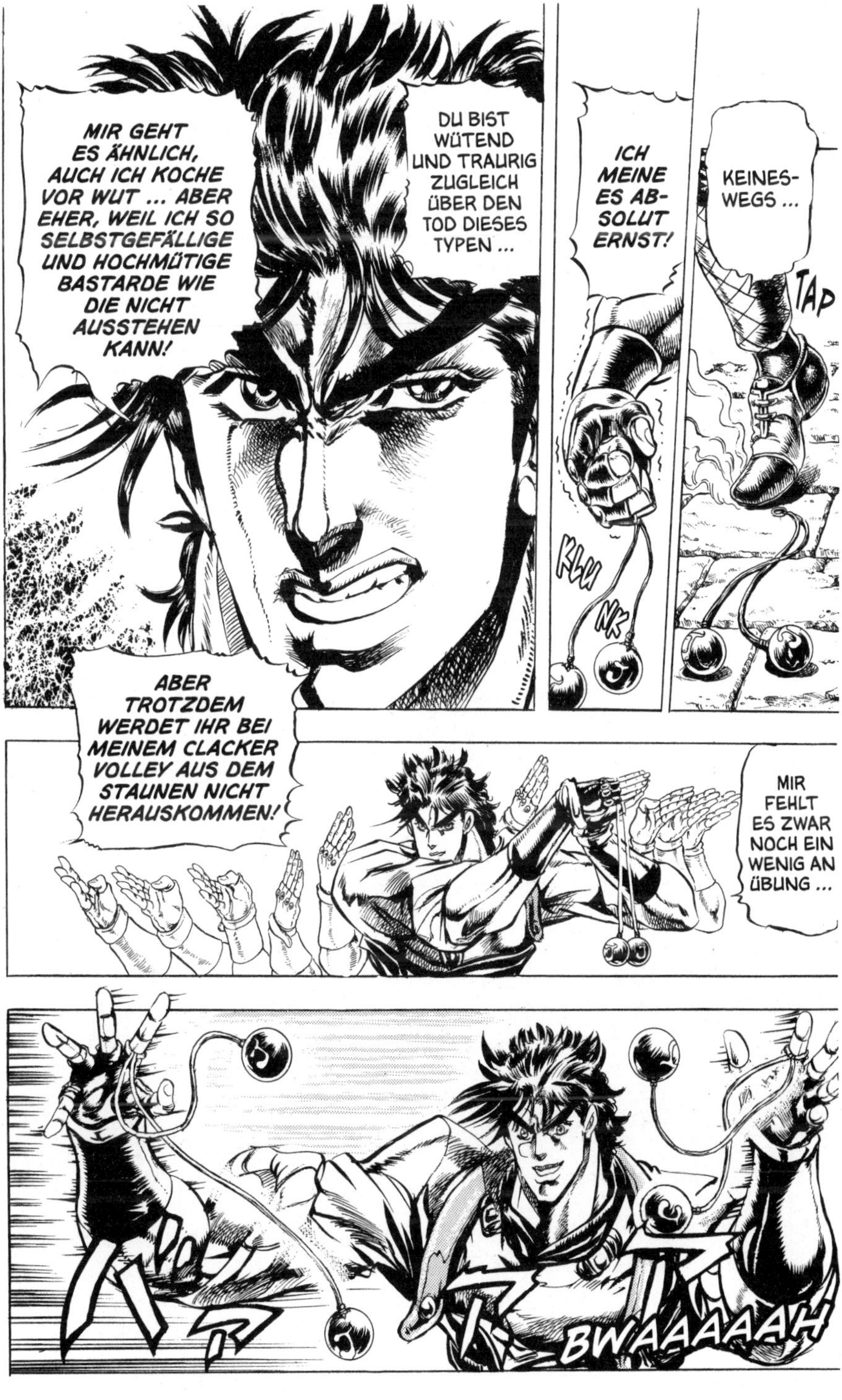
MIR GEHT ES ÄHNLICH, AUCH ICH KOCHE VOR WUT ... ABER EHER, WEIL ICH SO SELBSTGEFÄLLIGE UND HOCHMÜTIGE BASTARDE WIE DIE NICHT AUSSTEHEN KANN!
DU BIST WÜTEND UND TRAURIG ZUGLEICH ÜBER DEN TOD DIESES TYPEN ...
ICH MEINE ES ABSOLUT ERNST!
KLUNK
KEINESWEGS ...
TAP
ABER TROTZDEM WERDET IHR BEI MEINEM CLACKER VOLLEY AUS DEM STAUNEN NICHT HERAUSKOMMEN!
MIR FEHLT ES ZWAR NOCH EIN WENIG AN ÜBUNG ...
BWAAAAAAH

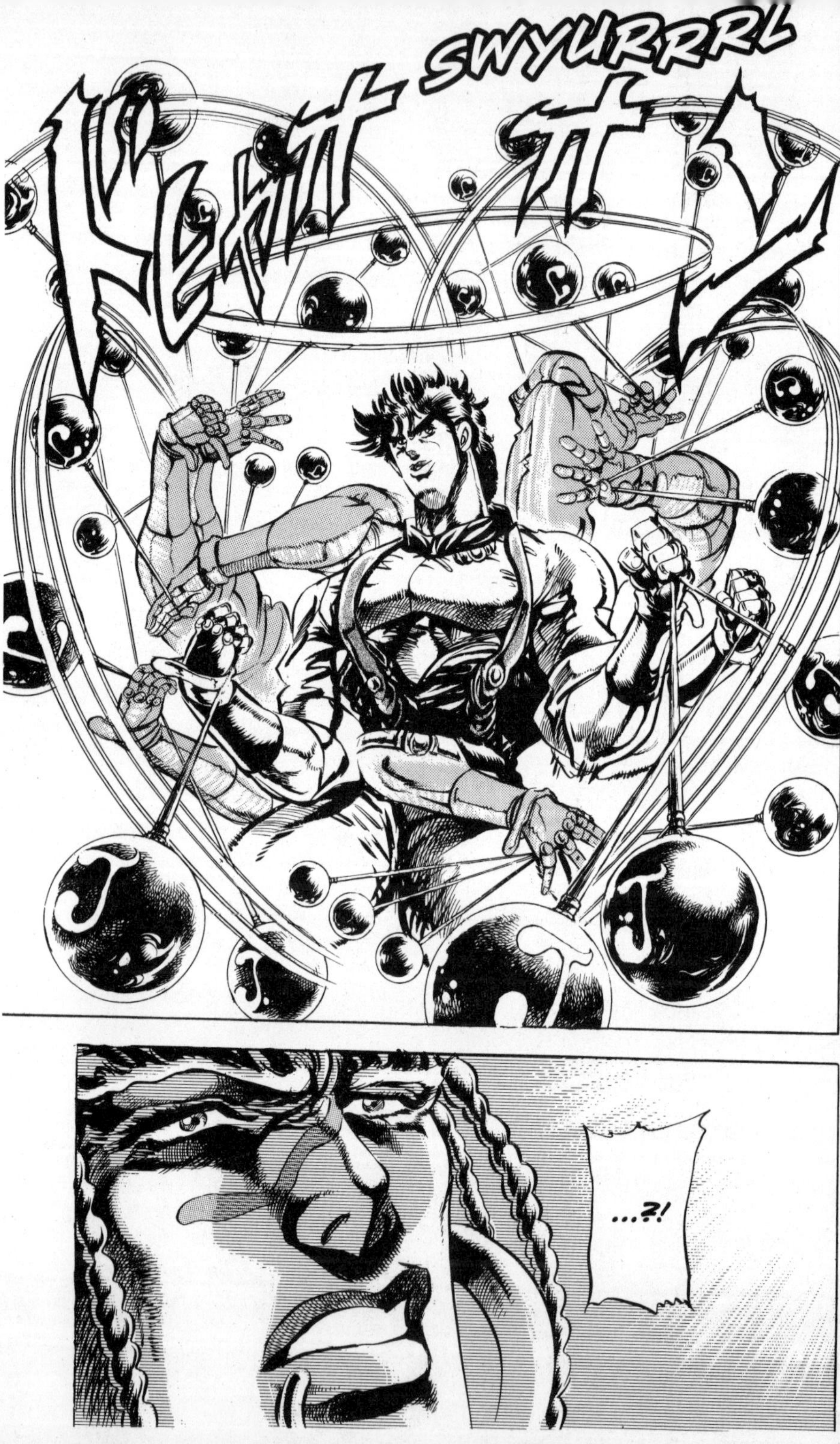

SWYURRRL
...?!

JOJO'S BIZARRE ADVENTURE

PART 2

BATTLE TENDENCY

Ultimative Krieger aus der Antike: Teil 4

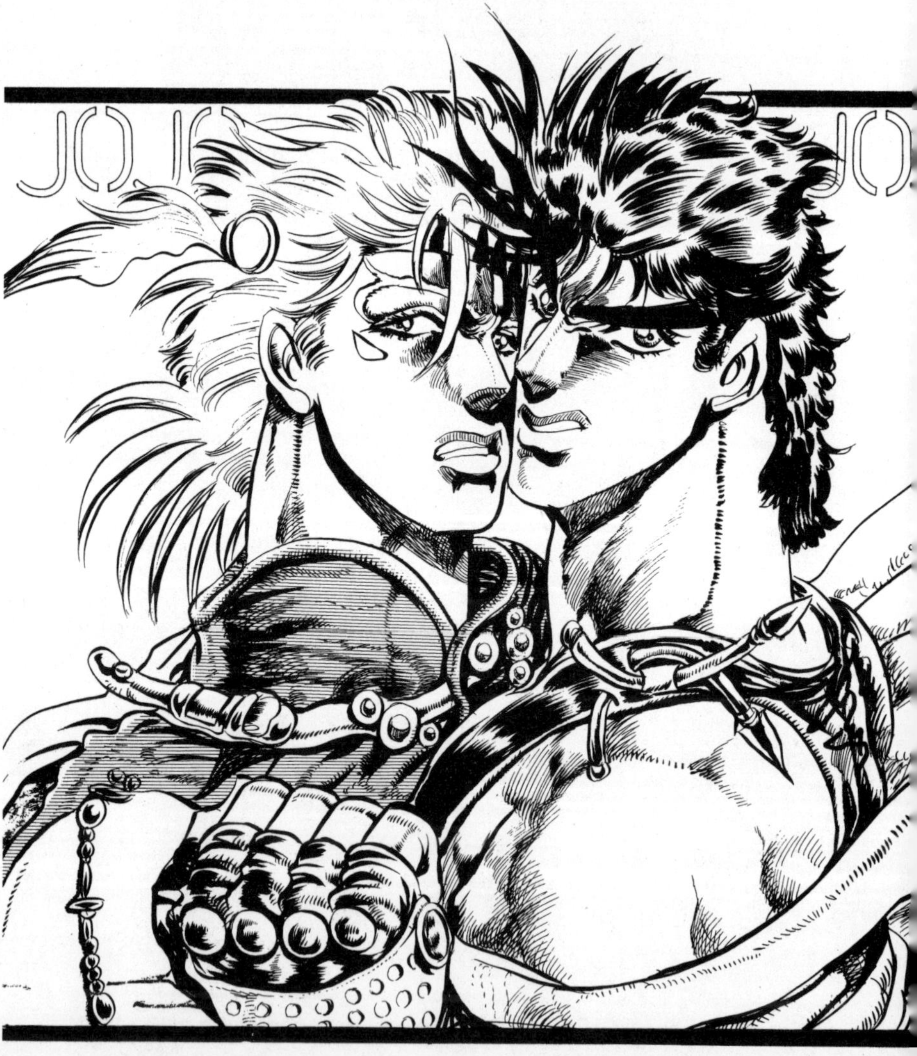

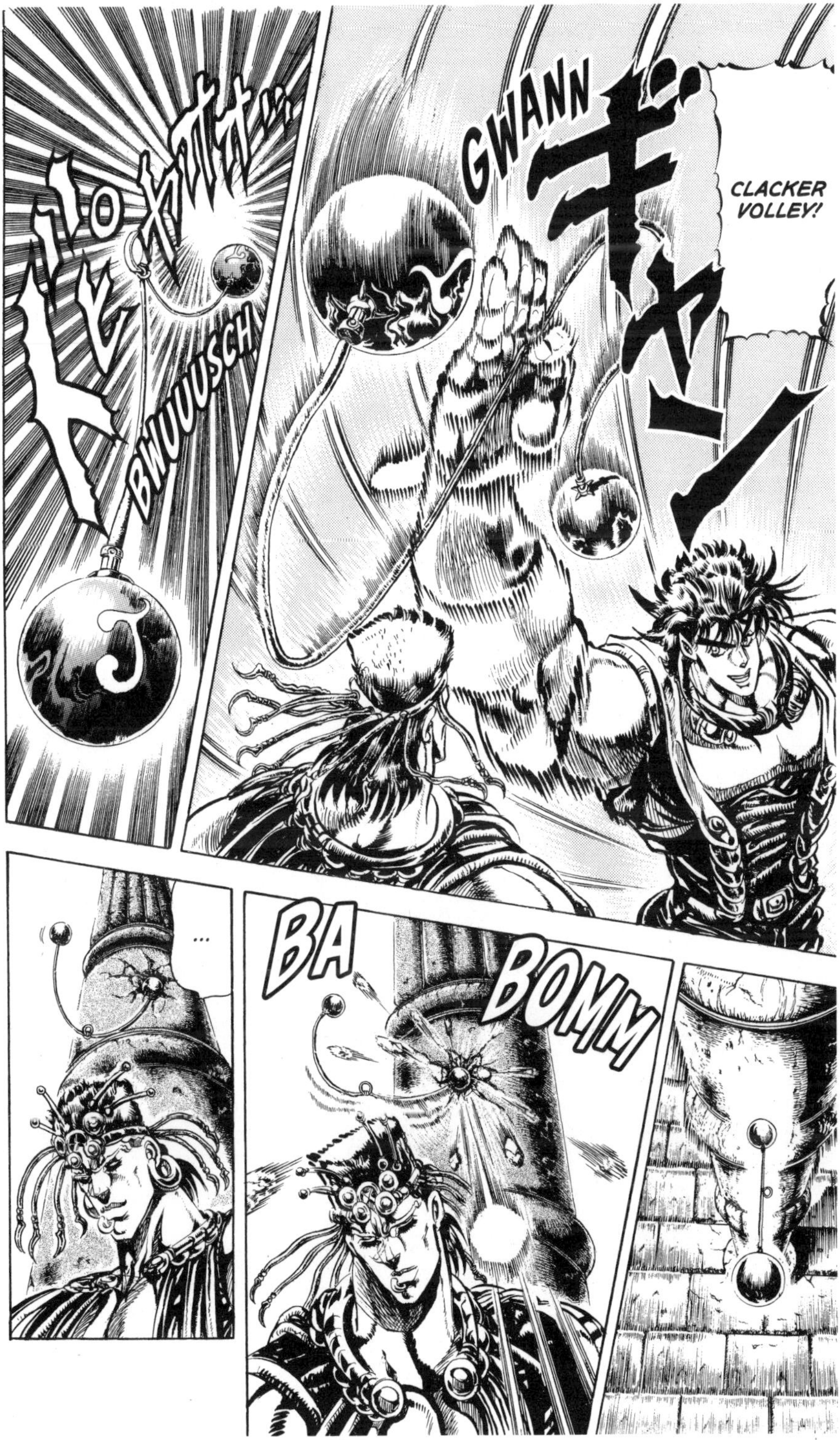

CLACKER VOLLEY!
GWANN
BWUUUSCH
BA
BOMM
...

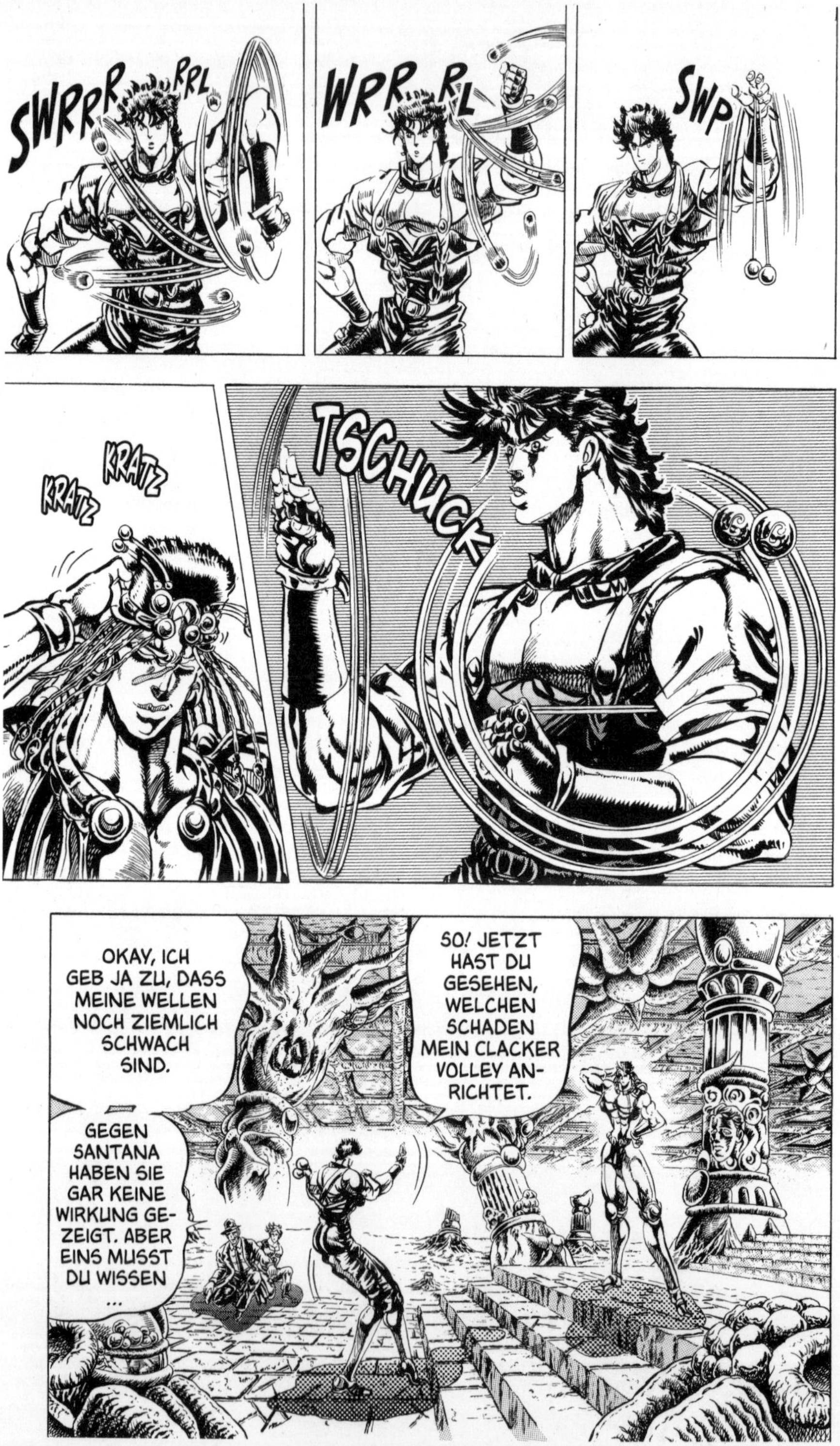
SWRRR RRL
WRR RL
SWP
KRATZ
KRATZ
TSCHUCK
OKAY, ICH GEB JA ZU, DASS MEINE WELLEN NOCH ZIEMLICH SCHWACH SIND.
GEGEN SANTANA HABEN SIE GAR KEINE WIRKUNG GEZEIGT. ABER EINS MUSST DU WISSEN ...
SO! JETZT HAST DU GESEHEN, WELCHEN SCHADEN MEIN CLACKER VOLLEY ANRICHTET.

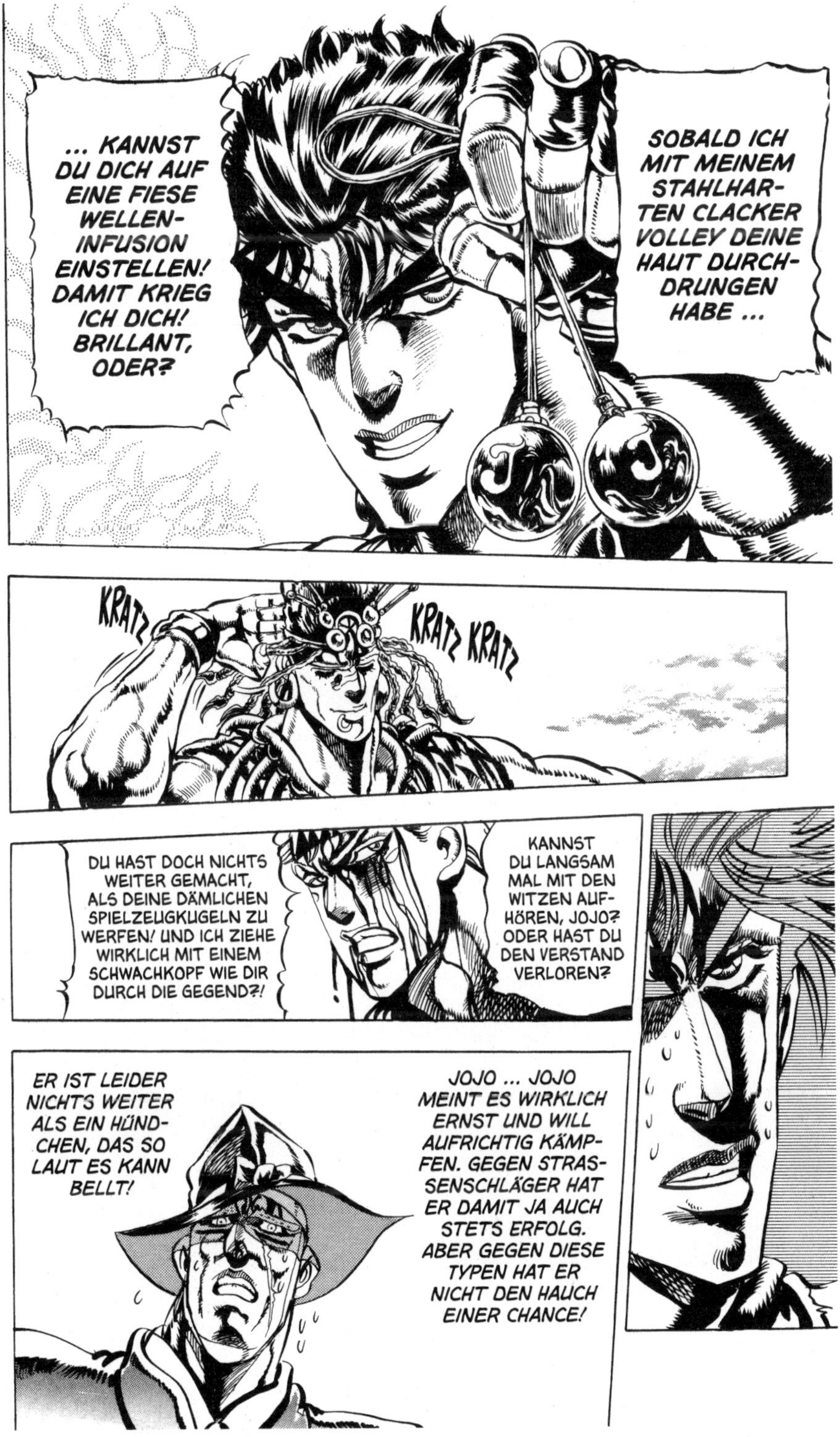
SOBALD ICH MIT MEINEM STAHLHARTEN CLACKER VOLLEY DEINE HAUT DURCHDRUNGEN HABE ...
... KANNST DU DICH AUF EINE FIESE WELLEN-INFUSION EINSTELLEN! DAMIT KRIEG ICH DICH! BRILLANT, ODER?
KRATZ KRATZ
KRATZ
KANNST DU LANGSAM MAL MIT DEN WITZEN AUFHÖREN, JOJO? ODER HAST DU DEN VERSTAND VERLOREN?
DU HAST DOCH NICHTS WEITER GEMACHT, ALS DEINE DÄMLICHEN SPIELZEUGKUGELN ZU WERFEN! UND ICH ZIEHE WIRKLICH MIT EINEM SCHWACHKOPF WIE DIR DURCH DIE GEGEND?!
JOJO ... JOJO MEINT ES WIRKLICH ERNST UND WILL AUFRICHTIG KÄMPFEN. GEGEN STRASSENSCHLÄGER HAT ER DAMIT JA AUCH STETS ERFOLG. ABER GEGEN DIESE TYPEN HAT ER NICHT DEN HAUCH EINER CHANCE!
ER IST LEIDER NICHTS WEITER ALS EIN HÜNDCHEN, DAS SO LAUT ES KANN BELLT!

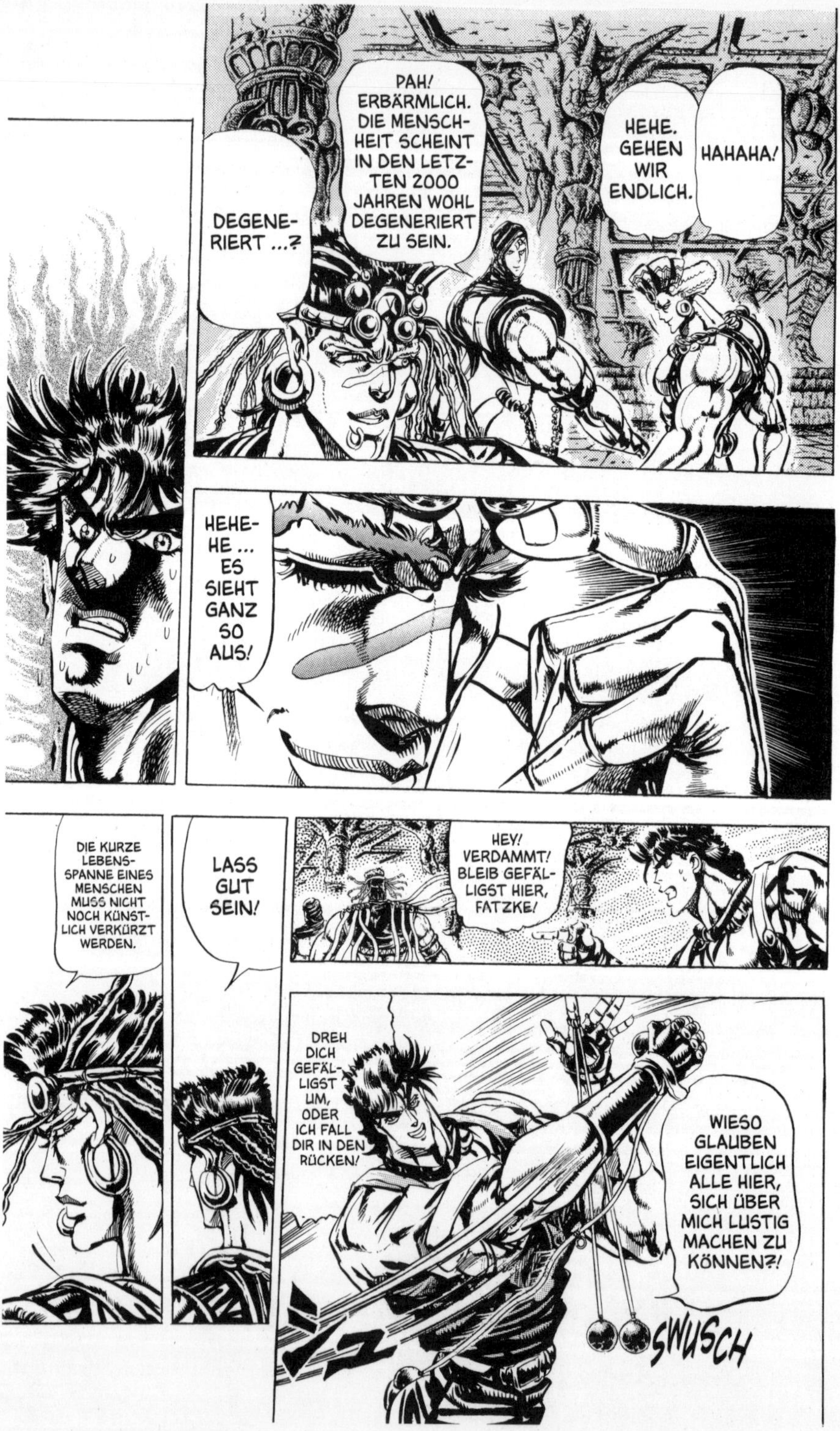
HAHAHA!
HEHE. GEHEN WIR ENDLICH.
PAH! ERBÄRMLICH. DIE MENSCHHEIT SCHEINT IN DEN LETZTEN 2000 JAHREN WOHL DEGENERIERT ZU SEIN.
DEGENERIERT ...?
HEHEHE ... ES SIEHT GANZ SO AUS!
HEY! VERDAMMT! BLEIB GEFÄLLIGST HIER, FATZKE!
LASS GUT SEIN!
DIE KURZE LEBENSSPANNE EINES MENSCHEN MUSS NICHT NOCH KÜNSTLICH VERKÜRZT WERDEN.
WIESO GLAUBEN EIGENTLICH ALLE HIER, SICH ÜBER MICH LUSTIG MACHEN ZU KÖNNEN?!
DREH DICH GEFÄLLIGST UM, ODER ICH FALL DIR IN DEN RÜCKEN!
SWUSCH

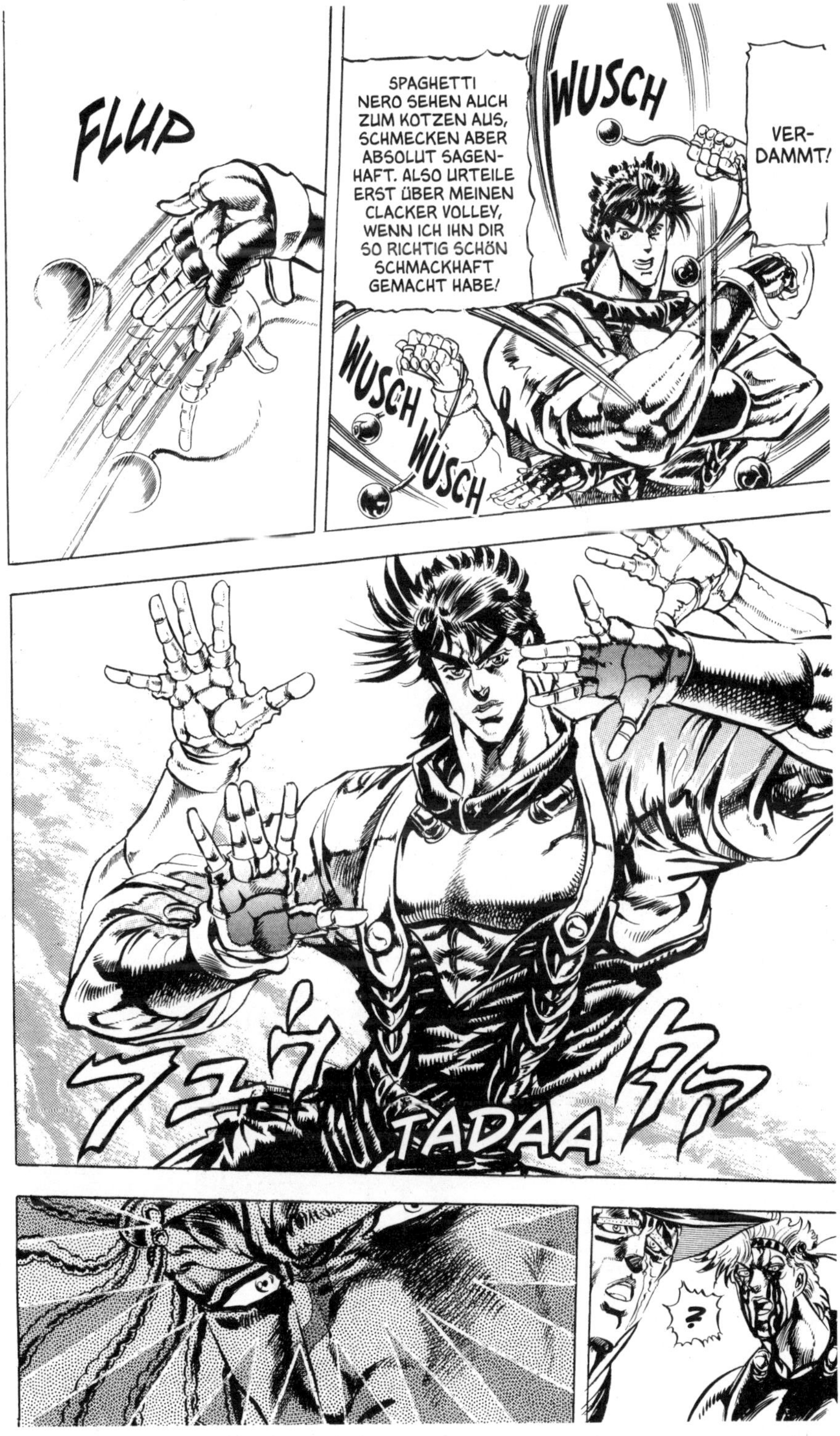
FLUP
SPAGHETTI NERO SEHEN AUCH ZUM KOTZEN AUS, SCHMECKEN ABER ABSOLUT SAGEN-HAFT. ALSO URTEILE ERST ÜBER MEINEN CLACKER VOLLEY, WENN ICH IHN DIR SO RICHTIG SCHÖN SCHMACKHAFT GEMACHT HABE!
WUSCH
VER-DAMMT!
WUSCH
WUSCH
WUSCH
TADAA
?

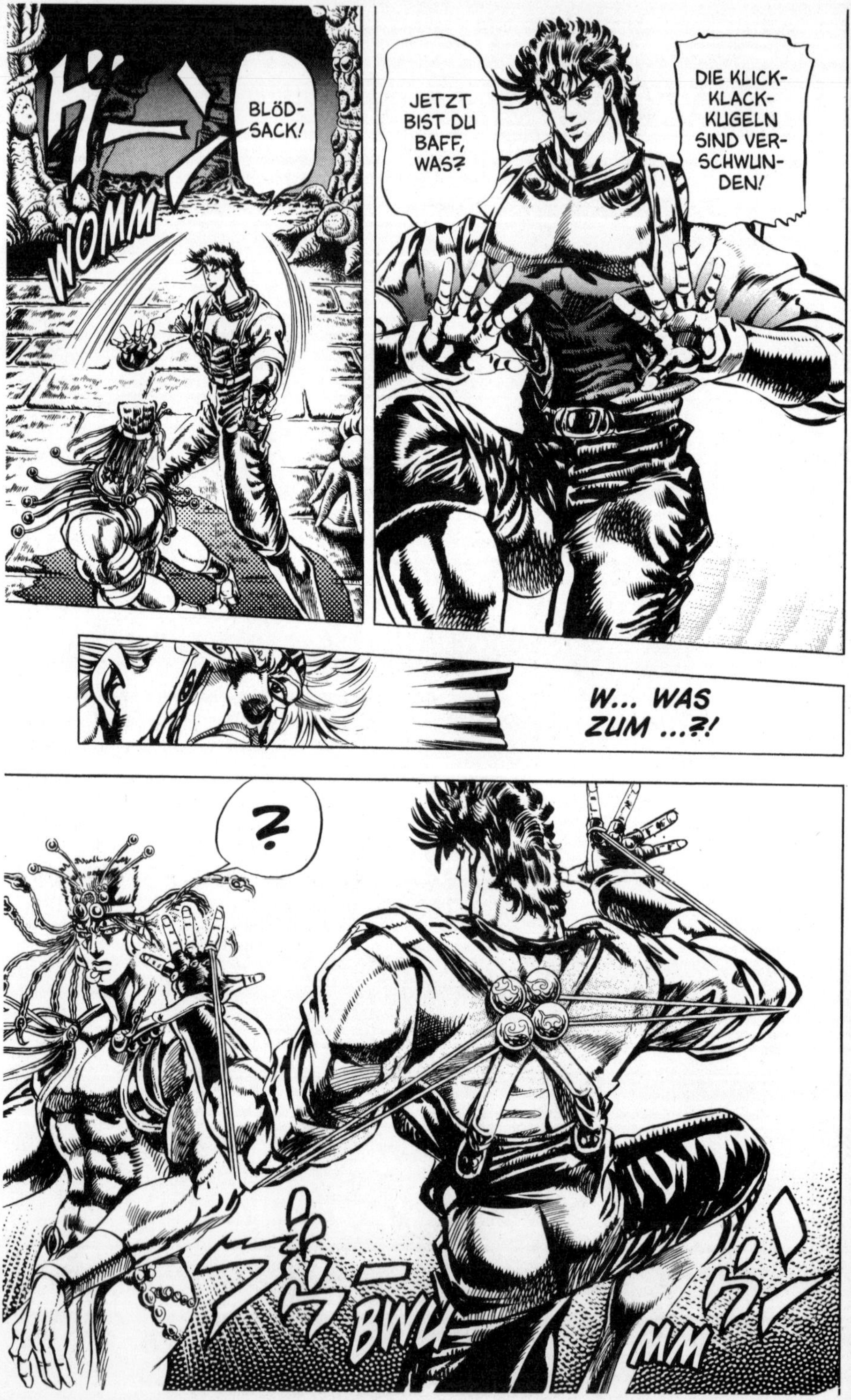

BLÖD-
SACK!
WOMM
DIE KLICK-
KLACK-
KUGELN
SIND VER-
SCHWUN-
DEN!
JETZT
BIST DU
BAFF,
WAS?
W... WAS
ZUM ...?!
?
BWU
MM

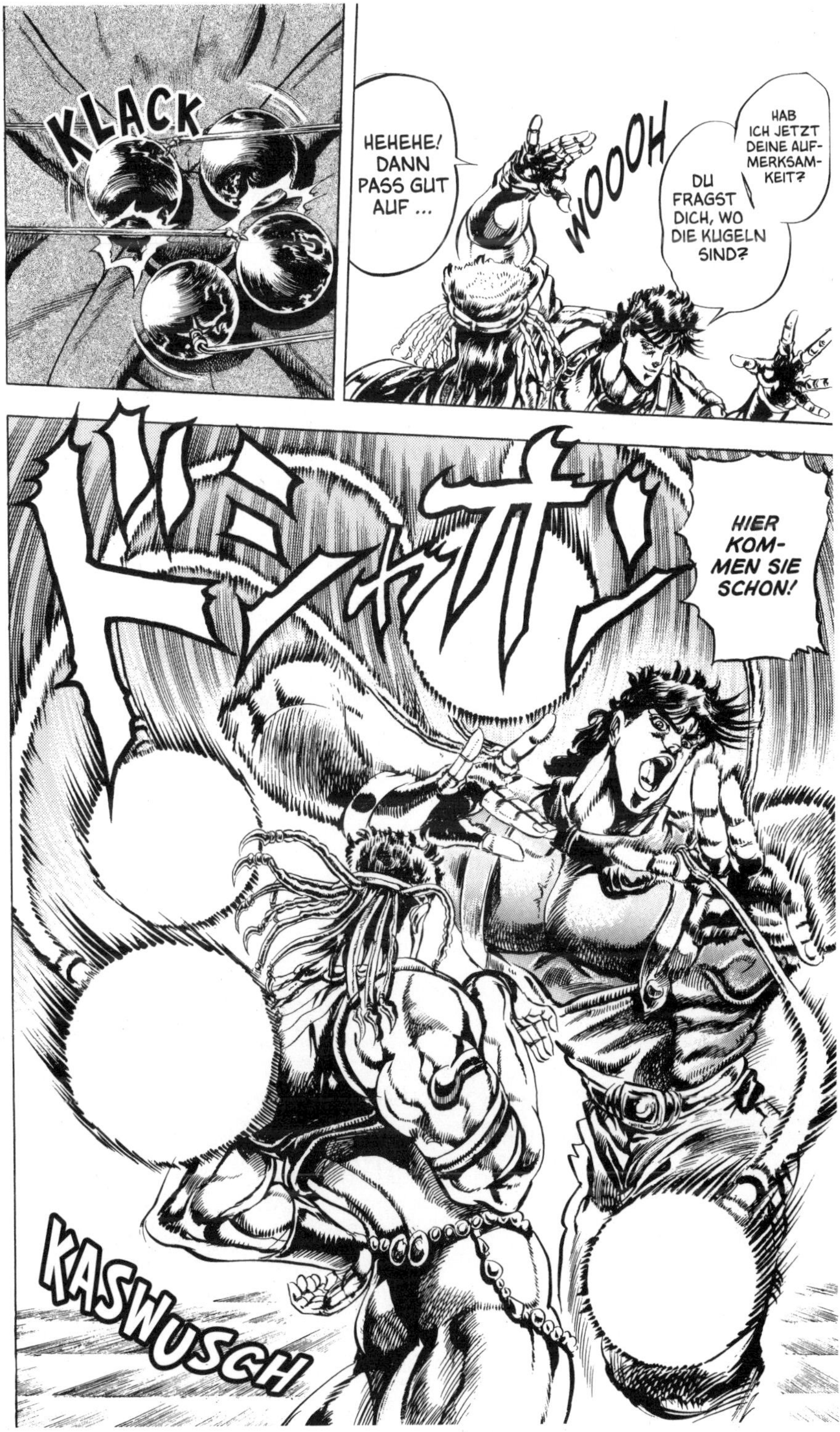
HAB ICH JETZT DEINE AUF-MERKSAM-KEIT?
DU FRAGST DICH, WO DIE KUGELN SIND?
WOOOH
HEHEHE! DANN PASS GUT AUF ...
KLACK
HIER KOM-MEN SIE SCHON!
KASWUSCH

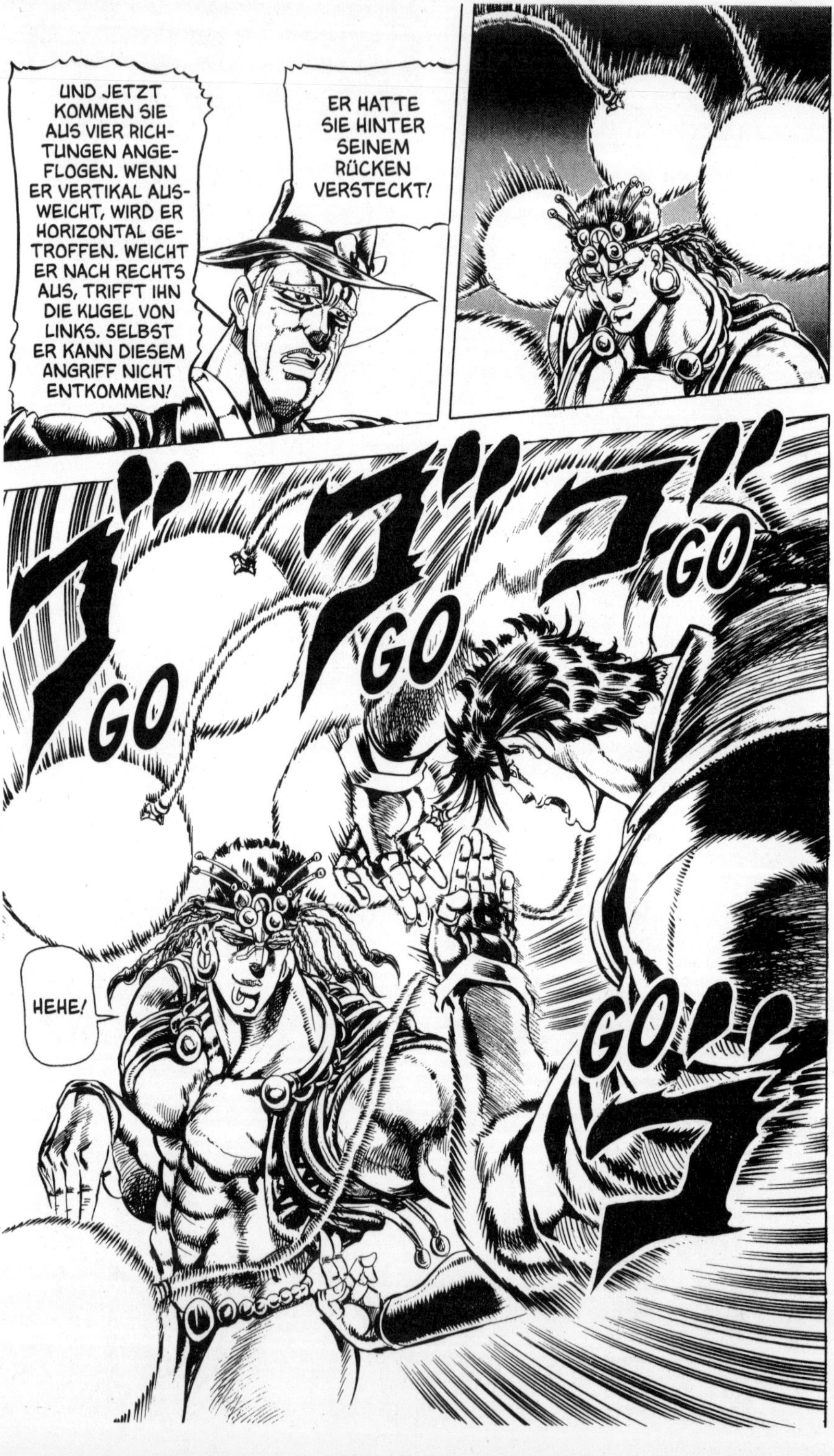

ER HATTE SIE HINTER SEINEM RÜCKEN VERSTECKT!
UND JETZT KOMMEN SIE AUS VIER RICHTUNGEN ANGEFLOGEN. WENN ER VERTIKAL AUSWEICHT, WIRD ER HORIZONTAL GETROFFEN. WEICHT ER NACH RECHTS AUS, TRIFFT IHN DIE KUGEL VON LINKS. SELBST ER KANN DIESEM ANGRIFF NICHT ENTKOMMEN!
GO
GO
GO
GO
HEHE!

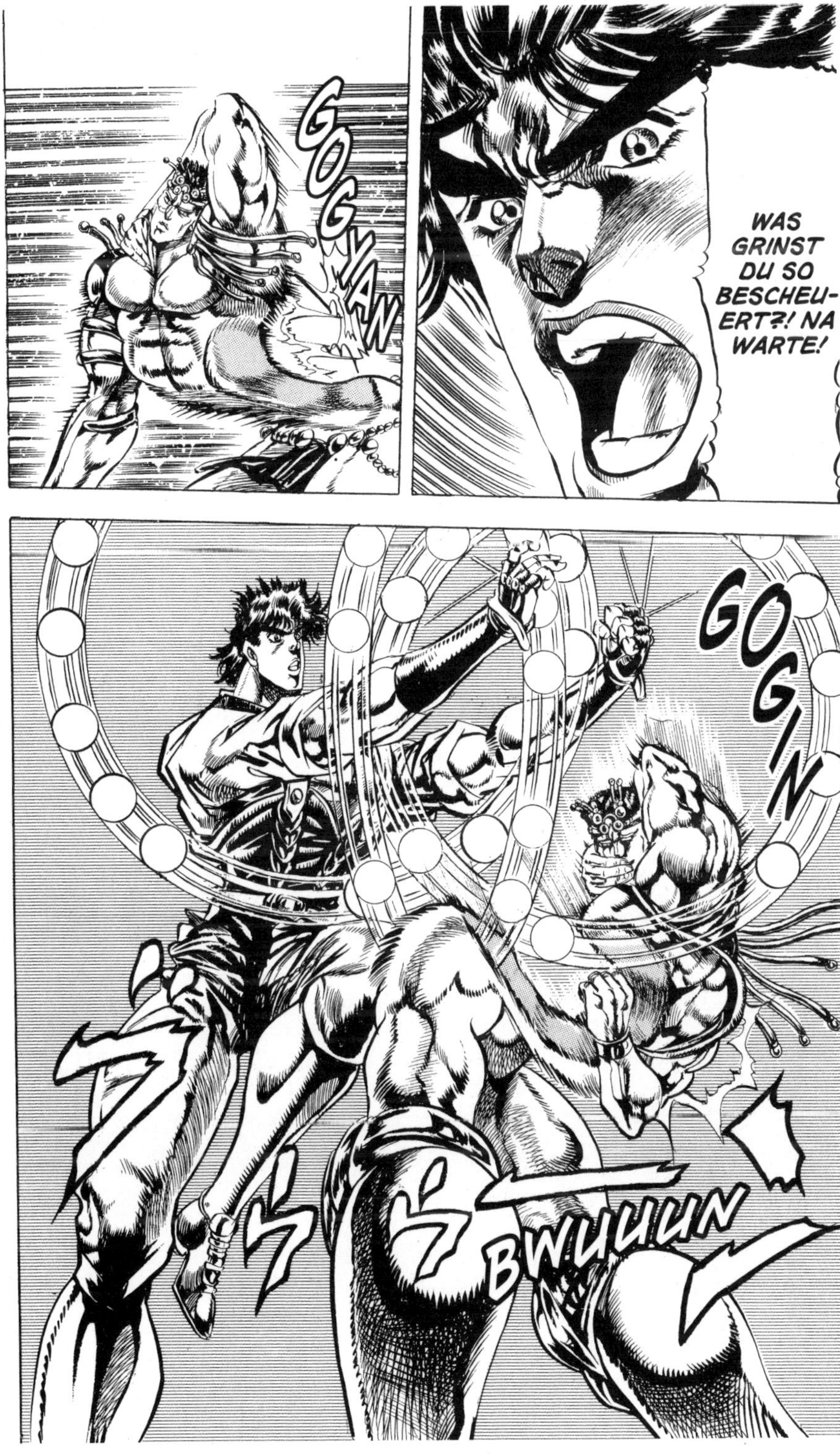
WAS GRINST DU SO BESCHEU-ERT?! NA WARTE!
GOGYAN
GOGIN
BWUUUN

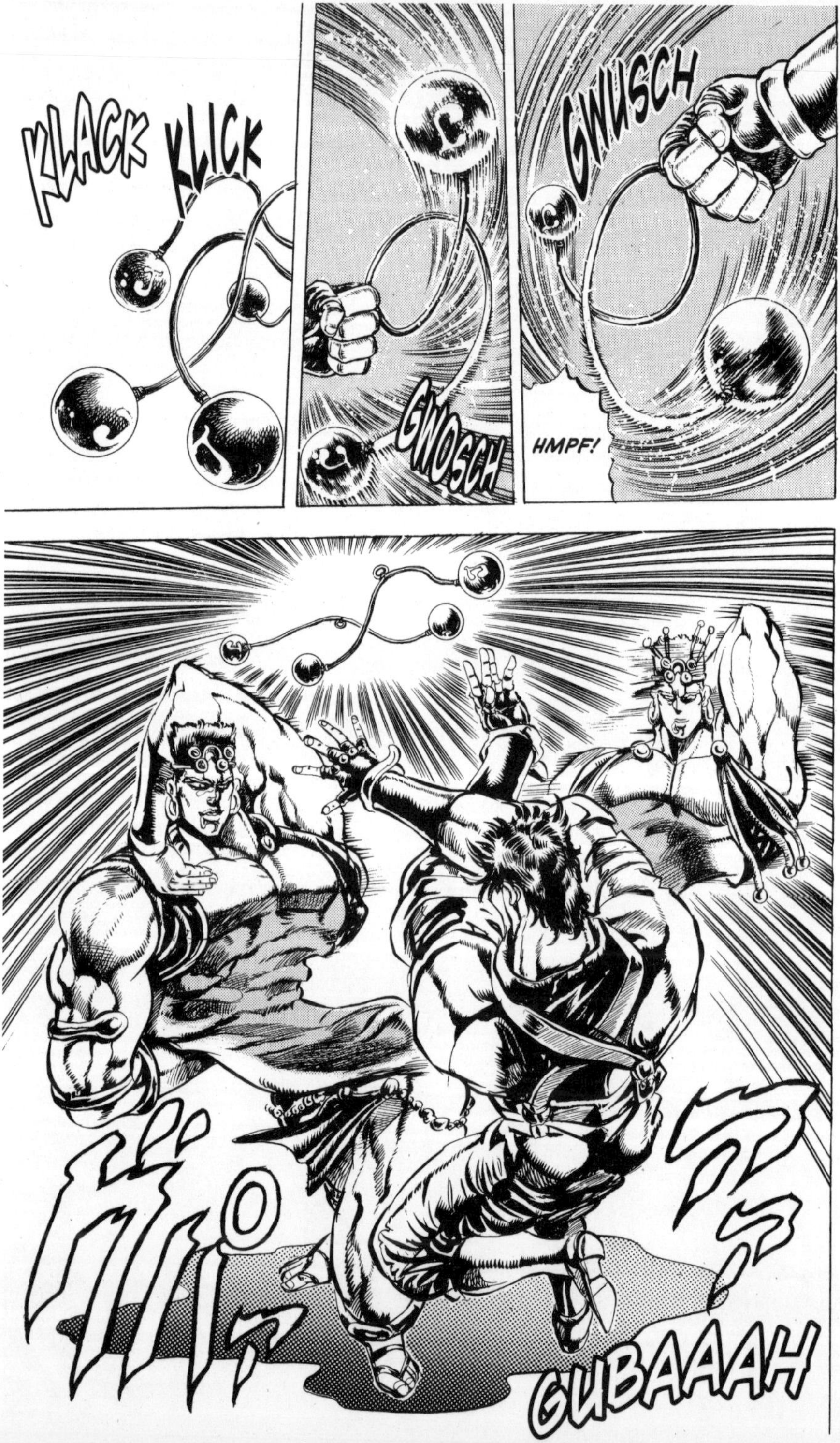
GWUSCH
HMPF!
GWOSCH
KLACK KLICK
GUBAAAH

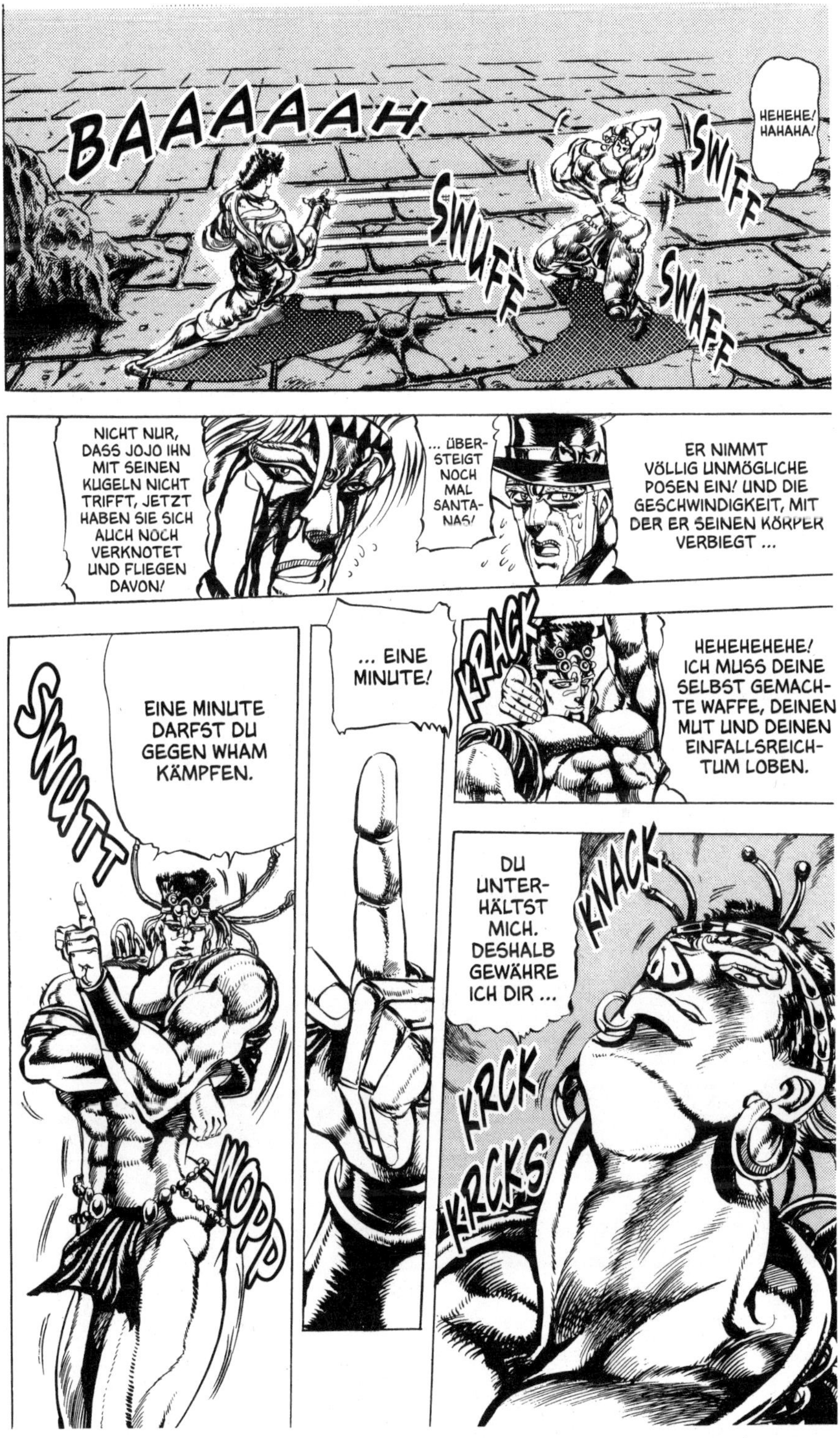
HEHEHE! HAHAHA!
SWIFF
SWAFF
SWUFF
BAAAAAH
ER NIMMT VÖLLIG UNMÖGLICHE POSEN EIN! UND DIE GESCHWINDIGKEIT, MIT DER ER SEINEN KÖRPER VERBIEGT ...
... ÜBERSTEIGT NOCH MAL SANTANAS!
NICHT NUR, DASS JOJO IHN MIT SEINEN KUGELN NICHT TRIFFT, JETZT HABEN SIE SICH AUCH NOCH VERKNOTET UND FLIEGEN DAVON!
HEHEHEHEHE! ICH MUSS DEINE SELBST GEMACHTE WAFFE, DEINEN MUT UND DEINEN EINFALLSREICHTUM LOBEN.
KRACK
DU UNTERHÄLTST MICH. DESHALB GEWÄHRE ICH DIR ...
KNACK
KRCK
KRCKS
... EINE MINUTE!
EINE MINUTE DARFST DU GEGEN WHAM KÄMPFEN.
SWUTT
WOPP

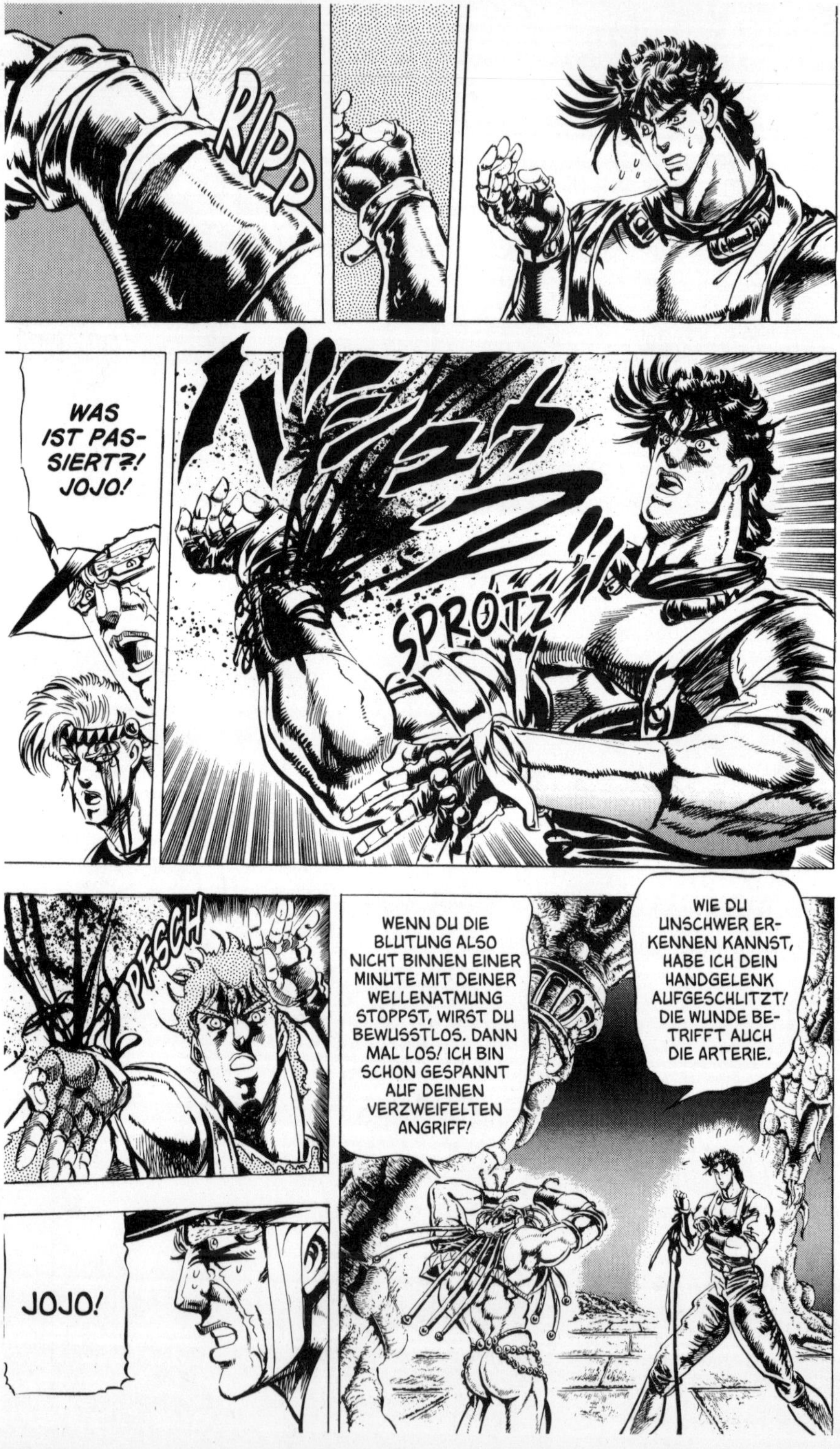

RIPP
WAS IST PASSIERT?! JOJO!
SPROTZ
PFSCH
WIE DU UNSCHWER ERKENNEN KANNST, HABE ICH DEIN HANDGELENK AUFGESCHLITZT! DIE WUNDE BETRIFFT AUCH DIE ARTERIE.
WENN DU DIE BLUTUNG ALSO NICHT BINNEN EINER MINUTE MIT DEINER WELLENATMUNG STOPPST, WIRST DU BEWUSSTLOS. DANN MAL LOS! ICH BIN SCHON GESPANNT AUF DEINEN VERZWEIFELTEN ANGRIFF!
JOJO!

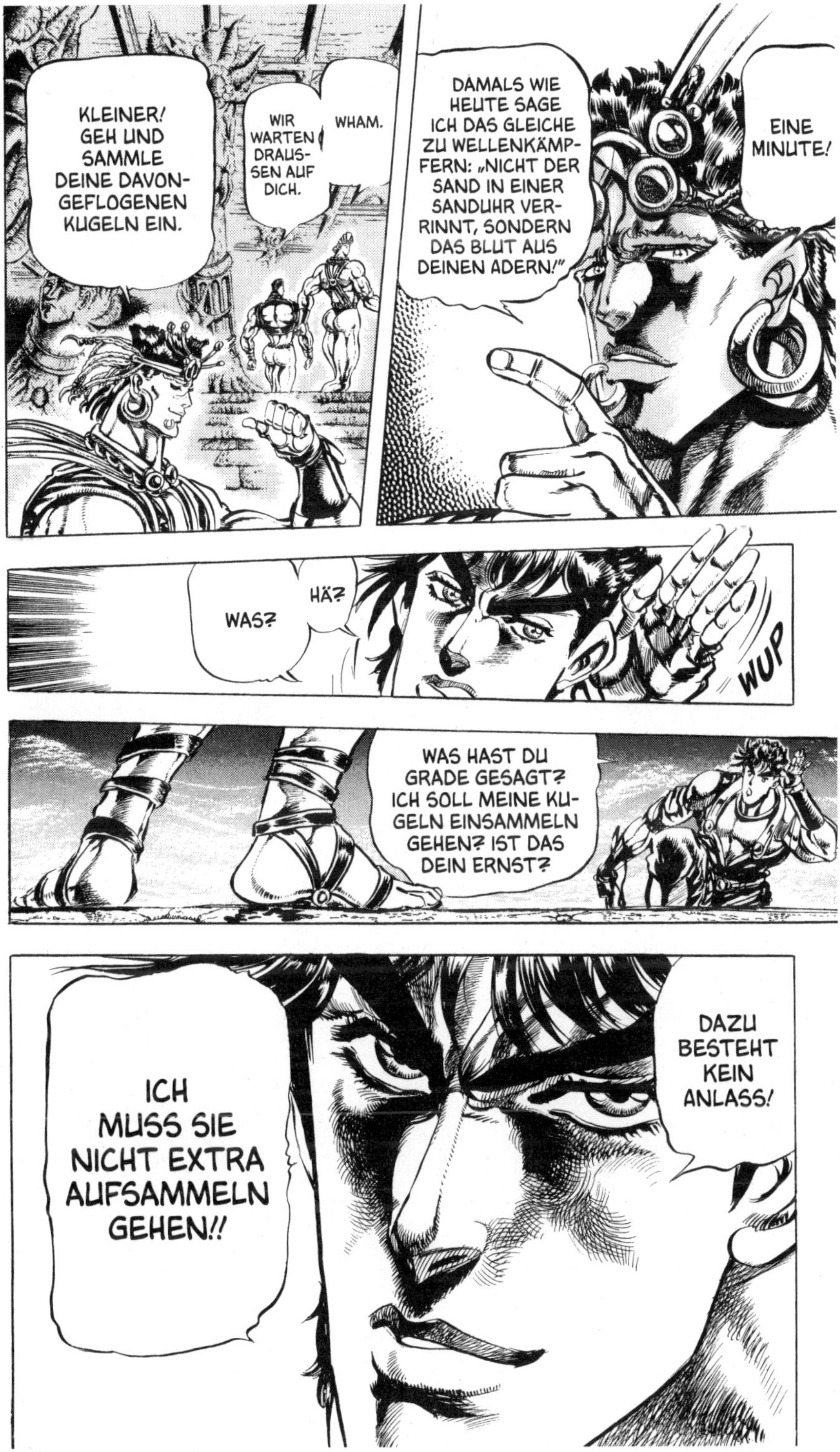
EINE MINUTE!
DAMALS WIE HEUTE SAGE ICH DAS GLEICHE ZU WELLENKÄMPFERN: „NICHT DER SAND IN EINER SANDUHR VERRINNT, SONDERN DAS BLUT AUS DEINEN ADERN!“
WHAM.
WIR WARTEN DRAUSSEN AUF DICH.
KLEINER! GEH UND SAMMLE DEINE DAVONGEFLOGENEN KUGELN EIN.
WUP
HÄ?
WAS?
WAS HAST DU GRADE GESAGT? ICH SOLL MEINE KUGELN EINSAMMELN GEHEN? IST DAS DEIN ERNST?
DAZU BESTEHT KEIN ANLASS!
ICH MUSS SIE NICHT EXTRA AUFSAMMELN GEHEN!!

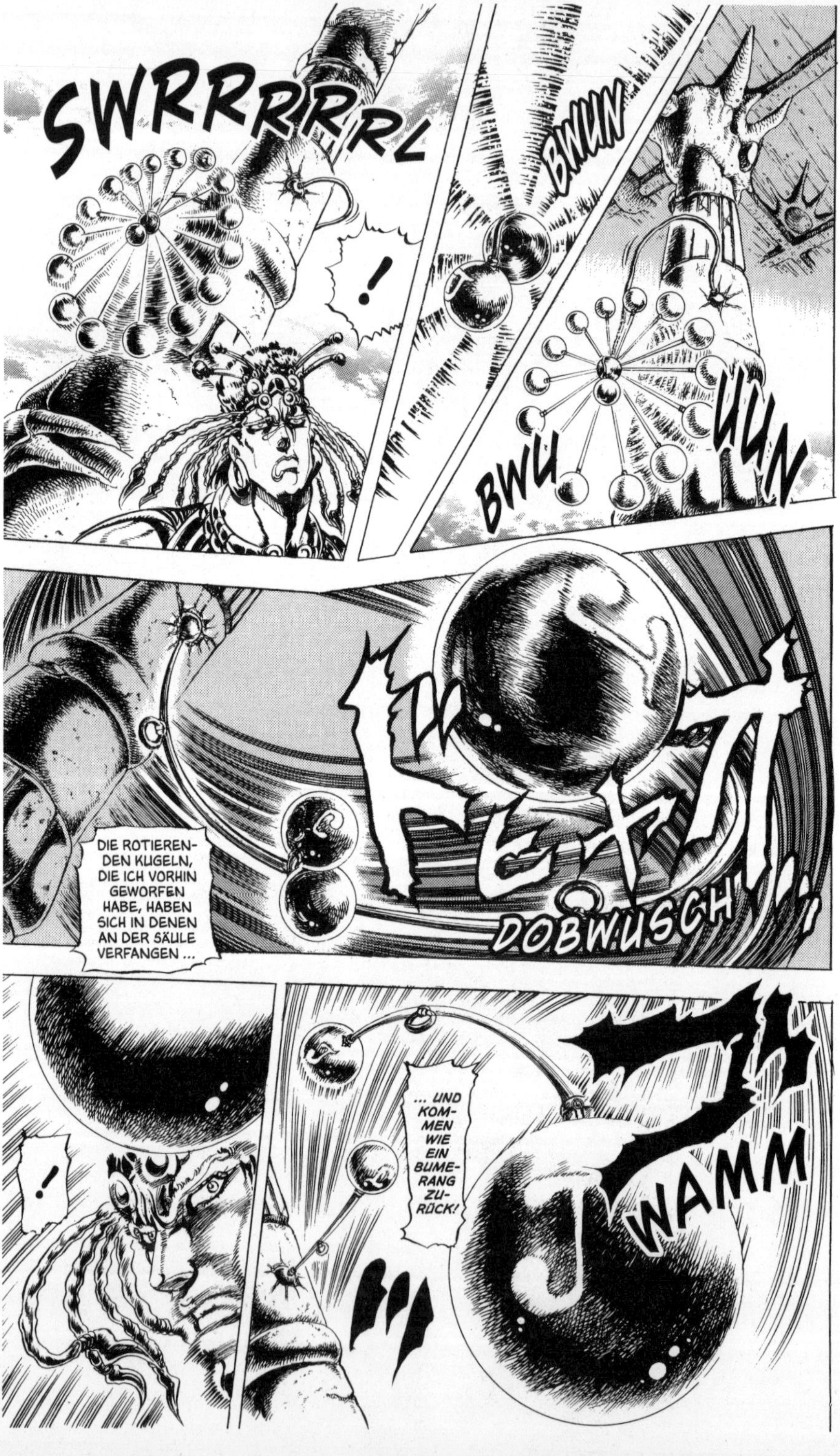
BWU UUN
BWUN
SWRRRRRRL
!
DIE ROTIEREN-DEN KUGELN, DIE ICH VORHIN GEWORFEN HABE, HABEN SICH IN DENEN AN DER SÄULE VERFANGEN …
DOBWUSCH
… UND KOMMEN WIE EIN BUMERANG ZURÜCK!
WAMM
!

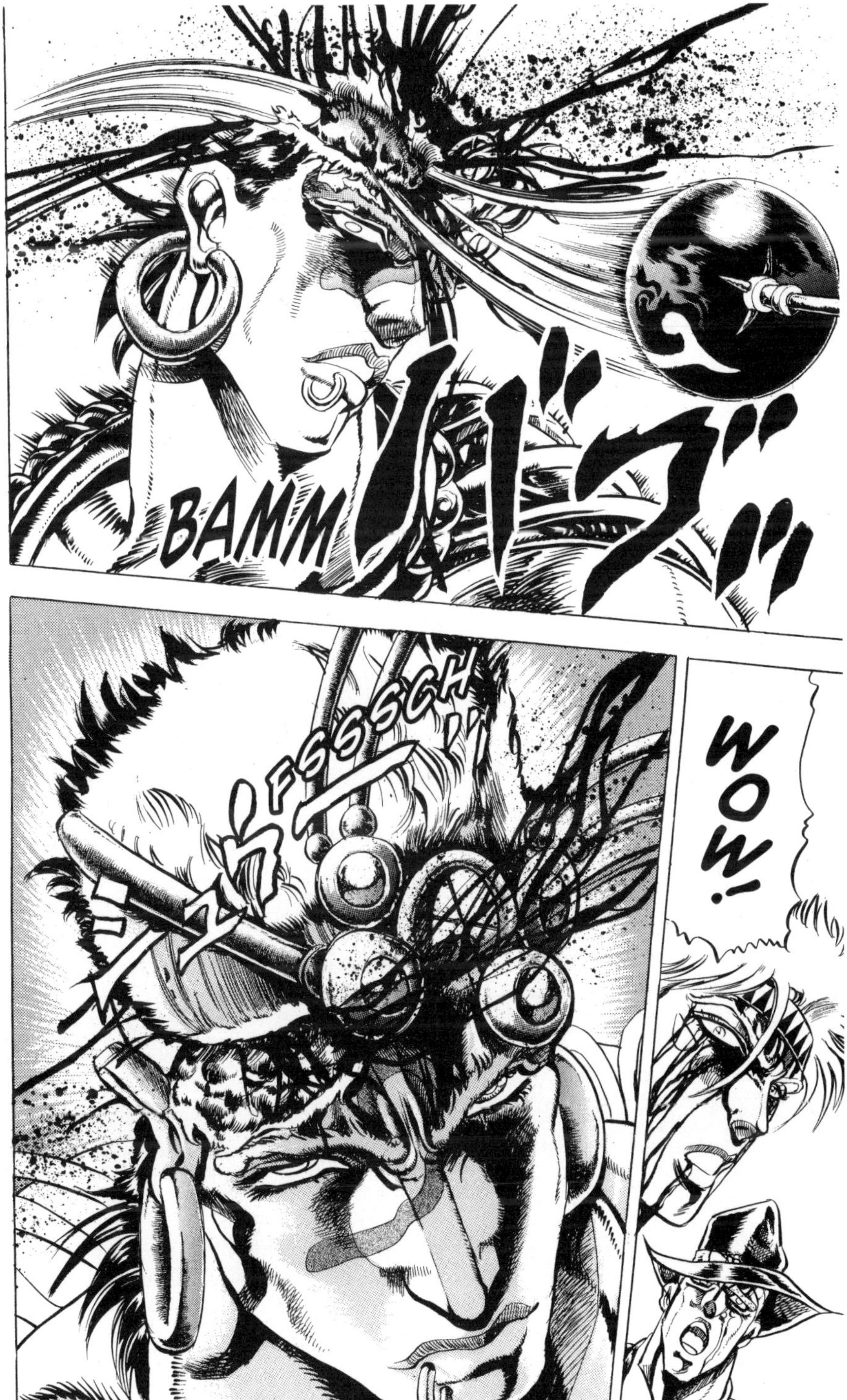
BAMM
FSSSCH
WOW!

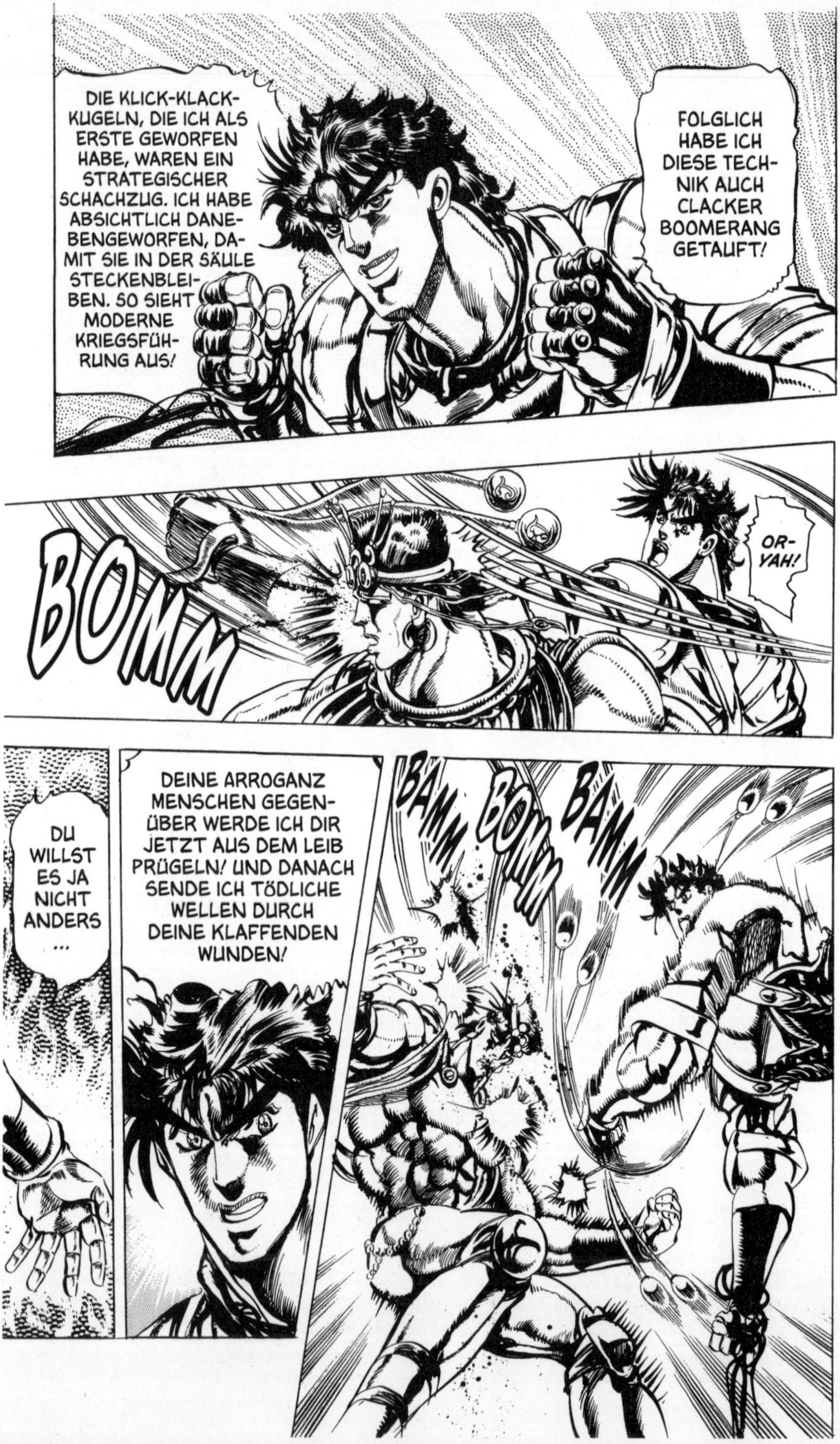

FOLGLICH HABE ICH DIESE TECHNIK AUCH CLACKER BOOMERANG GETAUFT!
DIE KLICK-KLACK-KUGELN, DIE ICH ALS ERSTE GEWORFEN HABE, WAREN EIN STRATEGISCHER SCHACHZUG. ICH HABE ABSICHTLICH DANEBENGEWORFEN, DAMIT SIE IN DER SÄULE STECKENBLEIBEN. SO SIEHT MODERNE KRIEGSFÜHRUNG AUS!
OR-YAH!
BOMM
BAMM BOMM BAMM
DEINE ARROGANZ MENSCHEN GEGENÜBER WERDE ICH DIR JETZT AUS DEM LEIB PRÜGELN! UND DANACH SENDE ICH TÖDLICHE WELLEN DURCH DEINE KLAFFENDEN WUNDEN!
DU WILLST ES JA NICHT ANDERS ...

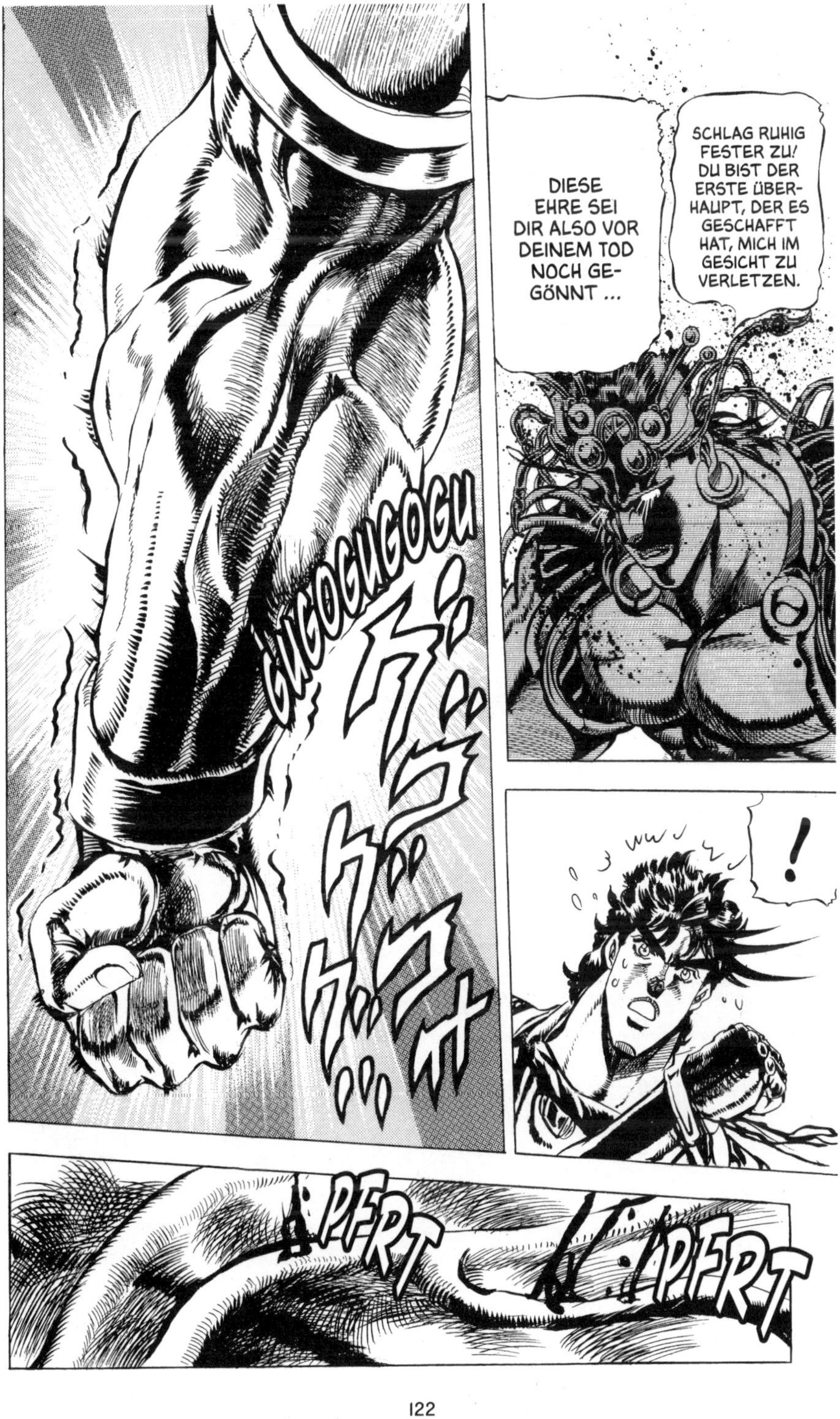

SCHLAG RUHIG FESTER ZU! DU BIST DER ERSTE ÜBERHAUPT, DER ES GESCHAFFT HAT, MICH IM GESICHT ZU VERLETZEN.
DIESE EHRE SEI DIR ALSO VOR DEINEM TOD NOCH GEGÖNNT ...
GUGOGUGOGU
!
PFRT
PFRT

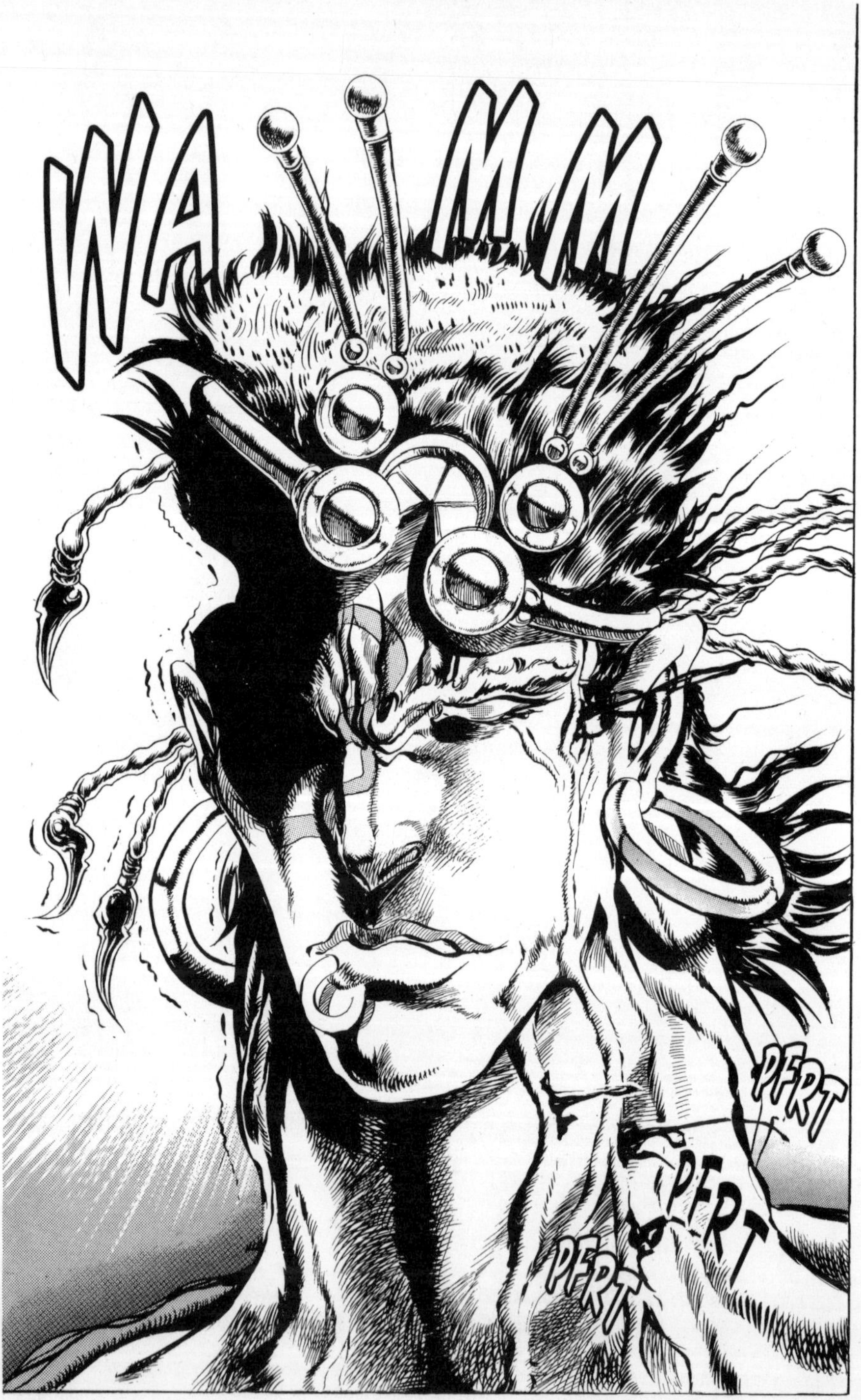
WAMMM
PFRT
PFRT
PFRT

JoJo's Bizarre Adventure
Part 2
Battle Tendency

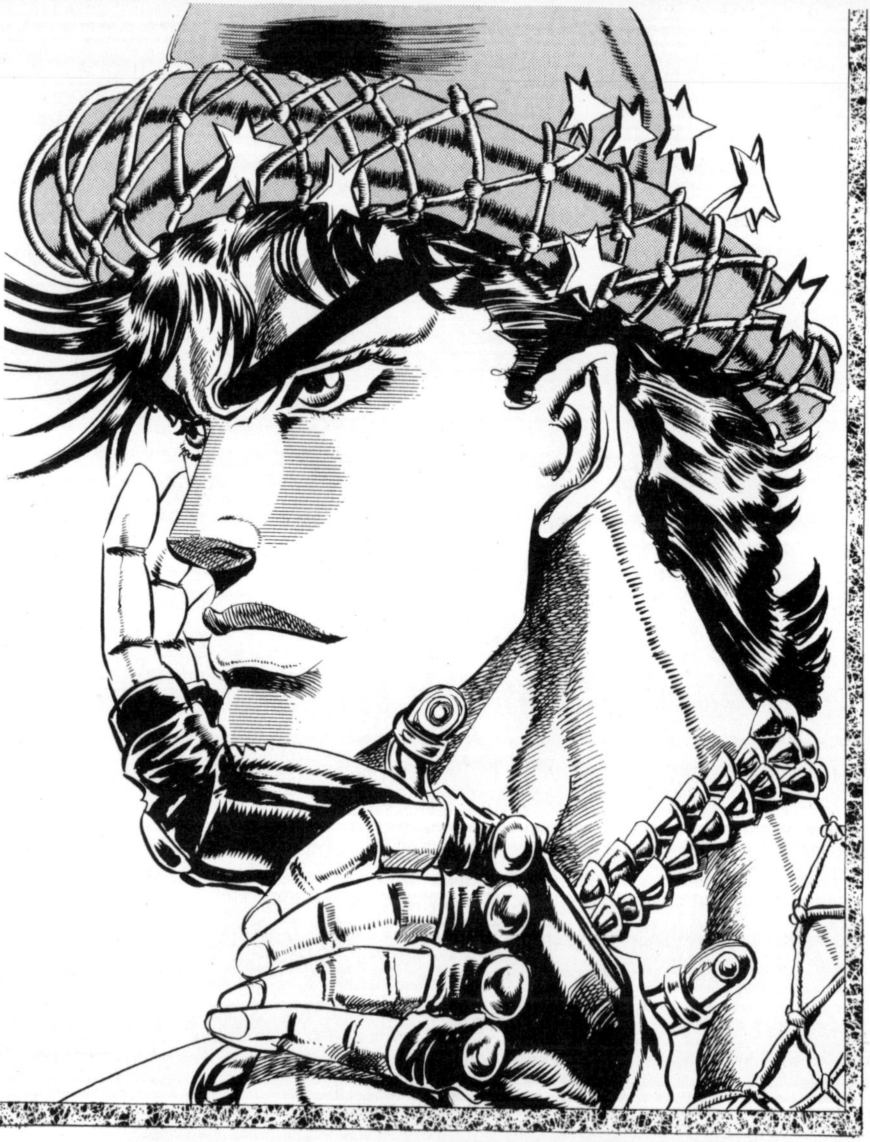

Ultimative Krieger aus der Antike: Teil 5

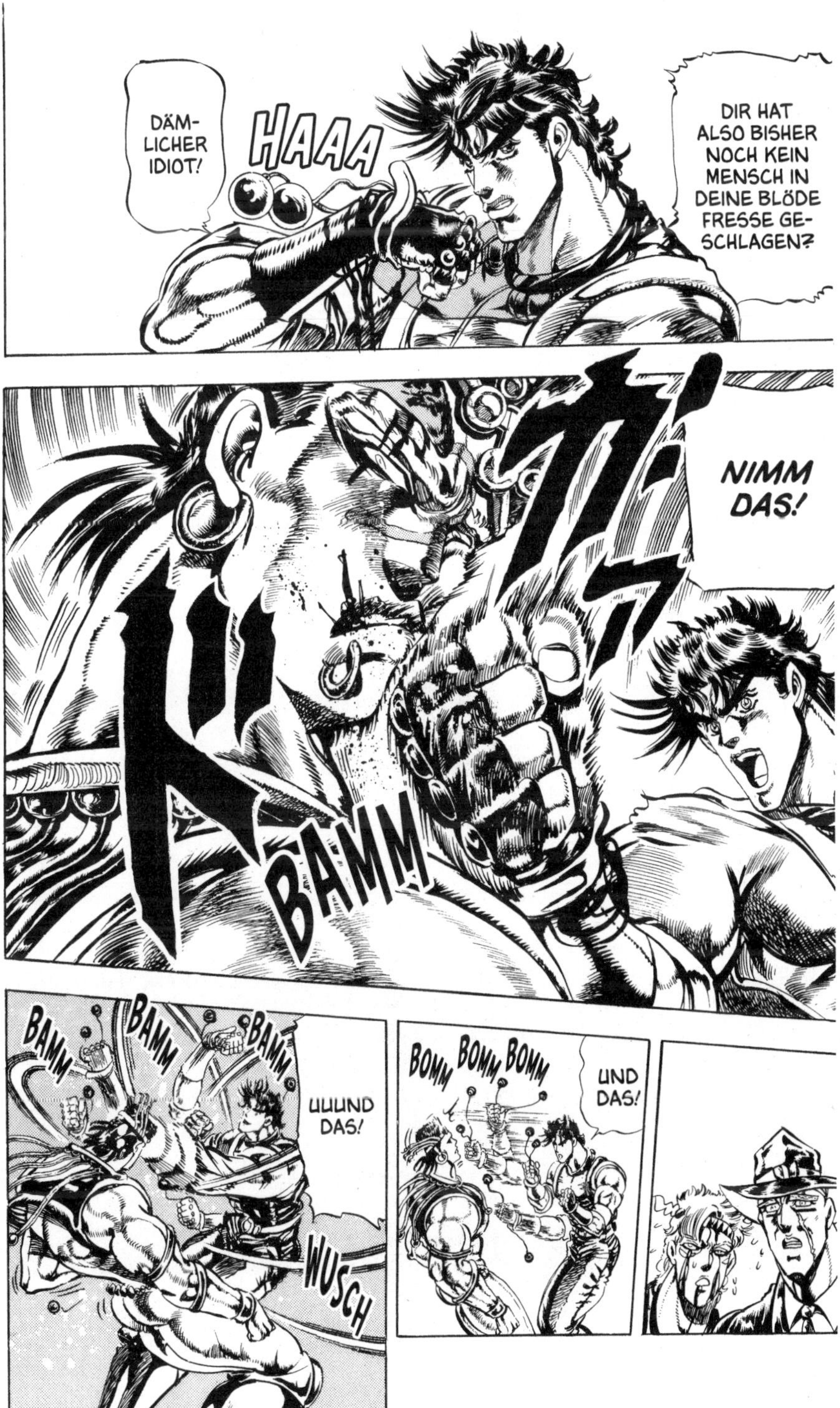
DIR HAT ALSO BISHER NOCH KEIN MENSCH IN DEINE BLÖDE FRESSE GESCHLAGEN?
HAAAA
DÄMLICHER IDIOT!
NIMM DAS!
BAMM
BOMM BOMM BOMM
UND DAS!
BAMM BAMM BAMM
UUUND DAS!
WUSCH

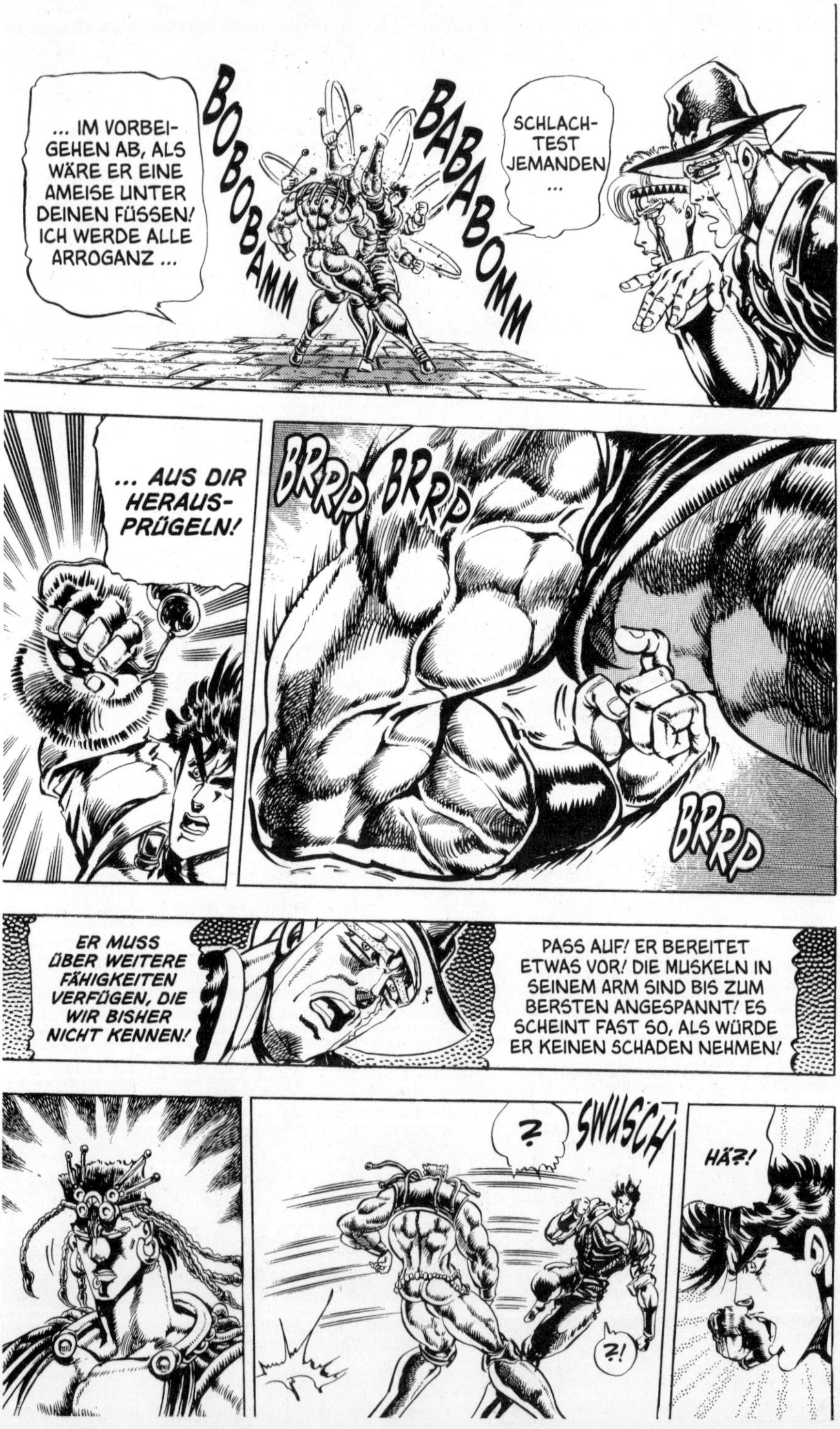
SCHLACH-
TEST
JEMANDEN
...
BABABOMM
BOBOBAMM
... IM VORBEI-
GEHEN AB, ALS
WÄRE ER EINE
AMEISE UNTER
DEINEN FÜSSEN!
ICH WERDE ALLE
ARROGANZ ...
BRRP BRRP
BRRP
... AUS DIR
HERAUS-
PRÜGELN!
PASS AUF! ER BEREITET
ETWAS VOR! DIE MUSKELN IN
SEINEM ARM SIND BIS ZUM
BERSTEN ANGESPANNT! ES
SCHEINT FAST SO, ALS WÜRDE
ER KEINEN SCHADEN NEHMEN!
ER MUSS
ÜBER WEITERE
FÄHIGKEITEN
VERFÜGEN, DIE
WIR BISHER
NICHT KENNEN!
HÄ?!
SWUSCH
?
?!

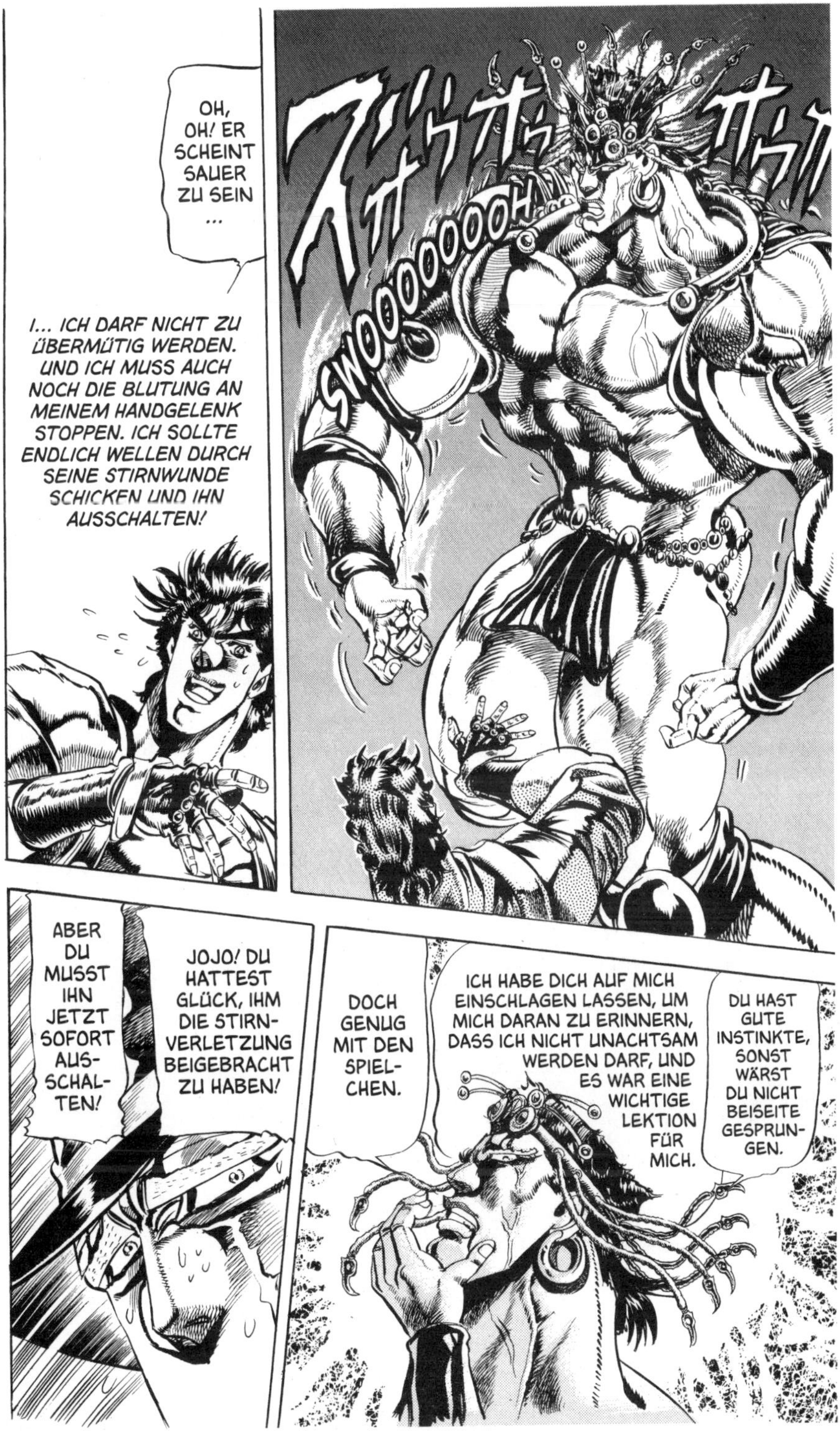
OH, OH! ER SCHEINT SAUER ZU SEIN ...
I... ICH DARF NICHT ZU ÜBERMÜTIG WERDEN. UND ICH MUSS AUCH NOCH DIE BLUTUNG AN MEINEM HANDGELENK STOPPEN. ICH SOLLTE ENDLICH WELLEN DURCH SEINE STIRNWUNDE SCHICKEN UND IHN AUSSCHALTEN!
SWOOOOOOOH
DU HAST GUTE INSTINKTE, SONST WÄRST DU NICHT BEISEITE GESPRUNGEN.
ICH HABE DICH AUF MICH EINSCHLAGEN LASSEN, UM MICH DARAN ZU ERINNERN, DASS ICH NICHT UNACHTSAM WERDEN DARF, UND ES WAR EINE WICHTIGE LEKTION FÜR MICH.
DOCH GENUG MIT DEN SPIEL-CHEN.
JOJO! DU HATTEST GLÜCK, IHM DIE STIRN-VERLETZUNG BEIGEBRACHT ZU HABEN!
ABER DU MUSST IHN JETZT SOFORT AUS-SCHAL-TEN!

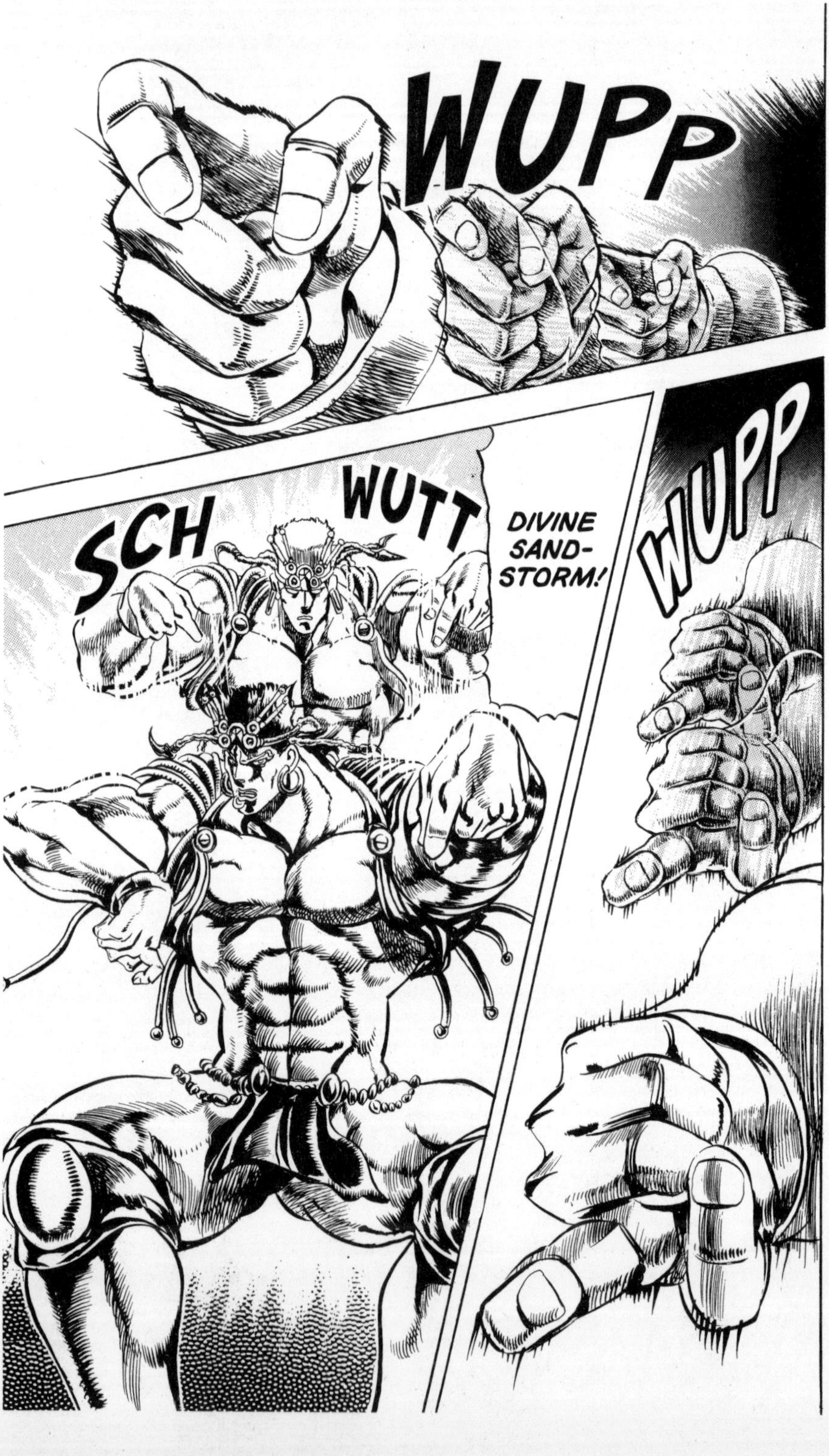
WUPP
WUPP
SCH WUTT
DIVINE SAND-STORM!

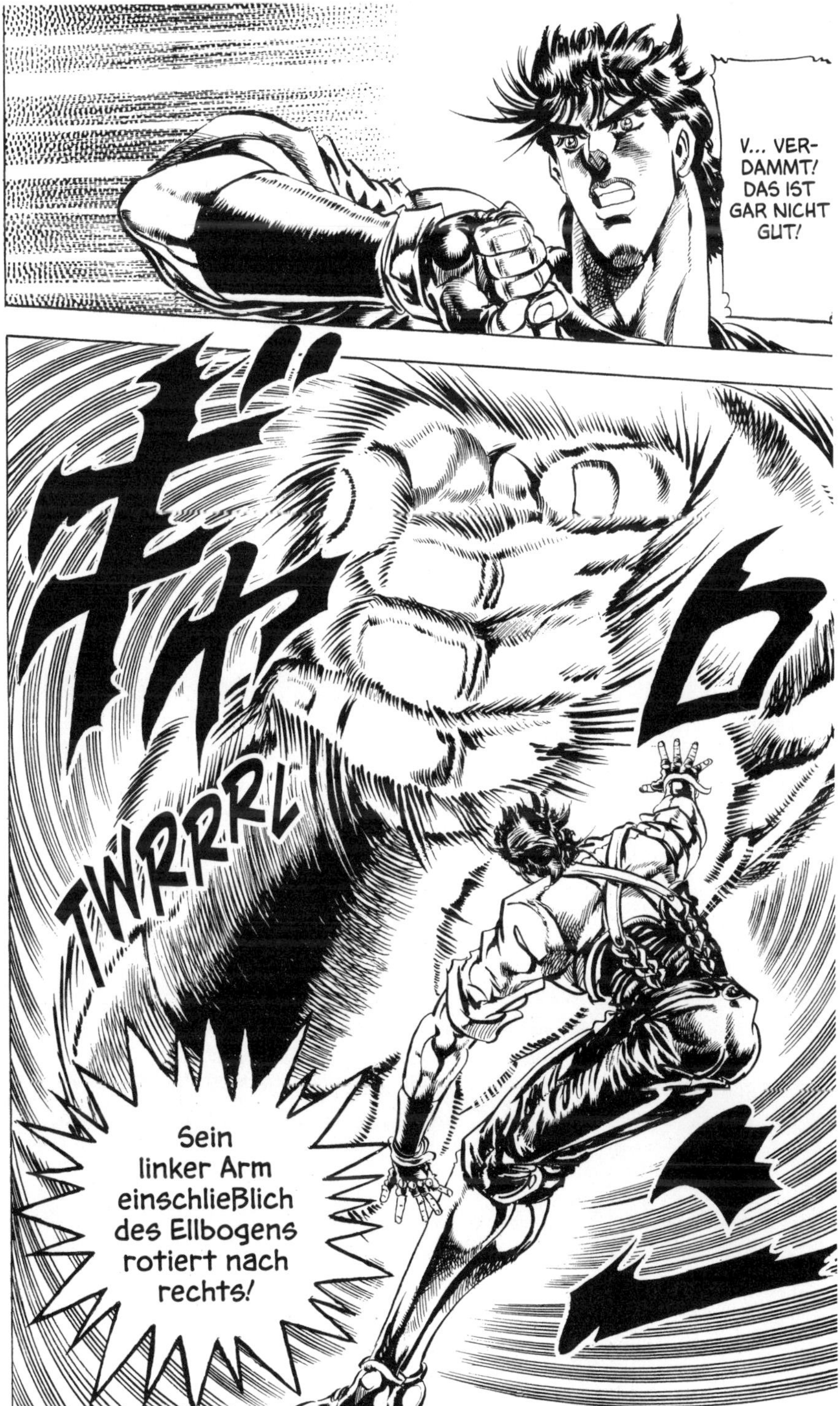
V... VER-
DAMMT!
DAS IST
GAR NICHT
GUT!
TWRRRL
Sein
linker Arm
einschließlich
des Ellbogens
rotiert nach
rechts!

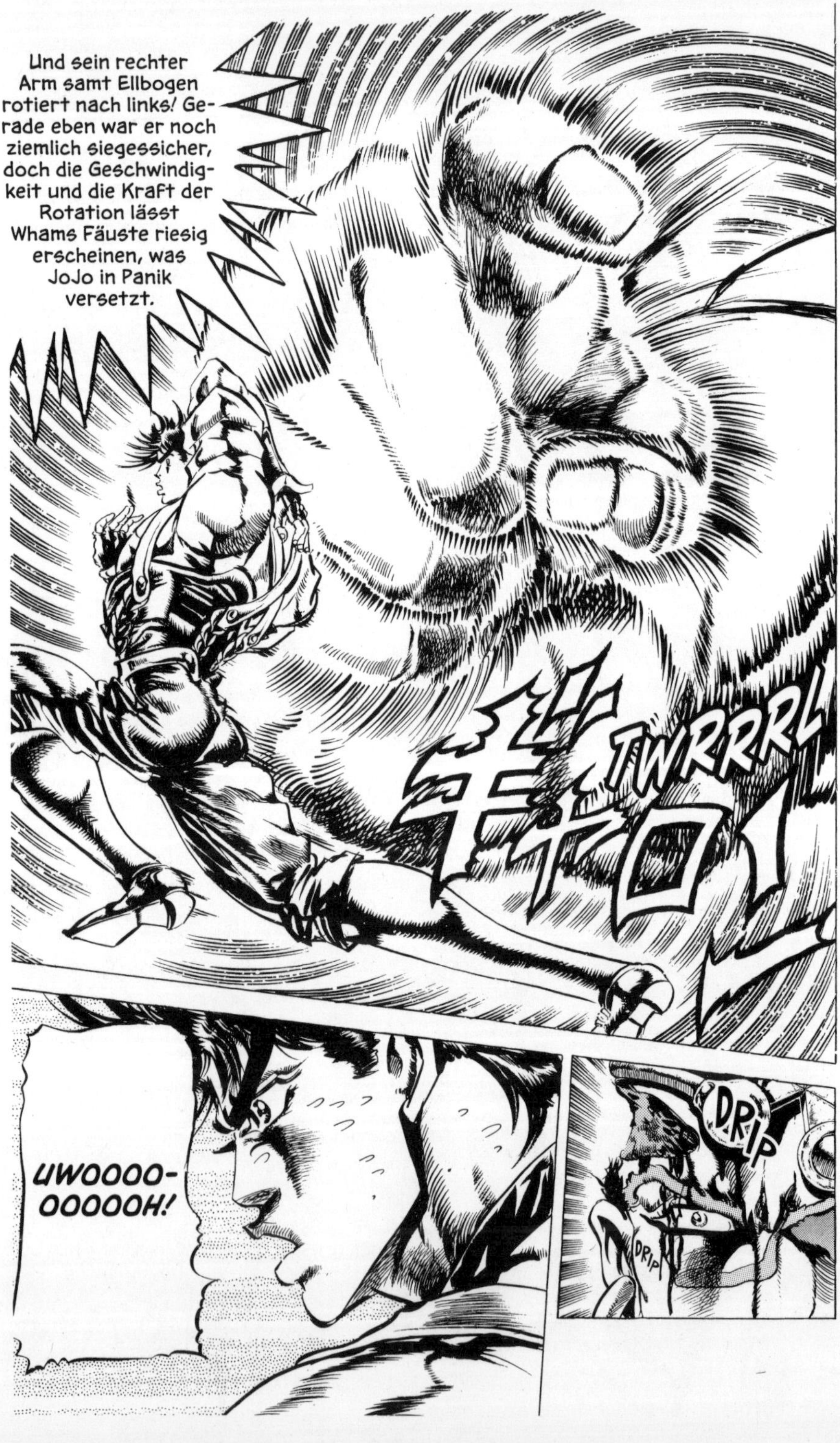

Und sein rechter Arm samt Ellbogen rotiert nach links! Gerade eben war er noch ziemlich siegessicher, doch die Geschwindigkeit und die Kraft der Rotation lässt Whams Fäuste riesig erscheinen, was JoJo in Panik versetzt.
TWRRRL
UWOOOO-OOOOOH!
DRIP
DRIP

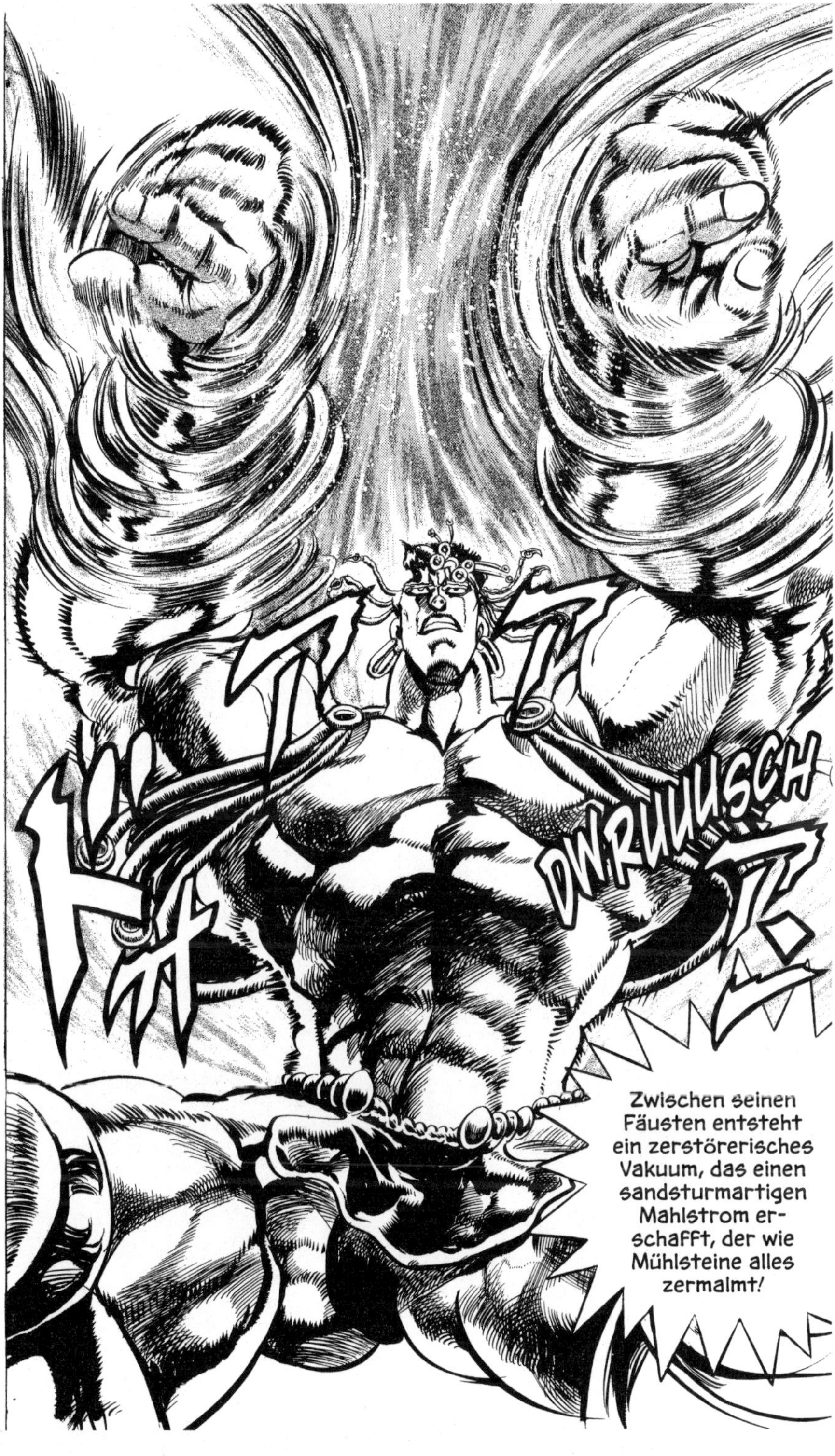
DWRUUUSCH
Zwischen seinen Fäusten entsteht ein zerstörerisches Vakuum, das einen sandsturmartigen Mahlstrom erschafft, der wie Mühlsteine alles zermalmt!

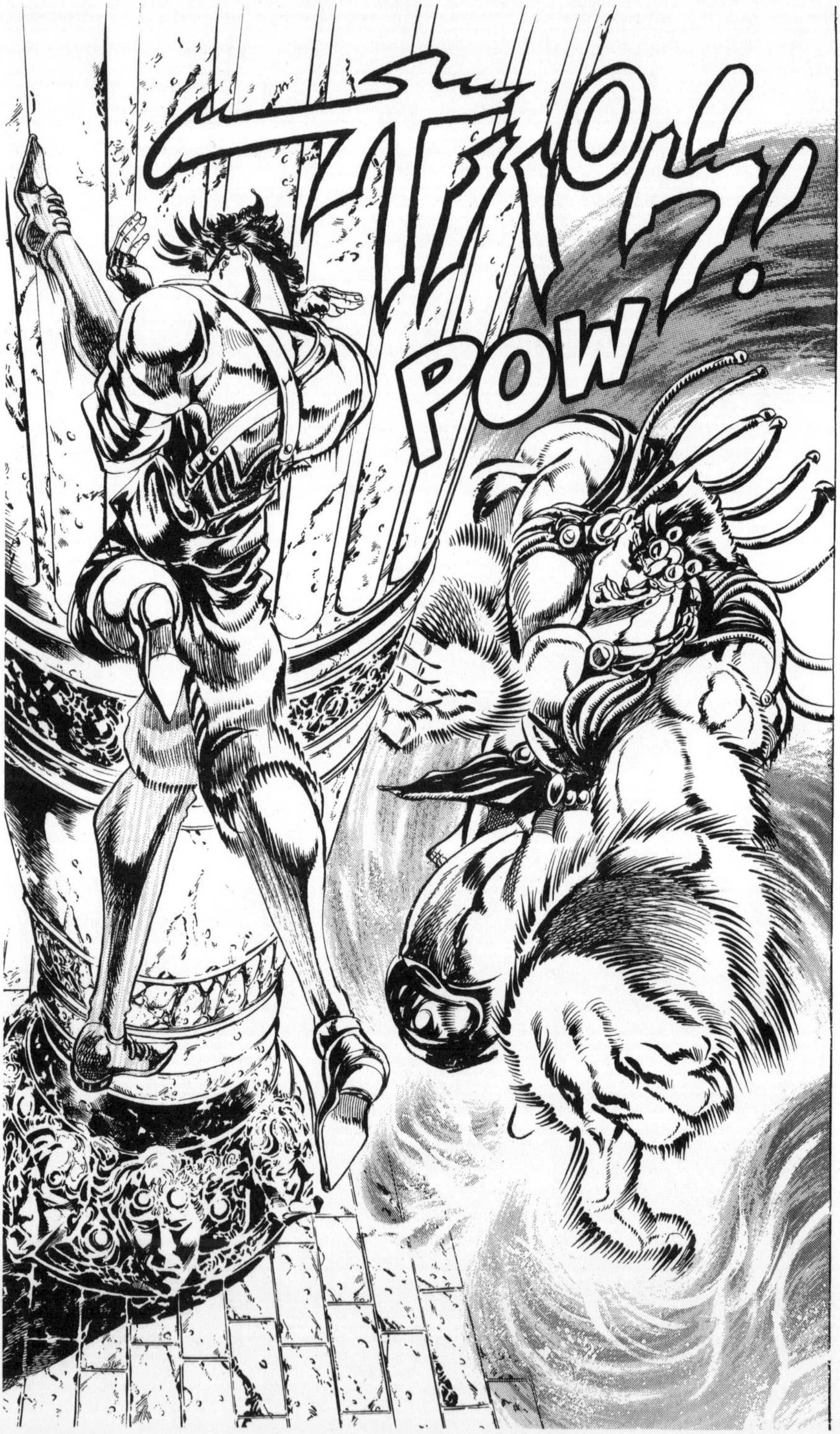
POW

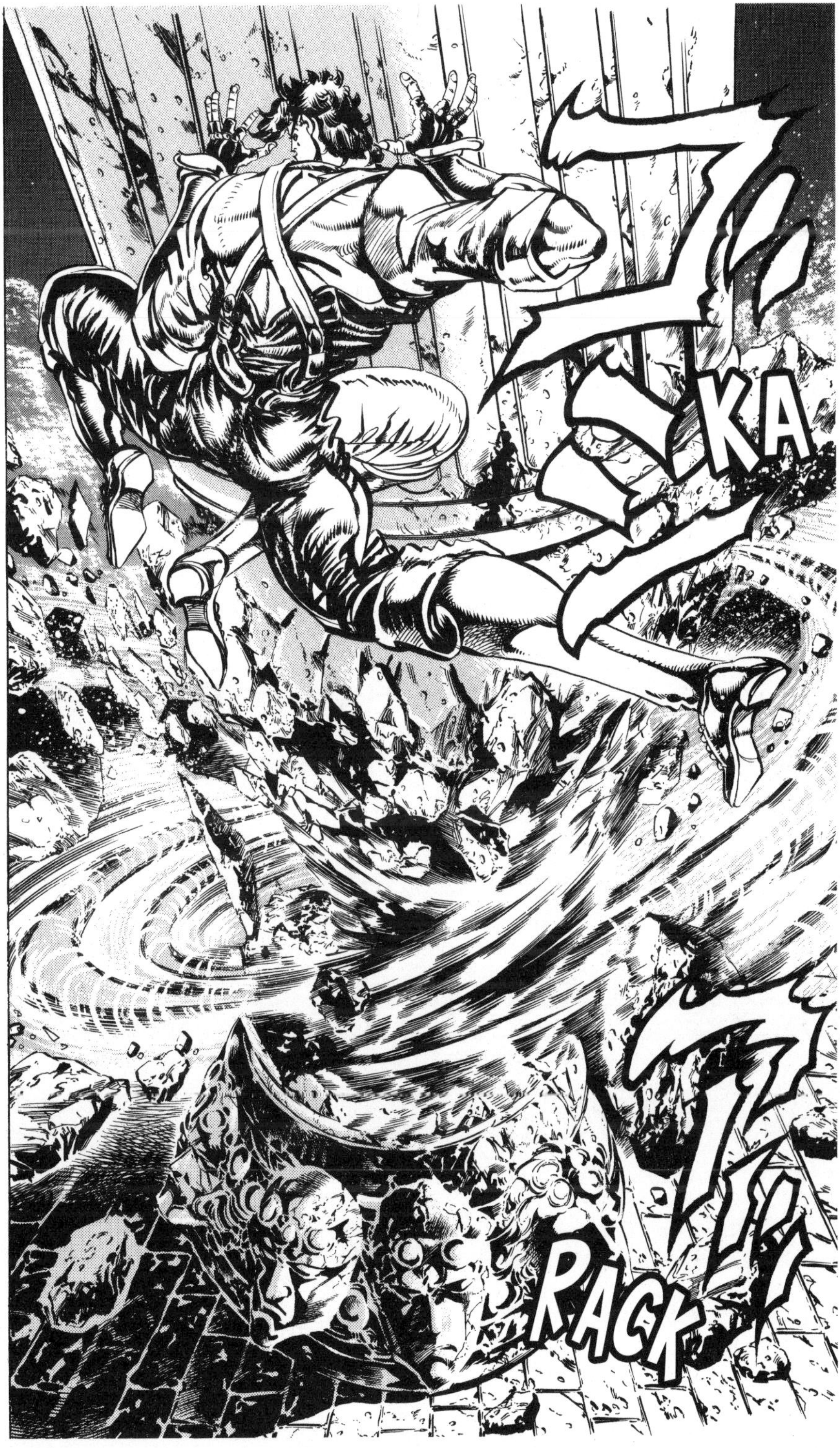
ZKA
CRACK!!

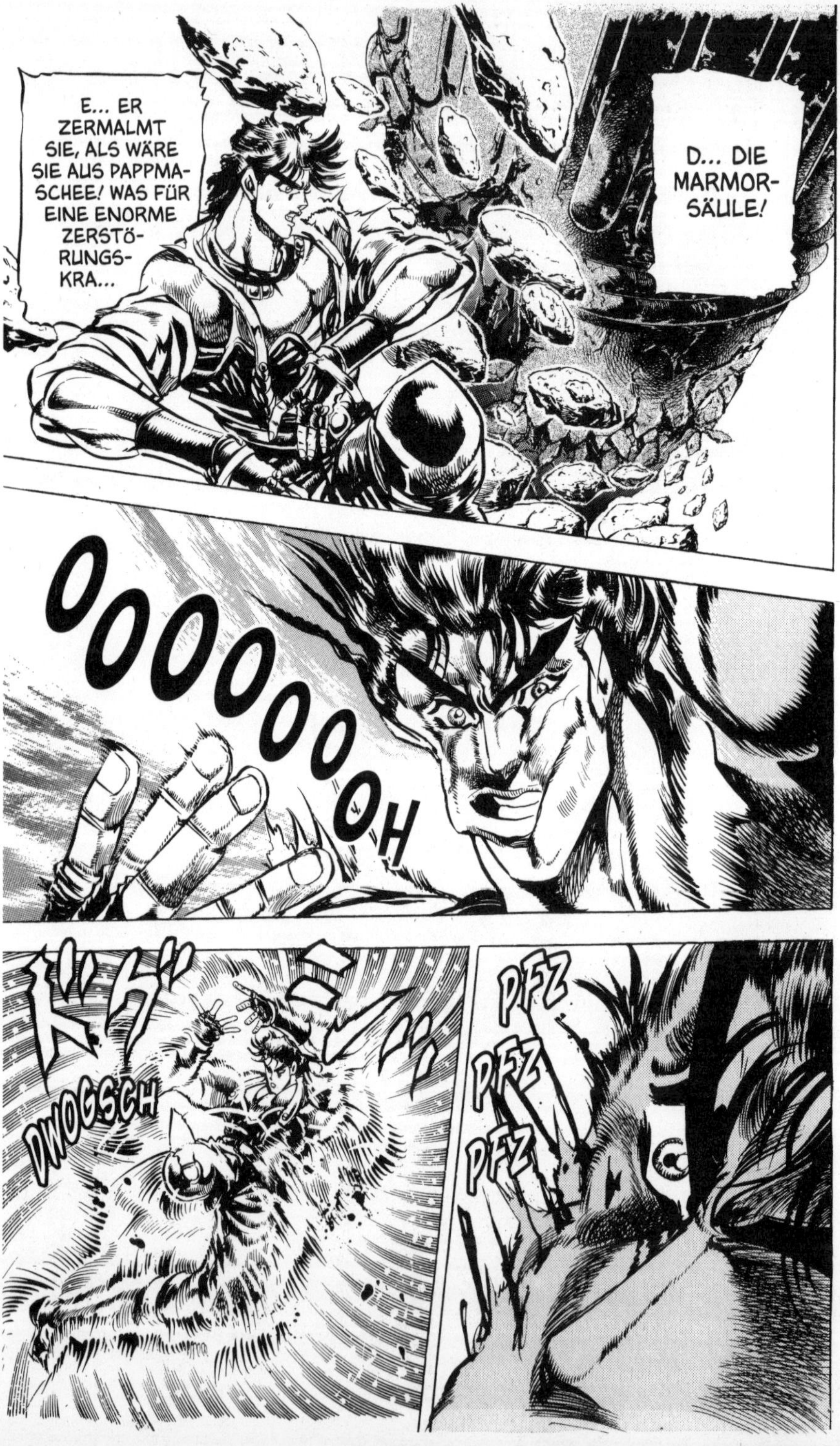
D... DIE MARMOR-SÄULE!
E... ER ZERMALMT SIE, ALS WÄRE SIE AUS PAPPMA-SCHEE! WAS FÜR EINE ENORME ZERSTÖ-RUNGS-KRA...
OOOOOOOOH
DWOGSCH
PFZ
PFZ
PFZ

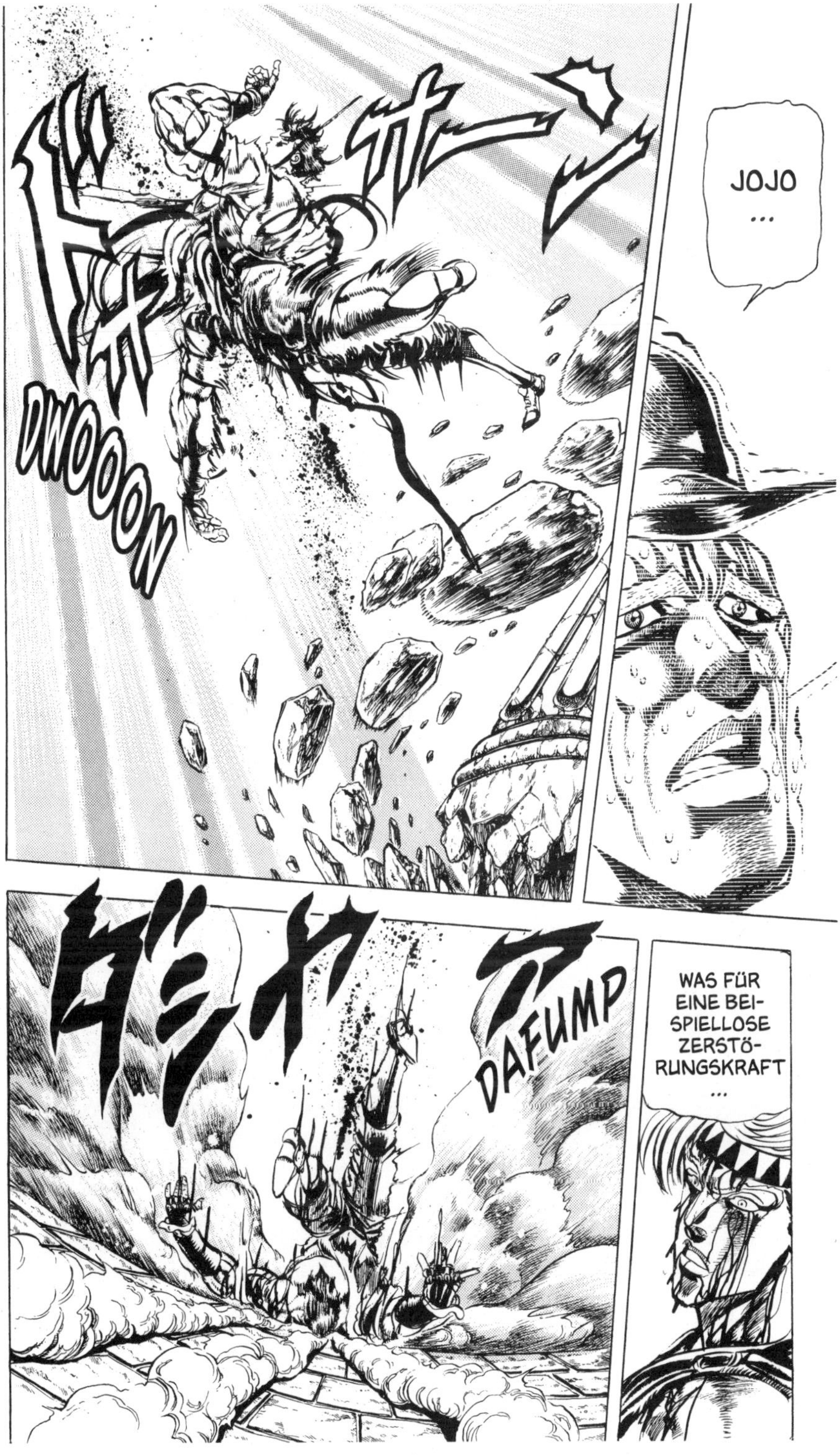
JOJO ...
DWOOOON
WAS FÜR EINE BEI-SPIELLOSE ZERSTÖ-RUNGSKRAFT ...
DAFUMP

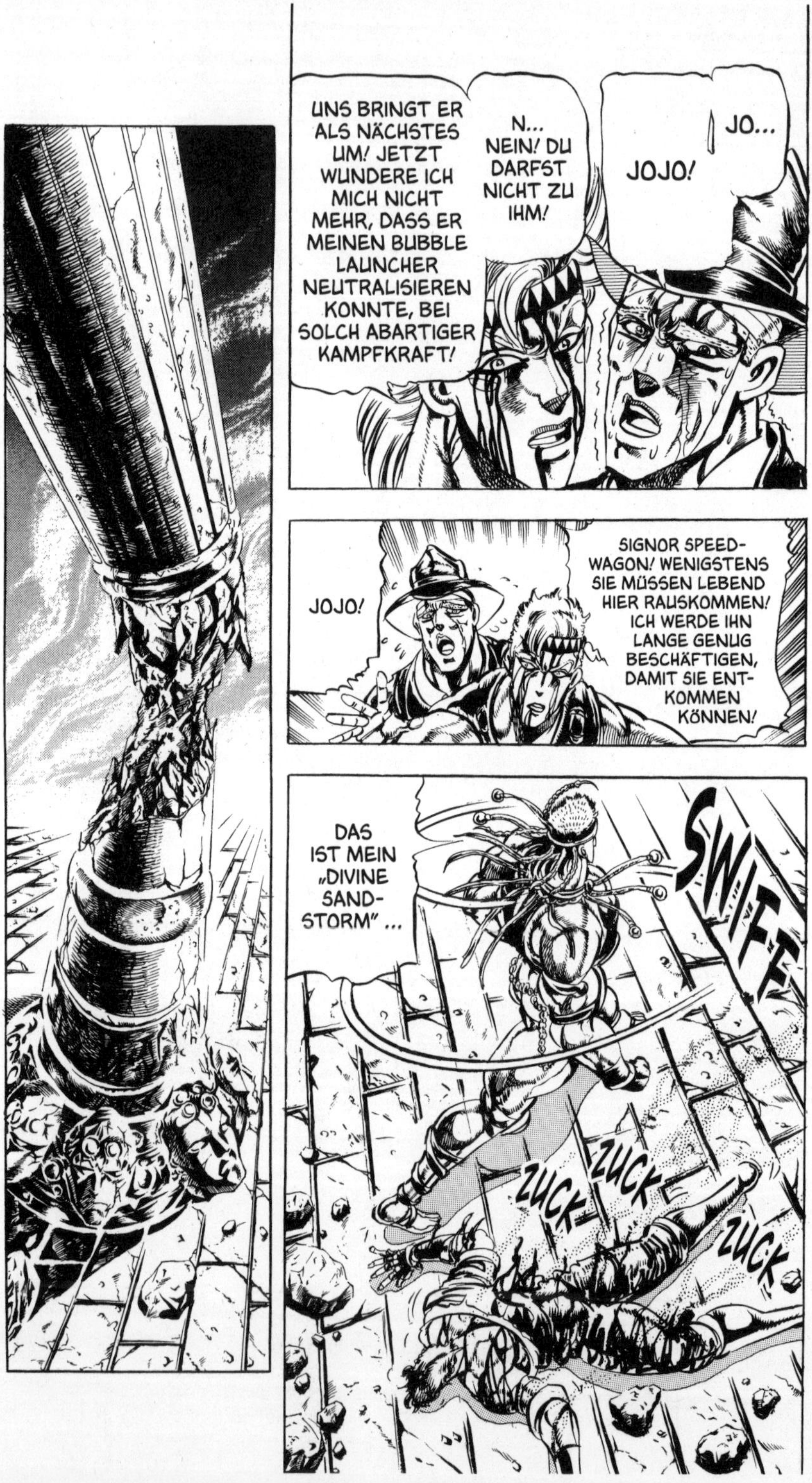

JO...
JOJO!
N... NEIN! DU DARFST NICHT ZU IHM!
UNS BRINGT ER ALS NÄCHSTES UM! JETZT WUNDERE ICH MICH NICHT MEHR, DASS ER MEINEN BUBBLE LAUNCHER NEUTRALISIEREN KONNTE, BEI SOLCH ABARTIGER KAMPFKRAFT!
SIGNOR SPEED-WAGON! WENIGSTENS SIE MÜSSEN LEBEND HIER RAUSKOMMEN! ICH WERDE IHN LANGE GENUG BESCHÄFTIGEN, DAMIT SIE ENT-KOMMEN KÖNNEN!
JOJO!
SWIFF
DAS IST MEIN „DIVINE SAND-STORM" ...
ZUCK
ZUCK
ZUCK

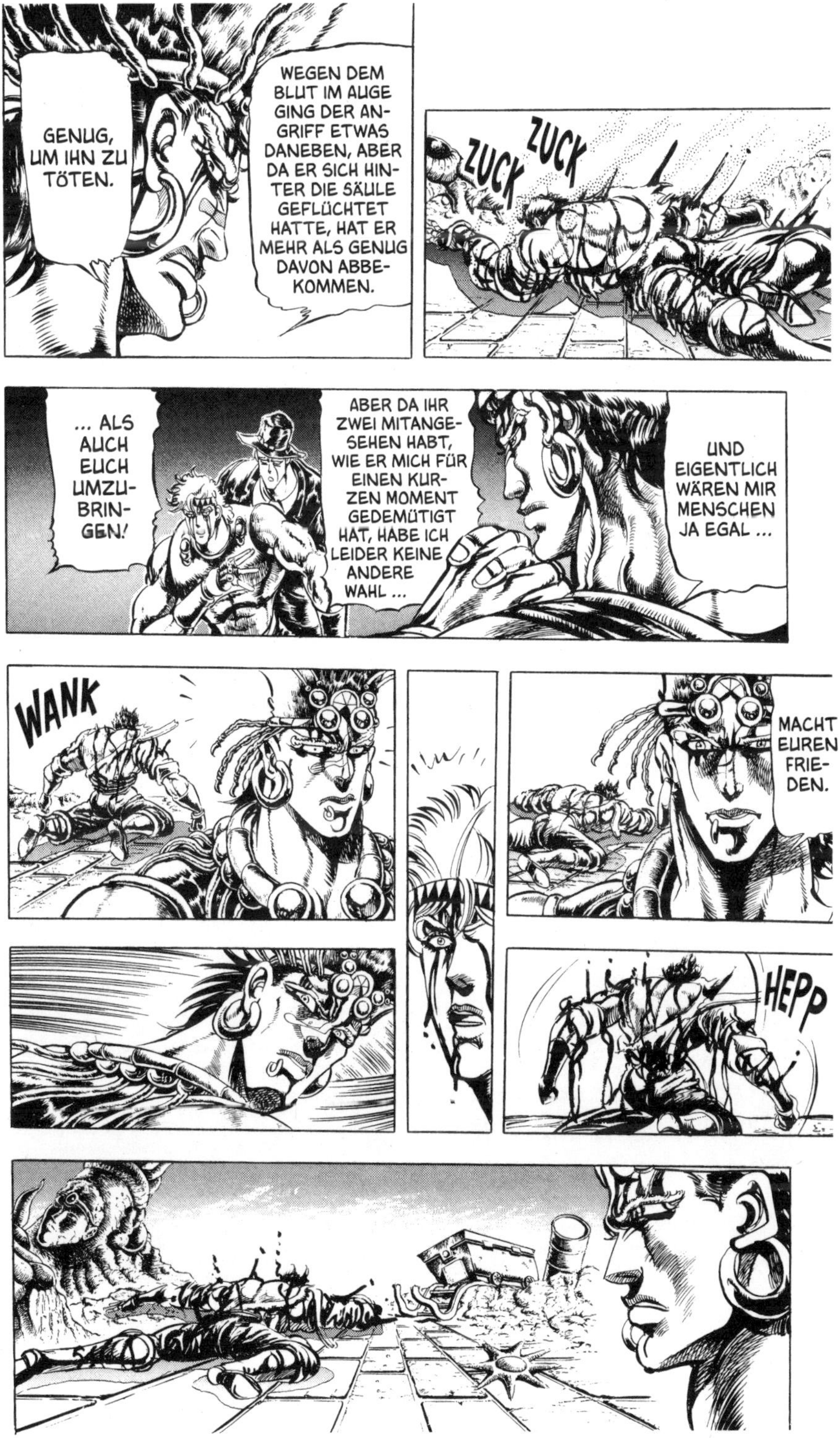
ZUCK
ZUCK
WEGEN DEM BLUT IM AUGE GING DER ANGRIFF ETWAS DANEBEN, ABER DA ER SICH HINTER DIE SÄULE GEFLÜCHTET HATTE, HAT ER MEHR ALS GENUG DAVON ABBEKOMMEN.
GENUG, UM IHN ZU TÖTEN.
UND EIGENTLICH WÄREN MIR MENSCHEN JA EGAL ...
ABER DA IHR ZWEI MITANGESEHEN HABT, WIE ER MICH FÜR EINEN KURZEN MOMENT GEDEMÜTIGT HAT, HABE ICH LEIDER KEINE ANDERE WAHL ...
... ALS AUCH EUCH UMZUBRINGEN!
MACHT EUREN FRIEDEN.
WANK
HEPP

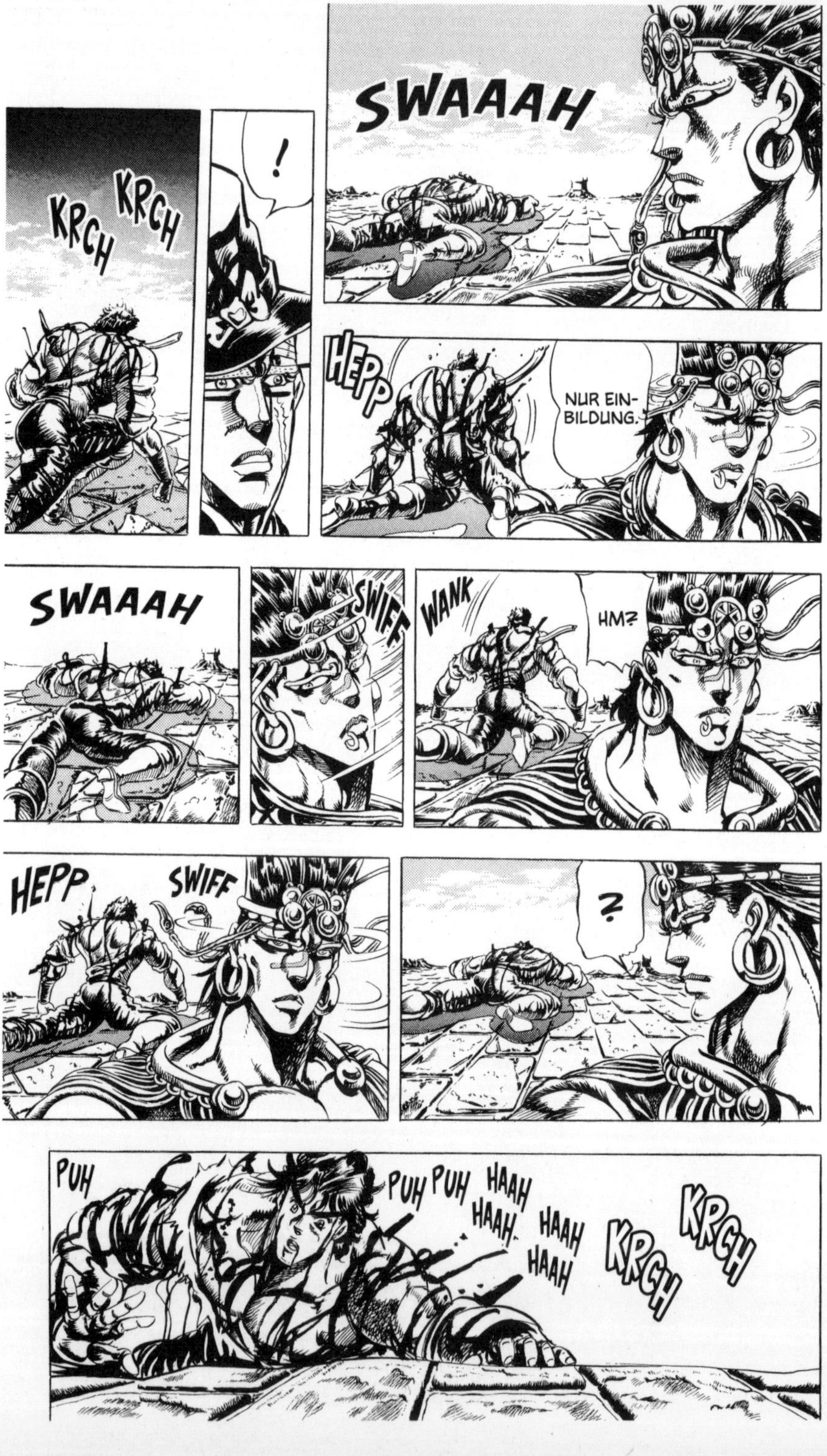
SWAAAH
HEPP
NUR EIN-
BILDUNG.
!
KRCH
KRCH
HM?
WANK
SWIFF
SWAAAH
?
SWIFF
HEPP
KRCH
KRCH
HAAH
HAAH
HAAH
HAAH
PUH
PUH
PUH

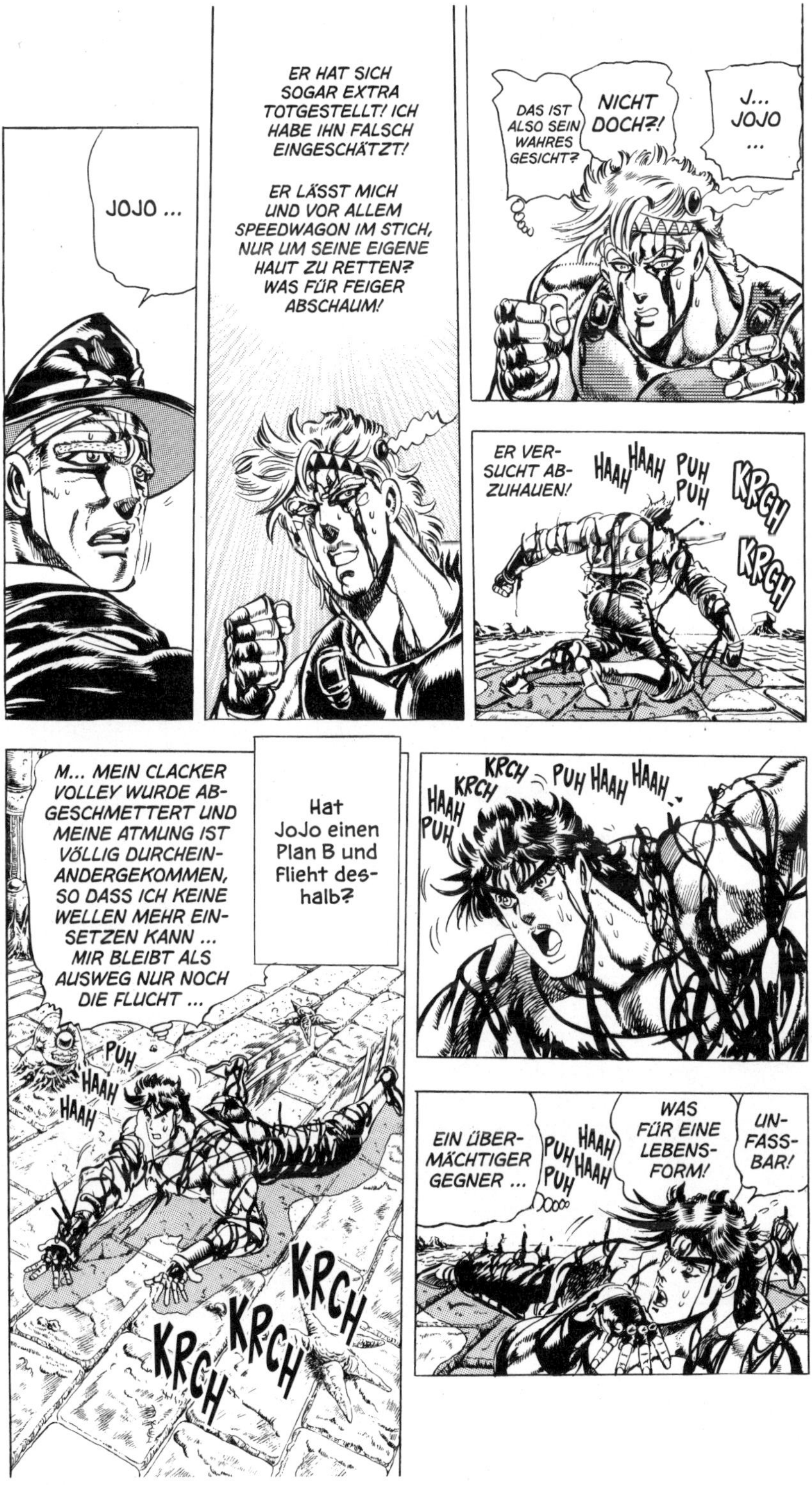
J... JOJO ...
NICHT DOCH?!
DAS IST ALSO SEIN WAHRES GESICHT?
ER VERSUCHT ABZUHAUEN!
HAAH HAAH PUH PUH
KRCH
KRCH
ER HAT SICH SOGAR EXTRA TOTGESTELLT! ICH HABE IHN FALSCH EINGESCHÄTZT!
ER LÄSST MICH UND VOR ALLEM SPEEDWAGON IM STICH, NUR UM SEINE EIGENE HAUT ZU RETTEN? WAS FÜR FEIGER ABSCHAUM!
JOJO ...
HAAH HAAH PUH KRCH KRCH
PUH HAAH HAAH PUH
UN-FASSBAR!
WAS FÜR EINE LEBENSFORM!
HAAH HAAH
PUH PUH
EIN ÜBERMÄCHTIGER GEGNER ...
Hat JoJo einen Plan B und flieht deshalb?
M... MEIN CLACKER VOLLEY WURDE ABGESCHMETTERT UND MEINE ATMUNG IST VÖLLIG DURCHEINANDERGEKOMMEN, SO DASS ICH KEINE WELLEN MEHR EINSETZEN KANN ... MIR BLEIBT ALS AUSWEG NUR NOCH DIE FLUCHT ...
PUH HAAH HAAH
KRCH
KRCH
KRCH

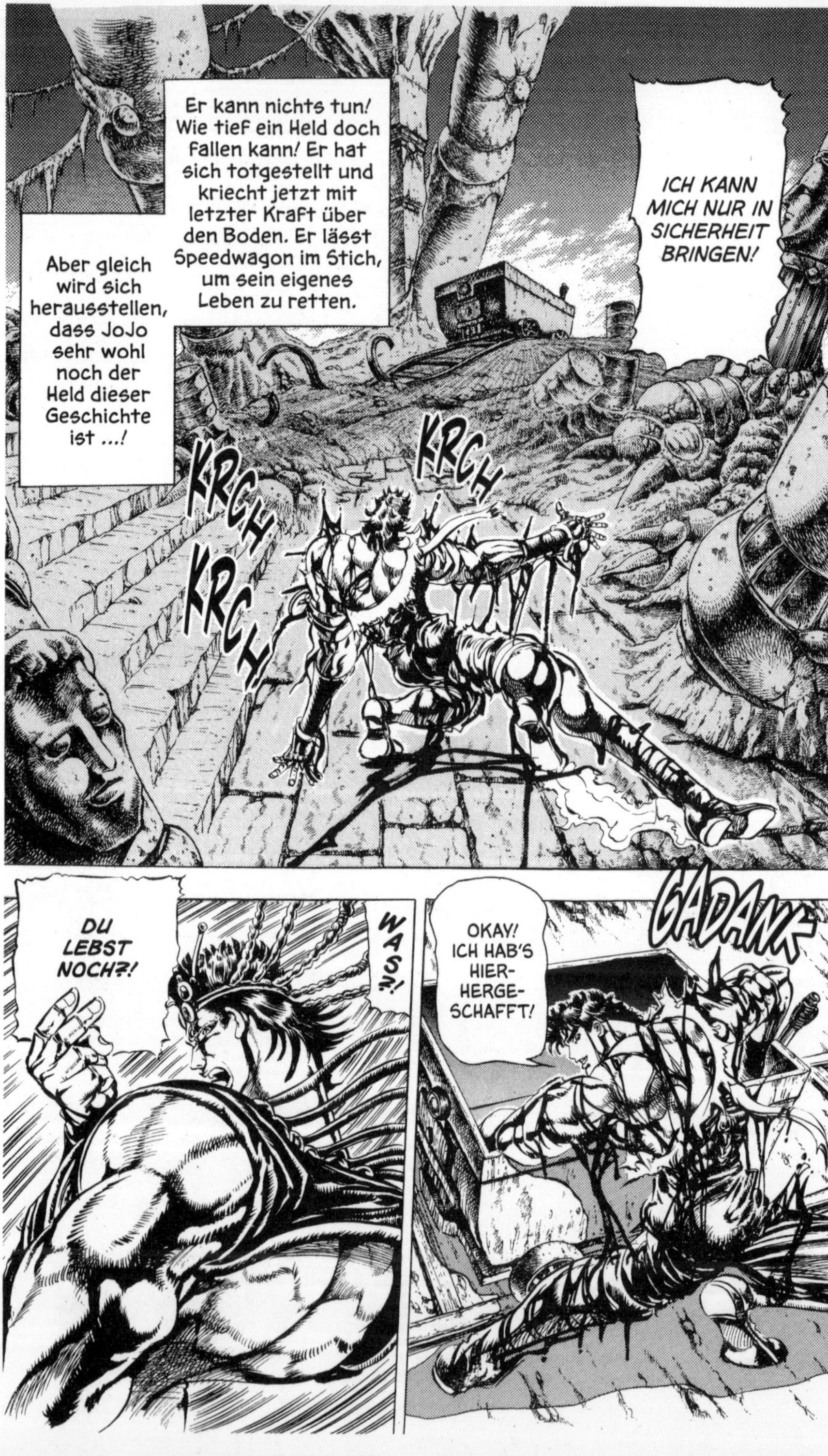
ICH KANN MICH NUR IN SICHERHEIT BRINGEN!
Er kann nichts tun! Wie tief ein Held doch fallen kann! Er hat sich totgestellt und kriecht jetzt mit letzter Kraft über den Boden. Er lässt Speedwagon im Stich, um sein eigenes Leben zu retten.
Aber gleich wird sich herausstellen, dass JoJo sehr wohl noch der Held dieser Geschichte ist ...!
KRCH
KRCH
KRCH
GADANK
OKAY! ICH HAB'S HIER-HERGE-SCHAFFT!
WAS?!
DU LEBST NOCH?!

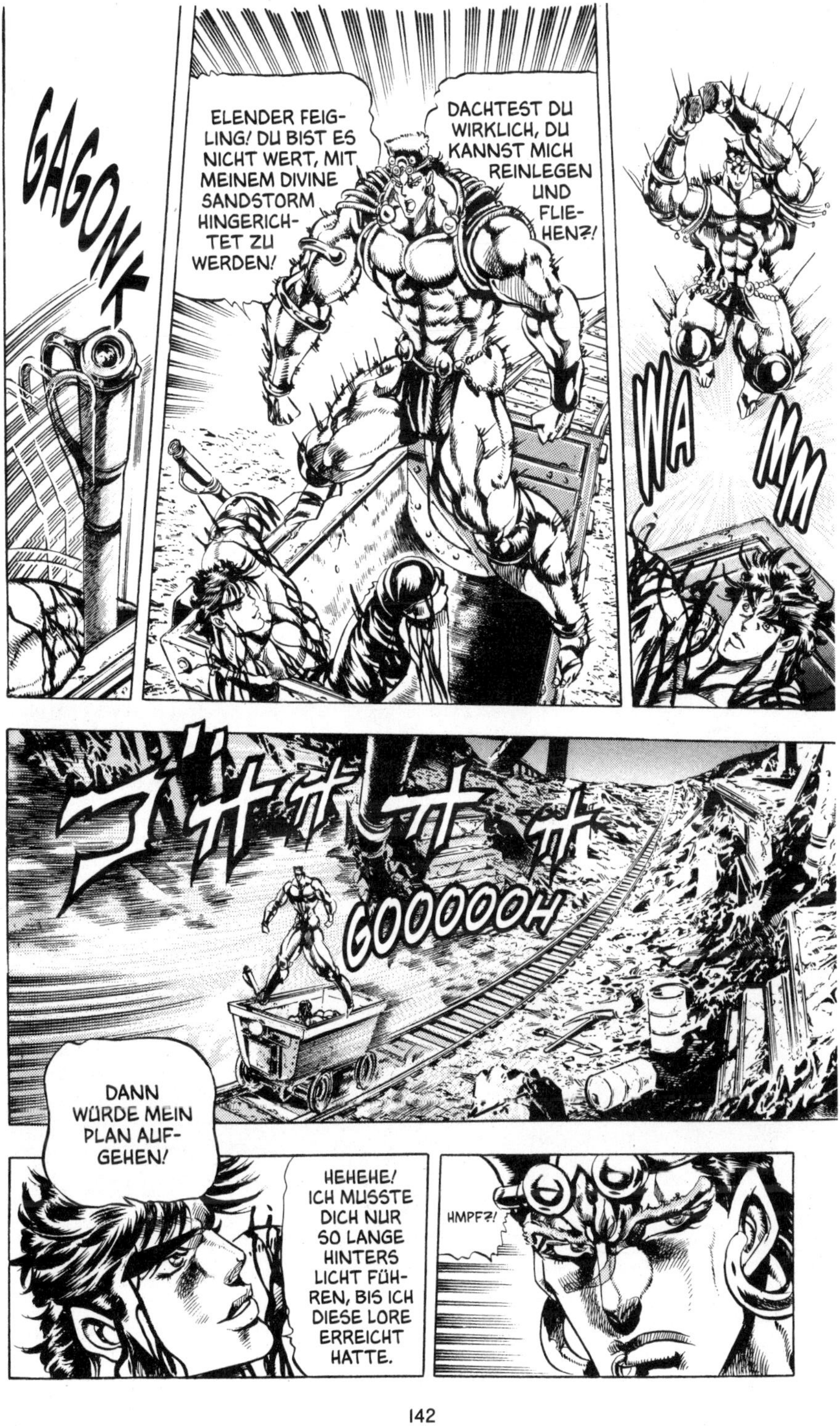
WA MM
DACHTEST DU WIRKLICH, DU KANNST MICH REINLEGEN UND FLIEHEN?!
ELENDER FEIGLING! DU BIST ES NICHT WERT, MIT MEINEM DIVINE SANDSTORM HINGERICHTET ZU WERDEN!
GAGONK
GOOOOOH
HMPF?!
HEHEHE! ICH MUSSTE DICH NUR SO LANGE HINTERS LICHT FÜHREN, BIS ICH DIESE LORE ERREICHT HATTE.
DANN WÜRDE MEIN PLAN AUFGEHEN!

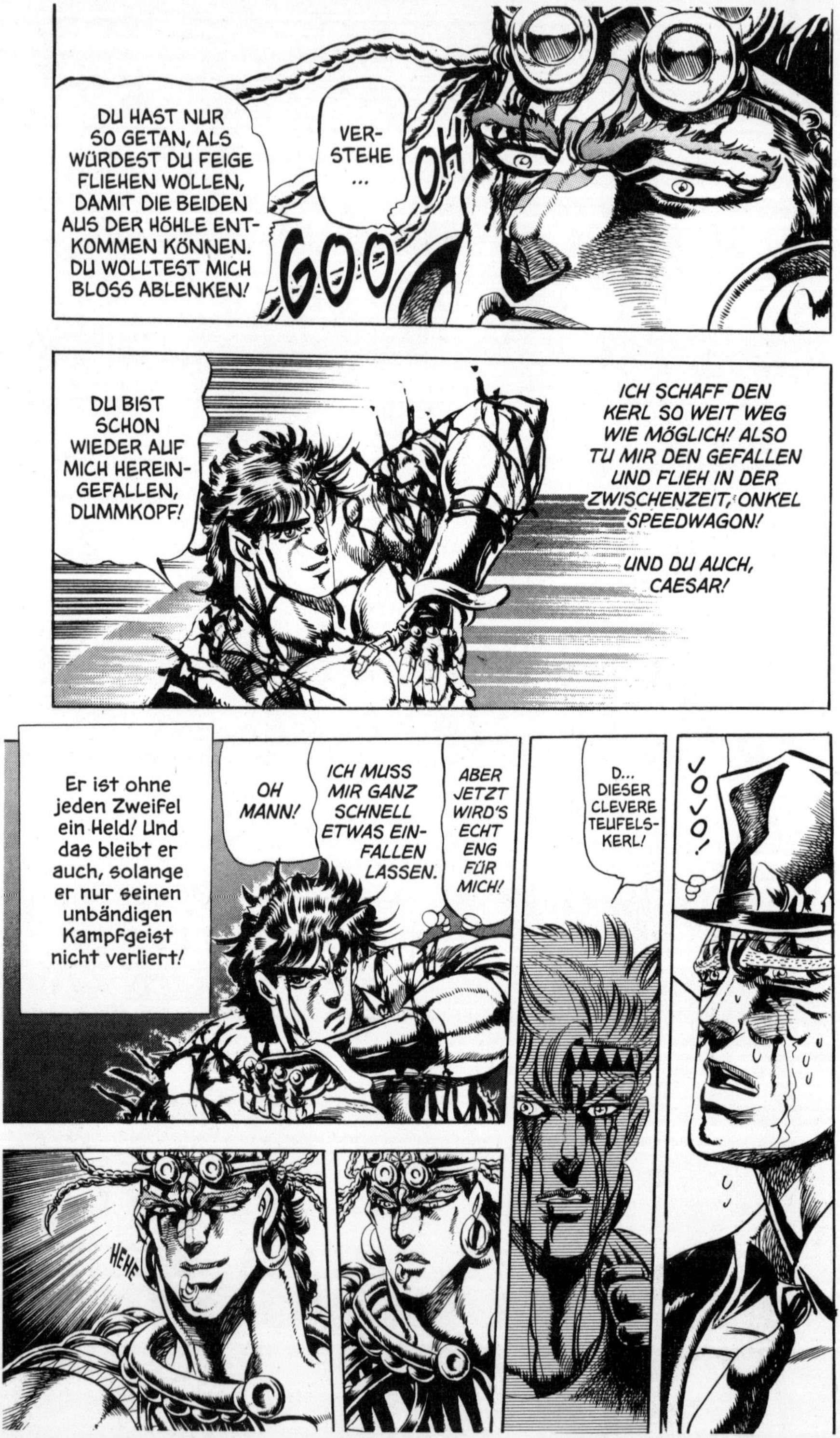
DU HAST NUR SO GETAN, ALS WÜRDEST DU FEIGE FLIEHEN WOLLEN, DAMIT DIE BEIDEN AUS DER HÖHLE ENTKOMMEN KÖNNEN. DU WOLLTEST MICH BLOSS ABLENKEN!
VERSTEHE ...
GOOOH
DU BIST SCHON WIEDER AUF MICH HEREINGEFALLEN, DUMMKOPF!
ICH SCHAFF DEN KERL SO WEIT WEG WIE MÖGLICH! ALSO TU MIR DEN GEFALLEN UND FLIEH IN DER ZWISCHENZEIT, ONKEL SPEEDWAGON!
UND DU AUCH, CAESAR!
Er ist ohne jeden Zweifel ein Held! Und das bleibt er auch, solange er nur seinen unbändigen Kampfgeist nicht verliert!
OH MANN!
ICH MUSS MIR GANZ SCHNELL ETWAS EINFALLEN LASSEN.
ABER JETZT WIRD'S ECHT ENG FÜR MICH!
D... DIESER CLEVERE TEUFELSKERL!
JOJO!
HEHE

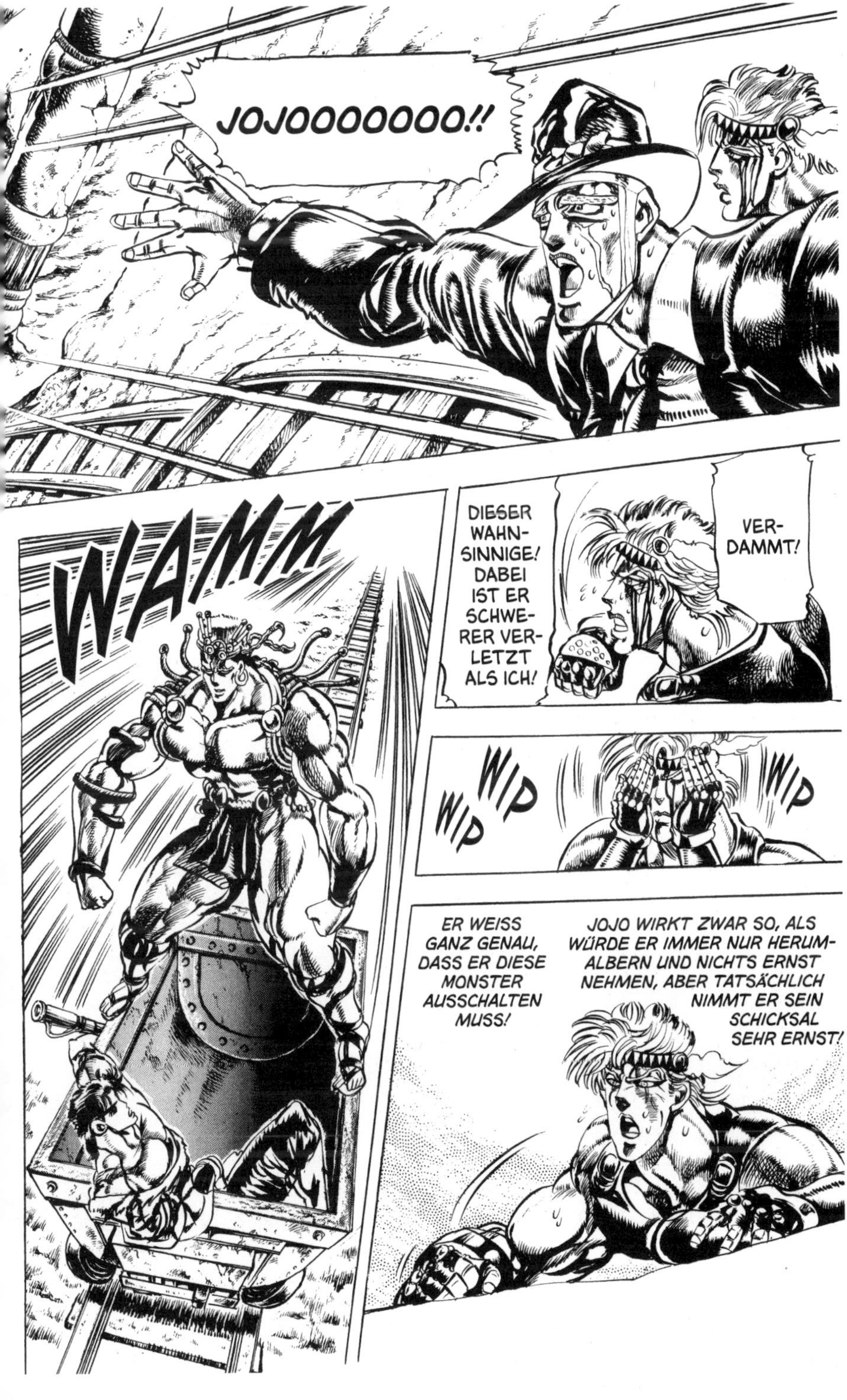

JOJOOOOOOO!!
VER-
DAMMT!
DIESER
WAHN-
SINNIGE!
DABEI
IST ER
SCHWE-
RER VER-
LETZT
ALS ICH!
WAMM
WIP
WIP
WIP
JOJO WIRKT ZWAR SO, ALS WÜRDE ER IMMER NUR HERUM-ALBERN UND NICHTS ERNST NEHMEN, ABER TATSÄCHLICH NIMMT ER SEIN SCHICKSAL SEHR ERNST!
ER WEISS GANZ GENAU, DASS ER DIESE MONSTER AUSSCHALTEN MUSS!

Bündnis mit dem Tod: Die Trauringe

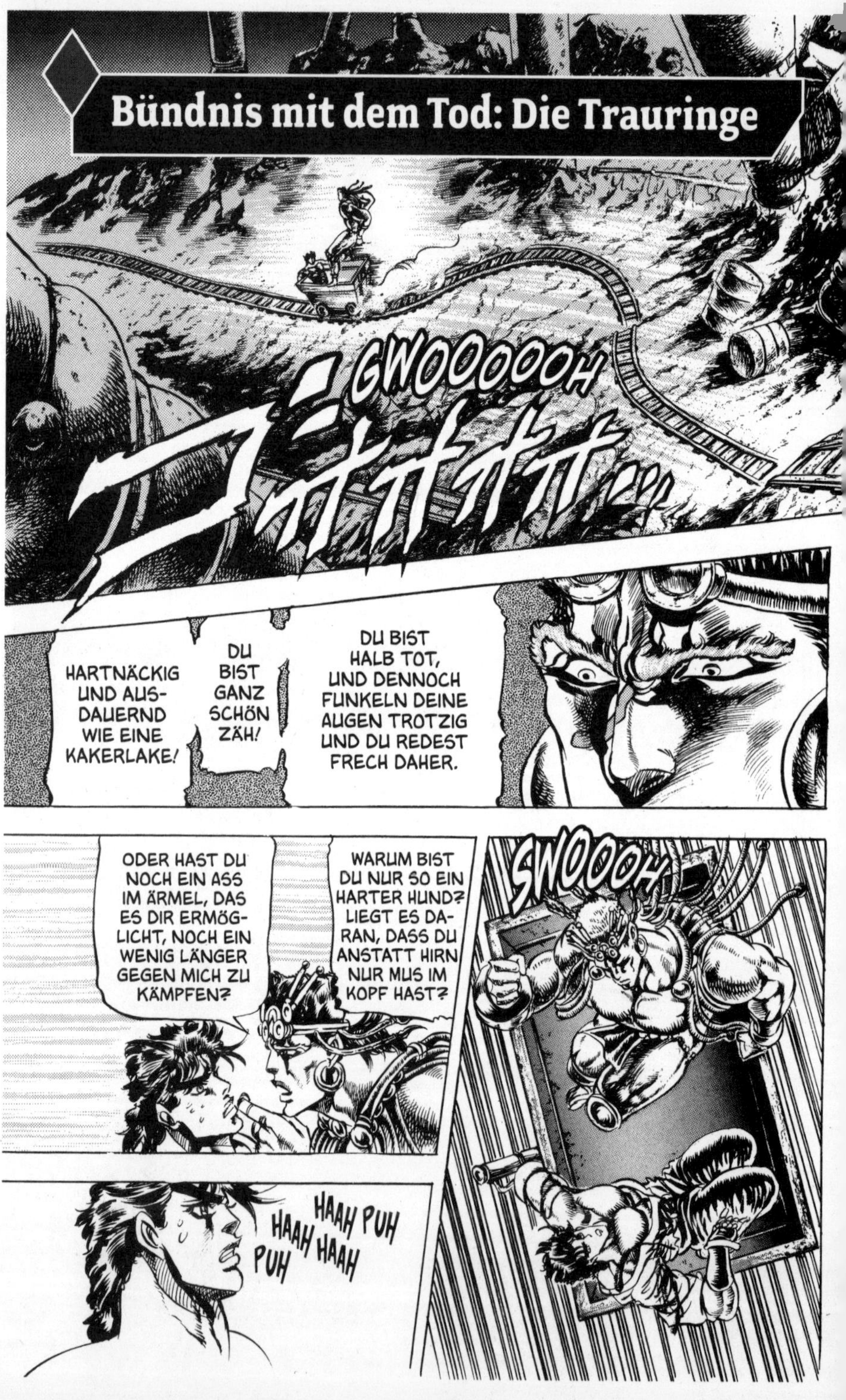

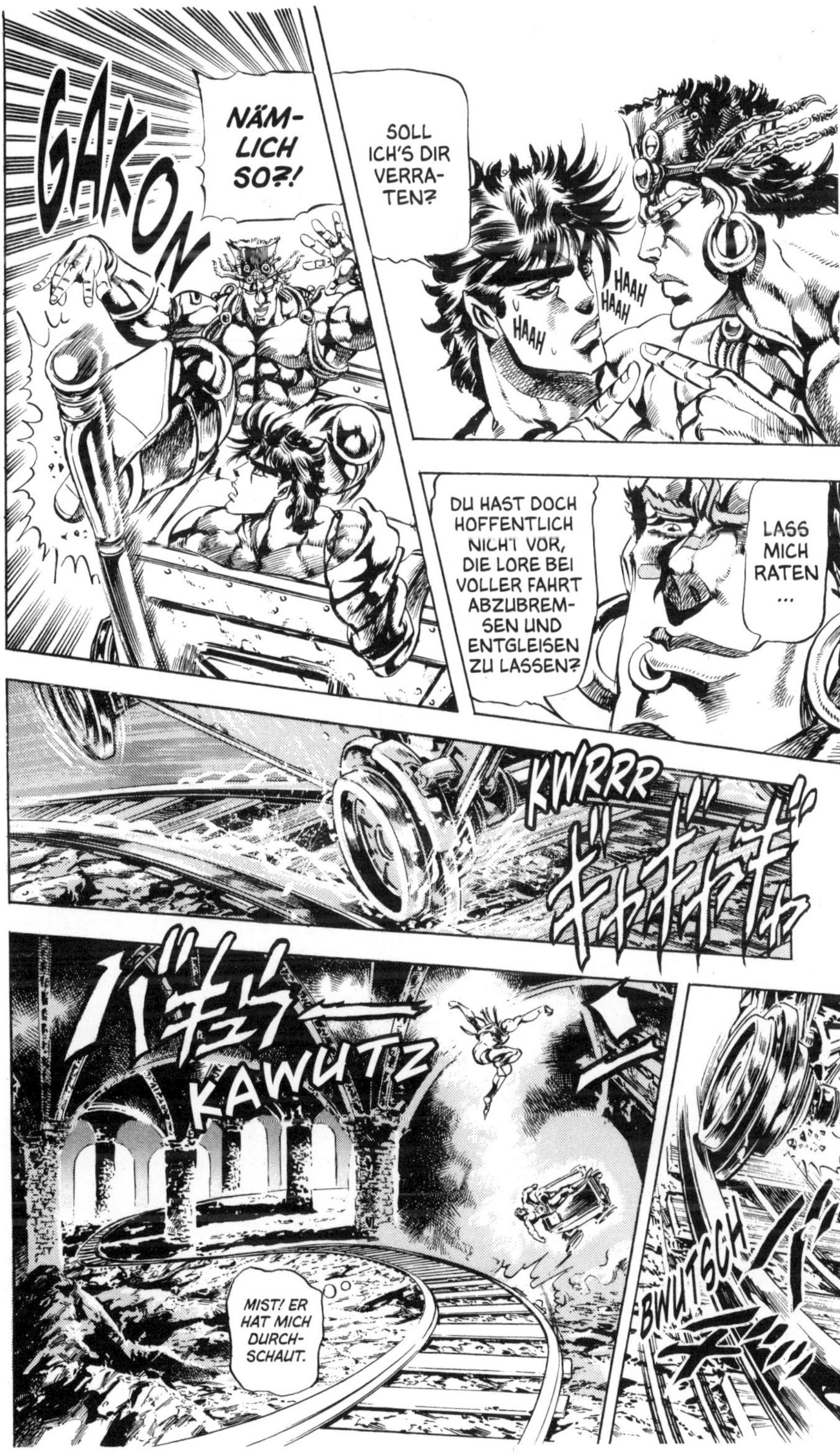
SOLL ICH'S DIR VERRATEN?
HAAH HAAH HAAH HAAH
NÄMLICH SO?!
GAKON
LASS MICH RATEN ...
DU HAST DOCH HOFFENTLICH NICHT VOR, DIE LORE BEI VOLLER FAHRT ABZUBREMSEN UND ENTGLEISEN ZU LASSEN?
KWRRR
BWUTSCH
KAWUTZ
MIST! ER HAT MICH DURCHSCHAUT.

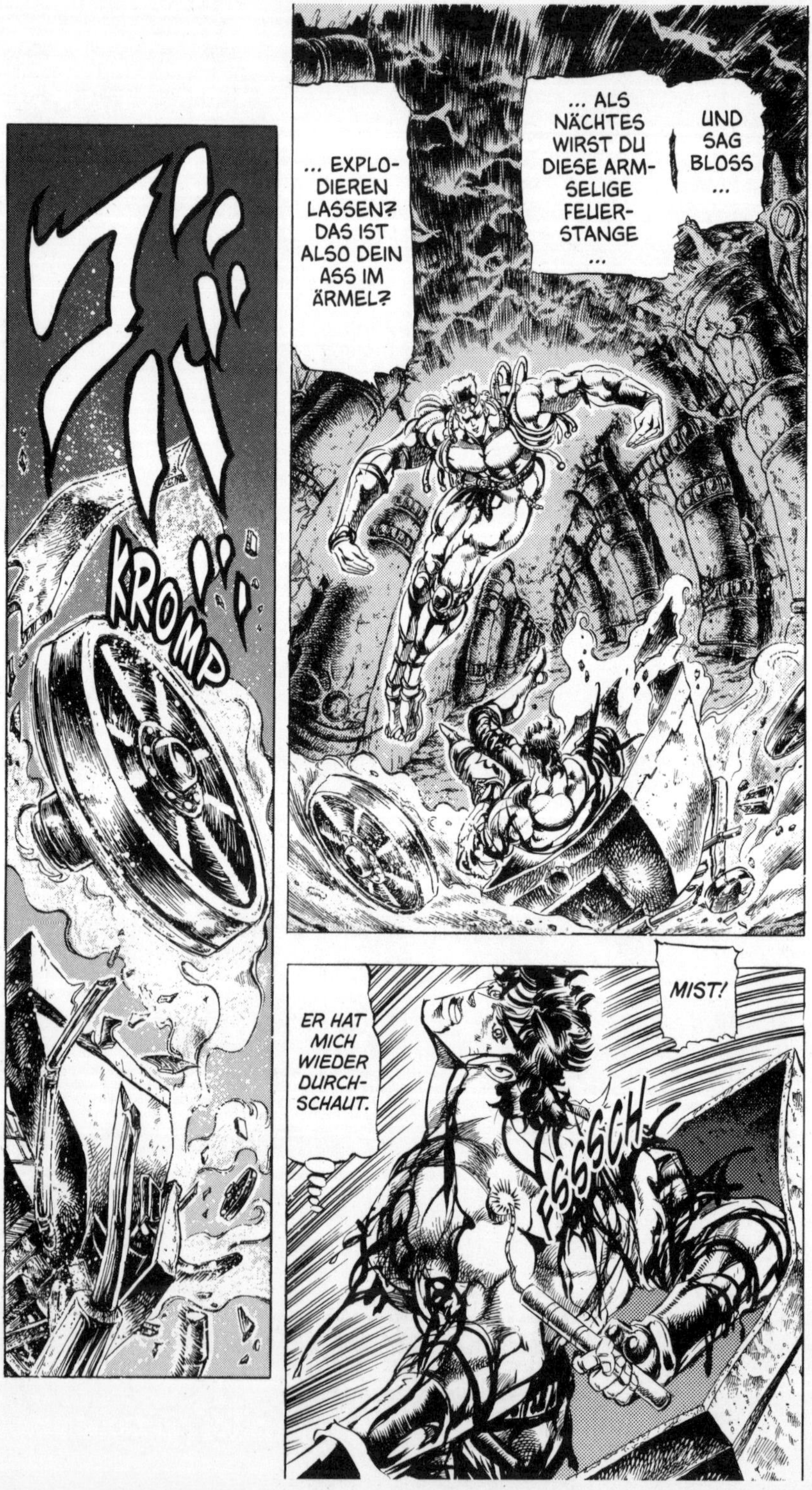
UND SAG BLOSS ...
... ALS NÄCHTES WIRST DU DIESE ARMSELIGE FEUERSTANGE ...
... EXPLODIEREN LASSEN? DAS IST ALSO DEIN ASS IM ÄRMEL?
MIST!
ER HAT MICH WIEDER DURCHSCHAUT.
FSSSCH
KROMP

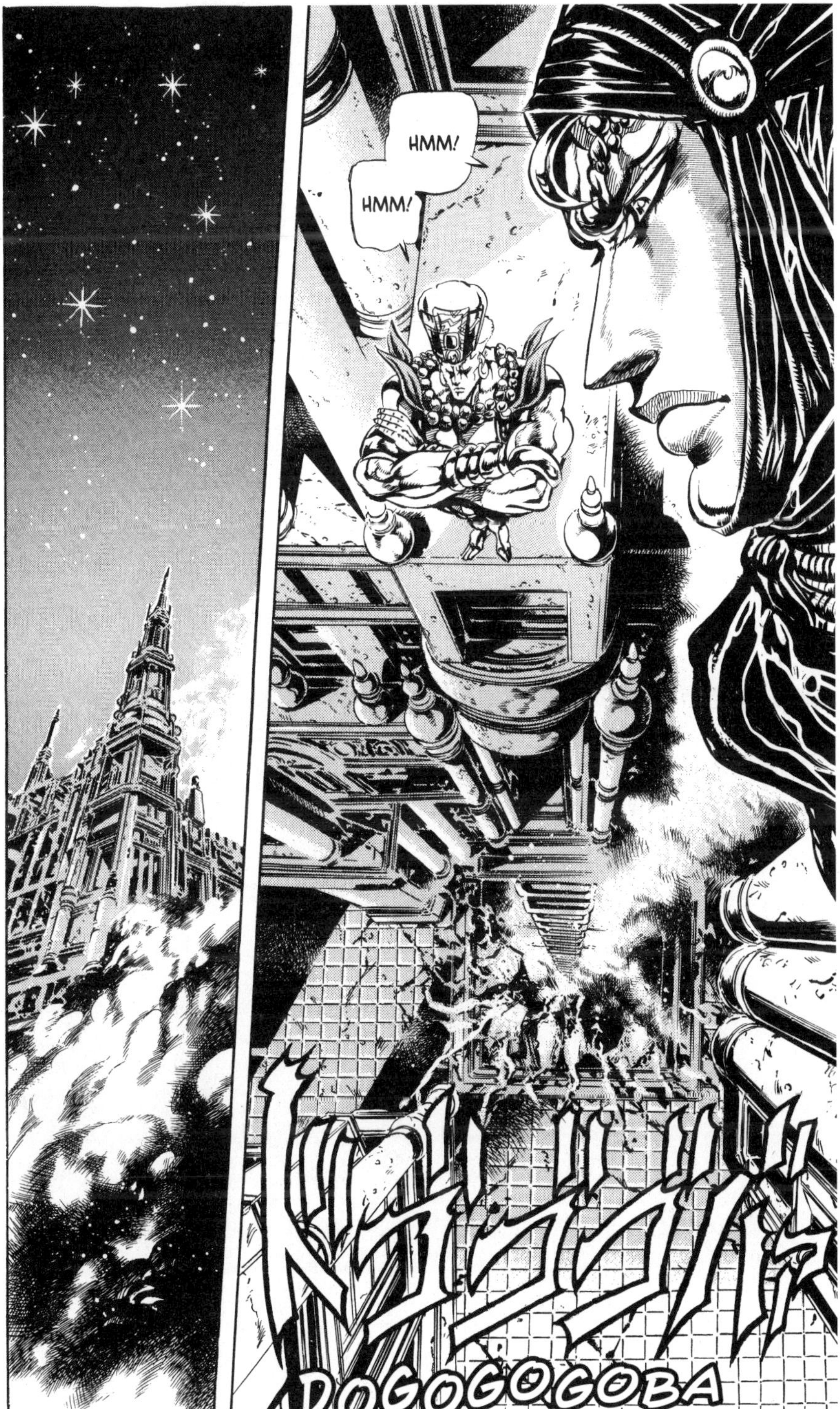
HMM!
HMM!
DOGOGOGOBA

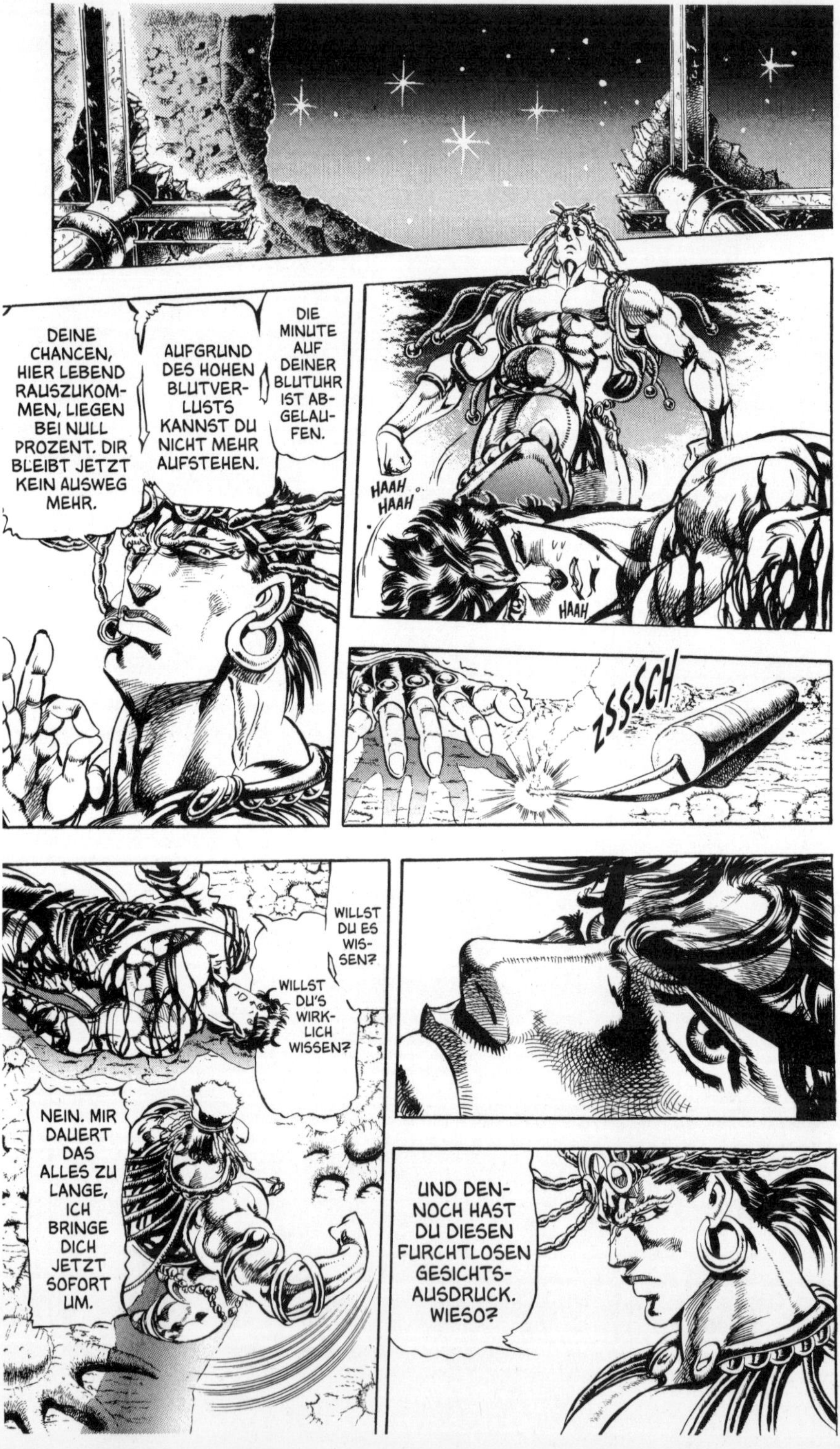
HAAH HAAH
HAAH
DIE MINUTE AUF DEINER BLUTUHR IST ABGELAUFEN.
AUFGRUND DES HOHEN BLUTVERLUSTS KANNST DU NICHT MEHR AUFSTEHEN.
DEINE CHANCEN, HIER LEBEND RAUSZUKOMMEN, LIEGEN BEI NULL PROZENT. DIR BLEIBT JETZT KEIN AUSWEG MEHR.
ZSSSCH
UND DENNOCH HAST DU DIESEN FURCHTLOSEN GESICHTSAUSDRUCK. WIESO?
WILLST DU ES WISSEN?
WILLST DU'S WIRKLICH WISSEN?
NEIN. MIR DAUERT DAS ALLES ZU LANGE, ICH BRINGE DICH JETZT SOFORT UM.

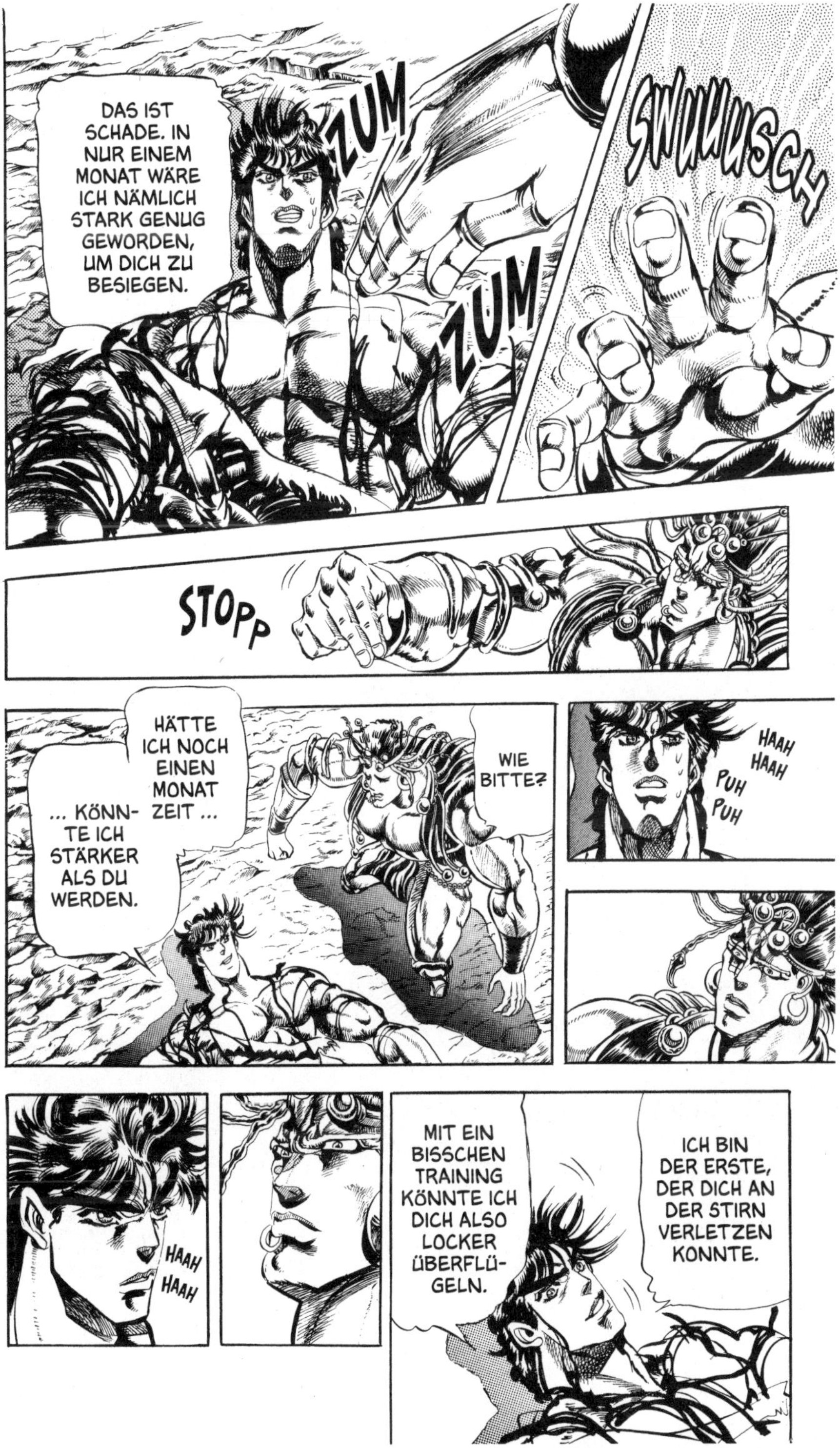

SWUUUSCH
ZUM
ZUM
DAS IST SCHADE. IN NUR EINEM MONAT WÄRE ICH NÄMLICH STARK GENUG GEWORDEN, UM DICH ZU BESIEGEN.
STOPP
HAAH HAAH
PUH PUH
WIE BITTE?
HÄTTE ICH NOCH EINEN MONAT ZEIT ...
... KÖNN-TE ICH STÄRKER ALS DU WERDEN.
ICH BIN DER ERSTE, DER DICH AN DER STIRN VERLETZEN KONNTE.
MIT EIN BISSCHEN TRAINING KÖNNTE ICH DICH ALSO LOCKER ÜBERFLÜ-GELN.
HAAH HAAH

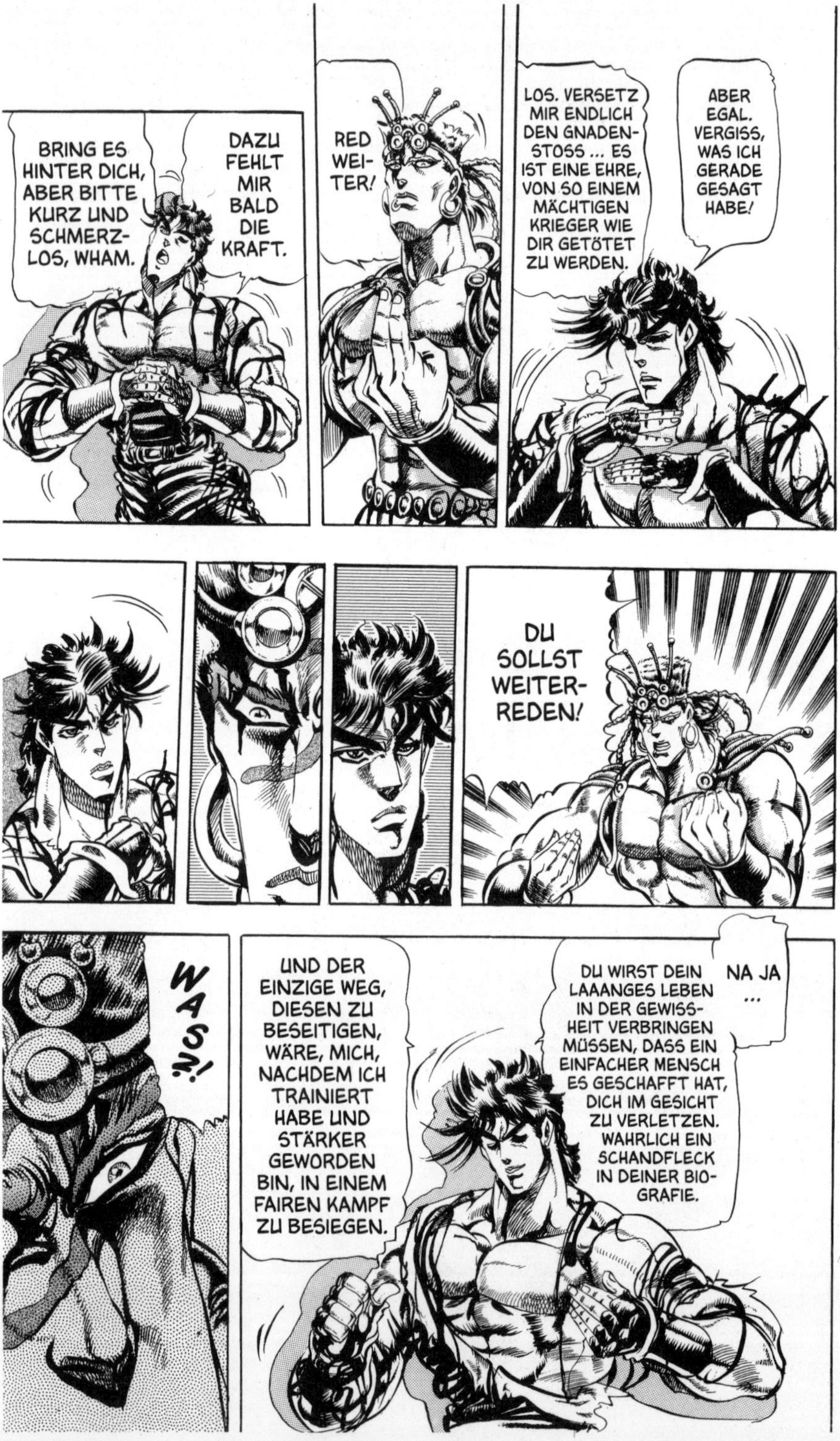
BRING ES HINTER DICH, ABER BITTE KURZ UND SCHMERZLOS, WHAM.
DAZU FEHLT MIR BALD DIE KRAFT.
RED WEITER!
LOS. VERSETZ MIR ENDLICH DEN GNADENSTOSS ... ES IST EINE EHRE, VON SO EINEM MÄCHTIGEN KRIEGER WIE DIR GETÖTET ZU WERDEN.
ABER EGAL. VERGISS, WAS ICH GERADE GESAGT HABE!
DU SOLLST WEITERREDEN!
WAS?!
NA JA ...
DU WIRST DEIN LAAANGES LEBEN IN DER GEWISSHEIT VERBRINGEN MÜSSEN, DASS EIN EINFACHER MENSCH ES GESCHAFFT HAT, DICH IM GESICHT ZU VERLETZEN. WAHRLICH EIN SCHANDFLECK IN DEINER BIOGRAFIE.
UND DER EINZIGE WEG, DIESEN ZU BESEITIGEN, WÄRE, MICH, NACHDEM ICH TRAINIERT HABE UND STÄRKER GEWORDEN BIN, IN EINEM FAIREN KAMPF ZU BESIEGEN.

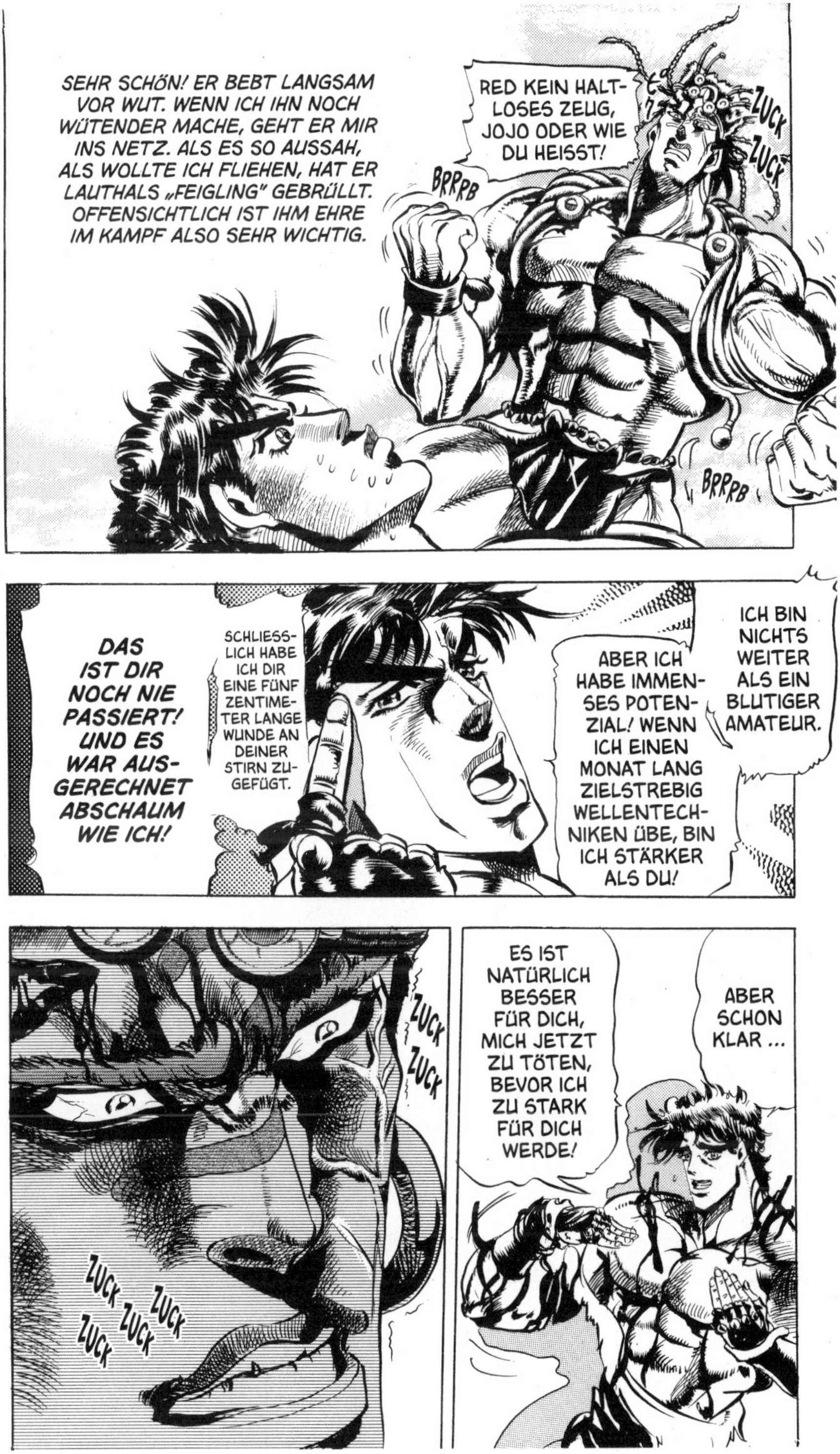
RED KEIN HALTLOSES ZEUG, JOJO ODER WIE DU HEISST!
ZUCK ZUCK
BRRRB
SEHR SCHÖN! ER BEBT LANGSAM VOR WUT. WENN ICH IHN NOCH WÜTENDER MACHE, GEHT ER MIR INS NETZ. ALS ES SO AUSSAH, ALS WOLLTE ICH FLIEHEN, HAT ER LAUTHALS „FEIGLING" GEBRÜLLT. OFFENSICHTLICH IST IHM EHRE IM KAMPF ALSO SEHR WICHTIG.
BRRRB
ICH BIN NICHTS WEITER ALS EIN BLUTIGER AMATEUR.
ABER ICH HABE IMMENSES POTENZIAL! WENN ICH EINEN MONAT LANG ZIELSTREBIG WELLENTECHNIKEN ÜBE, BIN ICH STÄRKER ALS DU!
SCHLIESSLICH HABE ICH DIR EINE FÜNF ZENTIMETER LANGE WUNDE AN DEINER STIRN ZUGEFÜGT.
DAS IST DIR NOCH NIE PASSIERT! UND ES WAR AUSGERECHNET ABSCHAUM WIE ICH!
ABER SCHON KLAR ...
ES IST NATÜRLICH BESSER FÜR DICH, MICH JETZT ZU TÖTEN, BEVOR ICH ZU STARK FÜR DICH WERDE!
ZUCK ZUCK
ZUCK ZUCK ZUCK ZUCK

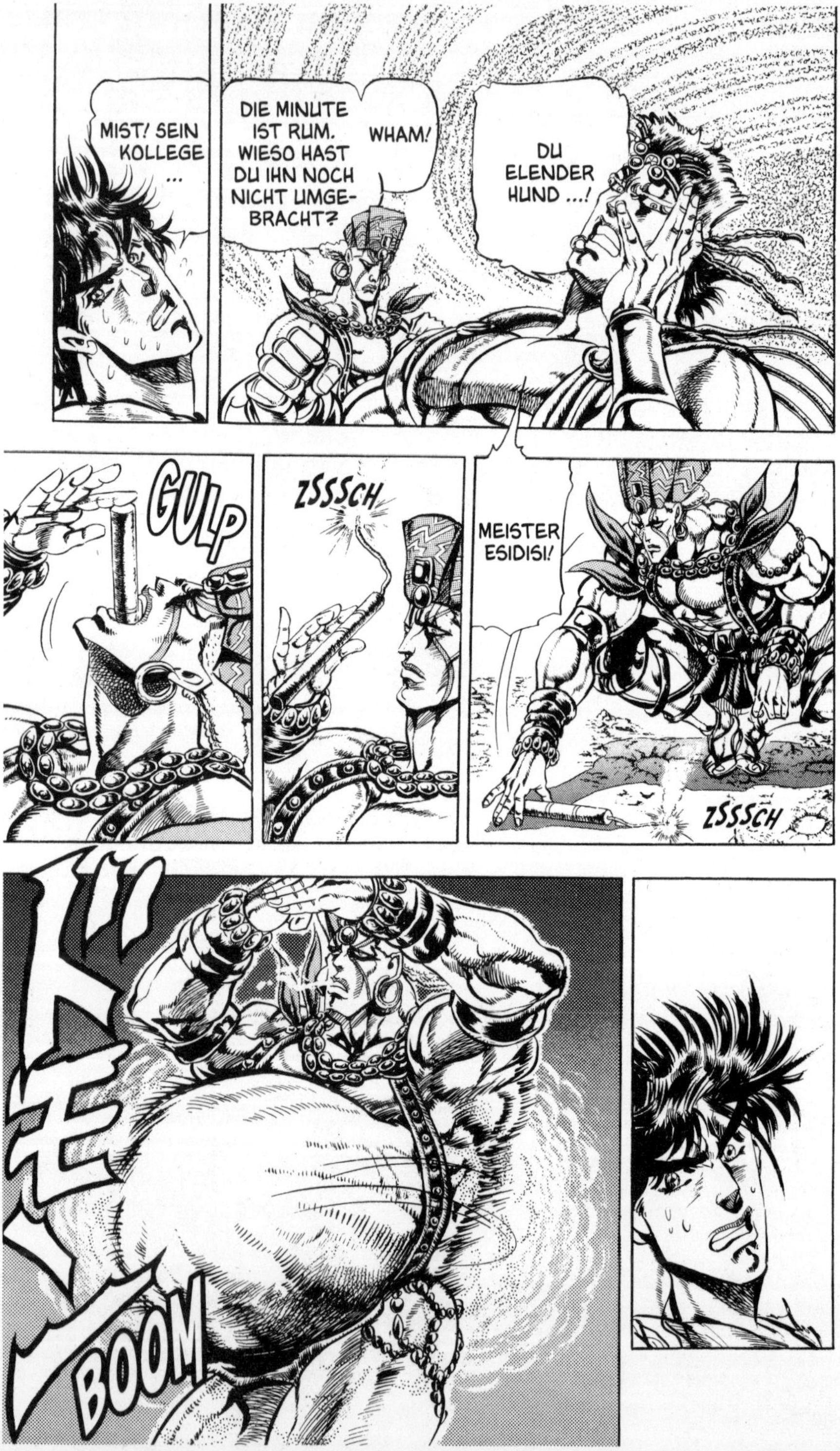
MIST! SEIN KOLLEGE ...
DIE MINUTE IST RUM. WIESO HAST DU IHN NOCH NICHT UMGEBRACHT?
WHAM!
DU ELENDER HUND ...!
MEISTER ESIDISI!
ZSSSCH
GULP
ZSSSCH
BOOM

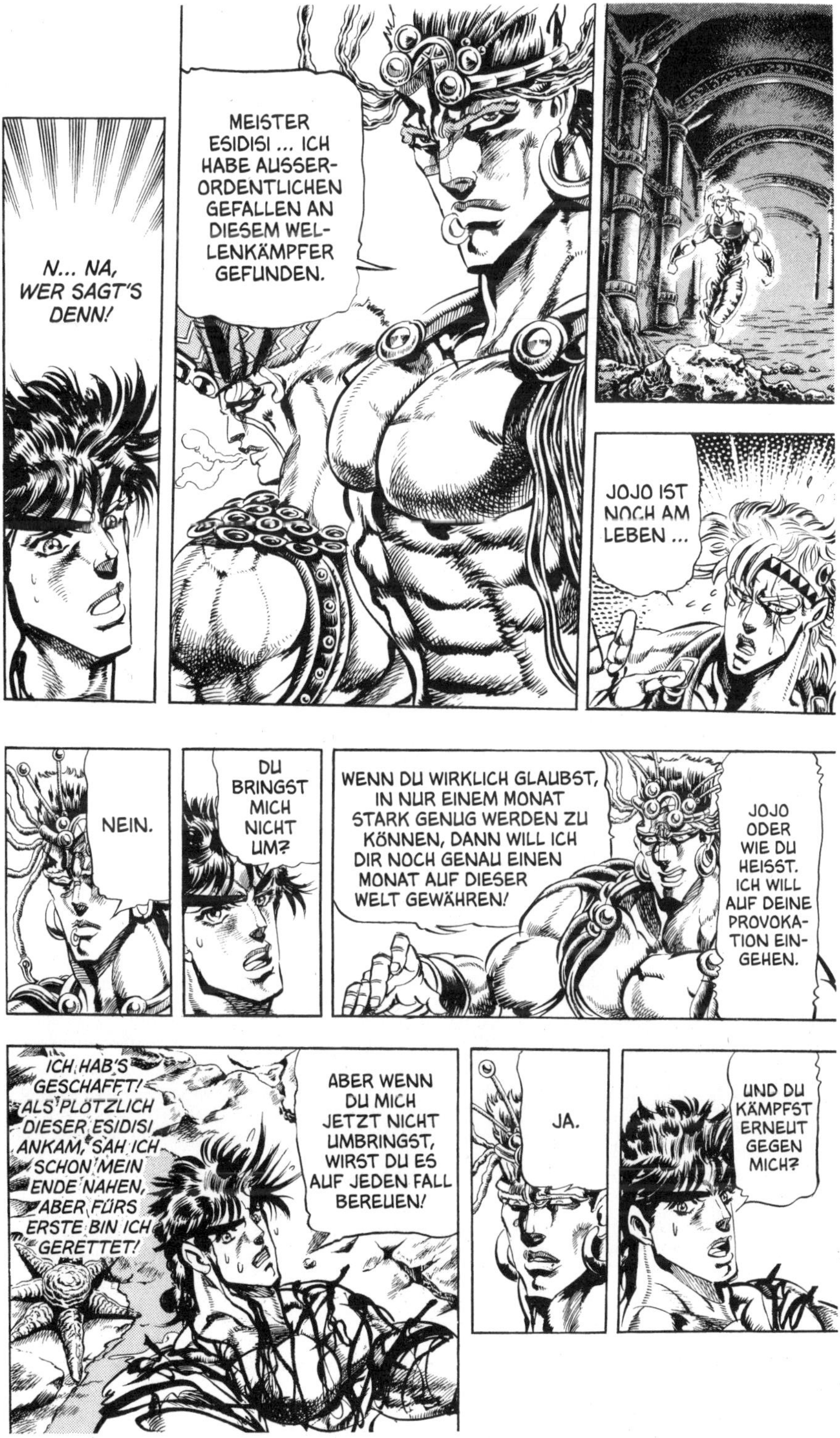
JOJO IST NOCH AM LEBEN ...
MEISTER ESIDISI ... ICH HABE AUSSERORDENTLICHEN GEFALLEN AN DIESEM WELLENKÄMPFER GEFUNDEN.
N... NA, WER SAGT'S DENN!
JOJO ODER WIE DU HEISST. ICH WILL AUF DEINE PROVOKATION EINGEHEN.
WENN DU WIRKLICH GLAUBST, IN NUR EINEM MONAT STARK GENUG WERDEN ZU KÖNNEN, DANN WILL ICH DIR NOCH GENAU EINEN MONAT AUF DIESER WELT GEWÄHREN!
DU BRINGST MICH NICHT UM?
NEIN.
UND DU KÄMPFST ERNEUT GEGEN MICH?
JA.
ABER WENN DU MICH JETZT NICHT UMBRINGST, WIRST DU ES AUF JEDEN FALL BEREUEN!
ICH HAB'S GESCHAFFT! ALS PLÖTZLICH DIESER ESIDISI ANKAM, SAH ICH SCHON MEIN ENDE NAHEN, ABER FÜRS ERSTE BIN ICH GERETTET!

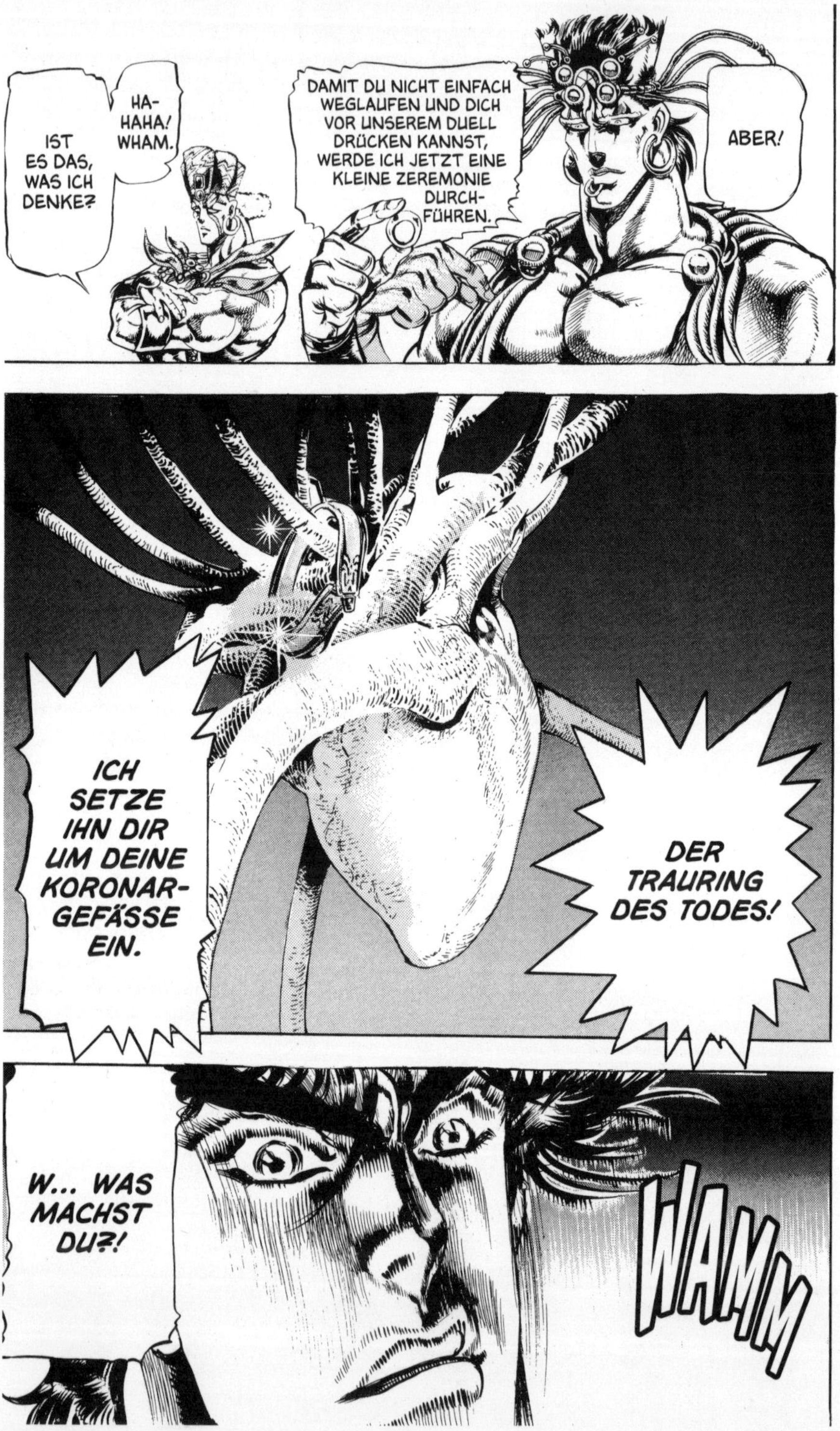
ABER!
DAMIT DU NICHT EINFACH WEGLAUFEN UND DICH VOR UNSEREM DUELL DRÜCKEN KANNST, WERDE ICH JETZT EINE KLEINE ZEREMONIE DURCHFÜHREN.
HAHAHA! WHAM.
IST ES DAS, WAS ICH DENKE?
DER TRAURING DES TODES!
ICH SETZE IHN DIR UM DEINE KORONARGEFÄSSE EIN.
WAMM
W... WAS MACHST DU?!

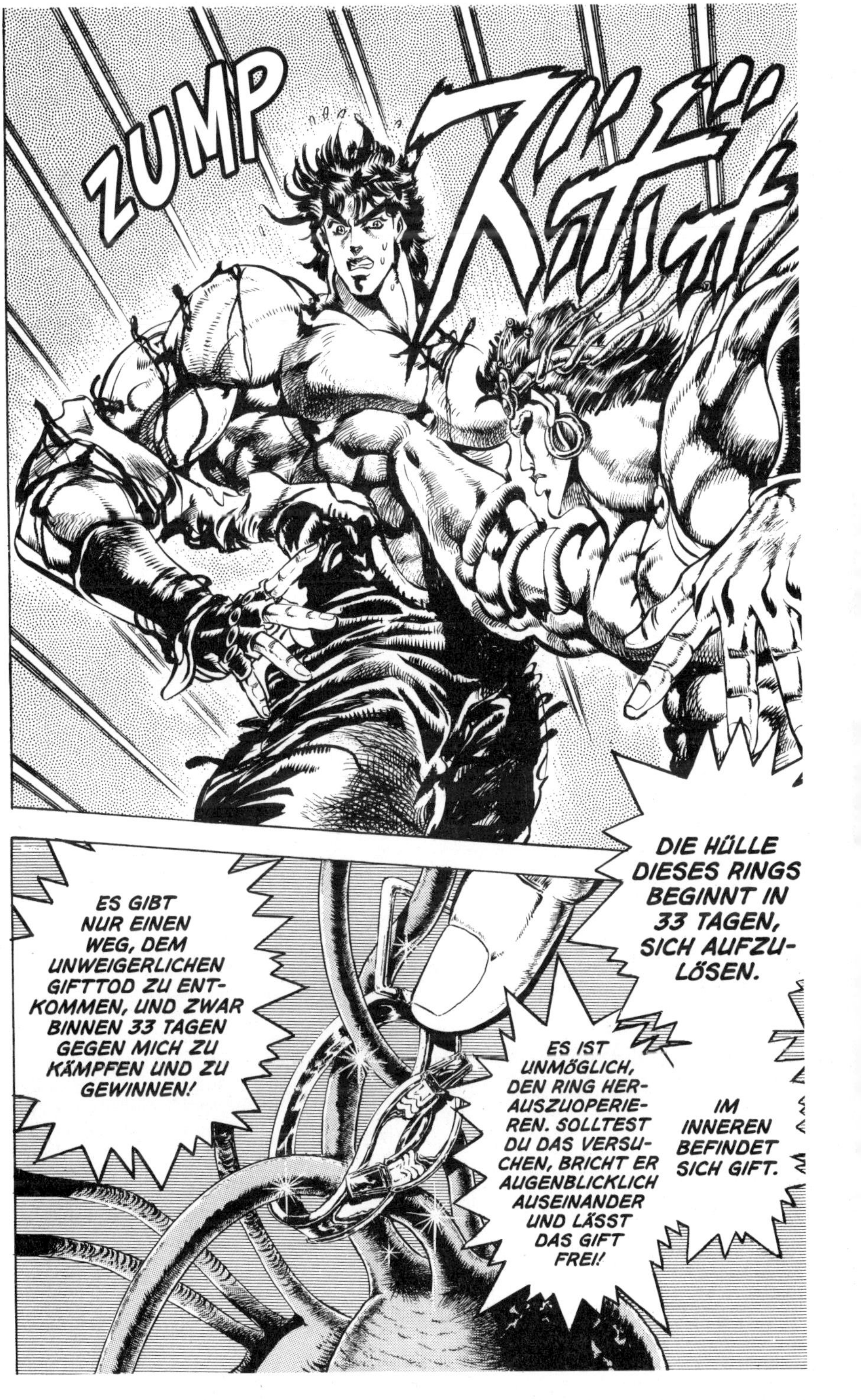

ZUMP
DIE HÜLLE DIESES RINGS BEGINNT IN 33 TAGEN, SICH AUFZULÖSEN.
ES GIBT NUR EINEN WEG, DEM UNWEIGERLICHEN GIFTTOD ZU ENTKOMMEN, UND ZWAR BINNEN 33 TAGEN GEGEN MICH ZU KÄMPFEN UND ZU GEWINNEN!
IM INNEREN BEFINDET SICH GIFT.
ES IST UNMÖGLICH, DEN RING HERAUSZUOPERIEREN. SOLLTEST DU DAS VERSUCHEN, BRICHT ER AUGENBLICKLICH AUSEINANDER UND LÄSST DAS GIFT FREI!

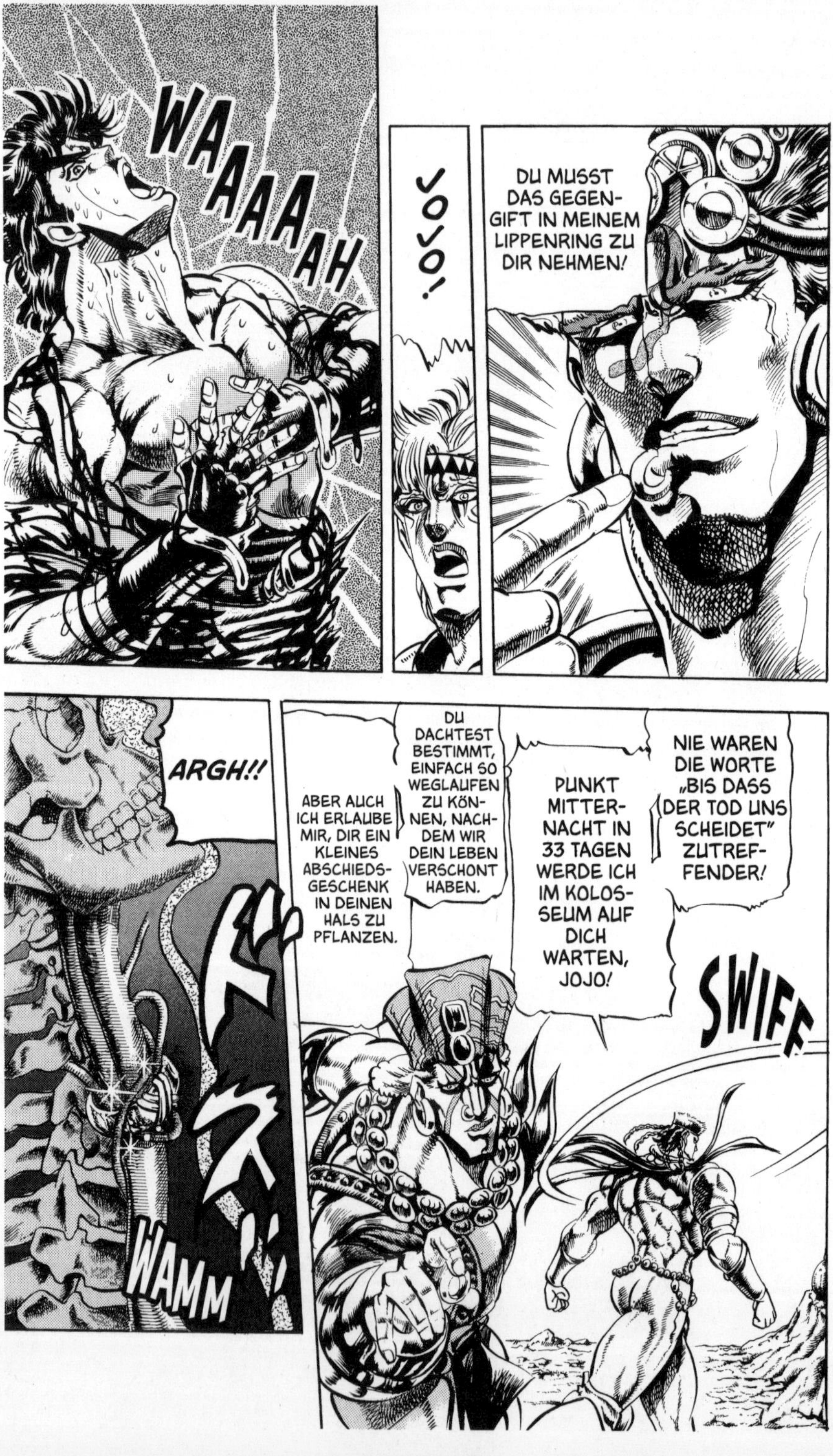
DU MUSST DAS GEGENGIFT IN MEINEM LIPPENRING ZU DIR NEHMEN!
JOJO!
WAAAAAAH
NIE WAREN DIE WORTE „BIS DASS DER TOD UNS SCHEIDET" ZUTREFFENDER!
PUNKT MITTERNACHT IN 33 TAGEN WERDE ICH IM KOLOSSEUM AUF DICH WARTEN, JOJO!
SWIFF
DU DACHTEST BESTIMMT, EINFACH SO WEGLAUFEN ZU KÖNNEN, NACHDEM WIR DEIN LEBEN VERSCHONT HABEN.
ABER AUCH ICH ERLAUBE MIR, DIR EIN KLEINES ABSCHIEDSGESCHENK IN DEINEN HALS ZU PFLANZEN.
ARGH!!
WAMM

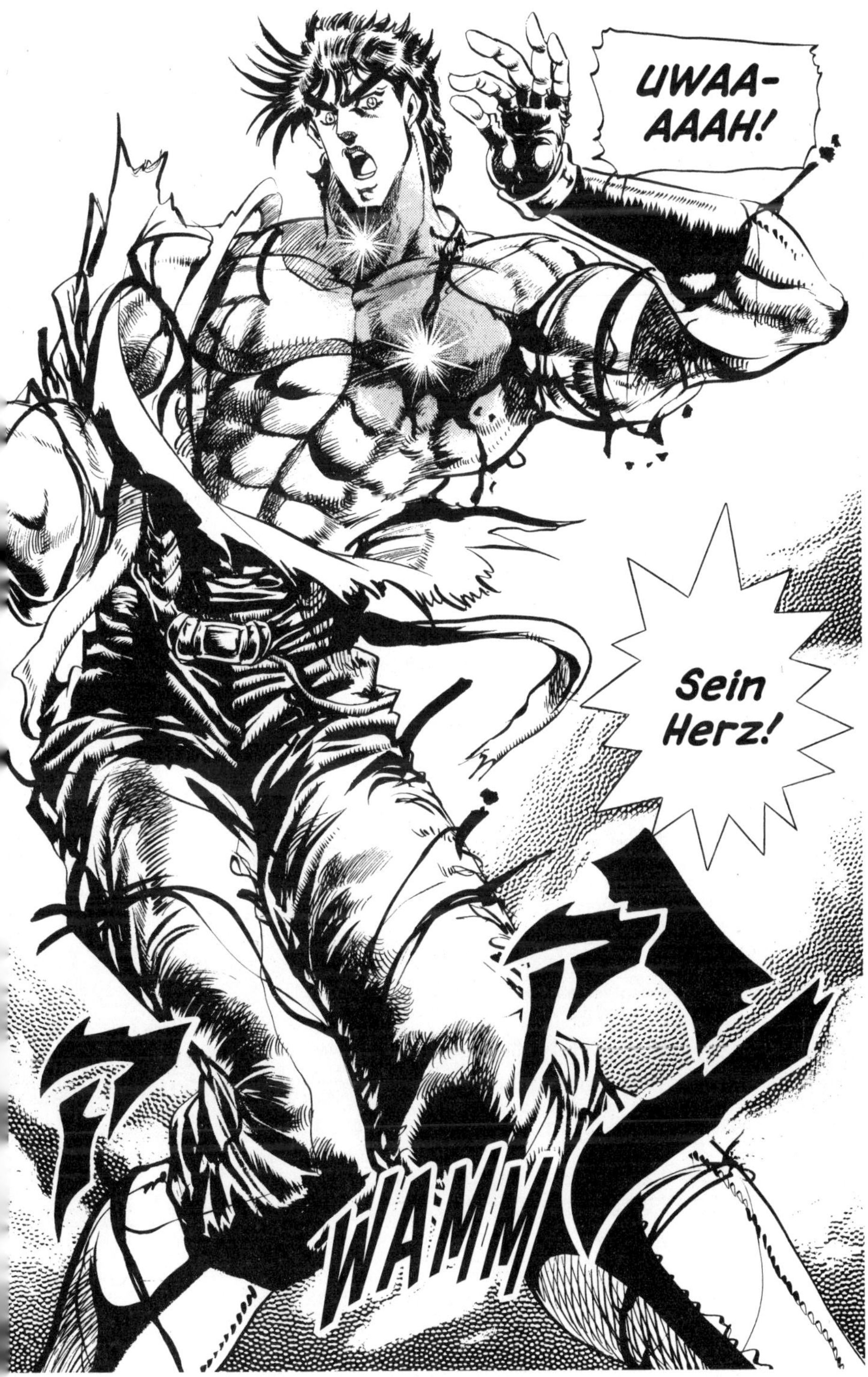
UWAA-
AAAH!
Sein
Herz!
WAMM

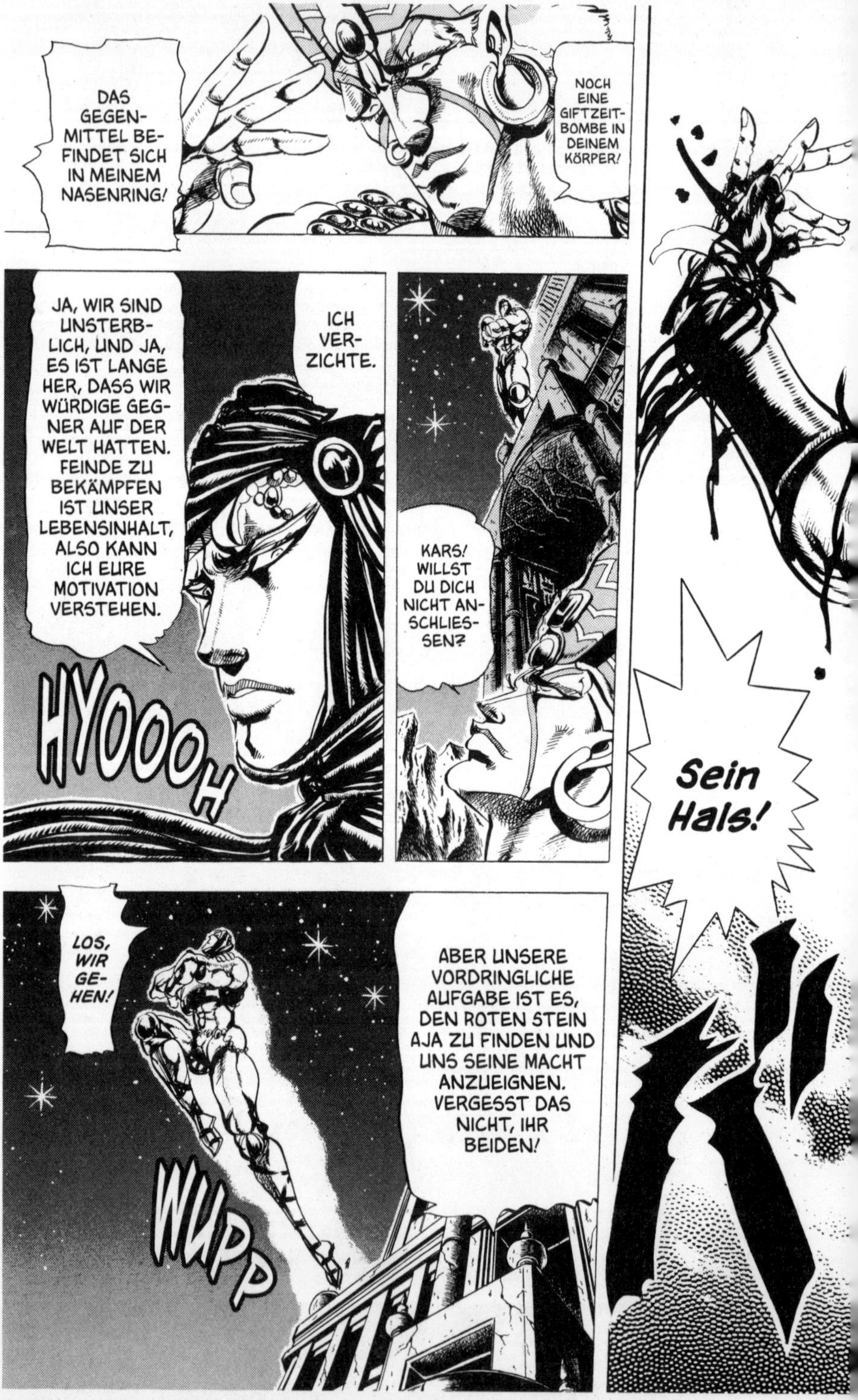
NOCH EINE GIFTZEIT-BOMBE IN DEINEM KÖRPER!
DAS GEGEN-MITTEL BE-FINDET SICH IN MEINEM NASENRING!
Sein Hals!
KARS! WILLST DU DICH NICHT AN-SCHLIESSEN?
ICH VER-ZICHTE.
JA, WIR SIND UNSTERB-LICH, UND JA, ES IST LANGE HER, DASS WIR WÜRDIGE GEG-NER AUF DER WELT HATTEN. FEINDE ZU BEKÄMPFEN IST UNSER LEBENSINHALT, ALSO KANN ICH EURE MOTIVATION VERSTEHEN.
HYOOOH
ABER UNSERE VORDRINGLICHE AUFGABE IST ES, DEN ROTEN STEIN AJA ZU FINDEN UND UNS SEINE MACHT ANZUEIGNEN. VERGESST DAS NICHT, IHR BEIDEN!
LOS, WIR GE-HEN!
WUPP

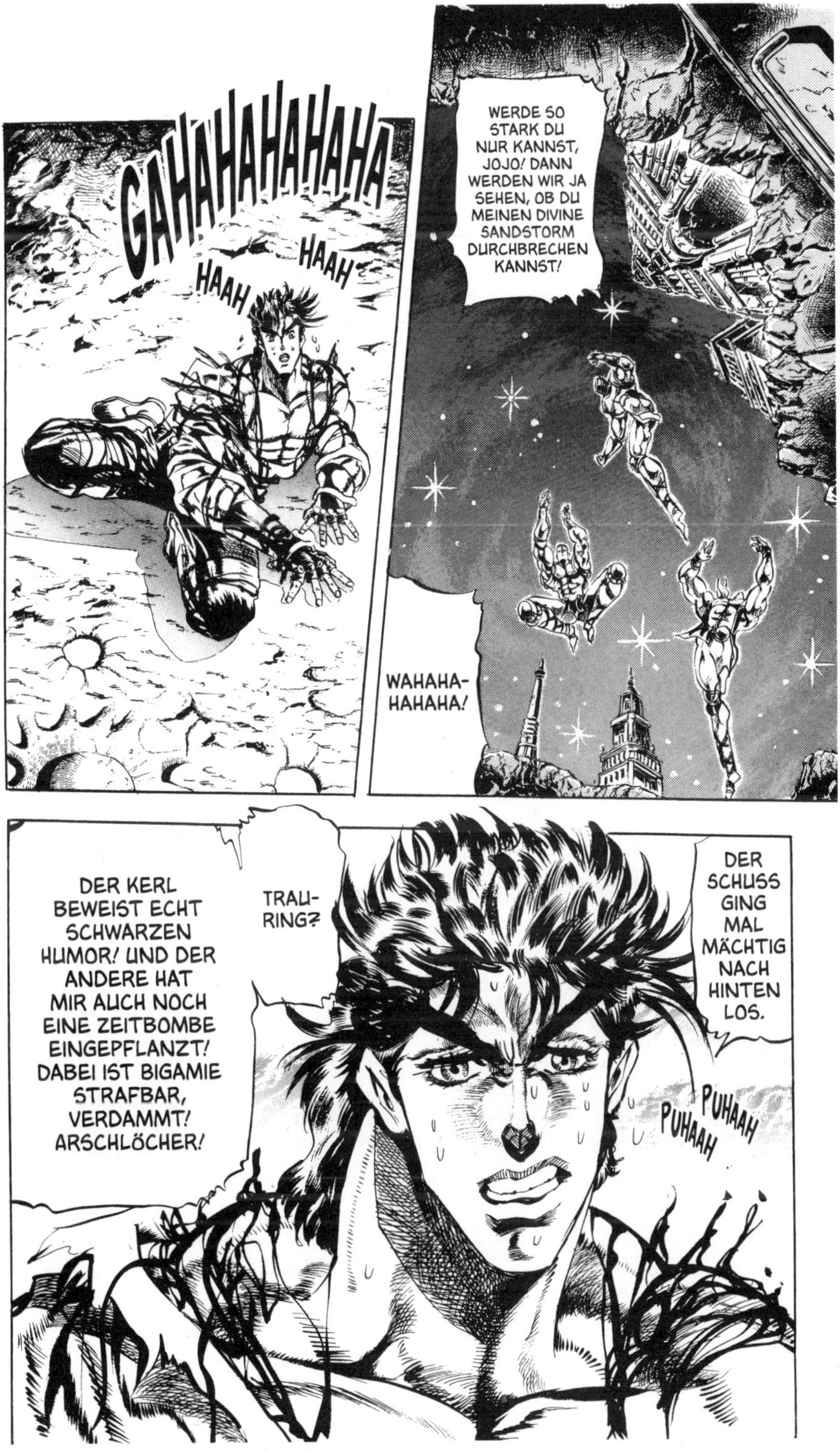
WERDE SO STARK DU NUR KANNST, JOJO! DANN WERDEN WIR JA SEHEN, OB DU MEINEN DIVINE SANDSTORM DURCHBRECHEN KANNST!
WAHAHA-HAHAHA!
GAHAHAHAHAHAHA
HAAH
HAAH
DER SCHUSS GING MAL MÄCHTIG NACH HINTEN LOS.
PUHAAH
PUHAAH
TRAU-RING?
DER KERL BEWEIST ECHT SCHWARZEN HUMOR! UND DER ANDERE HAT MIR AUCH NOCH EINE ZEITBOMBE EINGEPFLANZT! DABEI IST BIGAMIE STRAFBAR, VERDAMMT! ARSCHLÖCHER!

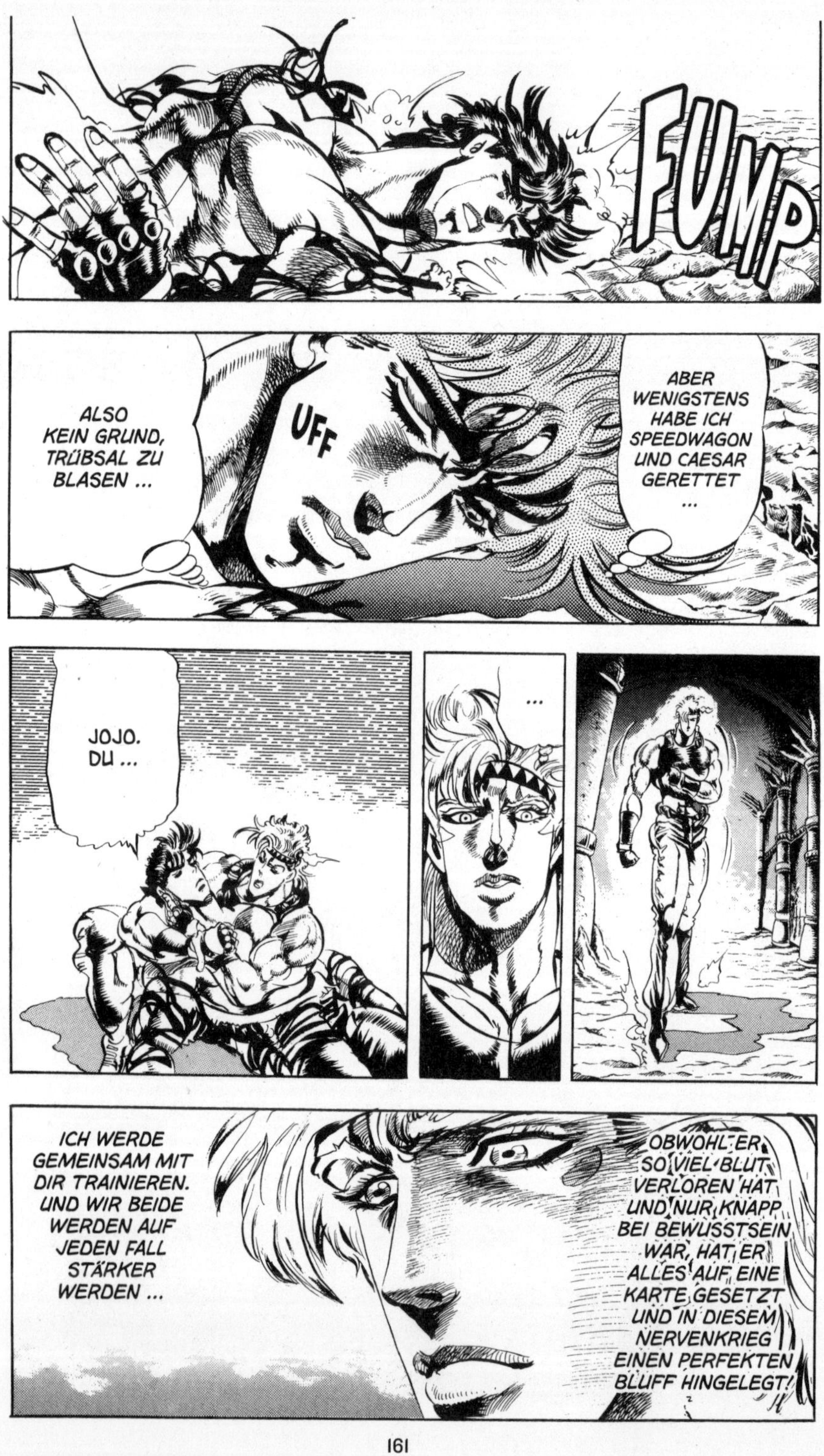
FUMP
ALSO KEIN GRUND, TRÜBSAL ZU BLASEN …
UFF
ABER WENIGSTENS HABE ICH SPEEDWAGON UND CAESAR GERETTET …
JOJO. DU …
…
ICH WERDE GEMEINSAM MIT DIR TRAINIEREN. UND WIR BEIDE WERDEN AUF JEDEN FALL STÄRKER WERDEN …
OBWOHL ER SO VIEL BLUT VERLOREN HAT UND NUR KNAPP BEI BEWUSSTSEIN WAR, HAT ER ALLES AUF EINE KARTE GESETZT UND IN DIESEM NERVENKRIEG EINEN PERFEKTEN BLUFF HINGELEGT!

JOJO'S BIZARRE ADVENTURE

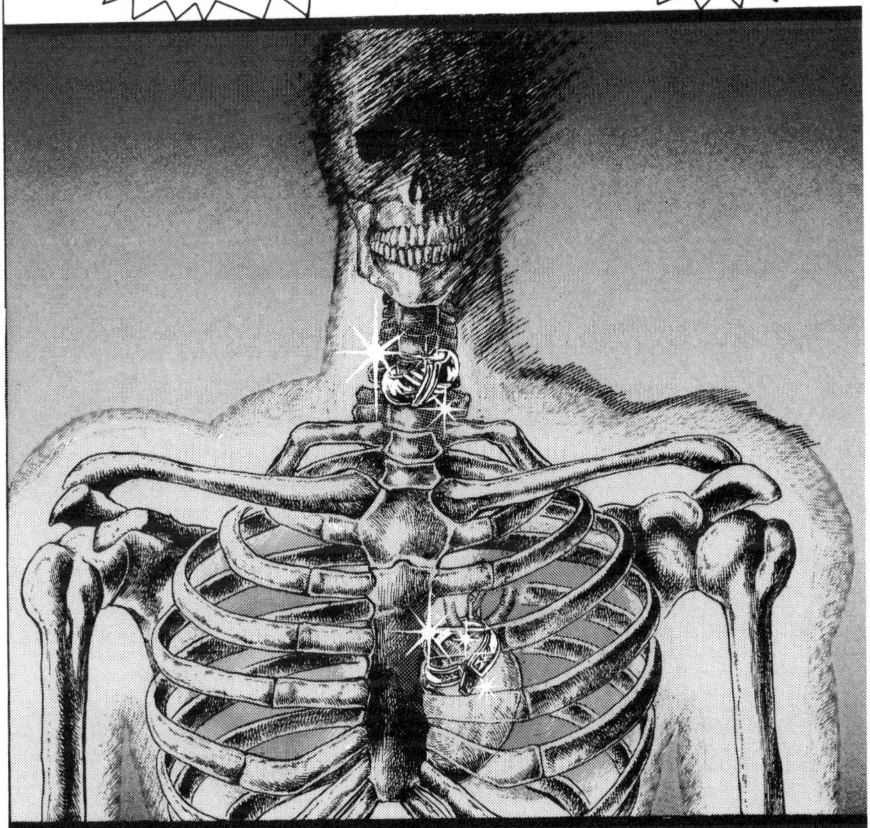

Wellenlehrmeisterin Lisa Lisa: Teil 1

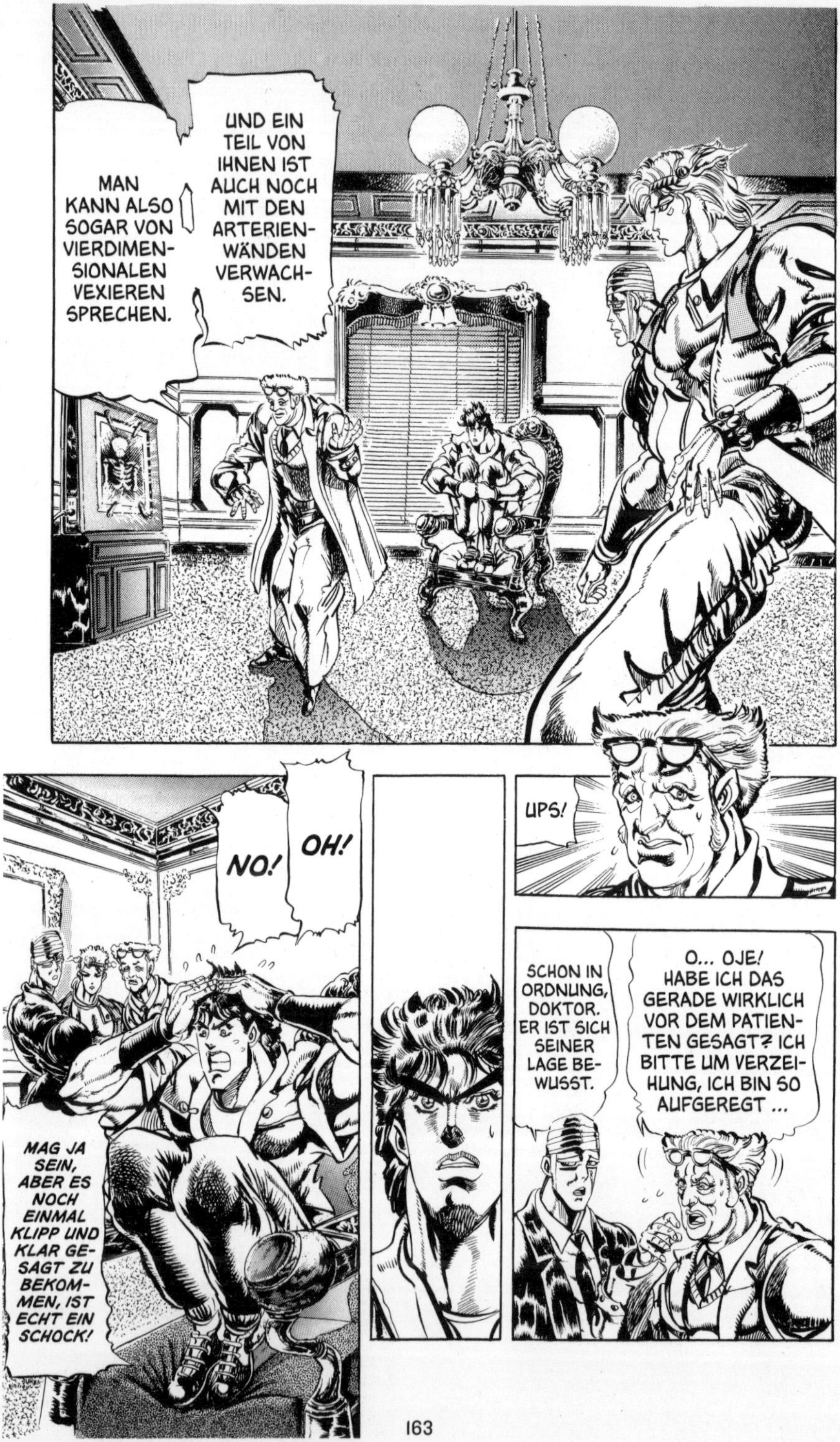

UND EIN TEIL VON IHNEN IST AUCH NOCH MIT DEN ARTERIENWÄNDEN VERWACHSEN.
MAN KANN ALSO SOGAR VON VIERDIMENSIONALEN VEXIEREN SPRECHEN.
UPS!
OH!
NO!
MAG JA SEIN, ABER ES NOCH EINMAL KLIPP UND KLAR GESAGT ZU BEKOMMEN, IST ECHT EIN SCHOCK!
O... OJE! HABE ICH DAS GERADE WIRKLICH VOR DEM PATIENTEN GESAGT? ICH BITTE UM VERZEIHUNG, ICH BIN SO AUFGEREGT ...
SCHON IN ORDNUNG, DOKTOR. ER IST SICH SEINER LAGE BEWUSST.

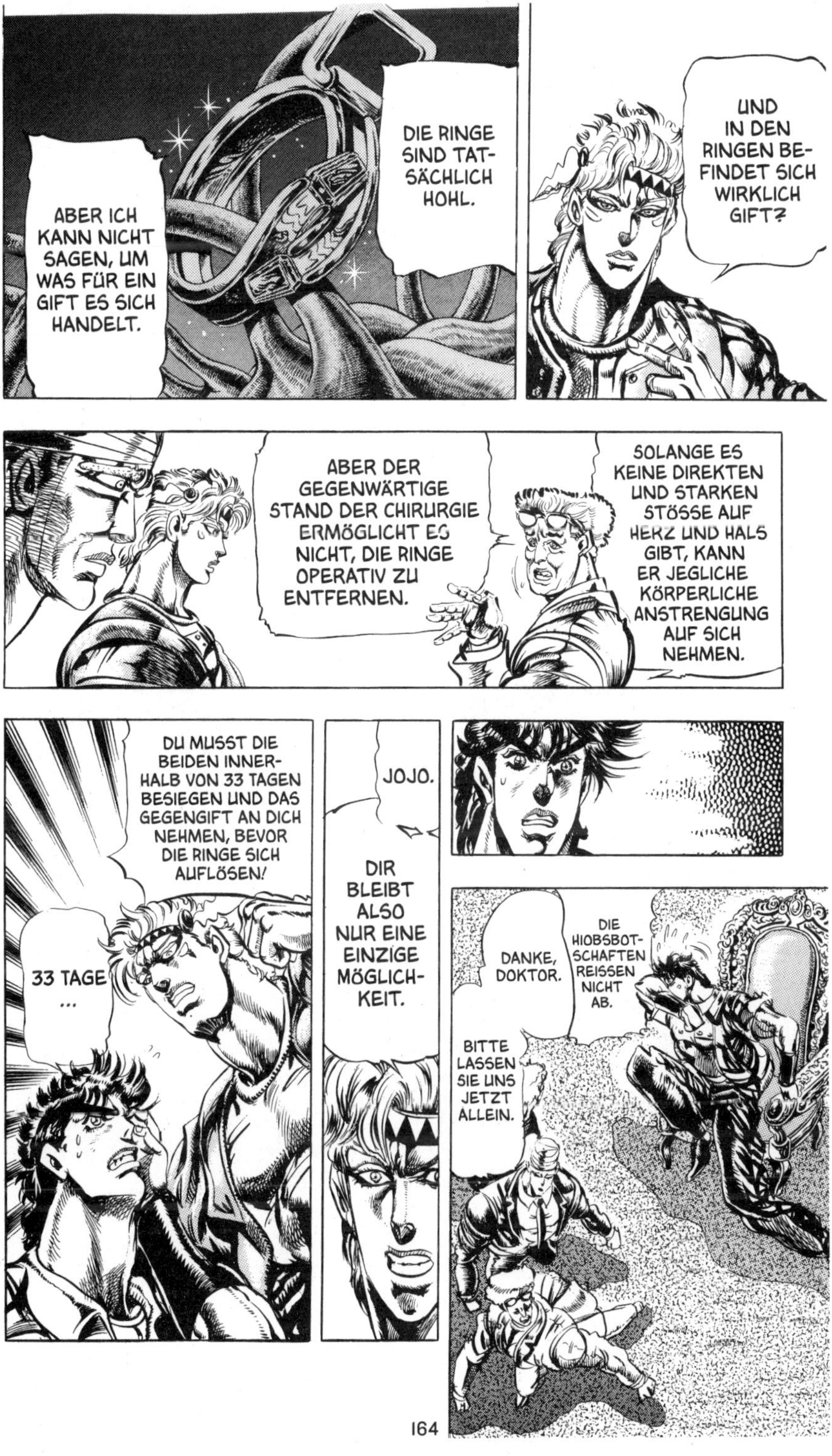
DIE RINGE SIND TATSÄCHLICH HOHL.
ABER ICH KANN NICHT SAGEN, UM WAS FÜR EIN GIFT ES SICH HANDELT.
UND IN DEN RINGEN BEFINDET SICH WIRKLICH GIFT?
ABER DER GEGENWÄRTIGE STAND DER CHIRURGIE ERMÖGLICHT ES NICHT, DIE RINGE OPERATIV ZU ENTFERNEN.
SOLANGE ES KEINE DIREKTEN UND STARKEN STÖSSE AUF HERZ UND HALS GIBT, KANN ER JEGLICHE KÖRPERLICHE ANSTRENGUNG AUF SICH NEHMEN.
DU MUSST DIE BEIDEN INNERHALB VON 33 TAGEN BESIEGEN UND DAS GEGENGIFT AN DICH NEHMEN, BEVOR DIE RINGE SICH AUFLÖSEN!
33 TAGE …
JOJO.
DIR BLEIBT ALSO NUR EINE EINZIGE MÖGLICHKEIT.
DANKE, DOKTOR.
DIE HIOBSBOTSCHAFTEN REISSEN NICHT AB.
BITTE LASSEN SIE UNS JETZT ALLEIN.

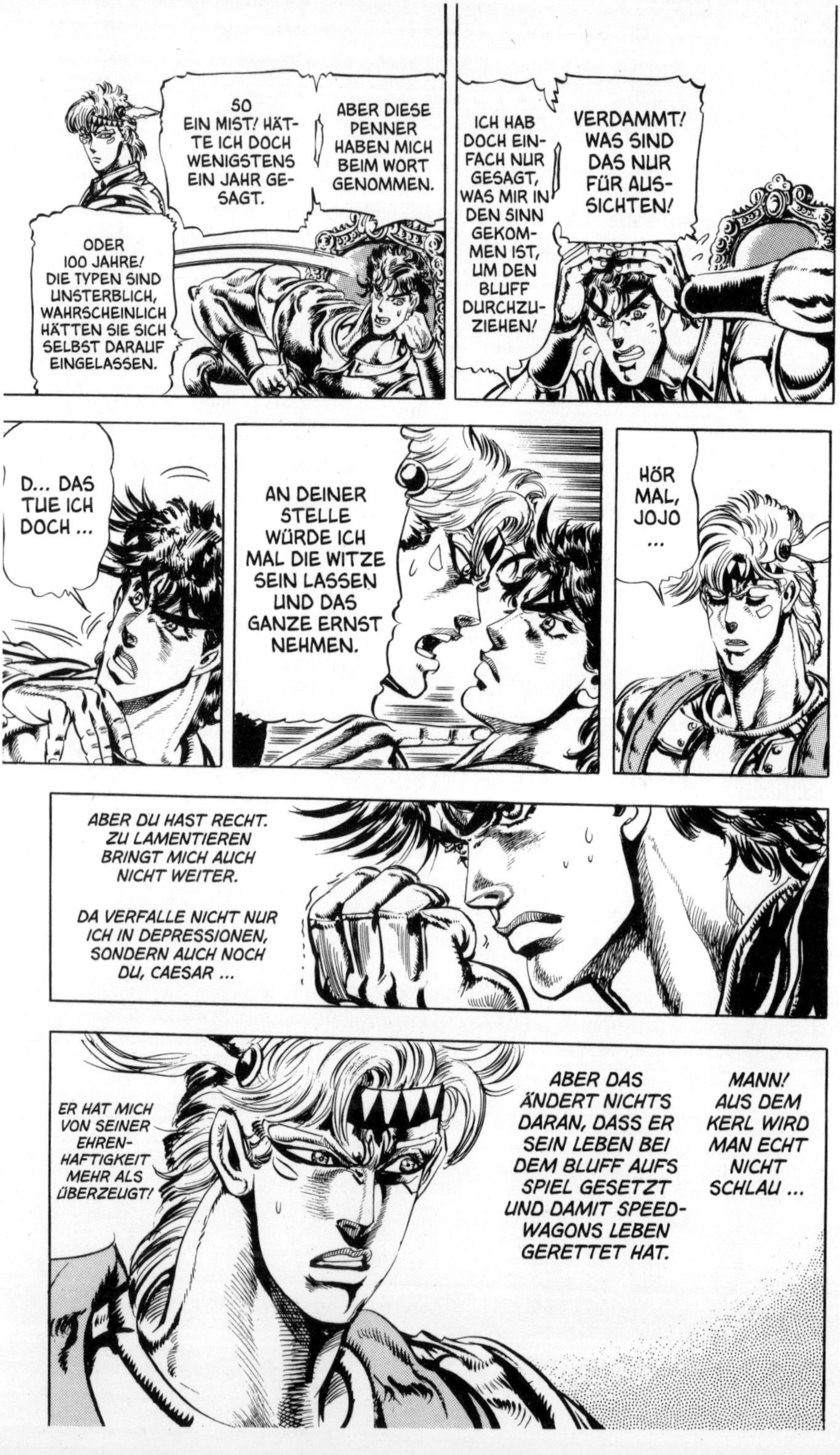
SO EIN MIST! HÄTTE ICH DOCH WENIGSTENS EIN JAHR GESAGT.
ABER DIESE PENNER HABEN MICH BEIM WORT GENOMMEN.
ODER 100 JAHRE! DIE TYPEN SIND UNSTERBLICH, WAHRSCHEINLICH HÄTTEN SIE SICH SELBST DARAUF EINGELASSEN.
ICH HAB DOCH EINFACH NUR GESAGT, WAS MIR IN DEN SINN GEKOMMEN IST, UM DEN BLUFF DURCHZUZIEHEN!
VERDAMMT! WAS SIND DAS NUR FÜR AUSSICHTEN!
D... DAS TUE ICH DOCH ...
AN DEINER STELLE WÜRDE ICH MAL DIE WITZE SEIN LASSEN UND DAS GANZE ERNST NEHMEN.
HÖR MAL, JOJO ...
ABER DU HAST RECHT. ZU LAMENTIEREN BRINGT MICH AUCH NICHT WEITER.
DA VERFALLE NICHT NUR ICH IN DEPRESSIONEN, SONDERN AUCH NOCH DU, CAESAR ...
ER HAT MICH VON SEINER EHRENHAFTIGKEIT MEHR ALS ÜBERZEUGT!
ABER DAS ÄNDERT NICHTS DARAN, DASS ER SEIN LEBEN BEI DEM BLUFF AUFS SPIEL GESETZT UND DAMIT SPEEDWAGONS LEBEN GERETTET HAT.
MANN! AUS DEM KERL WIRD MAN ECHT NICHT SCHLAU ...

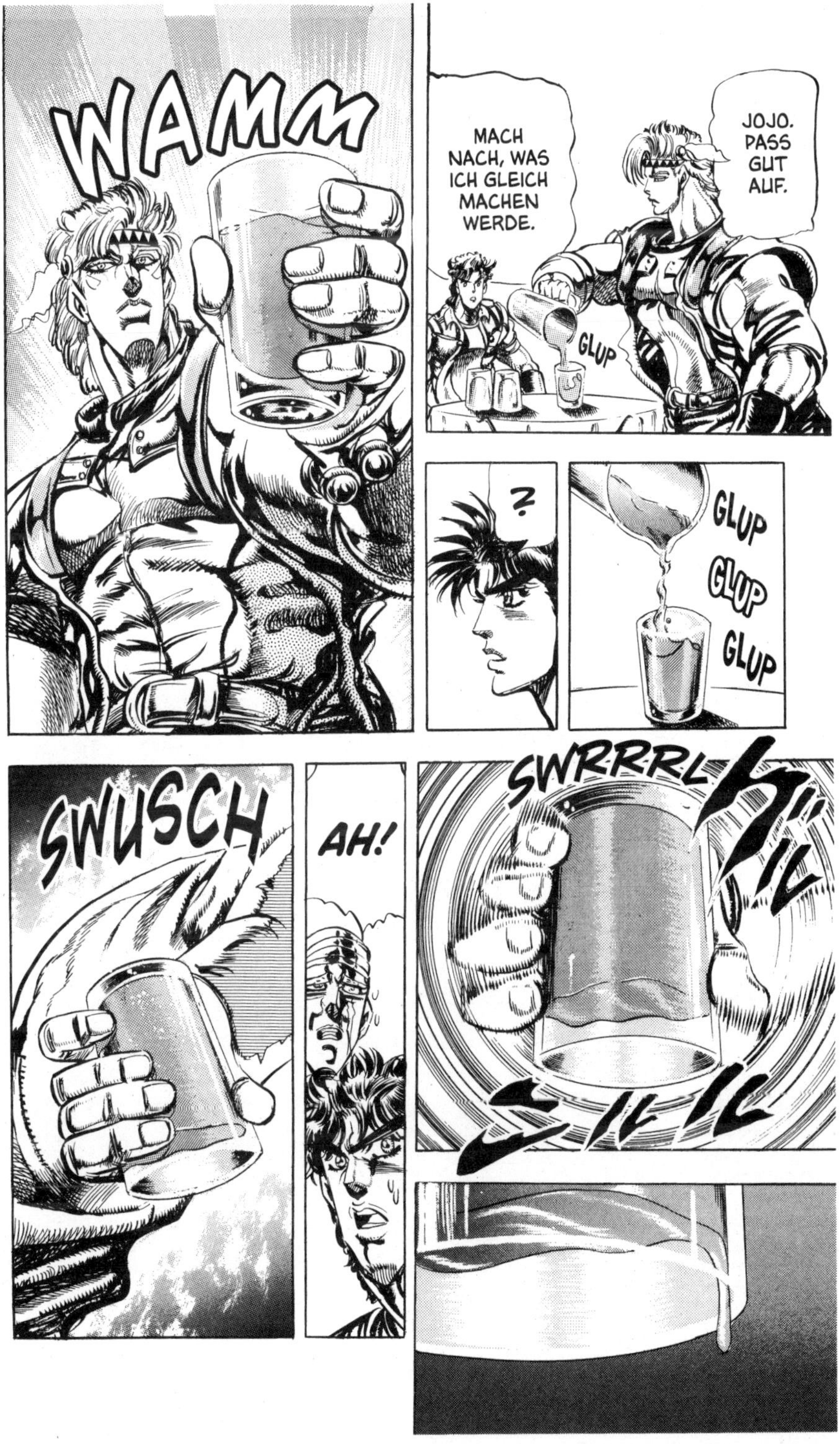
JOJO. PASS GUT AUF.
MACH NACH, WAS ICH GLEICH MACHEN WERDE.
GLUP
GLUP
GLUP
GLUP
?
WAMM
SWRRRL
AH!
SWUSCH

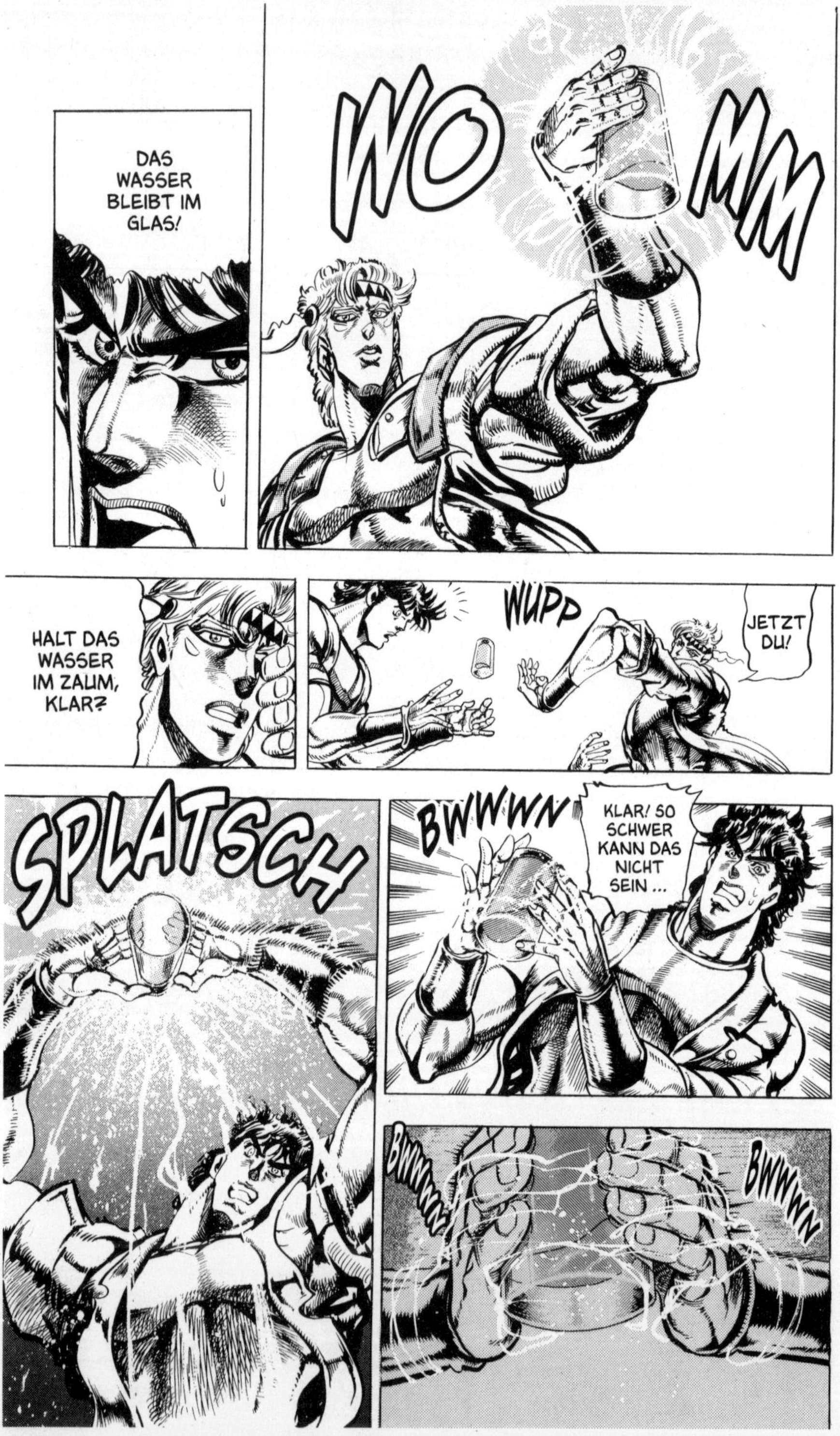
DAS WASSER BLEIBT IM GLAS!
WOMM
HALT DAS WASSER IM ZAUM, KLAR?
WUPP
JETZT DU!
SPLATSCH
BWWWN
KLAR! SO SCHWER KANN DAS NICHT SEIN ...
BWWWN
BWWWN

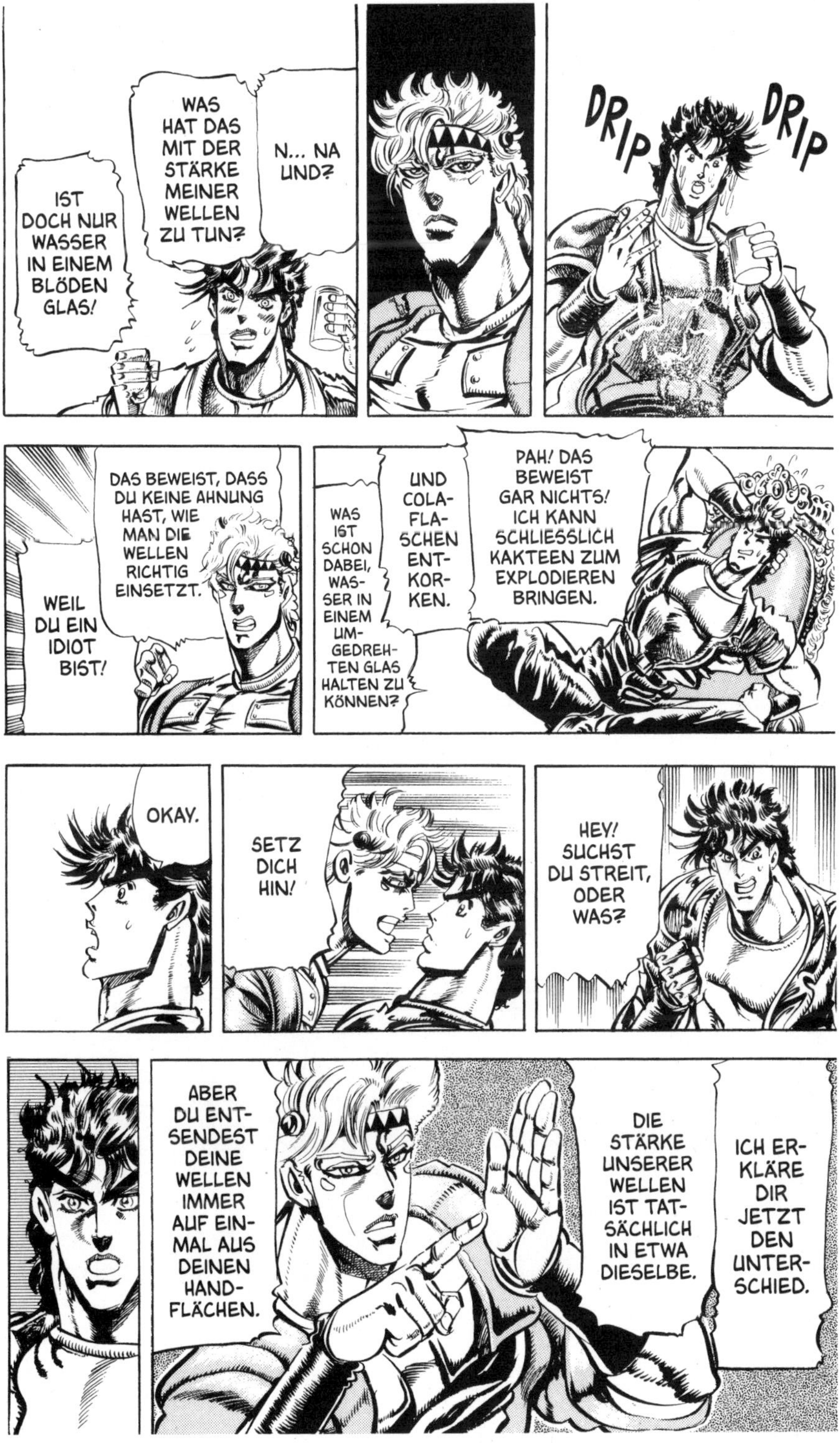
DRIP
DRIP
N... NA UND?
WAS HAT DAS MIT DER STÄRKE MEINER WELLEN ZU TUN?
IST DOCH NUR WASSER IN EINEM BLÖDEN GLAS!
PAH! DAS BEWEIST GAR NICHTS! ICH KANN SCHLIESSLICH KAKTEEN ZUM EXPLODIEREN BRINGEN.
UND COLAFLASCHEN ENTKORKEN.
WAS IST SCHON DABEI, WASSER IN EINEM UMGEDREHTEN GLAS HALTEN ZU KÖNNEN?
DAS BEWEIST, DASS DU KEINE AHNUNG HAST, WIE MAN DIE WELLEN RICHTIG EINSETZT.
WEIL DU EIN IDIOT BIST!
HEY! SUCHST DU STREIT, ODER WAS?
SETZ DICH HIN!
OKAY.
ICH ERKLÄRE DIR JETZT DEN UNTERSCHIED.
DIE STÄRKE UNSERER WELLEN IST TATSÄCHLICH IN ETWA DIESELBE.
ABER DU ENTSENDEST DEINE WELLEN IMMER AUF EINMAL AUS DEINEN HANDFLÄCHEN.

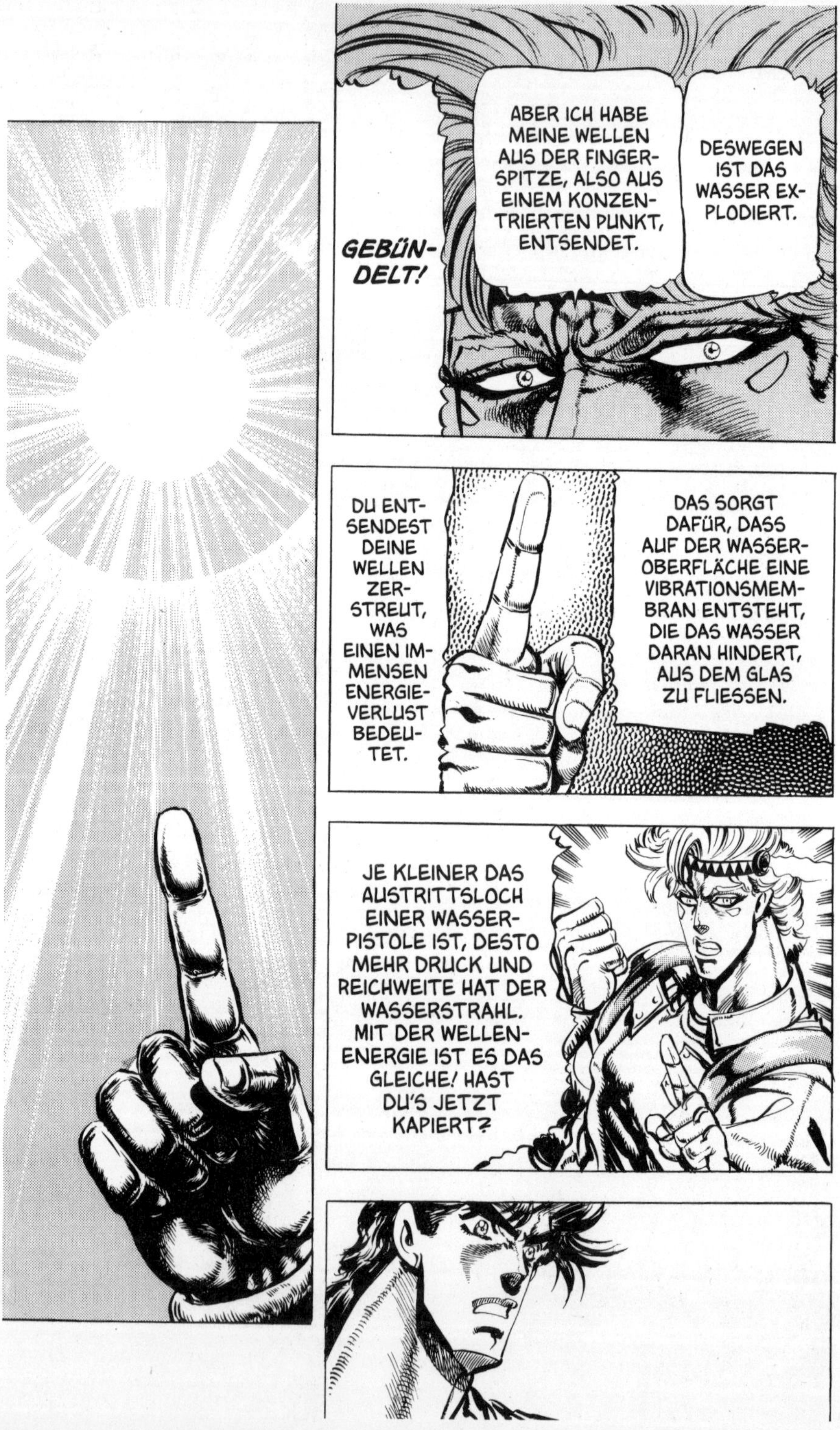
GEBÜN-DELT!
ABER ICH HABE MEINE WELLEN AUS DER FINGER-SPITZE, ALSO AUS EINEM KONZEN-TRIERTEN PUNKT, ENTSENDET.
DESWEGEN IST DAS WASSER EX-PLODIERT.
DAS SORGT DAFÜR, DASS AUF DER WASSER-OBERFLÄCHE EINE VIBRATIONSMEM-BRAN ENTSTEHT, DIE DAS WASSER DARAN HINDERT, AUS DEM GLAS ZU FLIESSEN.
DU ENT-SENDEST DEINE WELLEN ZER-STREUT, WAS EINEN IM-MENSEN ENERGIE-VERLUST BEDEU-TET.
JE KLEINER DAS AUSTRITTSLOCH EINER WASSER-PISTOLE IST, DESTO MEHR DRUCK UND REICHWEITE HAT DER WASSERSTRAHL. MIT DER WELLEN-ENERGIE IST ES DAS GLEICHE! HAST DU'S JETZT KAPIERT?

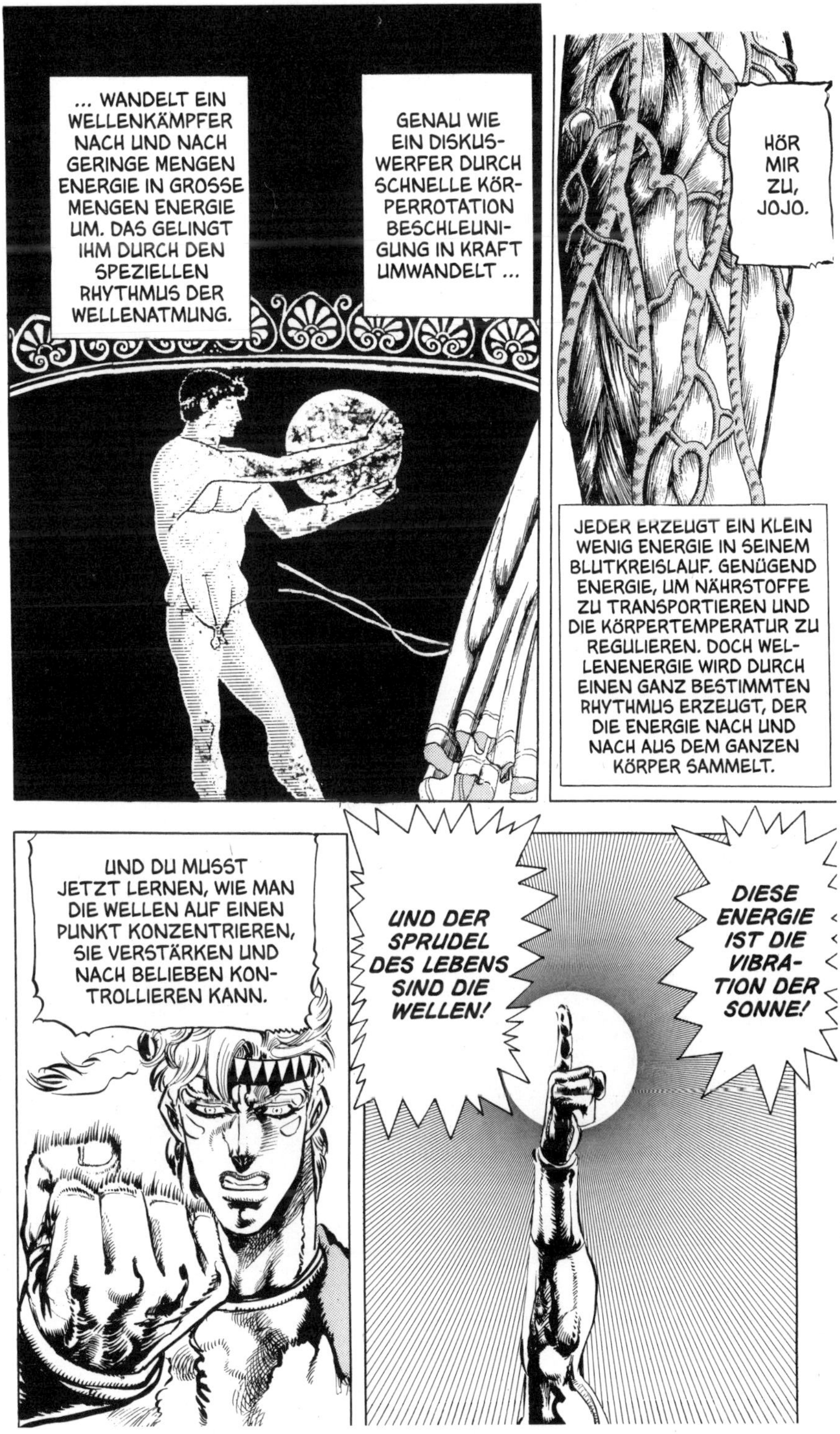

... WANDELT EIN WELLENKÄMPFER NACH UND NACH GERINGE MENGEN ENERGIE IN GROSSE MENGEN ENERGIE UM. DAS GELINGT IHM DURCH DEN SPEZIELLEN RHYTHMUS DER WELLENATMUNG.
GENAU WIE EIN DISKUSWERFER DURCH SCHNELLE KÖRPERROTATION BESCHLEUNIGUNG IN KRAFT UMWANDELT ...
HÖR MIR ZU, JOJO.
JEDER ERZEUGT EIN KLEIN WENIG ENERGIE IN SEINEM BLUTKREISLAUF. GENÜGEND ENERGIE, UM NÄHRSTOFFE ZU TRANSPORTIEREN UND DIE KÖRPERTEMPERATUR ZU REGULIEREN. DOCH WELLENENERGIE WIRD DURCH EINEN GANZ BESTIMMTEN RHYTHMUS ERZEUGT, DER DIE ENERGIE NACH UND NACH AUS DEM GANZEN KÖRPER SAMMELT.
UND DU MUSST JETZT LERNEN, WIE MAN DIE WELLEN AUF EINEN PUNKT KONZENTRIEREN, SIE VERSTÄRKEN UND NACH BELIEBEN KONTROLLIEREN KANN.
UND DER SPRUDEL DES LEBENS SIND DIE WELLEN!
DIESE ENERGIE IST DIE VIBRATION DER SONNE!

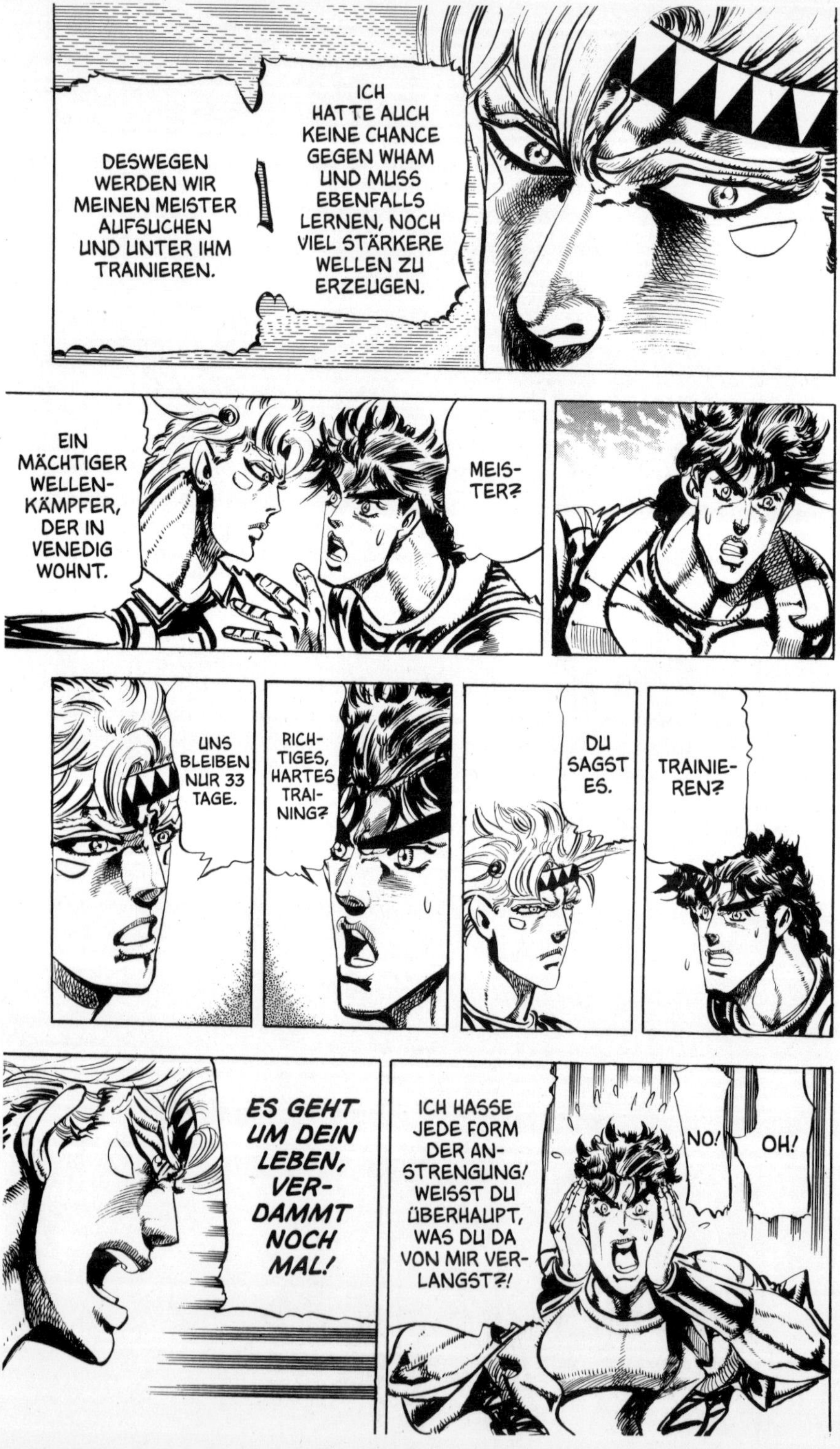
ICH HATTE AUCH KEINE CHANCE GEGEN WHAM UND MUSS EBENFALLS LERNEN, NOCH VIEL STÄRKERE WELLEN ZU ERZEUGEN.
DESWEGEN WERDEN WIR MEINEN MEISTER AUFSUCHEN UND UNTER IHM TRAINIEREN.
MEIS-TER?
EIN MÄCHTIGER WELLEN-KÄMPFER, DER IN VENEDIG WOHNT.
TRAINIE-REN?
DU SAGST ES.
RICH-TIGES, HARTES TRAI-NING?
UNS BLEIBEN NUR 33 TAGE.
OH!
NO!
ICH HASSE JEDE FORM DER AN-STRENGUNG! WEISST DU ÜBERHAUPT, WAS DU DA VON MIR VER-LANGST?!
ES GEHT UM DEIN LEBEN, VER-DAMMT NOCH MAL!

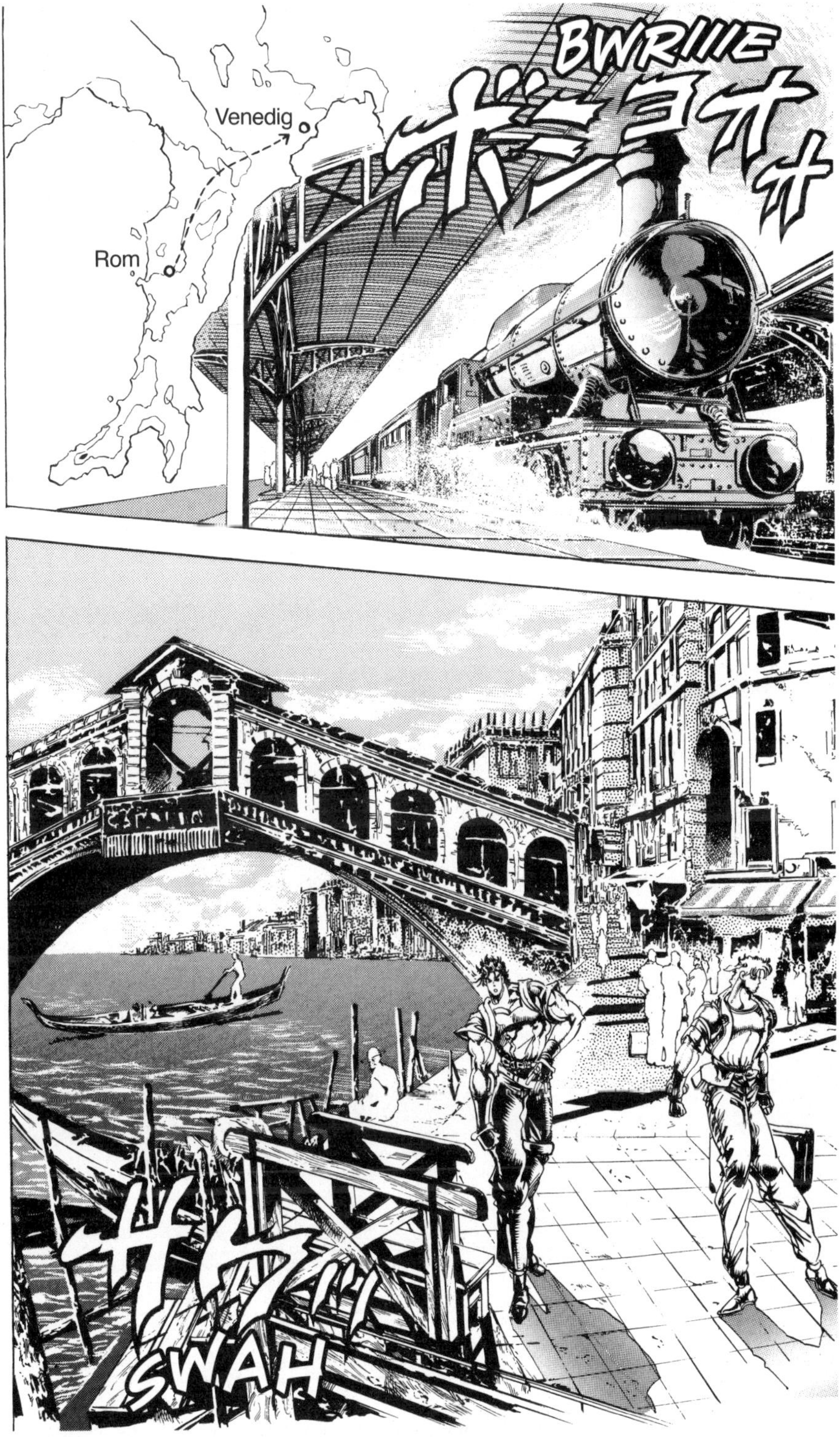
Venedig
Rom
BWRIIIE
SWAH

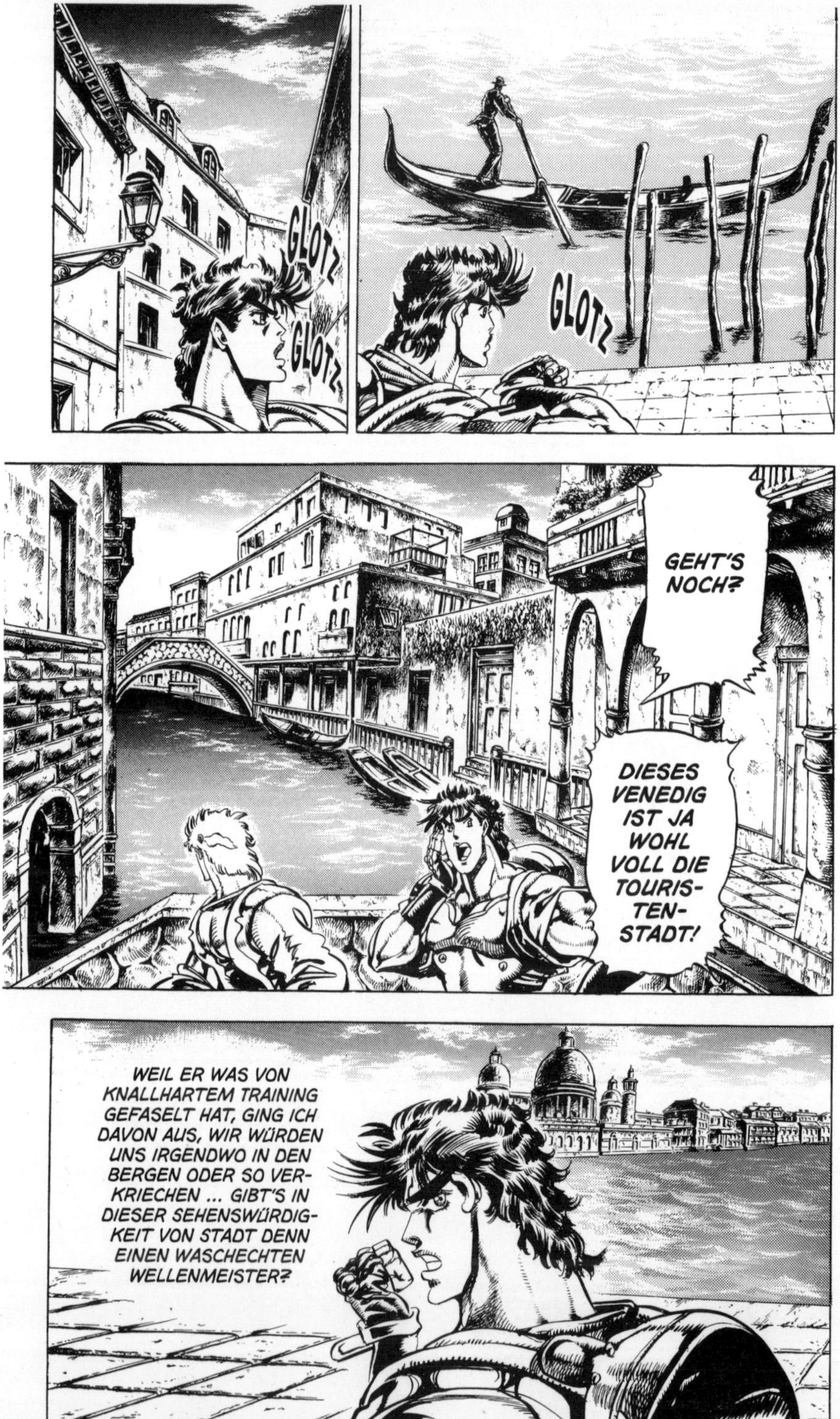
GLOTZ
GLOTZ
GLOTZ
GEHT'S NOCH?
DIESES VENEDIG IST JA WOHL VOLL DIE TOURISTENSTADT!
WEIL ER WAS VON KNALLHARTEM TRAINING GEFASELT HAT, GING ICH DAVON AUS, WIR WÜRDEN UNS IRGENDWO IN DEN BERGEN ODER SO VERKRIECHEN ... GIBT'S IN DIESER SEHENSWÜRDIGKEIT VON STADT DENN EINEN WASCHECHTEN WELLENMEISTER?

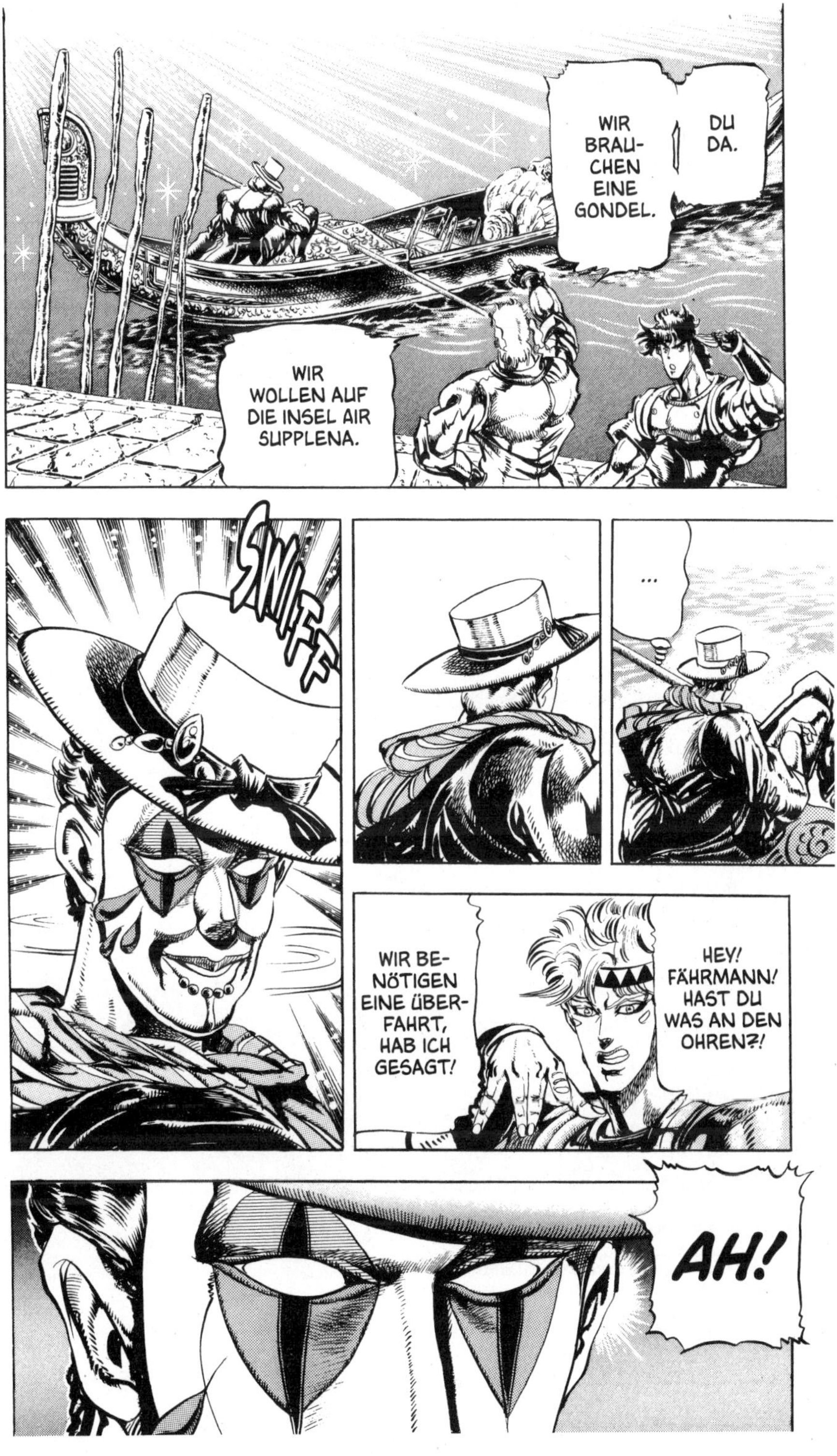
DU DA.
WIR BRAUCHEN EINE GONDEL.
WIR WOLLEN AUF DIE INSEL AIR SUPPLENA.
SNIFF
...
HEY! FÄHRMANN! HAST DU WAS AN DEN OHREN?!
WIR BENÖTIGEN EINE ÜBERFAHRT, HAB ICH GESAGT!
AH!

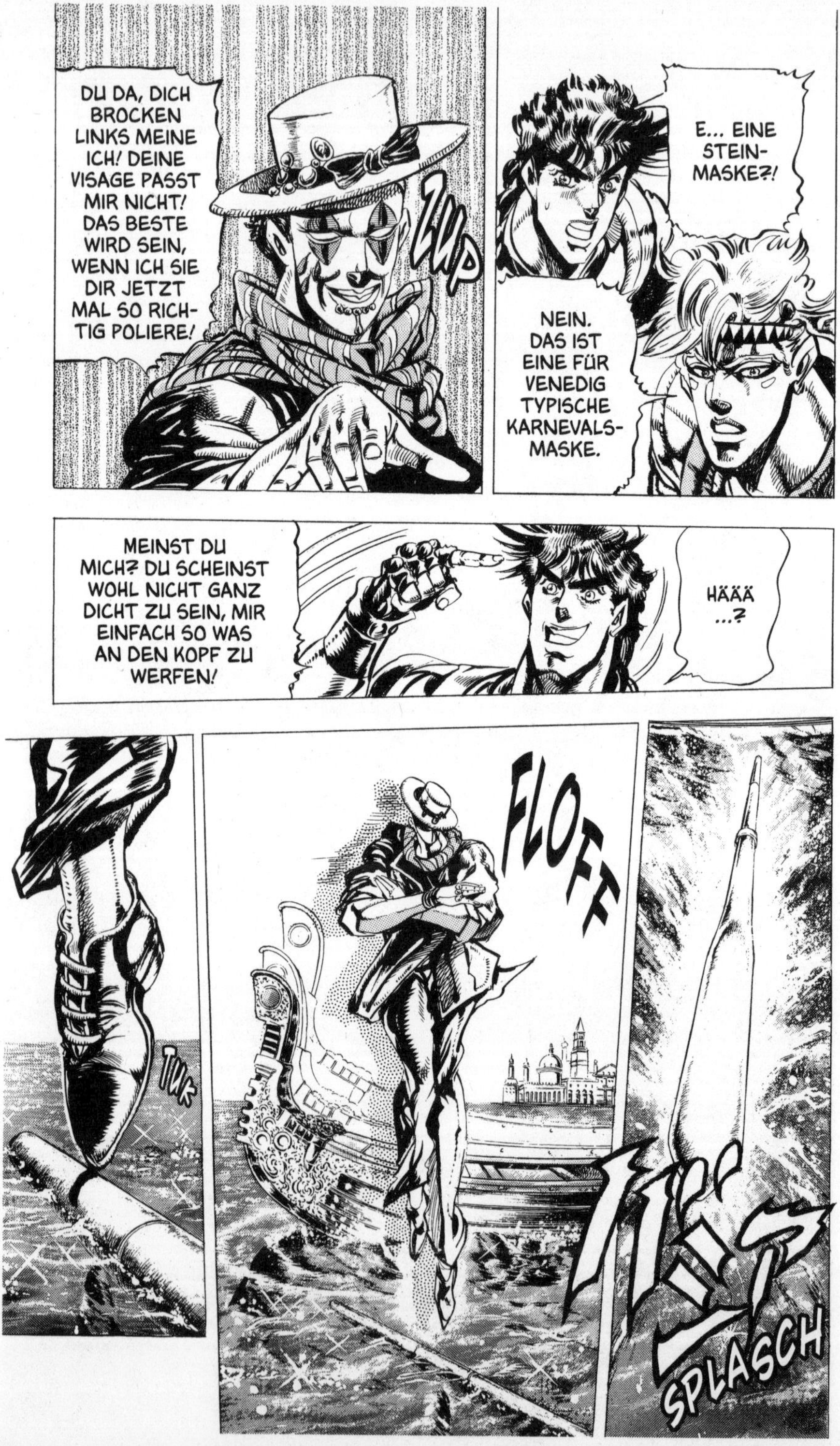

DU DA, DICH BROCKEN LINKS MEINE ICH! DEINE VISAGE PASST MIR NICHT! DAS BESTE WIRD SEIN, WENN ICH SIE DIR JETZT MAL SO RICHTIG POLIERE!
ZUP
E... EINE STEIN-MASKE?!
NEIN. DAS IST EINE FÜR VENEDIG TYPISCHE KARNEVALS-MASKE.
MEINST DU MICH? DU SCHEINST WOHL NICHT GANZ DICHT ZU SEIN, MIR EINFACH SO WAS AN DEN KOPF ZU WERFEN!
HÄÄÄ ...?
TUK
FLOFF
SPLASCH

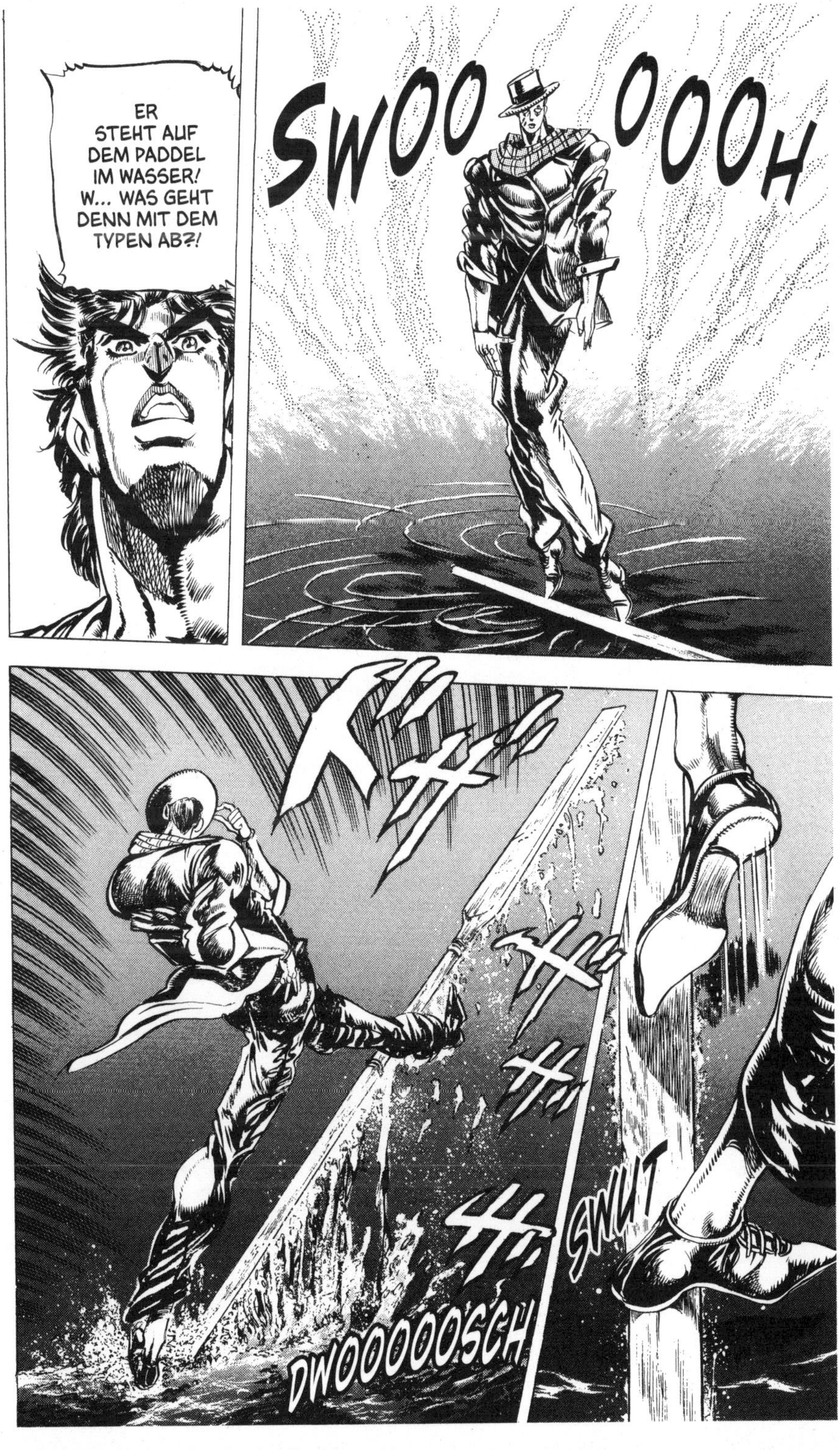
ER STEHT AUF DEM PADDEL IM WASSER! W... WAS GEHT DENN MIT DEM TYPEN AB?!
SWOO OOOH
SWUT
DWOOOOOOSCH

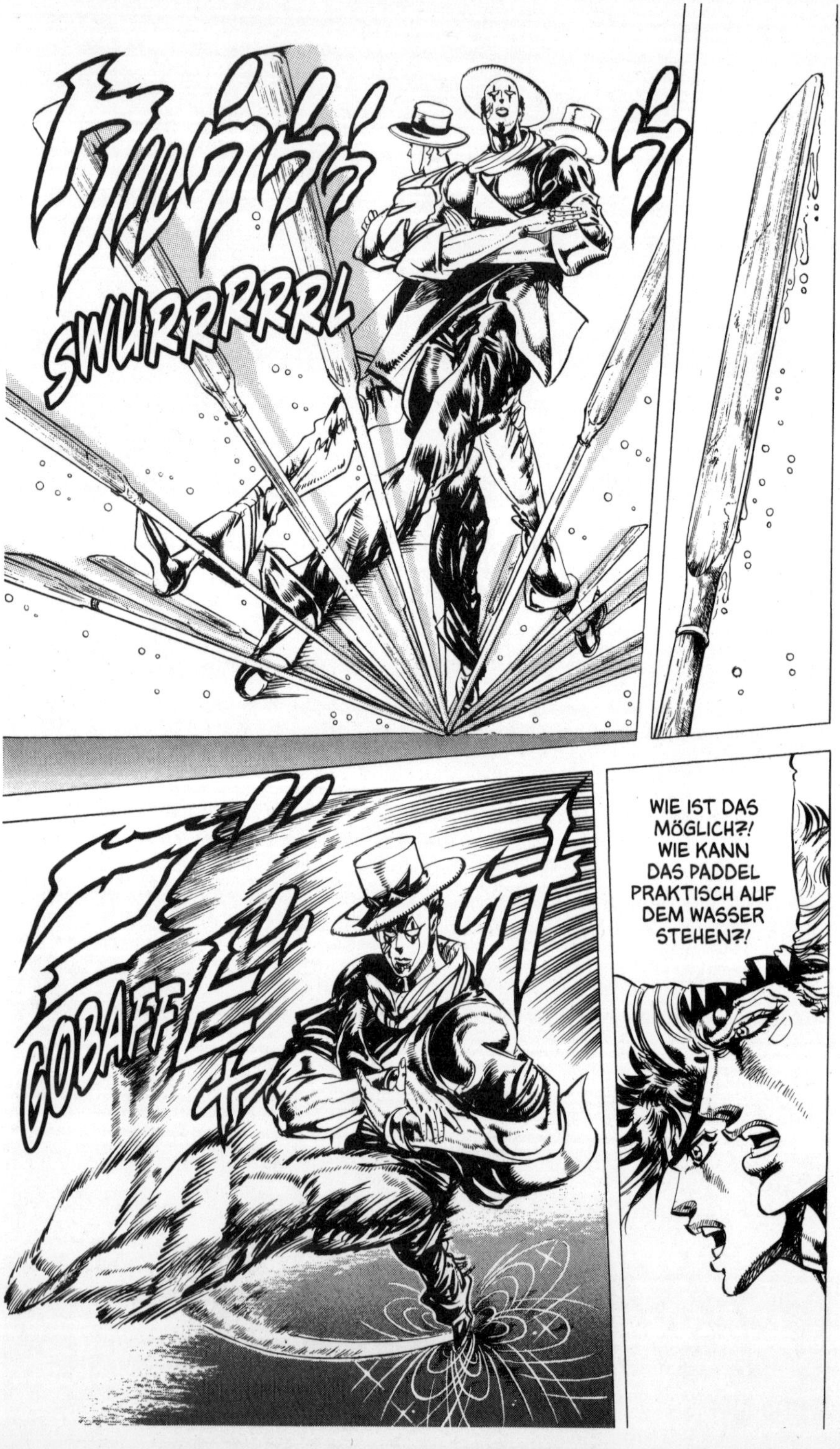
SWURRRRRL
GOBAFF
WIE IST DAS MÖGLICH?! WIE KANN DAS PADDEL PRAKTISCH AUF DEM WASSER STEHEN?!

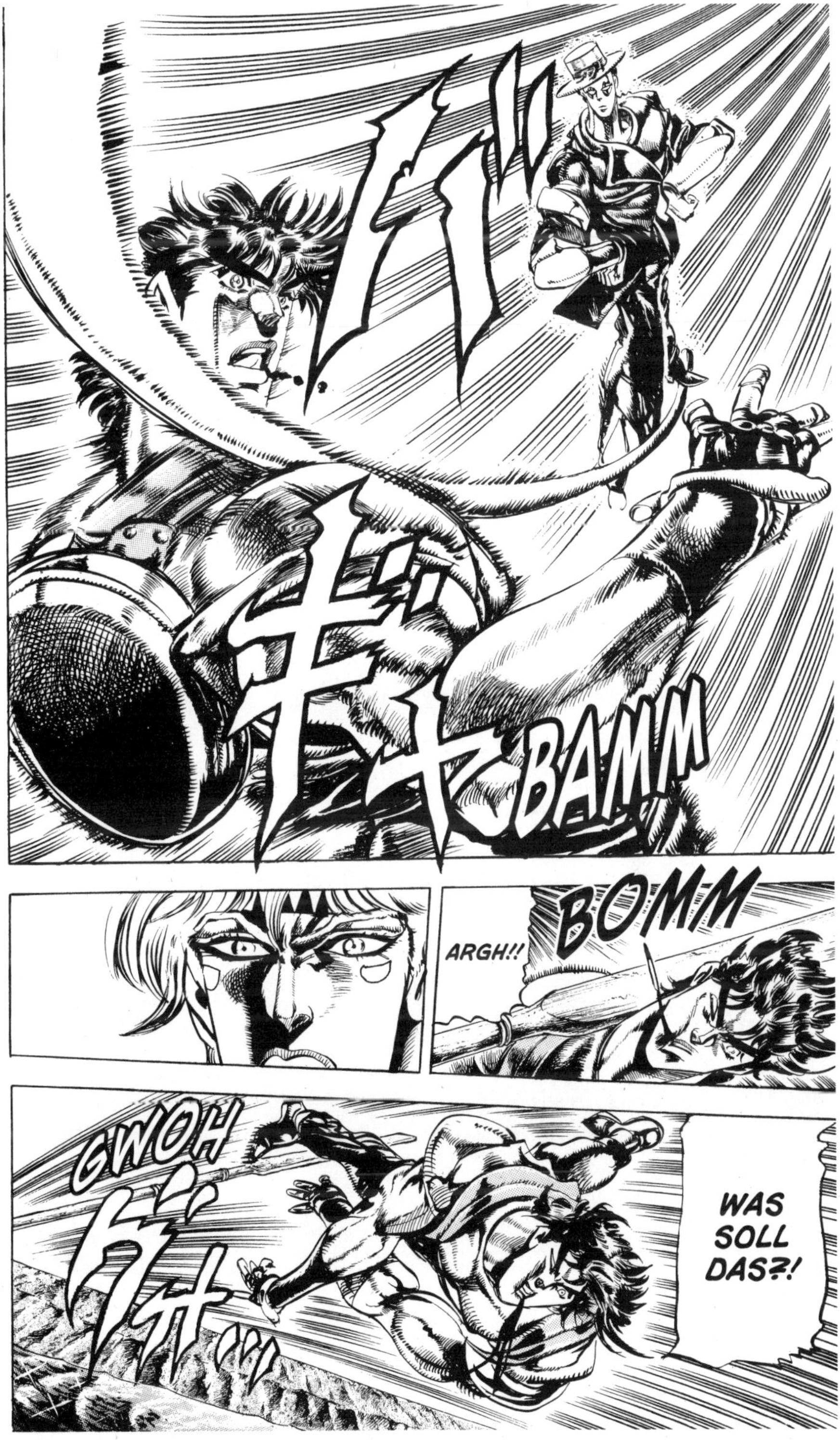
BAMM
BOMM
ARGH!!
WAS SOLL DAS?!
GWOH

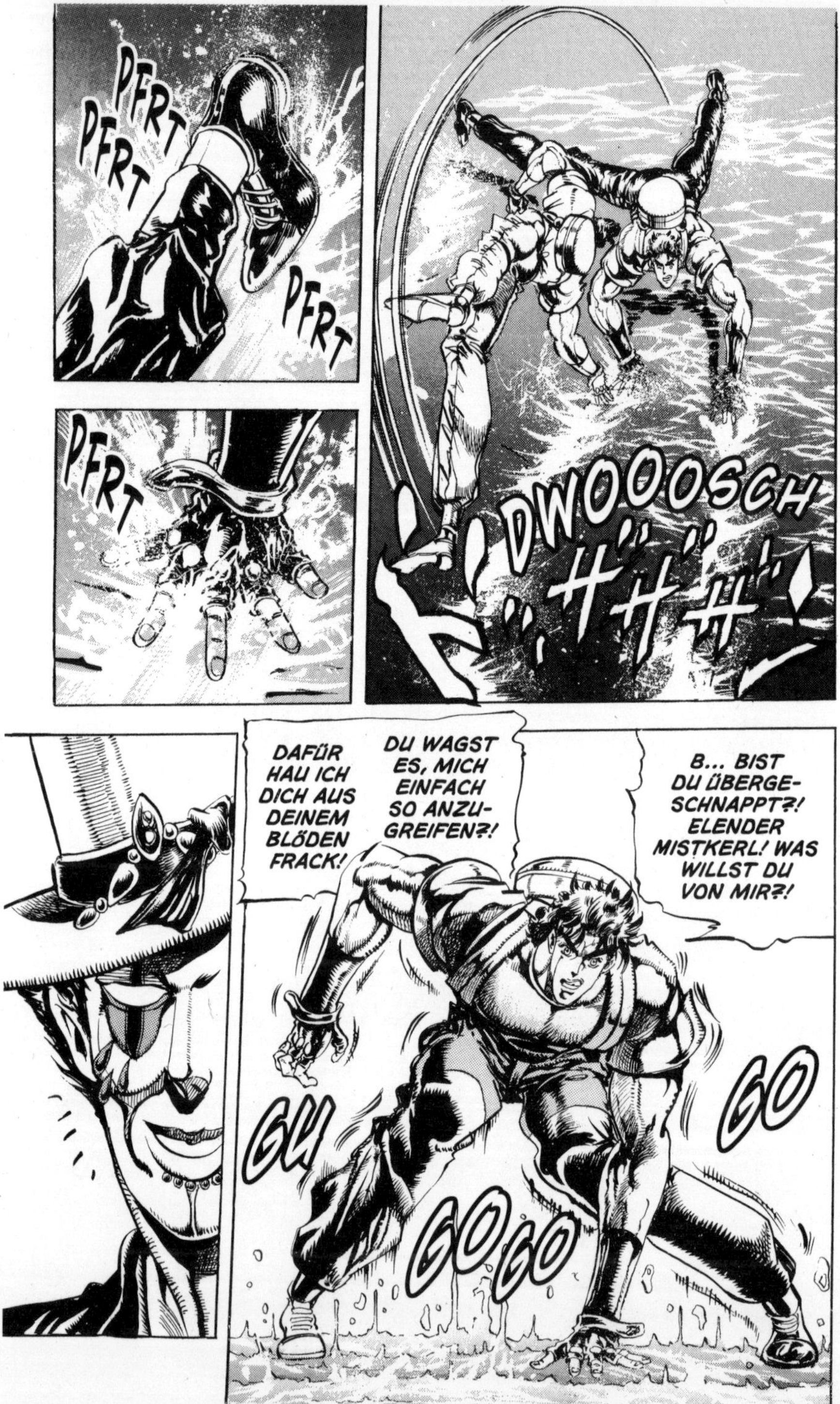
DWOOOSCH
PFRT PFRT
PFRT
PFRT
B… BIST DU ÜBERGE-SCHNAPPT?! ELENDER MISTKERL! WAS WILLST DU VON MIR?!
DU WAGST ES, MICH EINFACH SO ANZU-GREIFEN?!
DAFÜR HAU ICH DICH AUS DEINEM BLÖDEN FRACK!
GO
GU
GO GO

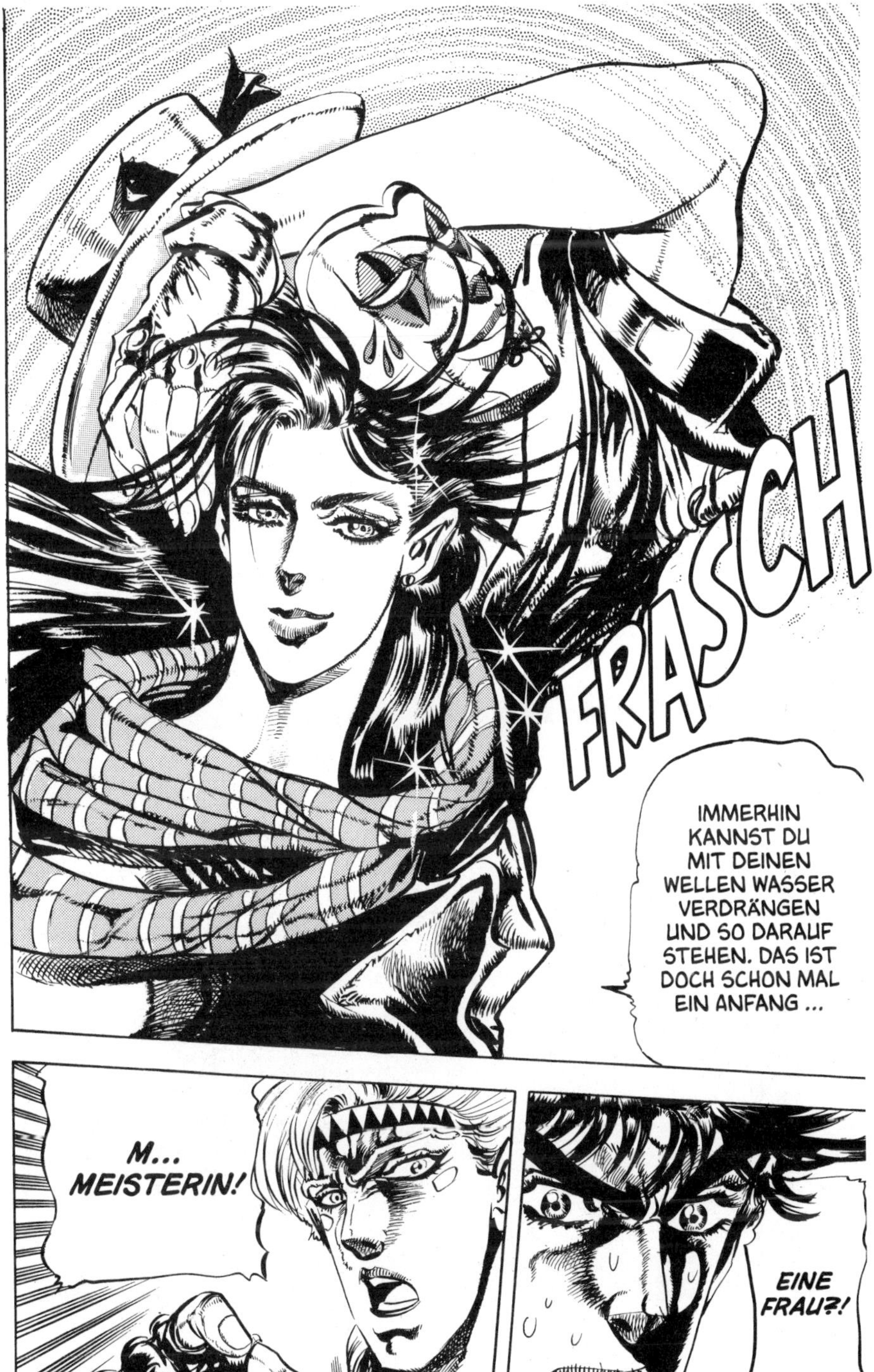
FRASCH
IMMERHIN KANNST DU MIT DEINEN WELLEN WASSER VERDRÄNGEN UND SO DARAUF STEHEN. DAS IST DOCH SCHON MAL EIN ANFANG ...
EINE FRAU?!
M... MEISTERIN!

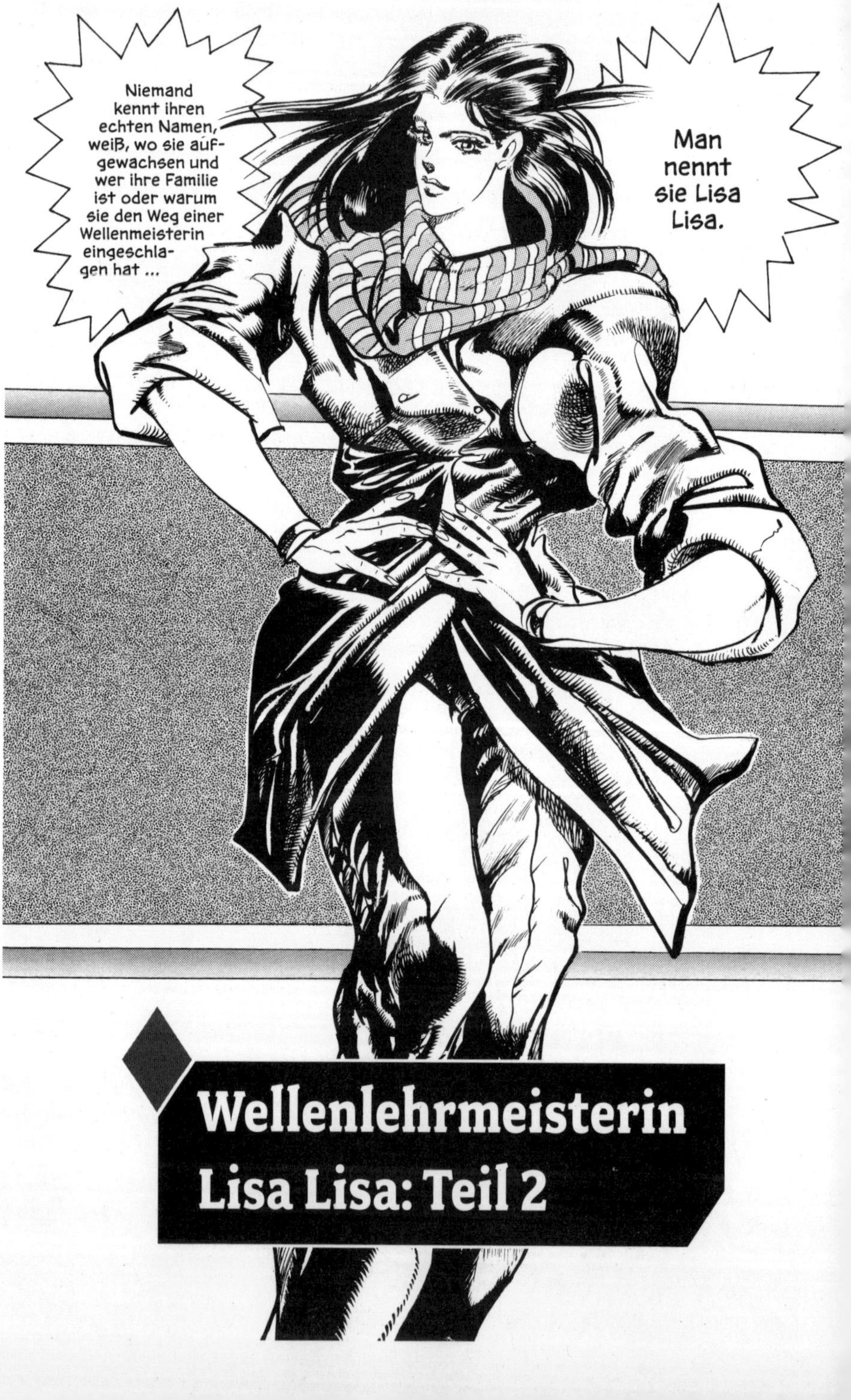

Wellenlehrmeisterin Lisa Lisa: Teil 2

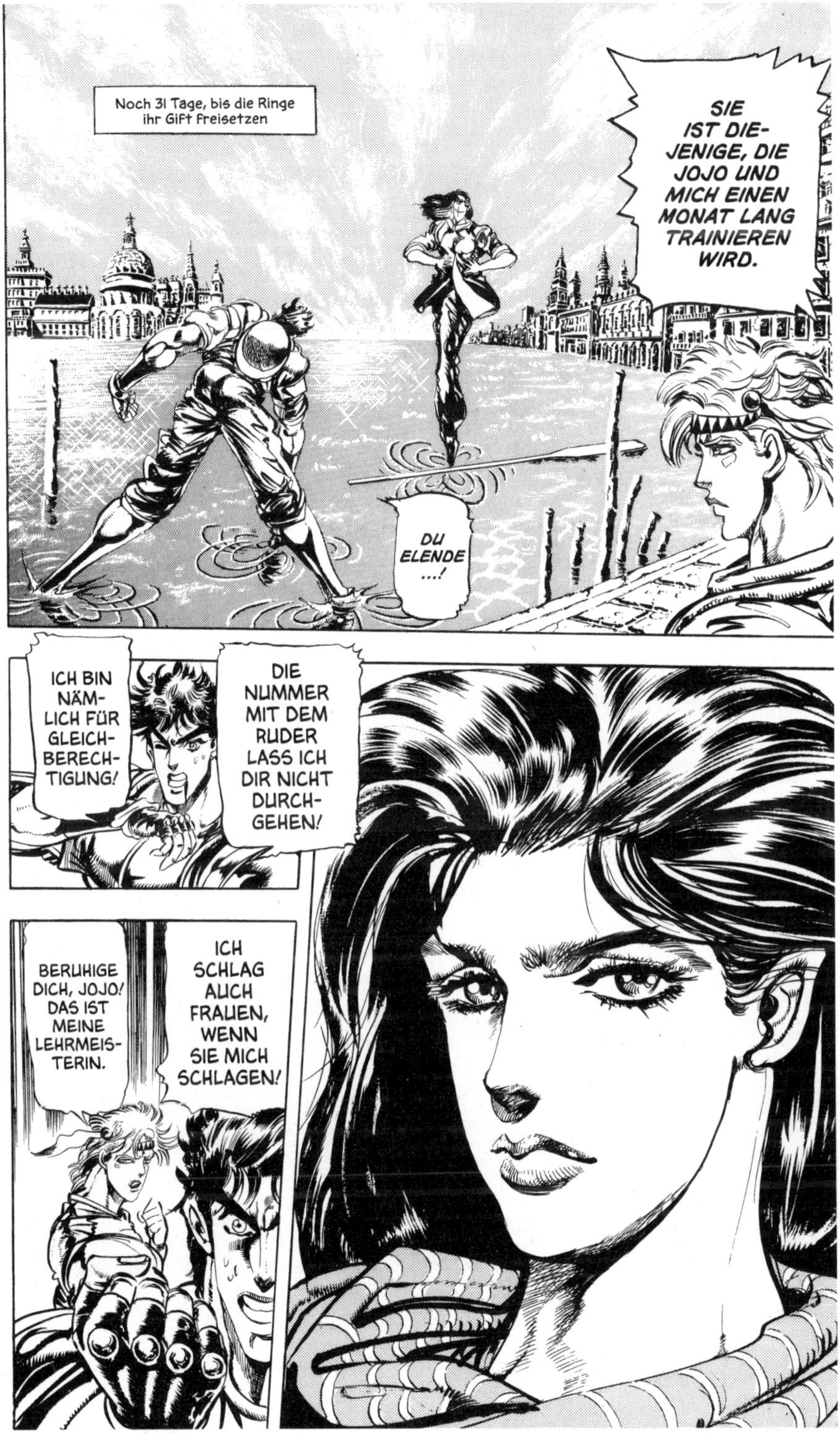
Noch 31 Tage, bis die Ringe ihr Gift freisetzen
SIE IST DIEJENIGE, DIE JOJO UND MICH EINEN MONAT LANG TRAINIEREN WIRD.
DU ELENDE ...!
ICH BIN NÄMLICH FÜR GLEICHBERECHTIGUNG!
DIE NUMMER MIT DEM RUDER LASS ICH DIR NICHT DURCHGEHEN!
BERUHIGE DICH, JOJO! DAS IST MEINE LEHRMEISTERIN.
ICH SCHLAG AUCH FRAUEN, WENN SIE MICH SCHLAGEN!

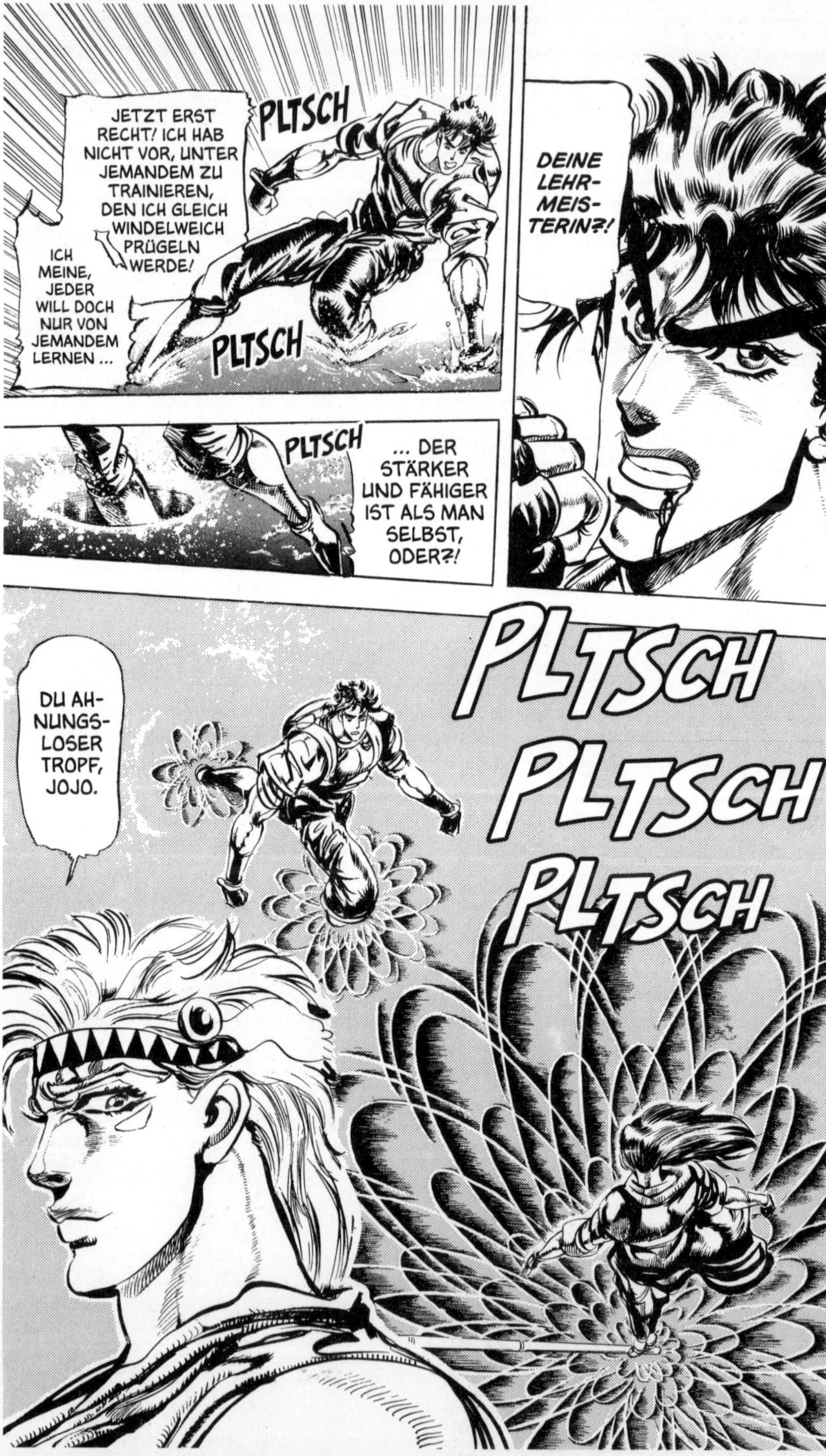

DEINE LEHR-MEIS-TERIN?!
PLTSCH
JETZT ERST RECHT! ICH HAB NICHT VOR, UNTER JEMANDEM ZU TRAINIEREN, DEN ICH GLEICH WINDELWEICH PRÜGELN WERDE!
ICH MEINE, JEDER WILL DOCH NUR VON JEMANDEM LERNEN ...
PLTSCH
PLTSCH
... DER STÄRKER UND FÄHIGER IST ALS MAN SELBST, ODER?!
PLTSCH
PLTSCH
PLTSCH
DU AH-NUNGS-LOSER TROPF, JOJO.

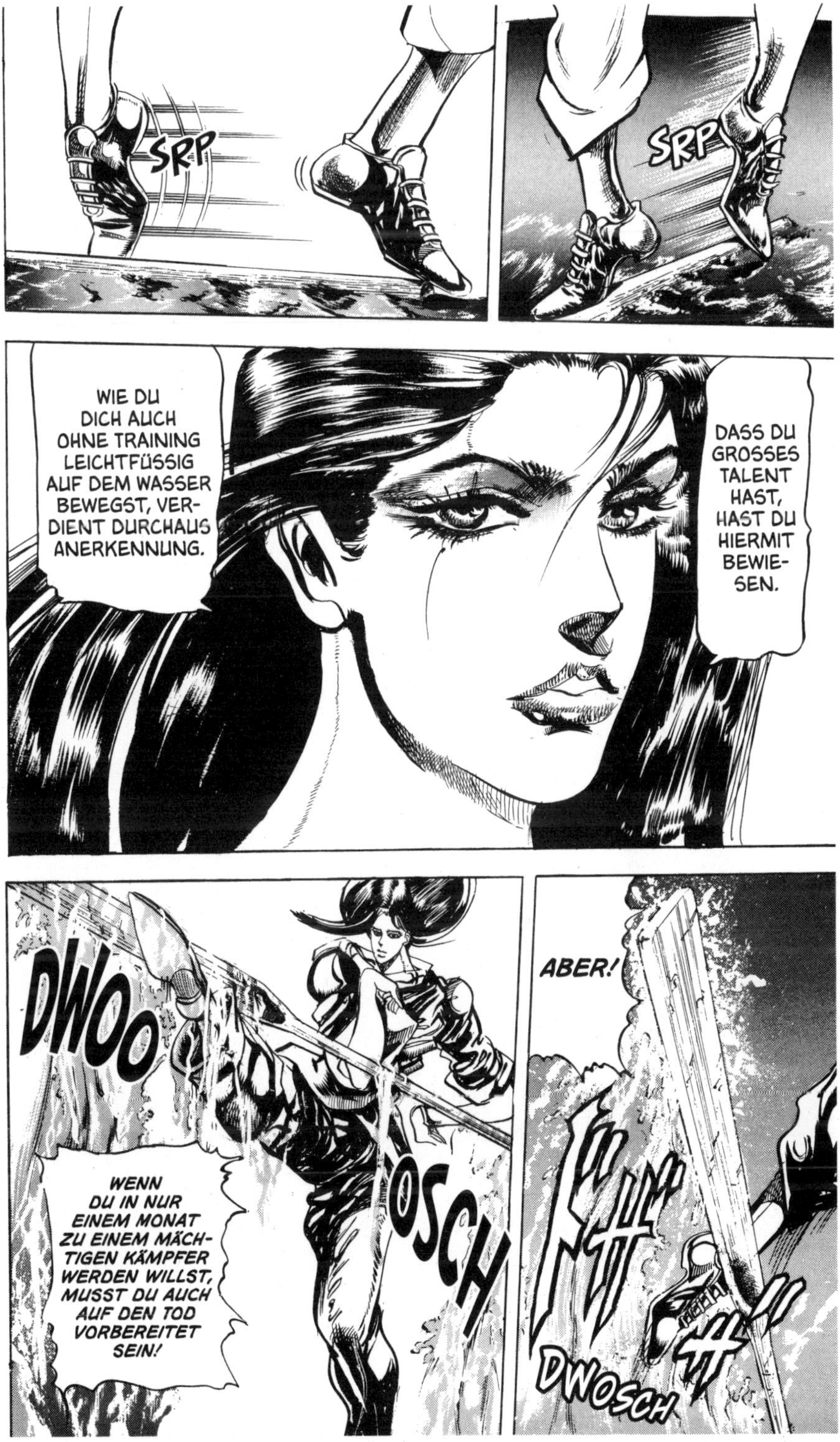
SRP
SRP
WIE DU DICH AUCH OHNE TRAINING LEICHTFÜSSIG AUF DEM WASSER BEWEGST, VERDIENT DURCHAUS ANERKENNUNG.
DASS DU GROSSES TALENT HAST, HAST DU HIERMIT BEWIESEN.
ABER!
DWOOOSCH
WENN DU IN NUR EINEM MONAT ZU EINEM MÄCHTIGEN KÄMPFER WERDEN WILLST, MUSST DU AUCH AUF DEN TOD VORBEREITET SEIN!
DWOSCH

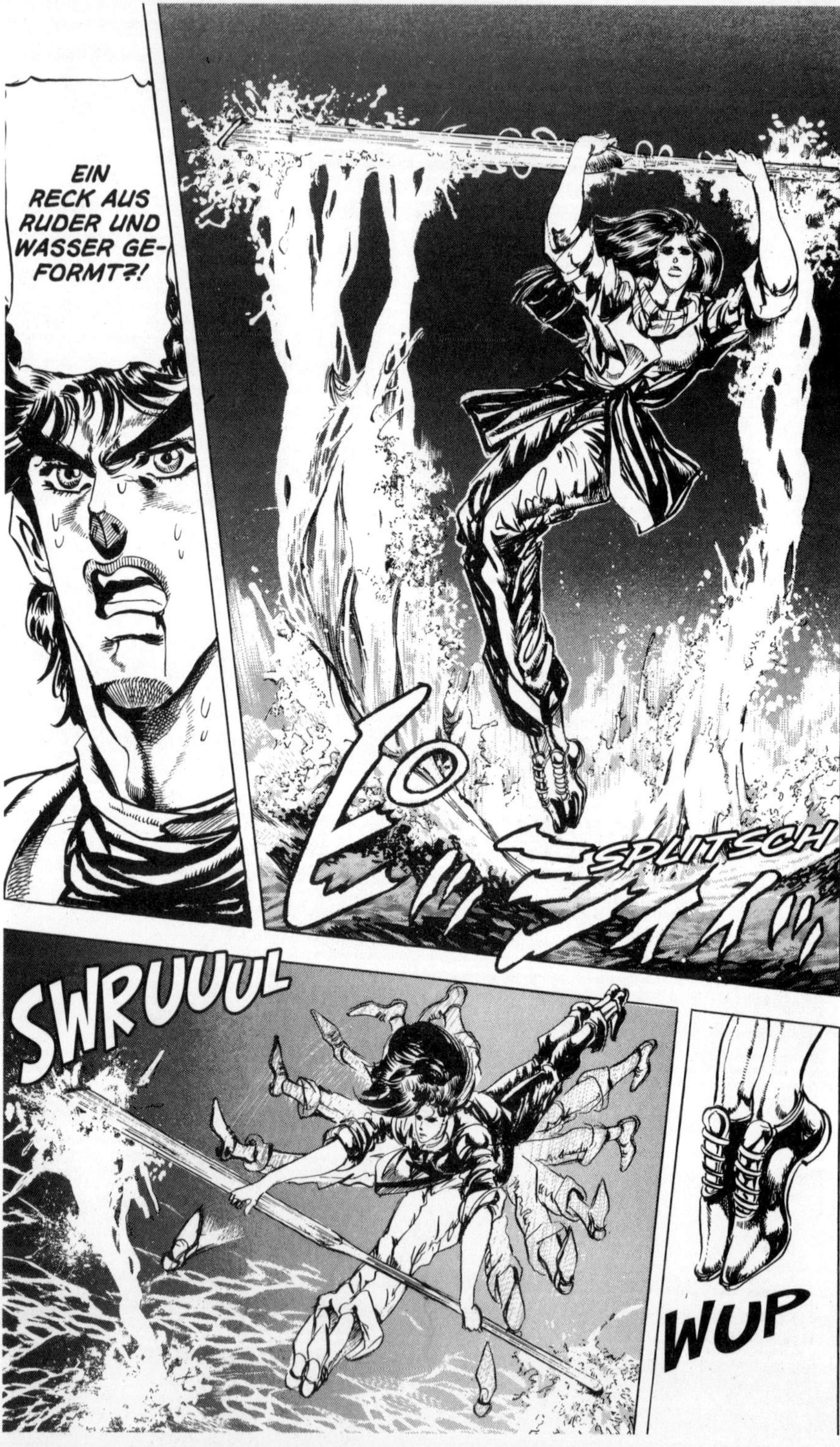
EIN RECK AUS RUDER UND WASSER GE-FORMT?!
SPLITSCH
SWRUUUL
WUP

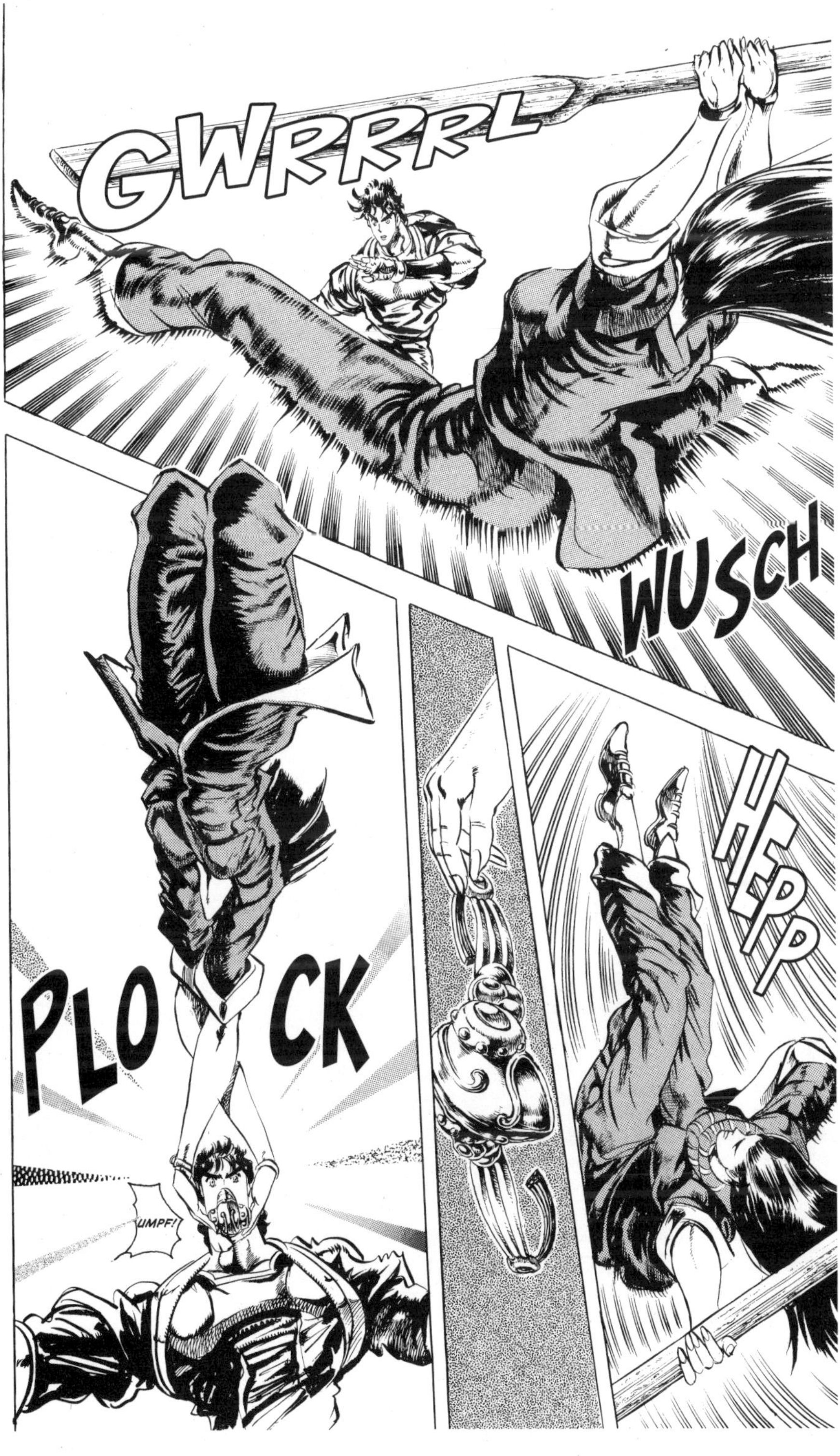
GWRRRL
WUSCH
PLOCK
UMPF!
HEPP

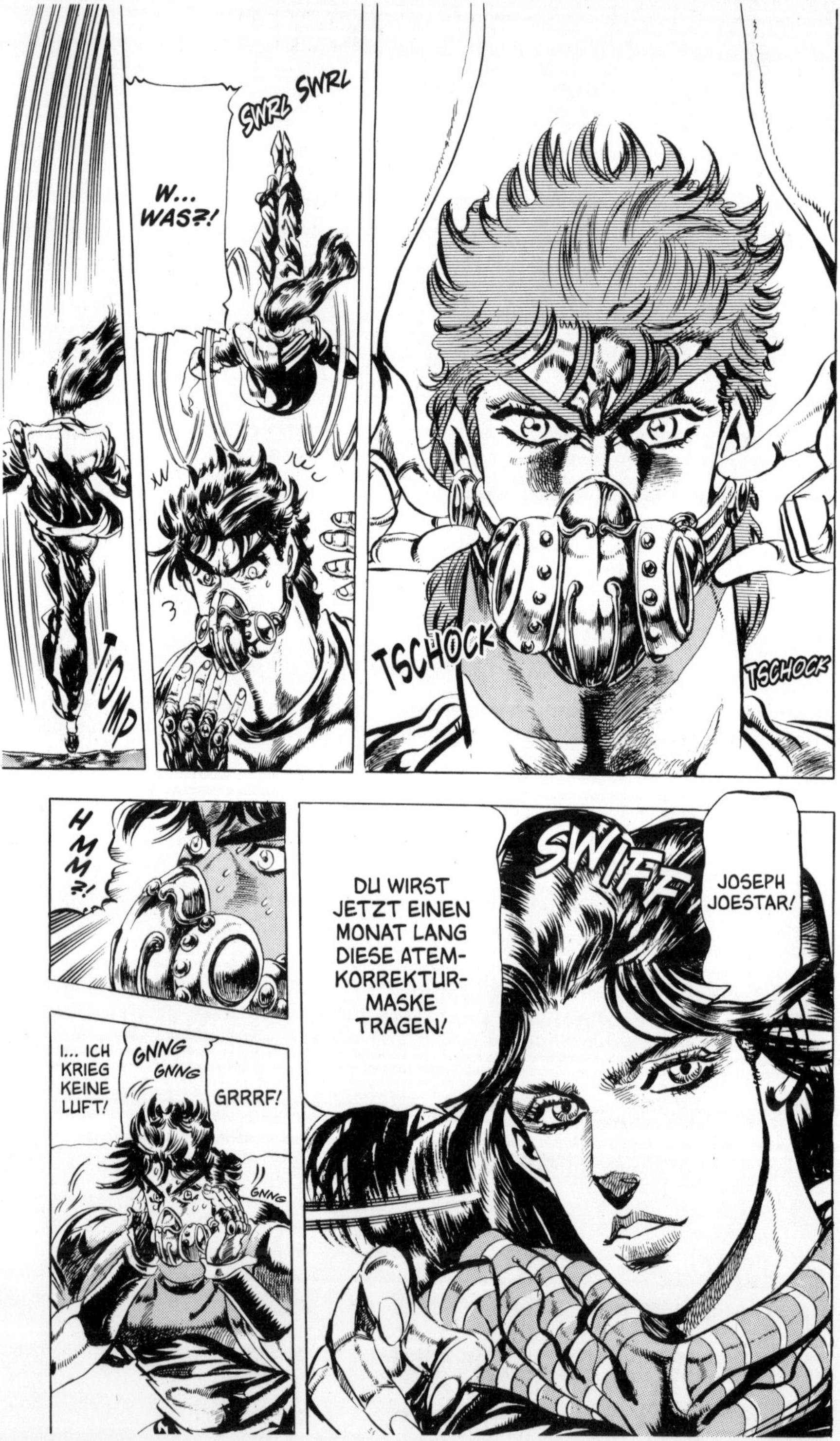
TOMP
W... WAS?!
SWRL SWRL
TSCHOCK
TSCHOCK
HMM?!
SWIFF
JOSEPH JOESTAR!
DU WIRST JETZT EINEN MONAT LANG DIESE ATEM-KORREKTUR-MASKE TRAGEN!
I... ICH KRIEG KEINE LUFT!
GNNG GNNG
GRRRF!
GNNG

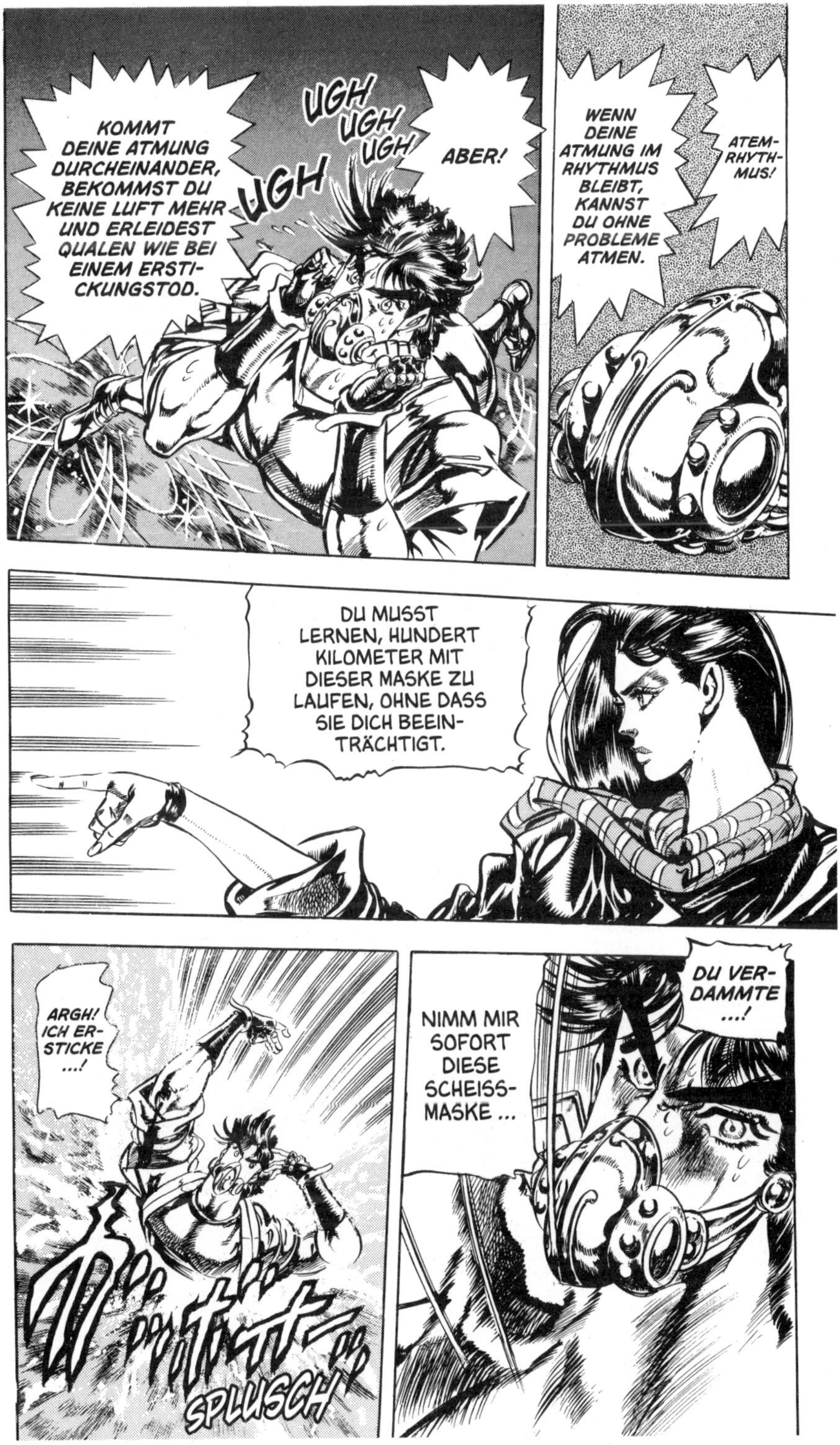

KOMMT DEINE ATMUNG DURCHEINANDER, BEKOMMST DU KEINE LUFT MEHR UND ERLEIDEST QUALEN WIE BEI EINEM ERSTI-CKUNGSTOD.
UGH UGH UGH UGH
ABER!
WENN DEINE ATMUNG IM RHYTHMUS BLEIBT, KANNST DU OHNE PROBLEME ATMEN.
ATEM-RHYTH-MUS!
DU MUSST LERNEN, HUNDERT KILOMETER MIT DIESER MASKE ZU LAUFEN, OHNE DASS SIE DICH BEEIN-TRÄCHTIGT.
ARGH! ICH ER-STICKE ...!
SPLUSCH
NIMM MIR SOFORT DIESE SCHEISS-MASKE ...
DU VER-DAMMTE ...!

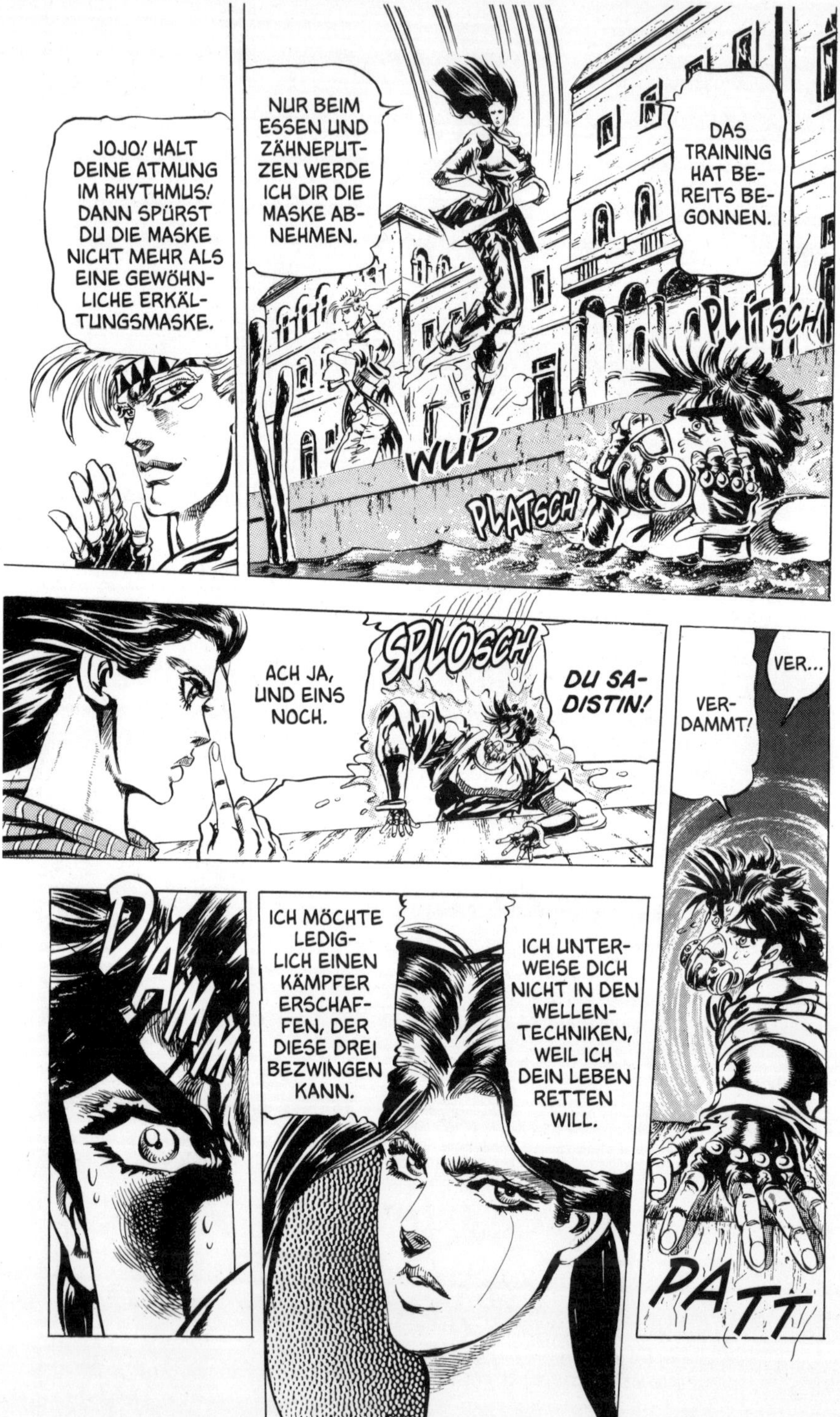
DAS TRAINING HAT BEREITS BEGONNEN.
NUR BEIM ESSEN UND ZÄHNEPUTZEN WERDE ICH DIR DIE MASKE ABNEHMEN.
PLITSCH
WUP
PLATSCH
JOJO! HALT DEINE ATMUNG IM RHYTHMUS! DANN SPÜRST DU DIE MASKE NICHT MEHR ALS EINE GEWÖHNLICHE ERKÄLTUNGSMASKE.
VER...
VERDAMMT!
SPLOSCH
DU SADISTIN!
ACH JA, UND EINS NOCH.
PATT
ICH UNTERWEISE DICH NICHT IN DEN WELLENTECHNIKEN, WEIL ICH DEIN LEBEN RETTEN WILL.
ICH MÖCHTE LEDIGLICH EINEN KÄMPFER ERSCHAFFEN, DER DIESE DREI BEZWINGEN KANN.
DAMM

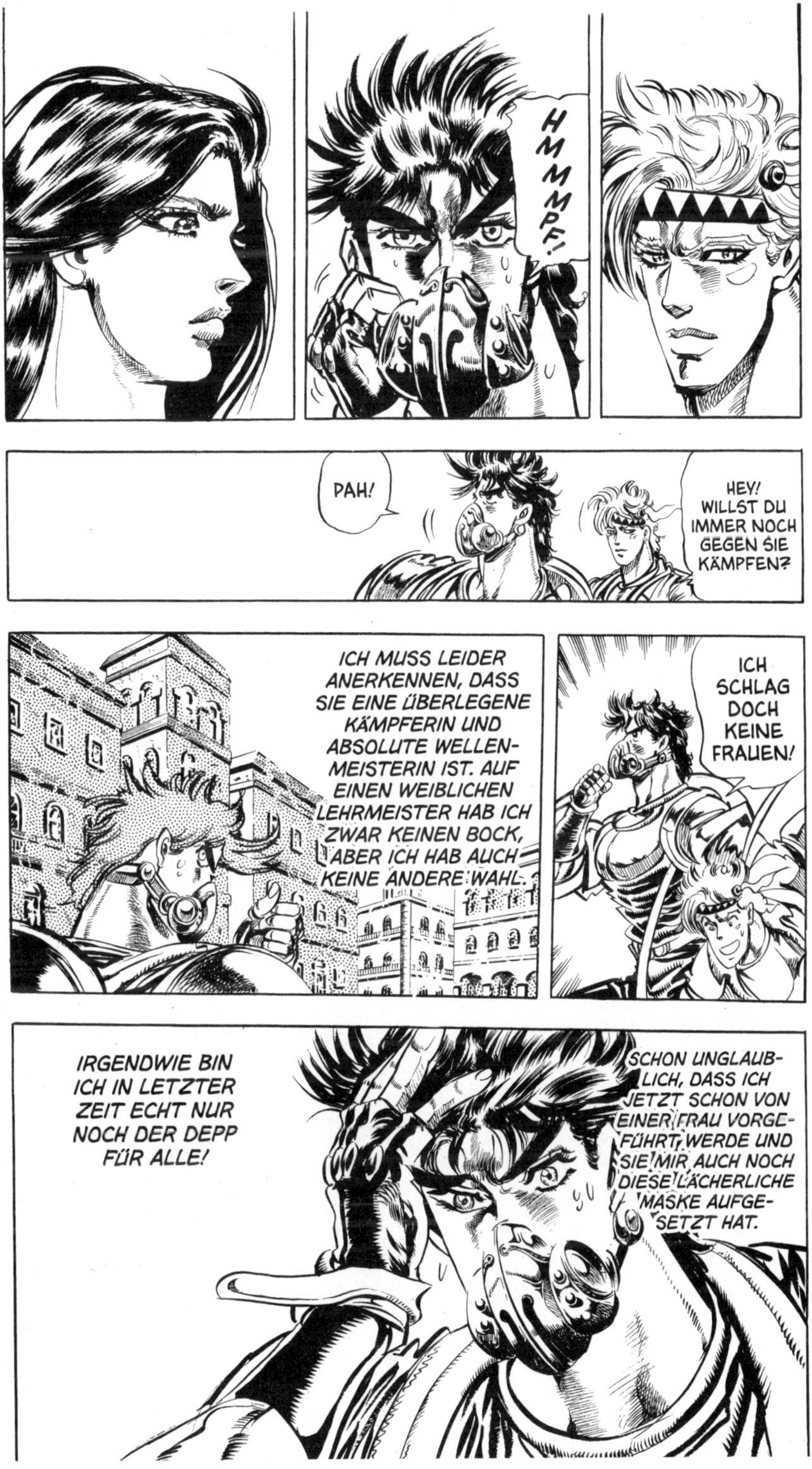
HMMMPF!
PAH!
HEY! WILLST DU IMMER NOCH GEGEN SIE KÄMPFEN?
ICH MUSS LEIDER ANERKENNEN, DASS SIE EINE ÜBERLEGENE KÄMPFERIN UND ABSOLUTE WELLEN-MEISTERIN IST. AUF EINEN WEIBLICHEN LEHRMEISTER HAB ICH ZWAR KEINEN BOCK, ABER ICH HAB AUCH KEINE ANDERE WAHL.
ICH SCHLAG DOCH KEINE FRAUEN!
SCHON UNGLAUB-LICH, DASS ICH JETZT SCHON VON EINER FRAU VORGE-FÜHRT WERDE UND SIE MIR AUCH NOCH DIESE LÄCHERLICHE MASKE AUFGE-SETZT HAT.
IRGENDWIE BIN ICH IN LETZTER ZEIT ECHT NUR NOCH DER DEPP FÜR ALLE!

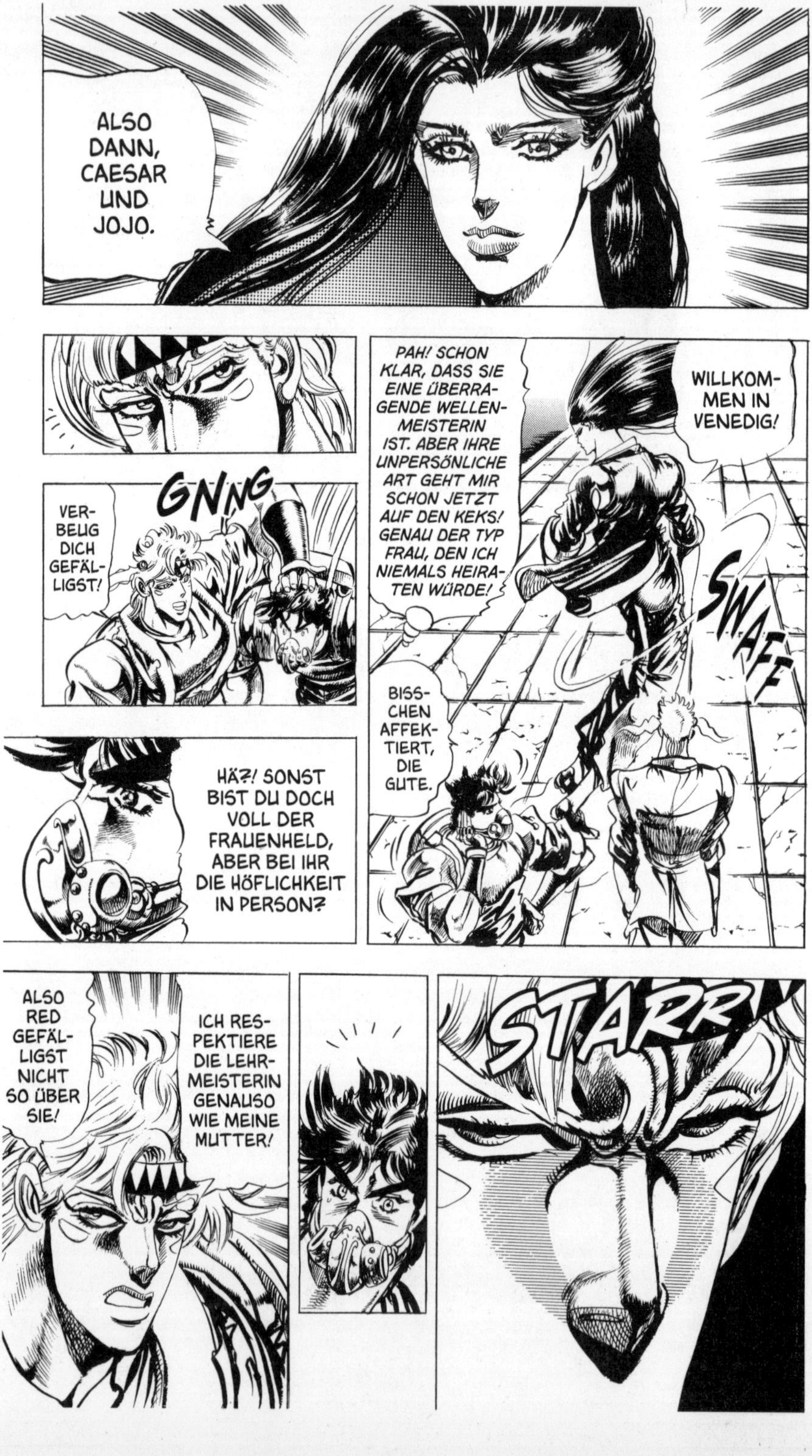
ALSO DANN, CAESAR UND JOJO.
WILLKOMMEN IN VENEDIG!
PAH! SCHON KLAR, DASS SIE EINE ÜBERRAGENDE WELLENMEISTERIN IST. ABER IHRE UNPERSÖNLICHE ART GEHT MIR SCHON JETZT AUF DEN KEKS! GENAU DER TYP FRAU, DEN ICH NIEMALS HEIRATEN WÜRDE!
SWAFF
BISSCHEN AFFEKTIERT, DIE GUTE.
GNNG
VERBEUG DICH GEFÄLLIGST!
HÄ?! SONST BIST DU DOCH VOLL DER FRAUENHELD, ABER BEI IHR DIE HÖFLICHKEIT IN PERSON?
ALSO RED GEFÄLLIGST NICHT SO ÜBER SIE!
ICH RESPEKTIERE DIE LEHRMEISTERIN GENAUSO WIE MEINE MUTTER!
STARR

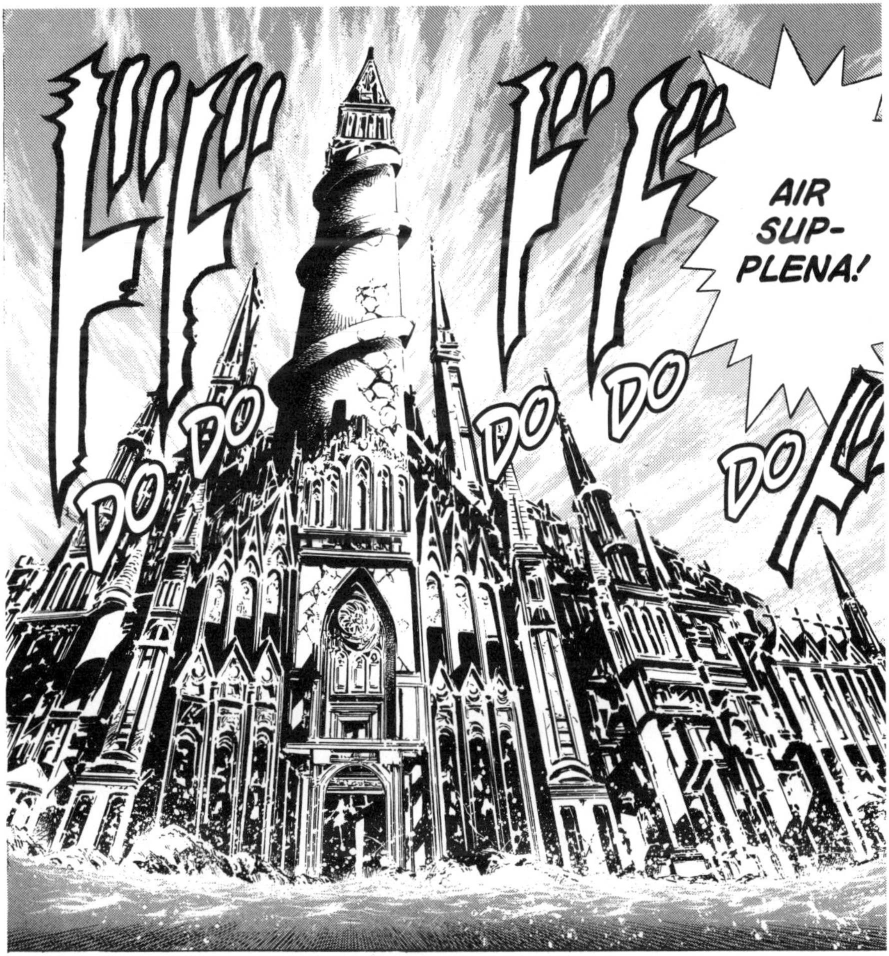
DO DO
DO DO
DO
AIR SUP-PLENA!

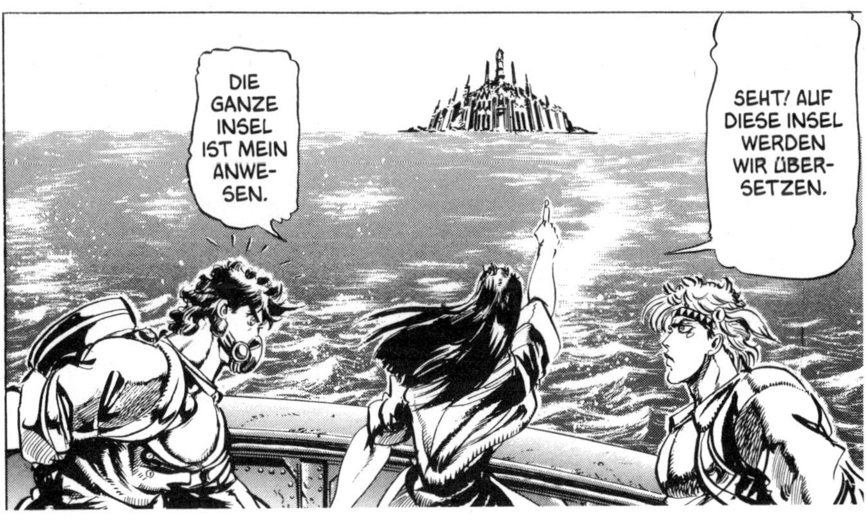
SEHT! AUF DIESE INSEL WERDEN WIR ÜBER-SETZEN.
DIE GANZE INSEL IST MEIN ANWE-SEN.

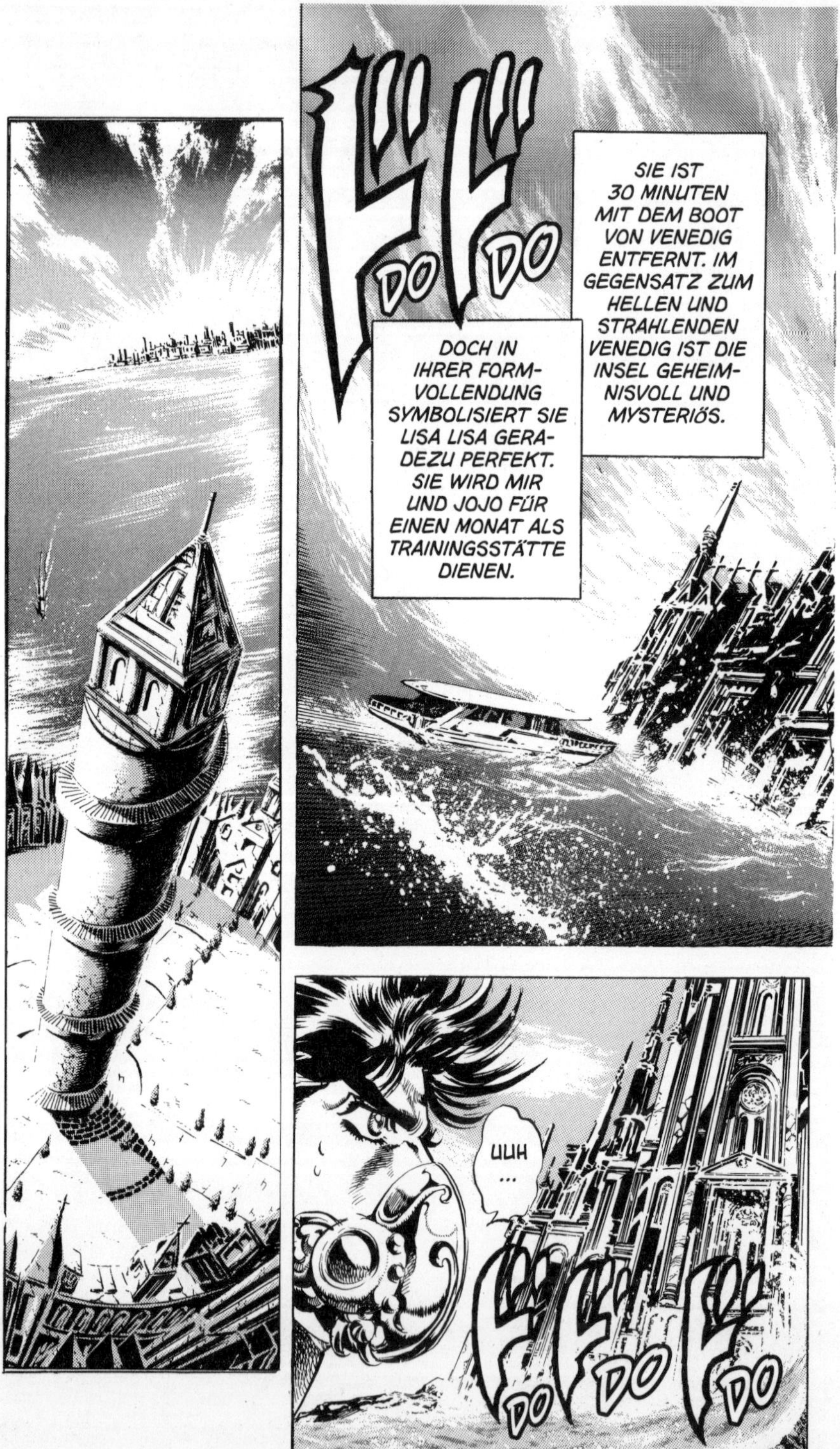

DO DO
SIE IST 30 MINUTEN MIT DEM BOOT VON VENEDIG ENTFERNT. IM GEGENSATZ ZUM HELLEN UND STRAHLENDEN VENEDIG IST DIE INSEL GEHEIM-NISVOLL UND MYSTERIÖS.
DOCH IN IHRER FORM-VOLLENDUNG SYMBOLISIERT SIE LISA LISA GERA-DEZU PERFEKT. SIE WIRD MIR UND JOJO FÜR EINEN MONAT ALS TRAININGSSTÄTTE DIENEN.
UUH ...
DO DO DO

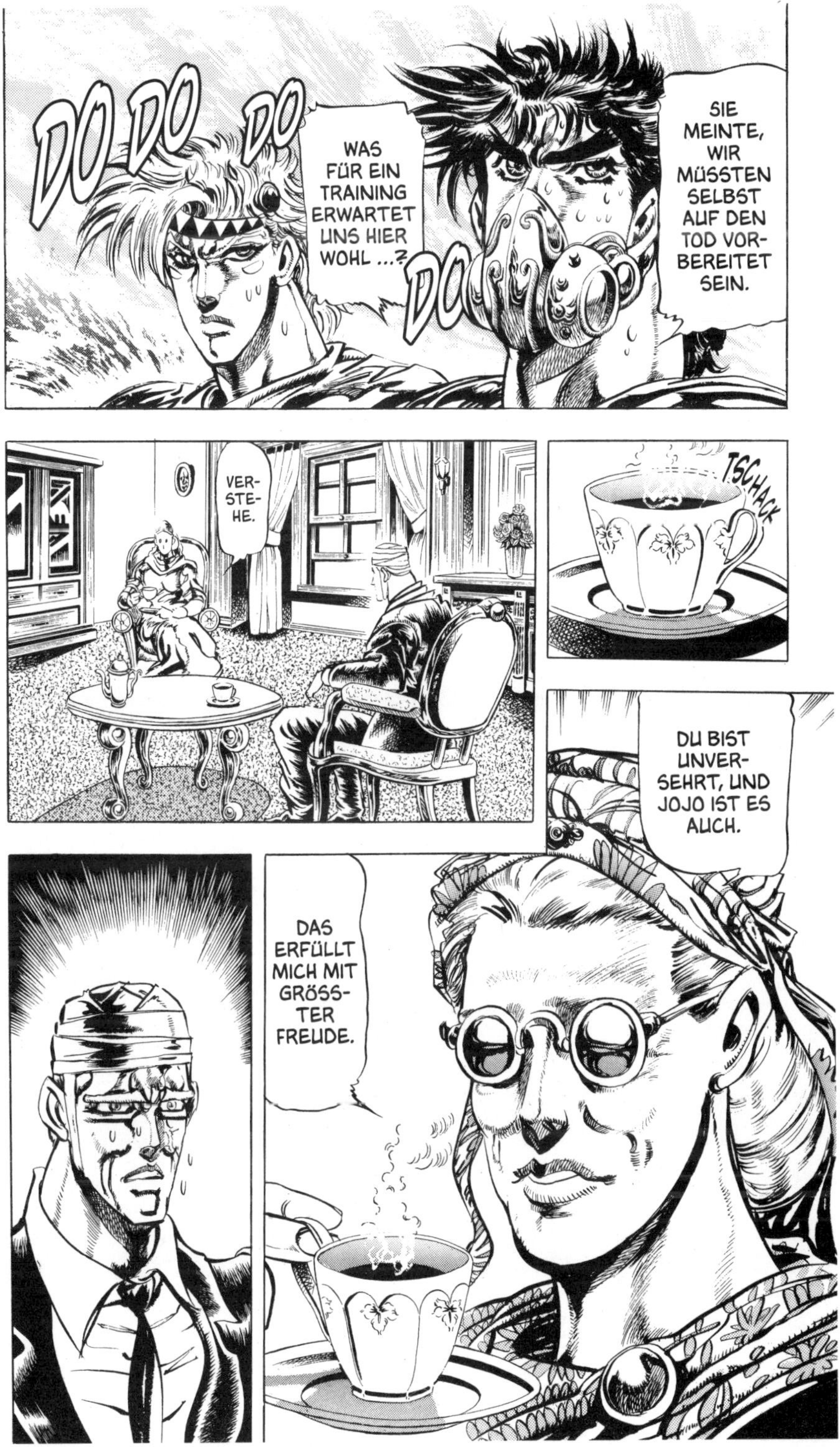
SIE MEINTE, WIR MÜSSTEN SELBST AUF DEN TOD VORBEREITET SEIN.
WAS FÜR EIN TRAINING ERWARTET UNS HIER WOHL ...?
DO DO DO
DO
TSCHACK
VERSTEHE.
DU BIST UNVERSEHRT, UND JOJO IST ES AUCH.
DAS ERFÜLLT MICH MIT GRÖSSTER FREUDE.

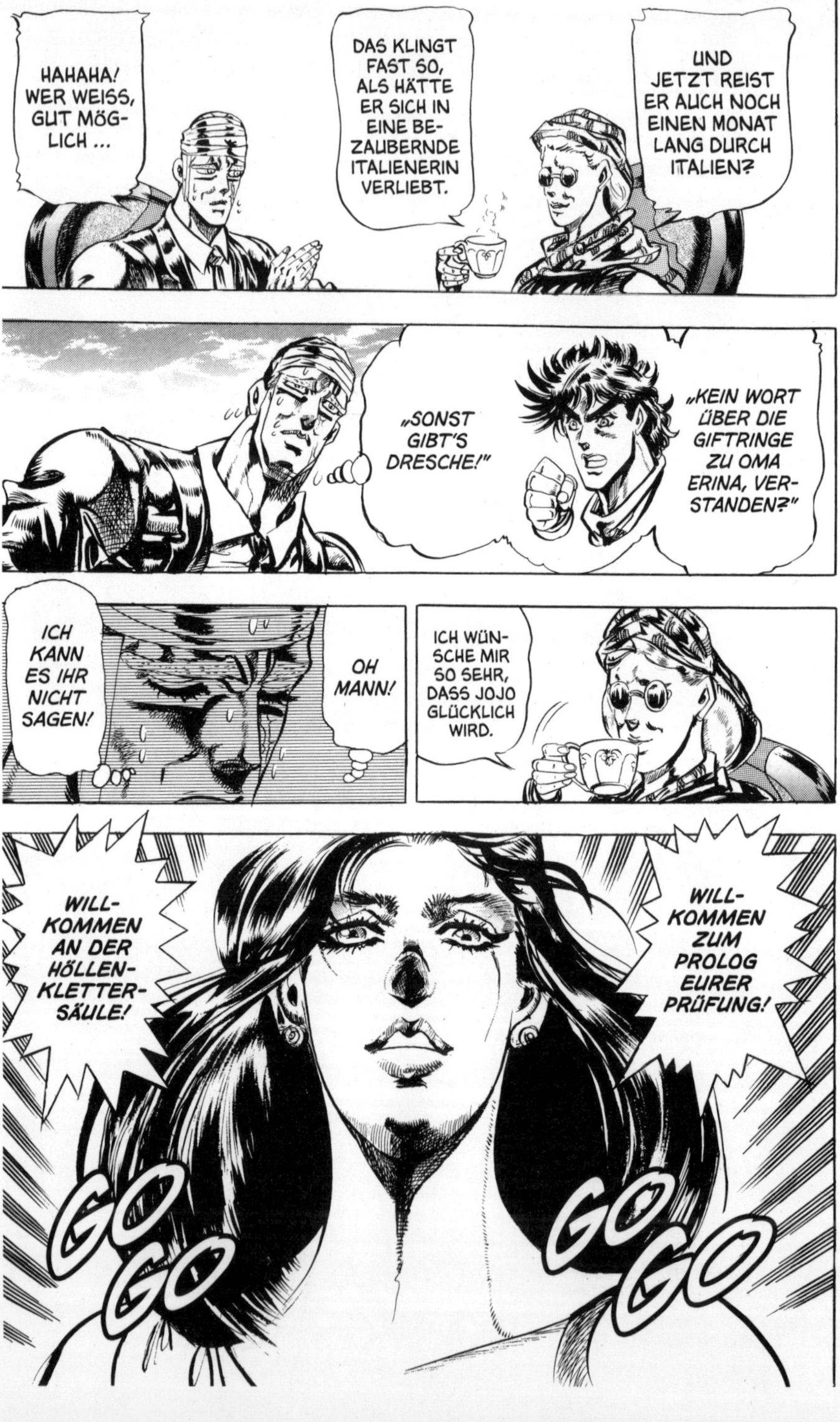
HAHAHA! WER WEISS, GUT MÖG-LICH ...
DAS KLINGT FAST SO, ALS HÄTTE ER SICH IN EINE BE-ZAUBERNDE ITALIENERIN VERLIEBT.
UND JETZT REIST ER AUCH NOCH EINEN MONAT LANG DURCH ITALIEN?
„KEIN WORT ÜBER DIE GIFTRINGE ZU OMA ERINA, VER-STANDEN?"
„SONST GIBT'S DRESCHE!"
ICH KANN ES IHR NICHT SAGEN!
OH MANN!
ICH WÜN-SCHE MIR SO SEHR, DASS JOJO GLÜCKLICH WIRD.
WILL-KOMMEN ZUM PROLOG EURER PRÜFUNG!
WILL-KOMMEN AN DER HÖLLEN-KLETTER-SÄULE!
GO GO GO
GO GO GO

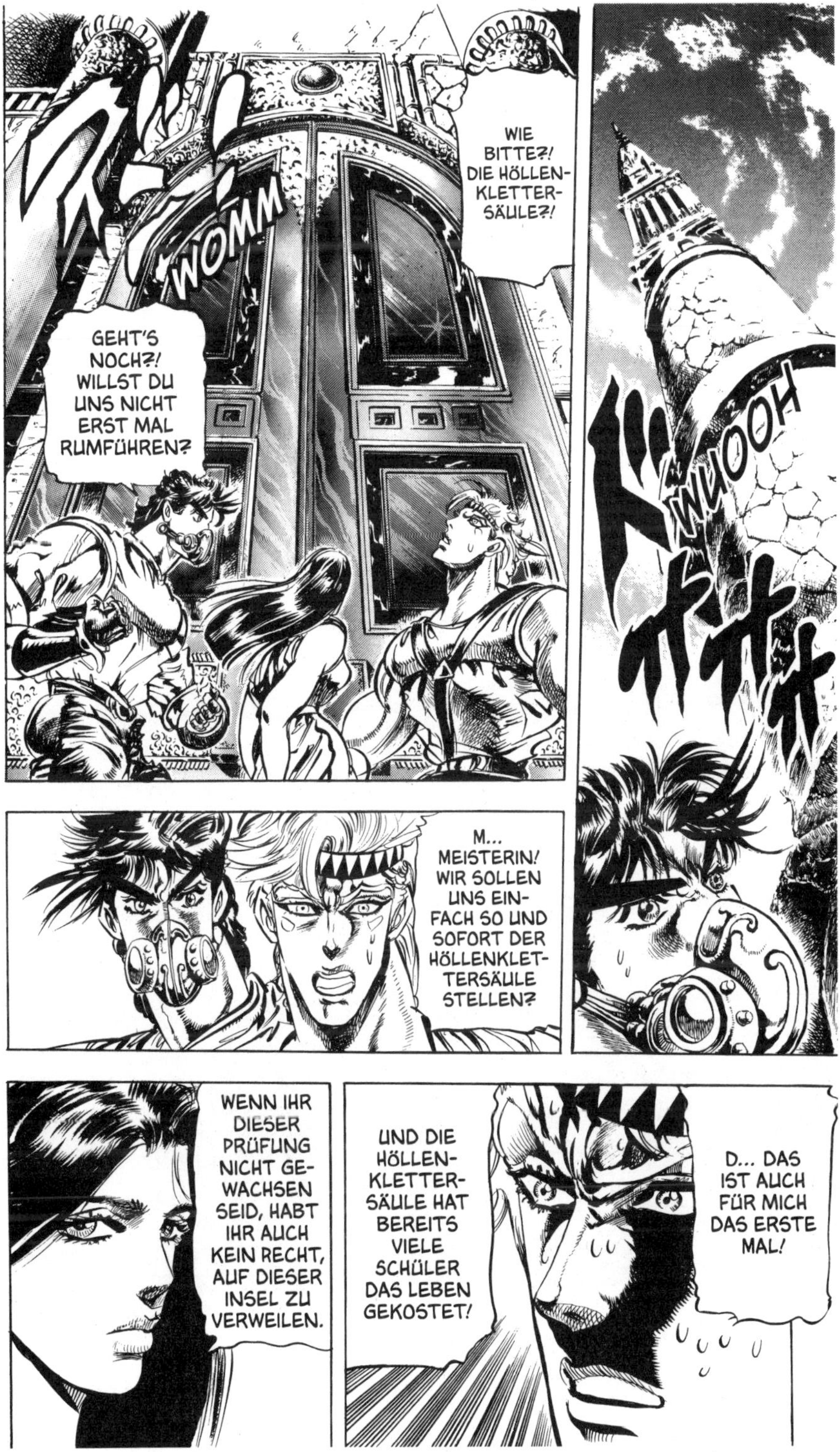
WUOOH
WIE BITTE?! DIE HÖLLEN-KLETTER-SÄULE?!
WOMM
GEHT'S NOCH?! WILLST DU UNS NICHT ERST MAL RUMFÜHREN?
M... MEISTERIN! WIR SOLLEN UNS EIN-FACH SO UND SOFORT DER HÖLLENKLET-TERSÄULE STELLEN?
D... DAS IST AUCH FÜR MICH DAS ERSTE MAL!
UND DIE HÖLLEN-KLETTER-SÄULE HAT BEREITS VIELE SCHÜLER DAS LEBEN GEKOSTET!
WENN IHR DIESER PRÜFUNG NICHT GE-WACHSEN SEID, HABT IHR AUCH KEIN RECHT, AUF DIESER INSEL ZU VERWEILEN.

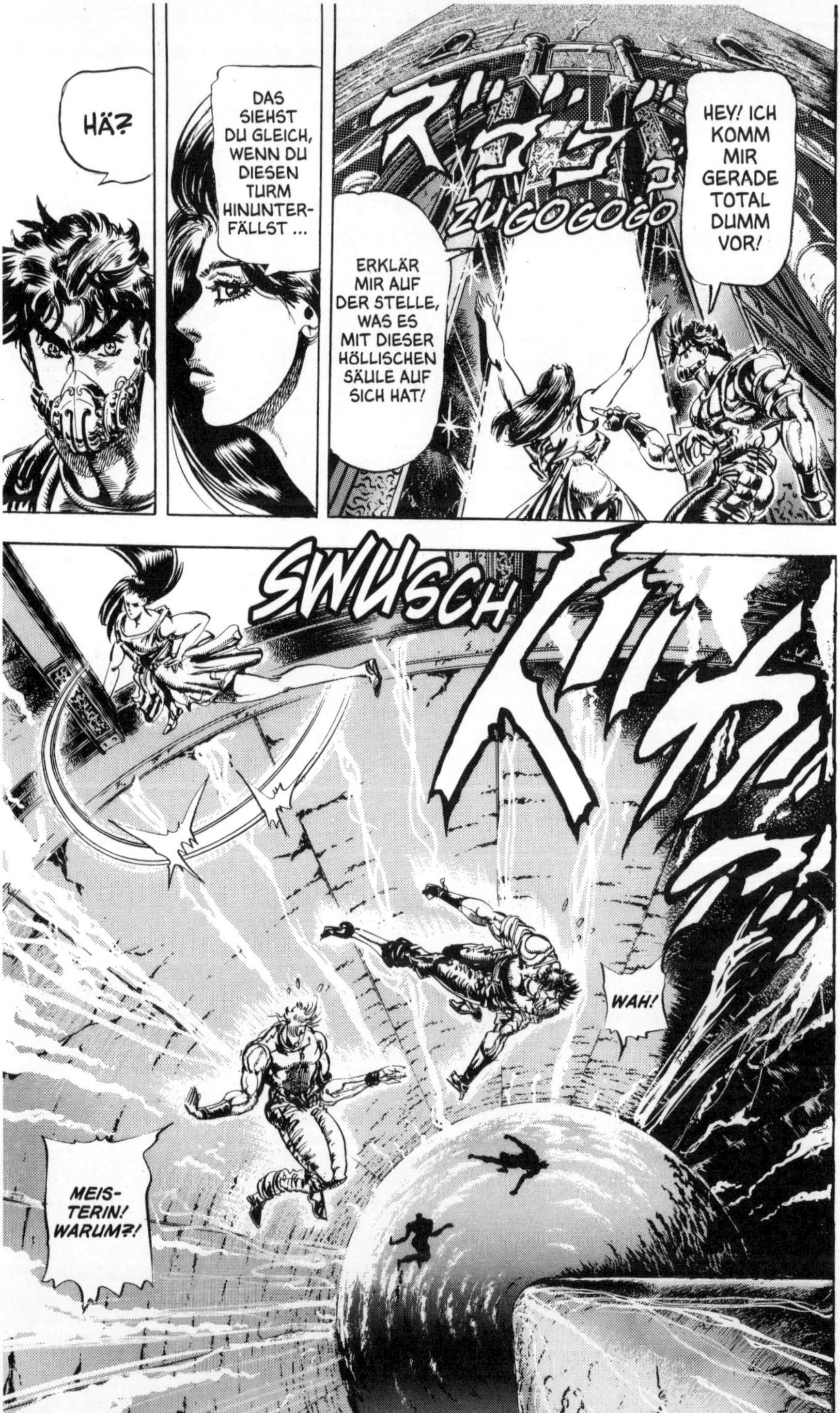
HEY! ICH KOMM MIR GERADE TOTAL DUMM VOR!
ZUGOGOGO
ERKLÄR MIR AUF DER STELLE, WAS ES MIT DIESER HÖLLISCHEN SÄULE AUF SICH HAT!
DAS SIEHST DU GLEICH, WENN DU DIESEN TURM HINUNTERFÄLLST …
HÄ?
SWUSCH
WAH!
MEISTERIN! WARUM?!

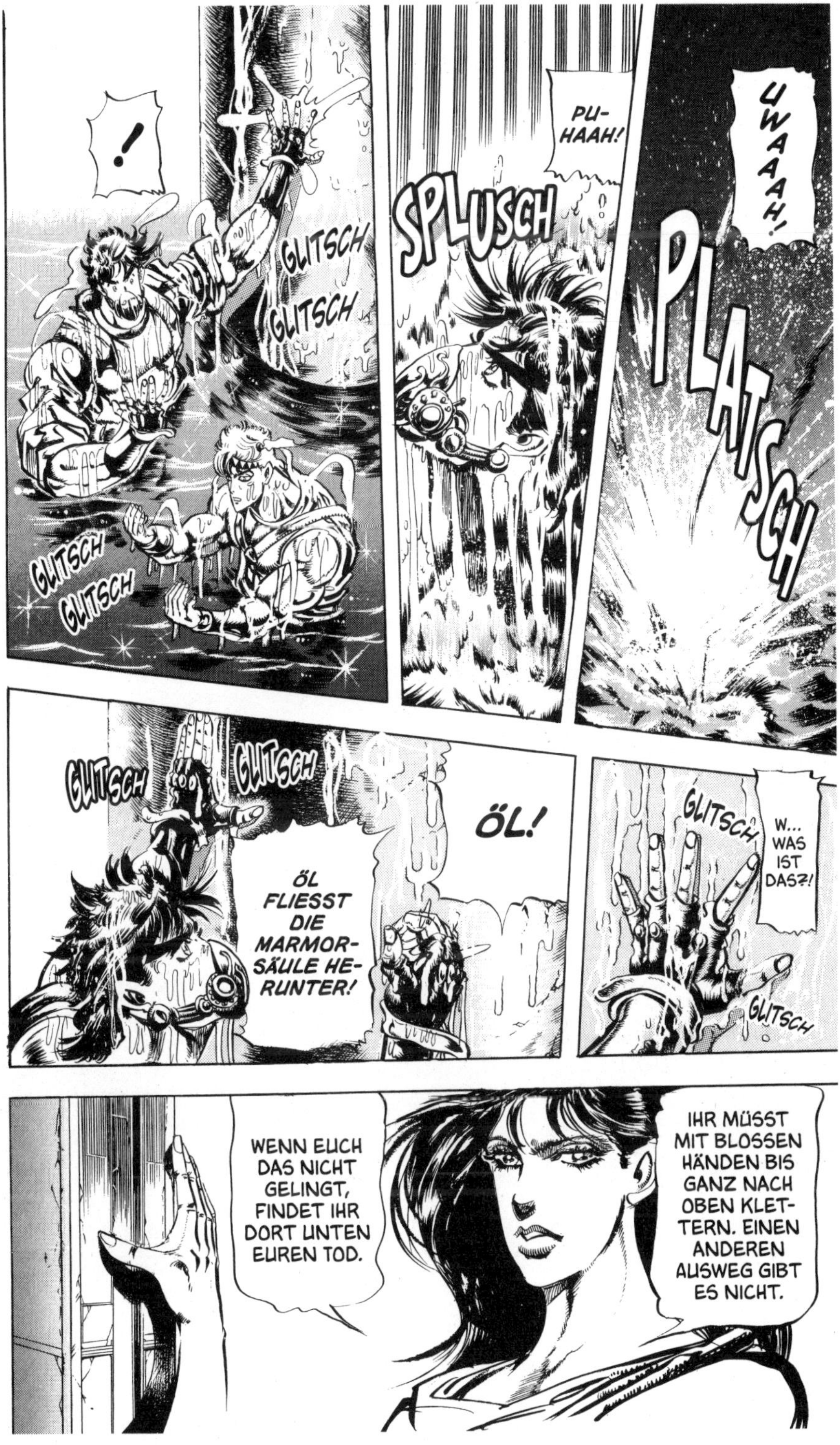

UWAAAAH!
PLATSCH
PU-HAAAH!
SPLUSCH
!
GLITSCH
GLITSCH
GLITSCH
GLITSCH
W... WAS IST DAS?!
GLITSCH
GLITSCH
ÖL!
ÖL FLIESST DIE MARMOR-SÄULE HE-RUNTER!
GLITSCH
GLITSCH
IHR MÜSST MIT BLOSSEN HÄNDEN BIS GANZ NACH OBEN KLET-TERN. EINEN ANDEREN AUSWEG GIBT ES NICHT.
WENN EUCH DAS NICHT GELINGT, FINDET IHR DORT UNTEN EUREN TOD.

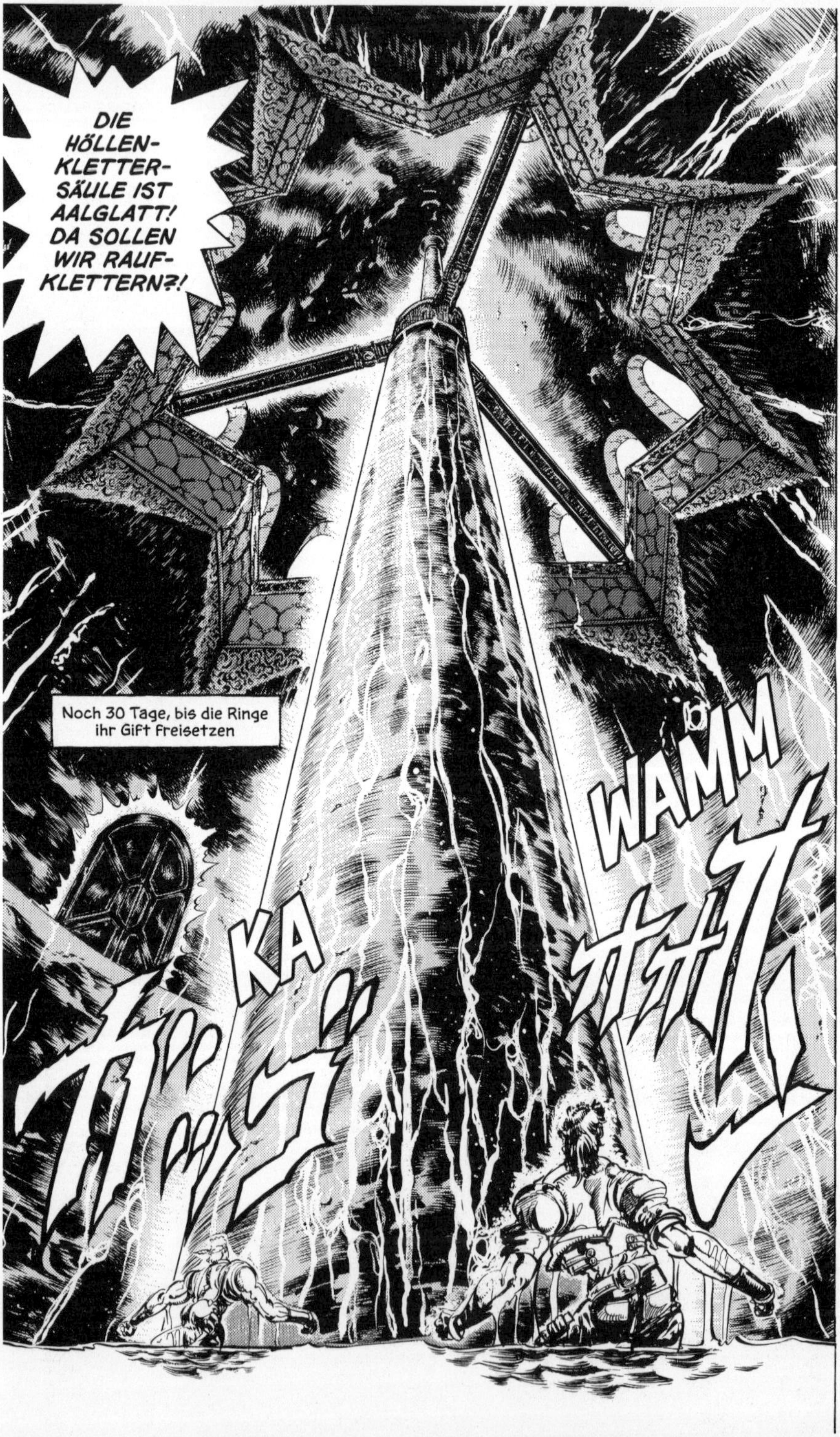
DIE HÖLLEN-KLETTER-SÄULE IST AALGLATT! DA SOLLEN WIR RAUF-KLETTERN?!
Noch 30 Tage, bis die Ringe ihr Gift Freisetzen
WAMM
KA

JoJos Profil

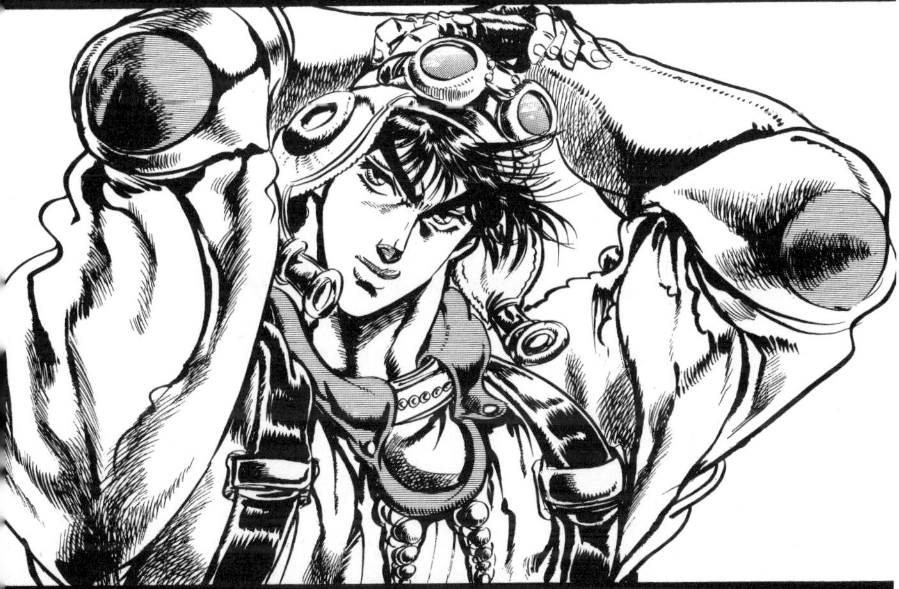

Joseph Joestar

★ Geboren in London, England am 27.09.1920 (18 Jahre)

★ Größe: 1,95 m Gewicht: 97 kg Blutgruppe: B

★ Familie: beide Eltern verstorben, wurde von seiner Großmutter, Erina Joestar, großgezogen. Ist nicht gern allein.

★ Schulische Laufbahn: High-School-Abschluss in England

★ Vorstrafen: Siebenmal im Gefängnis wegen Schlägereien, ein Schulverweis

★ Hobby: Sammelt Manga

★ Freundin: Bis jetzt noch keine, da sehr wählerisch (?). Hauptsache süß, Intelligenz kommt an zweiter Stelle.

★ Leibspeise: Fried Chicken, Kaugummi

★ Lieblingsfarbe: Aquamarinblau

★ Lieblingstier: Hund

★ Verhasstes Tier: Kuh (sabbert ihm zu viel)

★ Berufswunsch: Pilot

★ Lieblingsschauspieler: Jean Gabin

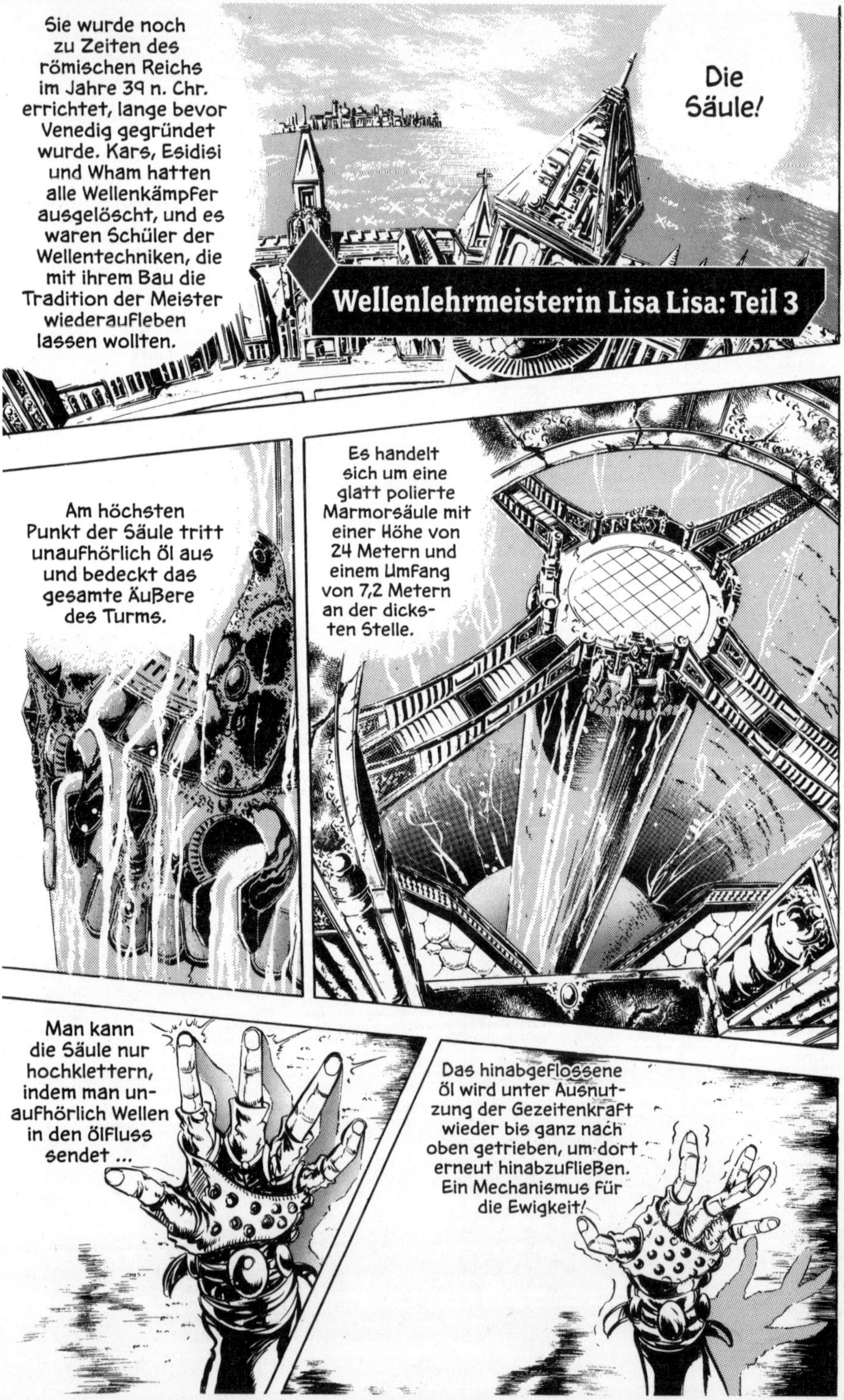
Sie wurde noch zu Zeiten des römischen Reichs im Jahre 39 n. Chr. errichtet, lange bevor Venedig gegründet wurde. Kars, Esidisi und Wham hatten alle Wellenkämpfer ausgelöscht, und es waren Schüler der Wellentechniken, die mit ihrem Bau die Tradition der Meister wiederaufleben lassen wollten.
Die Säule!
Wellenlehrmeisterin Lisa Lisa: Teil 3
Es handelt sich um eine glatt polierte Marmorsäule mit einer Höhe von 24 Metern und einem Umfang von 7,2 Metern an der dicksten Stelle.
Am höchsten Punkt der Säule tritt unaufhörlich Öl aus und bedeckt das gesamte Äußere des Turms.
Das hinabgeflossene Öl wird unter Ausnutzung der Gezeitenkraft wieder bis ganz nach oben getrieben, um dort erneut hinabzufließen. Ein Mechanismus für die Ewigkeit!
Man kann die Säule nur hochklettern, indem man unaufhörlich Wellen in den Ölfluss sendet ...

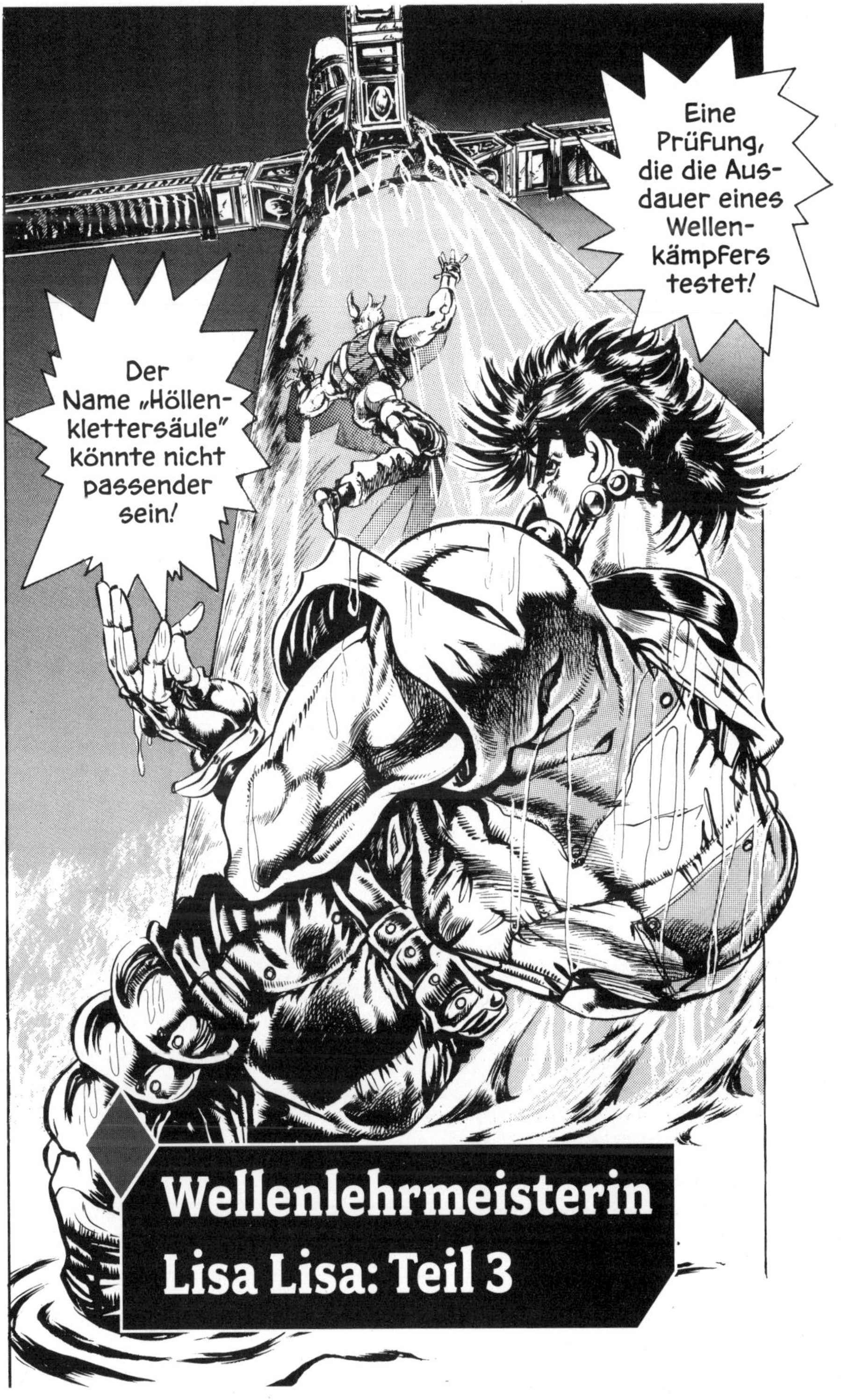

Wellenlehrmeisterin Lisa Lisa: Teil 3

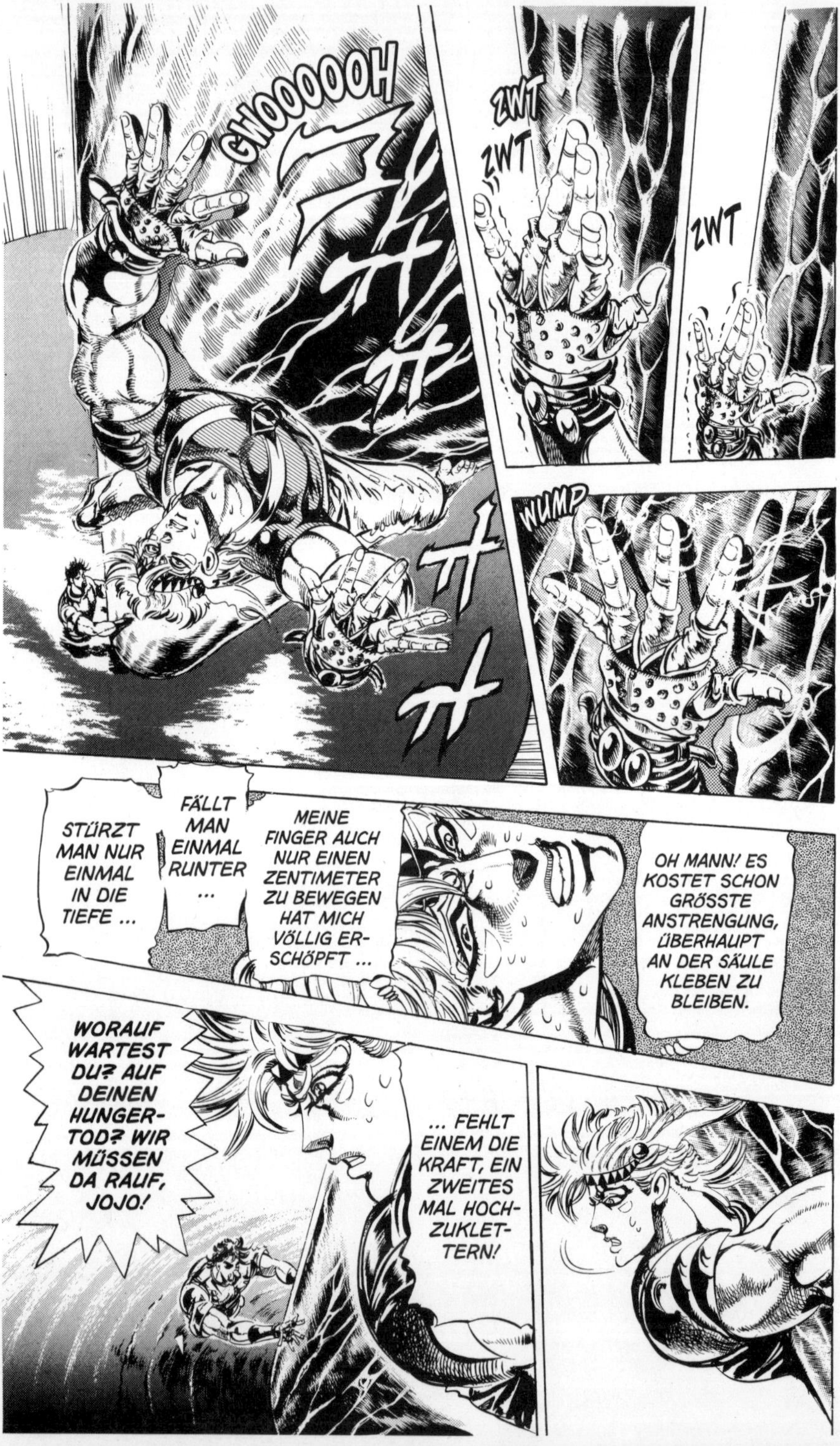

ZWT
ZWT
ZWT
WUMP
GWOOOOOOH
OH MANN! ES KOSTET SCHON GRÖSSTE ANSTRENGUNG, ÜBERHAUPT AN DER SÄULE KLEBEN ZU BLEIBEN.
MEINE FINGER AUCH NUR EINEN ZENTIMETER ZU BEWEGEN HAT MICH VÖLLIG ER-SCHÖPFT ...
FÄLLT MAN EINMAL RUNTER ...
STÜRZT MAN NUR EINMAL IN DIE TIEFE ...
... FEHLT EINEM DIE KRAFT, EIN ZWEITES MAL HOCH-ZUKLET-TERN!
WORAUF WARTEST DU? AUF DEINEN HUNGER-TOD? WIR MÜSSEN DA RAUF, JOJO!

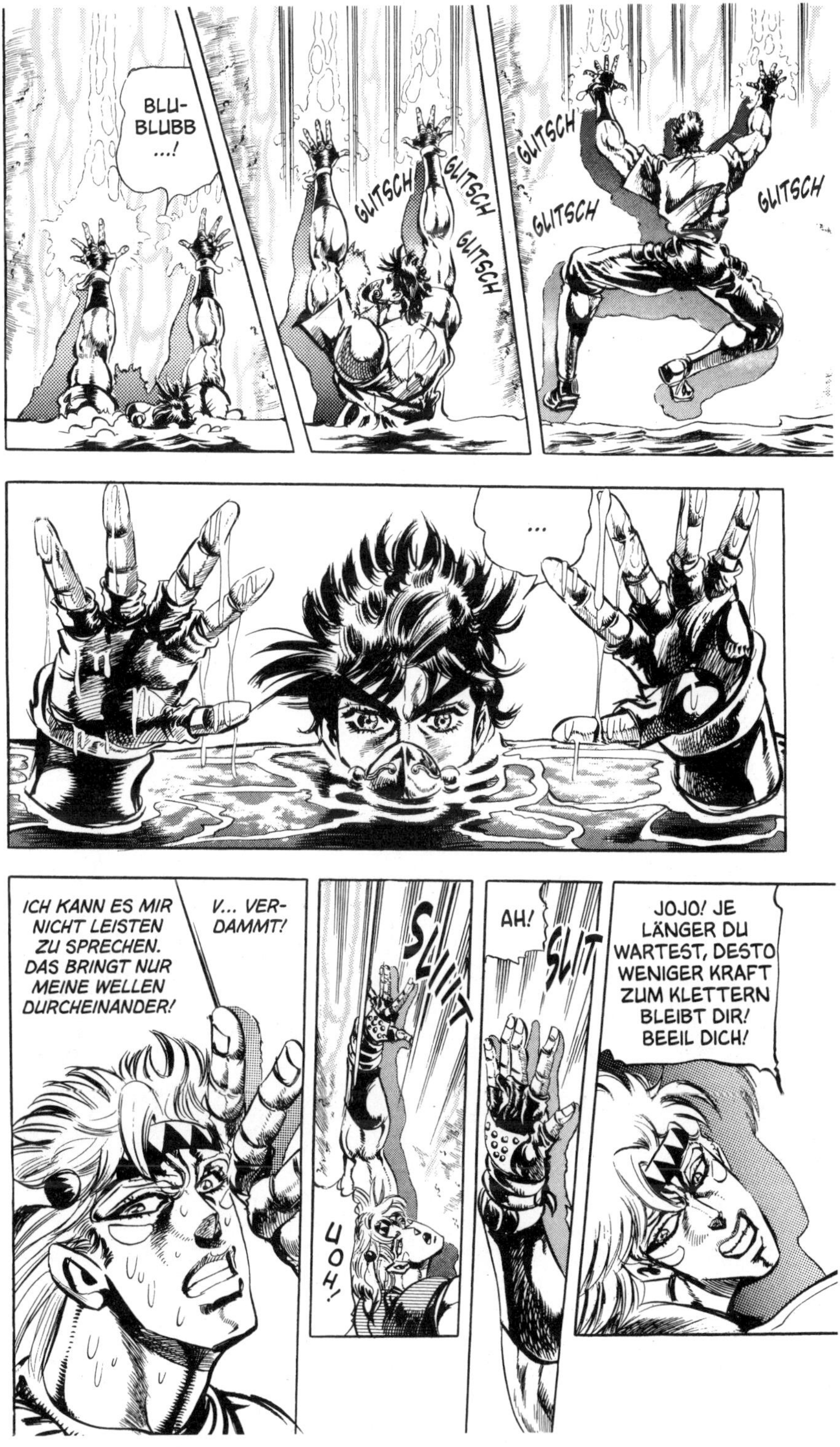

BLU-
BLUBB
...!
GLITSCH
GLITSCH
GLITSCH
GLITSCH
GLITSCH
GLITSCH
...
ICH KANN ES MIR NICHT LEISTEN ZU SPRECHEN. DAS BRINGT NUR MEINE WELLEN DURCHEINANDER!
V... VER-DAMMT!
SLIIIT
UOH!
AH!
SLIT
JOJO! JE LÄNGER DU WARTEST, DESTO WENIGER KRAFT ZUM KLETTERN BLEIBT DIR! BEEIL DICH!

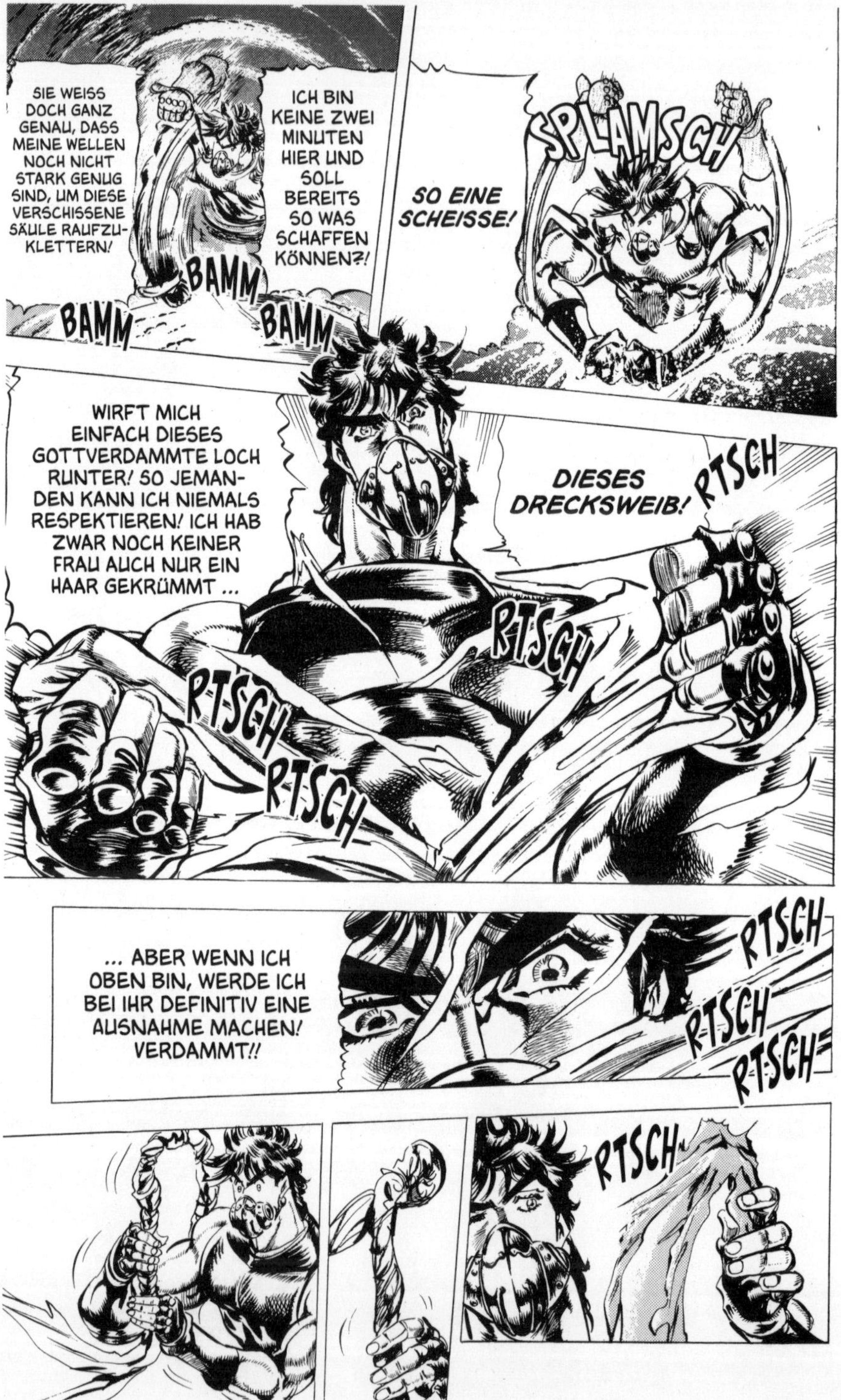
SIE WEISS DOCH GANZ GENAU, DASS MEINE WELLEN NOCH NICHT STARK GENUG SIND, UM DIESE VERSCHISSENE SÄULE RAUFZUKLETTERN!
ICH BIN KEINE ZWEI MINUTEN HIER UND SOLL BEREITS SO WAS SCHAFFEN KÖNNEN?!
BAMM
BAMM
BAMM
SPLAMSCH
SO EINE SCHEISSE!
WIRFT MICH EINFACH DIESES GOTTVERDAMMTE LOCH RUNTER! SO JEMANDEN KANN ICH NIEMALS RESPEKTIEREN! ICH HAB ZWAR NOCH KEINER FRAU AUCH NUR EIN HAAR GEKRÜMMT ...
DIESES DRECKSWEIB!
RTSCH
RTSCH
RTSCH
RTSCH
... ABER WENN ICH OBEN BIN, WERDE ICH BEI IHR DEFINITIV EINE AUSNAHME MACHEN! VERDAMMT!!
RTSCH
RTSCH
RTSCH
RTSCH

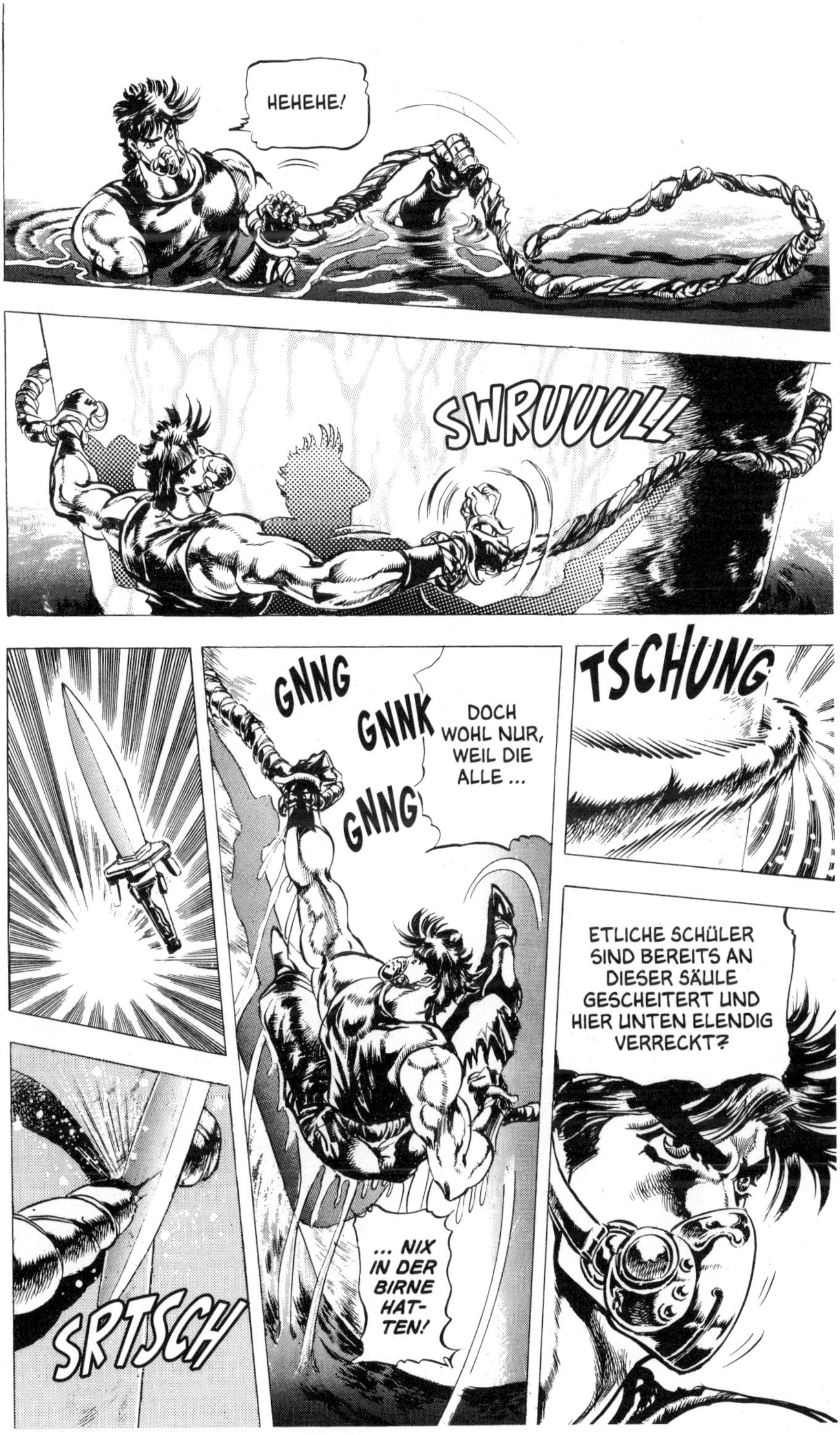
HEHEHE!
SWRUUUUL!
TSCHUNG
GNNG
GNNK
GNNG
DOCH WOHL NUR, WEIL DIE ALLE ...
SRTSCH
ETLICHE SCHÜLER SIND BEREITS AN DIESER SÄULE GESCHEITERT UND HIER UNTEN ELENDIG VERRECKT?
... NIX IN DER BIRNE HAT-TEN!

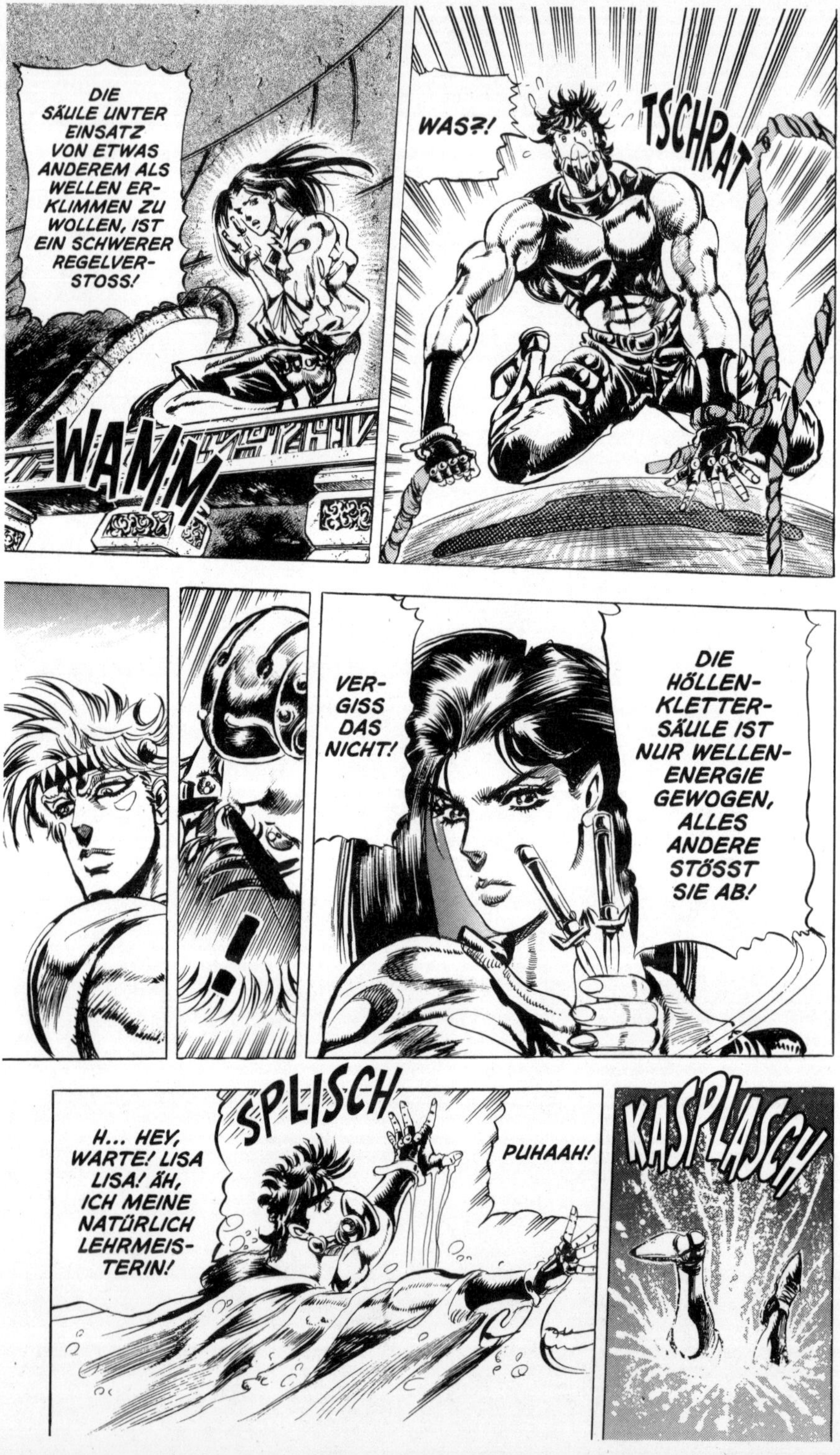
DIE SÄULE UNTER EINSATZ VON ETWAS ANDEREM ALS WELLEN ERKLIMMEN ZU WOLLEN, IST EIN SCHWERER REGELVERSTOSS!
WAMM
WAS?!
TSCHRAT
DIE HÖLLENKLETTERSÄULE IST NUR WELLENENERGIE GEWOGEN, ALLES ANDERE STÖSST SIE AB!
VERGISS DAS NICHT!
!
KASPLASCH
PUHAAH!
SPLISCH
H... HEY, WARTE! LISA LISA! ÄH, ICH MEINE NATÜRLICH LEHRMEISTERIN!

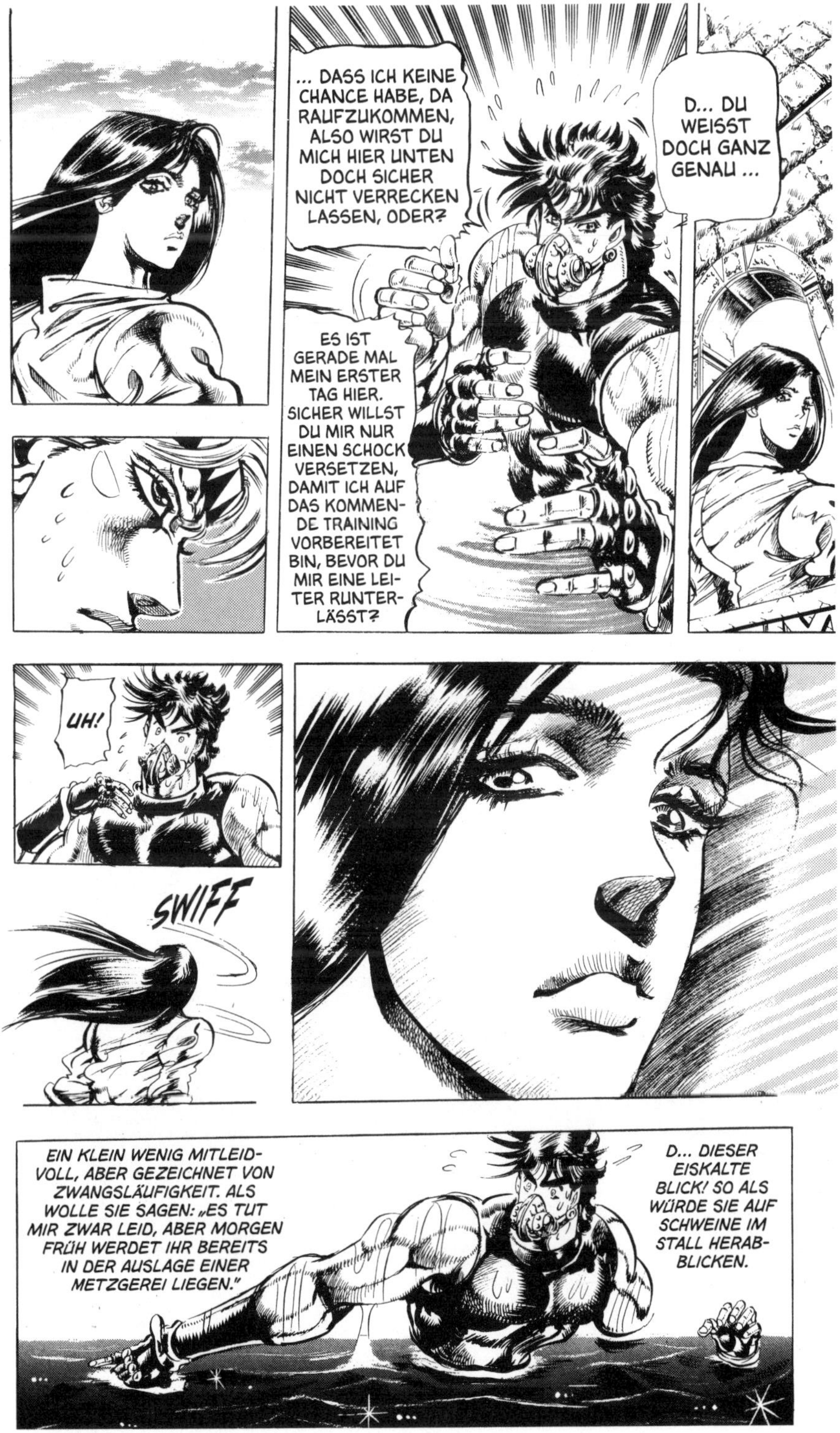
D... DU WEISST DOCH GANZ GENAU ...
... DASS ICH KEINE CHANCE HABE, DA RAUFZUKOMMEN, ALSO WIRST DU MICH HIER UNTEN DOCH SICHER NICHT VERRECKEN LASSEN, ODER?
ES IST GERADE MAL MEIN ERSTER TAG HIER. SICHER WILLST DU MIR NUR EINEN SCHOCK VERSETZEN, DAMIT ICH AUF DAS KOMMENDE TRAINING VORBEREITET BIN, BEVOR DU MIR EINE LEITER RUNTERLÄSST?
UH!
SWIFF
D... DIESER EISKALTE BLICK! SO ALS WÜRDE SIE AUF SCHWEINE IM STALL HERABBLICKEN.
EIN KLEIN WENIG MITLEIDVOLL, ABER GEZEICHNET VON ZWANGSLÄUFIGKEIT. ALS WOLLE SIE SAGEN: „ES TUT MIR ZWAR LEID, ABER MORGEN FRÜH WERDET IHR BEREITS IN DER AUSLAGE EINER METZGEREI LIEGEN."

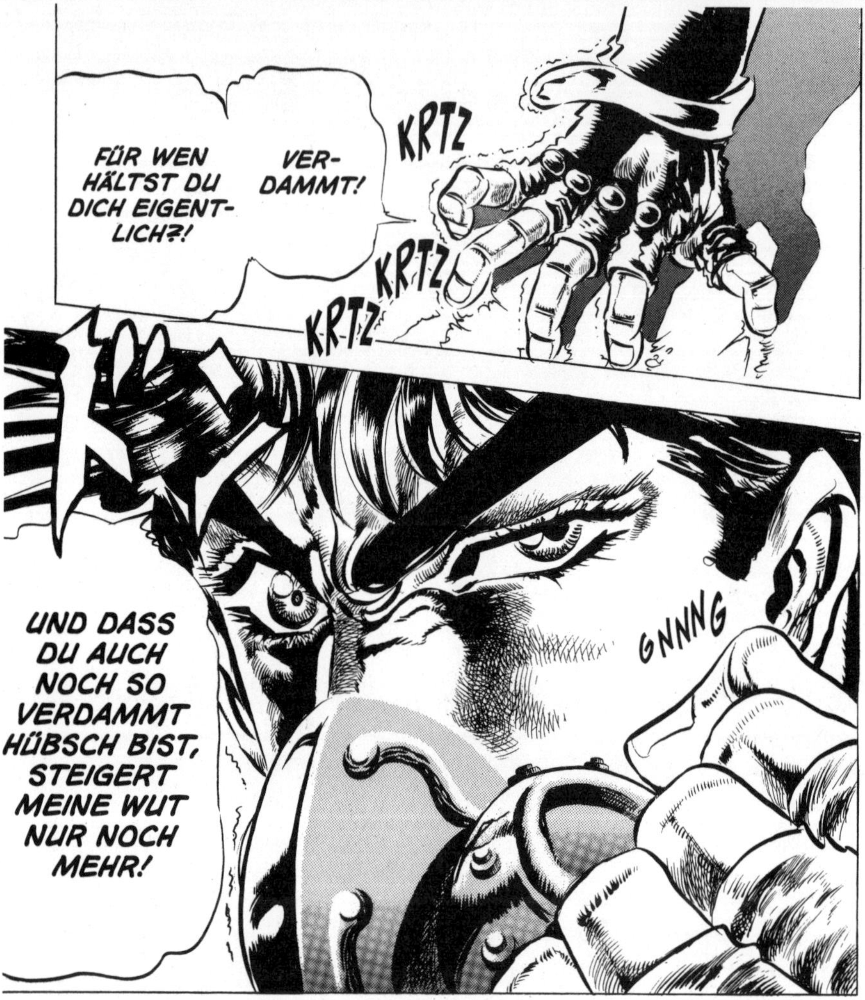

28 Stunden später

Noch 28 Tage, bis die Ringe ihr Gift freisetzen
Bisher erreichte Höhe: Caesar: 15 m
JoJo: 0 m

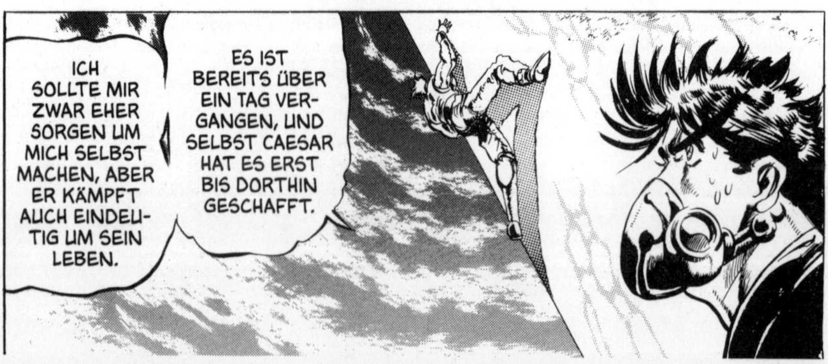

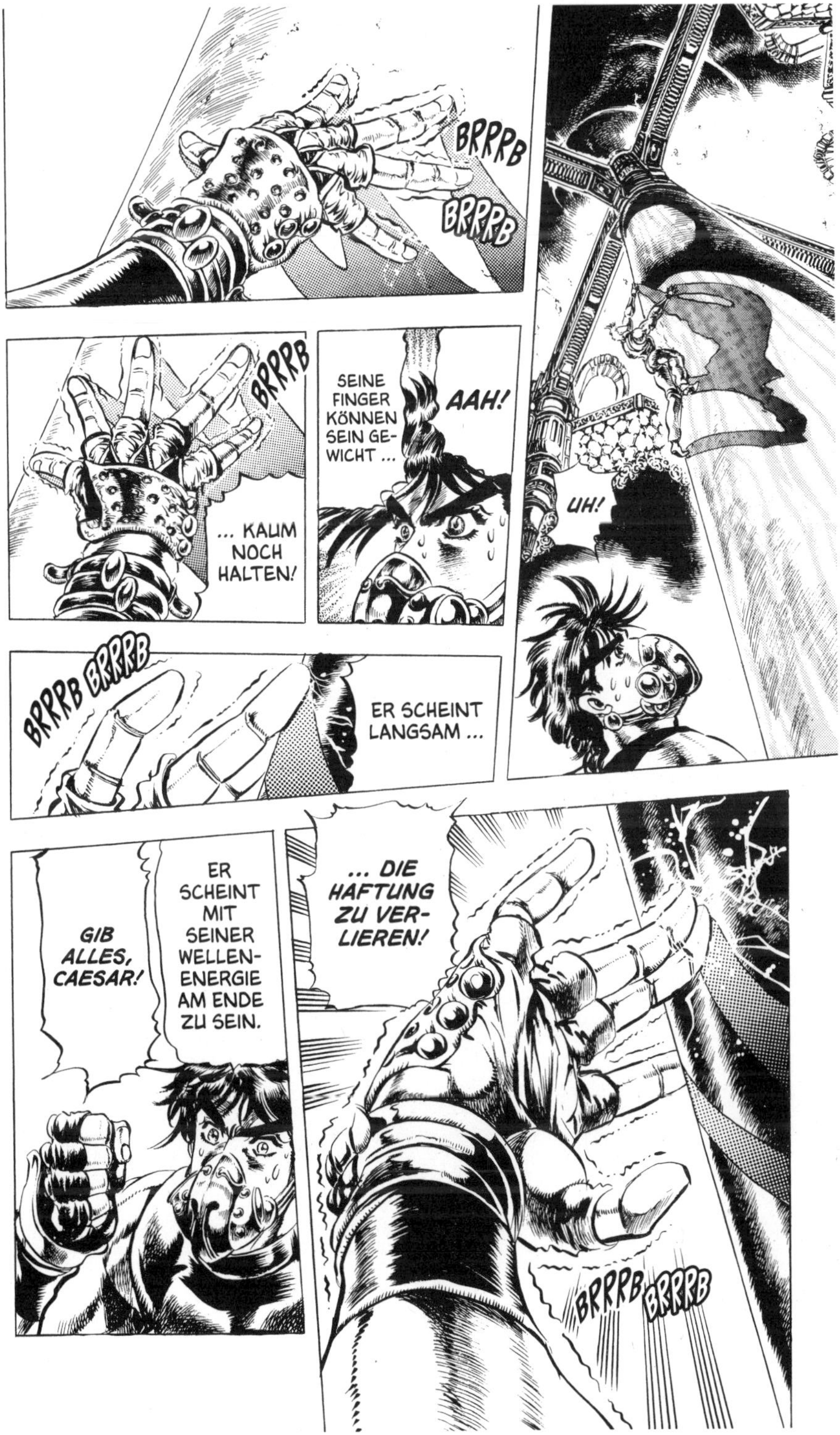
BRRRB
BRRRB
BRRRB
... KAUM NOCH HALTEN!
SEINE FINGER KÖNNEN SEIN GEWICHT ...
AAH!
UH!
BRRRB BRRRB
ER SCHEINT LANGSAM ...
... DIE HAFTUNG ZU VERLIEREN!
ER SCHEINT MIT SEINER WELLENENERGIE AM ENDE ZU SEIN.
GIB ALLES, CAESAR!
BRRRB BRRRB

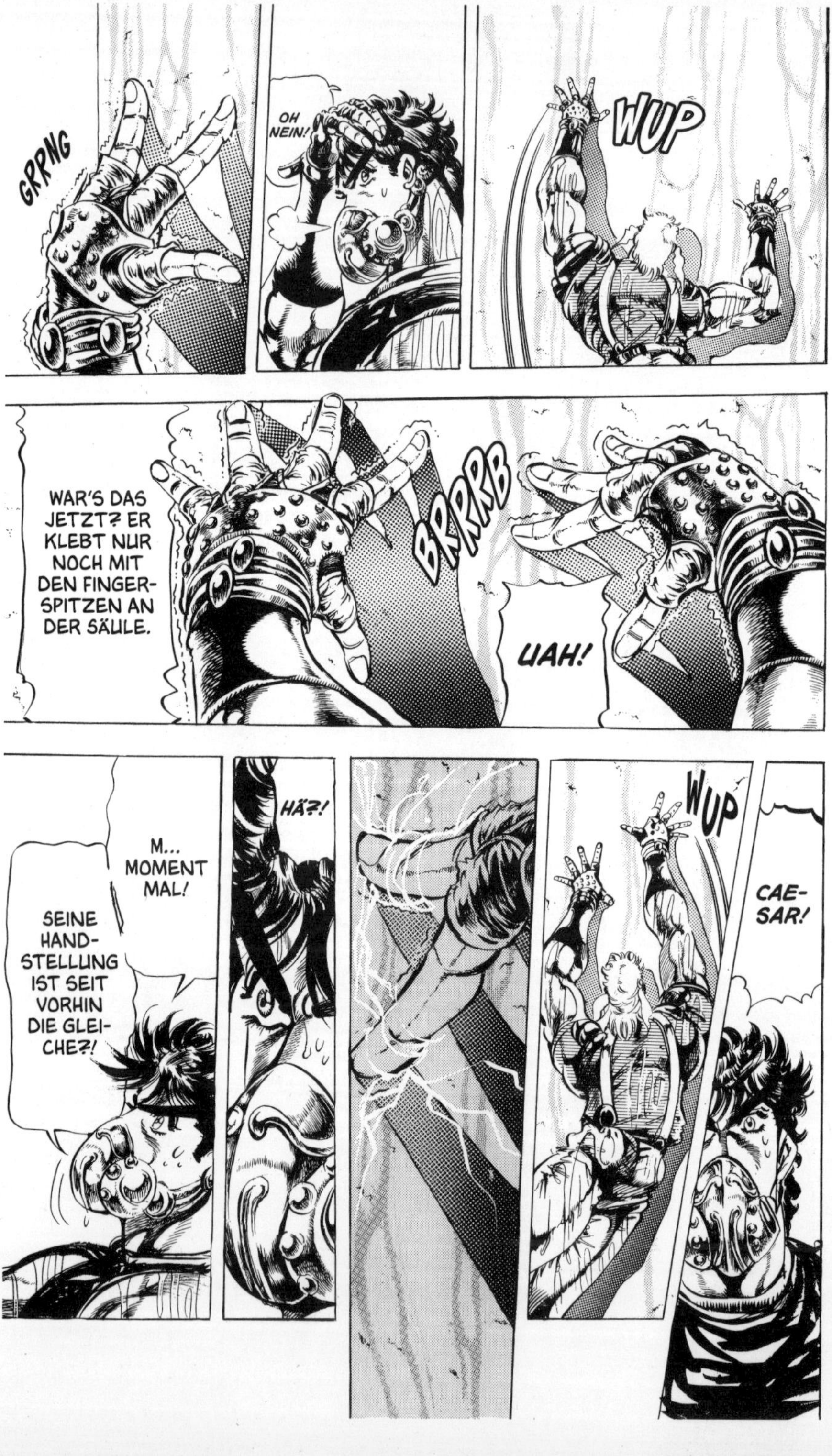
WUP
OH NEIN!
GRRNG
UAH!
BRRRB
WAR'S DAS JETZT? ER KLEBT NUR NOCH MIT DEN FINGER-SPITZEN AN DER SÄULE.
CAE-SAR!
WUP
HÄ?!
M... MOMENT MAL!
SEINE HAND-STELLUNG IST SEIT VORHIN DIE GLEI-CHE?!

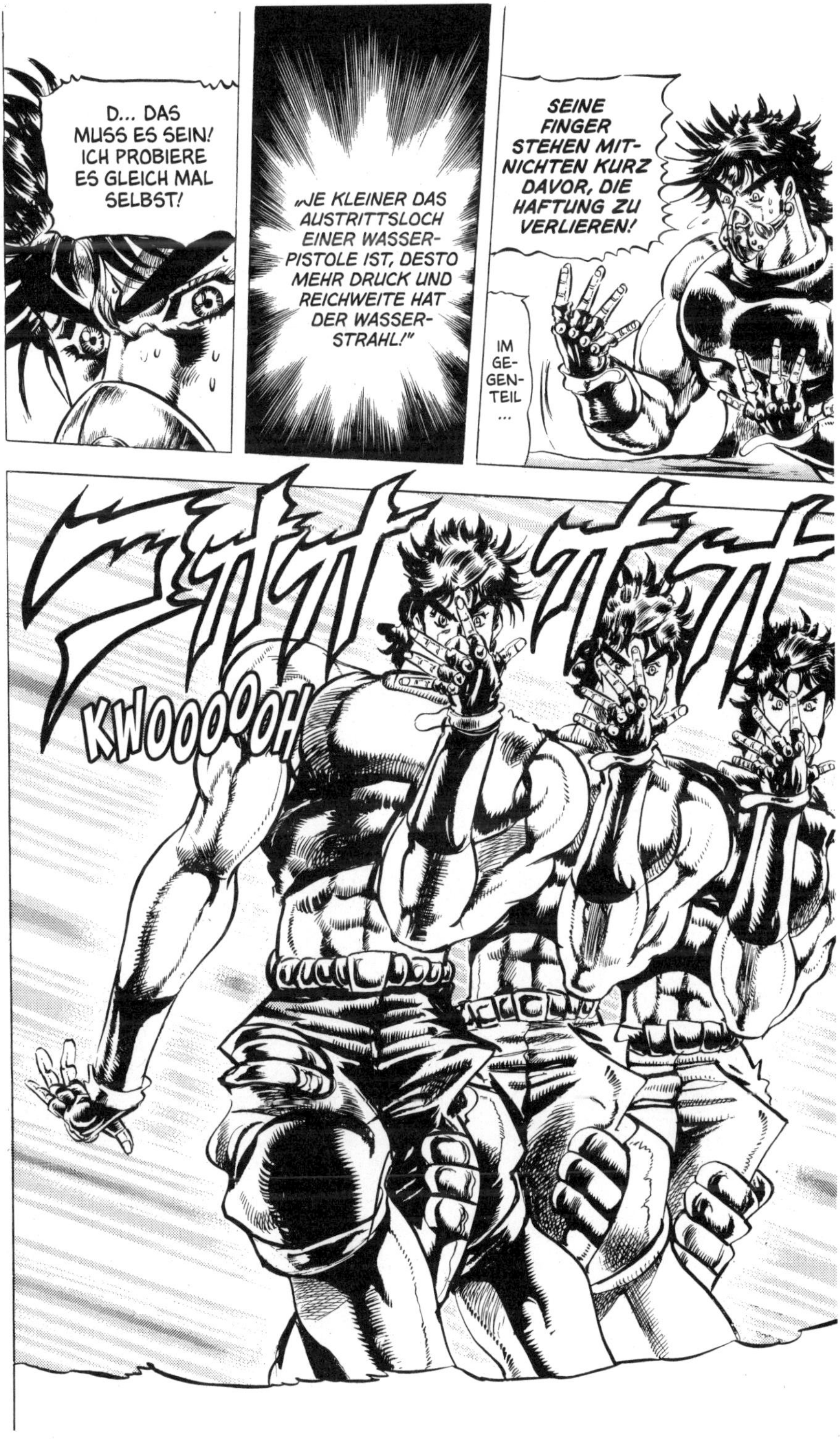
D... DAS MUSS ES SEIN! ICH PROBIERE ES GLEICH MAL SELBST!
„JE KLEINER DAS AUSTRITTSLOCH EINER WASSERPISTOLE IST, DESTO MEHR DRUCK UND REICHWEITE HAT DER WASSERSTRAHL!"
SEINE FINGER STEHEN MITNICHTEN KURZ DAVOR, DIE HAFTUNG ZU VERLIEREN!
IM GEGENTEIL ...
KWOOOOOH

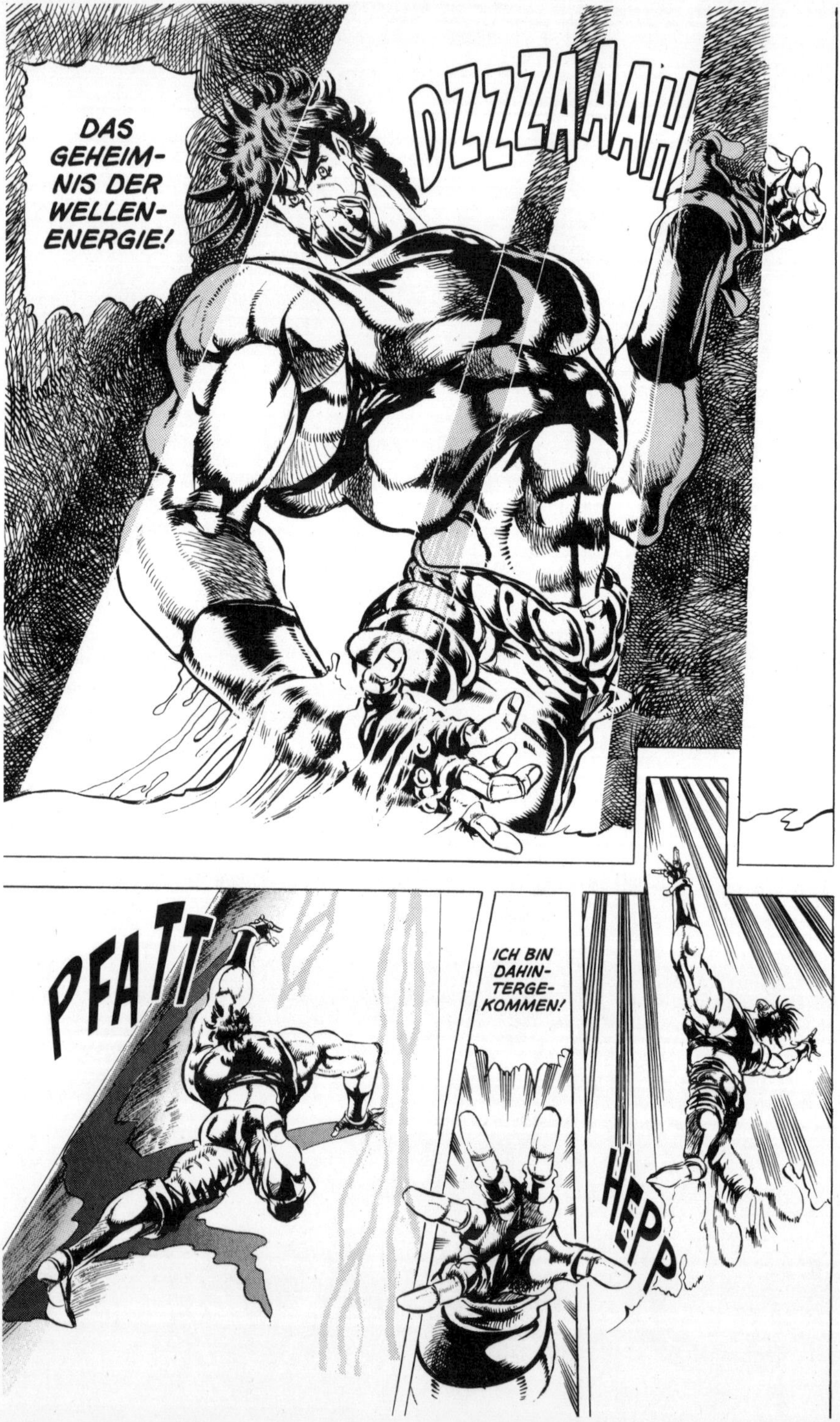
DZZZAAAH
DAS GEHEIMNIS DER WELLENENERGIE!
HEPP
ICH BIN DAHINTERGEKOMMEN!
PFATT

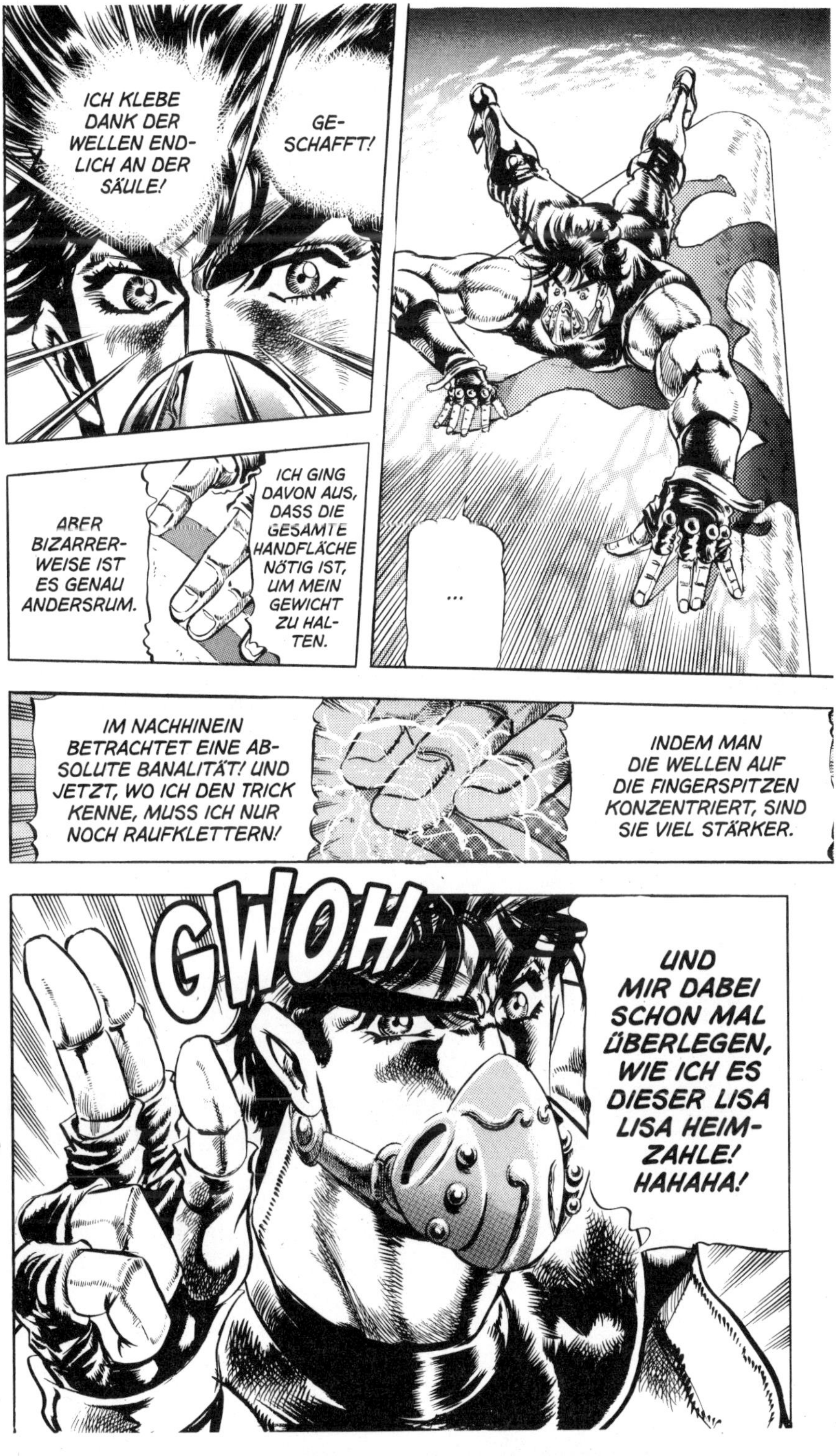
ICH KLEBE DANK DER WELLEN ENDLICH AN DER SÄULE!
GESCHAFFT!
...
ICH GING DAVON AUS, DASS DIE GESAMTE HANDFLÄCHE NÖTIG IST, UM MEIN GEWICHT ZU HALTEN.
ABER BIZARRERWEISE IST ES GENAU ANDERSRUM.
IM NACHHINEIN BETRACHTET EINE ABSOLUTE BANALITÄT! UND JETZT, WO ICH DEN TRICK KENNE, MUSS ICH NUR NOCH RAUFKLETTERN!
INDEM MAN DIE WELLEN AUF DIE FINGERSPITZEN KONZENTRIERT, SIND SIE VIEL STÄRKER.
GWOH
UND MIR DABEI SCHON MAL ÜBERLEGEN, WIE ICH ES DIESER LISA LISA HEIMZAHLE! HAHAHA!

Weitere 24 Stunden später

Noch 27 Tage, bis die Ringe ihr Gift freisetzen

Caesar: 18 m

JoJo: 16 m

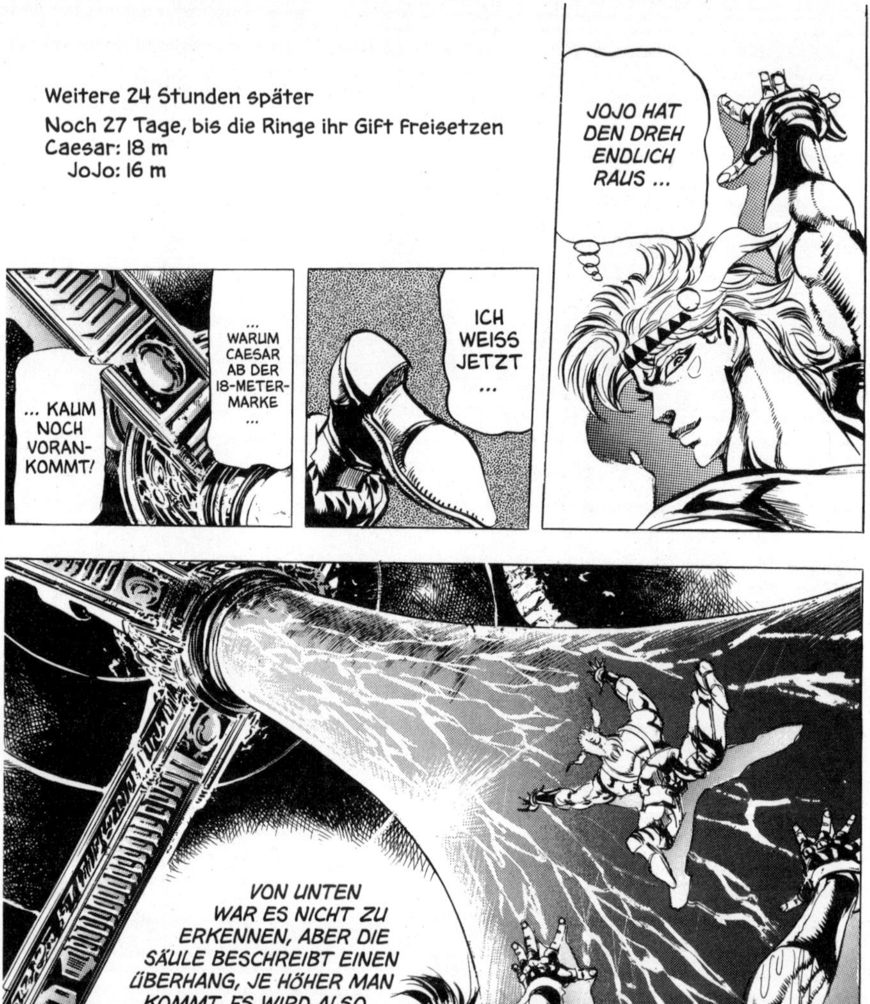

Weitere 3 Stunden später

Caesar: 19 m

JoJo: 18 m

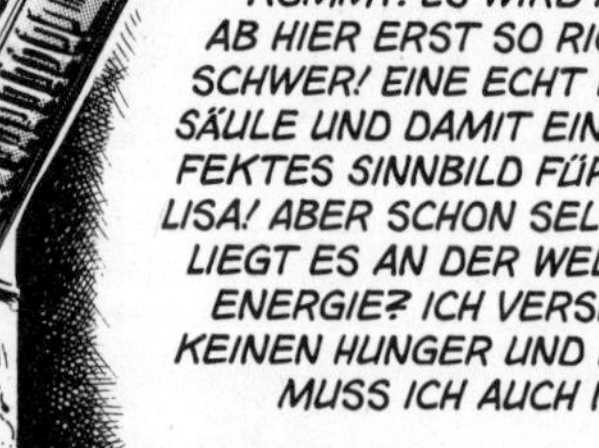

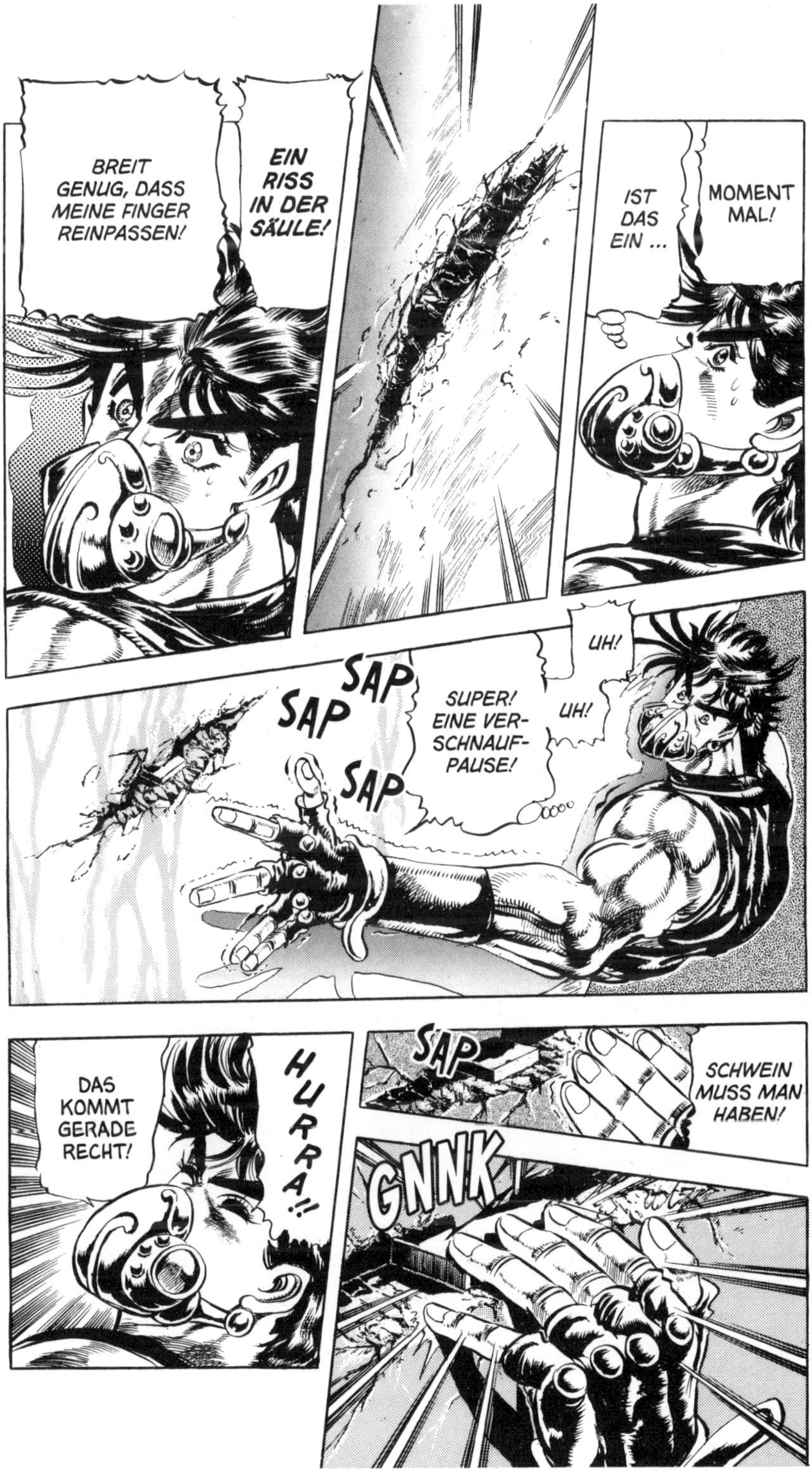
MOMENT MAL!
IST DAS EIN ...
EIN RISS IN DER SÄULE!
BREIT GENUG, DASS MEINE FINGER REINPASSEN!
UH!
UH!
SUPER! EINE VERSCHNAUFPAUSE!
SAP
SAP
SAP
SAP
SCHWEIN MUSS MAN HABEN!
GNNK
HURRA!!
DAS KOMMT GERADE RECHT!

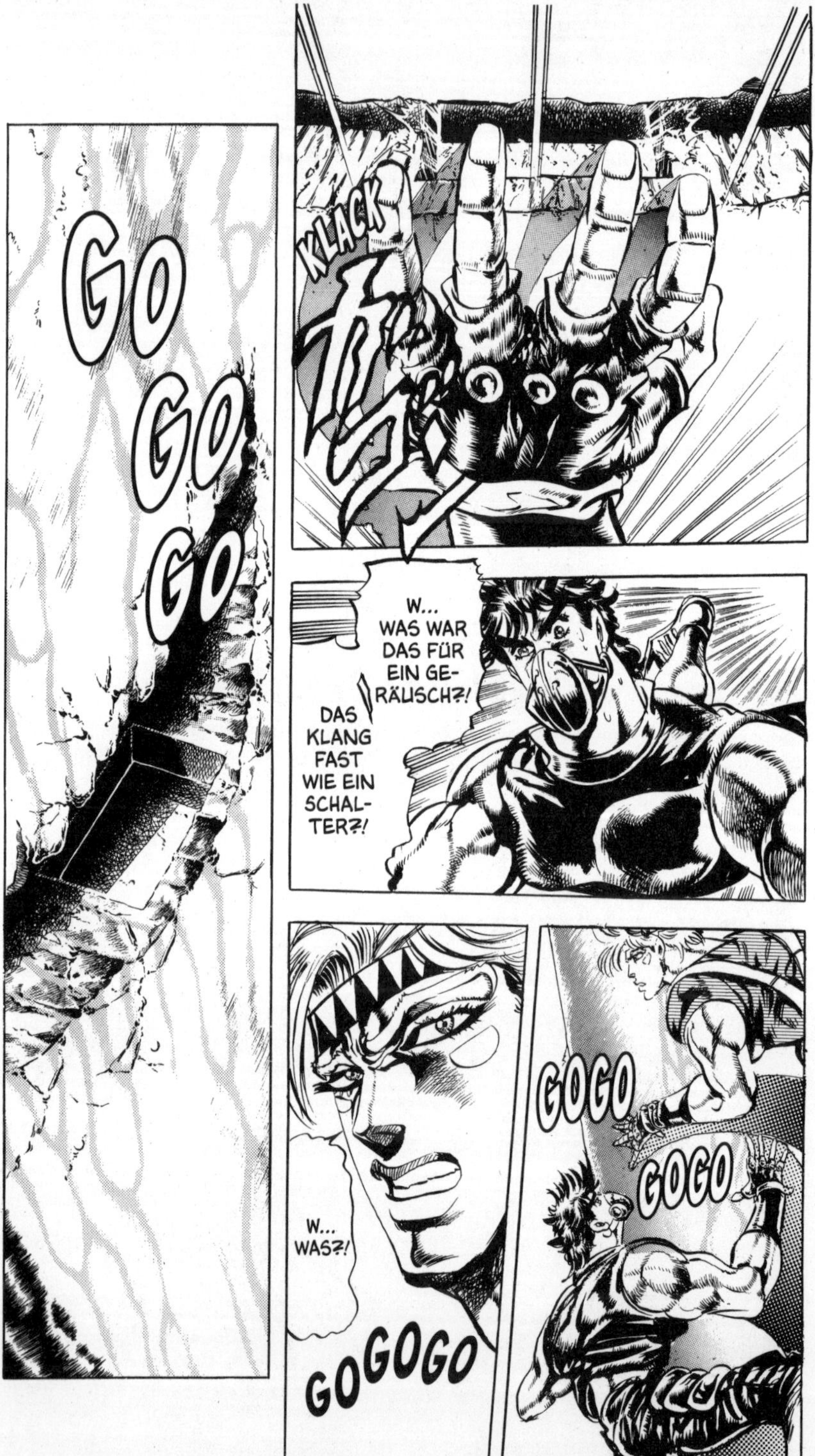
KLACK
W... WAS WAR DAS FÜR EIN GERÄUSCH?!
DAS KLANG FAST WIE EIN SCHALTER?!
GOGO
GOGO
W... WAS?!
GOGOGO
GO
GO
GO

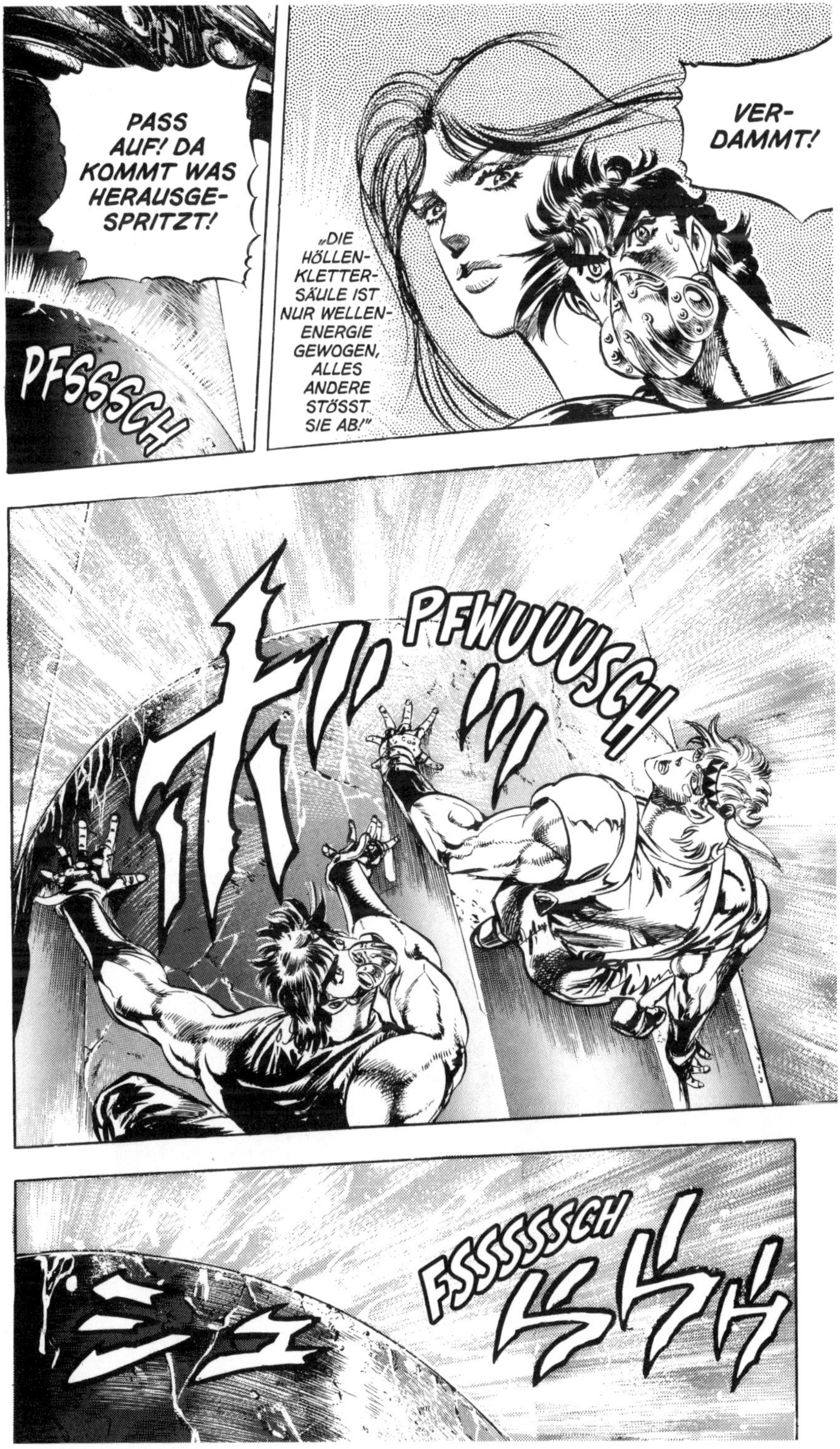
VER-
DAMMT!
„DIE HÖLLEN-KLETTER-SÄULE IST NUR WELLEN-ENERGIE GEWOGEN, ALLES ANDERE STÖSST SIE AB!"
PASS AUF! DA KOMMT WAS HERAUSGE-SPRITZT!
PFSSSCH
PFWUUUSCH
FSSSSSSCH

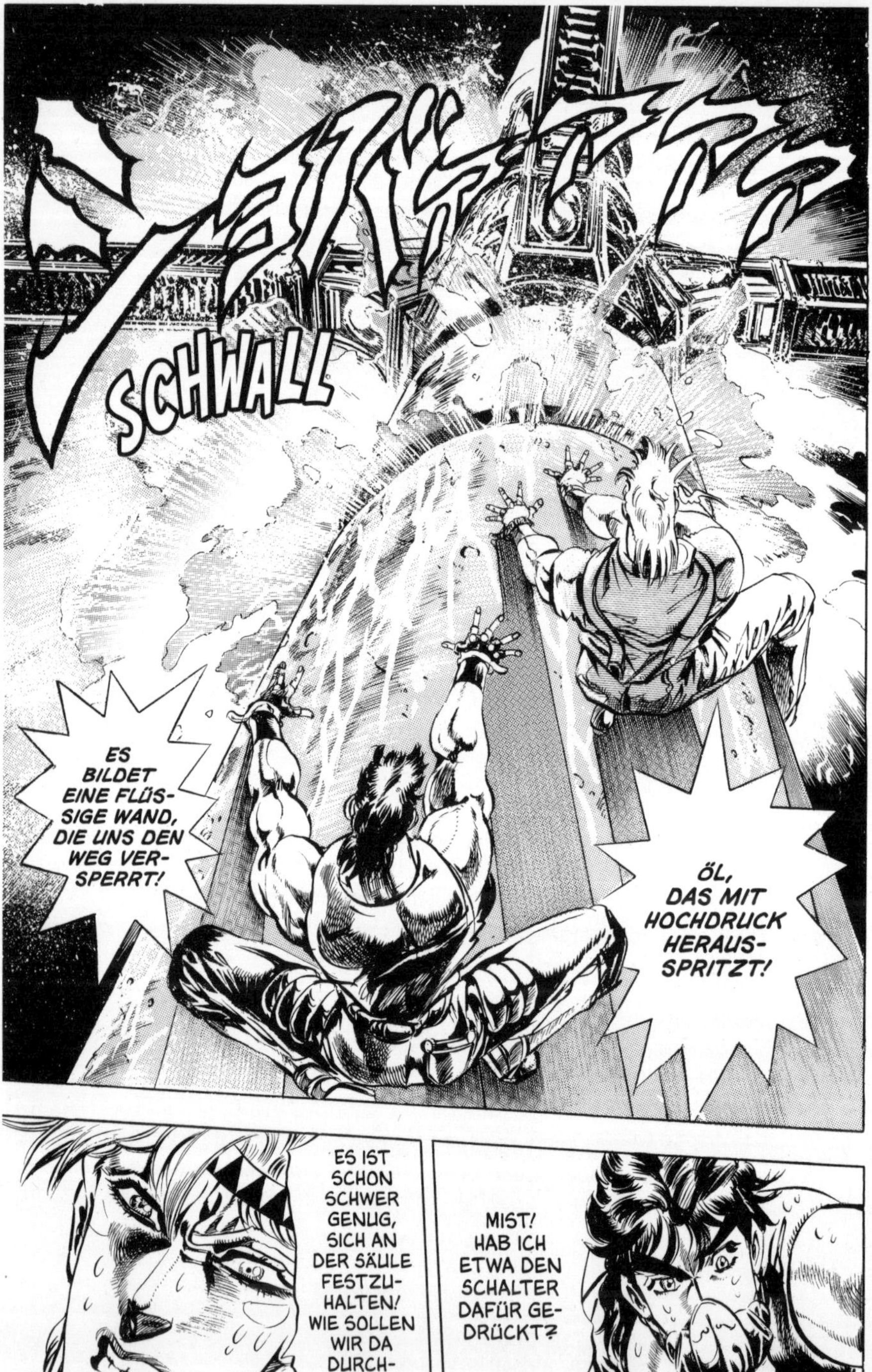
SCHWALL
ES BILDET EINE FLÜSSIGE WAND, DIE UNS DEN WEG VERSPERRT!
ÖL, DAS MIT HOCHDRUCK HERAUSSPRITZT!
MIST! HAB ICH ETWA DEN SCHALTER DAFÜR GEDRÜCKT?
ES IST SCHON SCHWER GENUG, SICH AN DER SÄULE FESTZUHALTEN! WIE SOLLEN WIR DA DURCHKOMMEN?!

Caesars Profil

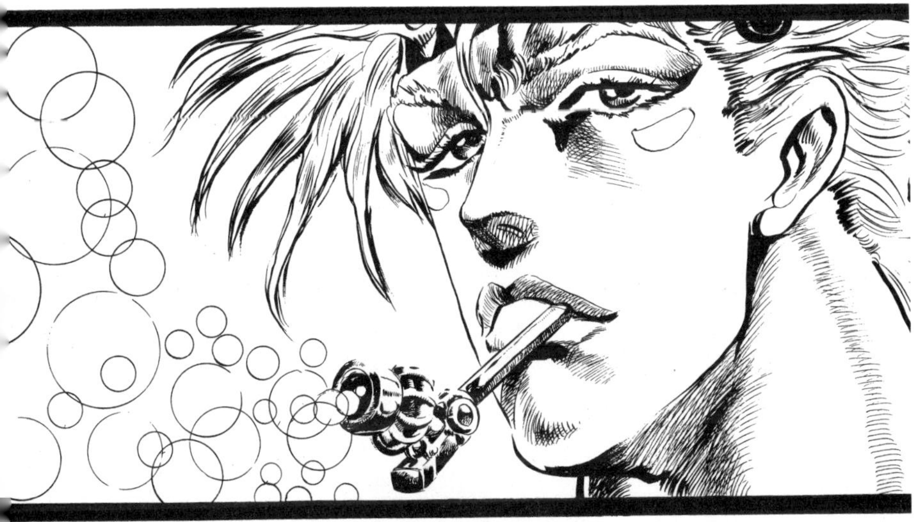

Caesar Anthonio Zeppeli

- ★ Geboren am 13.05.1918 (20 Jahre)
- ★ Blutgruppe: A
- ★ Geburtsort: Genova, Italien
- ★ Größe: 1,86 m Gewicht: 90 kg
- ★ Haar- und Augenfarbe: blond/grün
- ★ Religion: katholisch
- ★ Schulische Laufbahn: gegenwärtig Student; keine Vorstrafen
- ★ Besondere Merkmale: hat auf beiden Wangen ein seltsames Muttermal; ein kariöser Zahn
- ★ Charakter: arrogant und unzugänglich, schätzt jedoch seine Familie und Freunde über alles und ist in Bezug auf diese sehr respektvoll (ja, sogar leidenschaftlich).
- ★ Beliebter Ausspruch: Mamma mia!
- ★ Leibspeise: Bœuf Stroganoff
- ★ Lieblingsfarbe: Orange
- ★ Lieblingsblume: Sonnenblume
- ★ Hobby: Feuerzeuge sammeln
- ★ Besondere Fähigkeit: Darts
- ★ Mag nicht: uncoole Typen, verantwortungslose Typen, das Geräusch beim Apfelschälen, Insekten
- ★ Freundinnen: Viele. Sobald er ein einsames Mädchen sieht, muss er sich ihrer einfach annehmen. Dabei glaubt er tatsächlich, dass alle Lügen, die er ihr auftischt, nichts als die Wahrheit sind.
- ★ Zukunftswunsch: eine glückliche Familie zu gründen

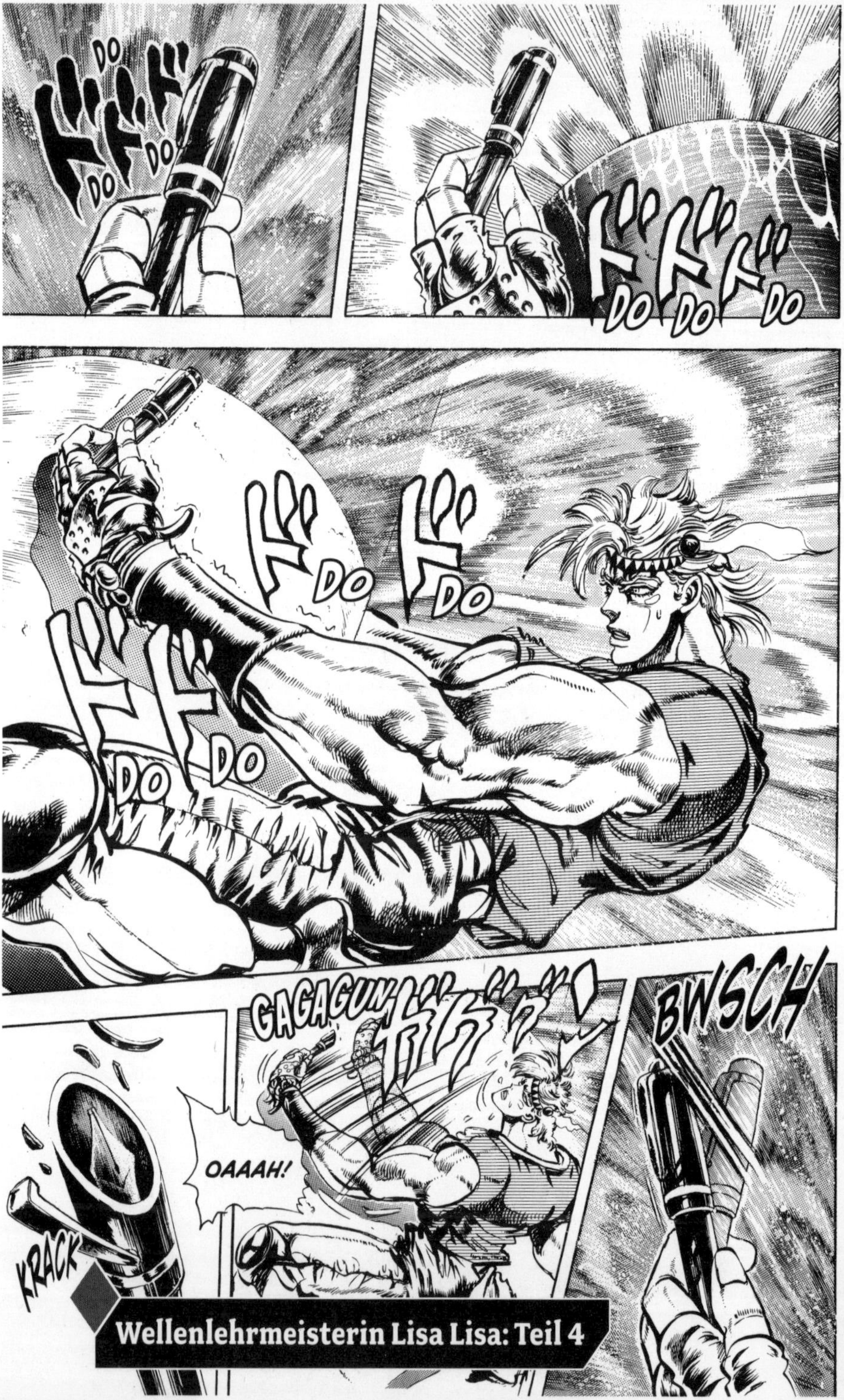

Wellenlehrmeisterin Lisa Lisa: Teil 4

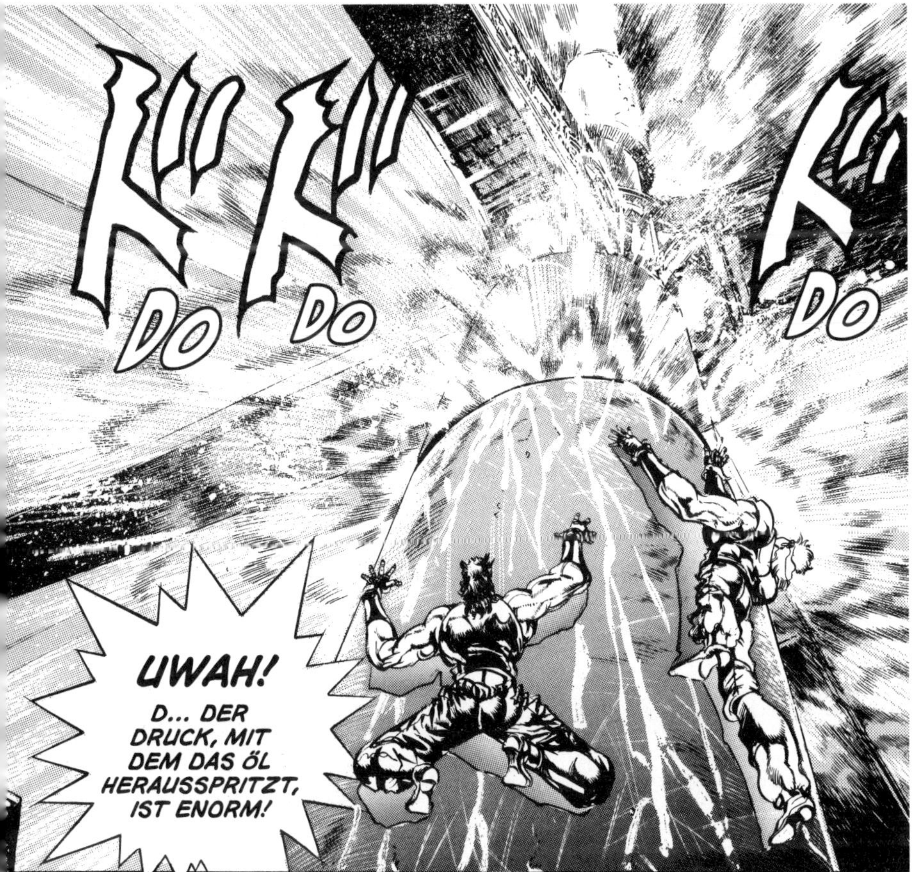

Bereits 52 Stunden sind vergangen.
Die Säule ist 24 Meter hoch, und die Ölbarriere befindet sich in 20 Metern Höhe.

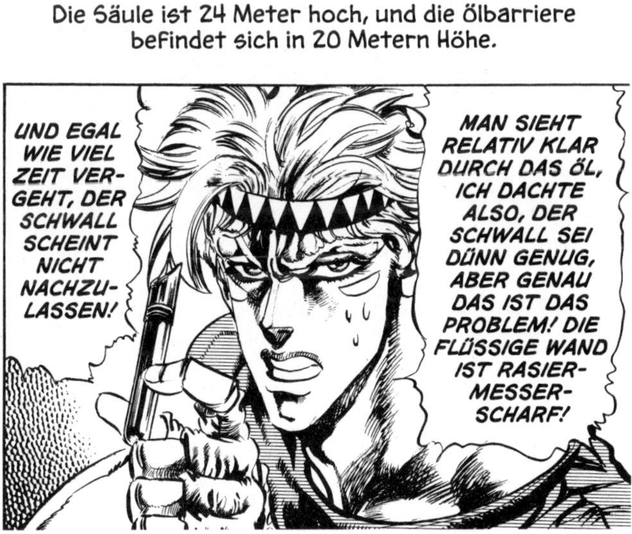

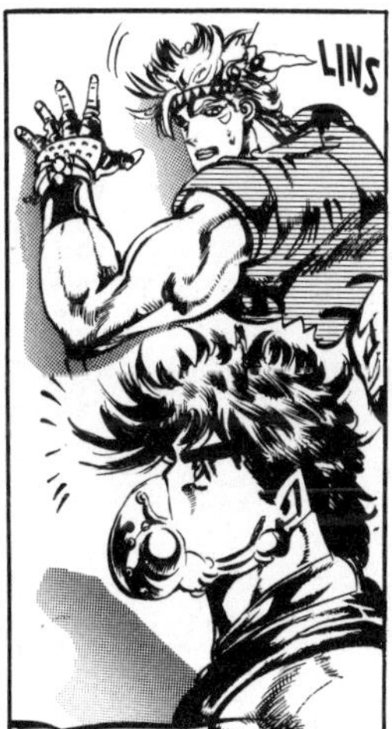

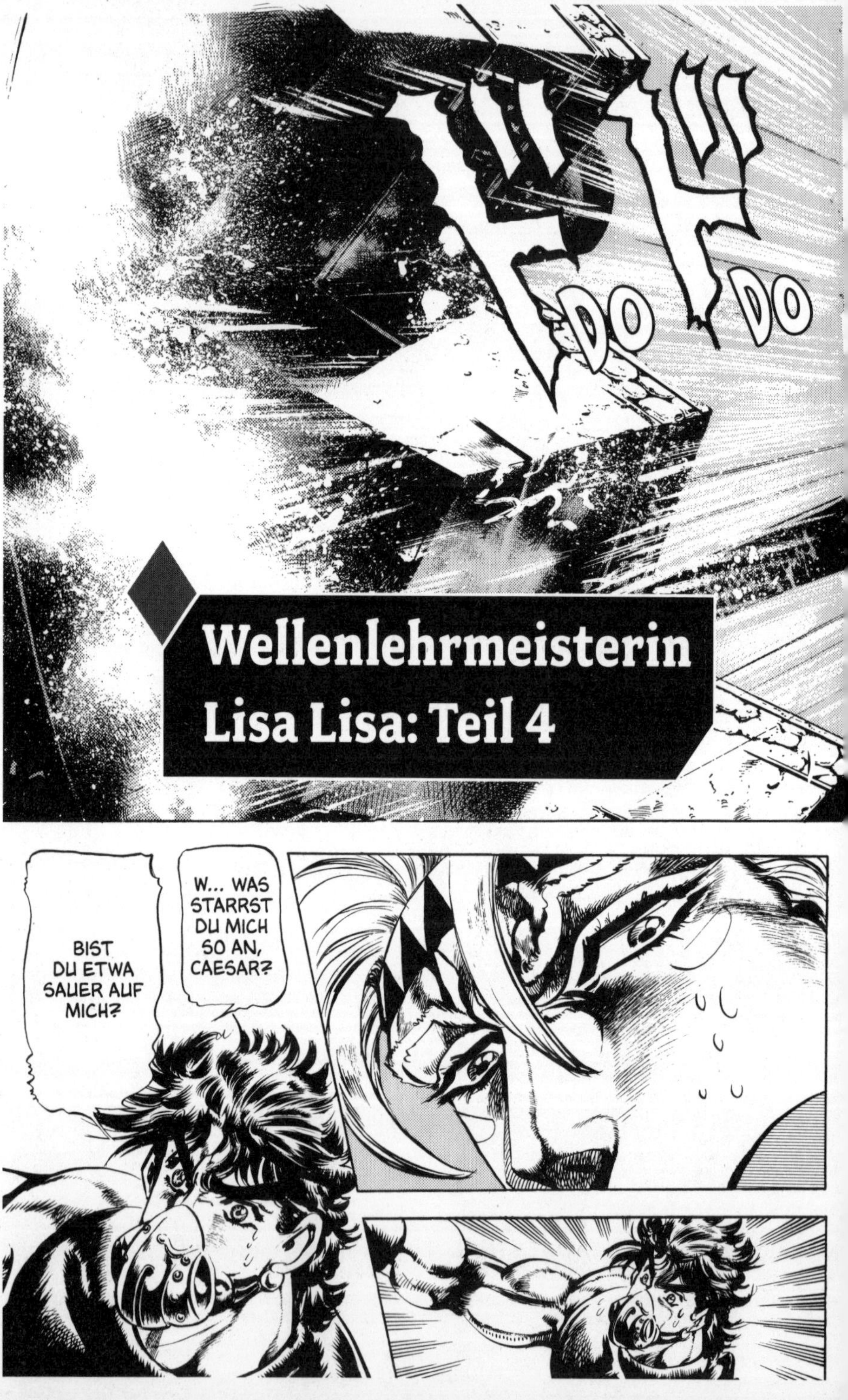
DO
DO
Wellenlehrmeisterin
Lisa Lisa: Teil 4
W... WAS STARRST DU MICH SO AN, CAESAR?
BIST DU ETWA SAUER AUF MICH?

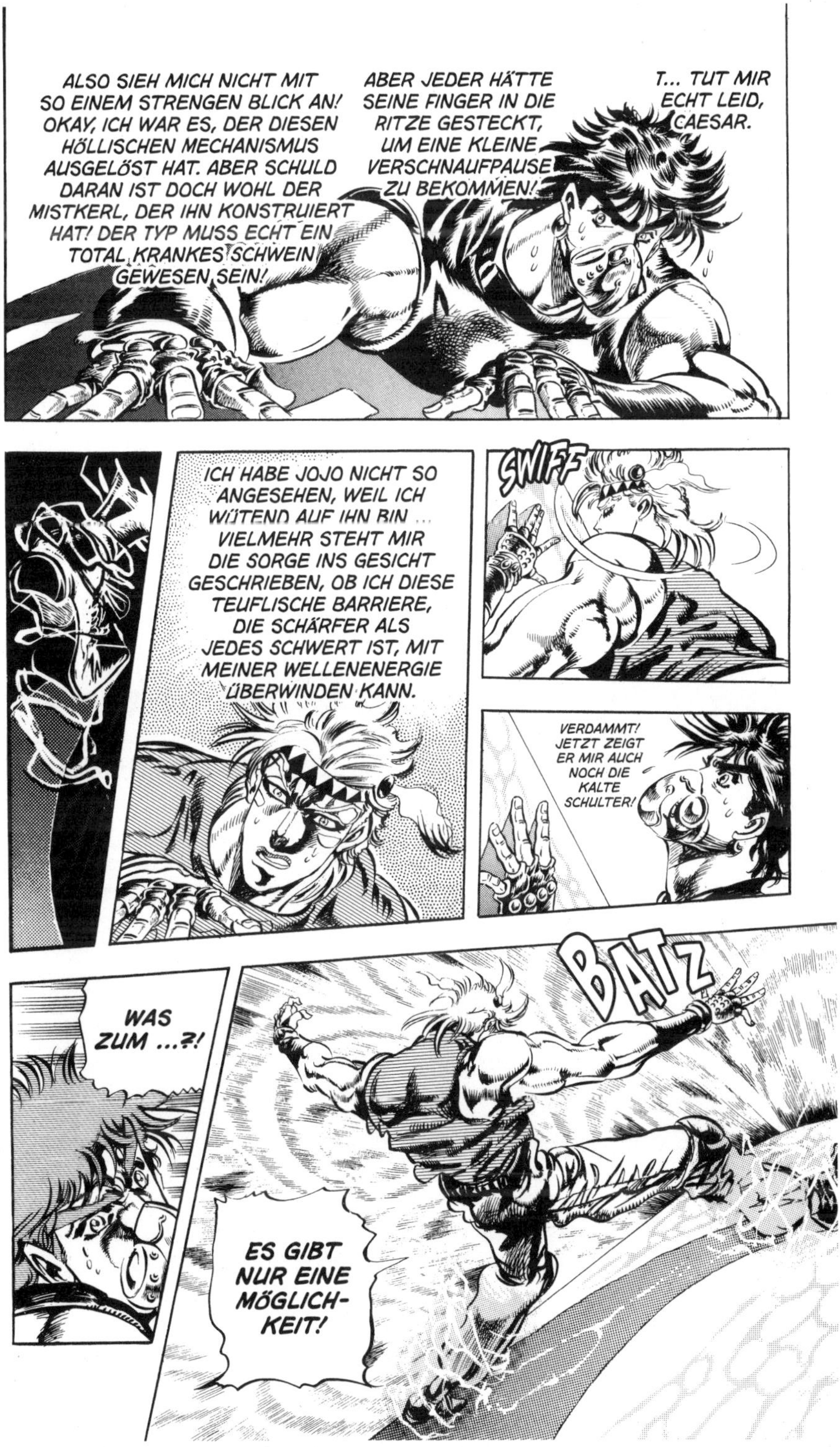
T… TUT MIR ECHT LEID, CAESAR.
ABER JEDER HÄTTE SEINE FINGER IN DIE RITZE GESTECKT, UM EINE KLEINE VERSCHNAUFPAUSE ZU BEKOMMEN!
ALSO SIEH MICH NICHT MIT SO EINEM STRENGEN BLICK AN! OKAY, ICH WAR ES, DER DIESEN HÖLLISCHEN MECHANISMUS AUSGELÖST HAT. ABER SCHULD DARAN IST DOCH WOHL DER MISTKERL, DER IHN KONSTRUIERT HAT! DER TYP MUSS ECHT EIN TOTAL KRANKES SCHWEIN GEWESEN SEIN!
SWIFF
VERDAMMT! JETZT ZEIGT ER MIR AUCH NOCH DIE KALTE SCHULTER!
ICH HABE JOJO NICHT SO ANGESEHEN, WEIL ICH WÜTEND AUF IHN BIN … VIELMEHR STEHT MIR DIE SORGE INS GESICHT GESCHRIEBEN, OB ICH DIESE TEUFLISCHE BARRIERE, DIE SCHÄRFER ALS JEDES SCHWERT IST, MIT MEINER WELLENENERGIE ÜBERWINDEN KANN.
BATZ
ES GIBT NUR EINE MÖGLICH-KEIT!
WAS ZUM …?!

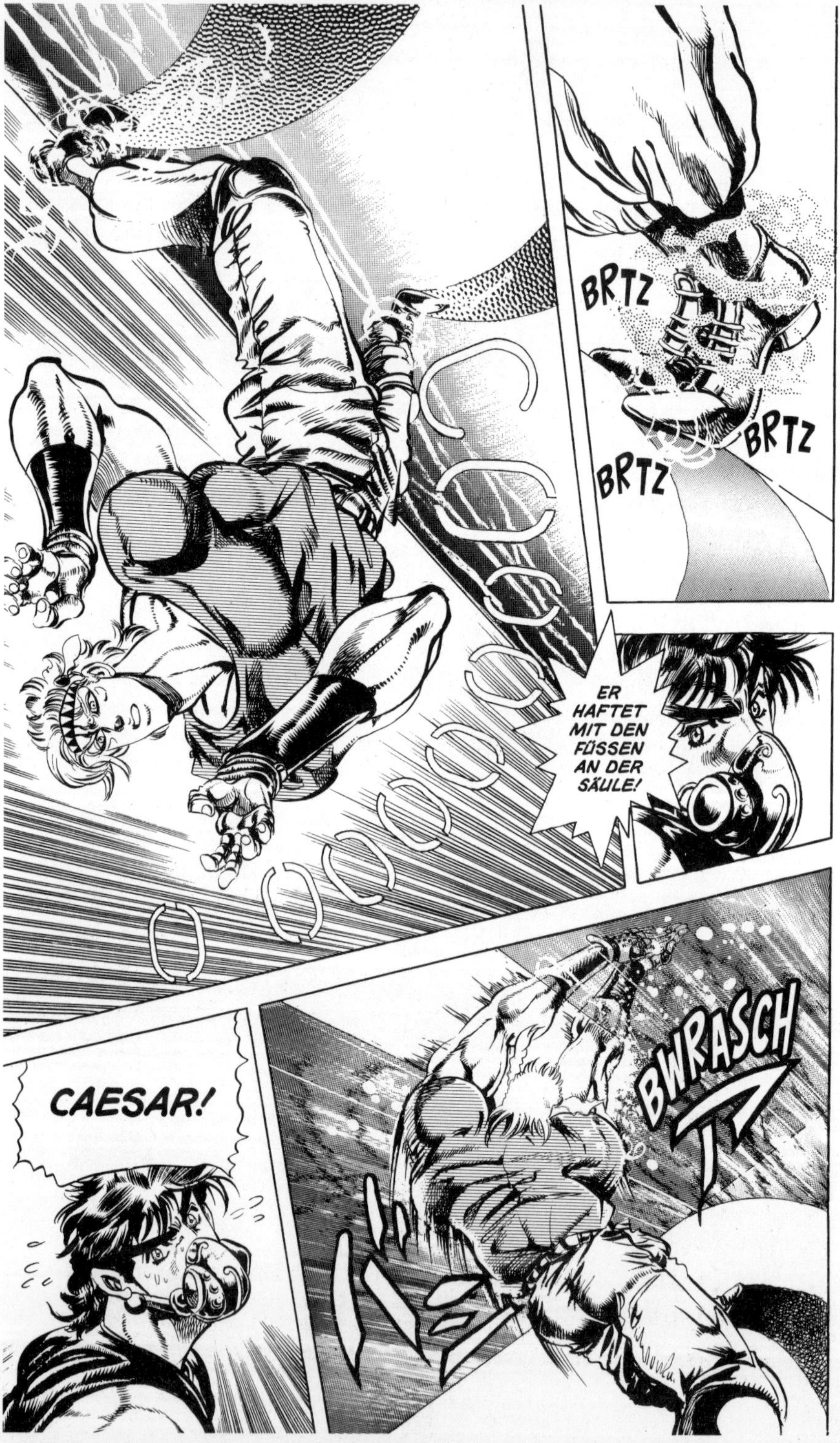
BRTZ
BRTZ
BRTZ
ER HAFTET MIT DEN FÜSSEN AN DER SÄULE!
BWRASCH
CAESAR!

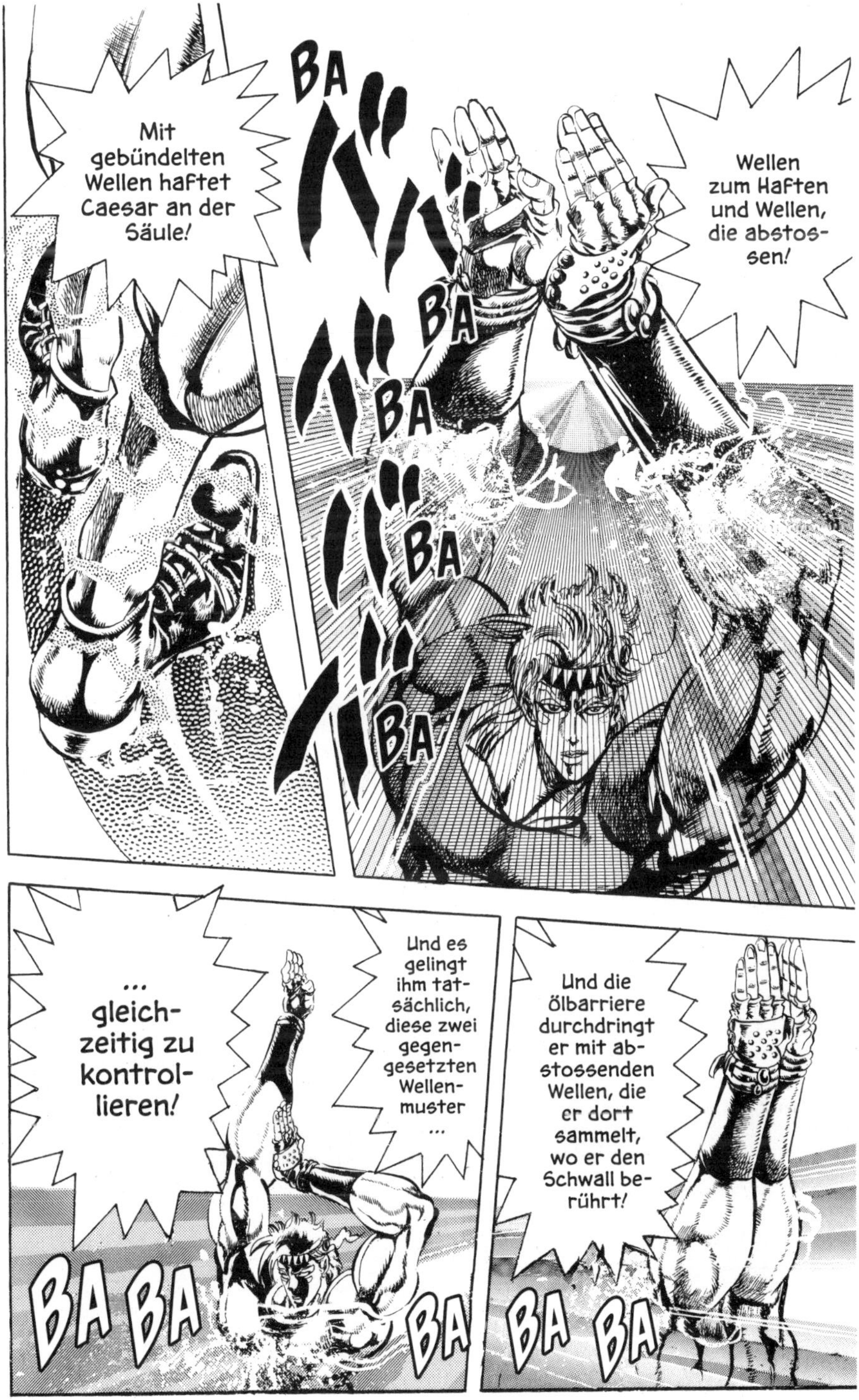
Wellen zum Haften und Wellen, die abstossen!
BA
BA
BA
BA
BA
Mit gebündelten Wellen haftet Caesar an der Säule!
Und die Ölbarriere durchdringt er mit abstossenden Wellen, die er dort sammelt, wo er den Schwall berührt!
BA BA
Und es gelingt ihm tatsächlich, diese zwei gegengesetzten Wellenmuster ...
... gleichzeitig zu kontrollieren!
BA BA BA

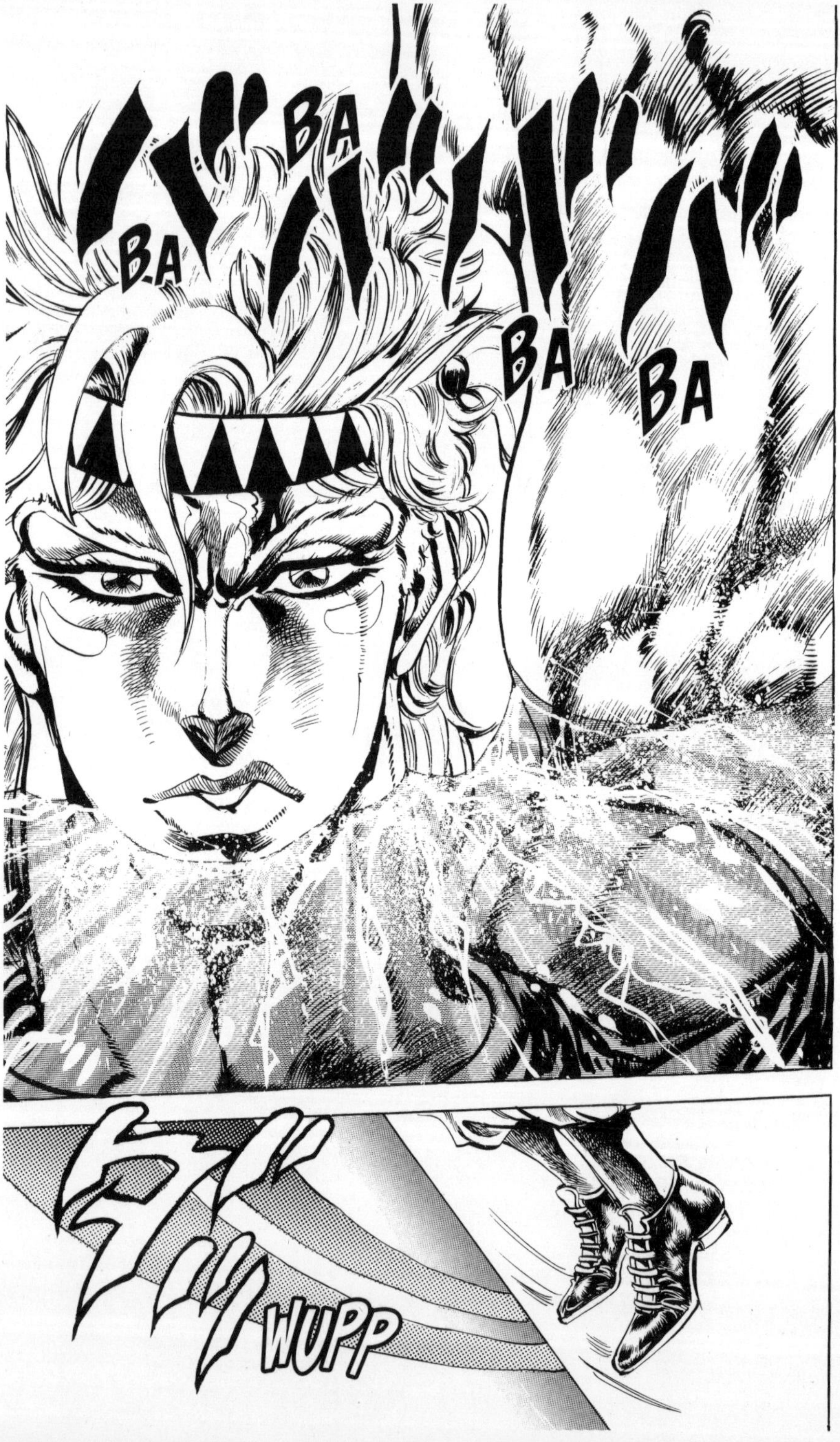
BA
BA
BA
BA
BA
WUPP

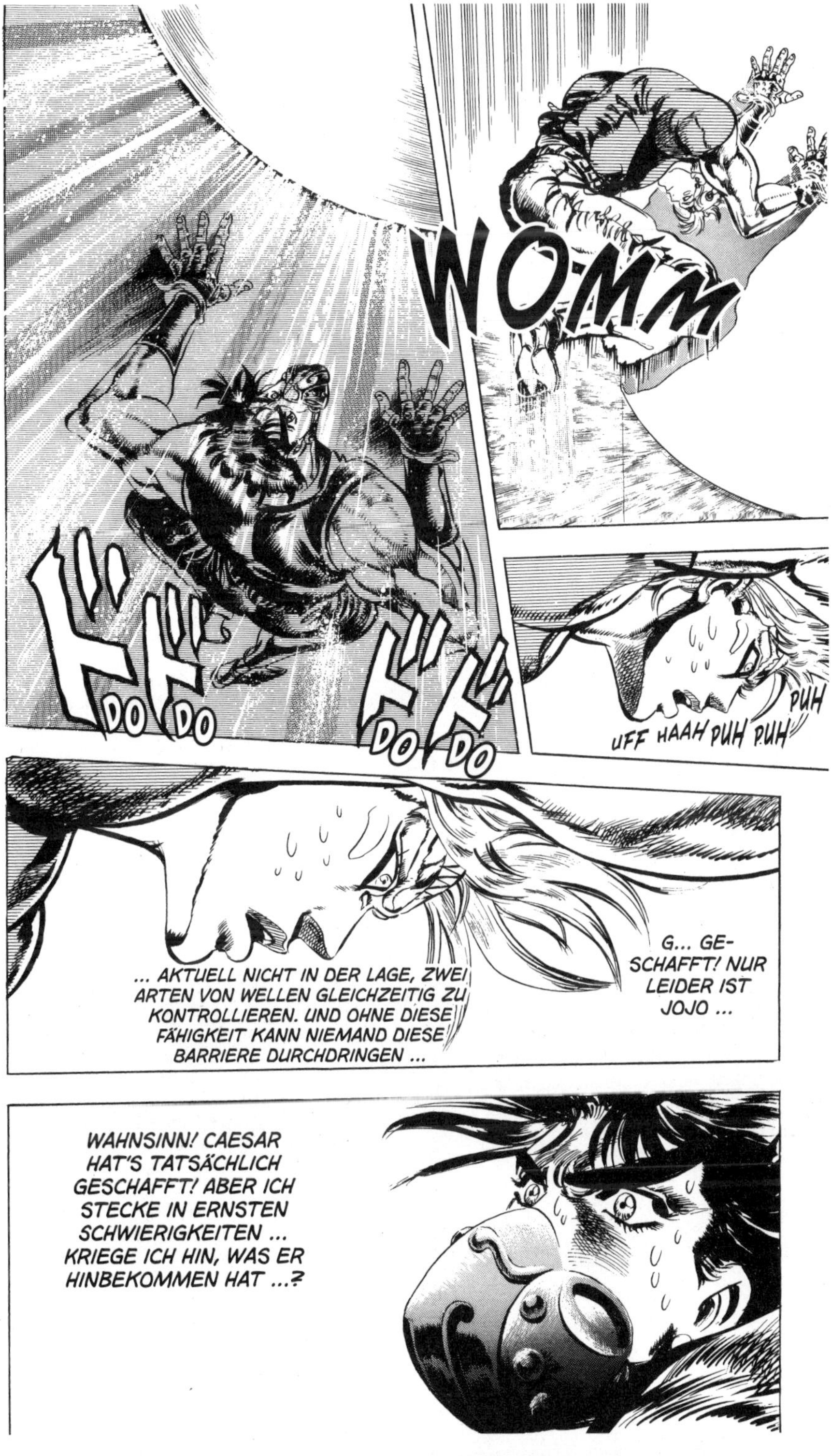
WOMM
DO DO
DO DO
UFF HAAH PUH PUH PUH
G... GE-SCHAFFT! NUR LEIDER IST JOJO ...
... AKTUELL NICHT IN DER LAGE, ZWEI ARTEN VON WELLEN GLEICHZEITIG ZU KONTROLLIEREN. UND OHNE DIESE FÄHIGKEIT KANN NIEMAND DIESE BARRIERE DURCHDRINGEN ...
WAHNSINN! CAESAR HAT'S TATSÄCHLICH GESCHAFFT! ABER ICH STECKE IN ERNSTEN SCHWIERIGKEITEN ... KRIEGE ICH HIN, WAS ER HINBEKOMMEN HAT ...?

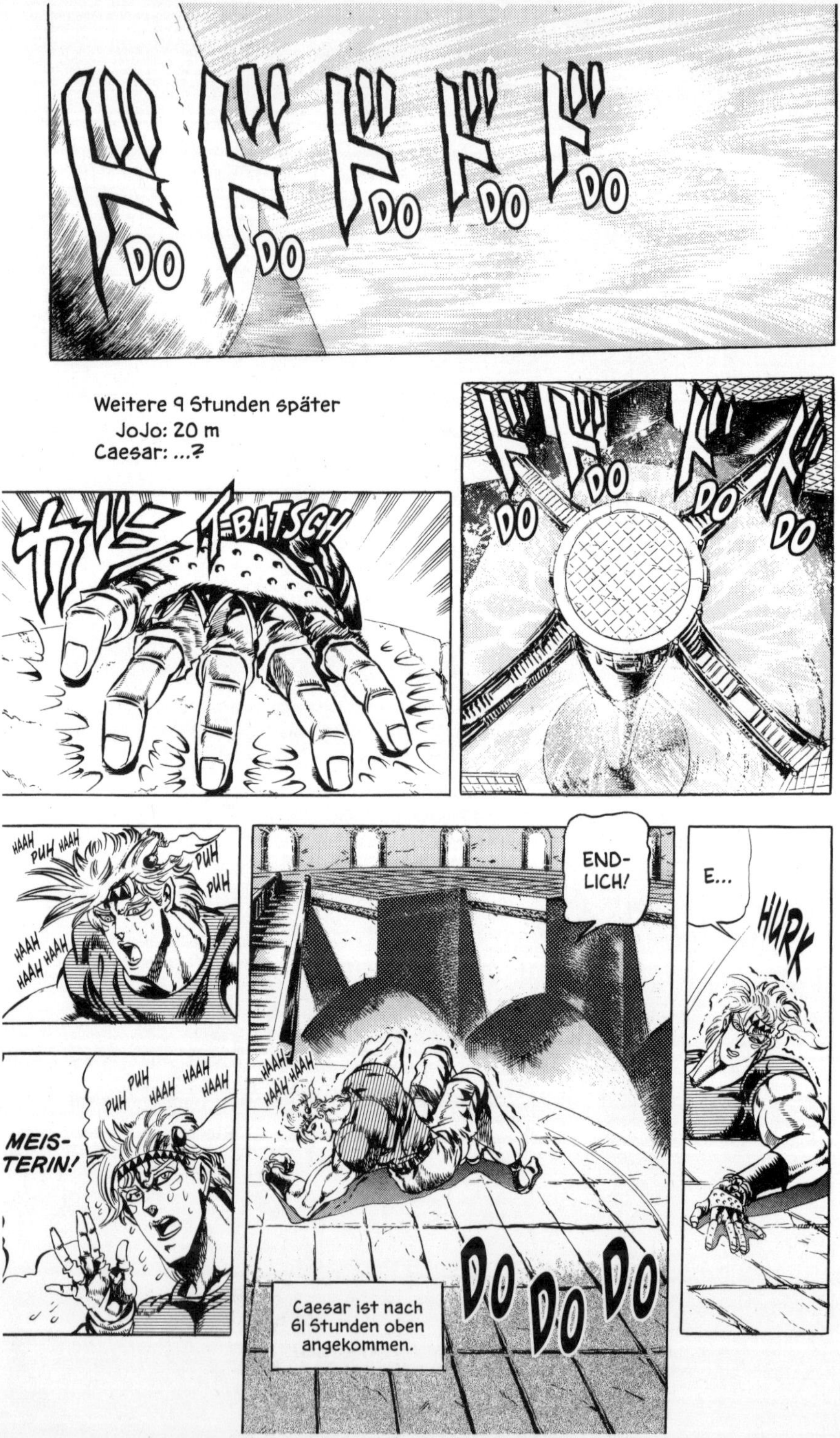

DO DO DO DO DO
Weitere 9 Stunden später
JoJo: 20 m
Caesar: ...?
DO DO DO DO
BATSCH
HAAH PUH HAAH PUH PUH
HAAH HAAH HAAH HAAH
E...
HURK
END-
LICH!
HAAH HAAH HAAH
Caesar ist nach
61 Stunden oben
angekommen.
DO DO DO
PUH PUH HAAH HAAH HAAH
MEIS-
TERIN!

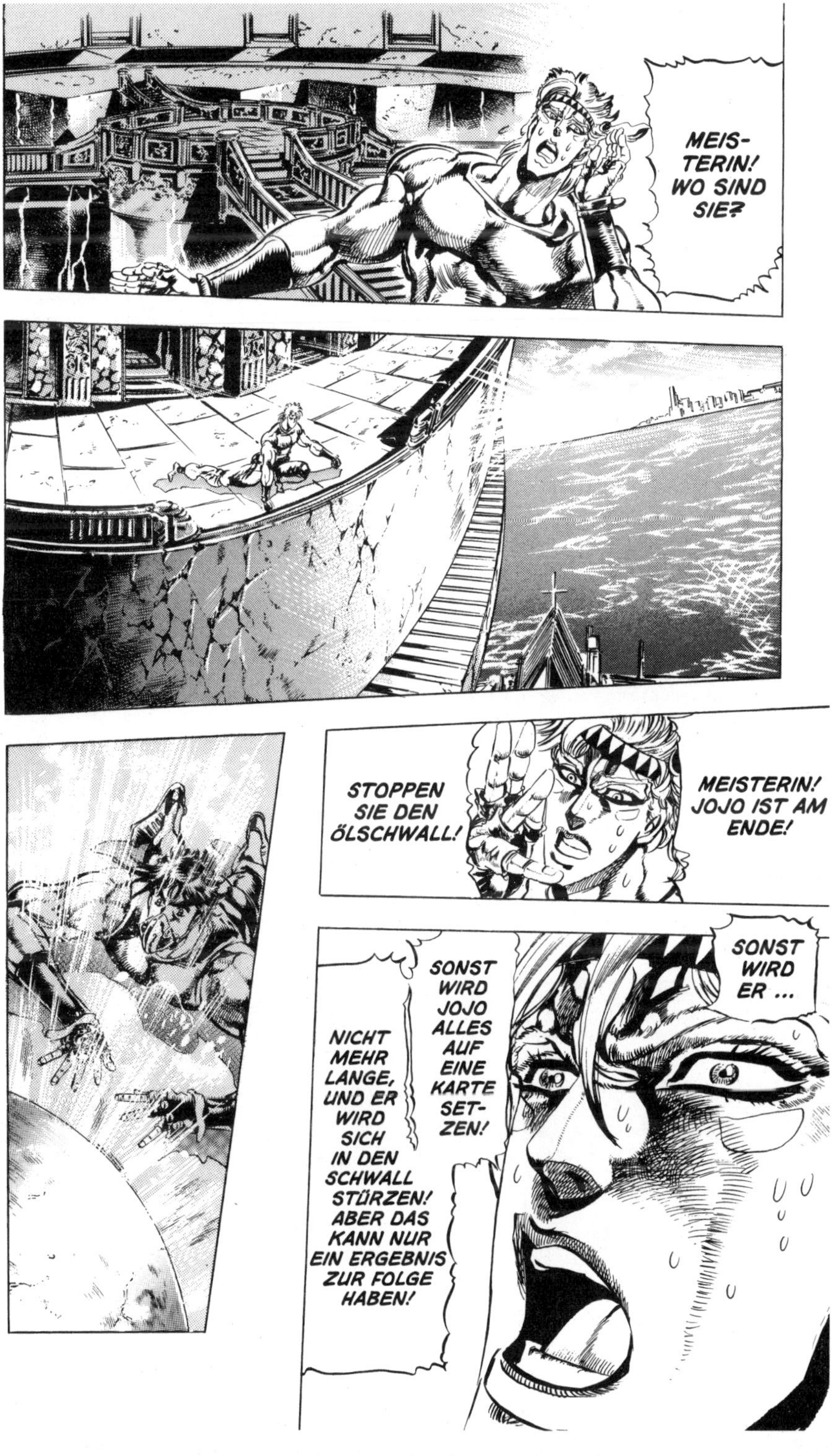
MEIS-
TERIN!
WO SIND
SIE?
MEISTERIN!
JOJO IST AM
ENDE!
STOPPEN
SIE DEN
ÖLSCHWALL!
SONST
WIRD
ER ...
SONST
WIRD
JOJO
ALLES
AUF
EINE
KARTE
SET-
ZEN!
NICHT
MEHR
LANGE,
UND ER
WIRD
SICH
IN DEN
SCHWALL
STÜRZEN!
ABER DAS
KANN NUR
EIN ERGEBNIS
ZUR FOLGE
HABEN!

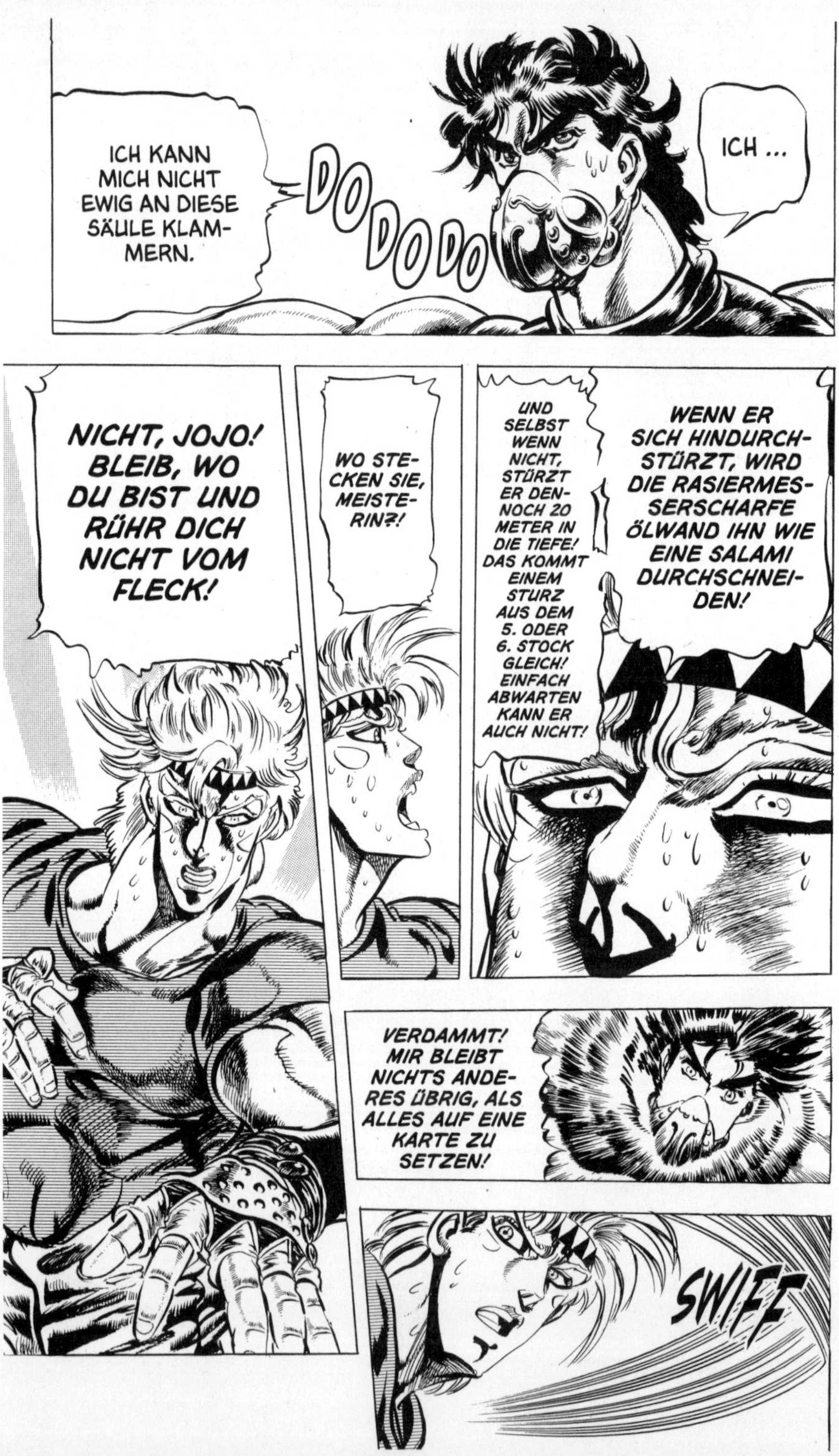

ICH ...
DODODODO
ICH KANN MICH NICHT EWIG AN DIESE SÄULE KLAMMERN.
WENN ER SICH HINDURCHSTÜRZT, WIRD DIE RASIERMESSERSCHARFE ÖLWAND IHN WIE EINE SALAMI DURCHSCHNEIDEN!
UND SELBST WENN NICHT, STÜRZT ER DENNOCH 20 METER IN DIE TIEFE! DAS KOMMT EINEM STURZ AUS DEM 5. ODER 6. STOCK GLEICH! EINFACH ABWARTEN KANN ER AUCH NICHT!
WO STECKEN SIE, MEISTERIN?!
NICHT, JOJO! BLEIB, WO DU BIST UND RÜHR DICH NICHT VOM FLECK!
VERDAMMT! MIR BLEIBT NICHTS ANDERES ÜBRIG, ALS ALLES AUF EINE KARTE ZU SETZEN!
SWIFF

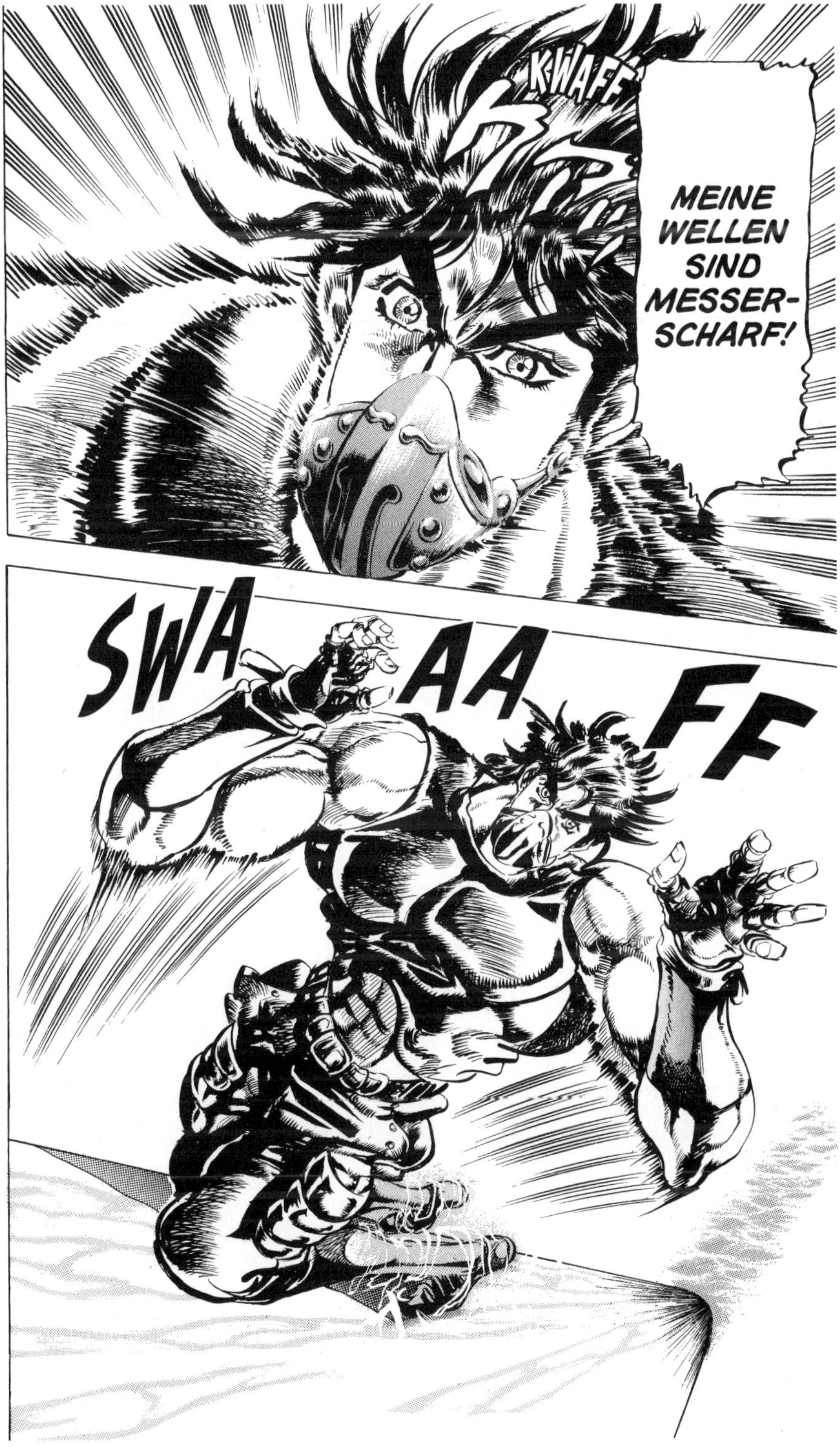
KWAFF
MEINE WELLEN SIND MESSER-SCHARF!
SWA AA FF

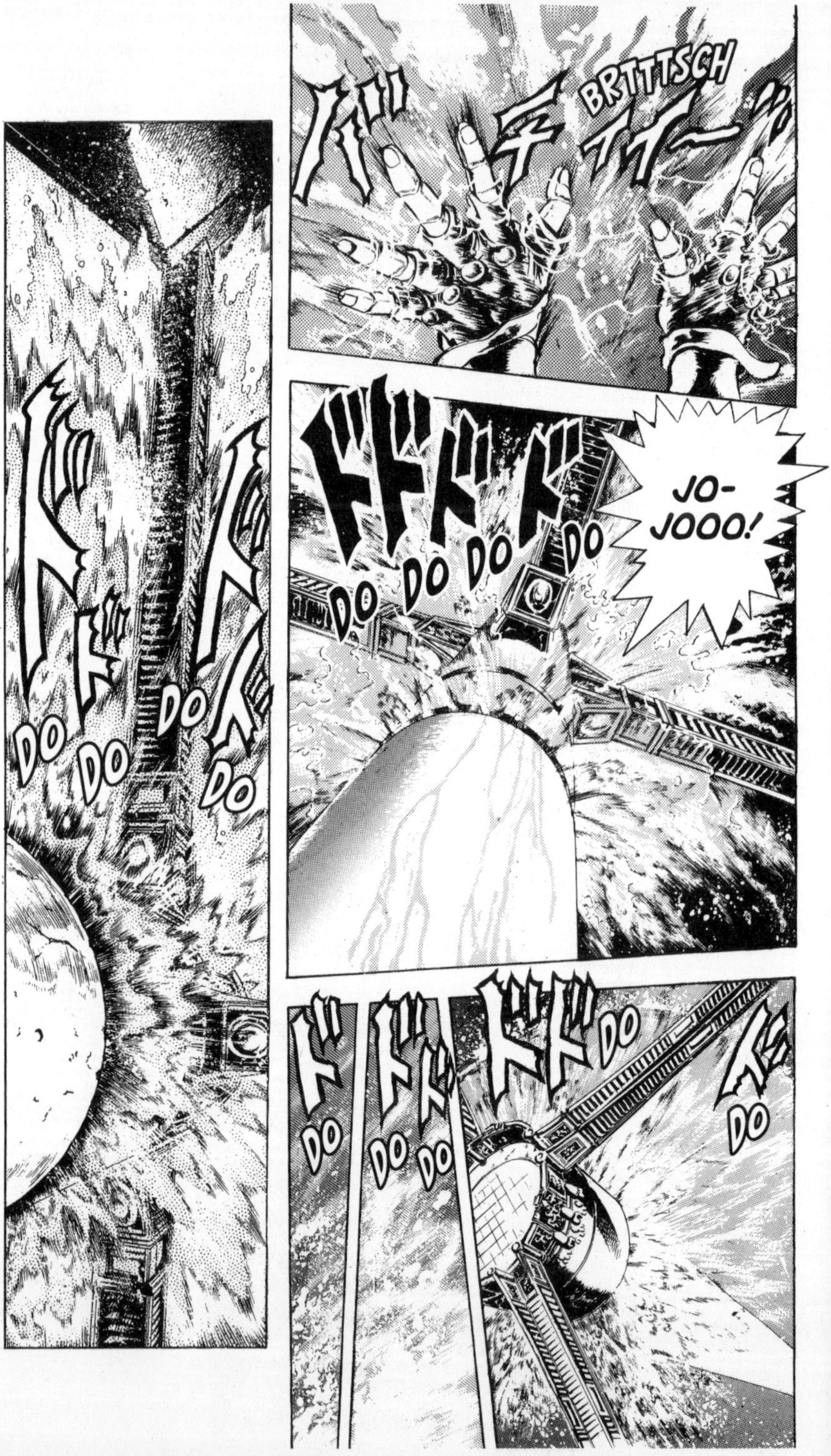
BRTTTSCH
JO-JOOO!
DO DO DO DO
DO DO DO DO DO
DO DO DO DO

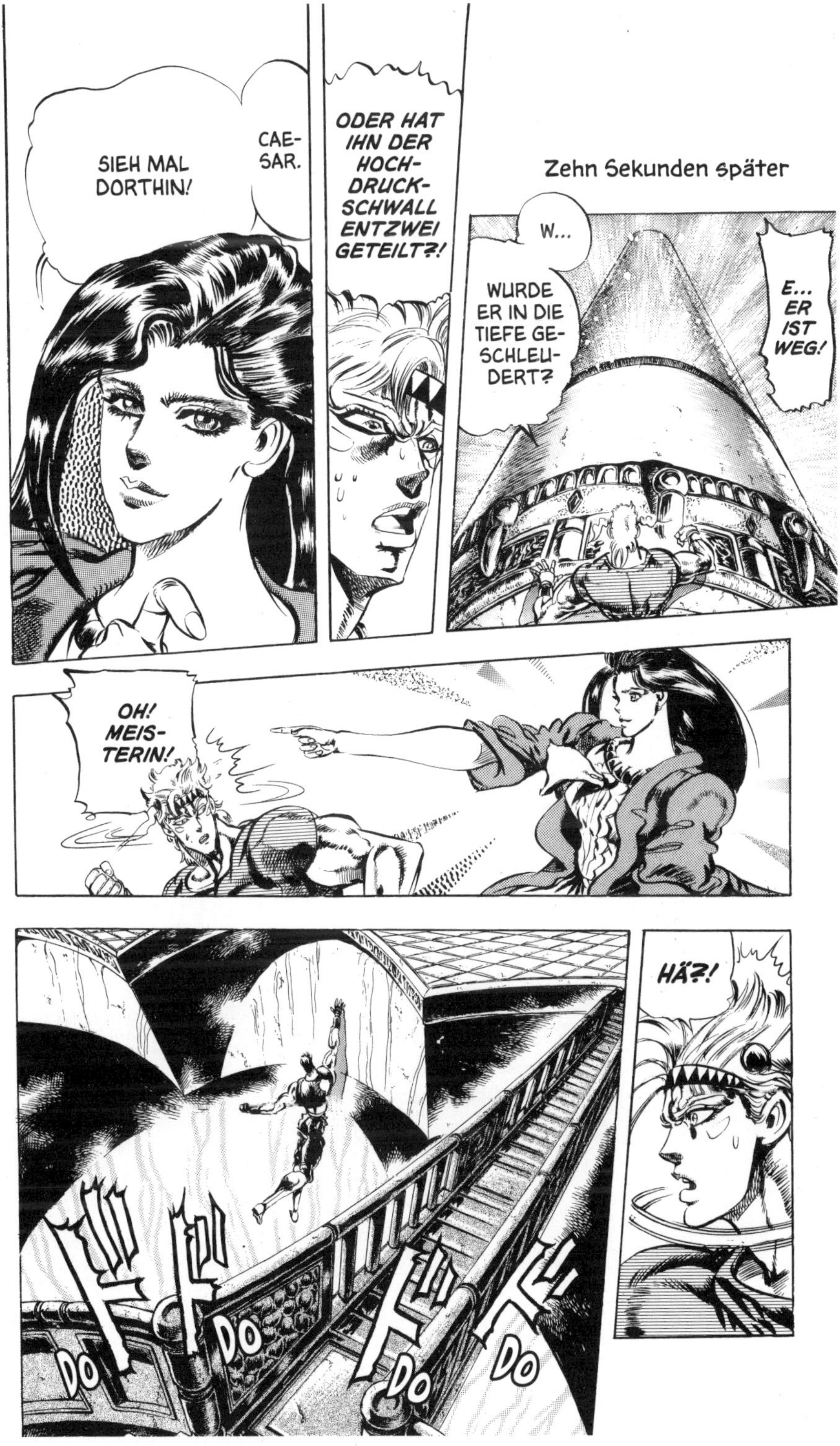
Zehn Sekunden später
E... ER IST WEG!
W...
WURDE ER IN DIE TIEFE GESCHLEUDERT?
ODER HAT IHN DER HOCHDRUCKSCHWALL ENTZWEI GETEILT?!
CAESAR.
SIEH MAL DORTHIN!
OH! MEISTERIN!
HÄ?!
DO
DO
DO
DO

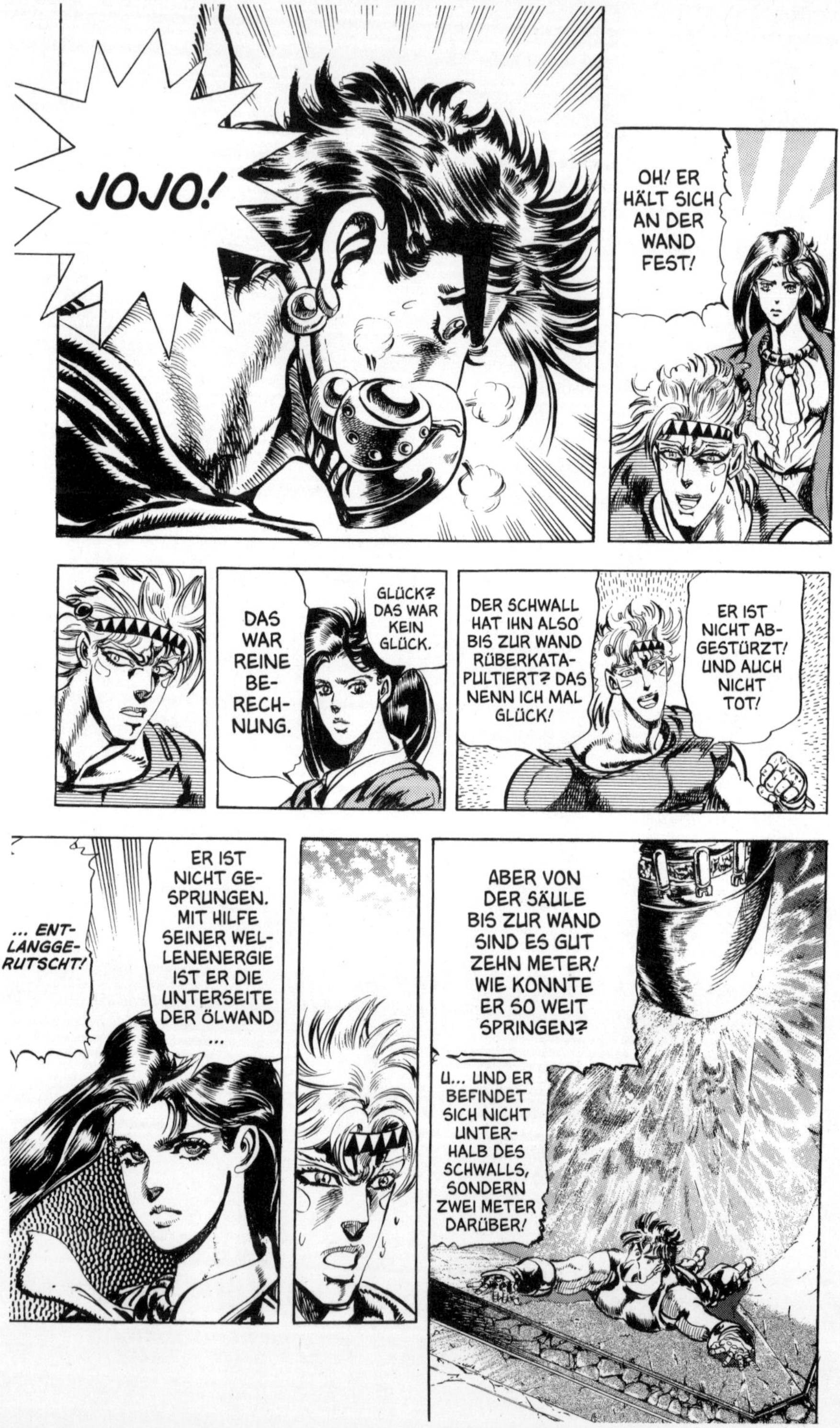
JOJO!
OH! ER HÄLT SICH AN DER WAND FEST!
ER IST NICHT ABGESTÜRZT! UND AUCH NICHT TOT!
DER SCHWALL HAT IHN ALSO BIS ZUR WAND RÜBERKATAPULTIERT? DAS NENN ICH MAL GLÜCK!
GLÜCK? DAS WAR KEIN GLÜCK.
DAS WAR REINE BERECHNUNG.
ABER VON DER SÄULE BIS ZUR WAND SIND ES GUT ZEHN METER! WIE KONNTE ER SO WEIT SPRINGEN?
U... UND ER BEFINDET SICH NICHT UNTERHALB DES SCHWALLS, SONDERN ZWEI METER DARÜBER!
ER IST NICHT GESPRUNGEN. MIT HILFE SEINER WELLENENERGIE IST ER DIE UNTERSEITE DER ÖLWAND ...
... ENTLANGGERUTSCHT!

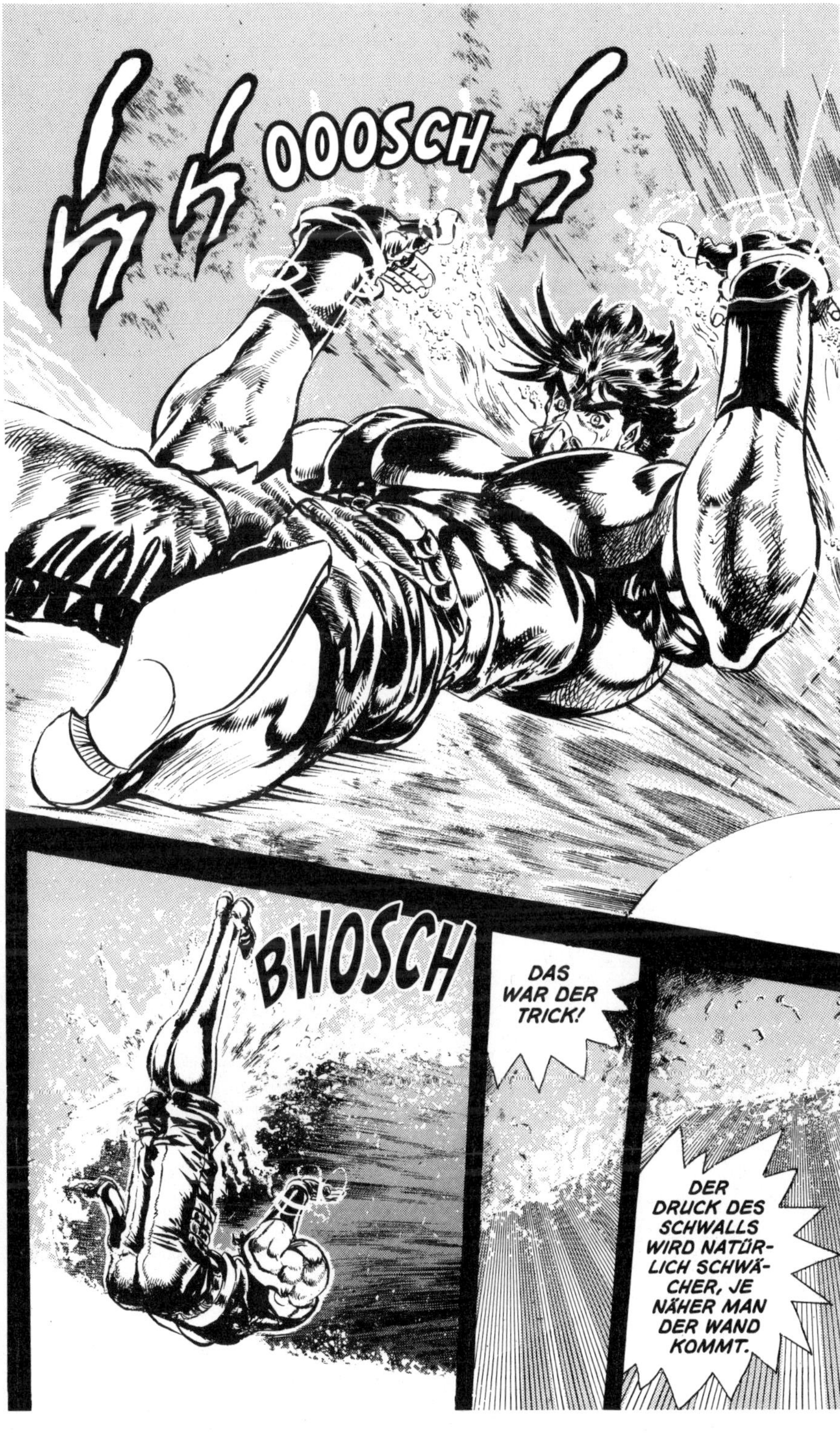

OOOSCH
BWOSCH
DAS WAR DER TRICK!
DER DRUCK DES SCHWALLS WIRD NATÜRLICH SCHWÄCHER, JE NÄHER MAN DER WAND KOMMT.

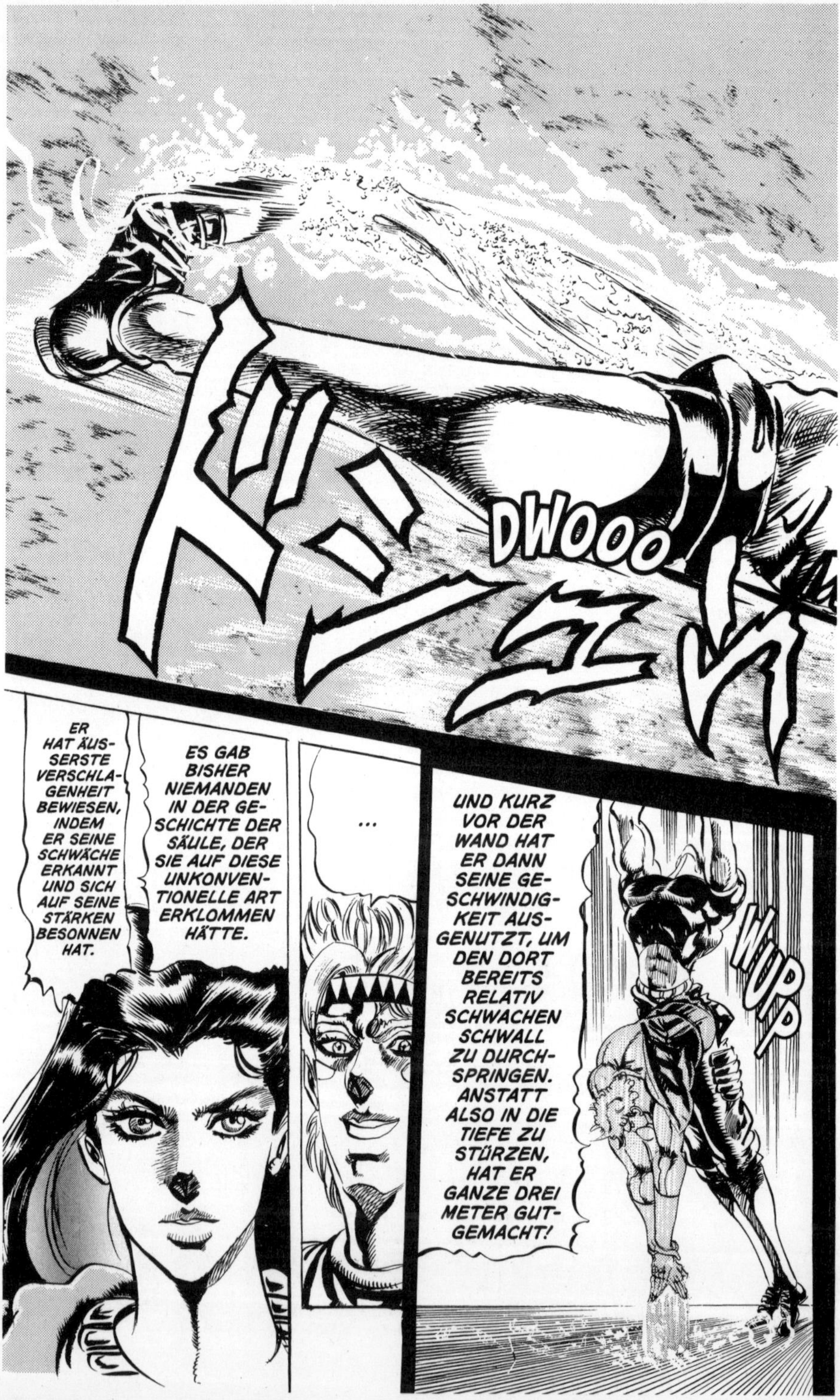
DWOOO
ER HAT ÄUSSERSTE VERSCHLAGENHEIT BEWIESEN, INDEM ER SEINE SCHWÄCHE ERKANNT UND SICH AUF SEINE STÄRKEN BESONNEN HAT.
ES GAB BISHER NIEMANDEN IN DER GESCHICHTE DER SÄULE, DER SIE AUF DIESE UNKONVENTIONELLE ART ERKLOMMEN HÄTTE.
...
UND KURZ VOR DER WAND HAT ER DANN SEINE GESCHWINDIGKEIT AUSGENUTZT, UM DEN DORT BEREITS RELATIV SCHWACHEN SCHWALL ZU DURCHSPRINGEN. ANSTATT ALSO IN DIE TIEFE ZU STÜRZEN, HAT ER GANZE DREI METER GUTGEMACHT!
WUPP

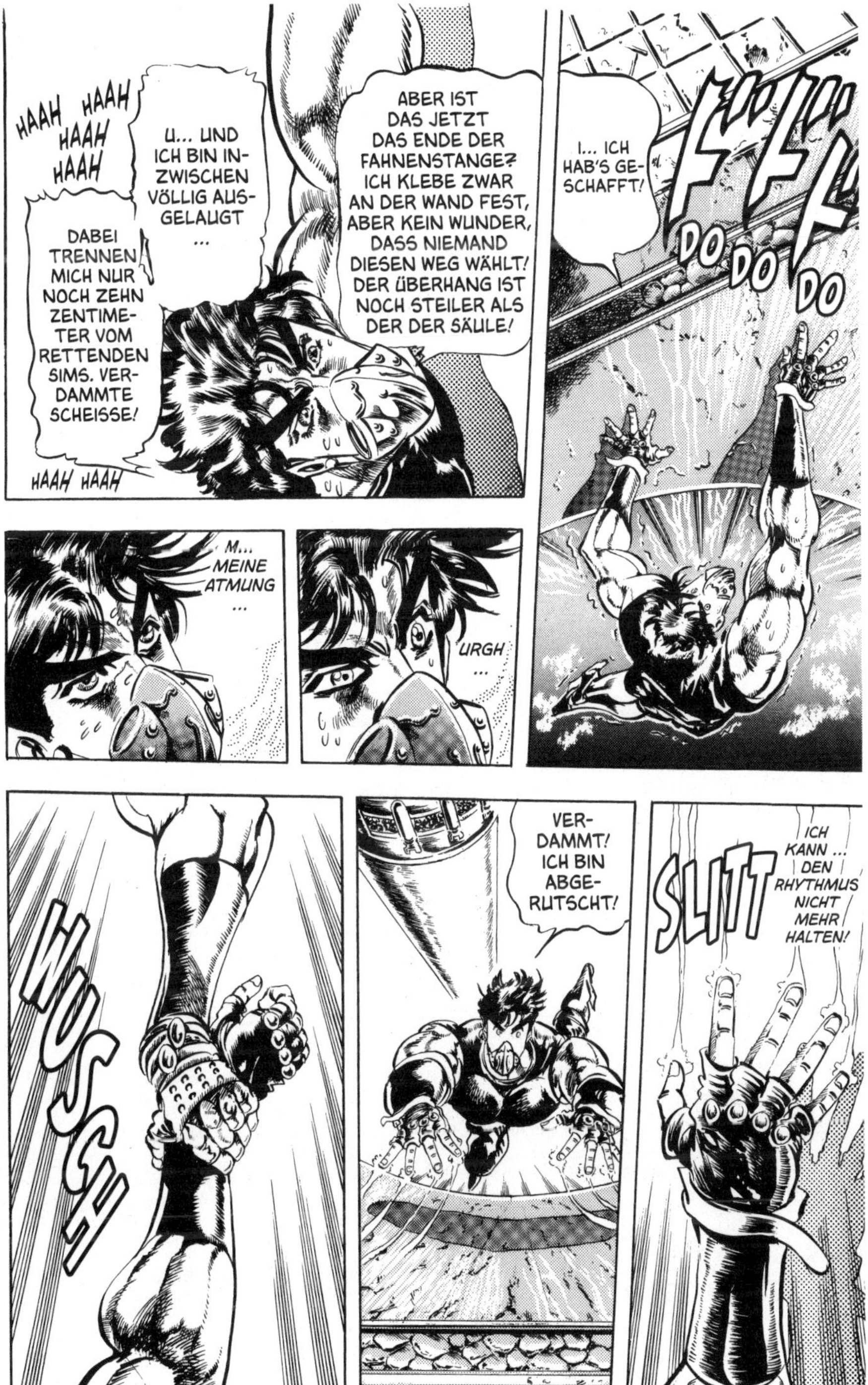
I... ICH HAB'S GESCHAFFT!
DO DO DO
ABER IST DAS JETZT DAS ENDE DER FAHNENSTANGE? ICH KLEBE ZWAR AN DER WAND FEST, ABER KEIN WUNDER, DASS NIEMAND DIESEN WEG WÄHLT! DER ÜBERHANG IST NOCH STEILER ALS DER DER SÄULE!
U... UND ICH BIN INZWISCHEN VÖLLIG AUSGELAUGT ...
HAAH HAAH HAAH HAAH
DABEI TRENNEN MICH NUR NOCH ZEHN ZENTIMETER VOM RETTENDEN SIMS. VERDAMMTE SCHEISSE!
HAAH HAAH
URGH ...
M... MEINE ATMUNG ...
ICH KANN ... DEN RHYTHMUS NICHT MEHR HALTEN!
SLITT
VERDAMMT! ICH BIN ABGERUTSCHT!
WUSCH

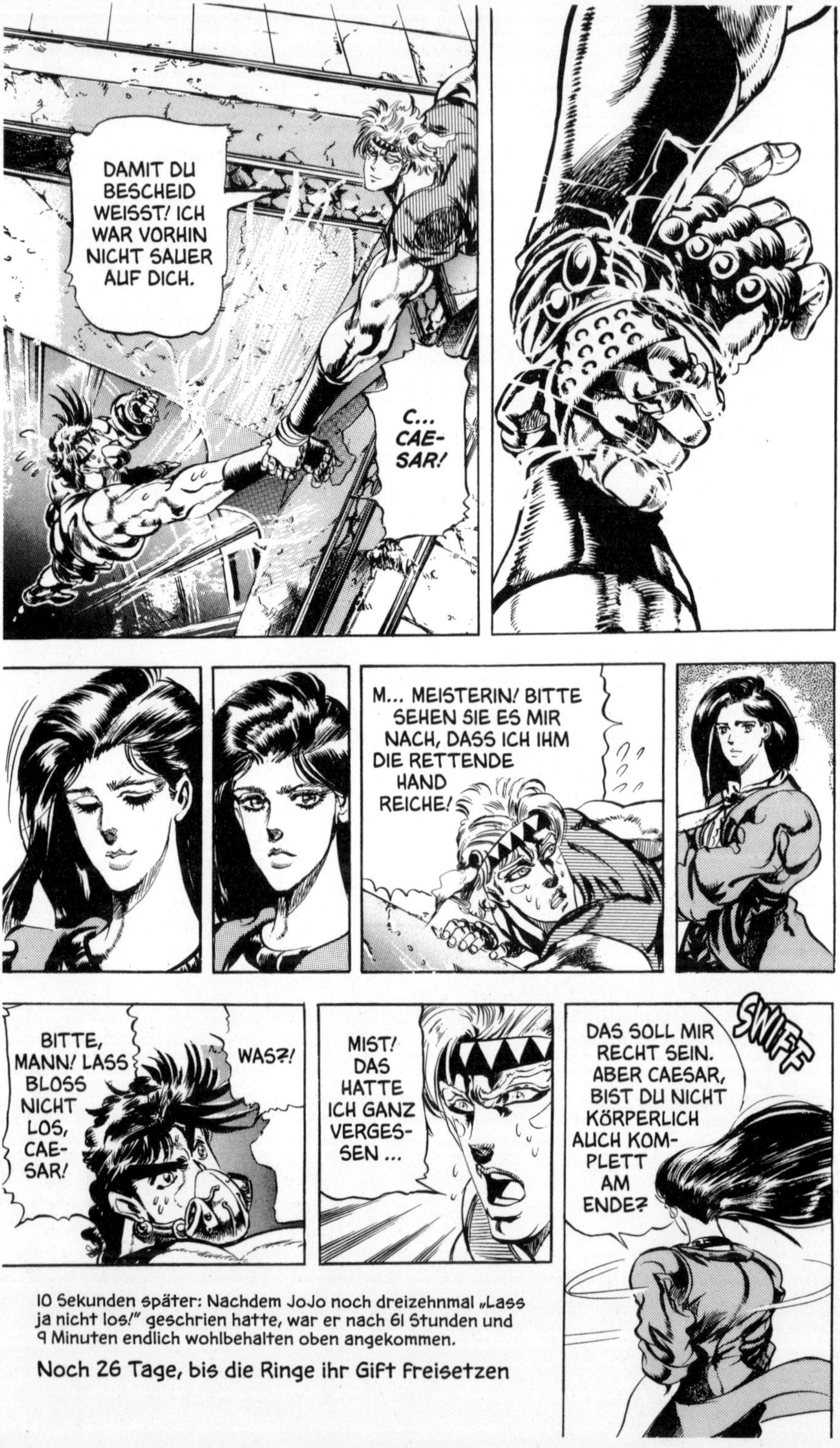

10 Sekunden später: Nachdem JoJo noch dreizehnmal „Lass ja nicht los!" geschrien hatte, war er nach 61 Stunden und 9 Minuten endlich wohlbehalten oben angekommen.

Noch 26 Tage, bis die Ringe ihr Gift freisetzen

JOJO'S BIZARRE ADVENTURE PART 2

BATTLE TENDENCY

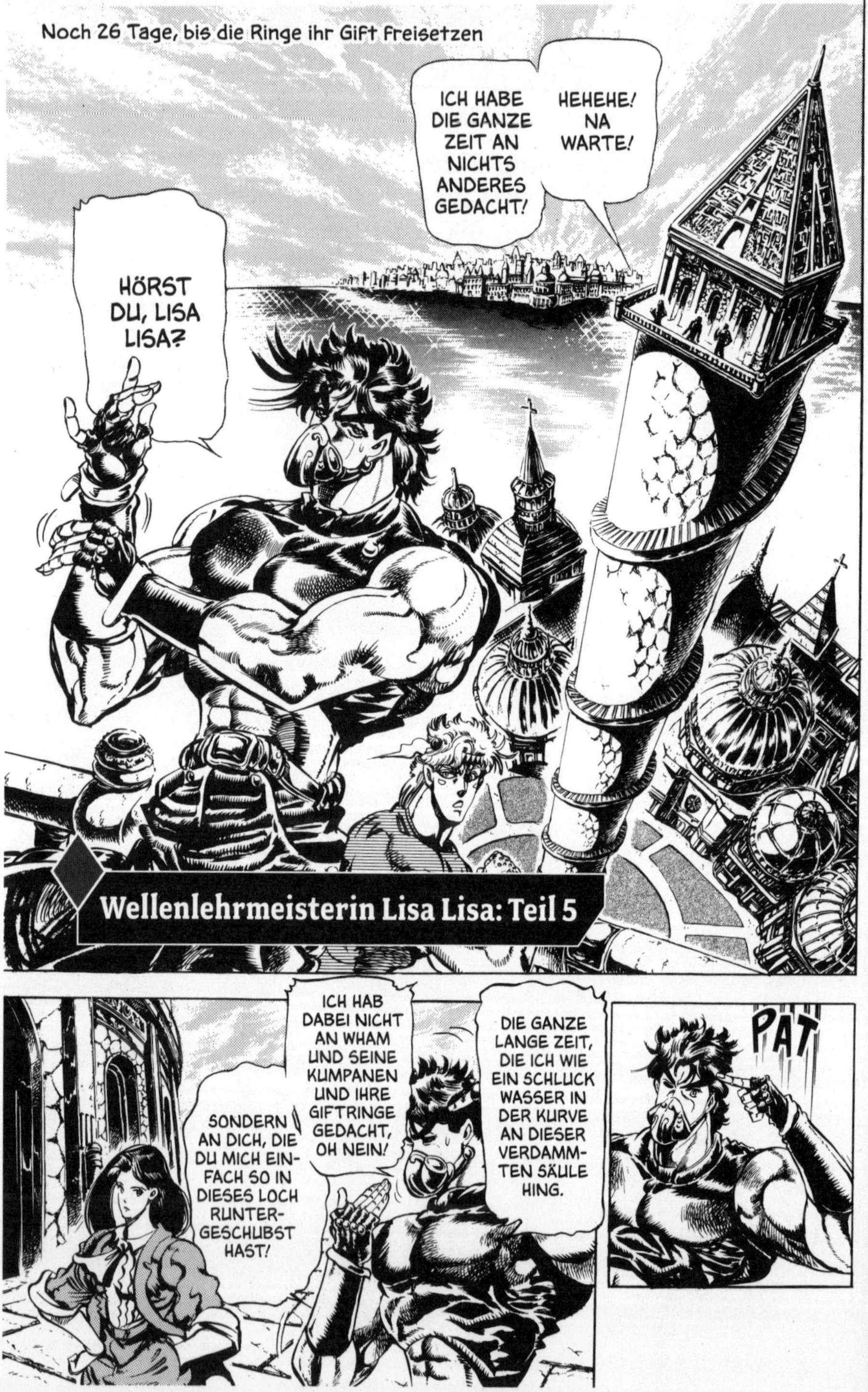
Noch 26 Tage, bis die Ringe ihr Gift freisetzen
HEHEHE! NA WARTE!
ICH HABE DIE GANZE ZEIT AN NICHTS ANDERES GEDACHT!
HÖRST DU, LISA LISA?
Wellenlehrmeisterin Lisa Lisa: Teil 5
PAT
DIE GANZE LANGE ZEIT, DIE ICH WIE EIN SCHLUCK WASSER IN DER KURVE AN DIESER VERDAMMTEN SÄULE HING.
ICH HAB DABEI NICHT AN WHAM UND SEINE KUMPANEN UND IHRE GIFTRINGE GEDACHT, OH NEIN!
SONDERN AN DICH, DIE DU MICH EINFACH SO IN DIESES LOCH RUNTERGESCHUBST HAST!

Wellenlehrmeisterin Lisa Lisa: Teil 5

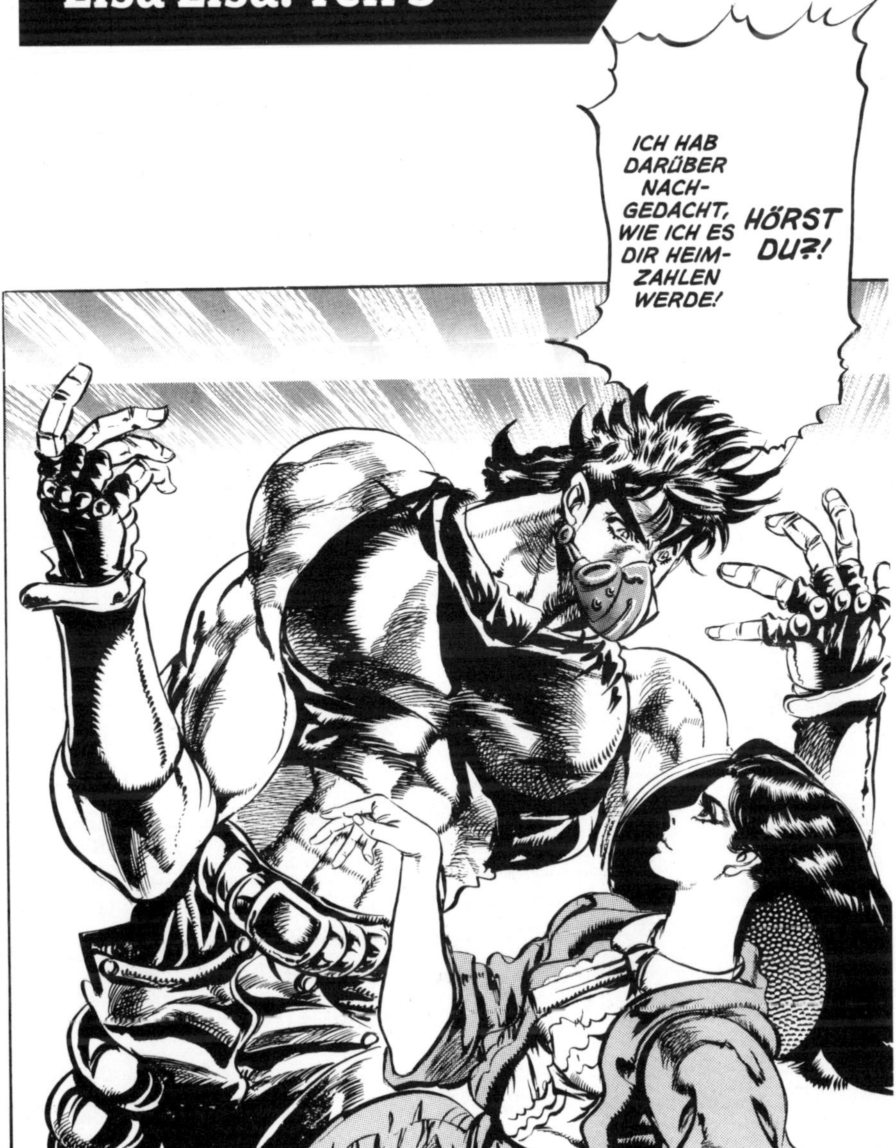

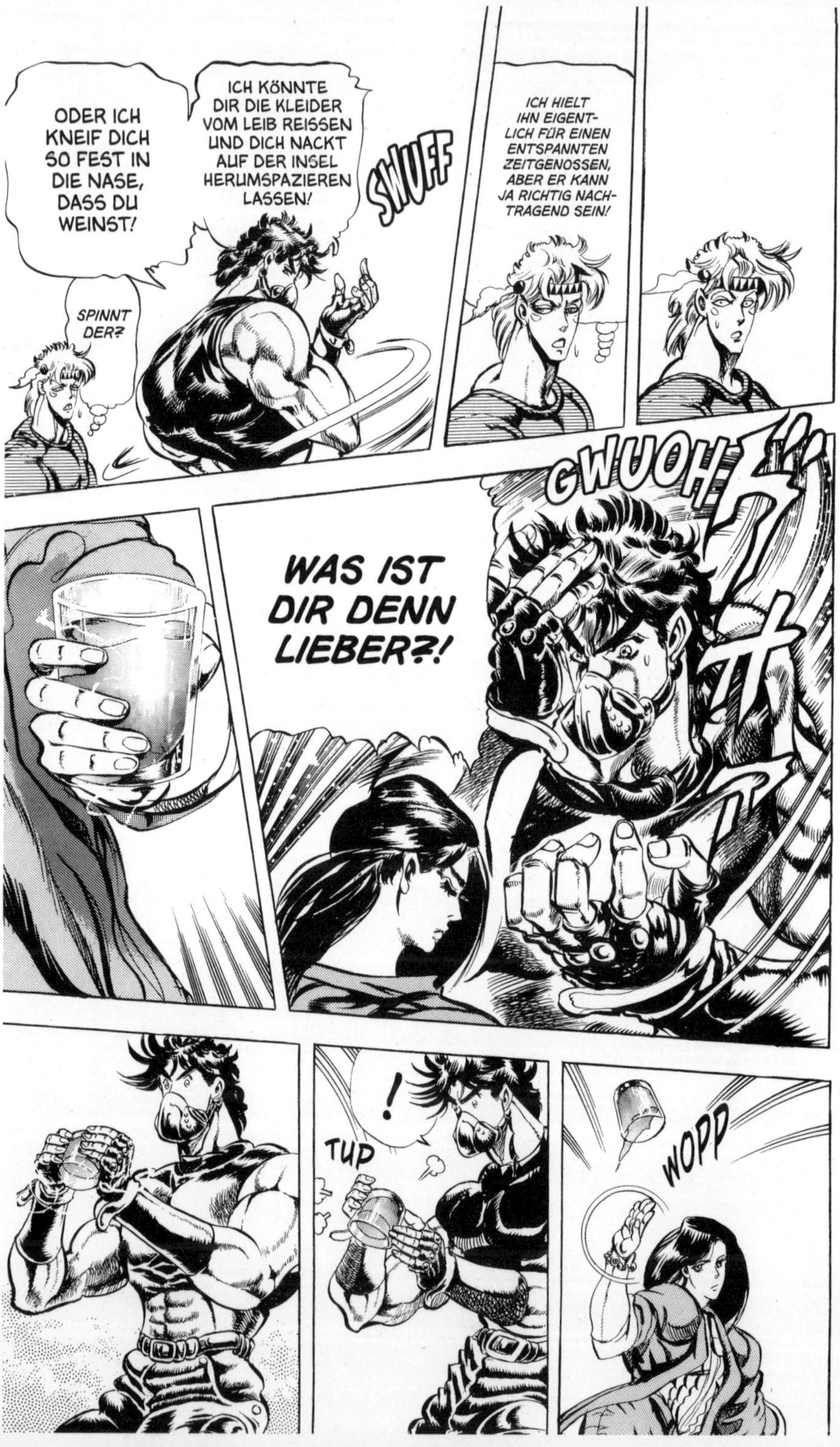
ICH HIELT IHN EIGENTLICH FÜR EINEN ENTSPANNTEN ZEITGENOSSEN, ABER ER KANN JA RICHTIG NACHTRAGEND SEIN!
SWUFF
ICH KÖNNTE DIR DIE KLEIDER VOM LEIB REISSEN UND DICH NACKT AUF DER INSEL HERUMSPAZIEREN LASSEN!
ODER ICH KNEIF DICH SO FEST IN DIE NASE, DASS DU WEINST!
SPINNT DER?
GWUOH
WAS IST DIR DENN LIEBER?!
WOPP
!
TUP

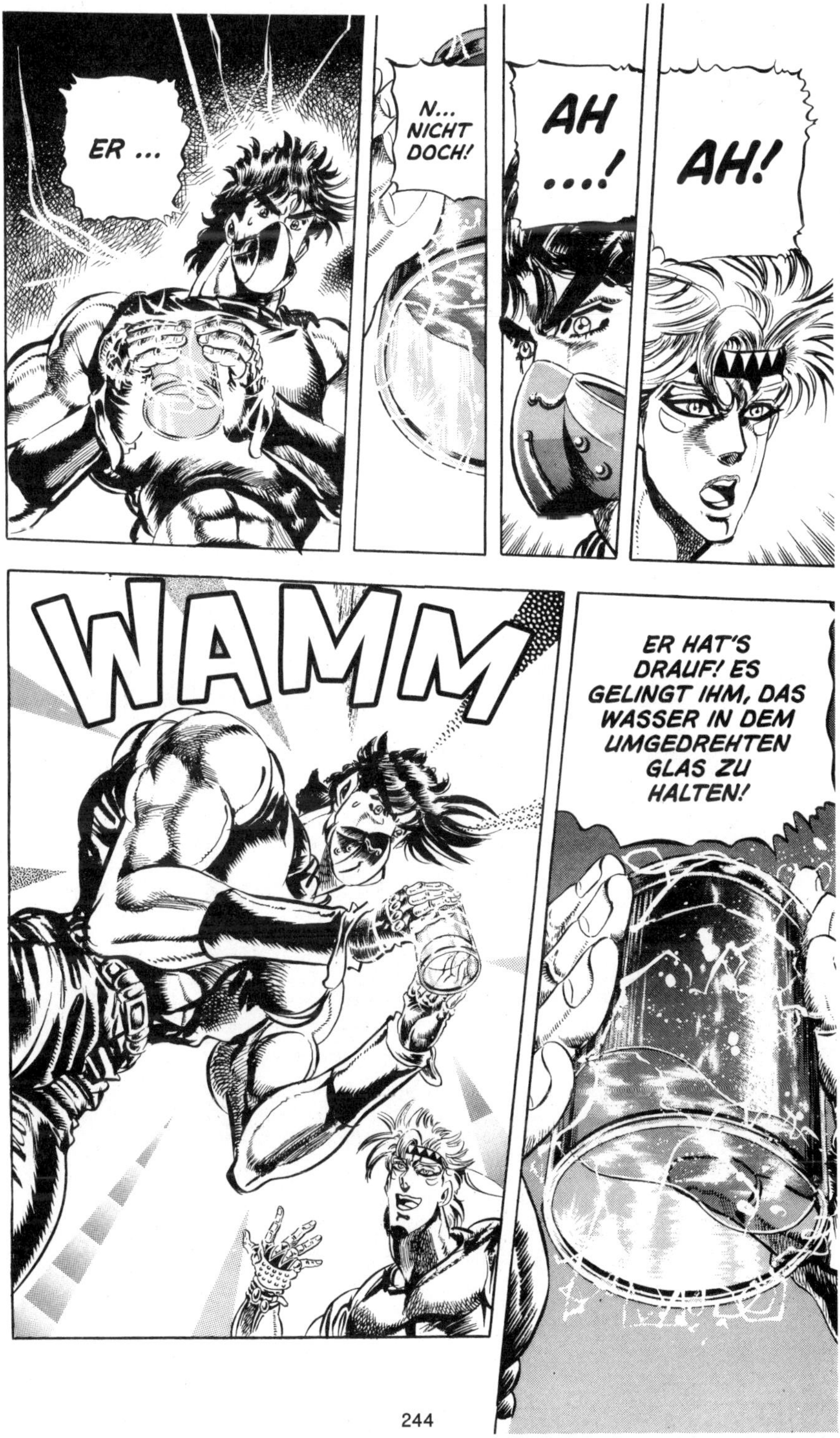
ER ...
N... NICHT DOCH!
AH ...!
AH!
WAMM
ER HAT'S DRAUF! ES GELINGT IHM, DAS WASSER IN DEM UMGEDREHTEN GLAS ZU HALTEN!

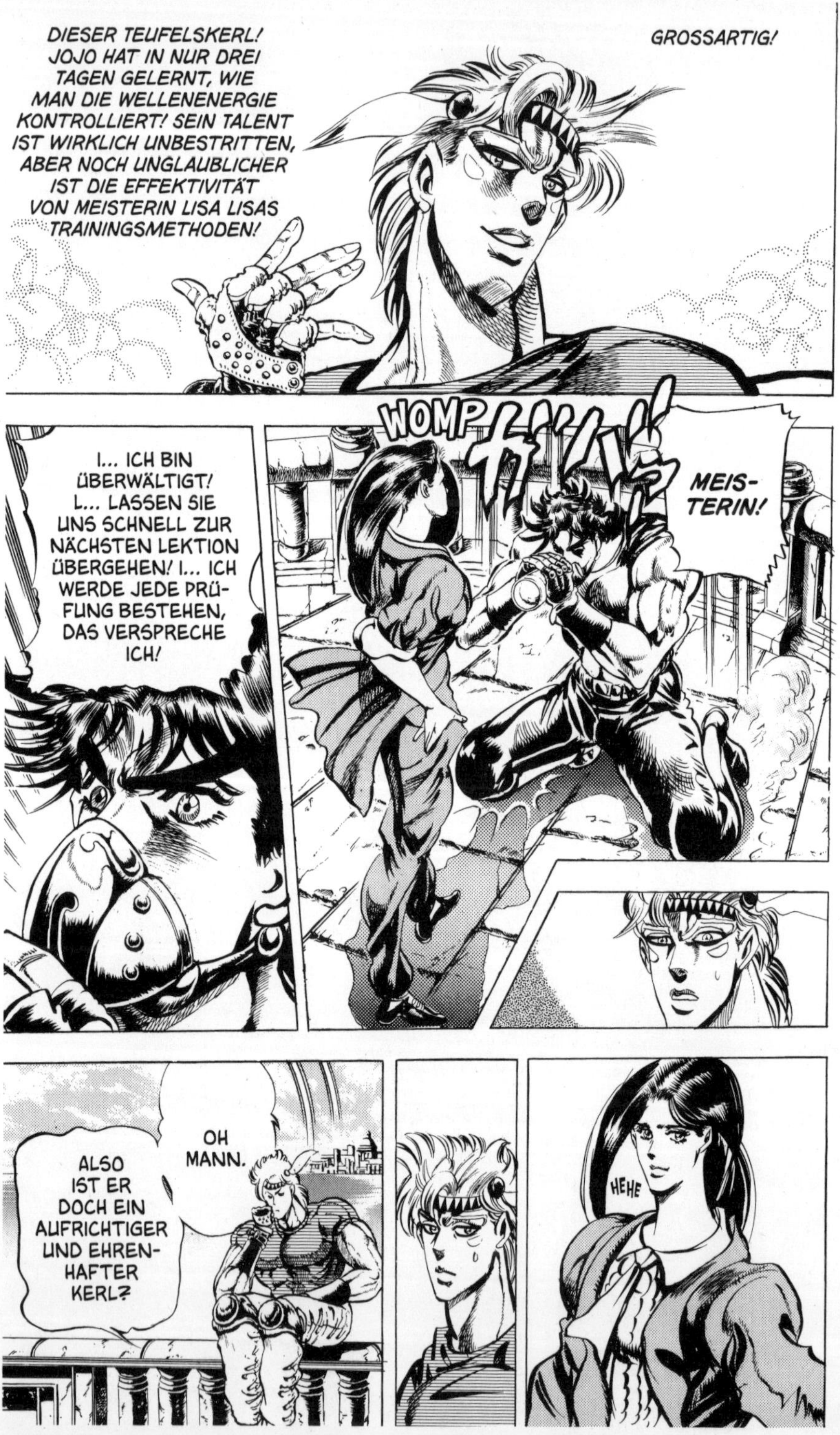

GROSSARTIG!
DIESER TEUFELSKERL! JOJO HAT IN NUR DREI TAGEN GELERNT, WIE MAN DIE WELLENENERGIE KONTROLLIERT! SEIN TALENT IST WIRKLICH UNBESTRITTEN, ABER NOCH UNGLAUBLICHER IST DIE EFFEKTIVITÄT VON MEISTERIN LISA LISAS TRAININGSMETHODEN!
MEIS-TERIN!
WOMP
I... ICH BIN ÜBERWÄLTIGT! L... LASSEN SIE UNS SCHNELL ZUR NÄCHSTEN LEKTION ÜBERGEHEN! I... ICH WERDE JEDE PRÜ-FUNG BESTEHEN, DAS VERSPRECHE ICH!
HEHE
OH MANN.
ALSO IST ER DOCH EIN AUFRICHTIGER UND EHREN-HAFTER KERL?

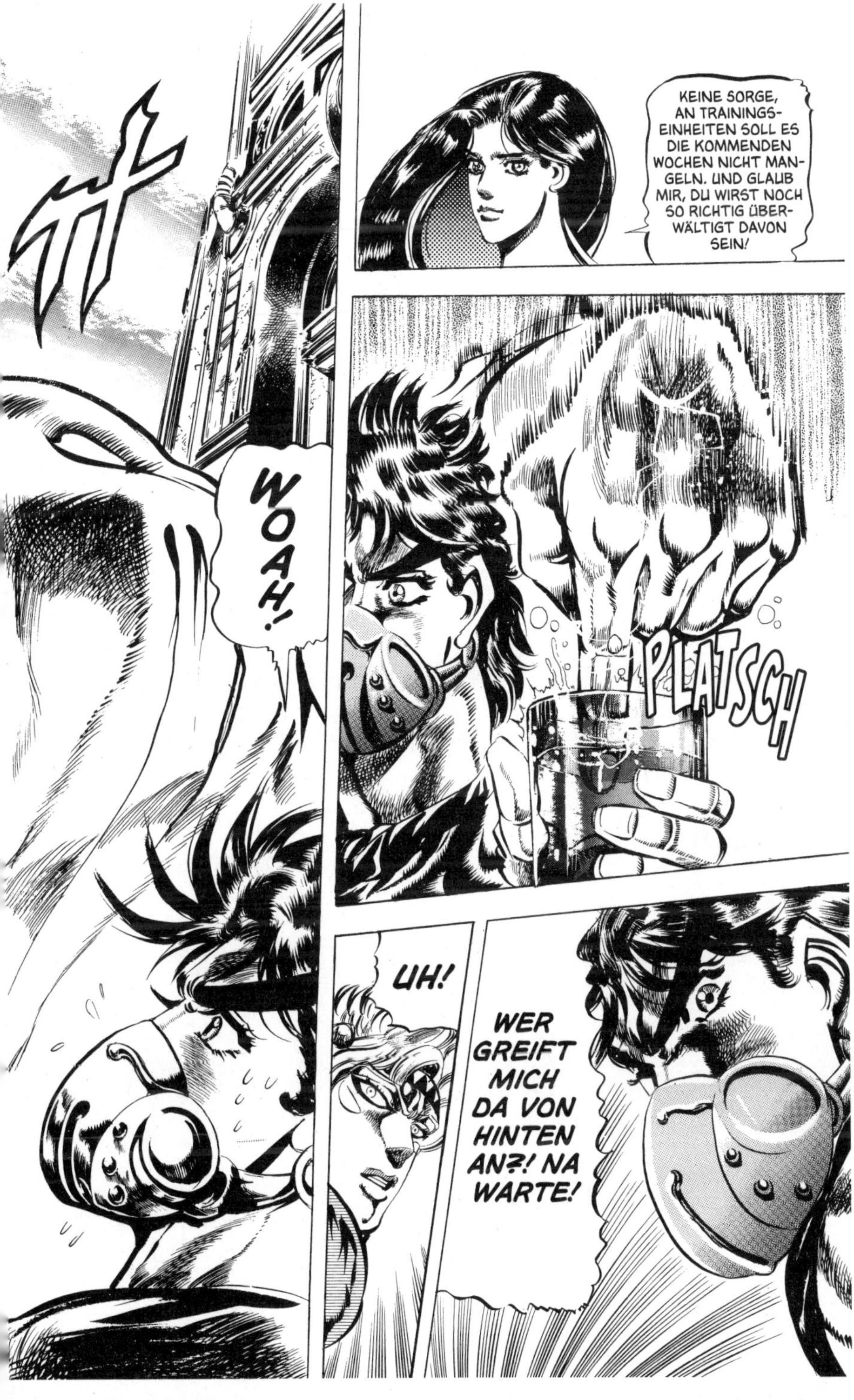
KEINE SORGE, AN TRAININGS-EINHEITEN SOLL ES DIE KOMMENDEN WOCHEN NICHT MANGELN. UND GLAUB MIR, DU WIRST NOCH SO RICHTIG ÜBERWÄLTIGT DAVON SEIN!
PLATSCH
WOAH!
WER GREIFT MICH DA VON HINTEN AN?! NA WARTE!
UH!

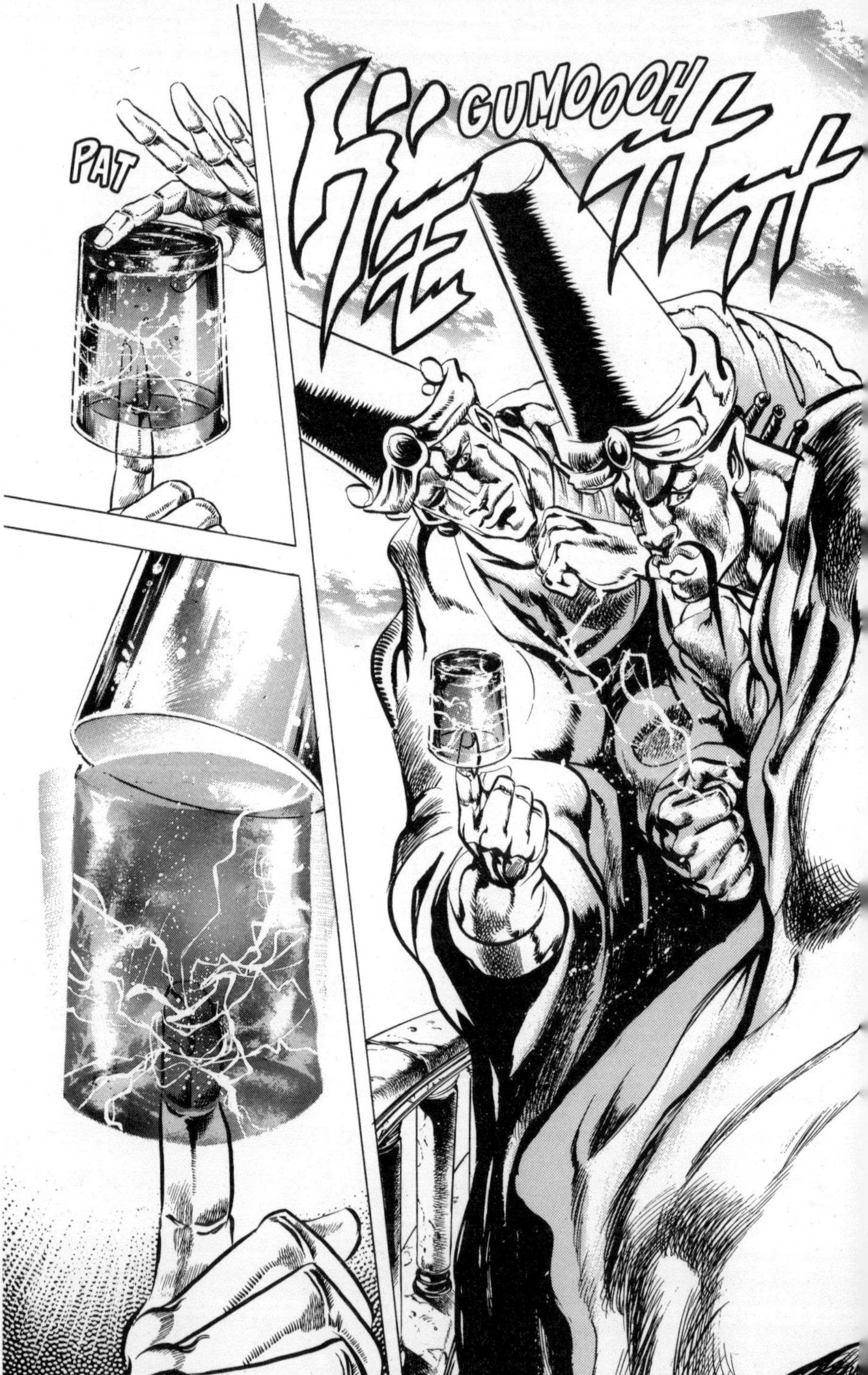
PAT
GUMOOOH

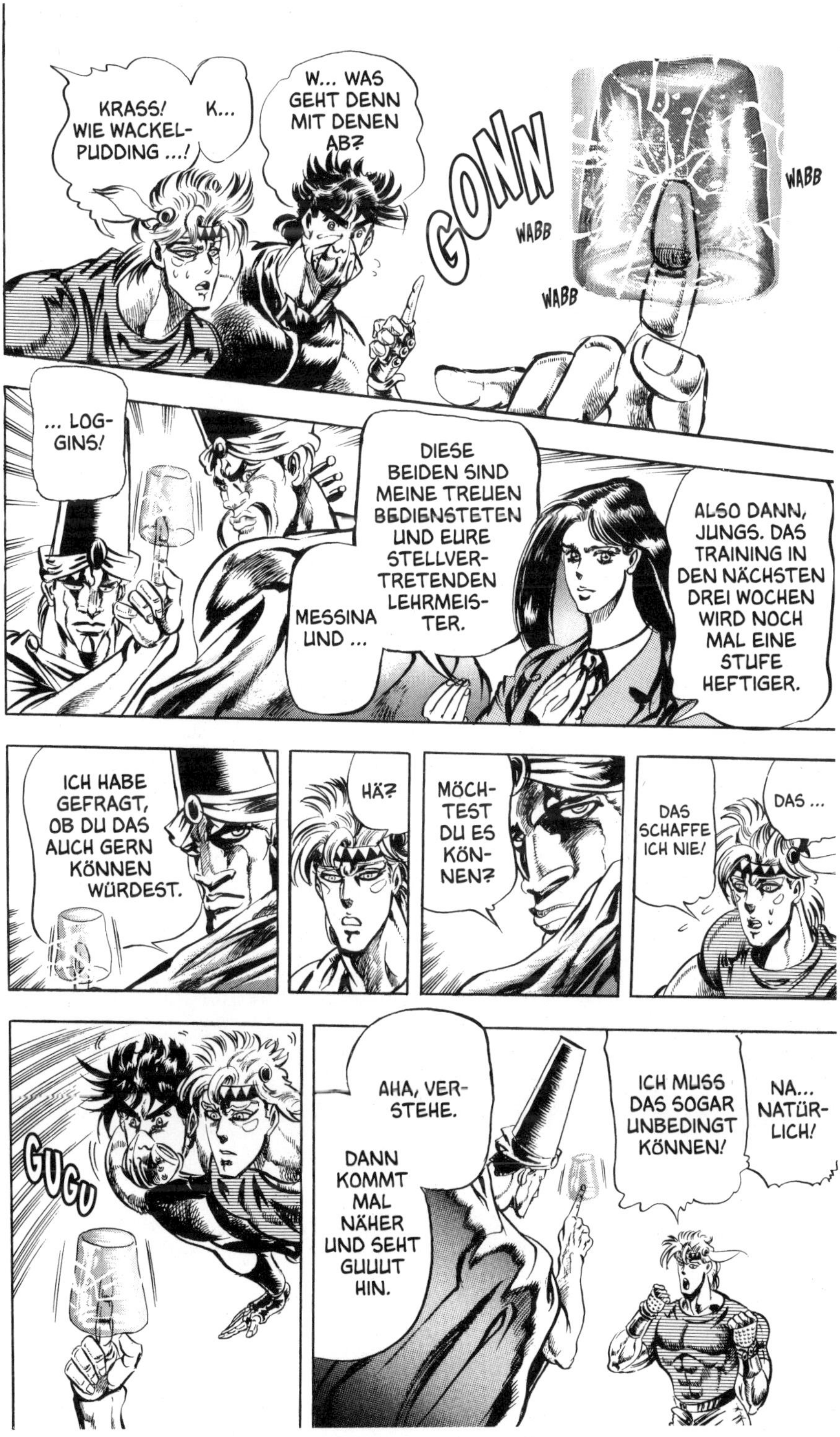

WABB
WABB
GONN
WABB
W... WAS GEHT DENN MIT DENEN AB?
K...
KRASS! WIE WACKEL-PUDDING ...!
ALSO DANN, JUNGS. DAS TRAINING IN DEN NÄCHSTEN DREI WOCHEN WIRD NOCH MAL EINE STUFE HEFTIGER.
DIESE BEIDEN SIND MEINE TREUEN BEDIENSTETEN UND EURE STELLVER-TRETENDEN LEHRMEIS-TER.
MESSINA UND ...
... LOG-GINS!
DAS ...
DAS SCHAFFE ICH NIE!
MÖCH-TEST DU ES KÖN-NEN?
HÄ?
ICH HABE GEFRAGT, OB DU DAS AUCH GERN KÖNNEN WÜRDEST.
NA... NATÜR-LICH!
ICH MUSS DAS SOGAR UNBEDINGT KÖNNEN!
AHA, VER-STEHE.
DANN KOMMT MAL NÄHER UND SEHT GUUUT HIN.
GUGU

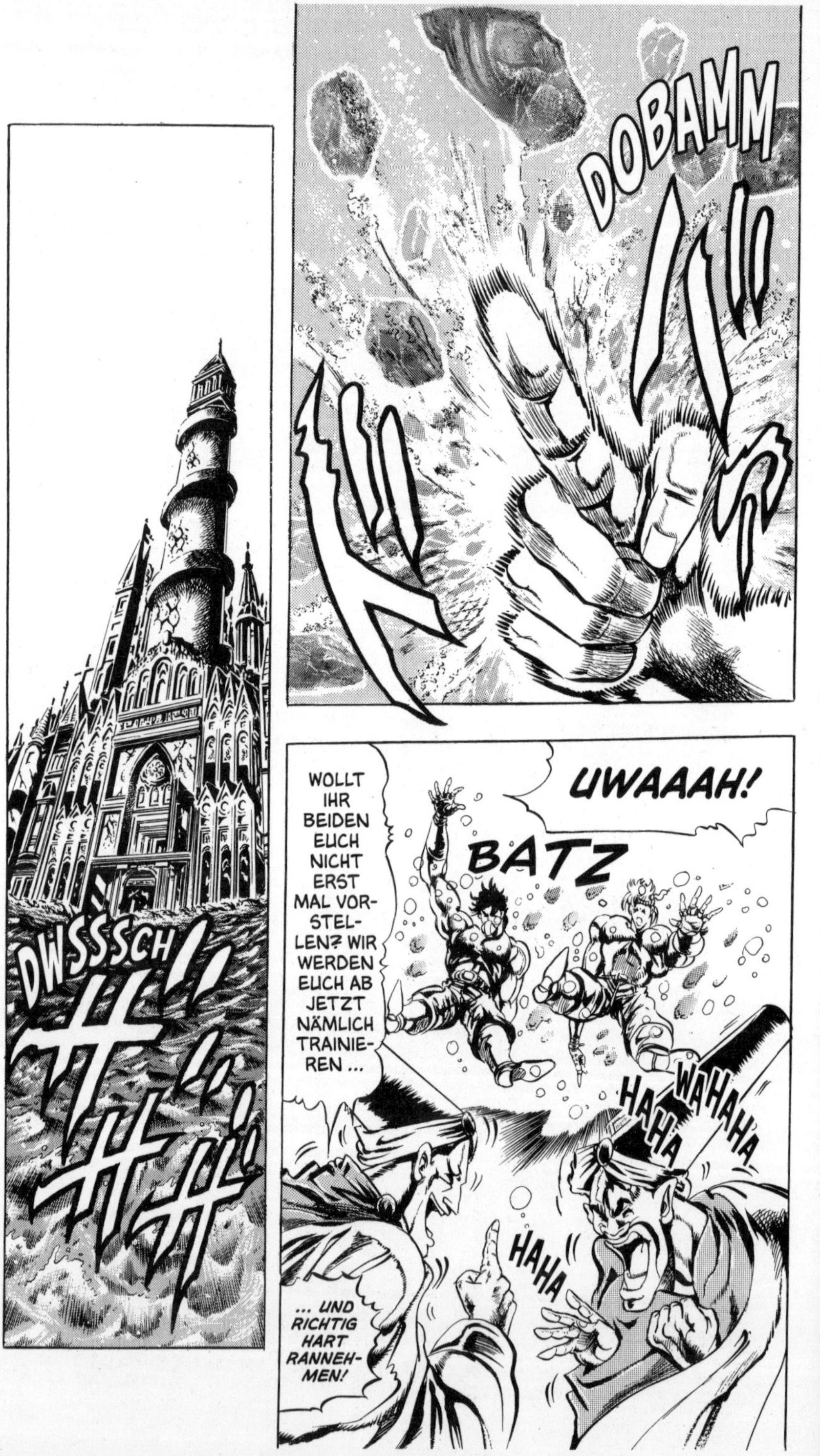
DOBAMM
UWAAAH!
BATZ
WOLLT IHR BEIDEN EUCH NICHT ERST MAL VORSTEL-LEN? WIR WERDEN EUCH AB JETZT NÄMLICH TRAINIE-REN ...
WAHAHAHA
HAHAHA
HAHA
... UND RICHTIG HART RANNEH-MEN!
DWSSSCH

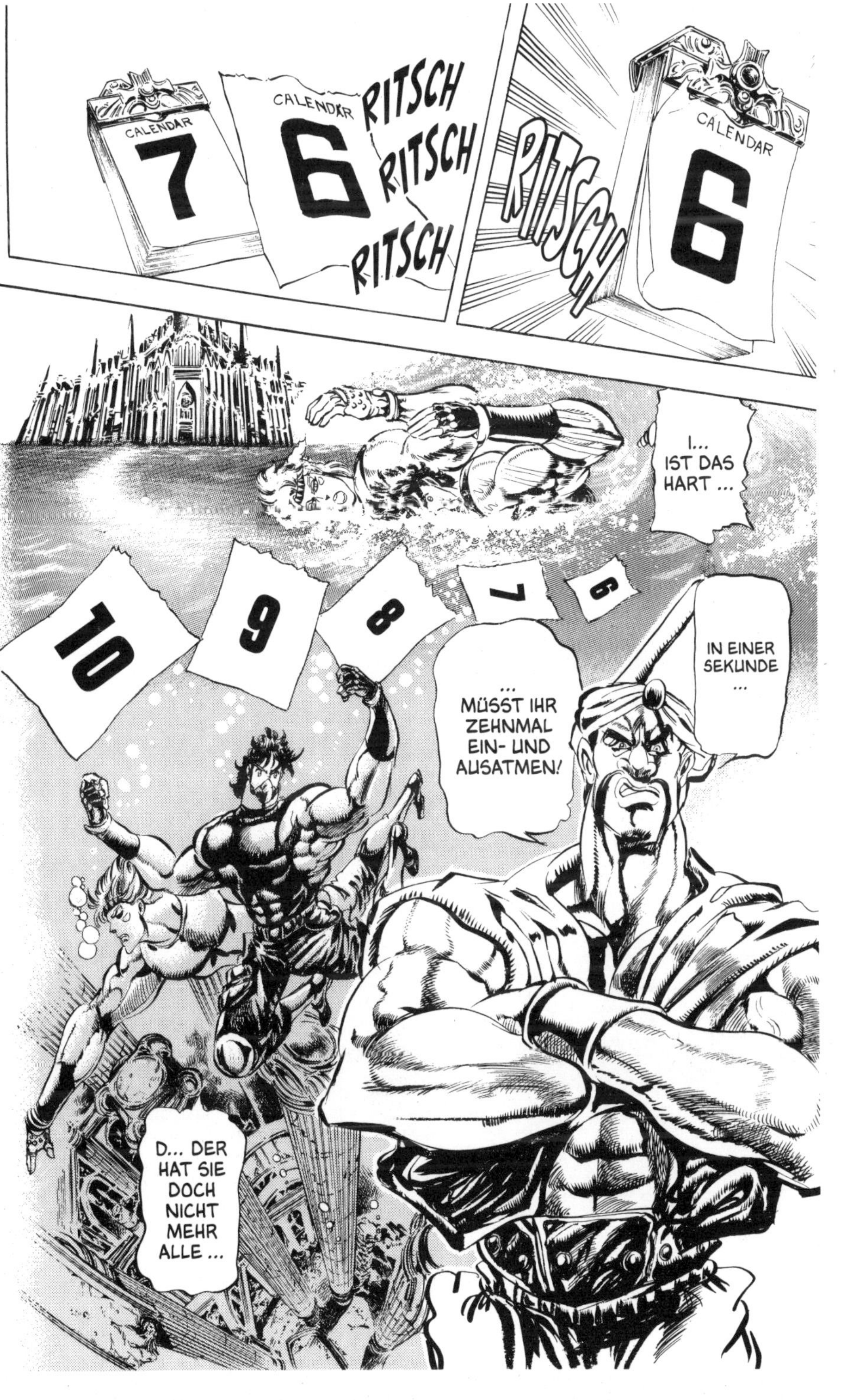
CALENDAR
6
RITSCH
CALENDAR
6
RITSCH
RITSCH
RITSCH
CALENDAR
7
I... IST DAS HART ...
10
9
8
7
6
IN EINER SEKUNDE ...
... MÜSST IHR ZEHNMAL EIN- UND AUSATMEN!
D... DER HAT SIE DOCH NICHT MEHR ALLE ...

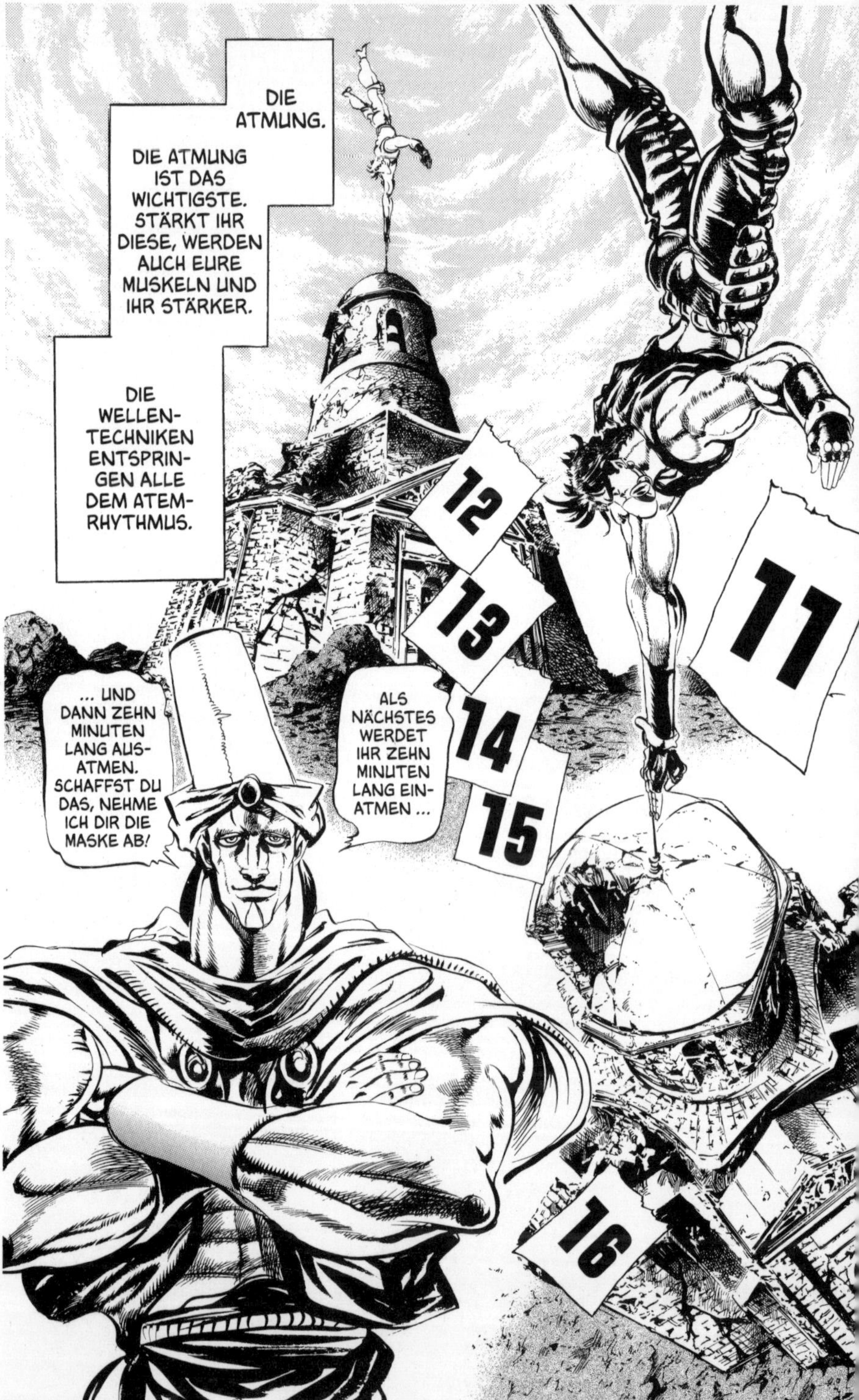
DIE ATMUNG.
DIE ATMUNG IST DAS WICHTIGSTE. STÄRKT IHR DIESE, WERDEN AUCH EURE MUSKELN UND IHR STÄRKER.
DIE WELLEN-TECHNIKEN ENTSPRIN-GEN ALLE DEM ATEM-RHYTHMUS.
11
12
13
14
15
ALS NÄCHSTES WERDET IHR ZEHN MINUTEN LANG EIN-ATMEN ...
... UND DANN ZEHN MINUTEN LANG AUS-ATMEN. SCHAFFST DU DAS, NEHME ICH DIR DIE MASKE AB!
16

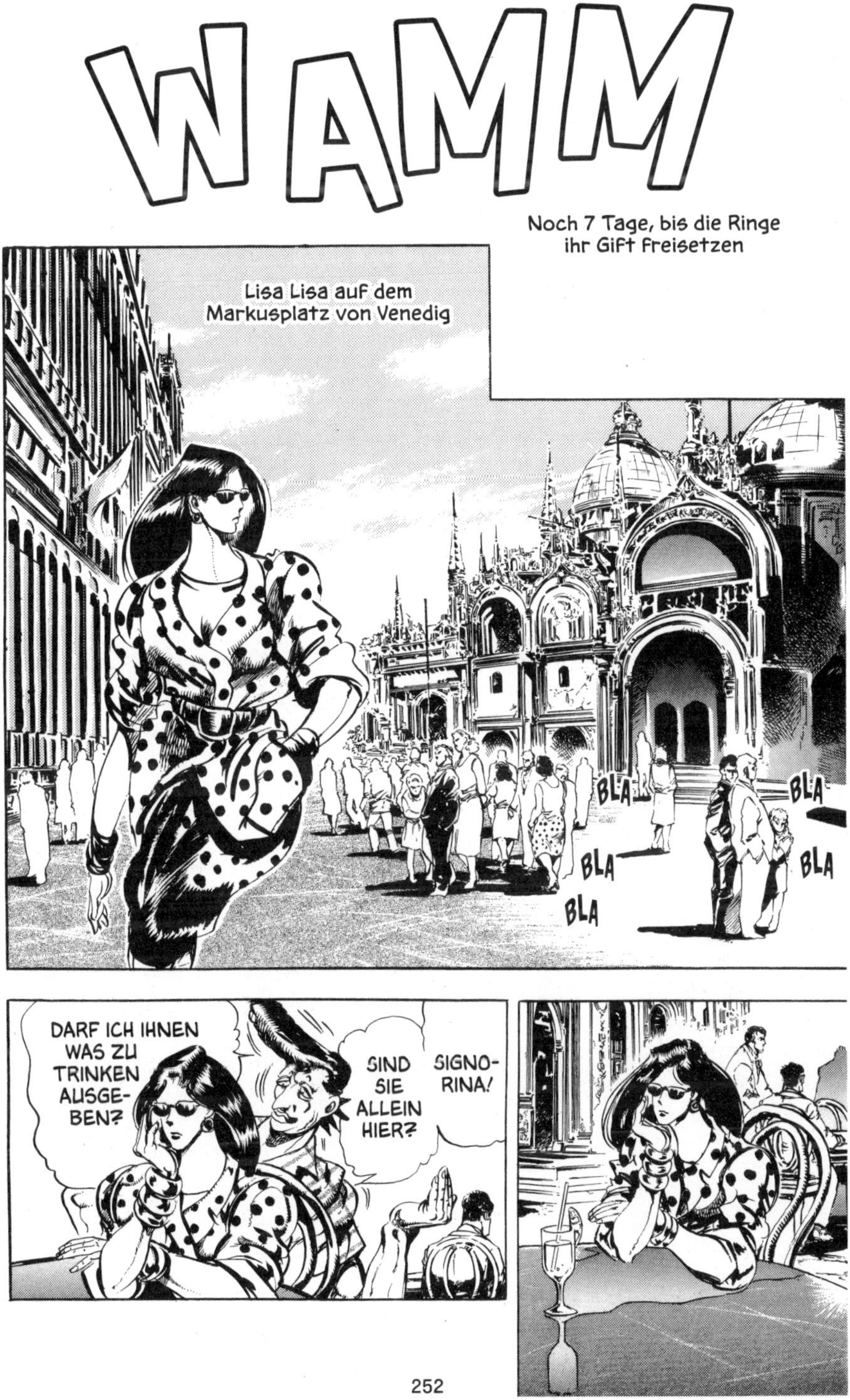
WAMM
Noch 7 Tage, bis die Ringe ihr Gift freisetzen
Lisa Lisa auf dem Markusplatz von Venedig
BLA
BLA
BLA
BLA
BLA
SIGNO-RINA!
SIND SIE ALLEIN HIER?
DARF ICH IHNEN WAS ZU TRINKEN AUSGE-BEN?

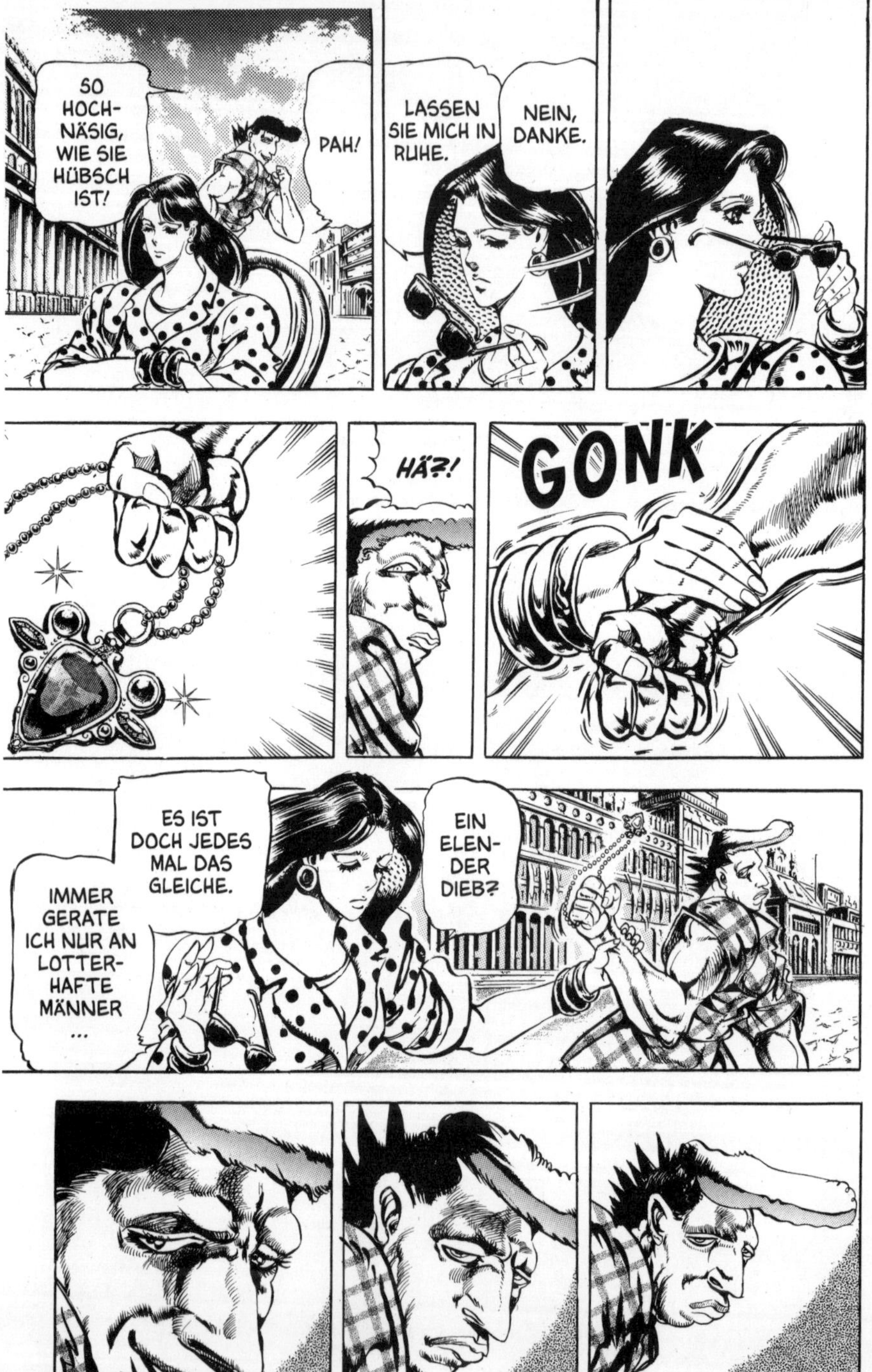
SO HOCH-NÄSIG, WIE SIE HÜBSCH IST!
PAH!
LASSEN SIE MICH IN RUHE.
NEIN, DANKE.
HÄ?!
GONK
ES IST DOCH JEDES MAL DAS GLEICHE.
IMMER GERATE ICH NUR AN LOTTER-HAFTE MÄNNER ...
EIN ELEN-DER DIEB?

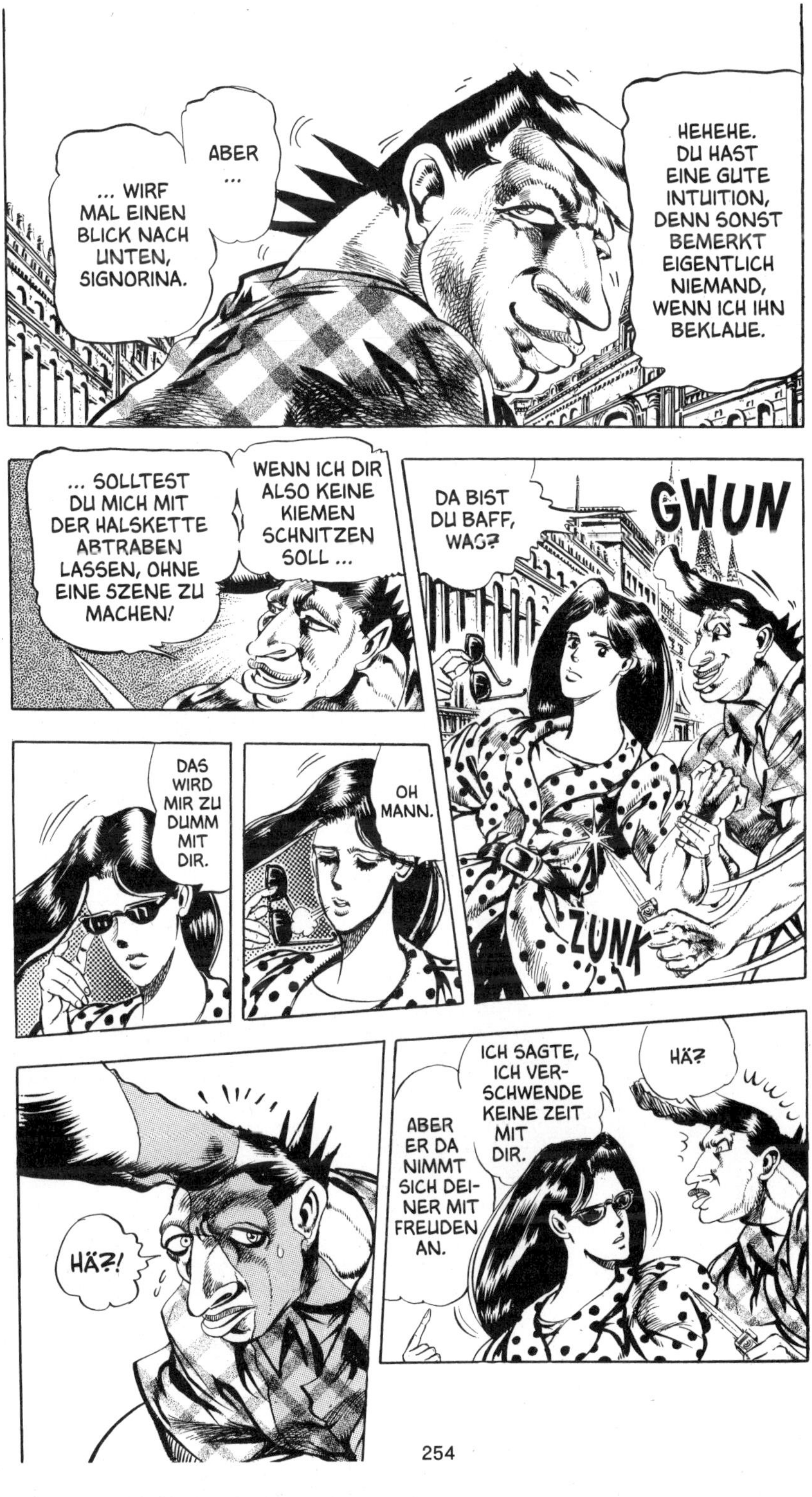

HEHEHE. DU HAST EINE GUTE INTUITION, DENN SONST BEMERKT EIGENTLICH NIEMAND, WENN ICH IHN BEKLAUE.
ABER ...
... WIRF MAL EINEN BLICK NACH UNTEN, SIGNORINA.
WENN ICH DIR ALSO KEINE KIEMEN SCHNITZEN SOLL ...
... SOLLTEST DU MICH MIT DER HALSKETTE ABTRABEN LASSEN, OHNE EINE SZENE ZU MACHEN!
GWUN
DA BIST DU BAFF, WAS?
ZUNK
OH MANN.
DAS WIRD MIR ZU DUMM MIT DIR.
HÄ?
ICH SAGTE, ICH VER-SCHWENDE KEINE ZEIT MIT DIR.
ABER ER DA NIMMT SICH DEI-NER MIT FREUDEN AN.
HÄ?!

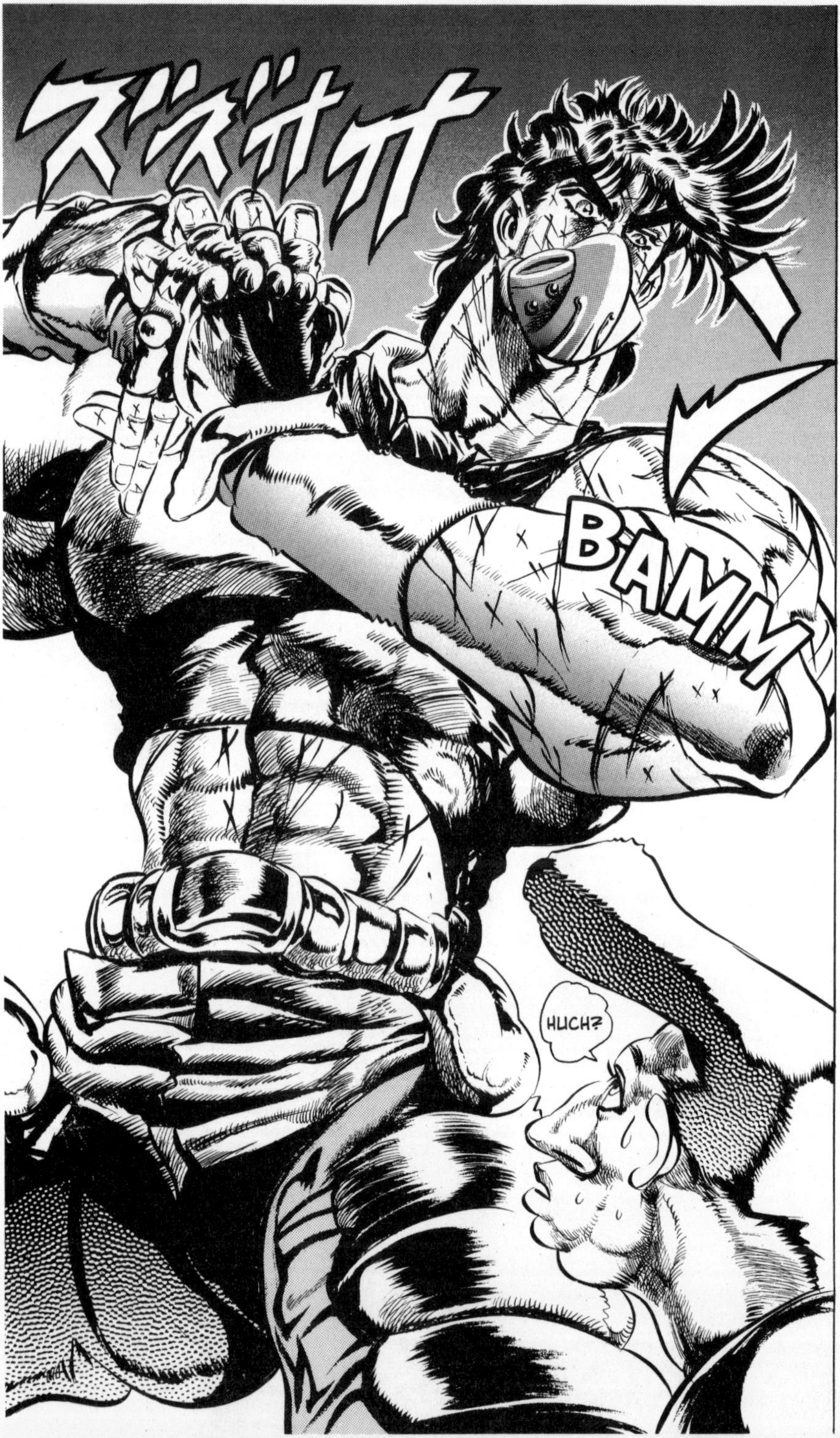

スズオオ
BAMM
HUCH?

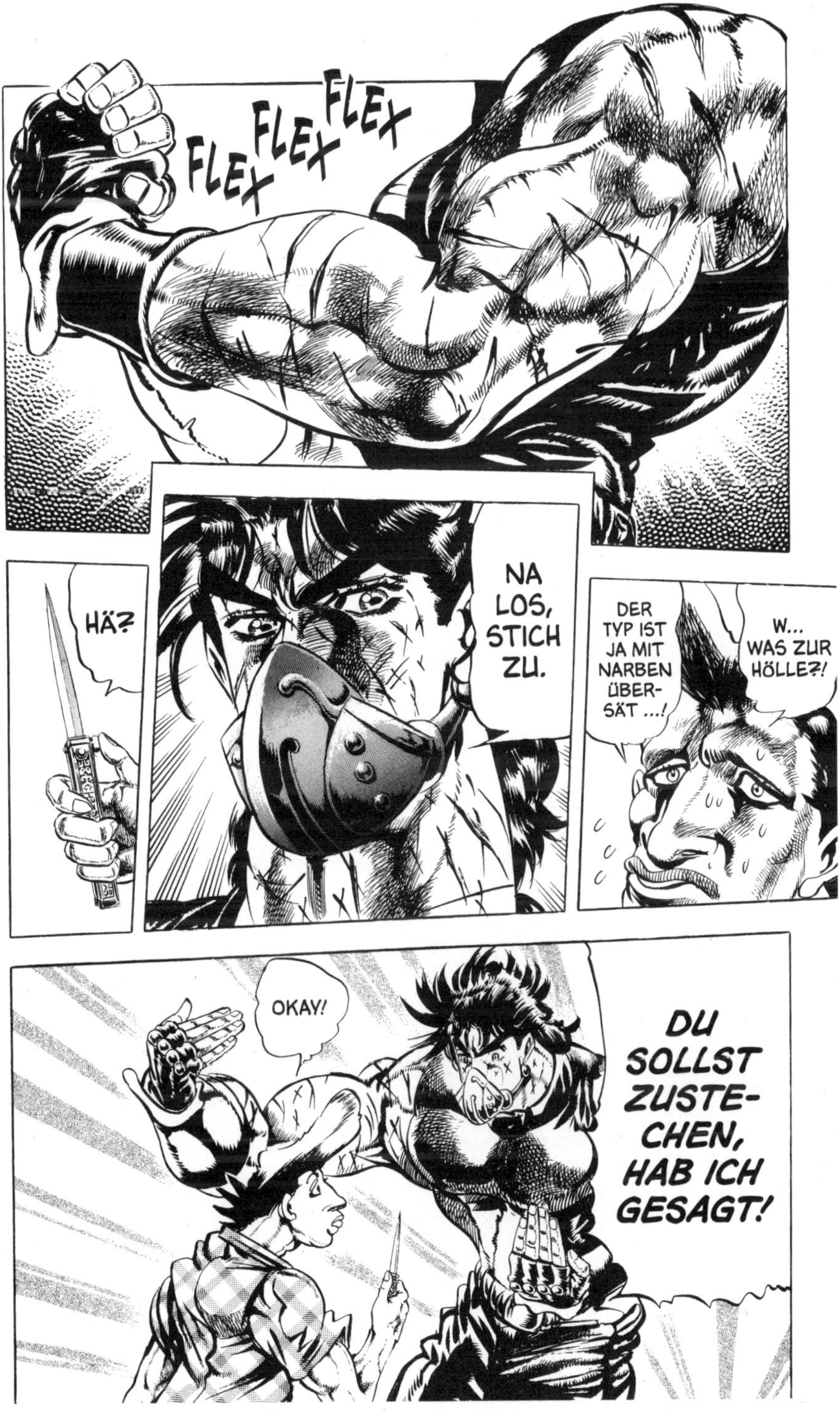

FLEX FLEX FLEX
NA LOS, STICH ZU.
HÄ?
W... WAS ZUR HÖLLE?!
DER TYP IST JA MIT NARBEN ÜBERSÄT ...!
DU SOLLST ZUSTECHEN, HAB ICH GESAGT!
OKAY!

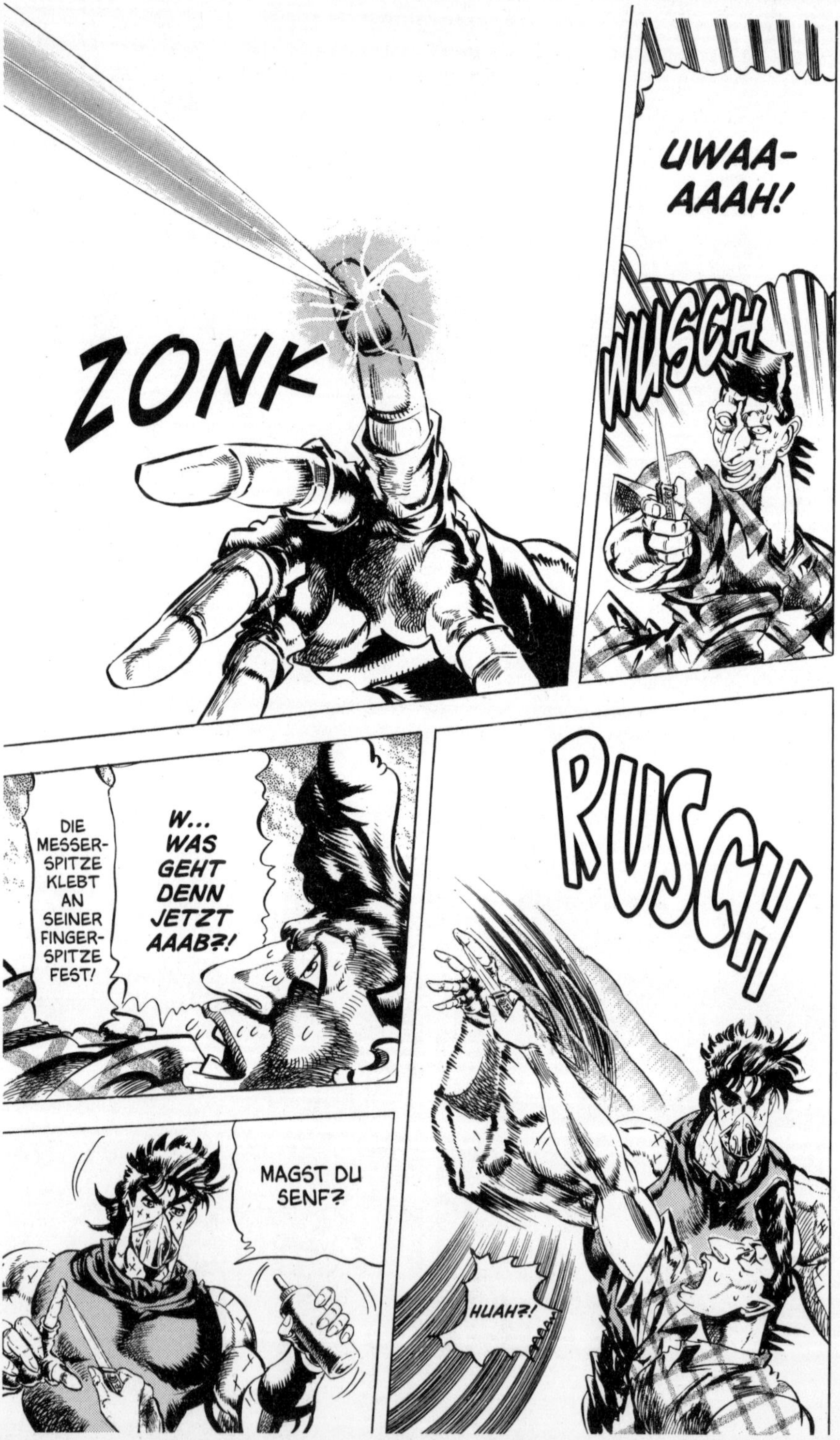
UWAA-
AAAH!
WUSCH
ZONK
RUSCH
W... WAS GEHT DENN JETZT AAAB?!
DIE MESSER-SPITZE KLEBT AN SEINER FINGER-SPITZE FEST!
HUAH?!
MAGST DU SENF?

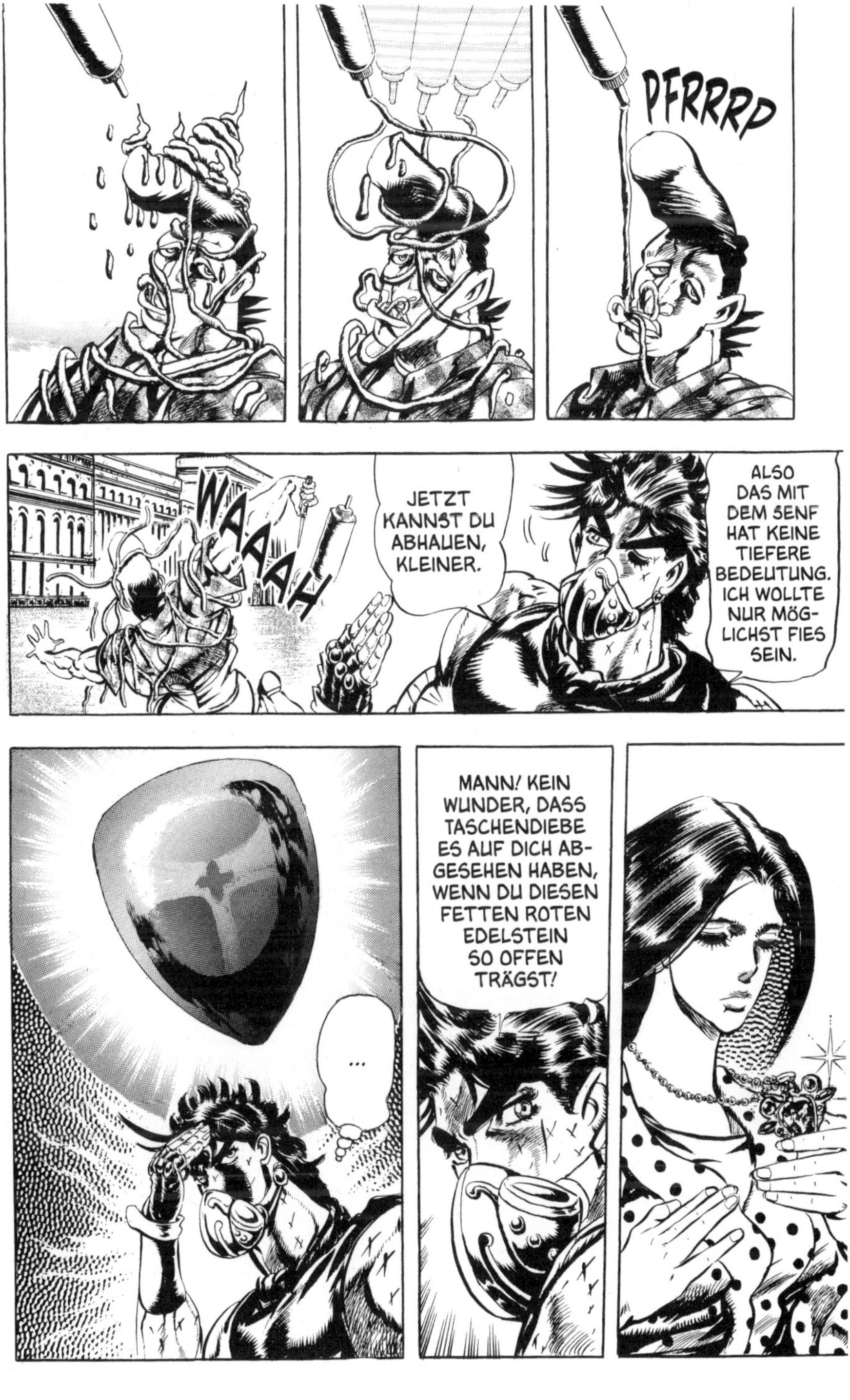
PFRRRP
WAAAAH
JETZT KANNST DU ABHAUEN, KLEINER.
ALSO DAS MIT DEM SENF HAT KEINE TIEFERE BEDEUTUNG. ICH WOLLTE NUR MÖGLICHST FIES SEIN.
...
MANN! KEIN WUNDER, DASS TASCHENDIEBE ES AUF DICH ABGESEHEN HABEN, WENN DU DIESEN FETTEN ROTEN EDELSTEIN SO OFFEN TRÄGST!

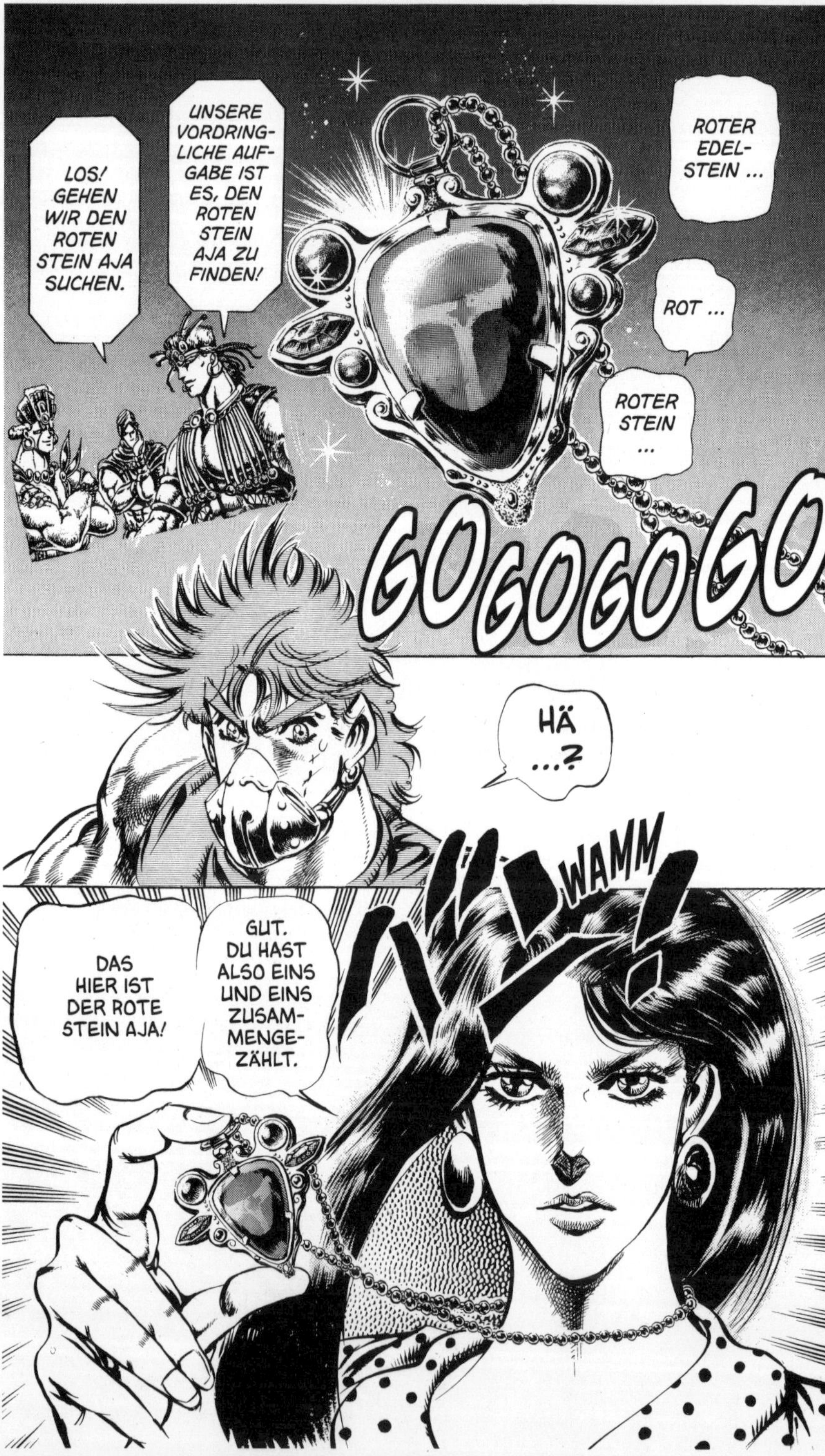
ROTER EDEL-STEIN ...
ROT ...
ROTER STEIN ...
UNSERE VORDRING-LICHE AUF-GABE IST ES, DEN ROTEN STEIN AJA ZU FINDEN!
LOS! GEHEN WIR DEN ROTEN STEIN AJA SUCHEN.
GOGOGOGOGO
HÄ ...?
WAMM
GUT. DU HAST ALSO EINS UND EINS ZUSAM-MENGE-ZÄHLT.
DAS HIER IST DER ROTE STEIN AJA!

JOJO'S BIZARRE ADVENTURE
PART 2
BATTLE TENDENCY

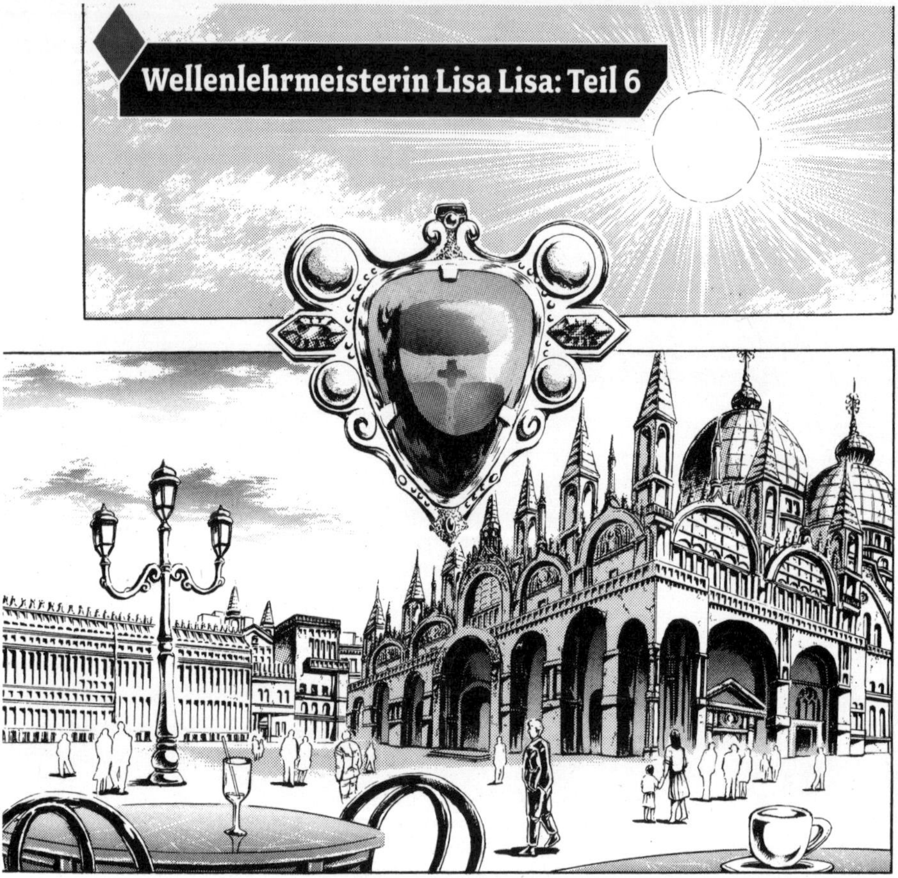

Noch 7 Tage, bis die Ringe ihr Gift freisetzen

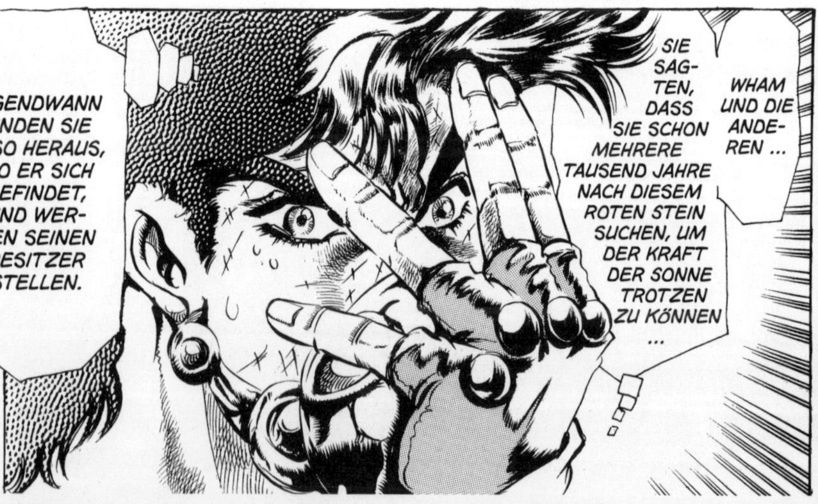

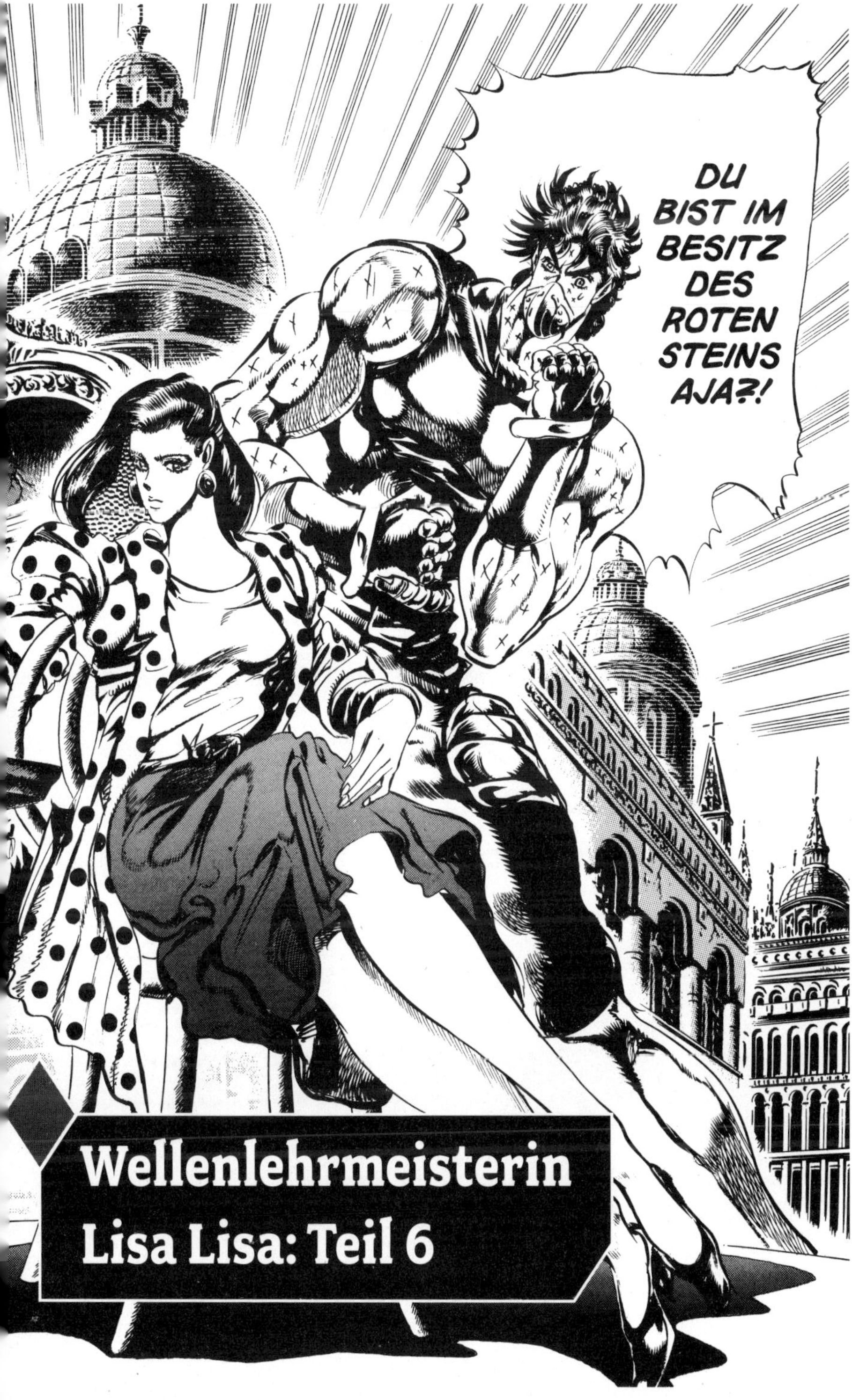

Wellenlehrmeisterin Lisa Lisa: Teil 6

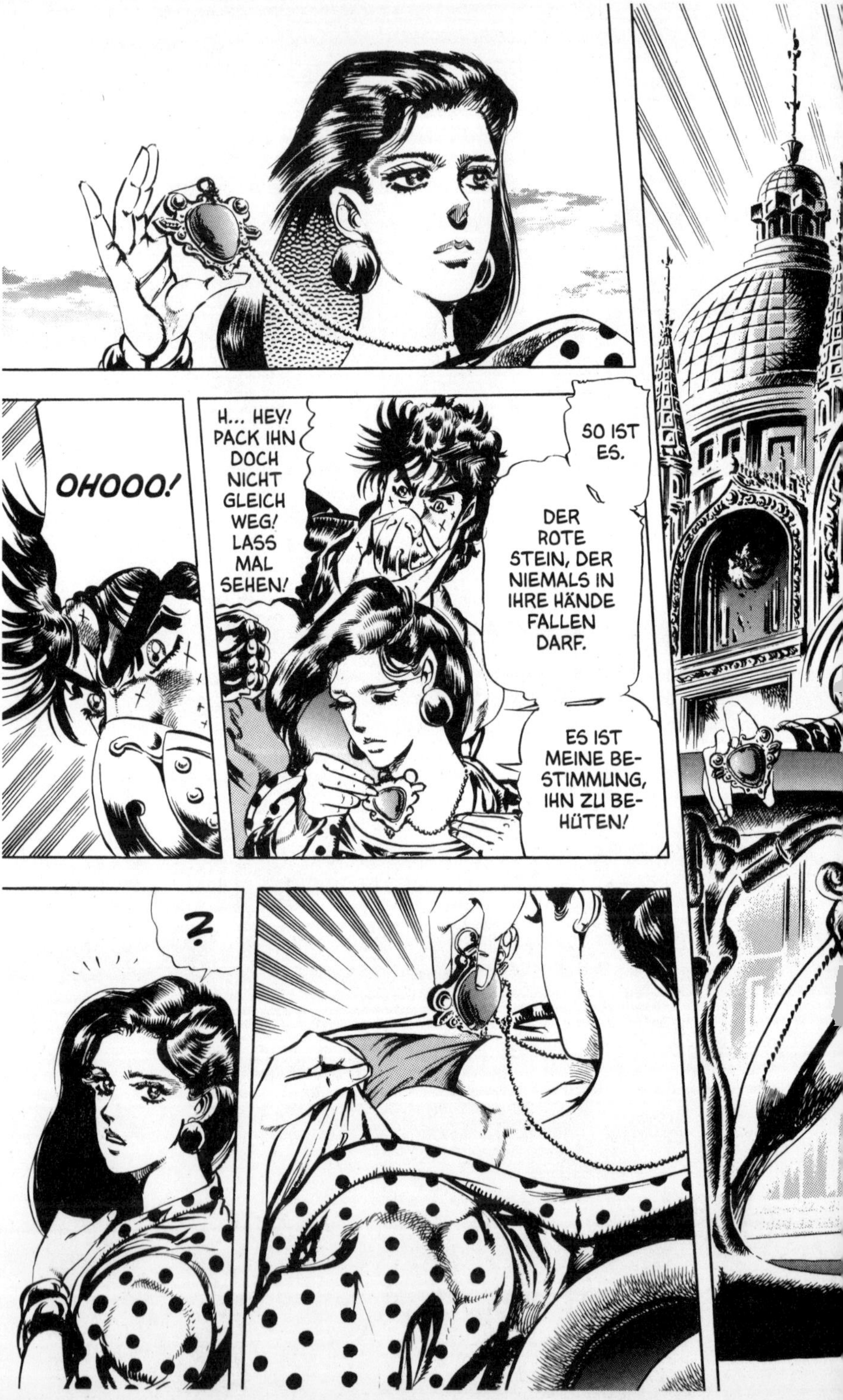
SO IST ES.
DER ROTE STEIN, DER NIEMALS IN IHRE HÄNDE FALLEN DARF.
ES IST MEINE BESTIMMUNG, IHN ZU BEHÜTEN!
H... HEY! PACK IHN DOCH NICHT GLEICH WEG! LASS MAL SEHEN!
OHOOO!
?

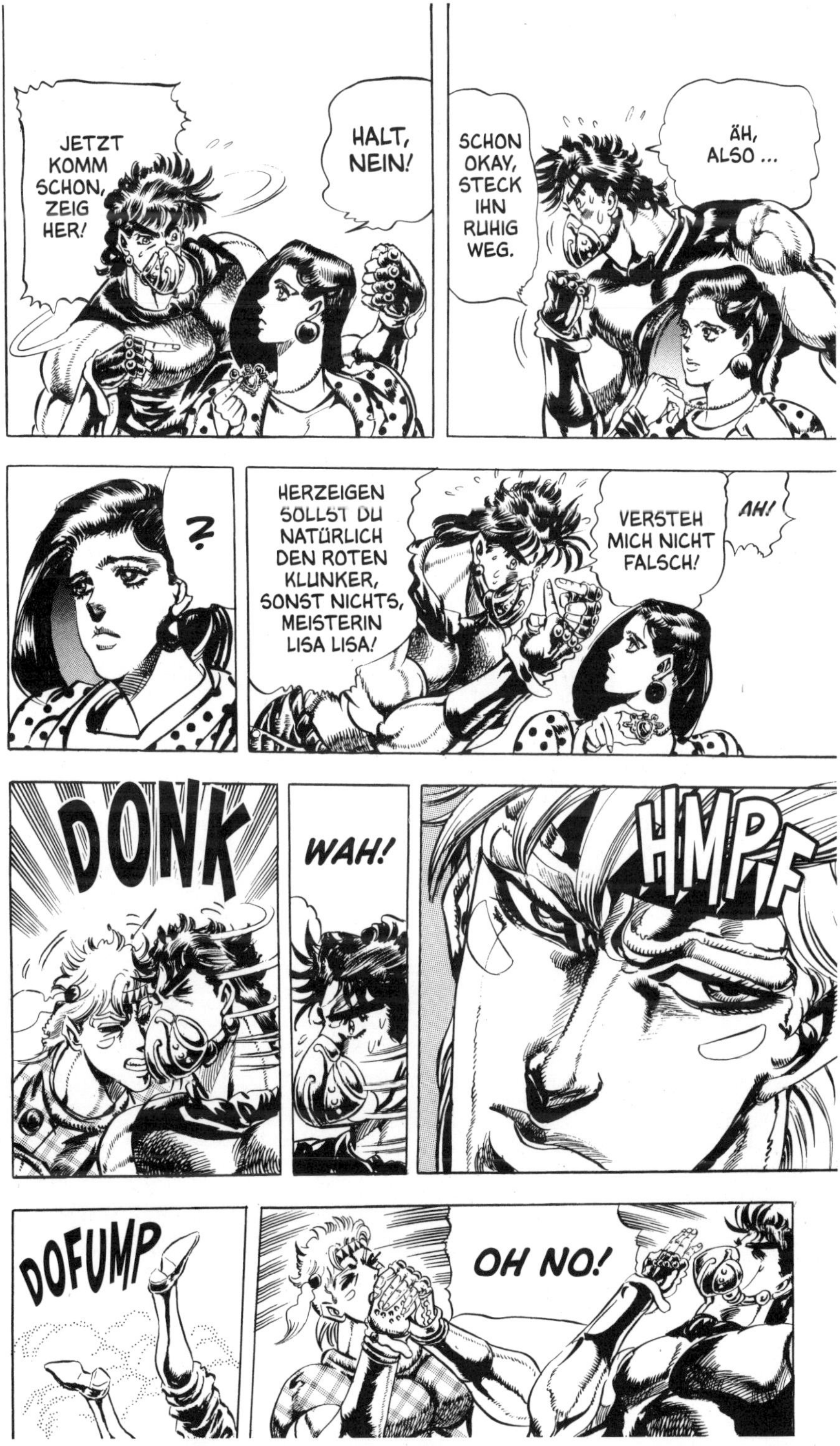
JETZT KOMM SCHON, ZEIG HER!
HALT, NEIN!
SCHON OKAY, STECK IHN RUHIG WEG.
ÄH, ALSO ...
?
HERZEIGEN SOLLST DU NATÜRLICH DEN ROTEN KLUNKER, SONST NICHTS, MEISTERIN LISA LISA!
VERSTEH MICH NICHT FALSCH!
AH!
DONK
WAH!
HMPF
DOFUMP
OH NO!

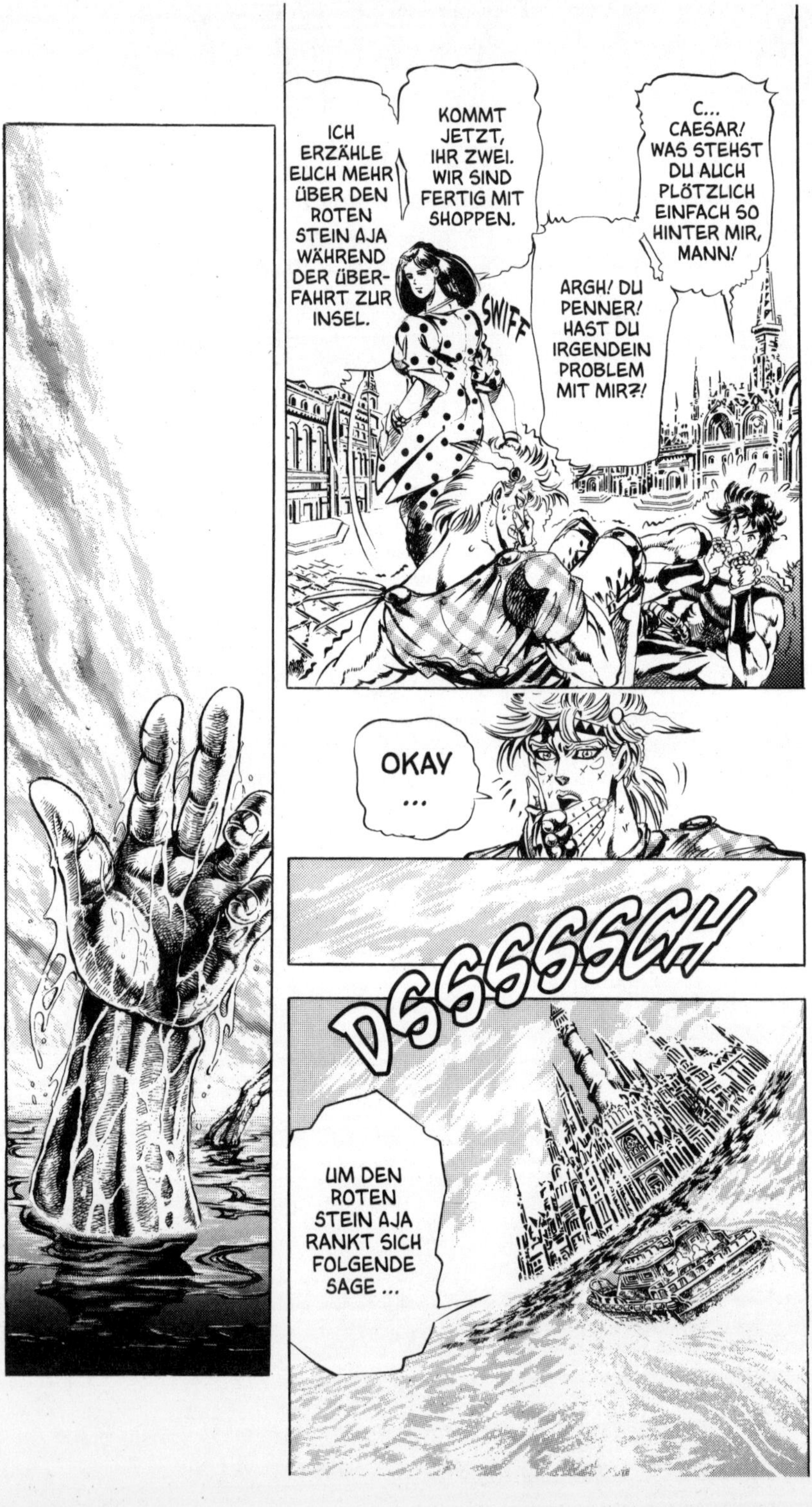
C... CAESAR! WAS STEHST DU AUCH PLÖTZLICH EINFACH SO HINTER MIR, MANN!
ARGH! DU PENNER! HAST DU IRGENDEIN PROBLEM MIT MIR?!
KOMMT JETZT, IHR ZWEI. WIR SIND FERTIG MIT SHOPPEN.
ICH ERZÄHLE EUCH MEHR ÜBER DEN ROTEN STEIN AJA WÄHREND DER ÜBER-FAHRT ZUR INSEL.
SWIFF
OKAY ...
DSSSSSCH
UM DEN ROTEN STEIN AJA RANKT SICH FOLGENDE SAGE ...

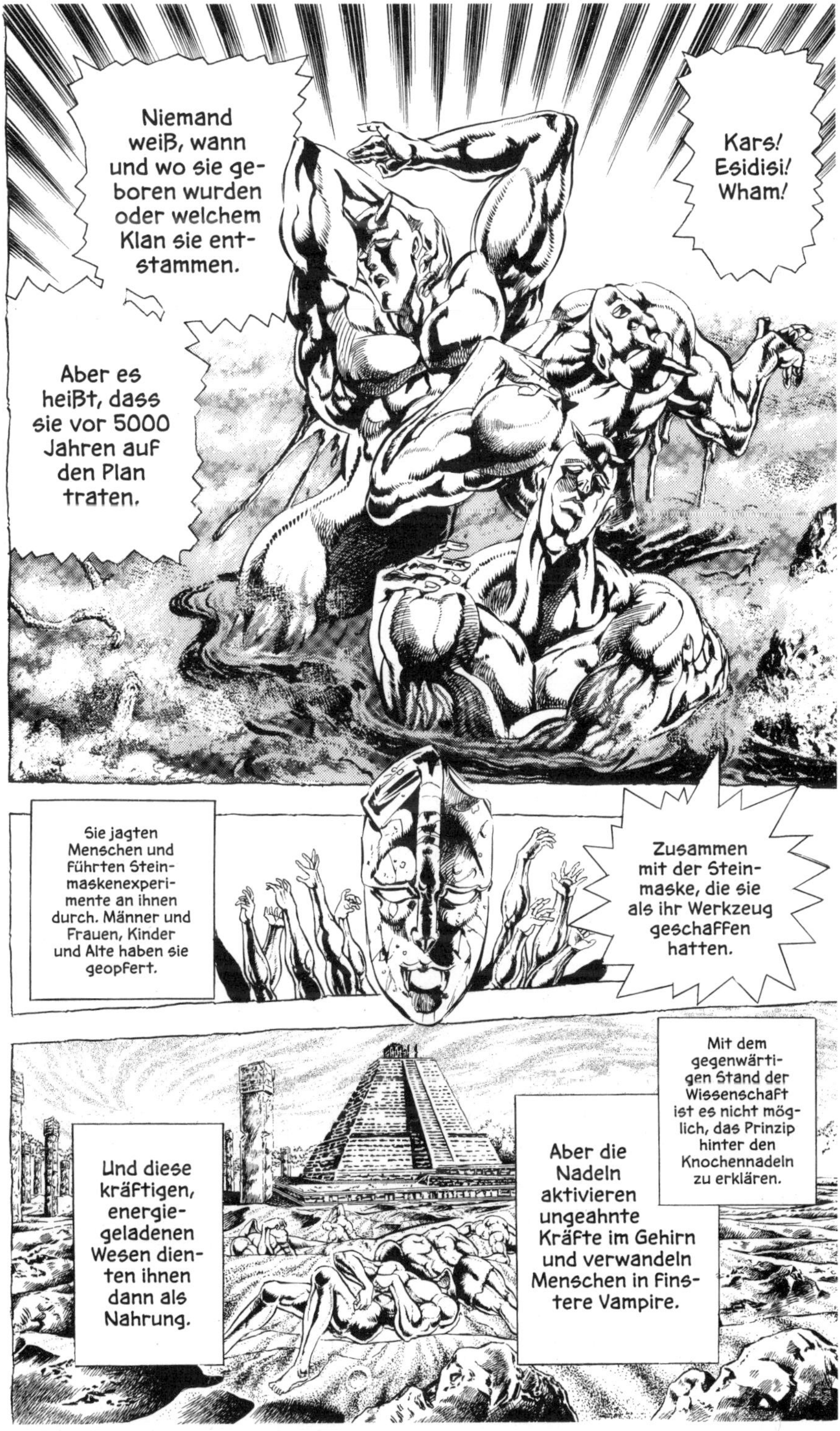
Niemand weiß, wann und wo sie geboren wurden oder welchem Klan sie entstammen.
Kars! Esidisi! Wham!
Aber es heißt, dass sie vor 5000 Jahren auf den Plan traten.
Sie jagten Menschen und führten Steinmaskenexperimente an ihnen durch. Männer und Frauen, Kinder und Alte haben sie geopfert.
Zusammen mit der Steinmaske, die sie als ihr Werkzeug geschaffen hatten.
Mit dem gegenwärtigen Stand der Wissenschaft ist es nicht möglich, das Prinzip hinter den Knochennadeln zu erklären.
Aber die Nadeln aktivieren ungeahnte Kräfte im Gehirn und verwandeln Menschen in finstere Vampire.
Und diese kräftigen, energiegeladenen Wesen dienten ihnen dann als Nahrung.

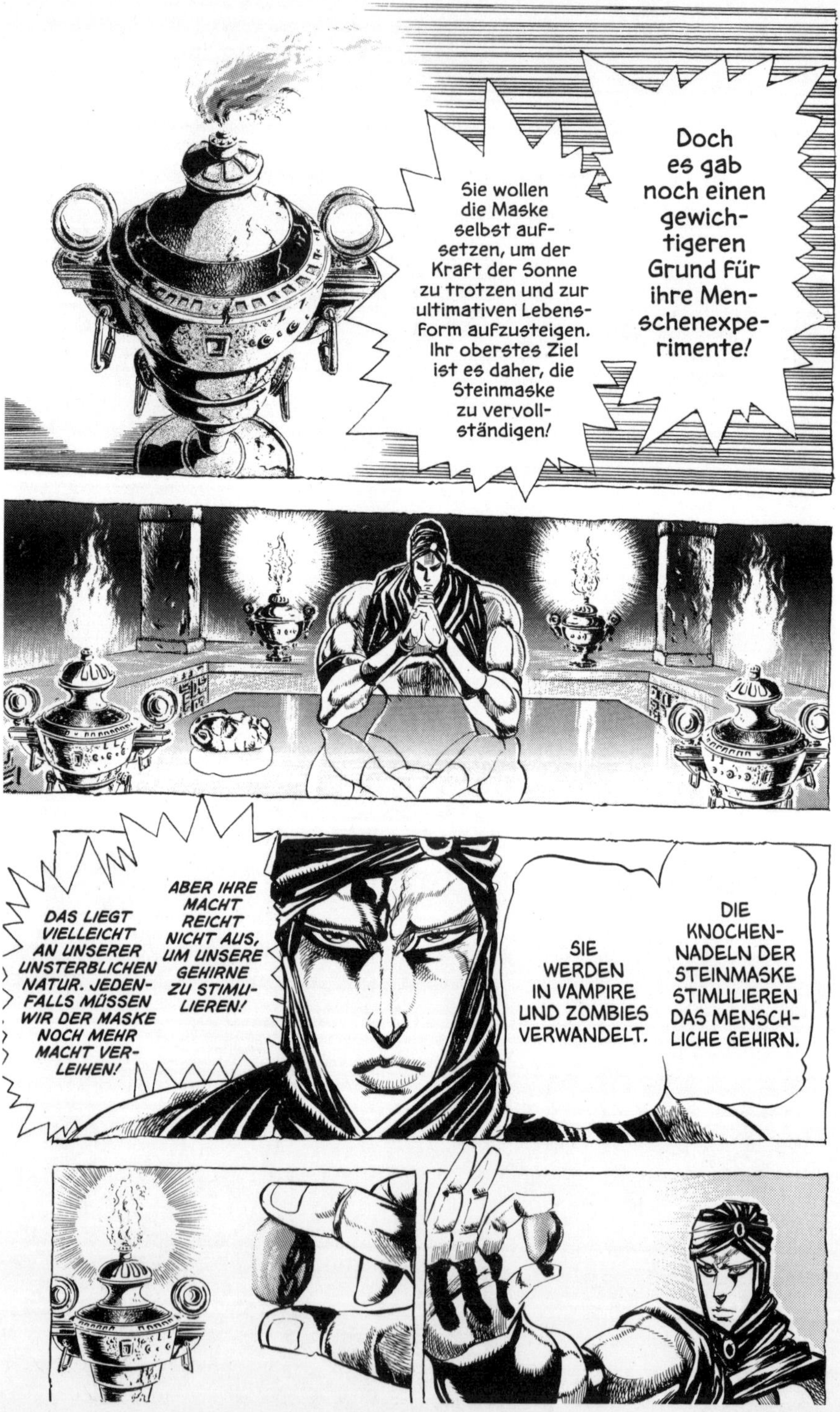

Doch es gab noch einen gewichtigeren Grund für ihre Menschenexperimente!
Sie wollen die Maske selbst aufsetzen, um der Kraft der Sonne zu trotzen und zur ultimativen Lebensform aufzusteigen. Ihr oberstes Ziel ist es daher, die Steinmaske zu vervollständigen!
DIE KNOCHENNADELN DER STEINMASKE STIMULIEREN DAS MENSCHLICHE GEHIRN.
SIE WERDEN IN VAMPIRE UND ZOMBIES VERWANDELT.
ABER IHRE MACHT REICHT NICHT AUS, UM UNSERE GEHIRNE ZU STIMULIEREN!
DAS LIEGT VIELLEICHT AN UNSERER UNSTERBLICHEN NATUR. JEDENFALLS MÜSSEN WIR DER MASKE NOCH MEHR MACHT VERLEIHEN!

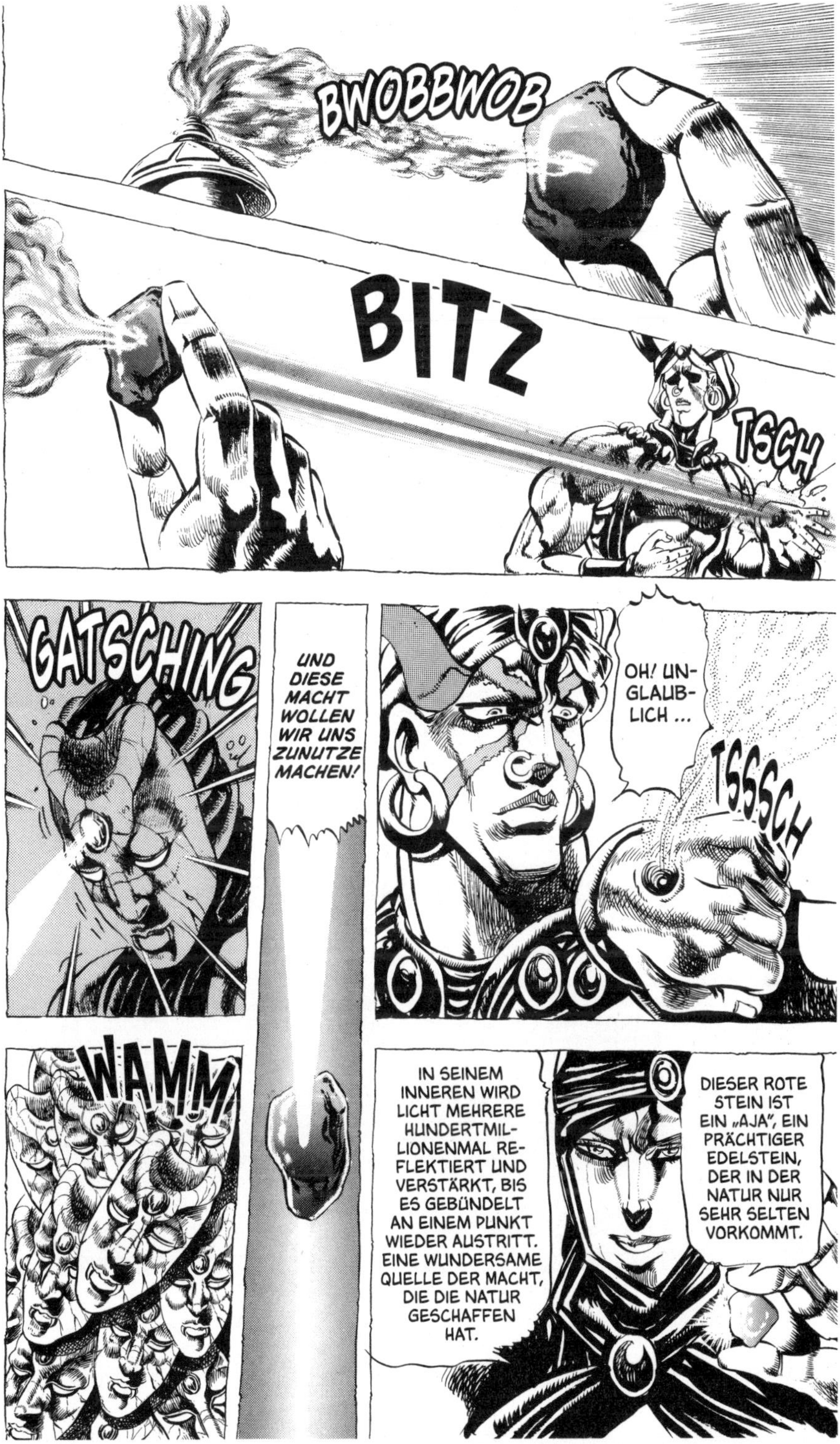
BWOBBWOB
BITZ
TSCH
OH! UNGLAUBLICH …
TSSSCH
DIESER ROTE STEIN IST EIN „AJA", EIN PRÄCHTIGER EDELSTEIN, DER IN DER NATUR NUR SEHR SELTEN VORKOMMT.
IN SEINEM INNEREN WIRD LICHT MEHRERE HUNDERTMILLIONENMAL REFLEKTIERT UND VERSTÄRKT, BIS ES GEBÜNDELT AN EINEM PUNKT WIEDER AUSTRITT. EINE WUNDERSAME QUELLE DER MACHT, DIE DIE NATUR GESCHAFFEN HAT.
UND DIESE MACHT WOLLEN WIR UNS ZUNUTZE MACHEN!
GATSCHING
WAMM

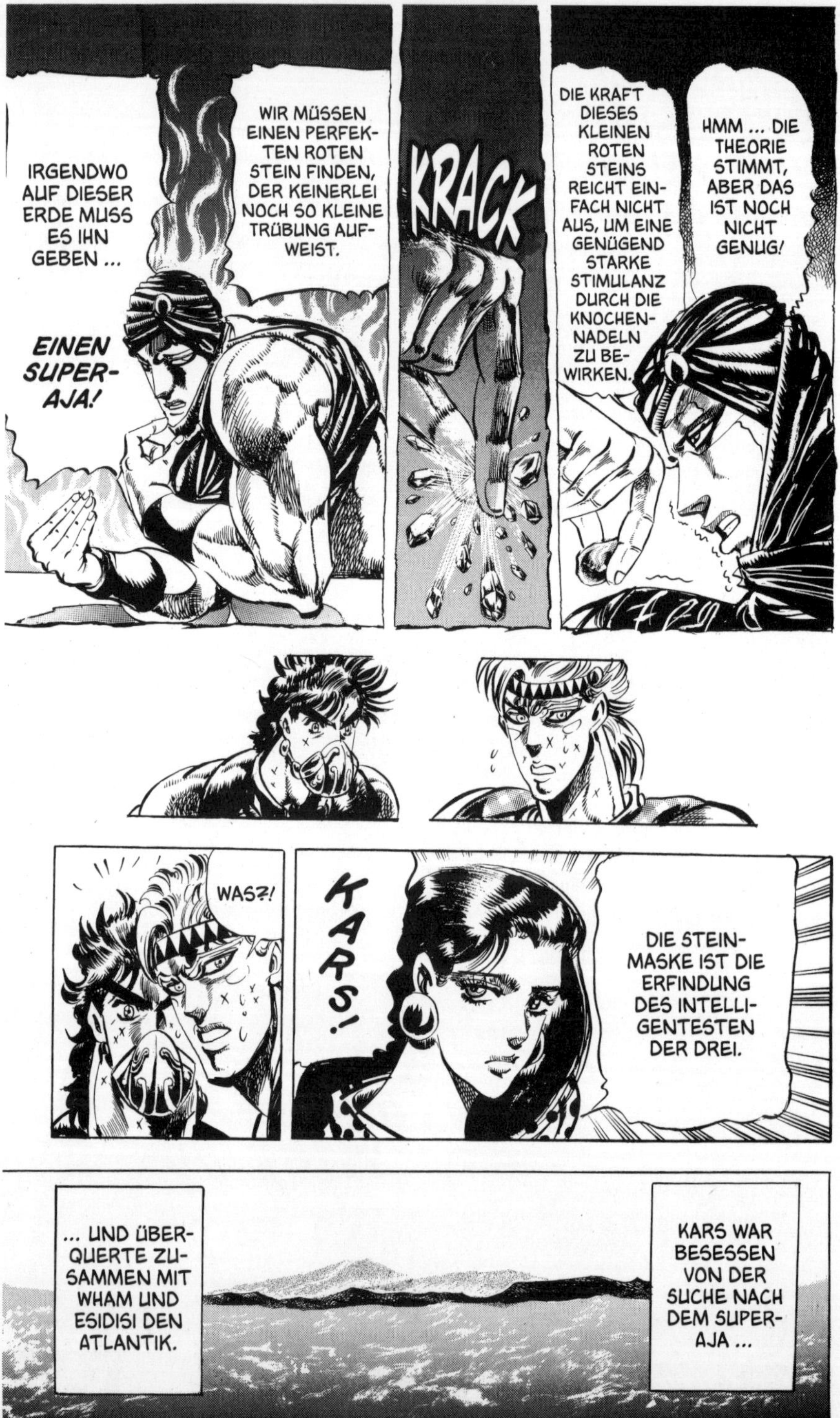

HMM ... DIE THEORIE STIMMT, ABER DAS IST NOCH NICHT GENUG!
DIE KRAFT DIESES KLEINEN ROTEN STEINS REICHT EINFACH NICHT AUS, UM EINE GENÜGEND STARKE STIMULANZ DURCH DIE KNOCHENNADELN ZU BEWIRKEN.
KRACK
WIR MÜSSEN EINEN PERFEKTEN ROTEN STEIN FINDEN, DER KEINERLEI NOCH SO KLEINE TRÜBUNG AUFWEIST.
IRGENDWO AUF DIESER ERDE MUSS ES IHN GEBEN ...
EINEN SUPERAJA!
DIE STEINMASKE IST DIE ERFINDUNG DES INTELLIGENTESTEN DER DREI.
KARS!
WAS?!
KARS WAR BESESSEN VON DER SUCHE NACH DEM SUPERAJA ...
... UND ÜBERQUERTE ZUSAMMEN MIT WHAM UND ESIDISI DEN ATLANTIK.

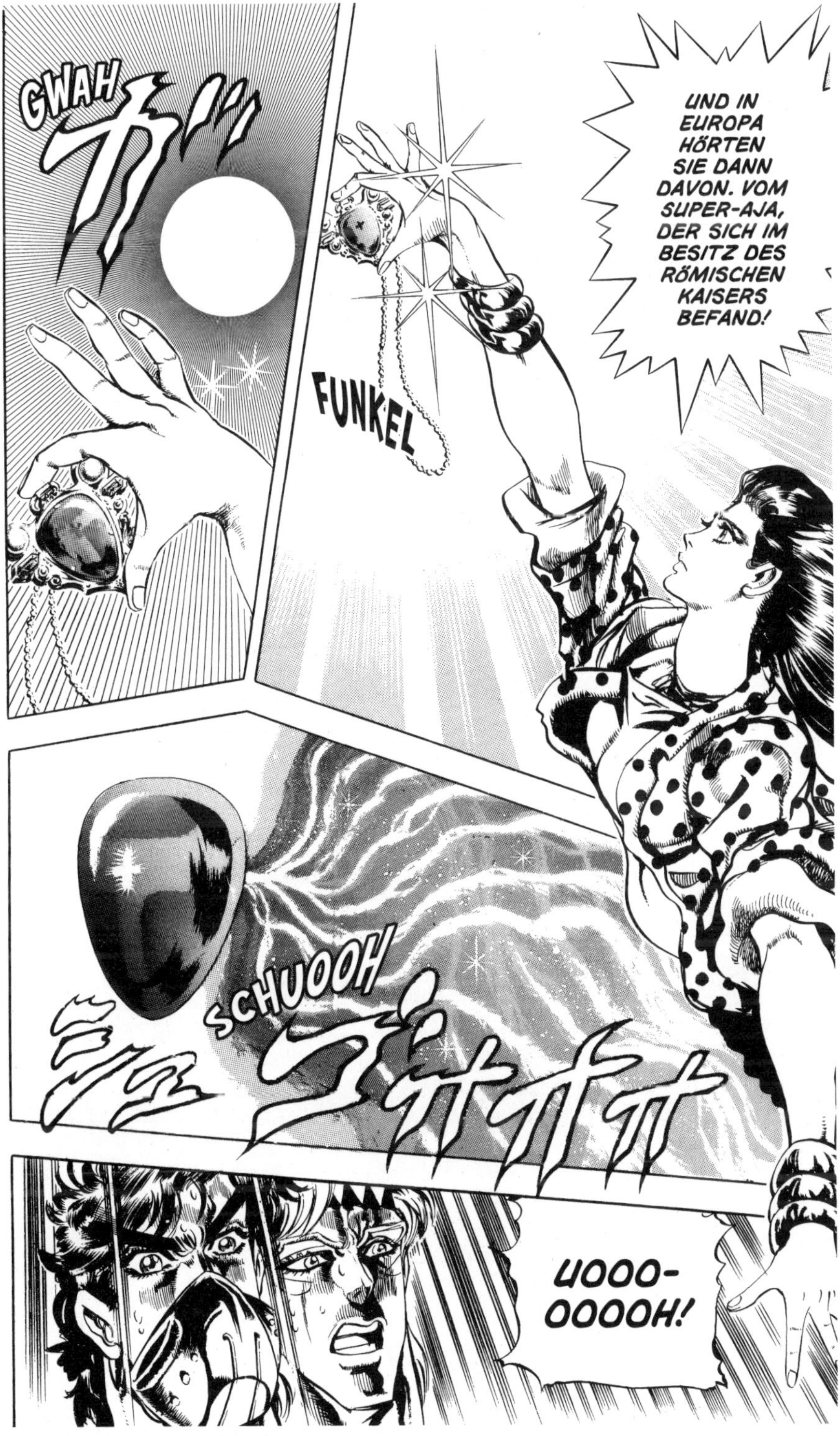

UND IN EUROPA HÖRTEN SIE DANN DAVON. VOM SUPER-AJA, DER SICH IM BESITZ DES RÖMISCHEN KAISERS BEFAND!
FUNKEL
GWAH
SCHUOOH
UOOO-OOOOH!

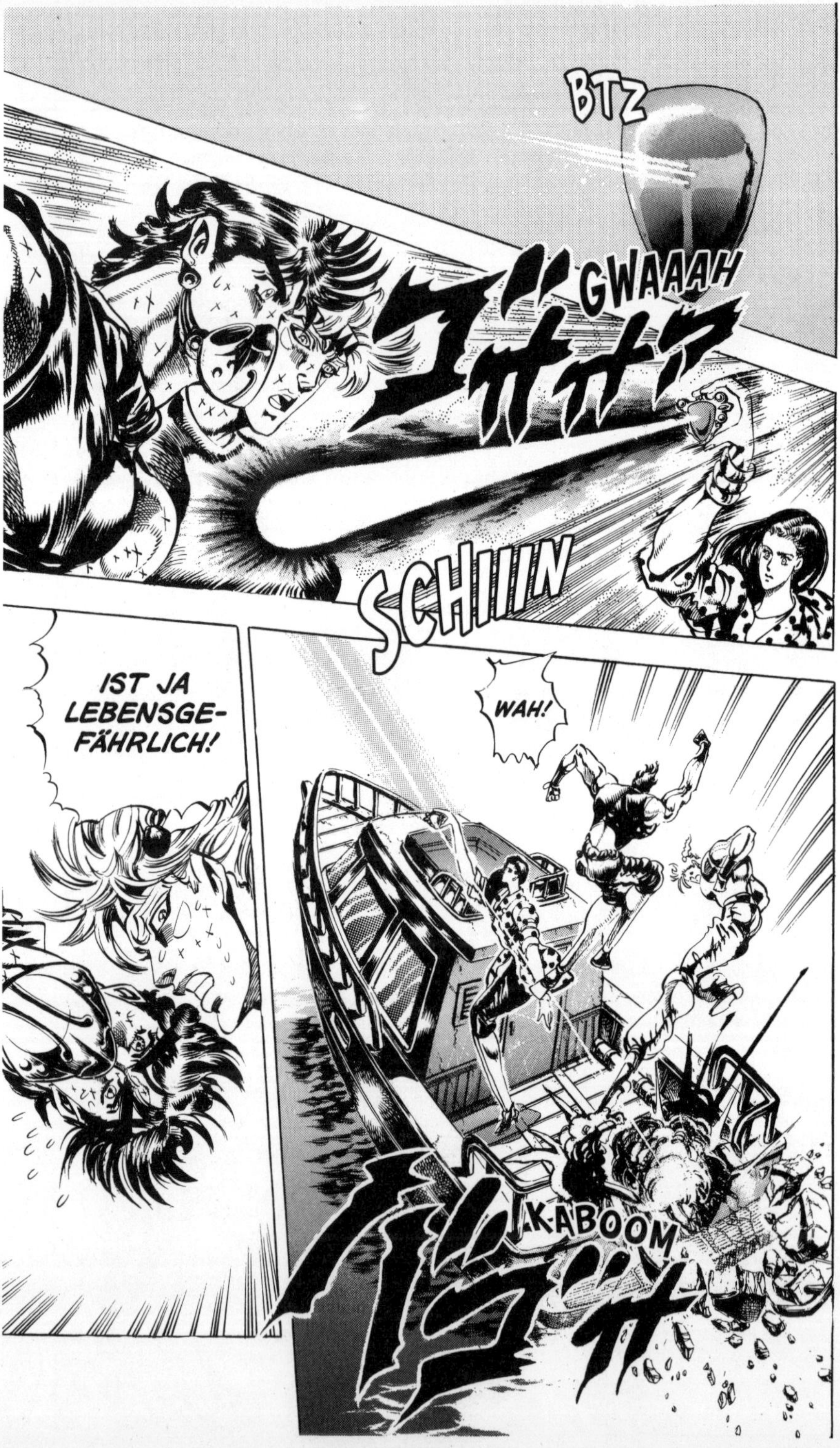
BTZ
GWAAAH
SCHIIIN
WAH!
KABOOM
IST JA LEBENSGE-FÄHRLICH!

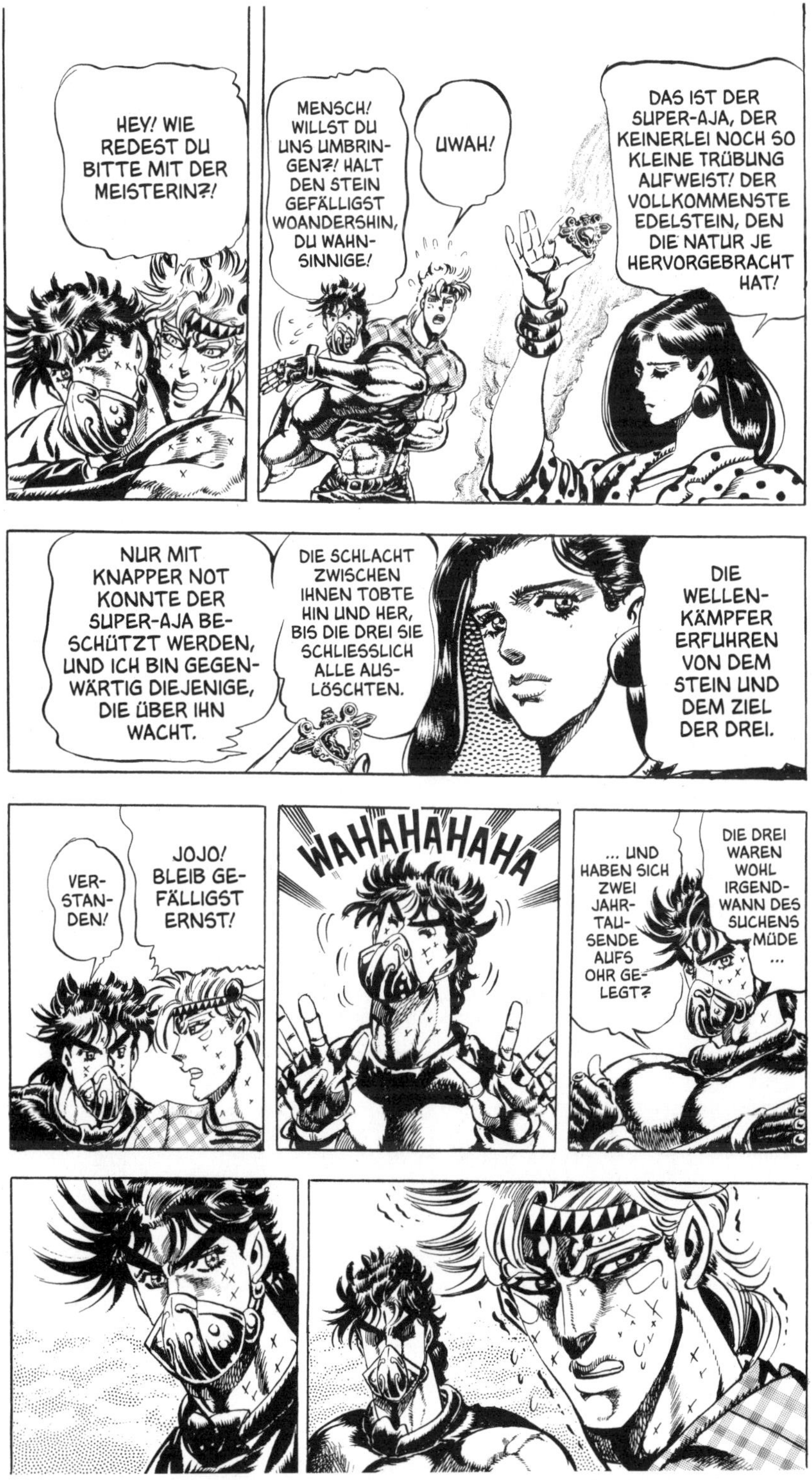
HEY! WIE REDEST DU BITTE MIT DER MEISTERIN?!
MENSCH! WILLST DU UNS UMBRINGEN?! HALT DEN STEIN GEFÄLLIGST WOANDERSHIN, DU WAHNSINNIGE!
UWAH!
DAS IST DER SUPER-AJA, DER KEINERLEI NOCH SO KLEINE TRÜBUNG AUFWEIST! DER VOLLKOMMENSTE EDELSTEIN, DEN DIE NATUR JE HERVORGEBRACHT HAT!
NUR MIT KNAPPER NOT KONNTE DER SUPER-AJA BESCHÜTZT WERDEN, UND ICH BIN GEGENWÄRTIG DIEJENIGE, DIE ÜBER IHN WACHT.
DIE SCHLACHT ZWISCHEN IHNEN TOBTE HIN UND HER, BIS DIE DREI SIE SCHLIESSLICH ALLE AUSLÖSCHTEN.
DIE WELLENKÄMPFER ERFUHREN VON DEM STEIN UND DEM ZIEL DER DREI.
VERSTANDEN!
JOJO! BLEIB GEFÄLLIGST ERNST!
WAHAHAHAHAHA
DIE DREI WAREN WOHL IRGENDWANN DES SUCHENS MÜDE ...
... UND HABEN SICH ZWEI JAHRTAUSENDE AUFS OHR GELEGT?

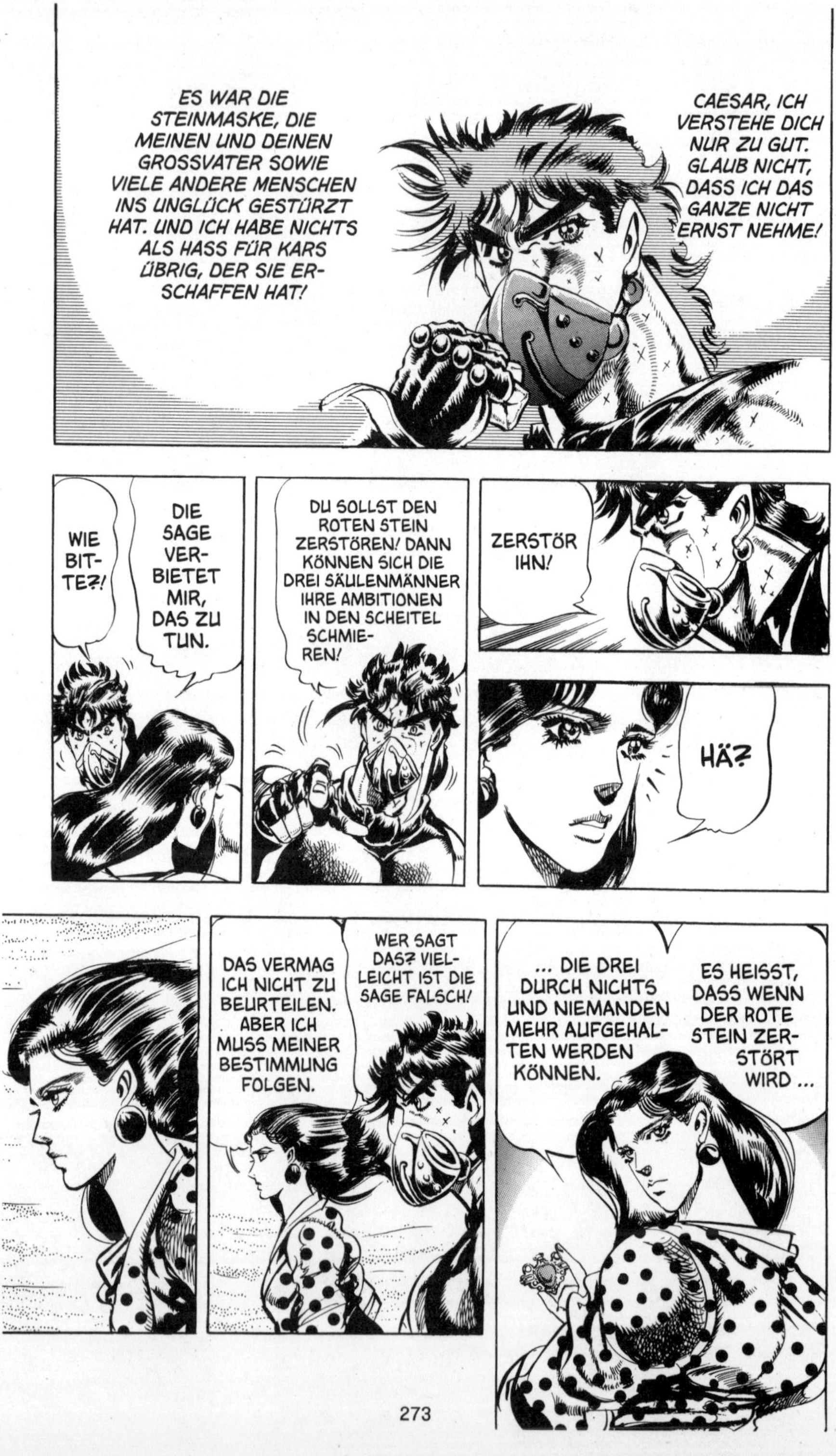
CAESAR, ICH VERSTEHE DICH NUR ZU GUT. GLAUB NICHT, DASS ICH DAS GANZE NICHT ERNST NEHME!
ES WAR DIE STEINMASKE, DIE MEINEN UND DEINEN GROSSVATER SOWIE VIELE ANDERE MENSCHEN INS UNGLÜCK GESTÜRZT HAT. UND ICH HABE NICHTS ALS HASS FÜR KARS ÜBRIG, DER SIE ERSCHAFFEN HAT!
ZERSTÖR IHN!
HÄ?
DU SOLLST DEN ROTEN STEIN ZERSTÖREN! DANN KÖNNEN SICH DIE DREI SÄULENMÄNNER IHRE AMBITIONEN IN DEN SCHEITEL SCHMIEREN!
DIE SAGE VERBIETET MIR, DAS ZU TUN.
WIE BITTE?!
ES HEISST, DASS WENN DER ROTE STEIN ZERSTÖRT WIRD ...
... DIE DREI DURCH NICHTS UND NIEMANDEN MEHR AUFGEHALTEN WERDEN KÖNNEN.
WER SAGT DAS? VIELLEICHT IST DIE SAGE FALSCH!
DAS VERMAG ICH NICHT ZU BEURTEILEN. ABER ICH MUSS MEINER BESTIMMUNG FOLGEN.

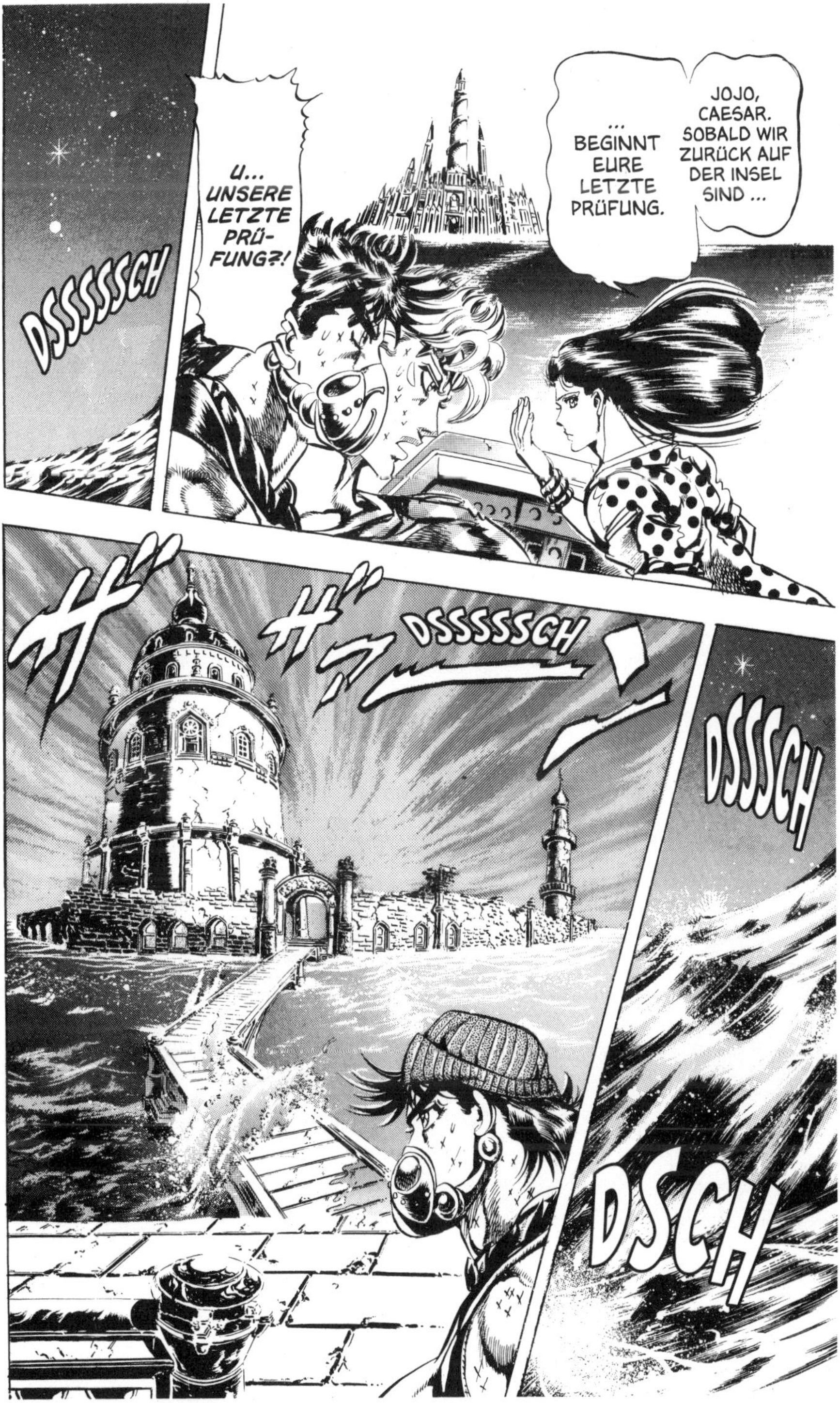
JOJO, CAESAR. SOBALD WIR ZURÜCK AUF DER INSEL SIND ...
... BEGINNT EURE LETZTE PRÜFUNG.
U... UNSERE LETZTE PRÜ-FUNG?!
DSSSSSCH
DSSSCH
DSSSSSCH
DSCH

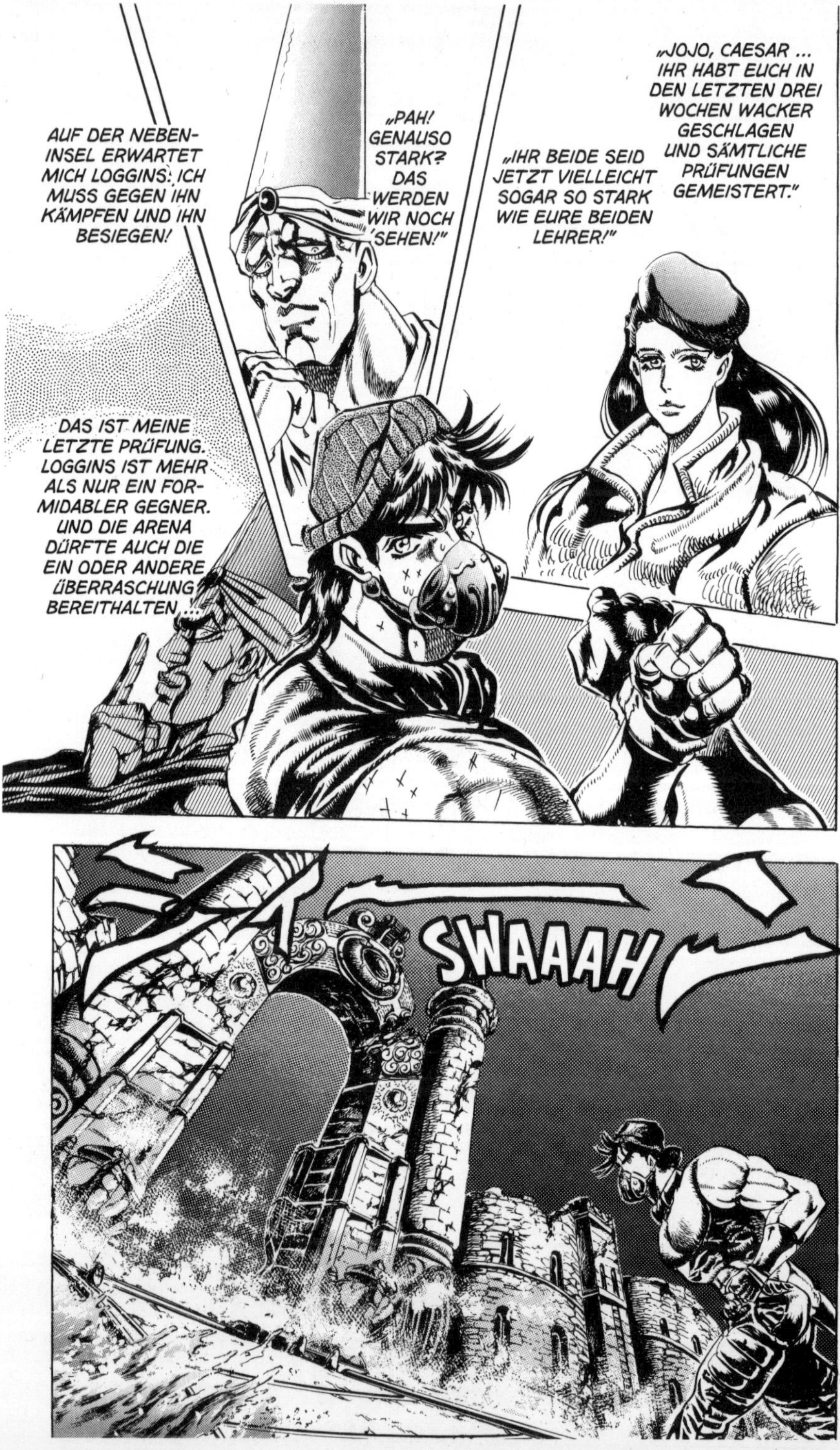
„JOJO, CAESAR … IHR HABT EUCH IN DEN LETZTEN DREI WOCHEN WACKER GESCHLAGEN UND SÄMTLICHE PRÜFUNGEN GEMEISTERT."
„IHR BEIDE SEID JETZT VIELLEICHT SOGAR SO STARK WIE EURE BEIDEN LEHRER!"
„PAH! GENAUSO STARK? DAS WERDEN WIR NOCH SEHEN!"
AUF DER NEBEN-INSEL ERWARTET MICH LOGGINS. ICH MUSS GEGEN IHN KÄMPFEN UND IHN BESIEGEN!
DAS IST MEINE LETZTE PRÜFUNG. LOGGINS IST MEHR ALS NUR EIN FOR-MIDABLER GEGNER. UND DIE ARENA DÜRFTE AUCH DIE EIN ODER ANDERE ÜBERRASCHUNG BEREITHALTEN …
SWAAAH

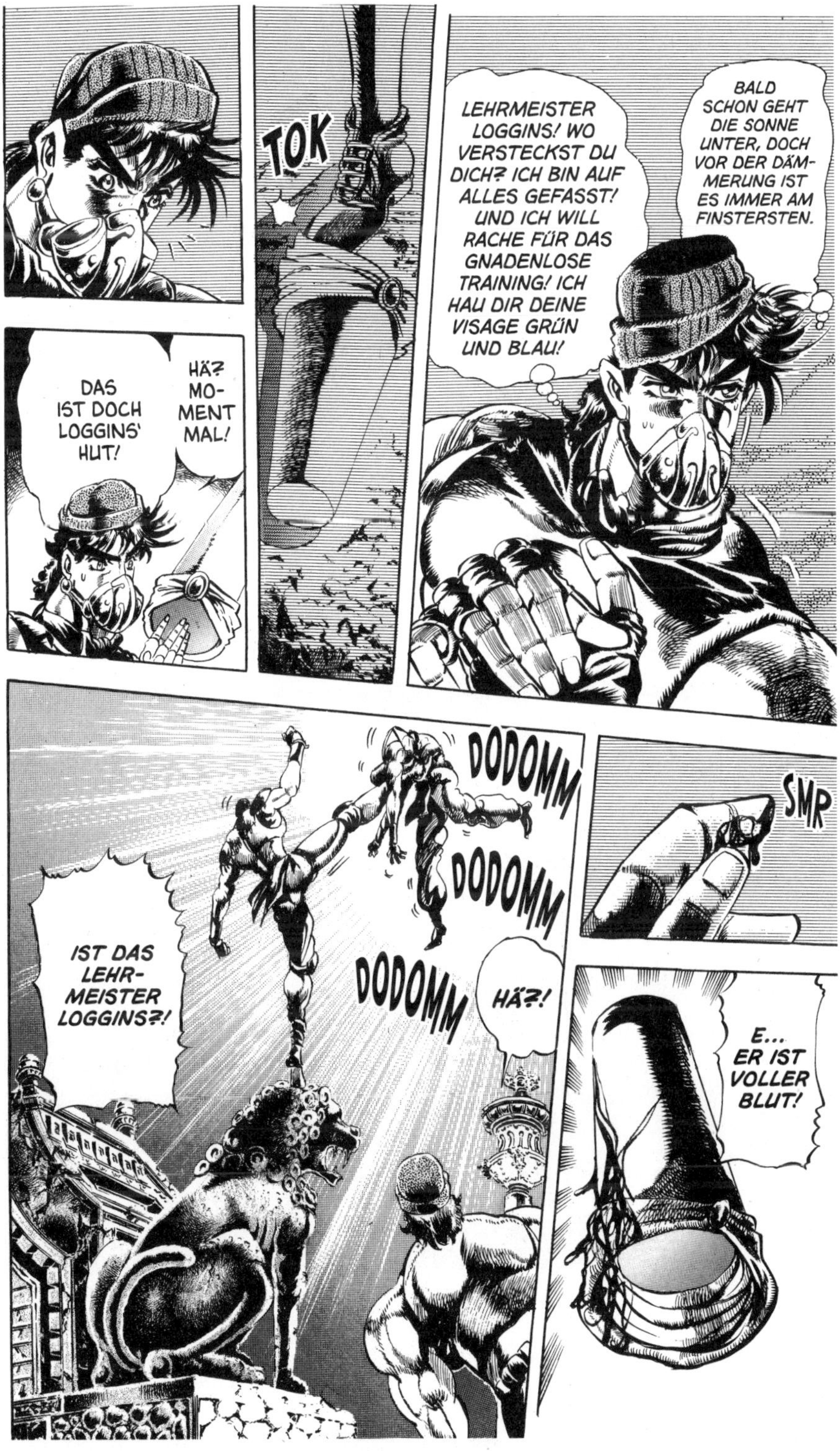
TOK
BALD SCHON GEHT DIE SONNE UNTER, DOCH VOR DER DÄMMERUNG IST ES IMMER AM FINSTERSTEN.
LEHRMEISTER LOGGINS! WO VERSTECKST DU DICH? ICH BIN AUF ALLES GEFASST! UND ICH WILL RACHE FÜR DAS GNADENLOSE TRAINING! ICH HAU DIR DEINE VISAGE GRÜN UND BLAU!
HÄ? MOMENT MAL!
DAS IST DOCH LOGGINS' HUT!
DODOMM
DODOMM
DODOMM
SMR
IST DAS LEHRMEISTER LOGGINS?!
HÄ?!
E... ER IST VOLLER BLUT!

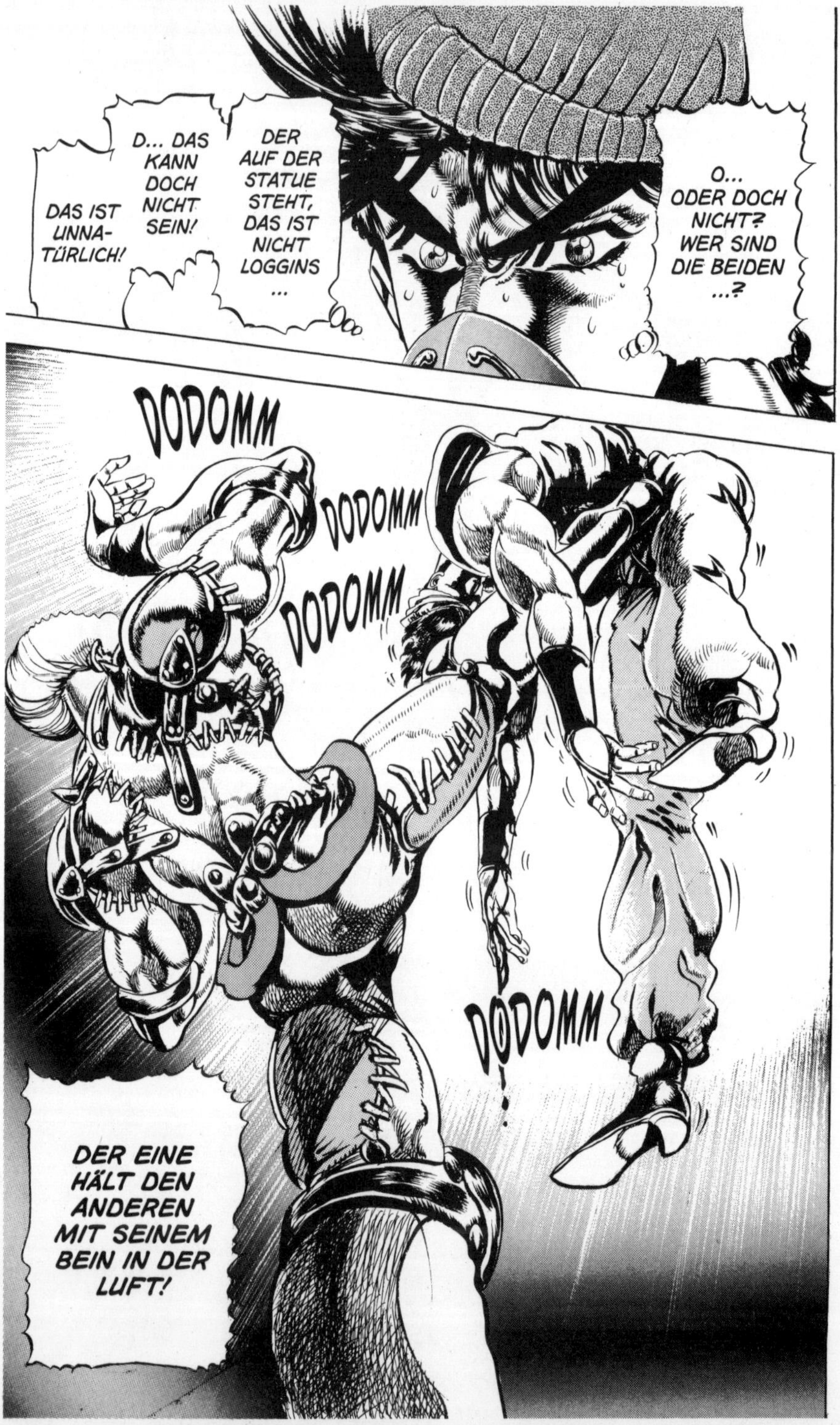
O... ODER DOCH NICHT? WER SIND DIE BEIDEN ...?
DER AUF DER STATUE STEHT, DAS IST NICHT LOGGINS ...
D... DAS KANN DOCH NICHT SEIN!
DAS IST UNNATÜRLICH!
DODOMM
DODOMM
DODOMM
DODOMM
DER EINE HÄLT DEN ANDEREN MIT SEINEM BEIN IN DER LUFT!

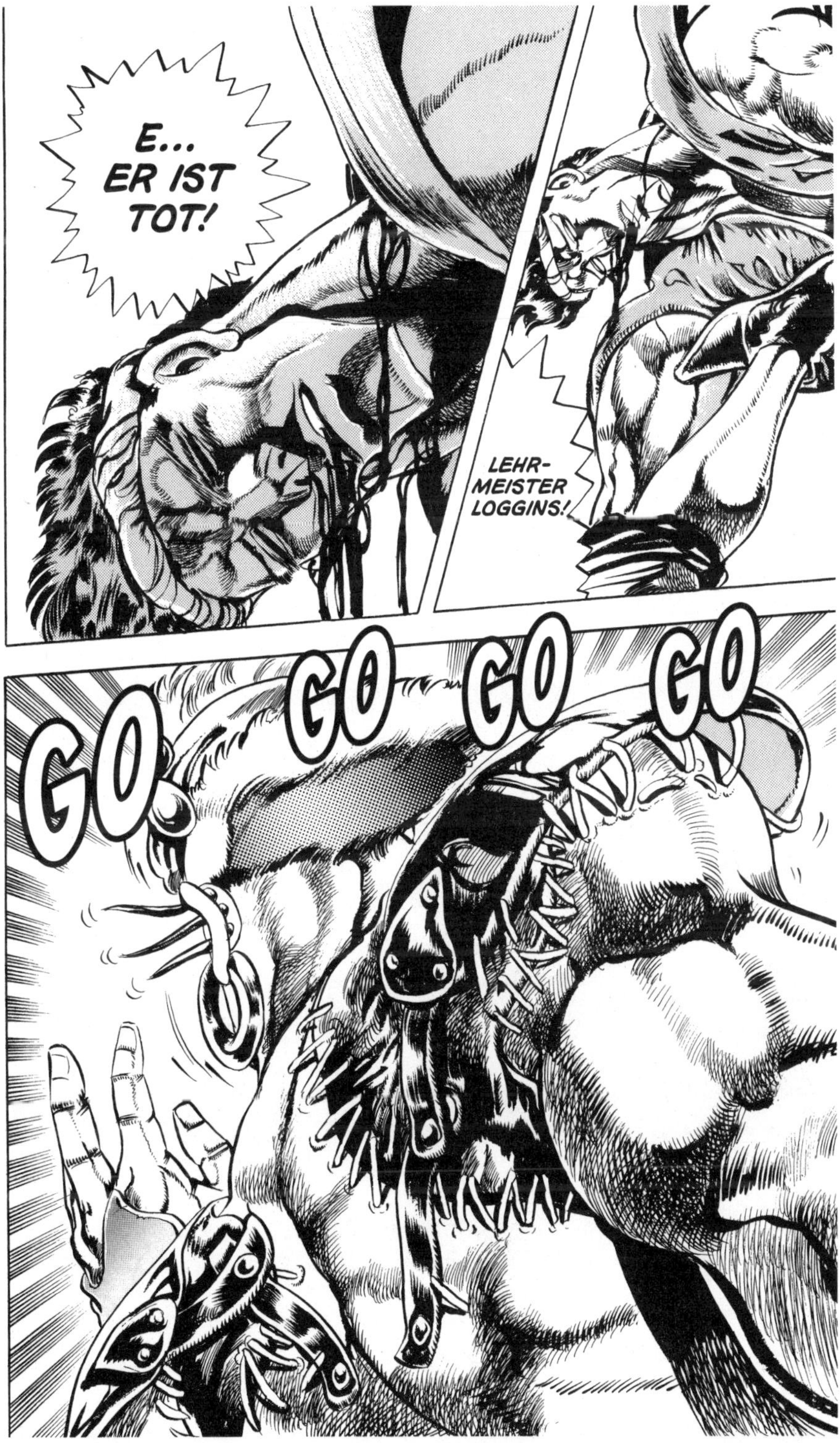

E...
ER IST
TOT!
LEHR-
MEISTER
LOGGINS!
GO GO GO GO

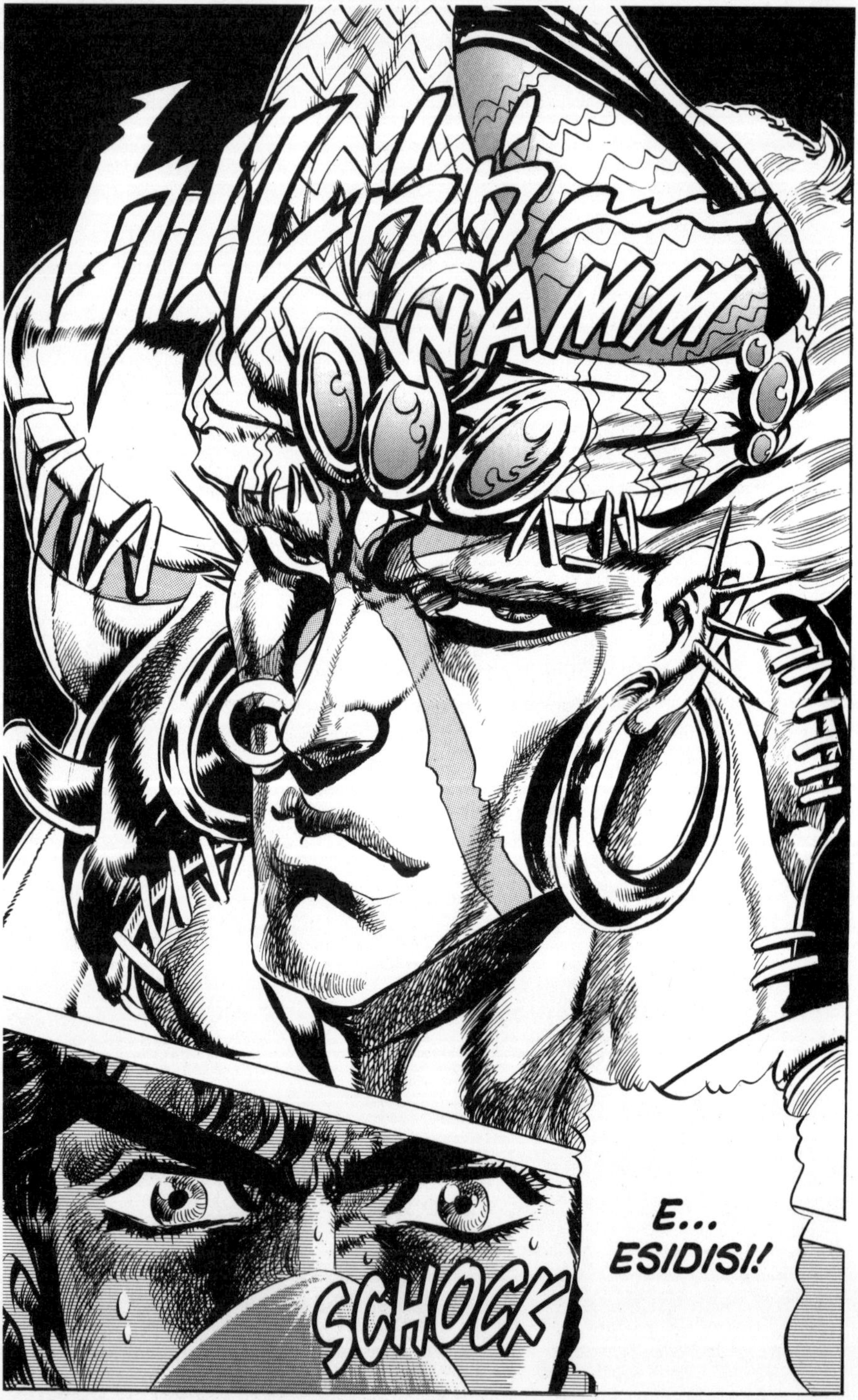
WAMM
E... ESIDISI!
SCHOCK

JOJO'S BIZARRE ADVENTURE PART 2 BATTLE TENDENCY

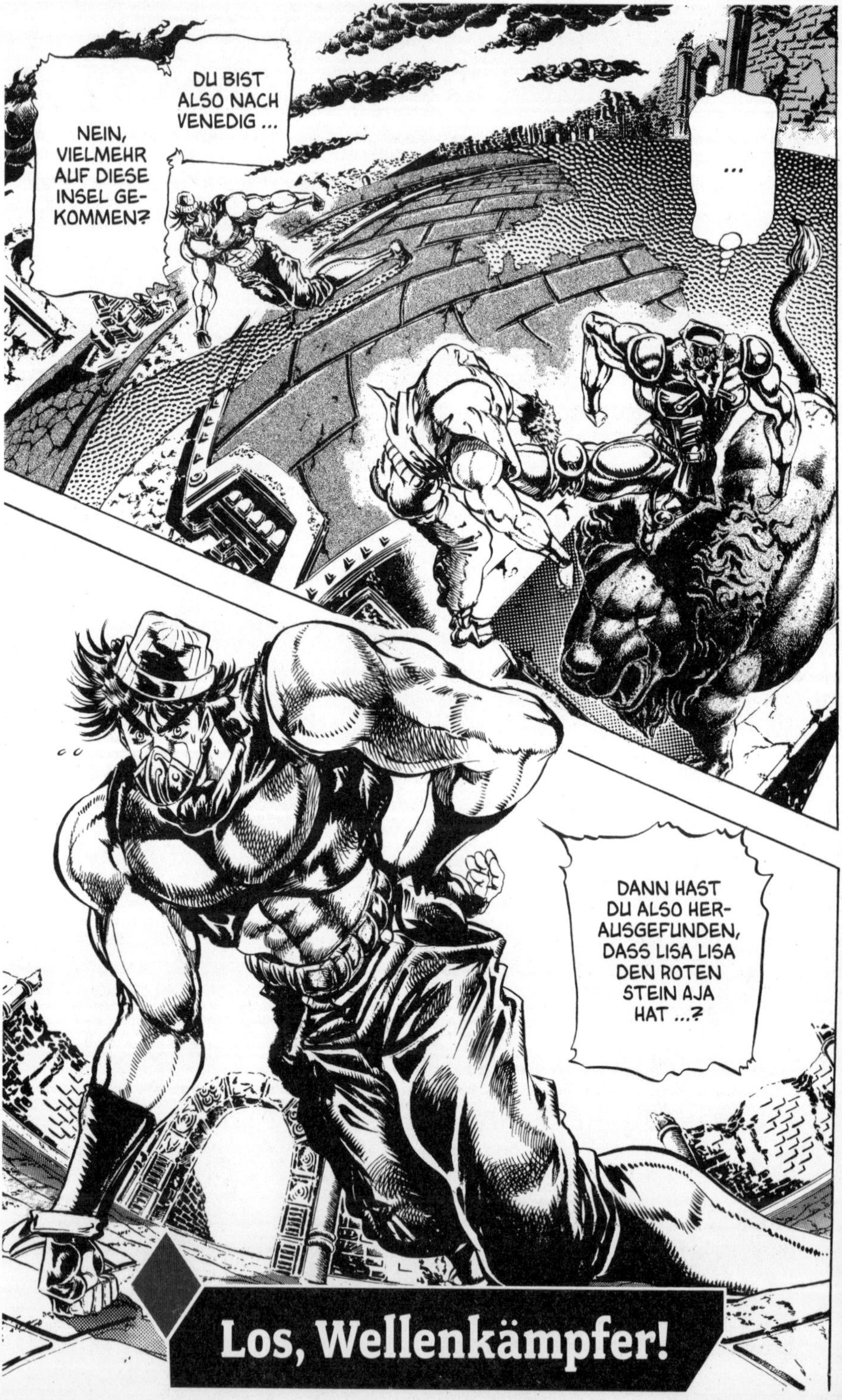
DU BIST ALSO NACH VENEDIG ...
NEIN, VIELMEHR AUF DIESE INSEL GEKOMMEN?
...
DANN HAST DU ALSO HERAUSGEFUNDEN, DASS LISA LISA DEN ROTEN STEIN AJA HAT ...?
Los, Wellenkämpfer!

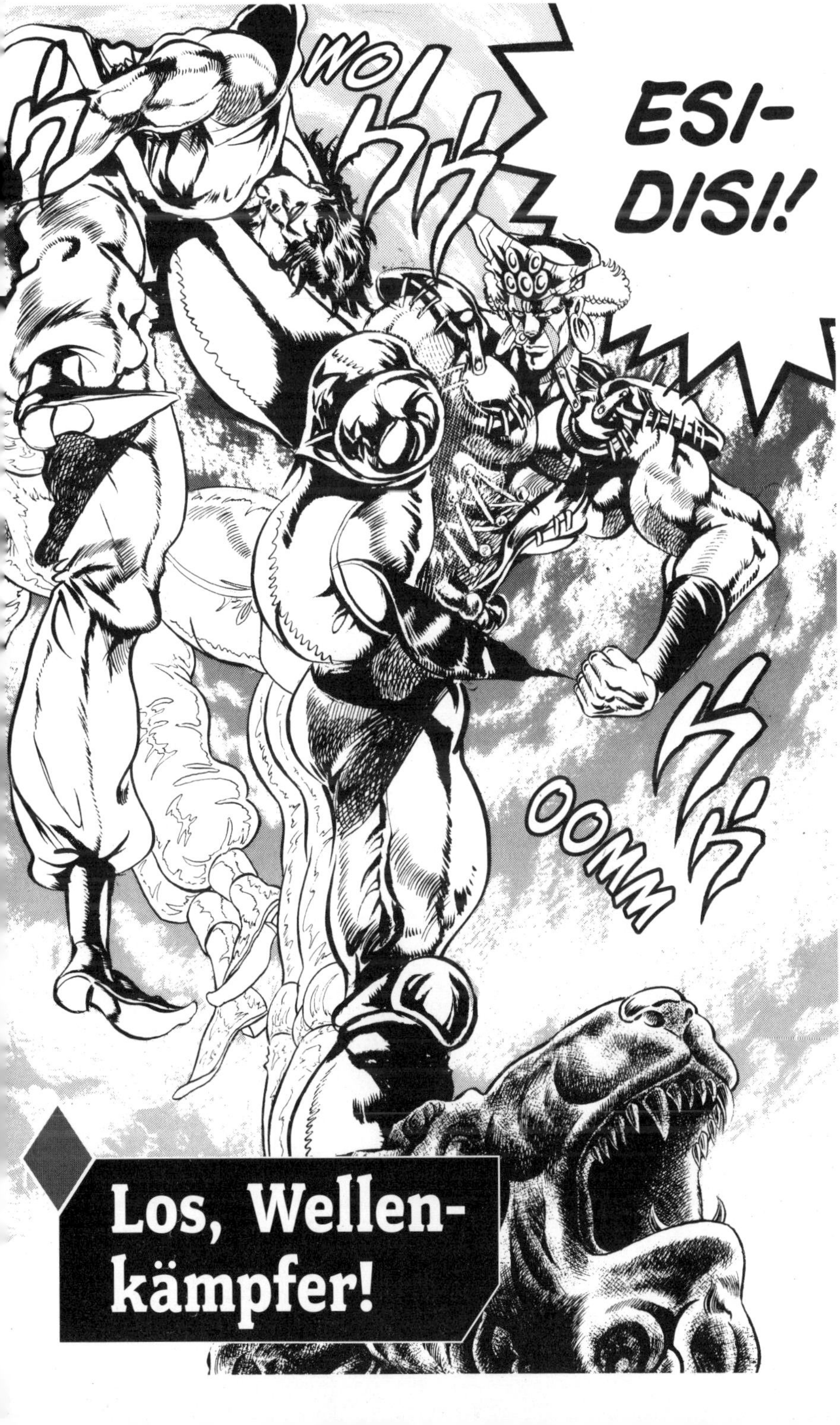

Los, Wellenkämpfer!

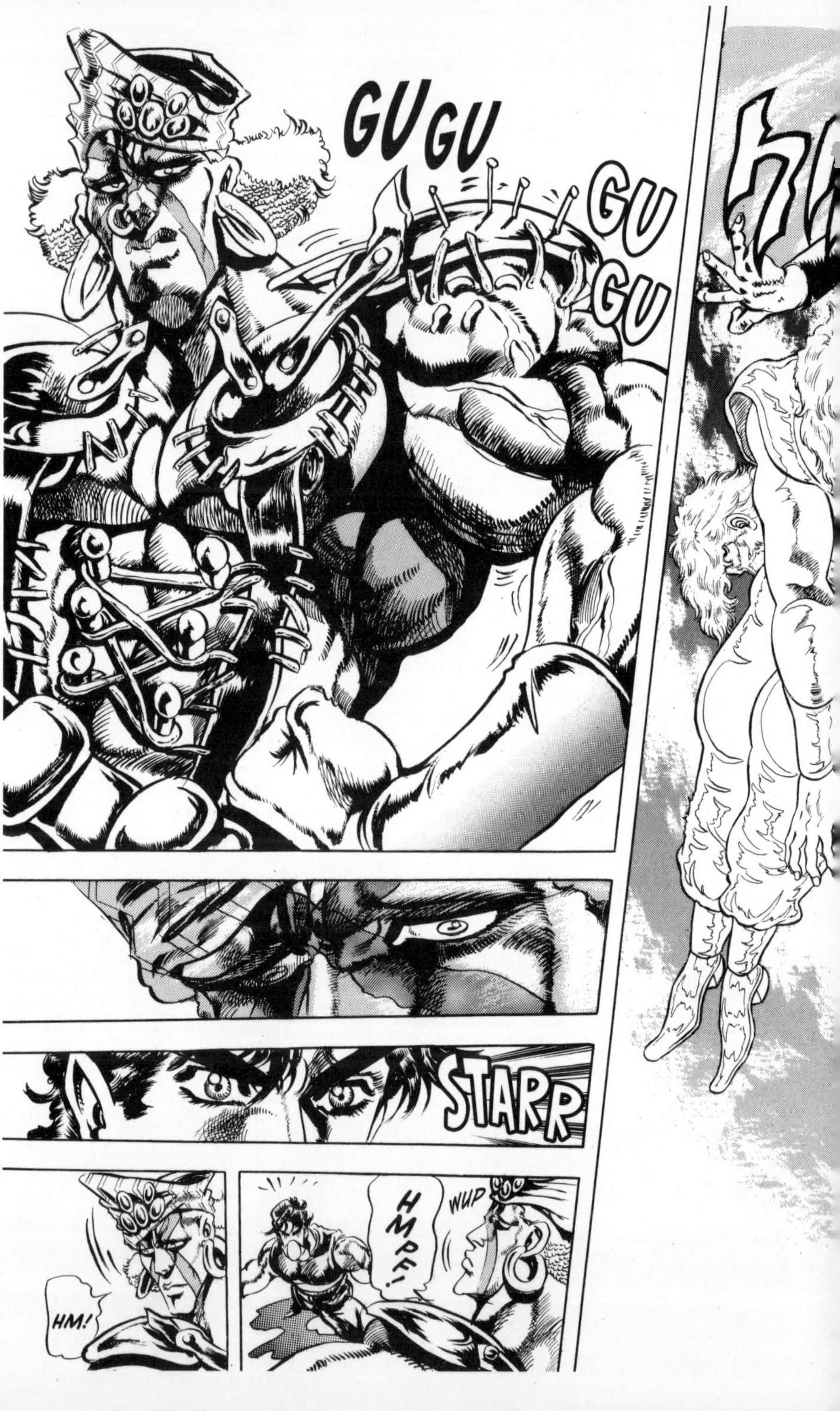
GUGU
GU
GU
STARR
HM!
HMPF!
WUP

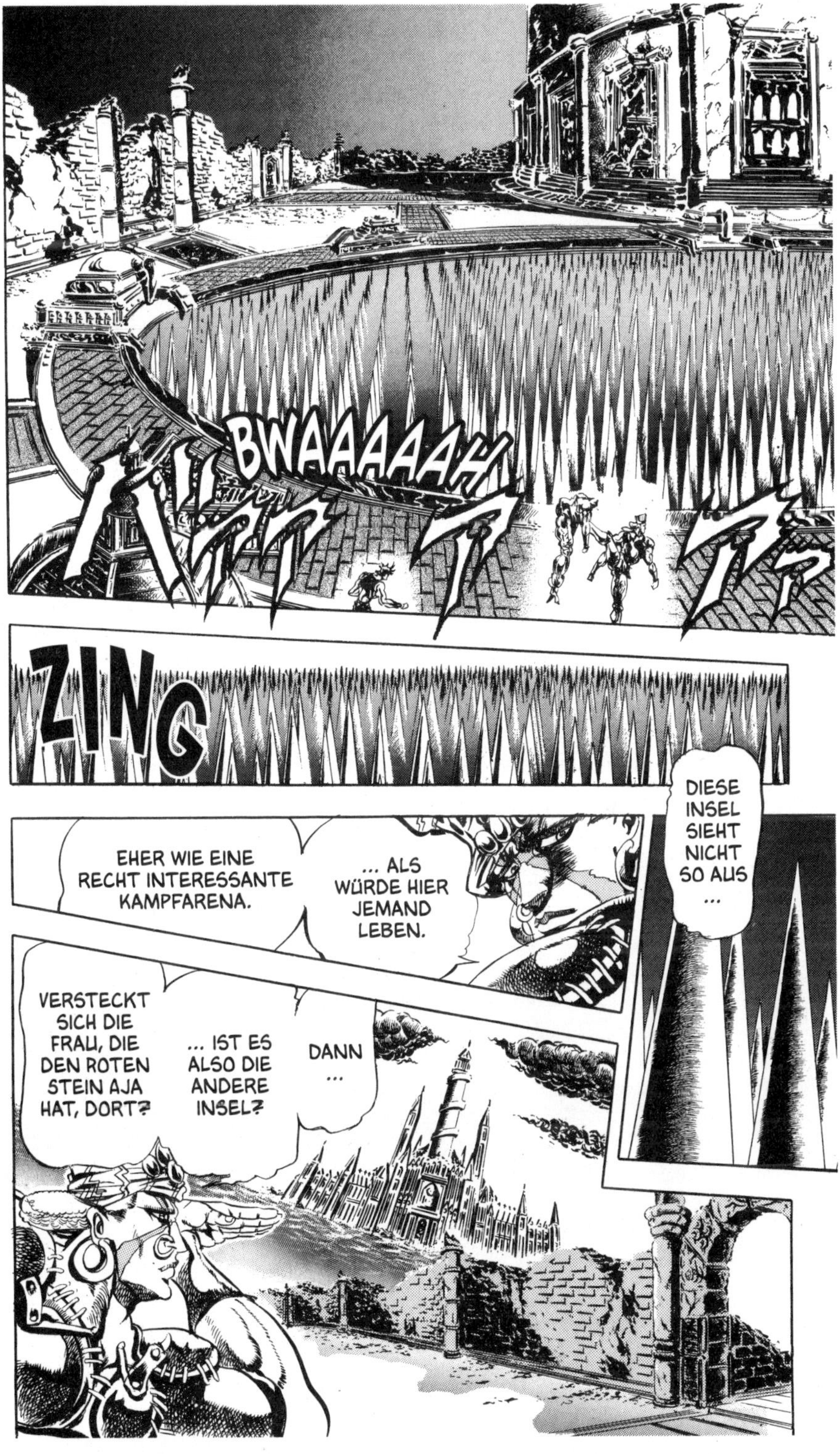
BWAAAAAH
ZING
DIESE INSEL SIEHT NICHT SO AUS ...
... ALS WÜRDE HIER JEMAND LEBEN.
EHER WIE EINE RECHT INTERESSANTE KAMPFARENA.
DANN ...
... IST ES ALSO DIE ANDERE INSEL?
VERSTECKT SICH DIE FRAU, DIE DEN ROTEN STEIN AJA HAT, DORT?

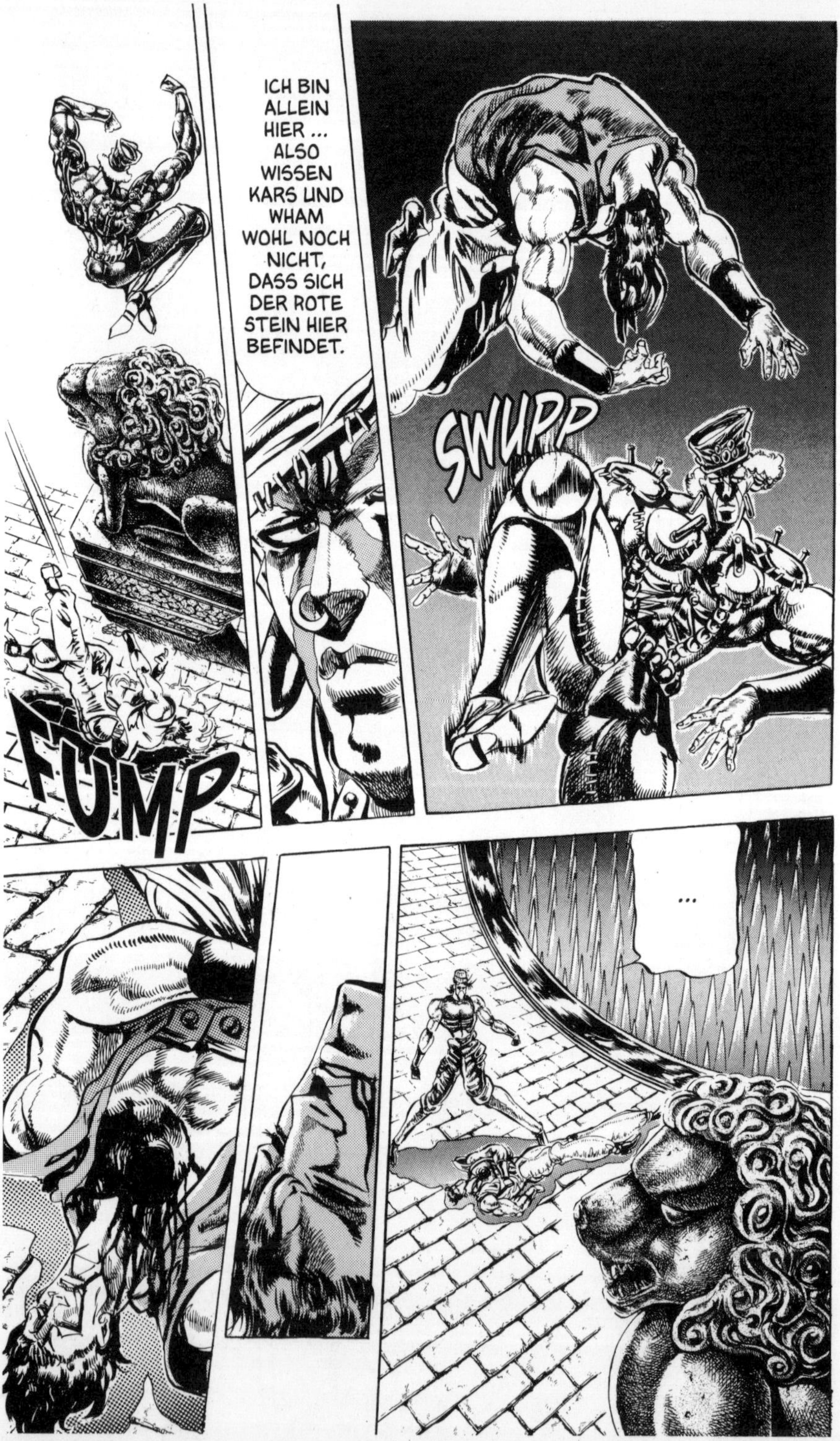
SWUPP
ICH BIN ALLEIN HIER ... ALSO WISSEN KARS UND WHAM WOHL NOCH NICHT, DASS SICH DER ROTE STEIN HIER BEFINDET.
FUMP
...

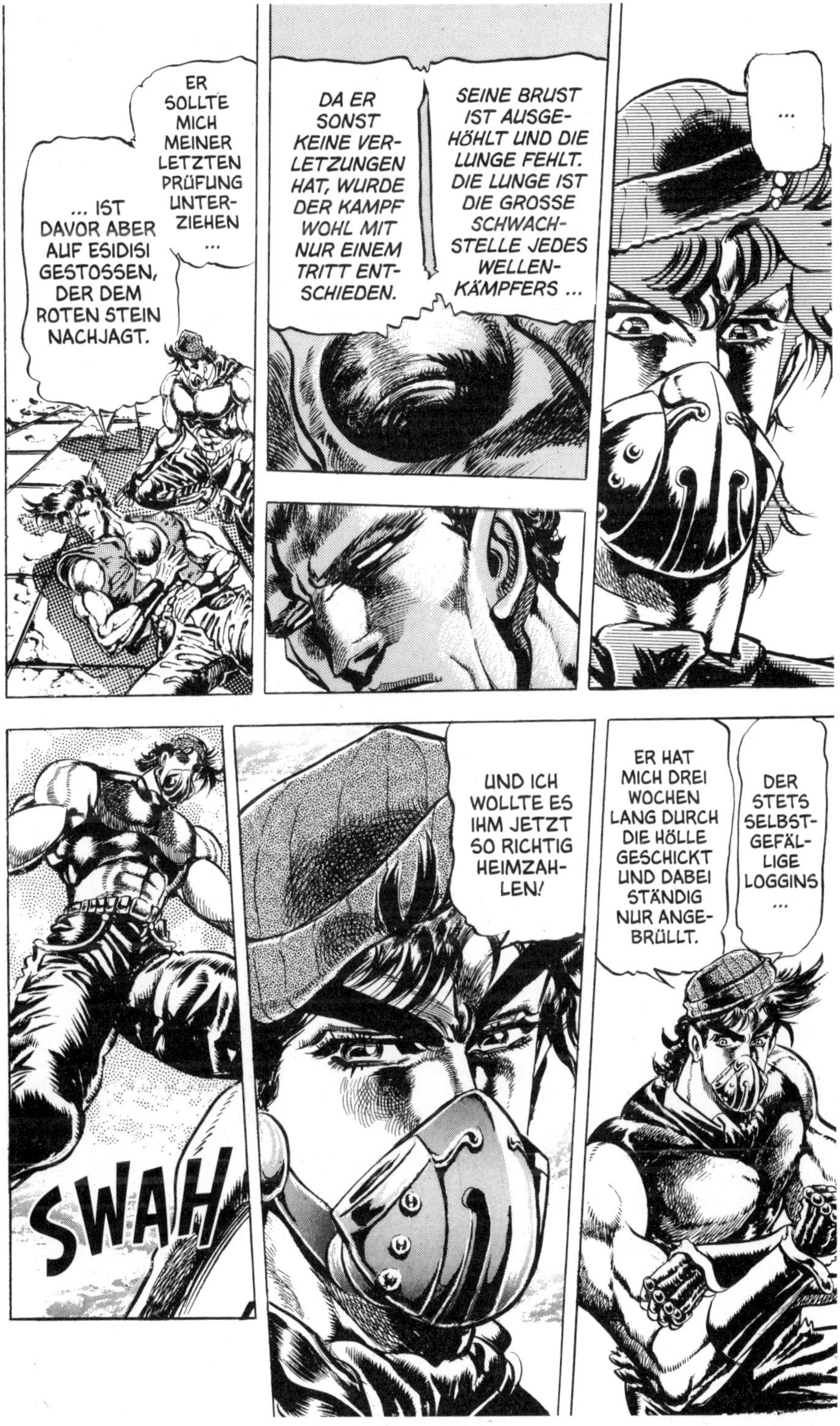
...
SEINE BRUST IST AUSGEHÖHLT UND DIE LUNGE FEHLT. DIE LUNGE IST DIE GROSSE SCHWACHSTELLE JEDES WELLENKÄMPFERS ...
DA ER SONST KEINE VERLETZUNGEN HAT, WURDE DER KAMPF WOHL MIT NUR EINEM TRITT ENTSCHIEDEN.
ER SOLLTE MICH MEINER LETZTEN PRÜFUNG UNTERZIEHEN ...
... IST DAVOR ABER AUF ESIDISI GESTOSSEN, DER DEM ROTEN STEIN NACHJAGT.
DER STETS SELBSTGEFÄLLIGE LOGGINS ...
ER HAT MICH DREI WOCHEN LANG DURCH DIE HÖLLE GESCHICKT UND DABEI STÄNDIG NUR ANGEBRÜLLT.
UND ICH WOLLTE ES IHM JETZT SO RICHTIG HEIMZAHLEN!
SWAH

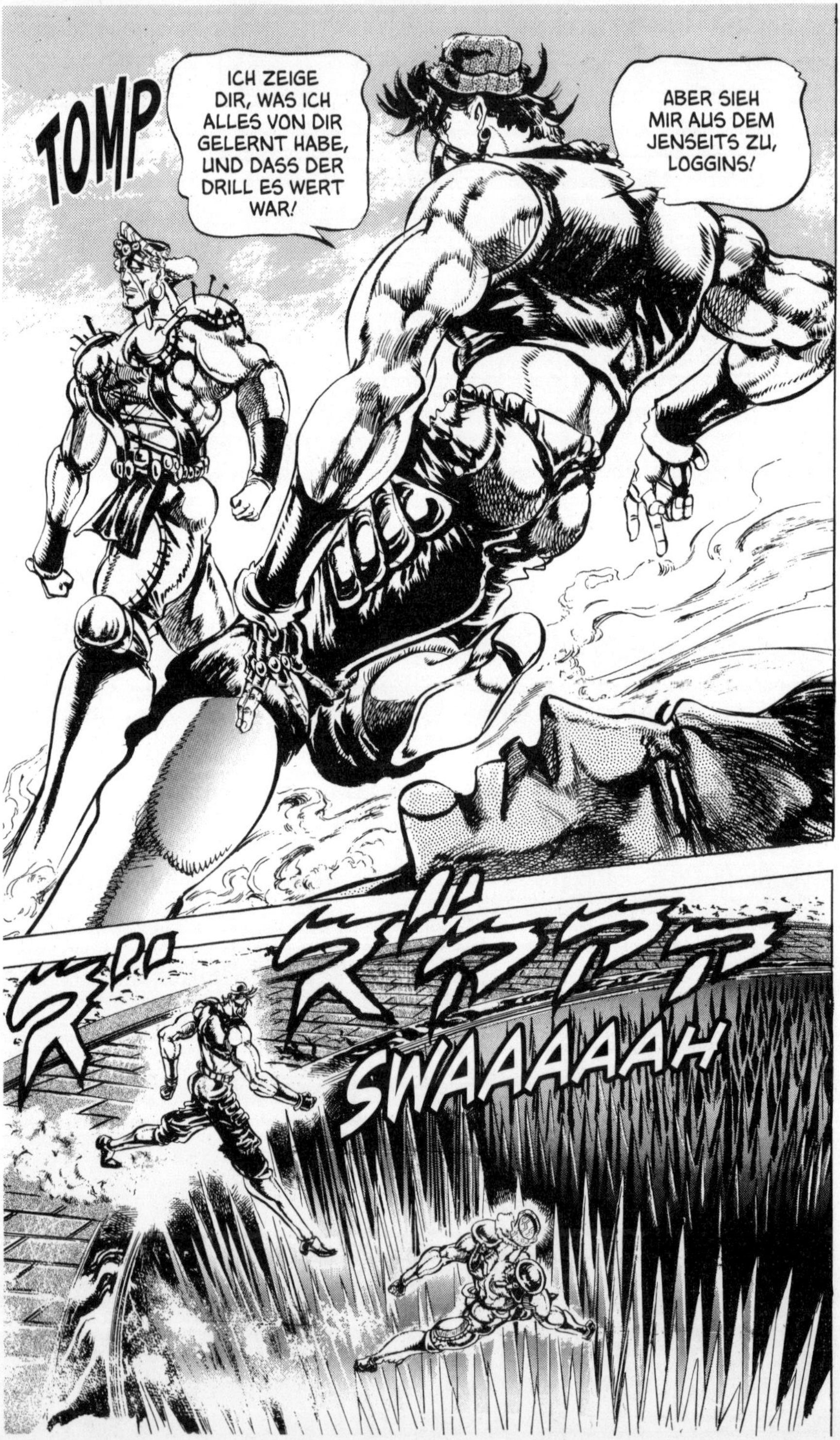
ABER SIEH MIR AUS DEM JENSEITS ZU, LOGGINS!
ICH ZEIGE DIR, WAS ICH ALLES VON DIR GELERNT HABE, UND DASS DER DRILL ES WERT WAR!
TOMP
SWAAAAAH

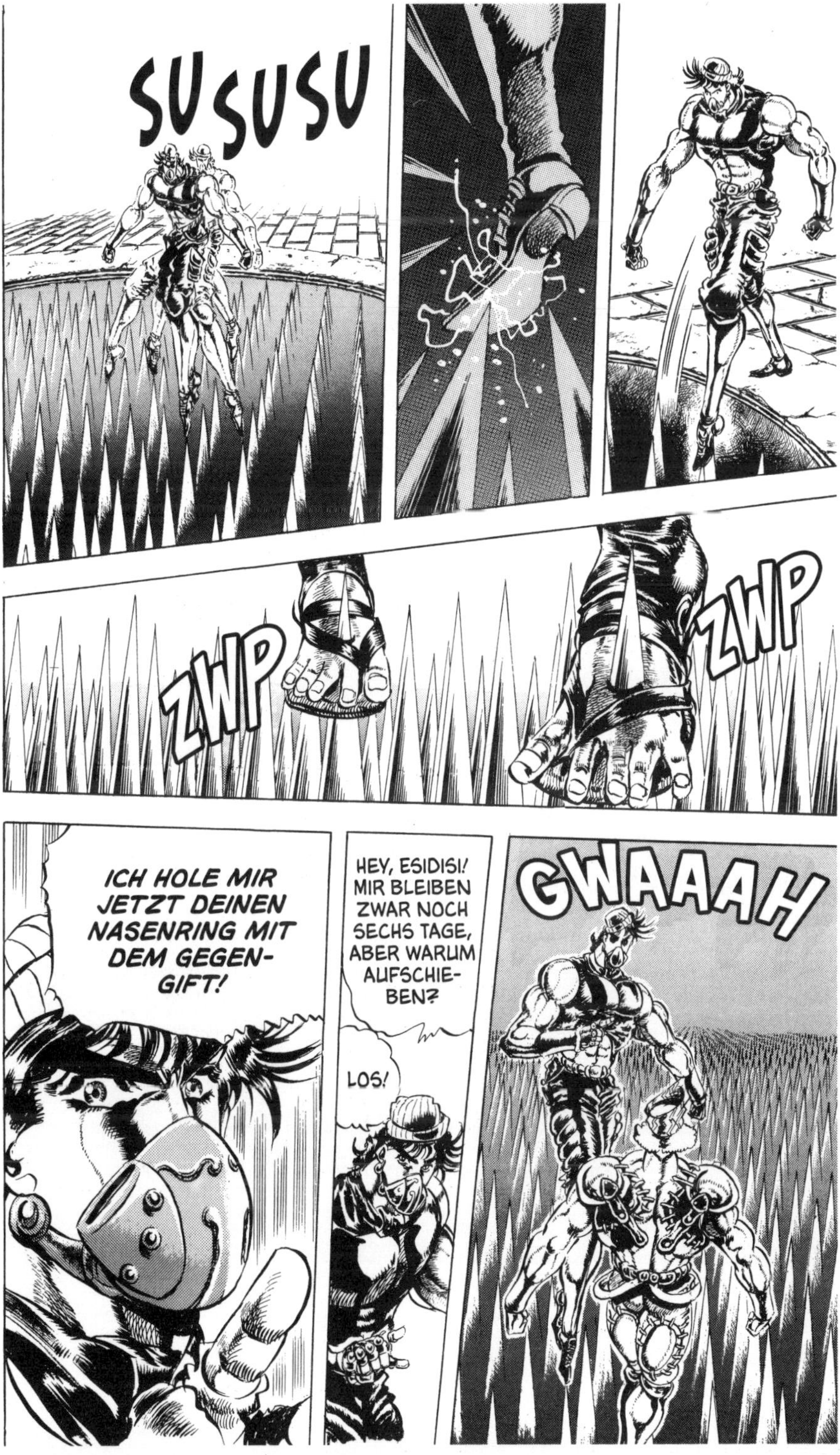
SUSUSU
ZWP
ZWP
GWAAAH
HEY, ESIDISI! MIR BLEIBEN ZWAR NOCH SECHS TAGE, ABER WARUM AUFSCHIE-BEN?
LOS!
ICH HOLE MIR JETZT DEINEN NASENRING MIT DEM GEGEN-GIFT!

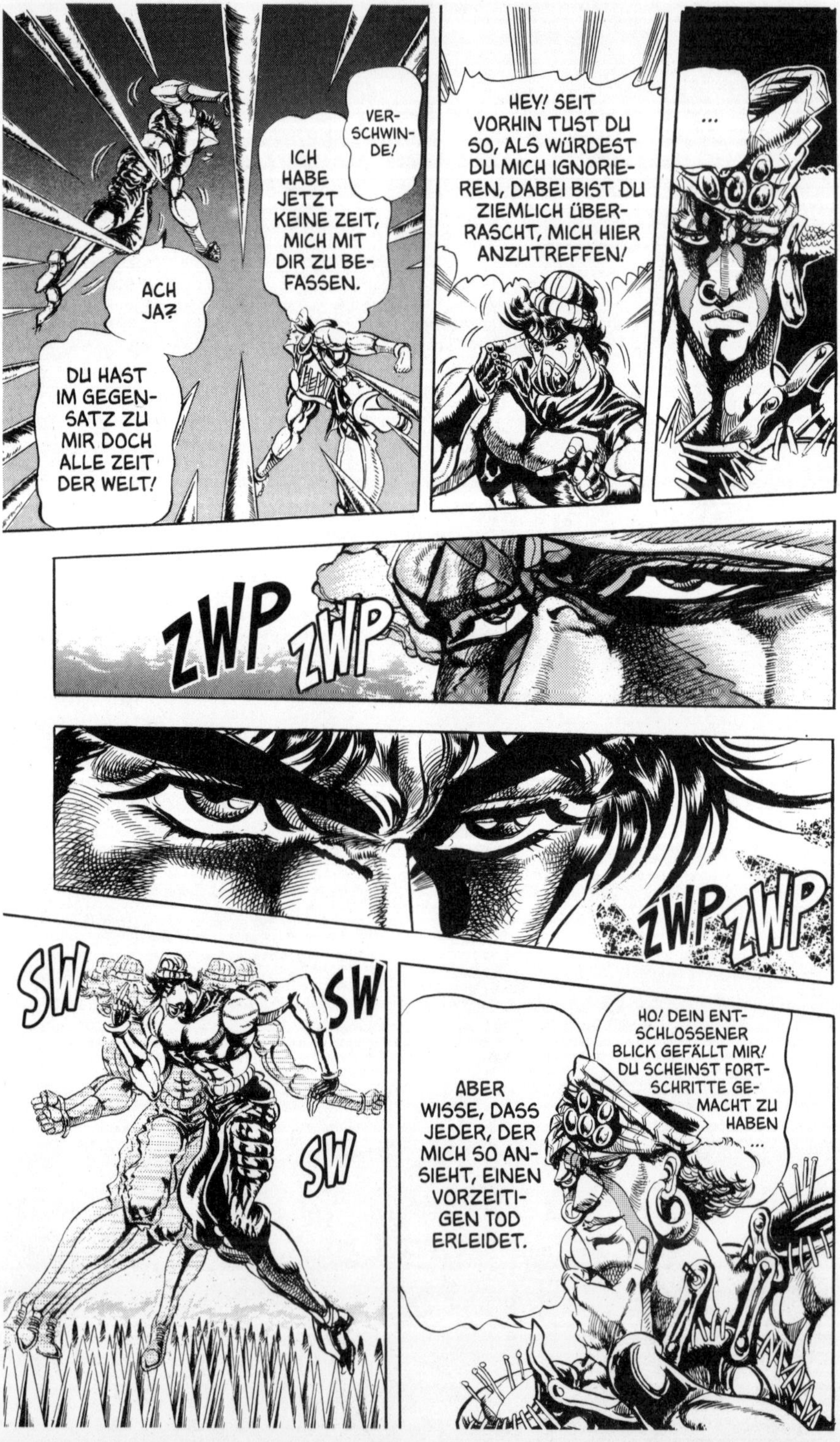
...
HEY! SEIT VORHIN TUST DU SO, ALS WÜRDEST DU MICH IGNORIEREN, DABEI BIST DU ZIEMLICH ÜBERRASCHT, MICH HIER ANZUTREFFEN!
VERSCHWINDE!
ICH HABE JETZT KEINE ZEIT, MICH MIT DIR ZU BEFASSEN.
ACH JA?
DU HAST IM GEGENSATZ ZU MIR DOCH ALLE ZEIT DER WELT!
ZWP ZWP
ZWP ZWP
HO! DEIN ENTSCHLOSSENER BLICK GEFÄLLT MIR! DU SCHEINST FORTSCHRITTE GEMACHT ZU HABEN ...
ABER WISSE, DASS JEDER, DER MICH SO ANSIEHT, EINEN VORZEITIGEN TOD ERLEIDET.
SW
SW
SW

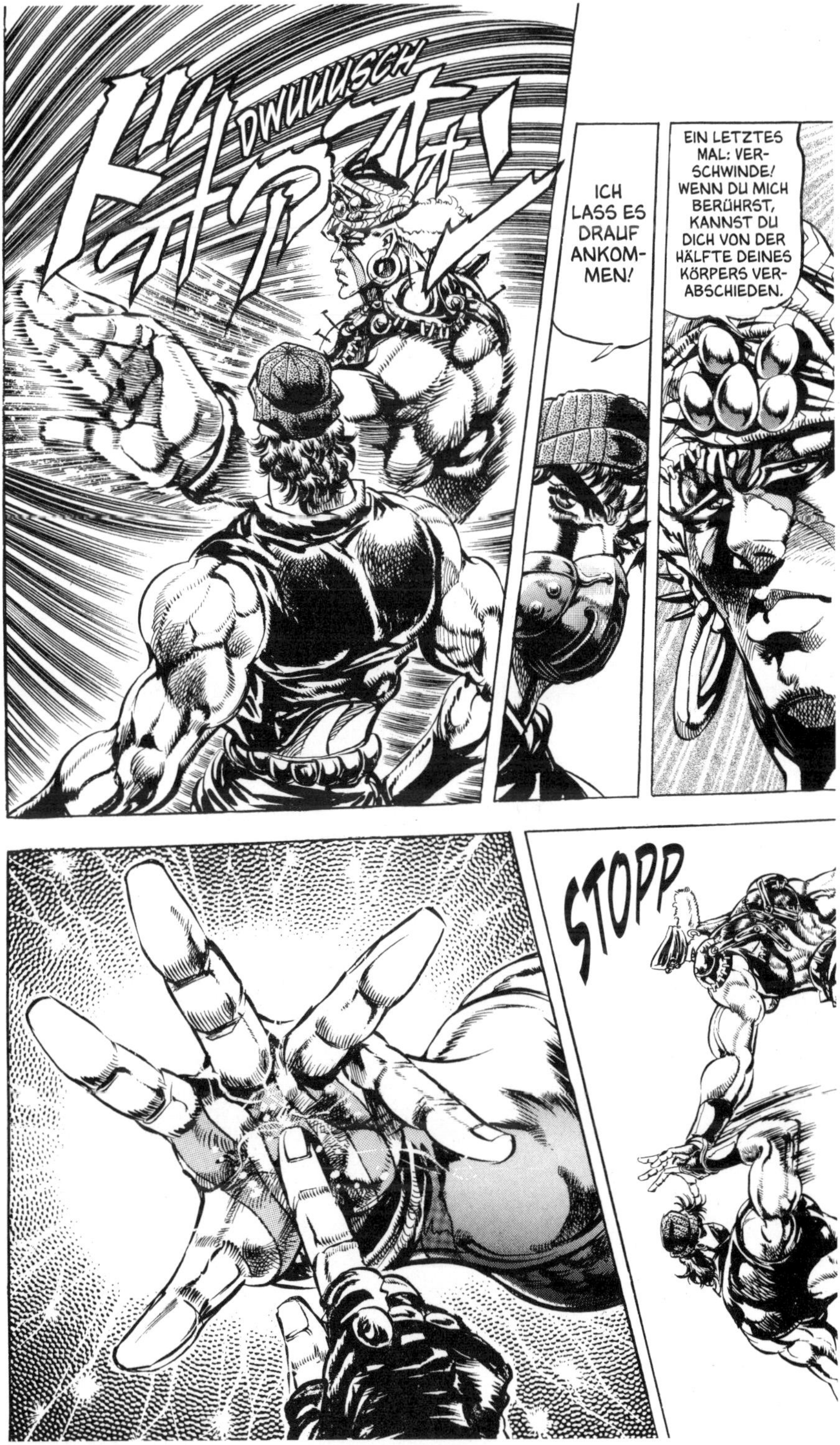
EIN LETZTES MAL: VERSCHWINDE! WENN DU MICH BERÜHRST, KANNST DU DICH VON DER HÄLFTE DEINES KÖRPERS VERABSCHIEDEN.
ICH LASS ES DRAUF ANKOMMEN!
DWUUUSCH
STOPP

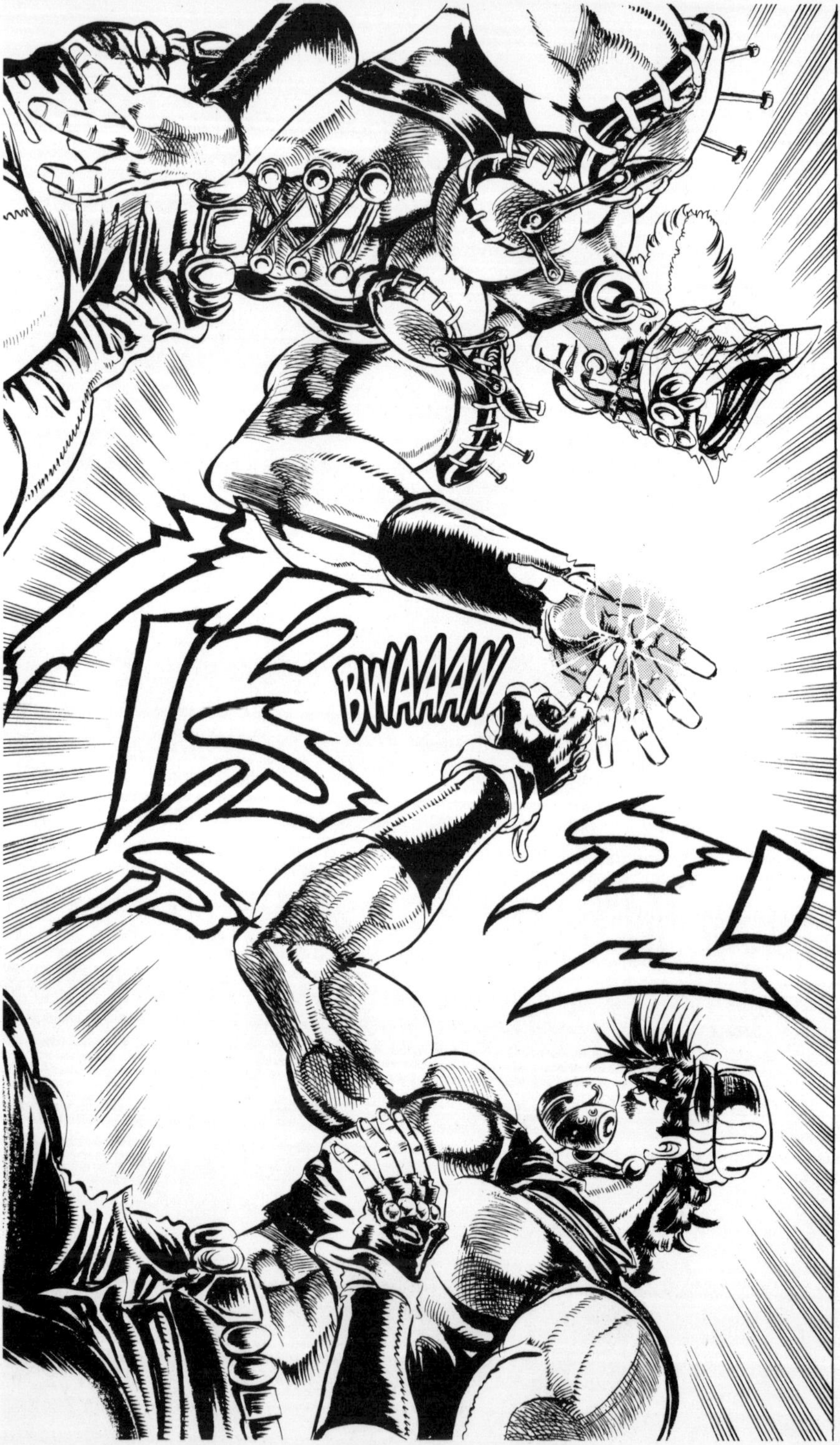
BWAAAN

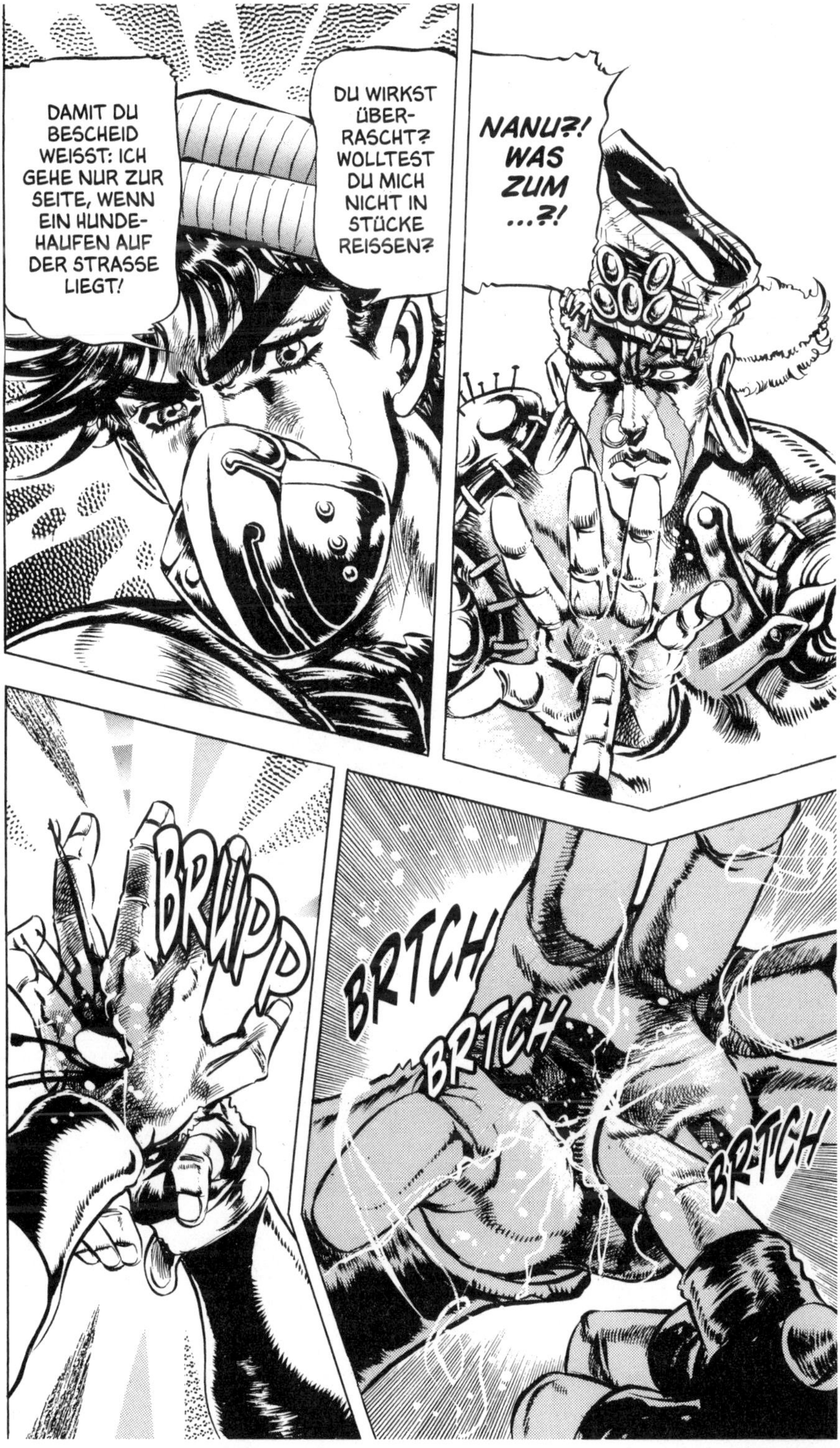
NANU?! WAS ZUM ...?!
DU WIRKST ÜBERRASCHT? WOLLTEST DU MICH NICHT IN STÜCKE REISSEN?
DAMIT DU BESCHEID WEISST: ICH GEHE NUR ZUR SEITE, WENN EIN HUNDEHAUFEN AUF DER STRASSE LIEGT!
BRTCH
BRTCH
BRTCH
BRUPP

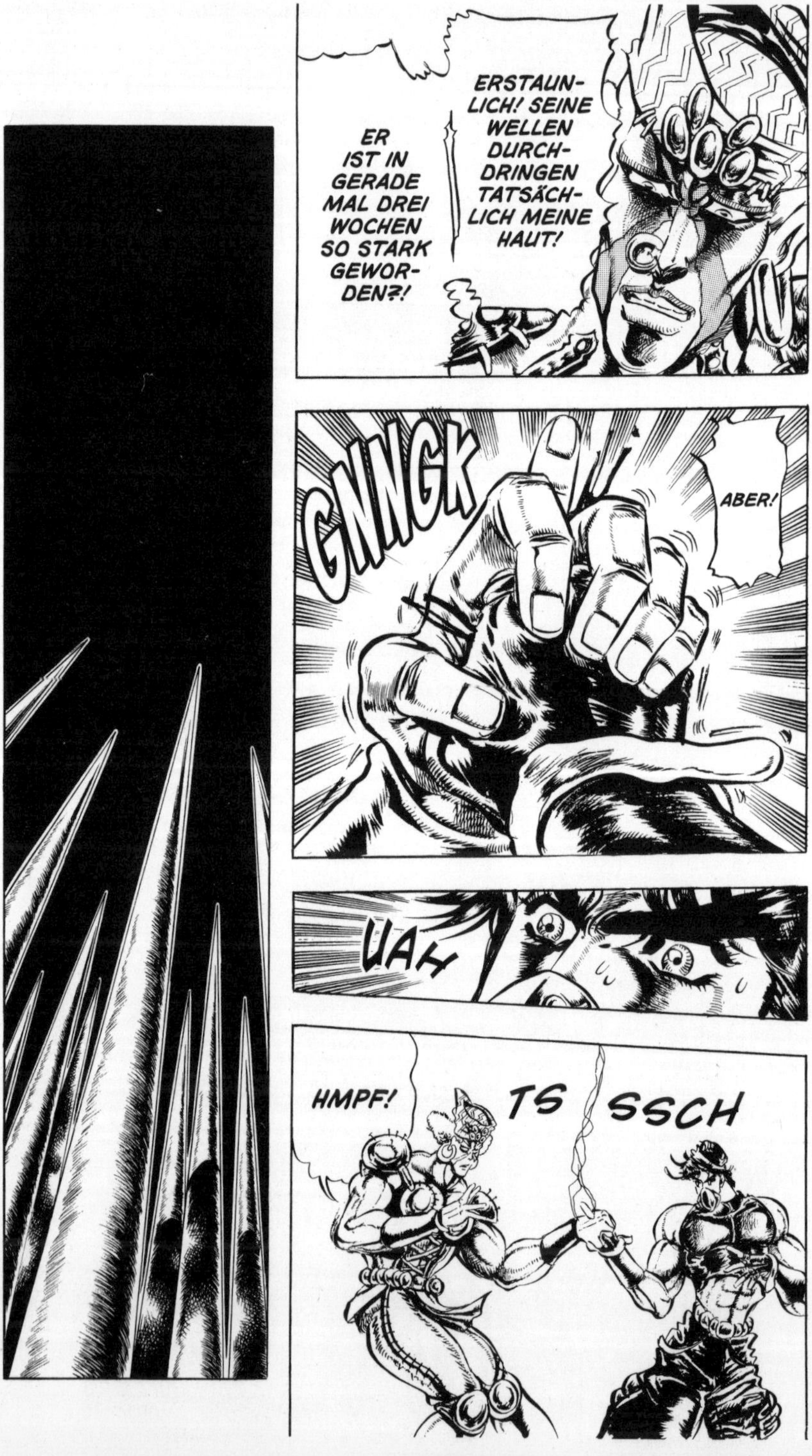
ERSTAUN-LICH! SEINE WELLEN DURCH-DRINGEN TATSÄCH-LICH MEINE HAUT!
ER IST IN GERADE MAL DREI WOCHEN SO STARK GEWOR-DEN?!
ABER!
GNNGK
UAH
HMPF!
TS SSCH

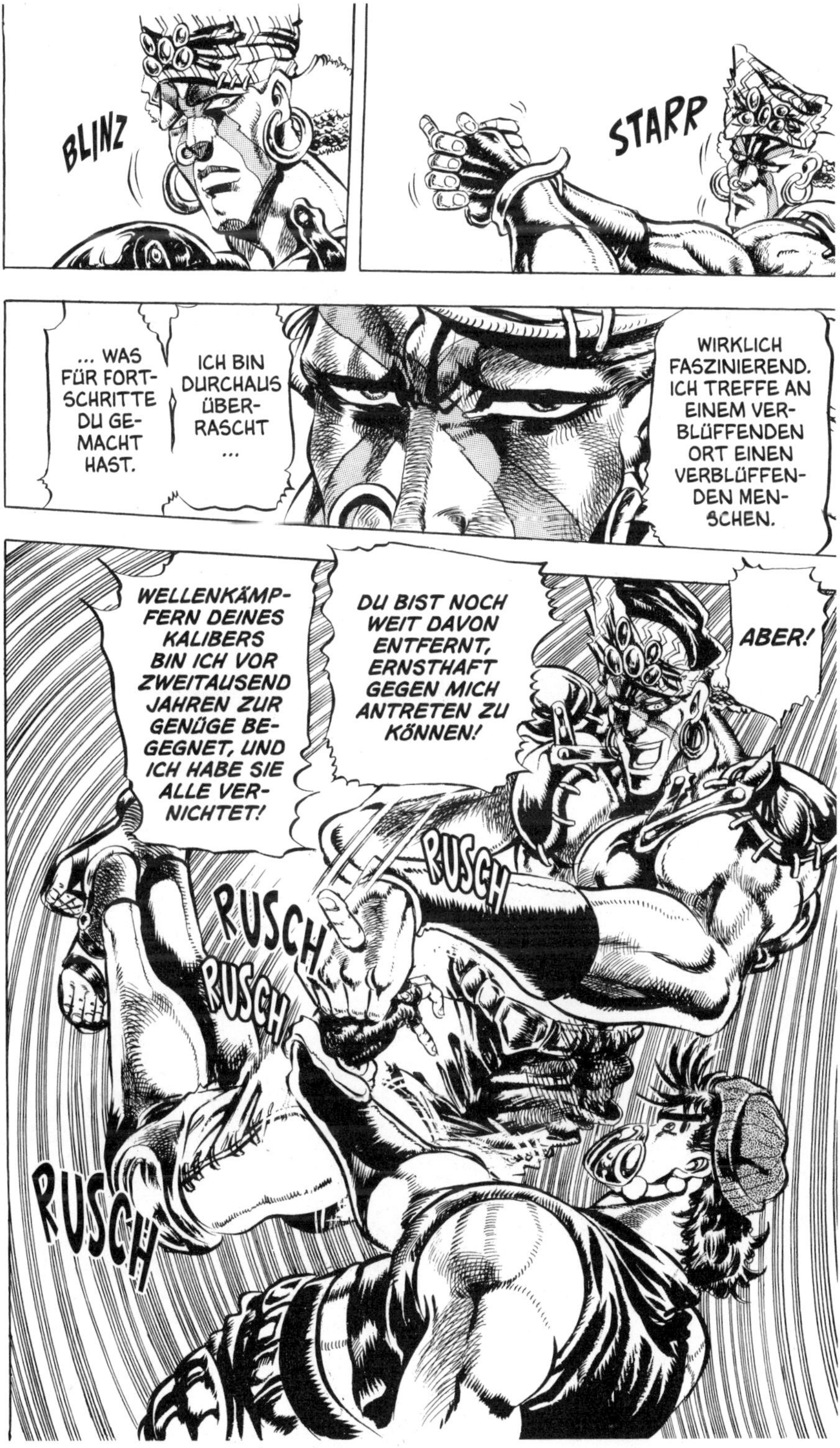
BLINZ
STARR
... WAS FÜR FORTSCHRITTE DU GEMACHT HAST.
ICH BIN DURCHAUS ÜBERRASCHT ...
WIRKLICH FASZINIEREND. ICH TREFFE AN EINEM VERBLÜFFENDEN ORT EINEN VERBLÜFFENDEN MENSCHEN.
ABER!
DU BIST NOCH WEIT DAVON ENTFERNT, ERNSTHAFT GEGEN MICH ANTRETEN ZU KÖNNEN!
WELLENKÄMPFERN DEINES KALIBERS BIN ICH VOR ZWEITAUSEND JAHREN ZUR GENÜGE BEGEGNET, UND ICH HABE SIE ALLE VERNICHTET!
RUSCH
RUSCH
RUSCH
RUSCH

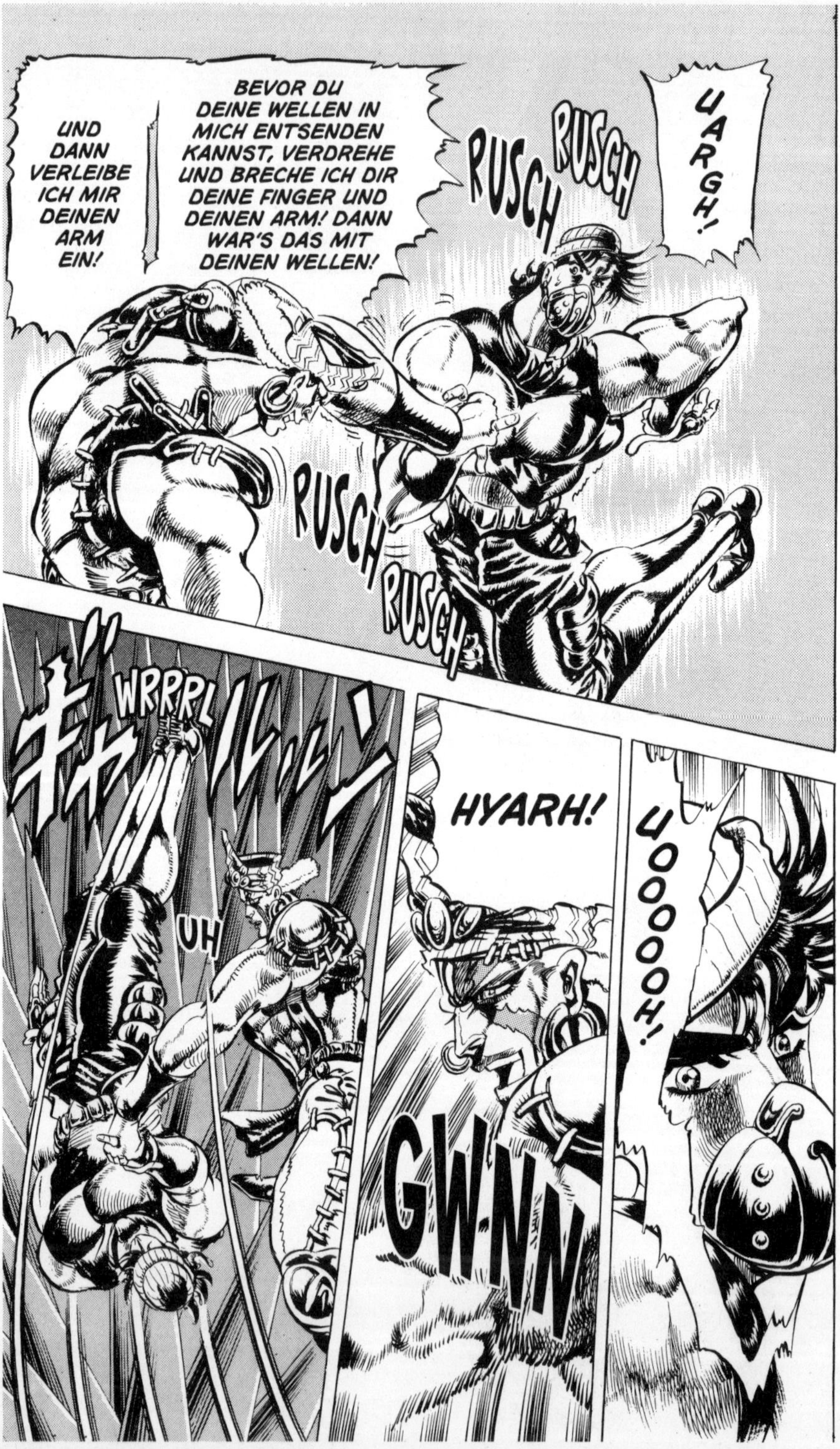
UARGH!
RUSCH RUSCH
BEVOR DU DEINE WELLEN IN MICH ENTSENDEN KANNST, VERDREHE UND BRECHE ICH DIR DEINE FINGER UND DEINEN ARM! DANN WAR'S DAS MIT DEINEN WELLEN!
UND DANN VERLEIBE ICH MIR DEINEN ARM EIN!
RUSCH RUSCH
UOOOOOOH!
HYARH!
GW-NN
WRRRL
ギャルルルン
UH

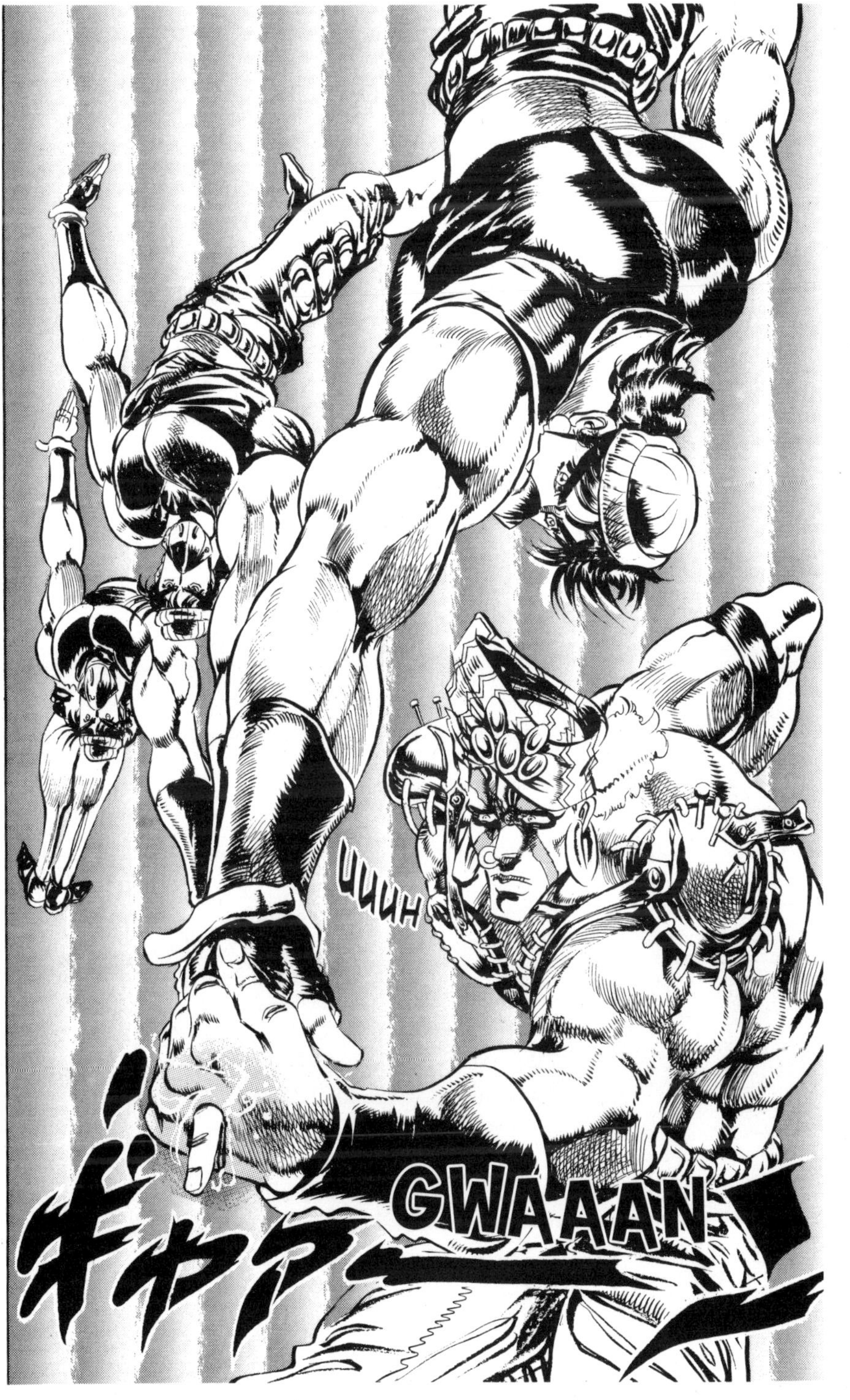
UUUH
GWAAAN

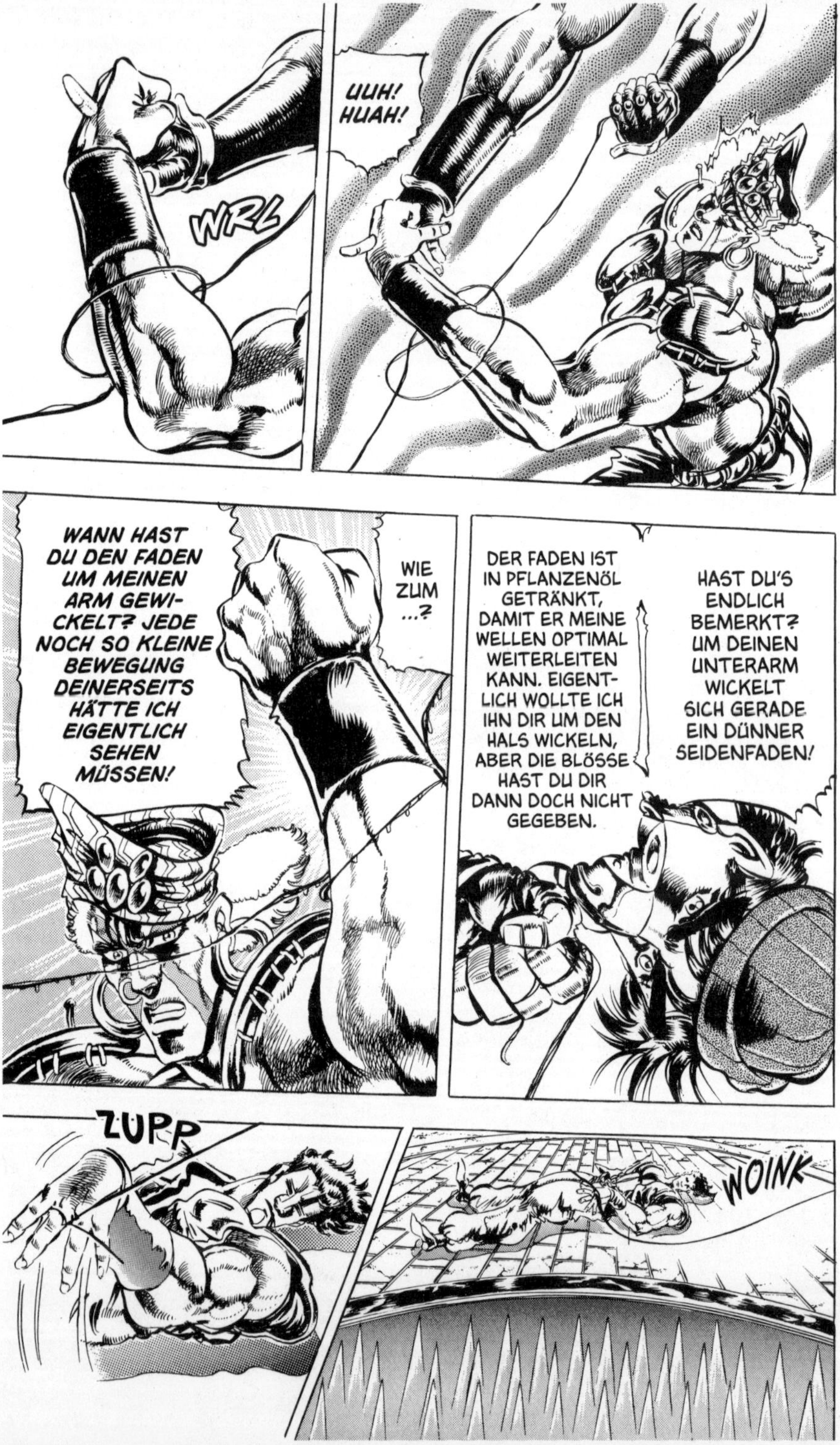
UUH! HUAH!
WRL
HAST DU'S ENDLICH BEMERKT? UM DEINEN UNTERARM WICKELT SICH GERADE EIN DÜNNER SEIDENFADEN!
DER FADEN IST IN PFLANZENÖL GETRÄNKT, DAMIT ER MEINE WELLEN OPTIMAL WEITERLEITEN KANN. EIGENTLICH WOLLTE ICH IHN DIR UM DEN HALS WICKELN, ABER DIE BLÖSSE HAST DU DIR DANN DOCH NICHT GEGEBEN.
WIE ZUM ...?
WANN HAST DU DEN FADEN UM MEINEN ARM GEWICKELT? JEDE NOCH SO KLEINE BEWEGUNG DEINERSEITS HÄTTE ICH EIGENTLICH SEHEN MÜSSEN!
WOINK
ZUPP

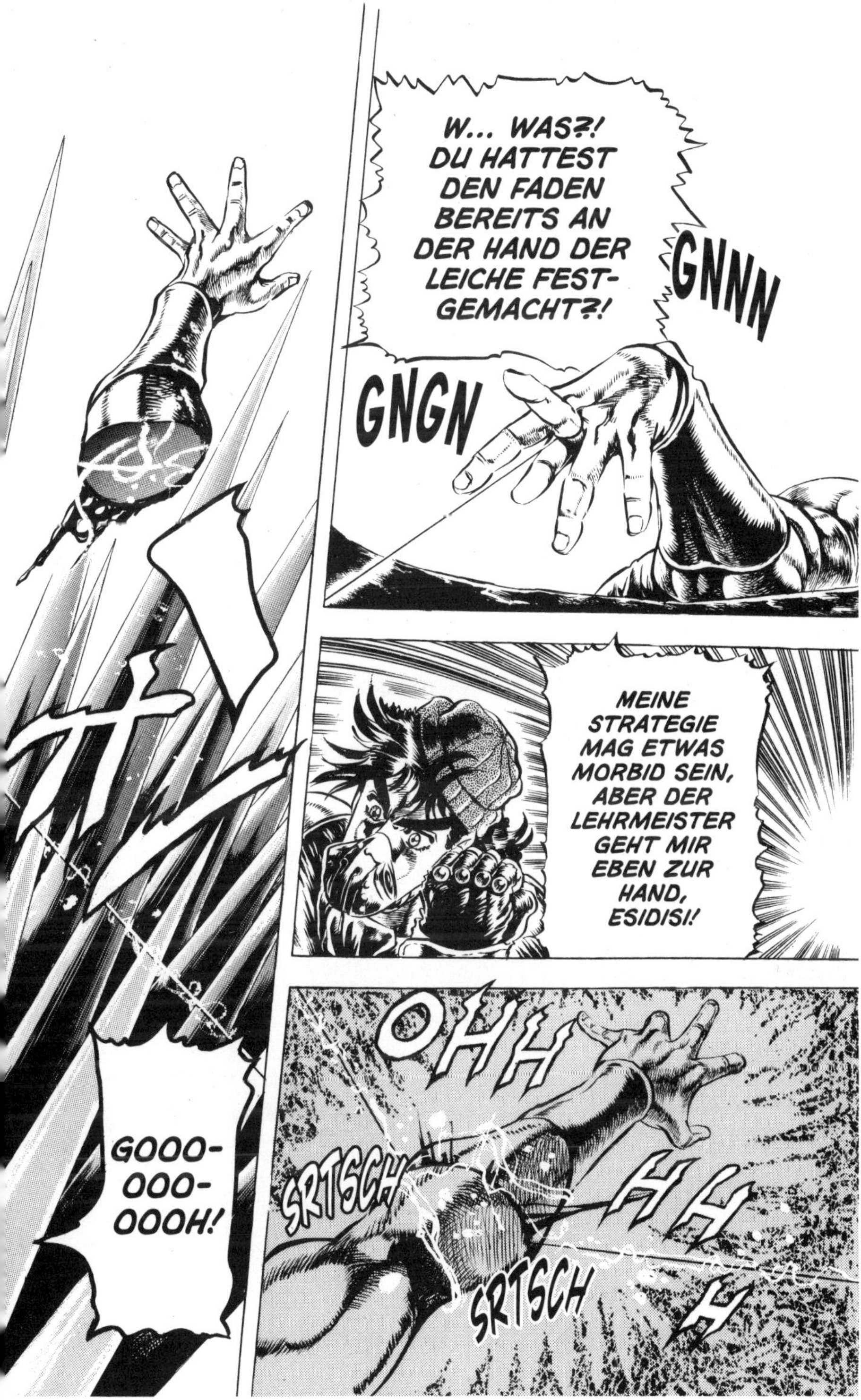
W... WAS?! DU HATTEST DEN FADEN BEREITS AN DER HAND DER LEICHE FEST-GEMACHT?!
GNNN
GNGN
MEINE STRATEGIE MAG ETWAS MORBID SEIN, ABER DER LEHRMEISTER GEHT MIR EBEN ZUR HAND, ESIDISI!
OHHHHH
SRTSCH
SRTSCH
GOOO-OOO-OOOH!

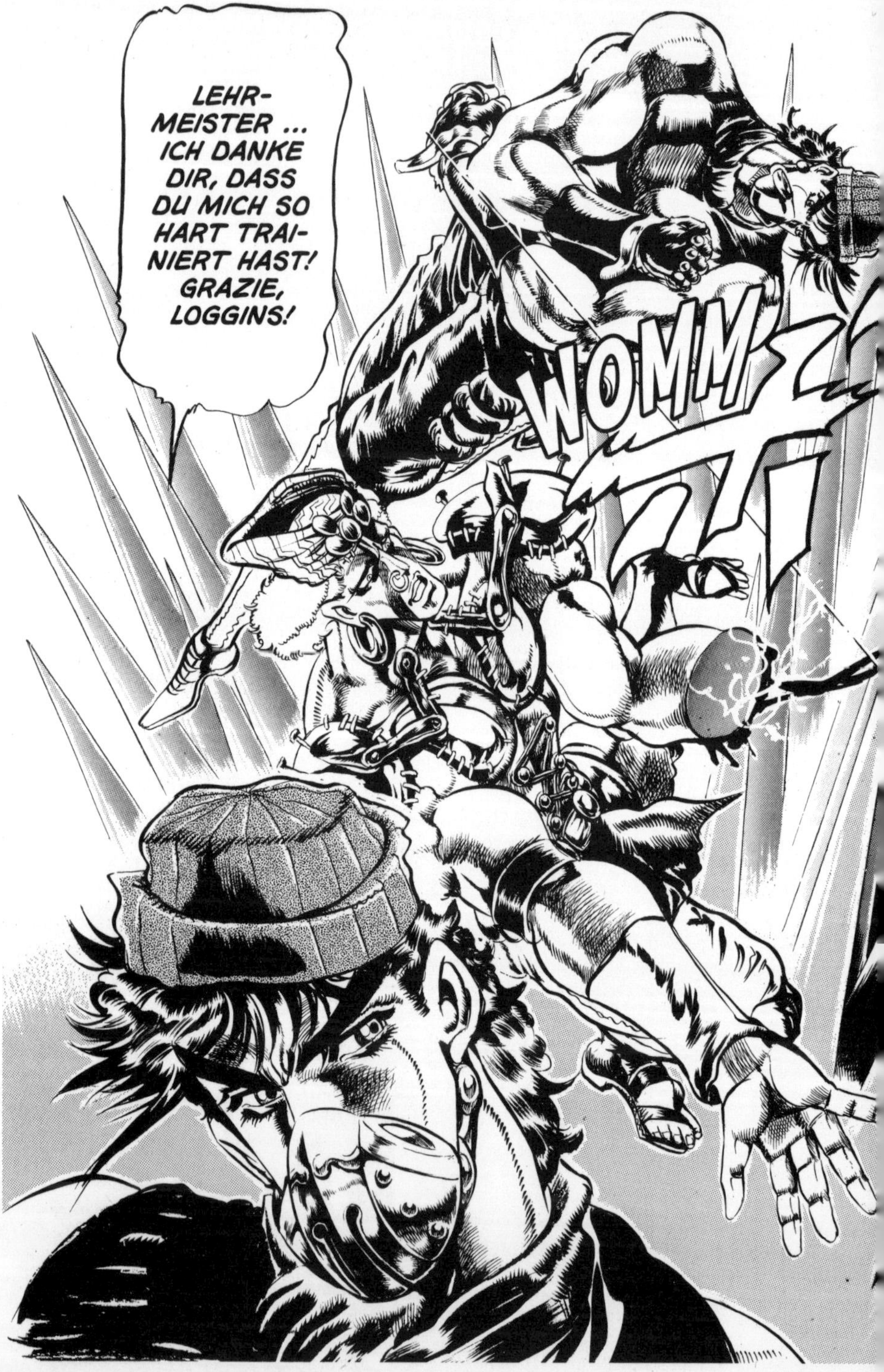
LEHR-MEISTER ... ICH DANKE DIR, DASS DU MICH SO HART TRAINIERT HAST! GRAZIE, LOGGINS!
WOMM

JoJo's Bizarre Adventure
Part 2
Battle Tendency

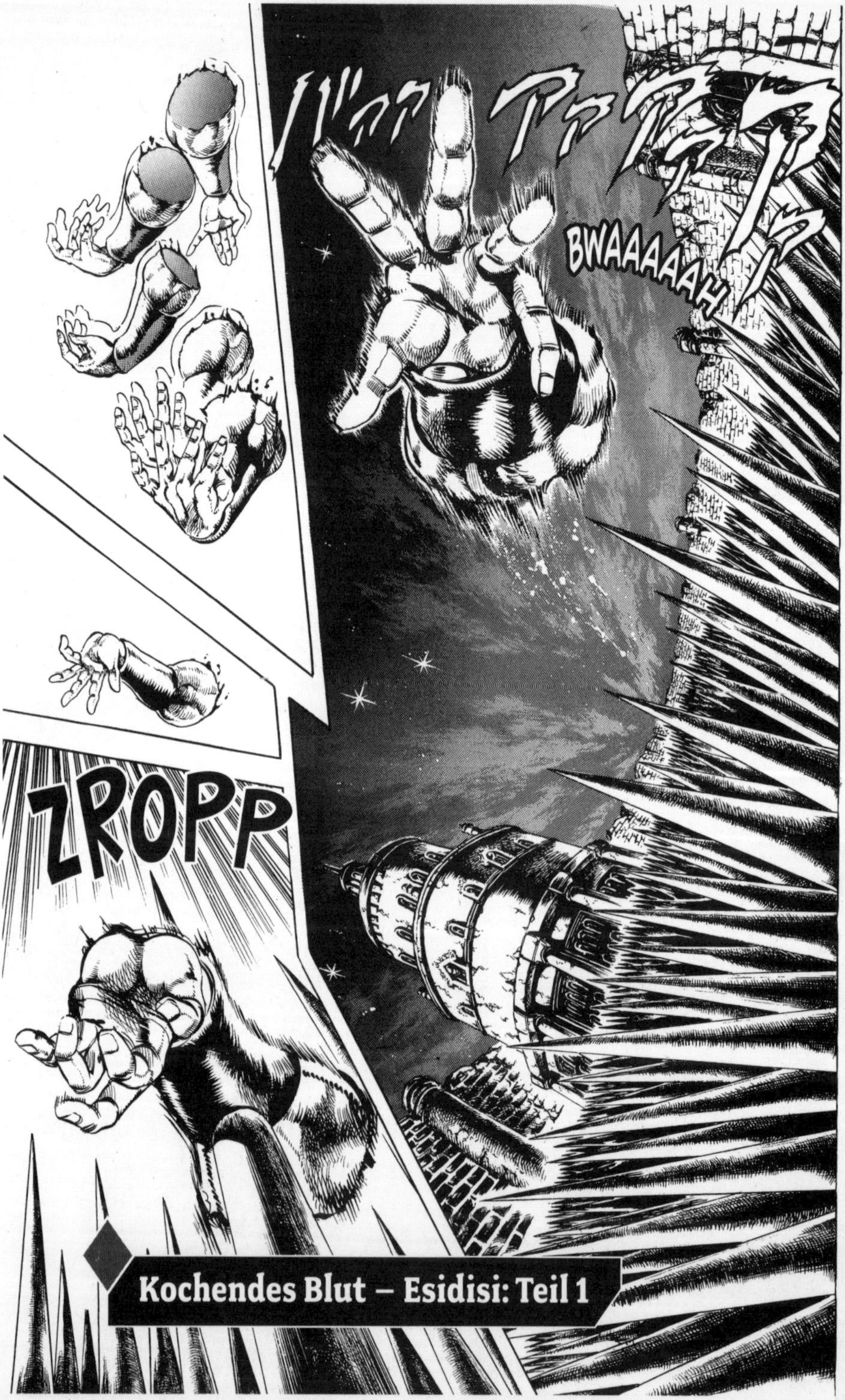
BWAAAAAAH
ZROPP
Kochendes Blut – Esidisi: Teil 1

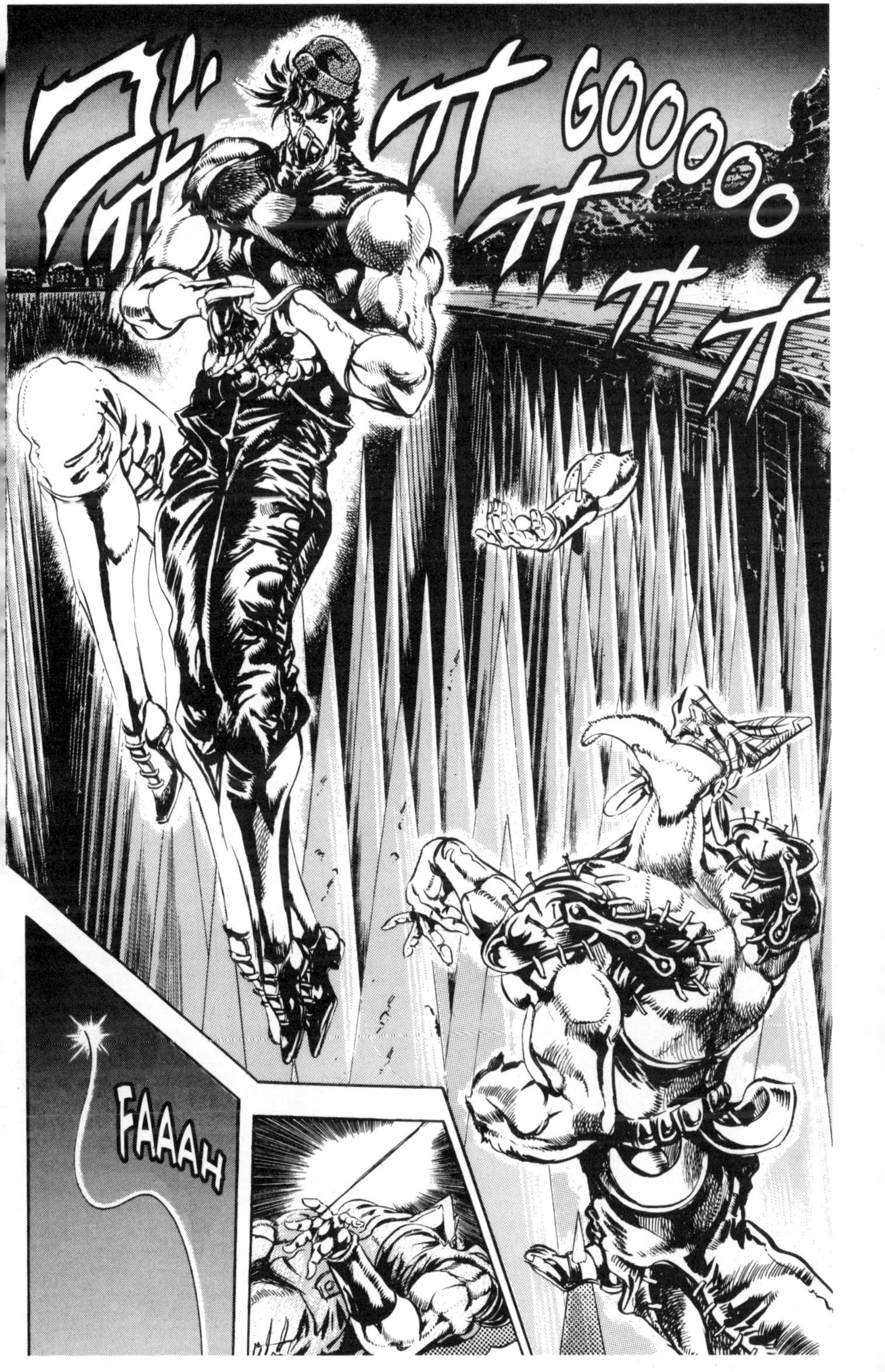
ゴゴゴゴ
GOOOOO
FAAAH

Kochendes Blut – Esidisi: Teil 1

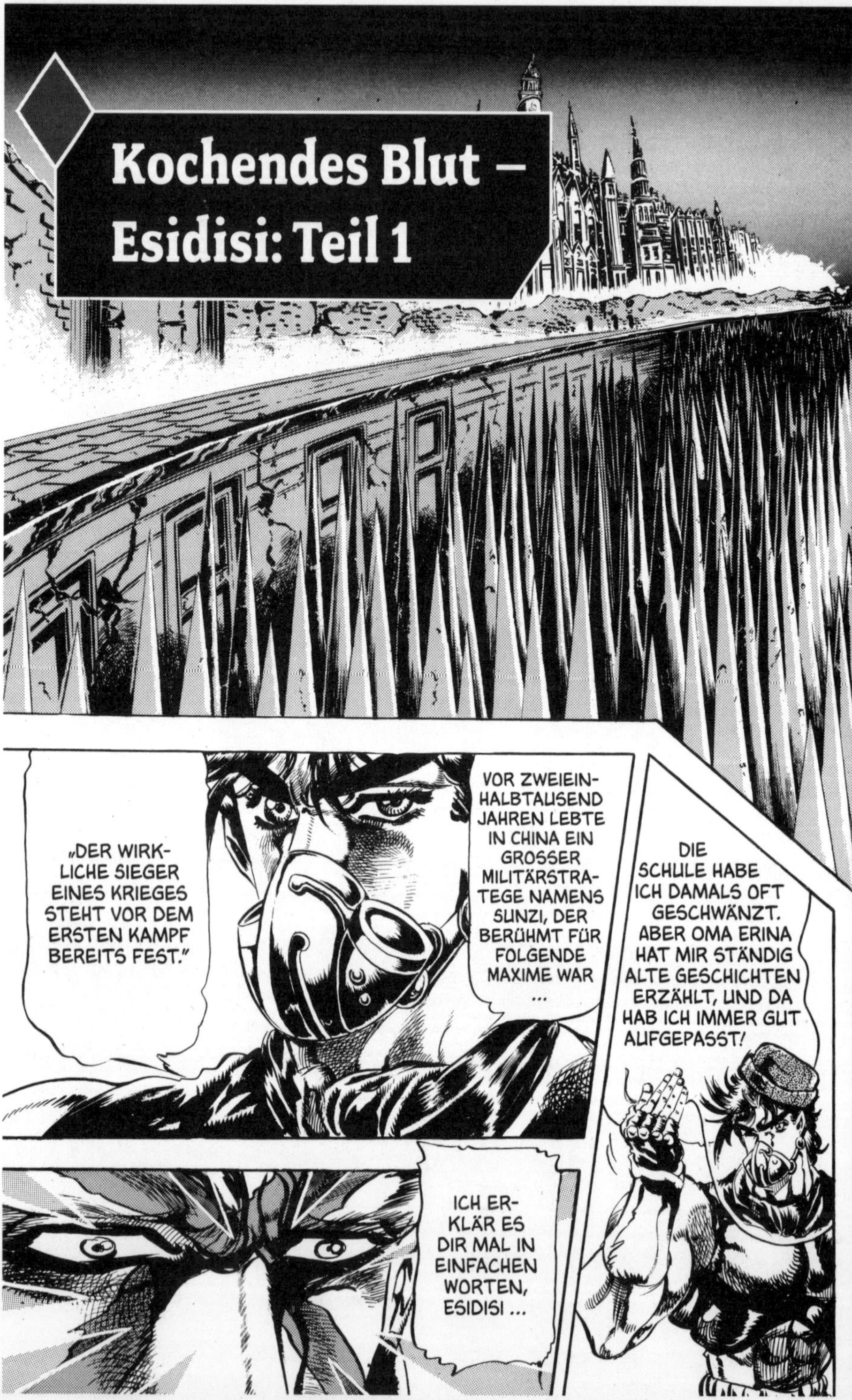

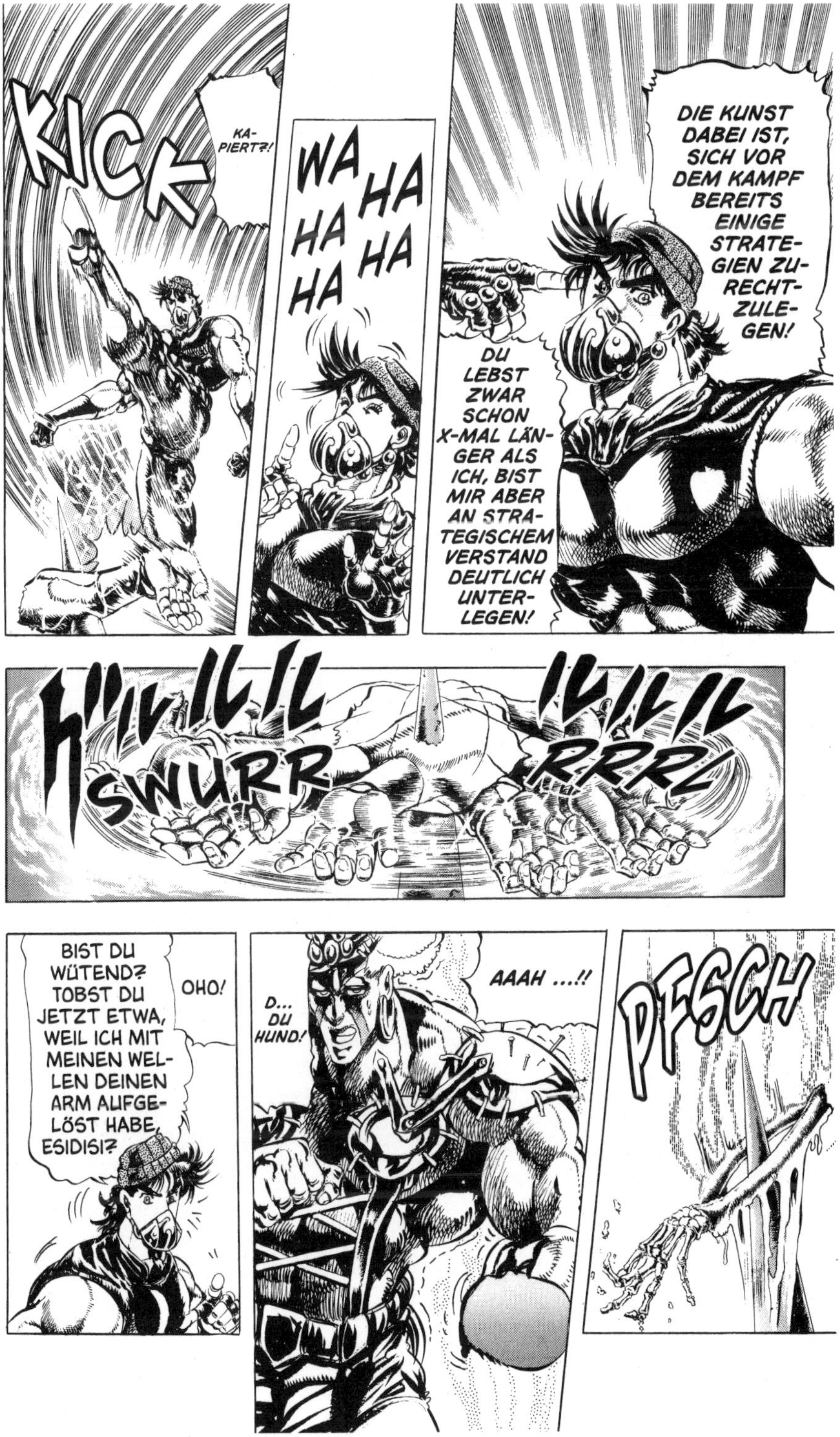
KICK
KA-PIERT?!
WA HA HA HA HA HA
DIE KUNST DABEI IST, SICH VOR DEM KAMPF BEREITS EINIGE STRATEGIEN ZURECHTZULEGEN!
DU LEBST ZWAR SCHON X-MAL LÄNGER ALS ICH, BIST MIR ABER AN STRATEGISCHEM VERSTAND DEUTLICH UNTERLEGEN!
SWURR
RRRL
BIST DU WÜTEND? TOBST DU JETZT ETWA, WEIL ICH MIT MEINEN WELLEN DEINEN ARM AUFGELÖST HABE, ESIDISI?
OHO!
D... DU HUND!
AAAH ...!!
PFSCH

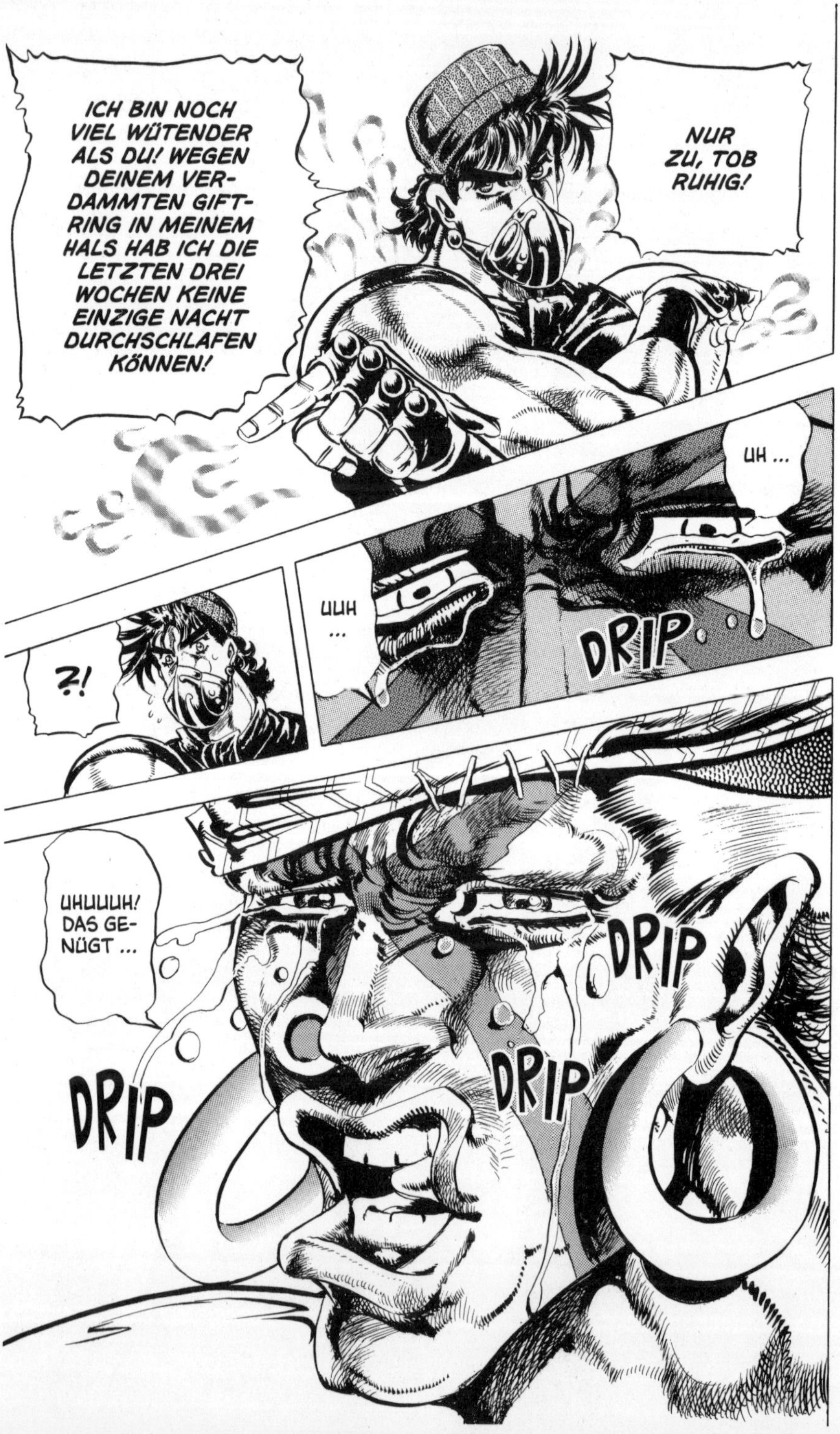
ICH BIN NOCH VIEL WÜTENDER ALS DU! WEGEN DEINEM VERDAMMTEN GIFT-RING IN MEINEM HALS HAB ICH DIE LETZTEN DREI WOCHEN KEINE EINZIGE NACHT DURCHSCHLAFEN KÖNNEN!
NUR ZU, TOB RUHIG!
UH ...
UUH ...
DRIP
?!
UHUUUH! DAS GENÜGT ...
DRIP
DRIP
DRIP

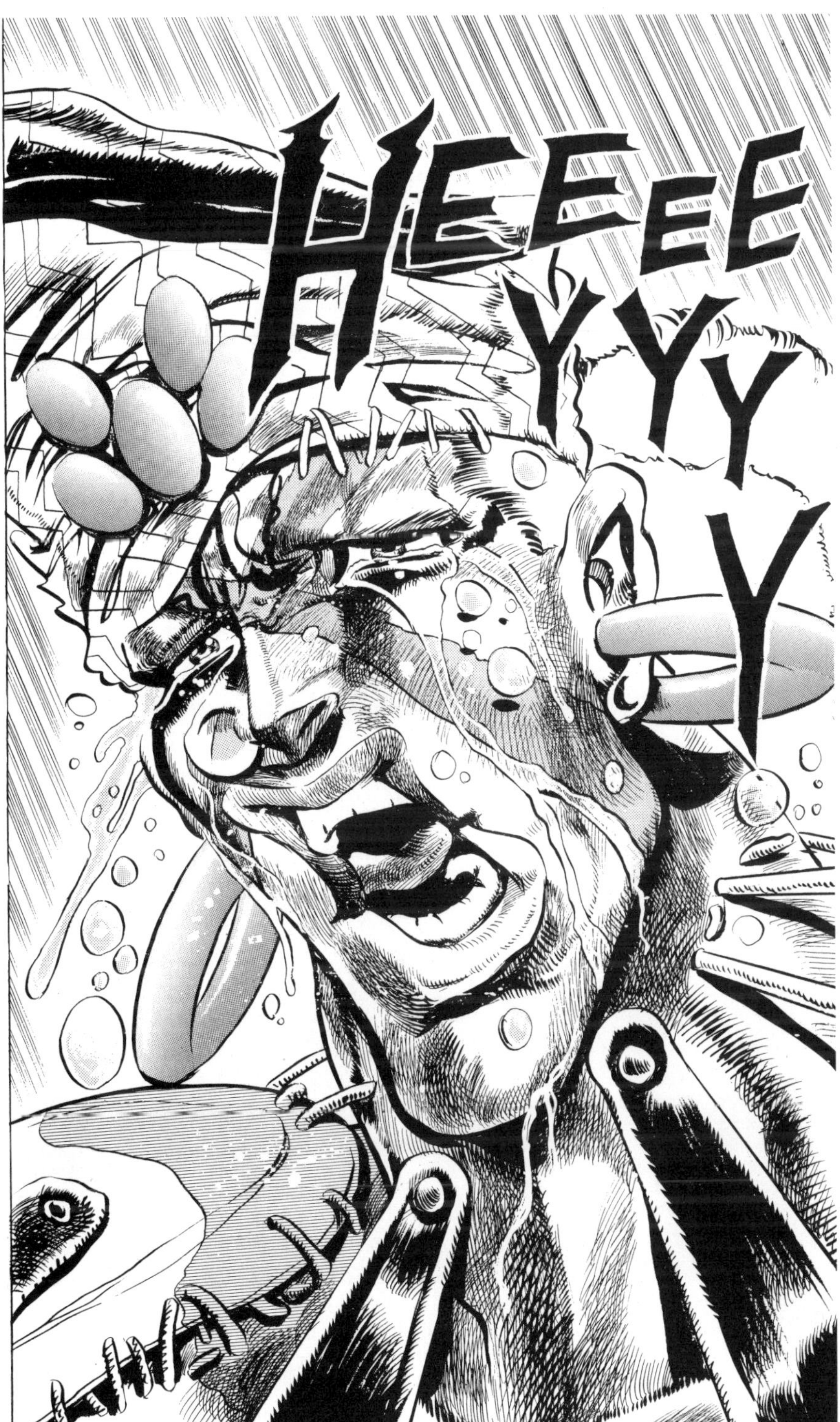
HEEEE YYYY

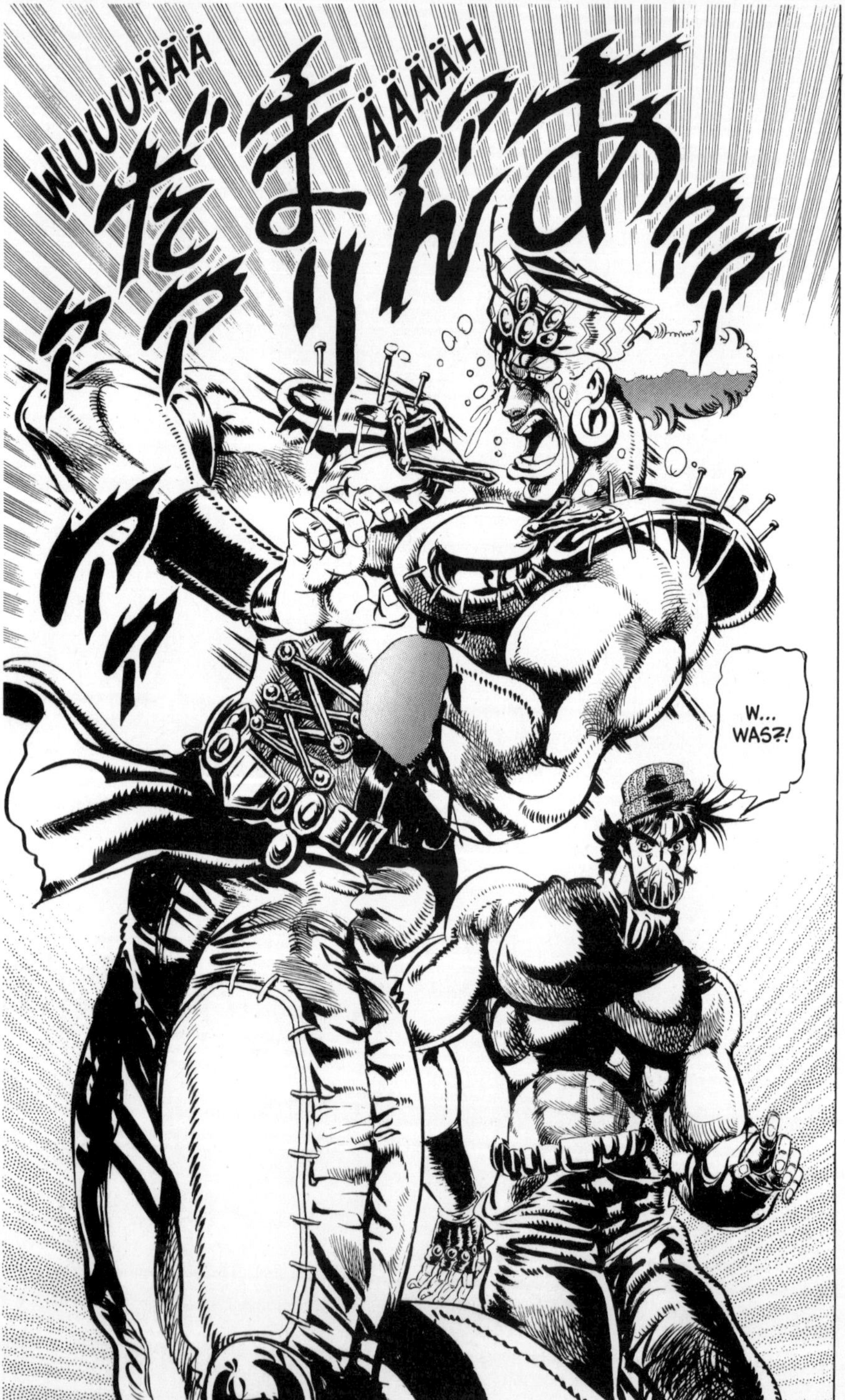
WUUUÄÄÄ
ÄÄÄÄH
W... WAS?!

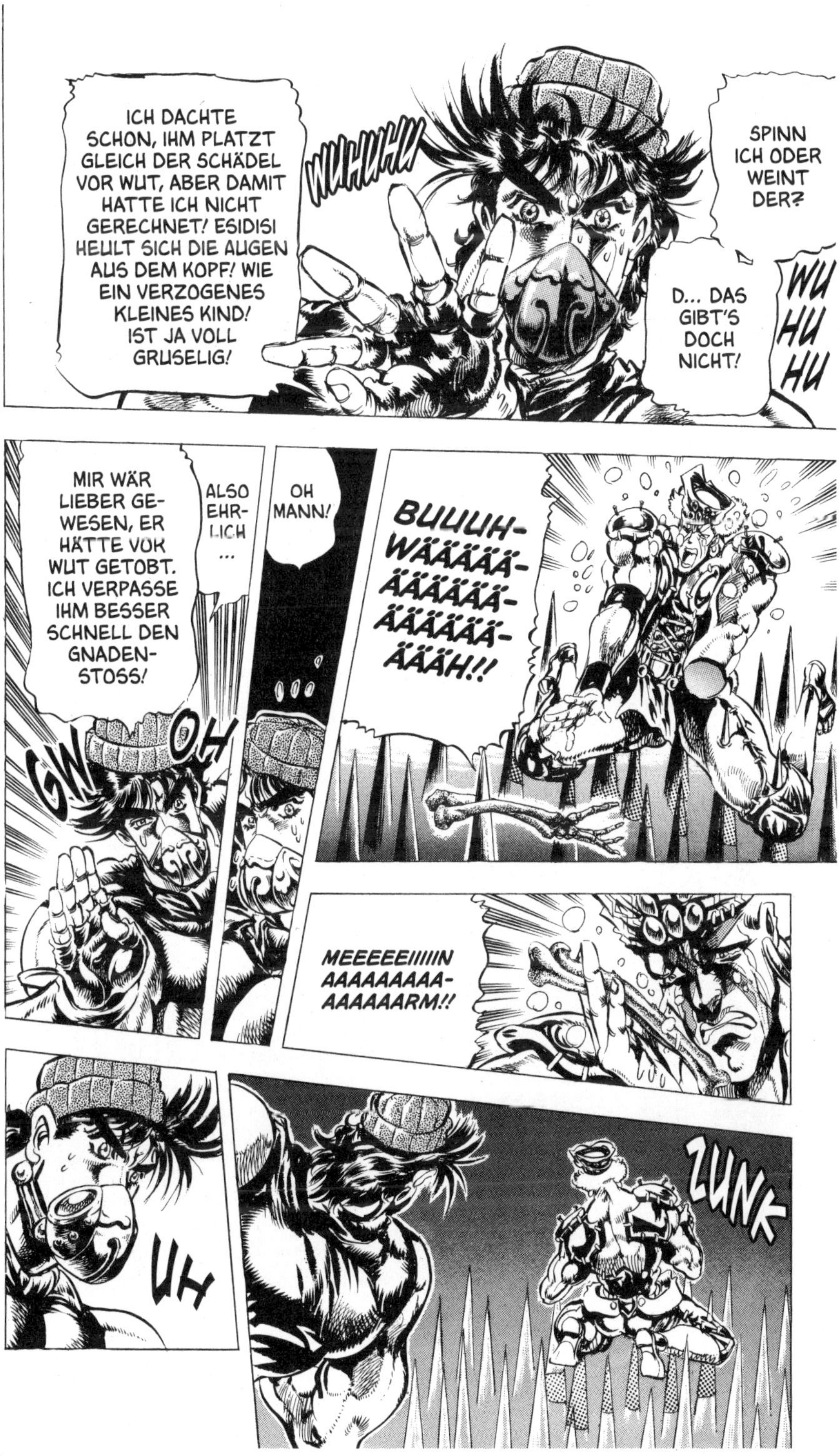
SPINN ICH ODER WEINT DER?
D... DAS GIBT'S DOCH NICHT!
WU HU HU
WUHUHU
ICH DACHTE SCHON, IHM PLATZT GLEICH DER SCHÄDEL VOR WUT, ABER DAMIT HATTE ICH NICHT GERECHNET! ESIDISI HEULT SICH DIE AUGEN AUS DEM KOPF! WIE EIN VERZOGENES KLEINES KIND! IST JA VOLL GRUSELIG!
BUUUH-WÄÄÄÄÄ-ÄÄÄÄÄÄ-ÄÄÄÄÄÄ-ÄÄÄH!!
OH MANN!
ALSO EHRLICH ...
MIR WÄR LIEBER GEWESEN, ER HÄTTE VOR WUT GETOBT. ICH VERPASSE IHM BESSER SCHNELL DEN GNADENSTOSS!
GWOH
MEEEEEIIIIIN AAAAAAAAA-AAAAAARM!!
ZUNK
UH

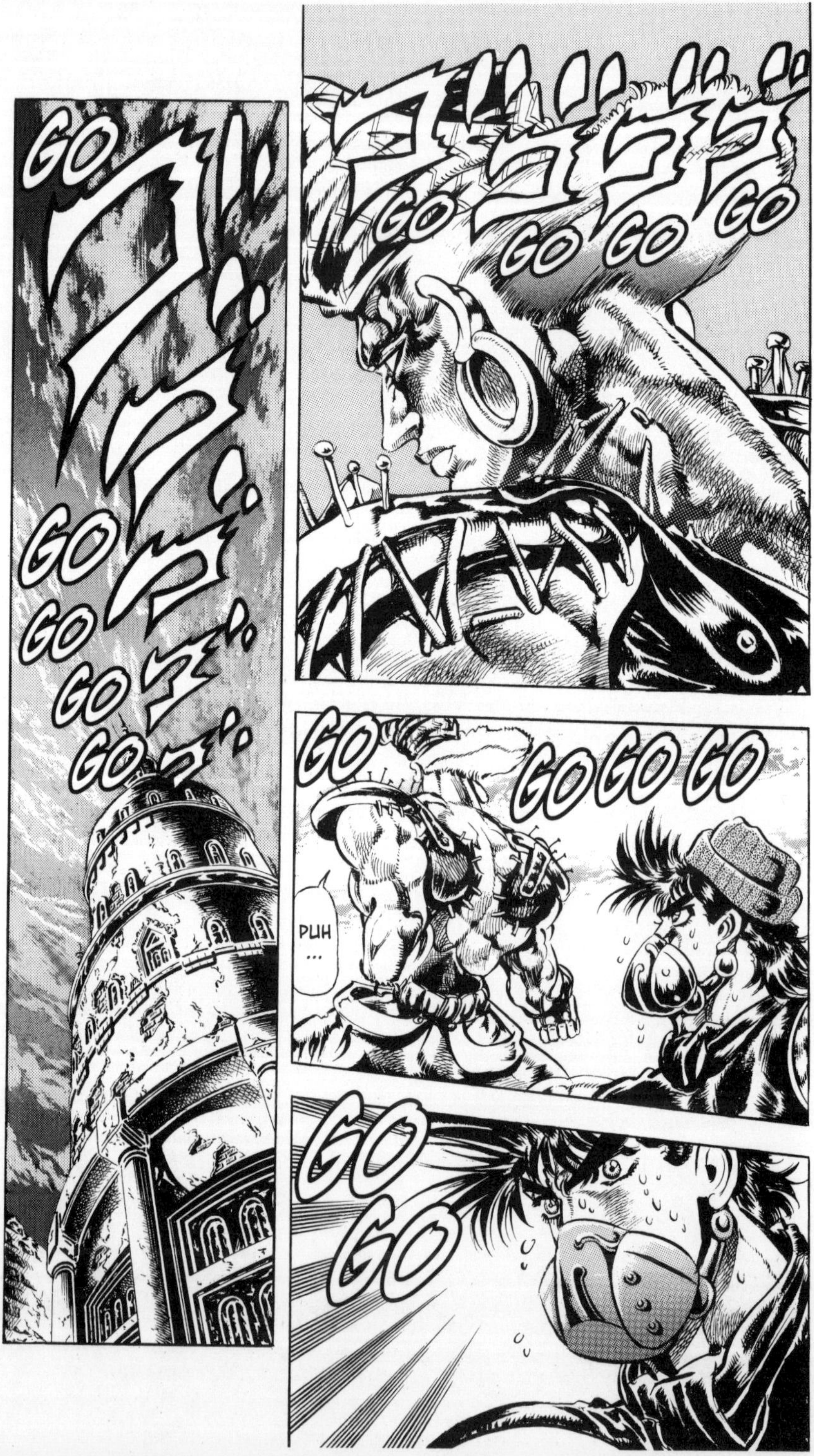
GO
GO GO GO GO
GO
GO
GO
GO
GO
GO
GO GO GO
PUH ...
GO
GO

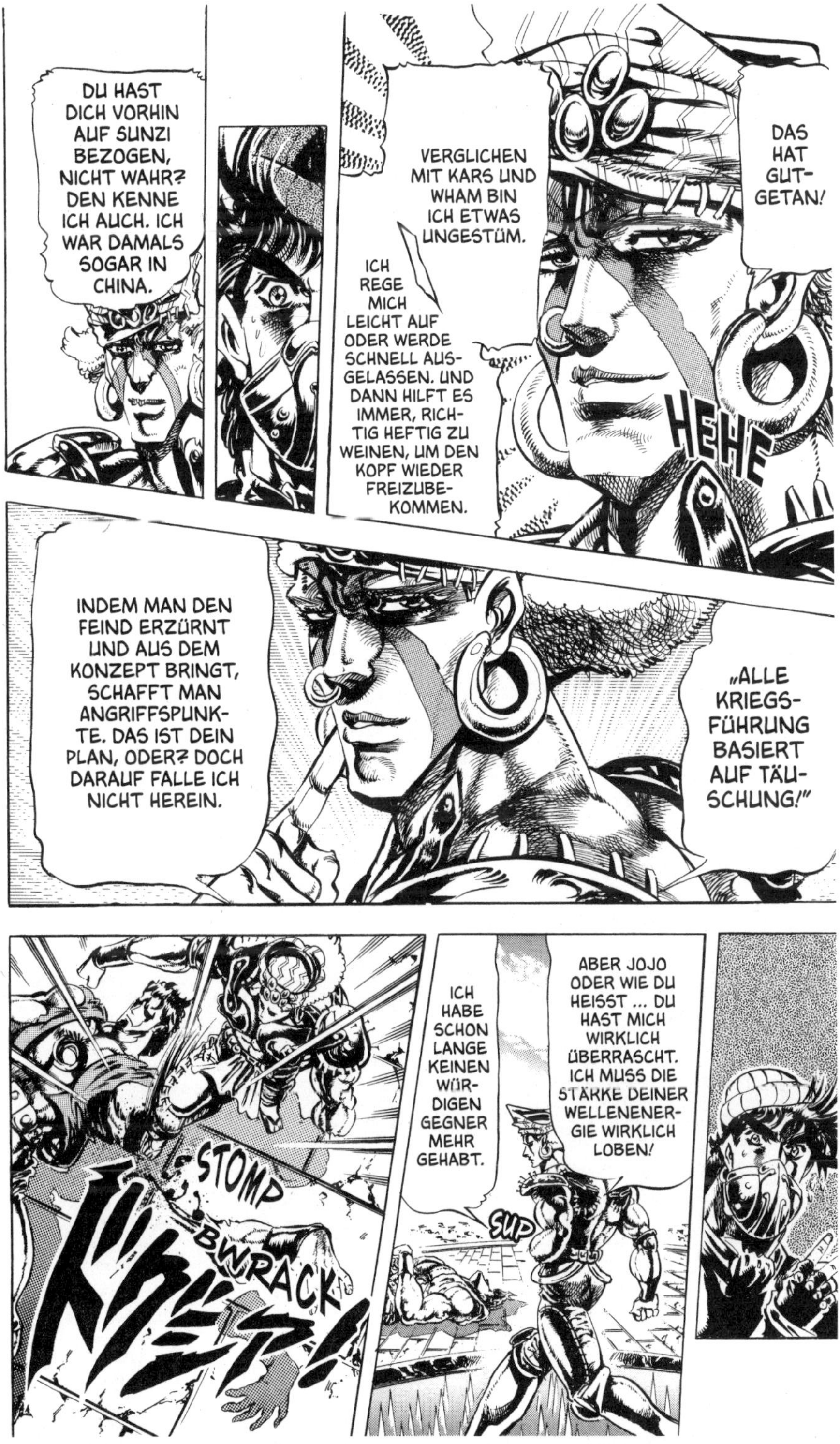

DU HAST DICH VORHIN AUF SUNZI BEZOGEN, NICHT WAHR? DEN KENNE ICH AUCH. ICH WAR DAMALS SOGAR IN CHINA.
VERGLICHEN MIT KARS UND WHAM BIN ICH ETWAS UNGESTÜM.
ICH REGE MICH LEICHT AUF ODER WERDE SCHNELL AUSGELASSEN. UND DANN HILFT ES IMMER, RICHTIG HEFTIG ZU WEINEN, UM DEN KOPF WIEDER FREIZUBEKOMMEN.
DAS HAT GUTGETAN!
HEHE
INDEM MAN DEN FEIND ERZÜRNT UND AUS DEM KONZEPT BRINGT, SCHAFFT MAN ANGRIFFSPUNKTE. DAS IST DEIN PLAN, ODER? DOCH DARAUF FALLE ICH NICHT HEREIN.
„ALLE KRIEGSFÜHRUNG BASIERT AUF TÄUSCHUNG!"
STOMP
BWRACK
ICH HABE SCHON LANGE KEINEN WÜRDIGEN GEGNER MEHR GEHABT.
SUP
ABER JOJO ODER WIE DU HEISST ... DU HAST MICH WIRKLICH ÜBERRASCHT. ICH MUSS DIE STÄRKE DEINER WELLENENERGIE WIRKLICH LOBEN!

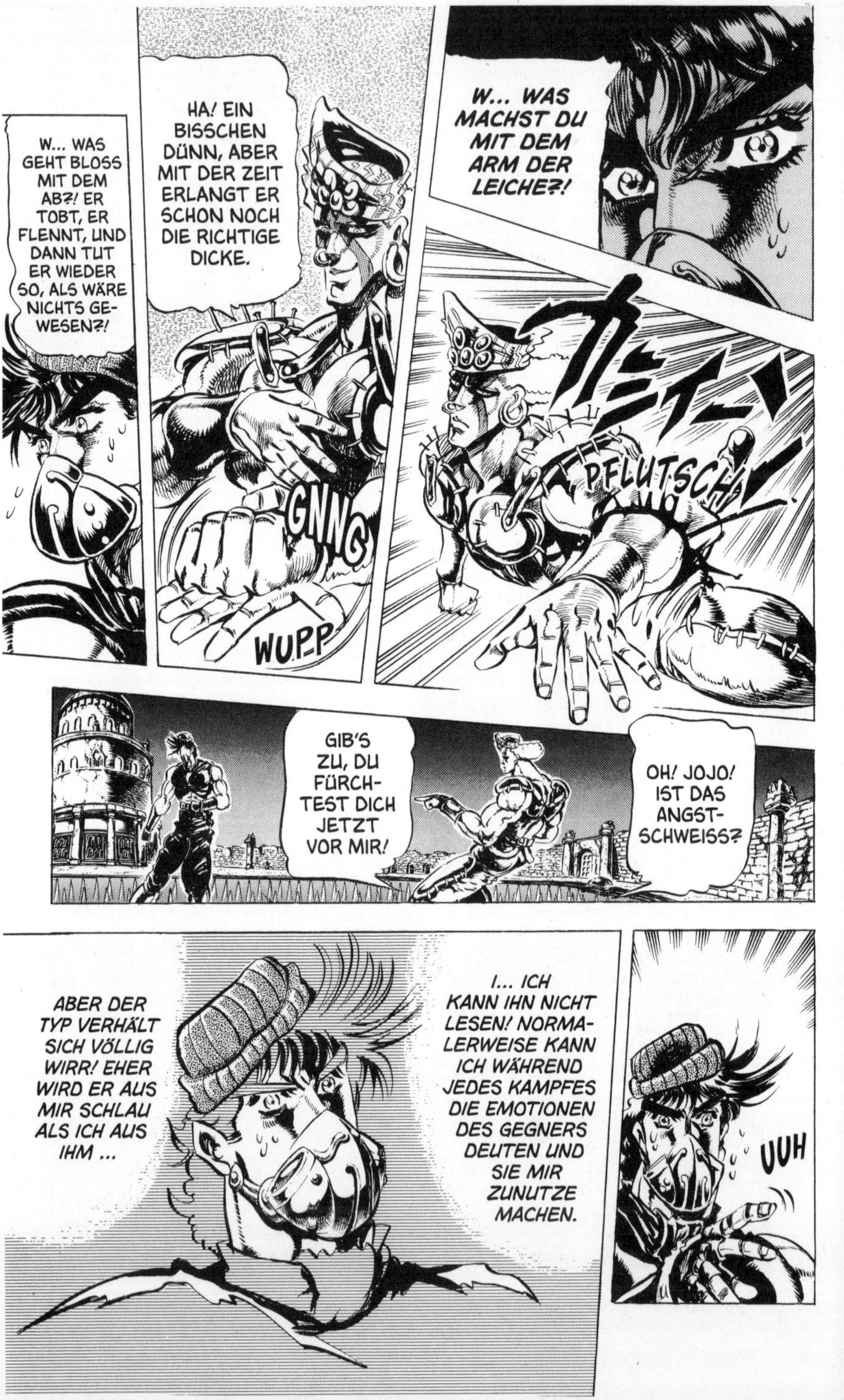
W... WAS MACHST DU MIT DEM ARM DER LEICHE?!
PFLUTSCH
HA! EIN BISSCHEN DÜNN, ABER MIT DER ZEIT ERLANGT ER SCHON NOCH DIE RICHTIGE DICKE.
GNNG
WUPP
W... WAS GEHT BLOSS MIT DEM AB?! ER TOBT, ER FLENNT, UND DANN TUT ER WIEDER SO, ALS WÄRE NICHTS GE-WESEN?!
OH! JOJO! IST DAS ANGST-SCHWEISS?
GIB'S ZU, DU FÜRCH-TEST DICH JETZT VOR MIR!
UUH
I... ICH KANN IHN NICHT LESEN! NORMA-LERWEISE KANN ICH WÄHREND JEDES KAMPFES DIE EMOTIONEN DES GEGNERS DEUTEN UND SIE MIR ZUNUTZE MACHEN.
ABER DER TYP VERHÄLT SICH VÖLLIG WIRR! EHER WIRD ER AUS MIR SCHLAU ALS ICH AUS IHM ...

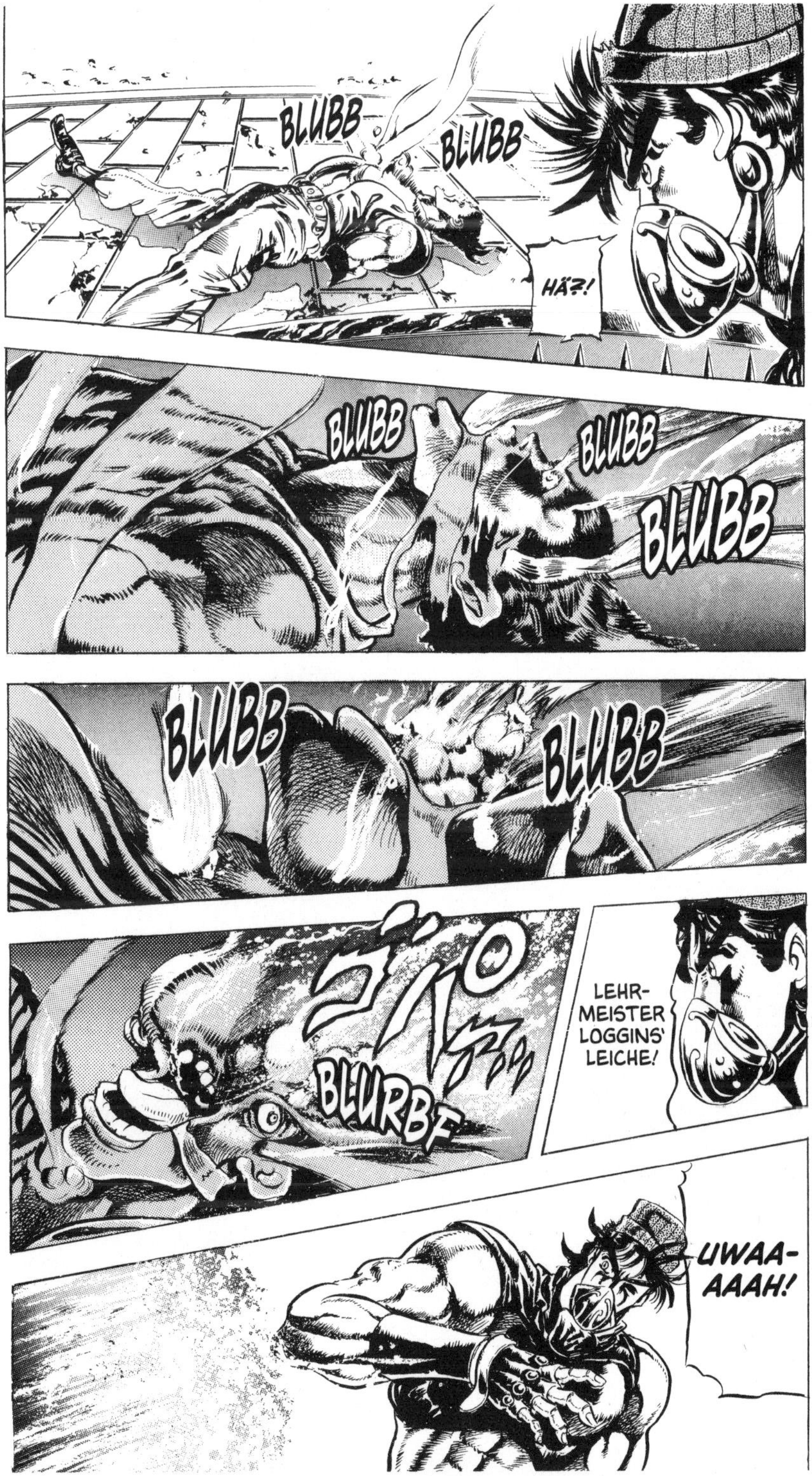
BLUBB
BLUBB
HÄ?!
BLUBB
BLUBB
BLUBB
BLUBB
BLUBB
BLURBF
LEHR-
MEISTER
LOGGINS'
LEICHE!
UWAA-
AAAH!

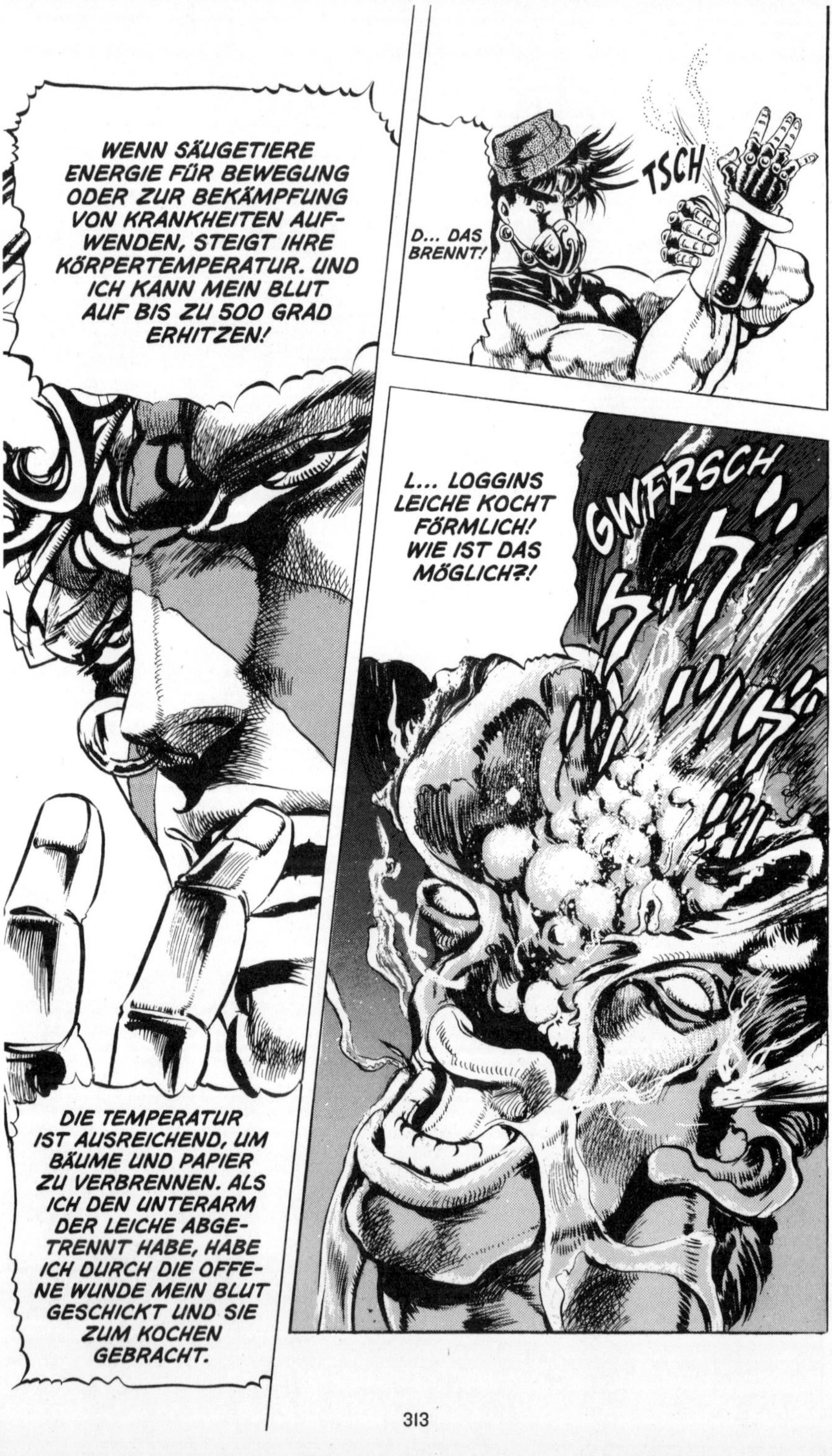
TSCH
D... DAS BRENNT!
L... LOGGINS LEICHE KOCHT FÖRMLICH! WIE IST DAS MÖGLICH?!
GWFRSCH
WENN SÄUGETIERE ENERGIE FÜR BEWEGUNG ODER ZUR BEKÄMPFUNG VON KRANKHEITEN AUF-WENDEN, STEIGT IHRE KÖRPERTEMPERATUR. UND ICH KANN MEIN BLUT AUF BIS ZU 500 GRAD ERHITZEN!
DIE TEMPERATUR IST AUSREICHEND, UM BÄUME UND PAPIER ZU VERBRENNEN. ALS ICH DEN UNTERARM DER LEICHE ABGE-TRENNT HABE, HABE ICH DURCH DIE OFFE-NE WUNDE MEIN BLUT GESCHICKT UND SIE ZUM KOCHEN GEBRACHT.

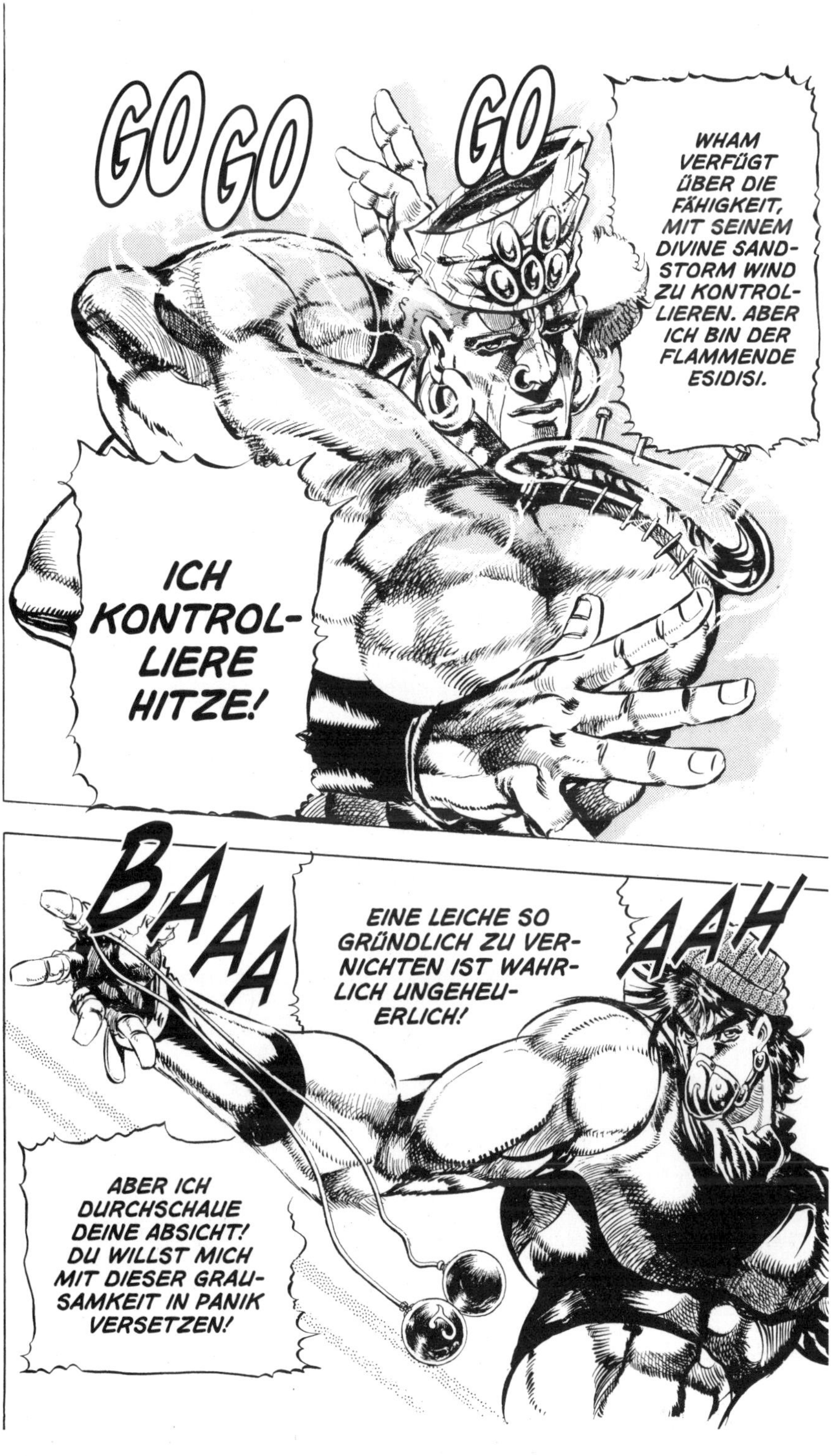
GO GO GO
WHAM VERFÜGT ÜBER DIE FÄHIGKEIT, MIT SEINEM DIVINE SAND-STORM WIND ZU KONTROL-LIEREN. ABER ICH BIN DER FLAMMENDE ESIDISI.
ICH KONTROL-LIERE HITZE!
BAAAAAH
EINE LEICHE SO GRÜNDLICH ZU VER-NICHTEN IST WAHR-LICH UNGEHEU-ERLICH!
ABER ICH DURCHSCHAUE DEINE ABSICHT! DU WILLST MICH MIT DIESER GRAU-SAMKEIT IN PANIK VERSETZEN!

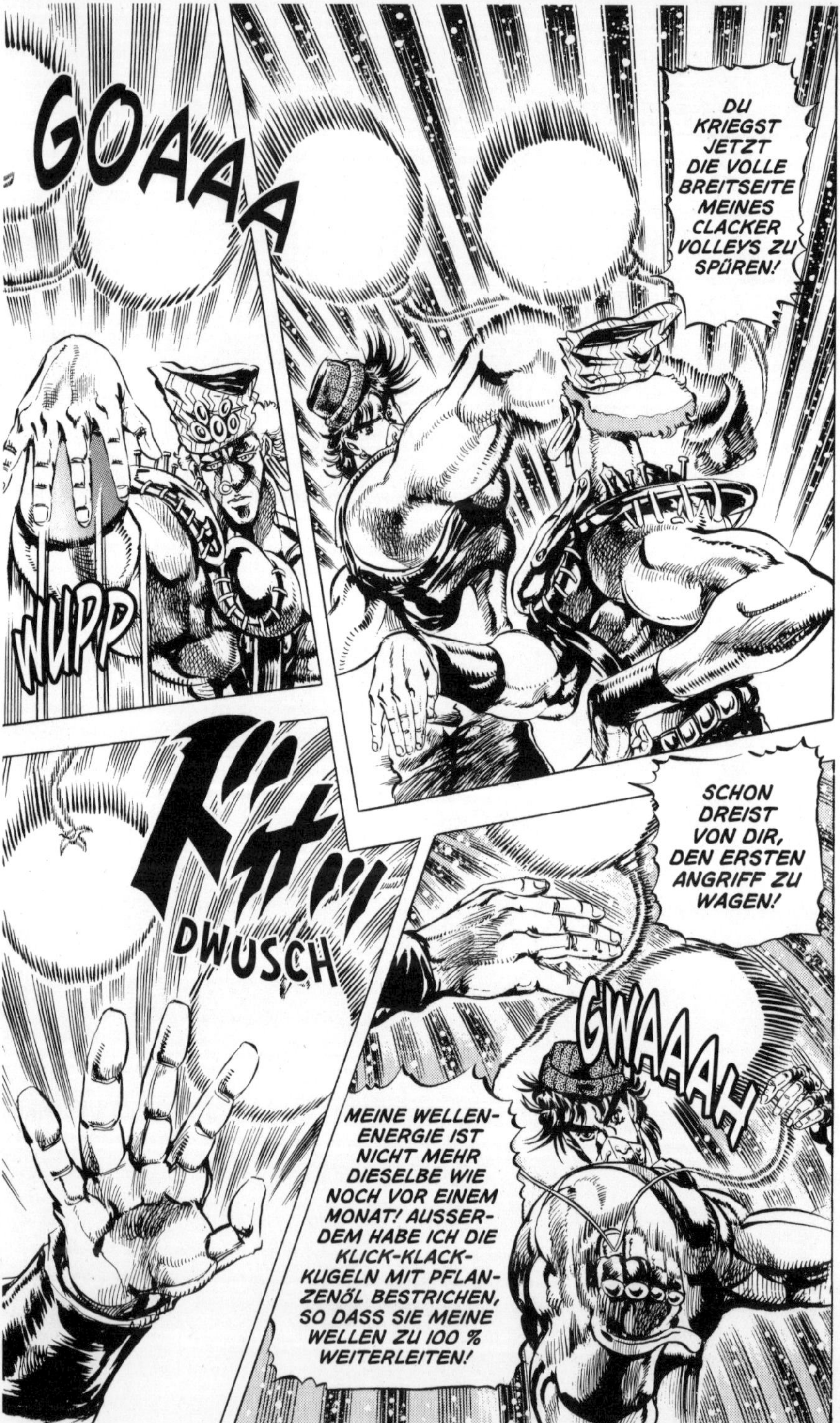
GOAAAA
DU KRIEGST JETZT DIE VOLLE BREITSEITE MEINES CLACKER VOLLEYS ZU SPÜREN!
WUPP
SCHON DREIST VON DIR, DEN ERSTEN ANGRIFF ZU WAGEN!
DWUSCH
GWAAAH
MEINE WELLEN-ENERGIE IST NICHT MEHR DIESELBE WIE NOCH VOR EINEM MONAT! AUSSER-DEM HABE ICH DIE KLICK-KLACK-KUGELN MIT PFLAN-ZENÖL BESTRICHEN, SO DASS SIE MEINE WELLEN ZU 100 % WEITERLEITEN!

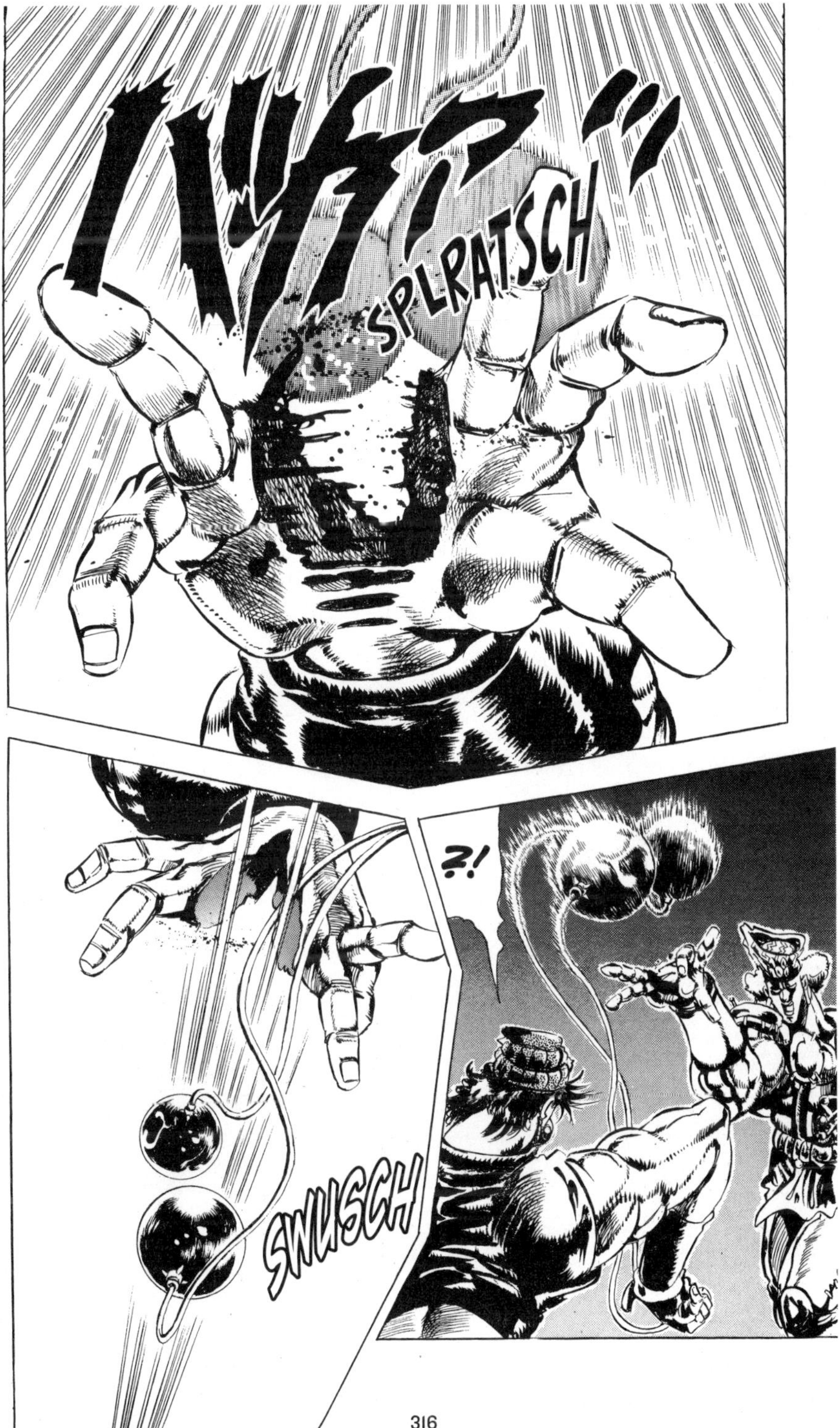
SPLRATSCH
?!
SWUSCH

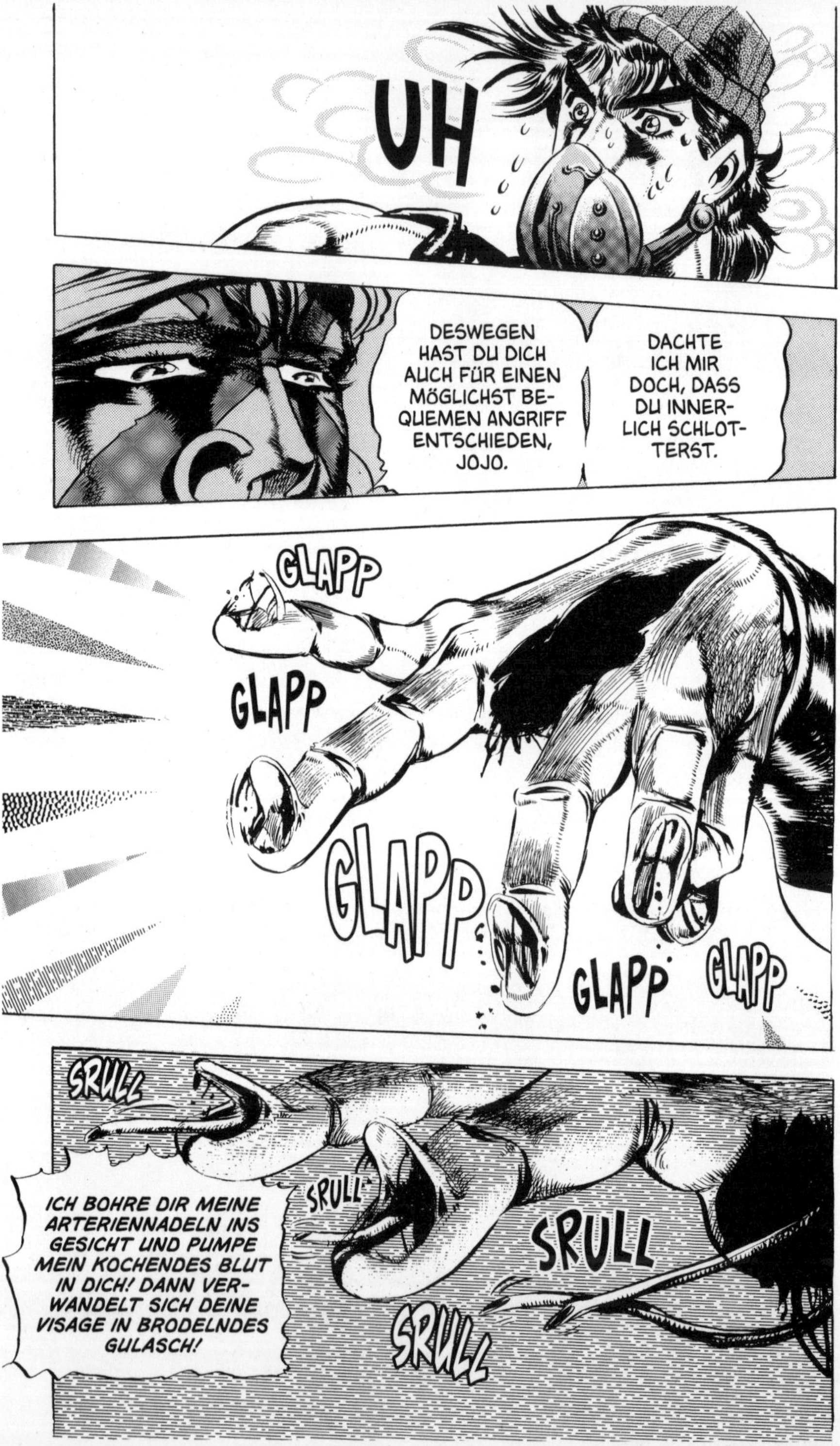
UH
DACHTE ICH MIR DOCH, DASS DU INNER-LICH SCHLOT-TERST.
DESWEGEN HAST DU DICH AUCH FÜR EINEN MÖGLICHST BE-QUEMEN ANGRIFF ENTSCHIEDEN, JOJO.
GLAPP
GLAPP
GLAPP
GLAPP
GLAPP
SRULL
SRULL
SRULL
SRULL
ICH BOHRE DIR MEINE ARTERIENNADELN INS GESICHT UND PUMPE MEIN KOCHENDES BLUT IN DICH! DANN VER-WANDELT SICH DEINE VISAGE IN BRODELNDES GULASCH!

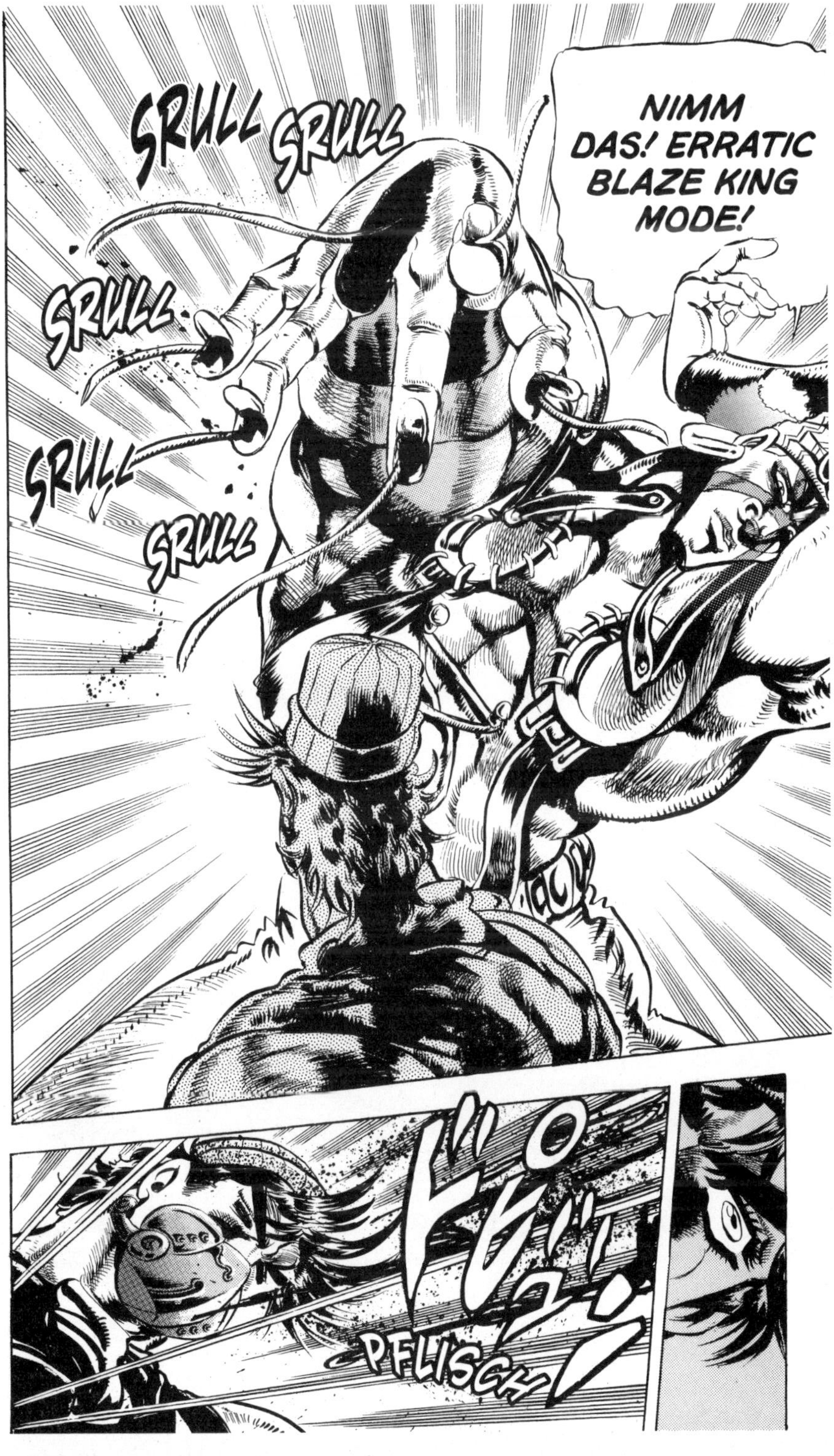
SRULL
SRULL
NIMM DAS! ERRATIC BLAZE KING MODE!
SRULL
SRULL
SRULL
PFLISCH

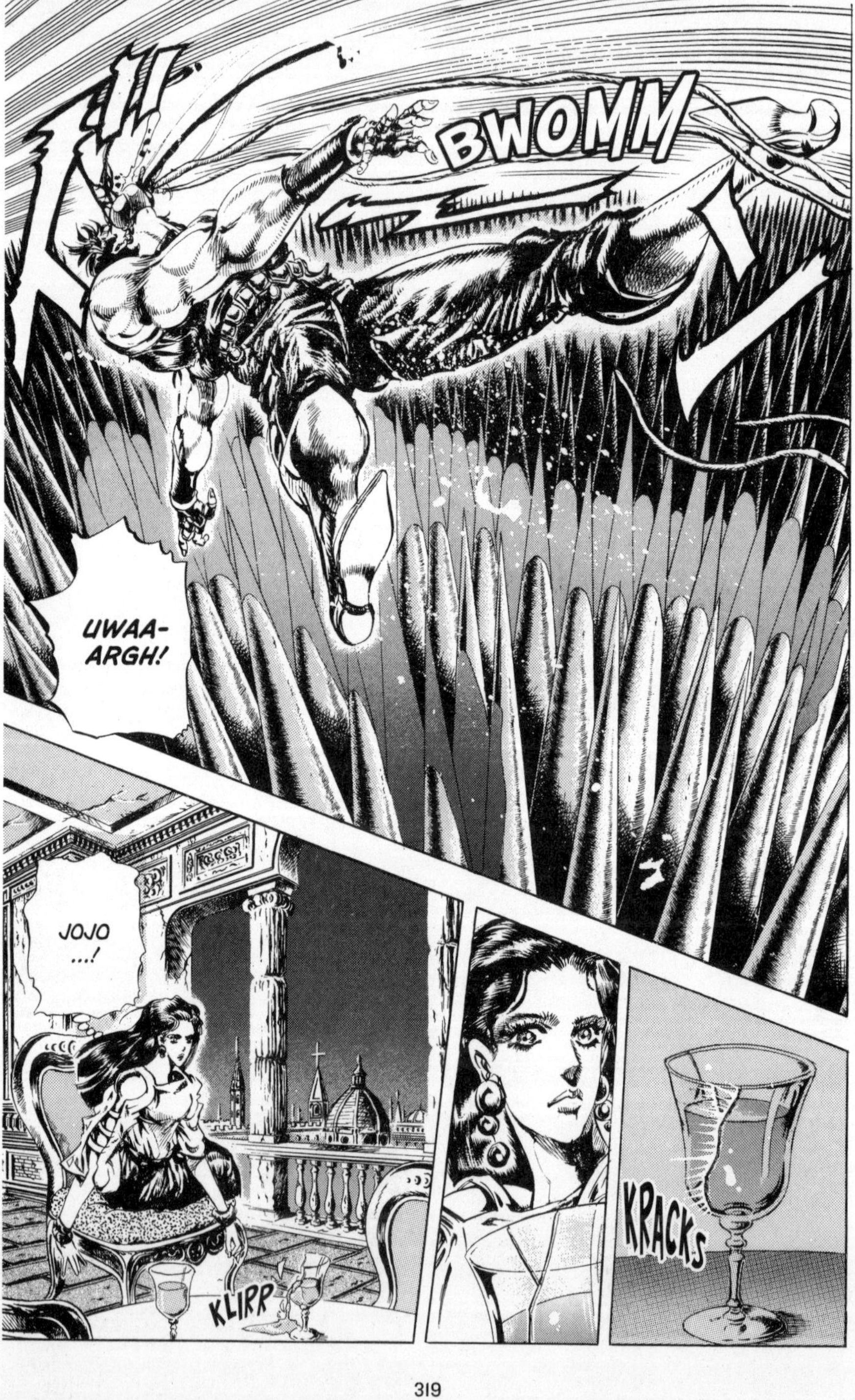
!!
BWOMM
UWAA-ARGH!
JOJO ...!
KLIRR
KRACKS

JOJO'S BIZARRE ADVENTURE

PART 2

BATTLE TENDENCY

Kochendes Blut – Esidisi: Teil 2

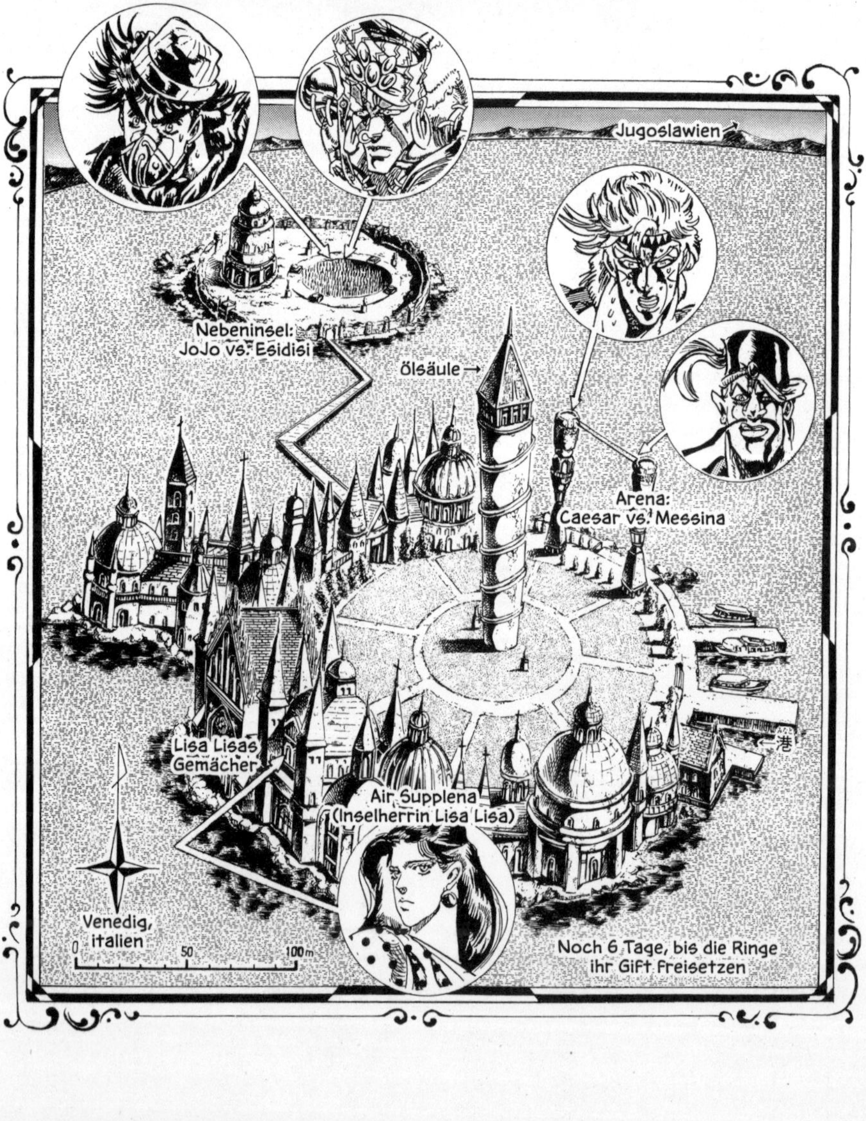

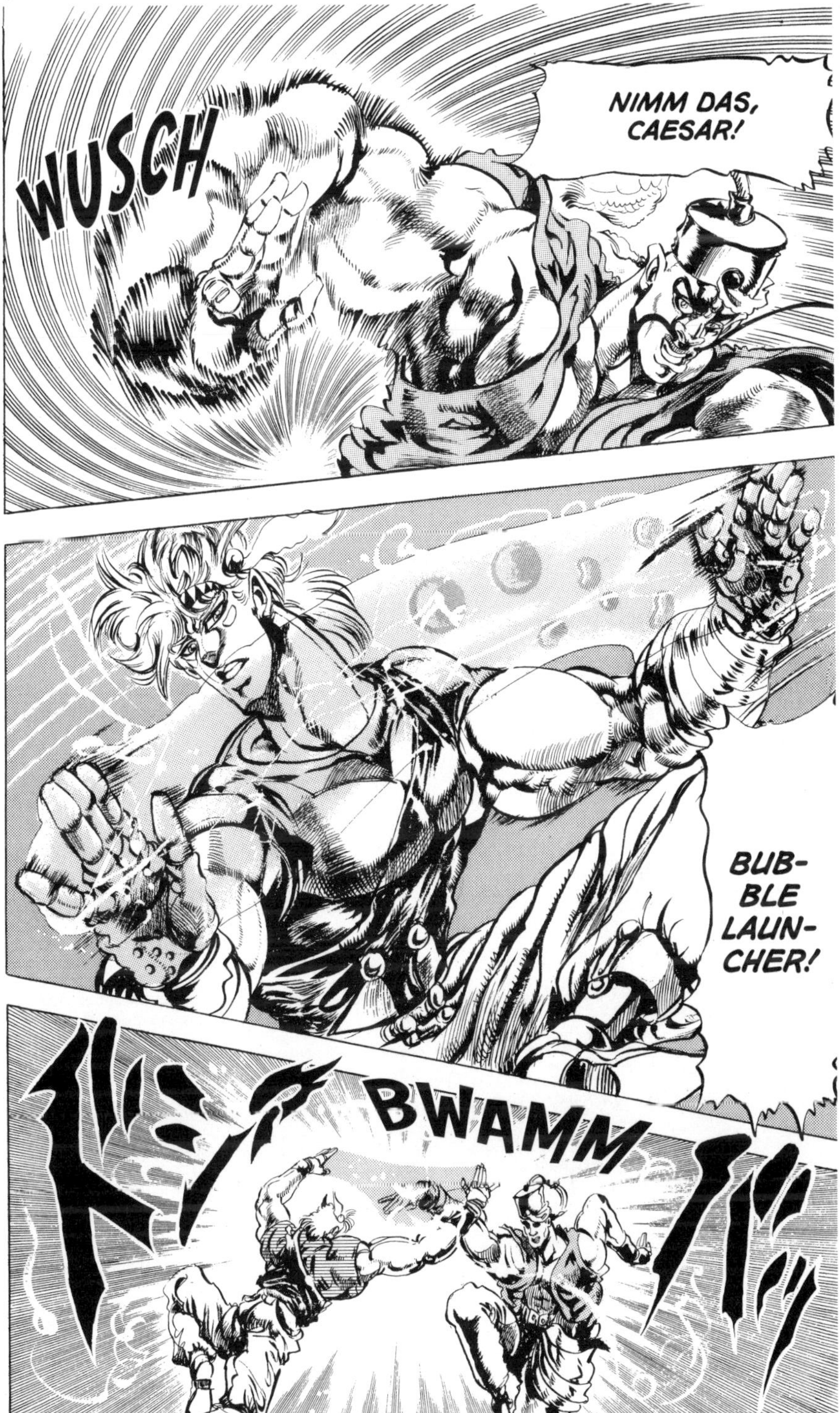
NIMM DAS, CAESAR!
WUSCH
BUB-BLE LAUN-CHER!
BWAMM

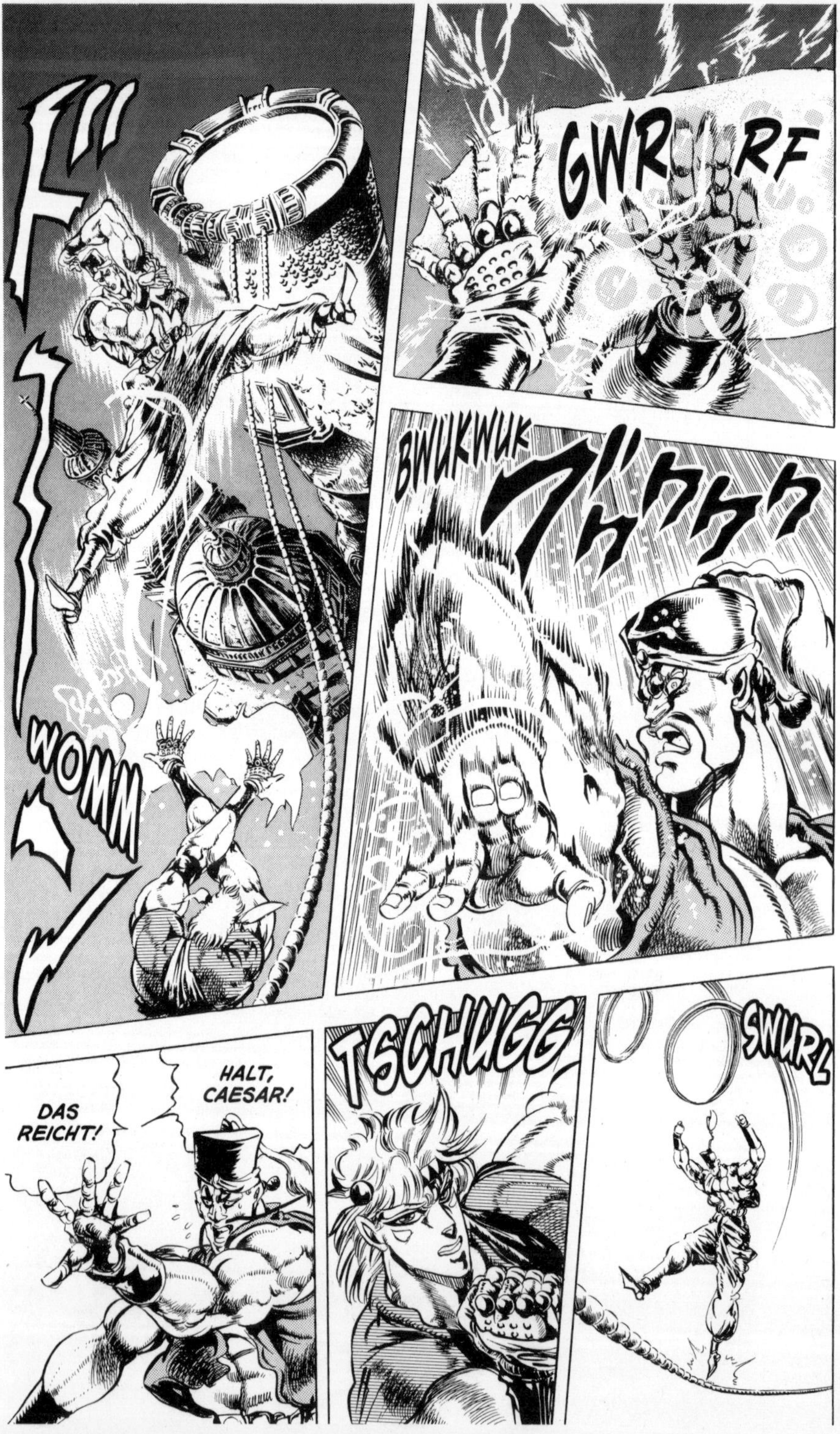
GWR RF
BWUKWUK
WOMM
HALT, CAESAR!
DAS REICHT!
TSCHUGG
SWURL

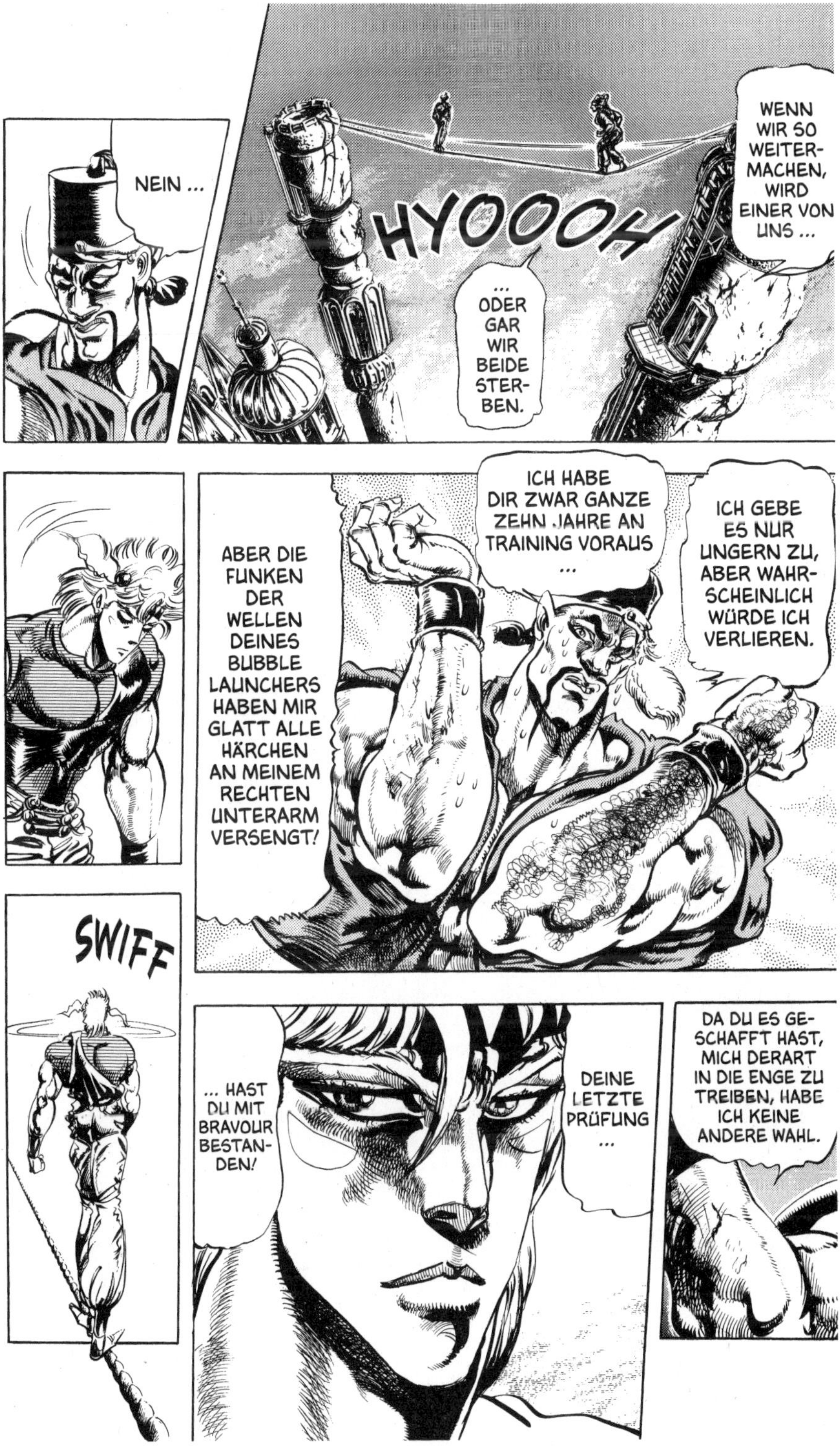
WENN WIR SO WEITER-MACHEN, WIRD EINER VON UNS ...
HYOOOH
... ODER GAR WIR BEIDE STER-BEN.
NEIN ...
ICH GEBE ES NUR UNGERN ZU, ABER WAHR-SCHEINLICH WÜRDE ICH VERLIEREN.
ICH HABE DIR ZWAR GANZE ZEHN JAHRE AN TRAINING VORAUS ...
ABER DIE FUNKEN DER WELLEN DEINES BUBBLE LAUNCHERS HABEN MIR GLATT ALLE HÄRCHEN AN MEINEM RECHTEN UNTERARM VERSENGT!
DA DU ES GE-SCHAFFT HAST, MICH DERART IN DIE ENGE ZU TREIBEN, HABE ICH KEINE ANDERE WAHL.
DEINE LETZTE PRÜFUNG ...
... HAST DU MIT BRAVOUR BESTAN-DEN!
SWIFF

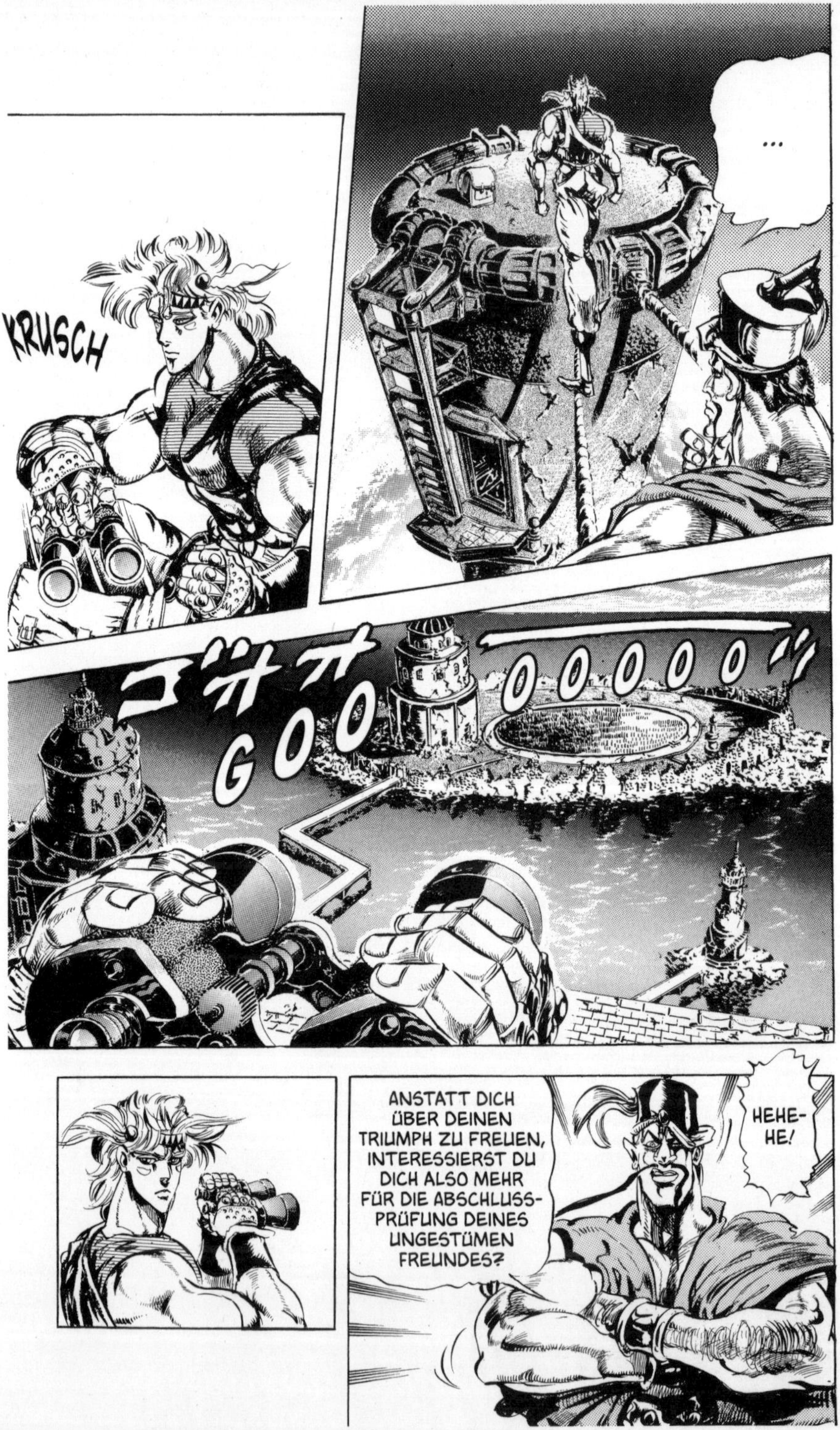

...
KRUSCH
ゴオオ
GOOOOOOOO
HEHE-
HE!
ANSTATT DICH
ÜBER DEINEN
TRIUMPH ZU FREUEN,
INTERESSIERST DU
DICH ALSO MEHR
FÜR DIE ABSCHLUSS-
PRÜFUNG DEINES
UNGESTÜMEN
FREUNDES?

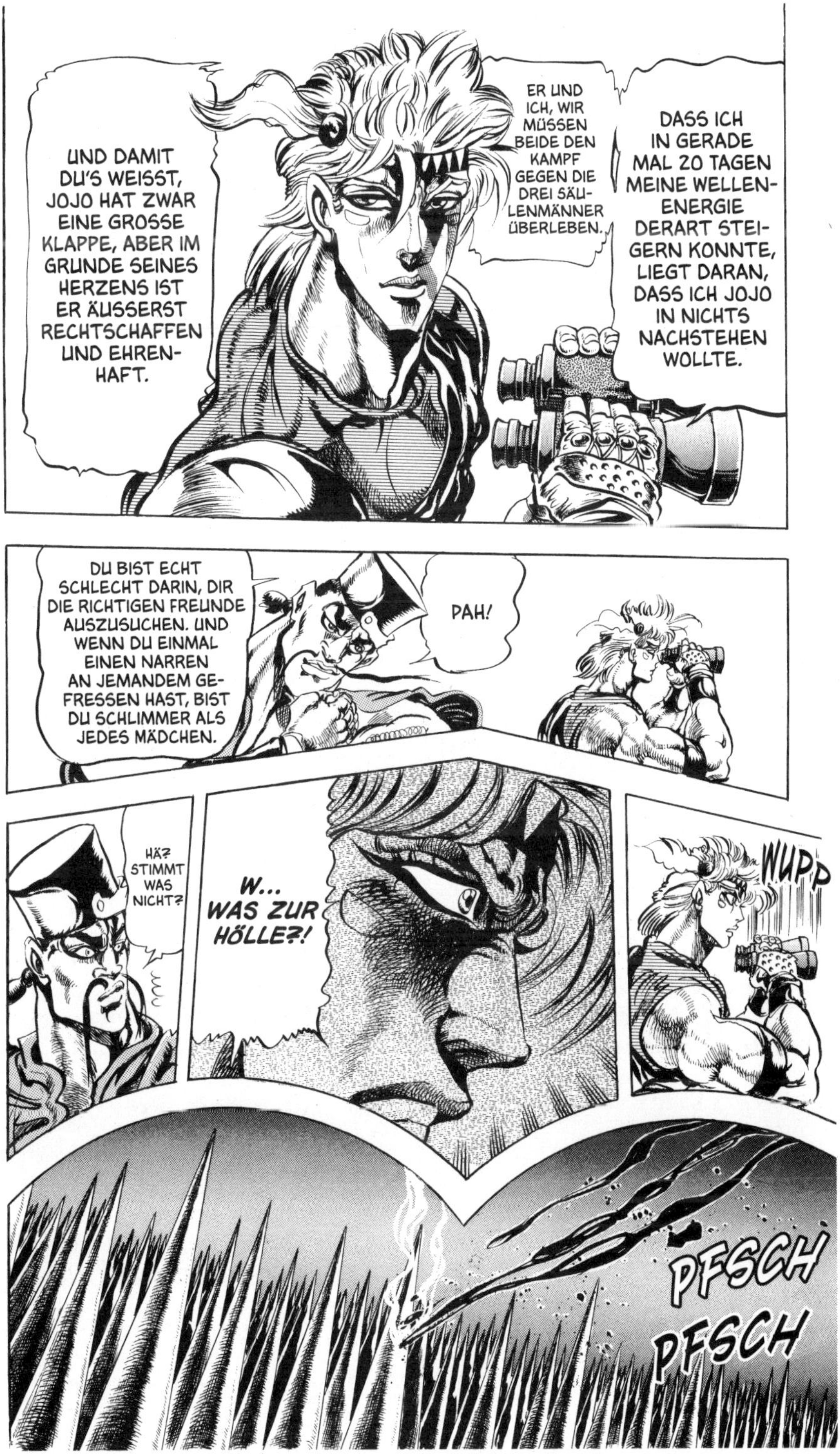
UND DAMIT DU'S WEISST, JOJO HAT ZWAR EINE GROSSE KLAPPE, ABER IM GRUNDE SEINES HERZENS IST ER ÄUSSERST RECHTSCHAFFEN UND EHRENHAFT.
ER UND ICH, WIR MÜSSEN BEIDE DEN KAMPF GEGEN DIE DREI SÄULENMÄNNER ÜBERLEBEN.
DASS ICH IN GERADE MAL 20 TAGEN MEINE WELLENENERGIE DERART STEIGERN KONNTE, LIEGT DARAN, DASS ICH JOJO IN NICHTS NACHSTEHEN WOLLTE.
PAH!
DU BIST ECHT SCHLECHT DARIN, DIR DIE RICHTIGEN FREUNDE AUSZUSUCHEN. UND WENN DU EINMAL EINEN NARREN AN JEMANDEM GEFRESSEN HAST, BIST DU SCHLIMMER ALS JEDES MÄDCHEN.
WUPP
W... WAS ZUR HÖLLE?!
HÄ? STIMMT WAS NICHT?
PFSCH
PFSCH

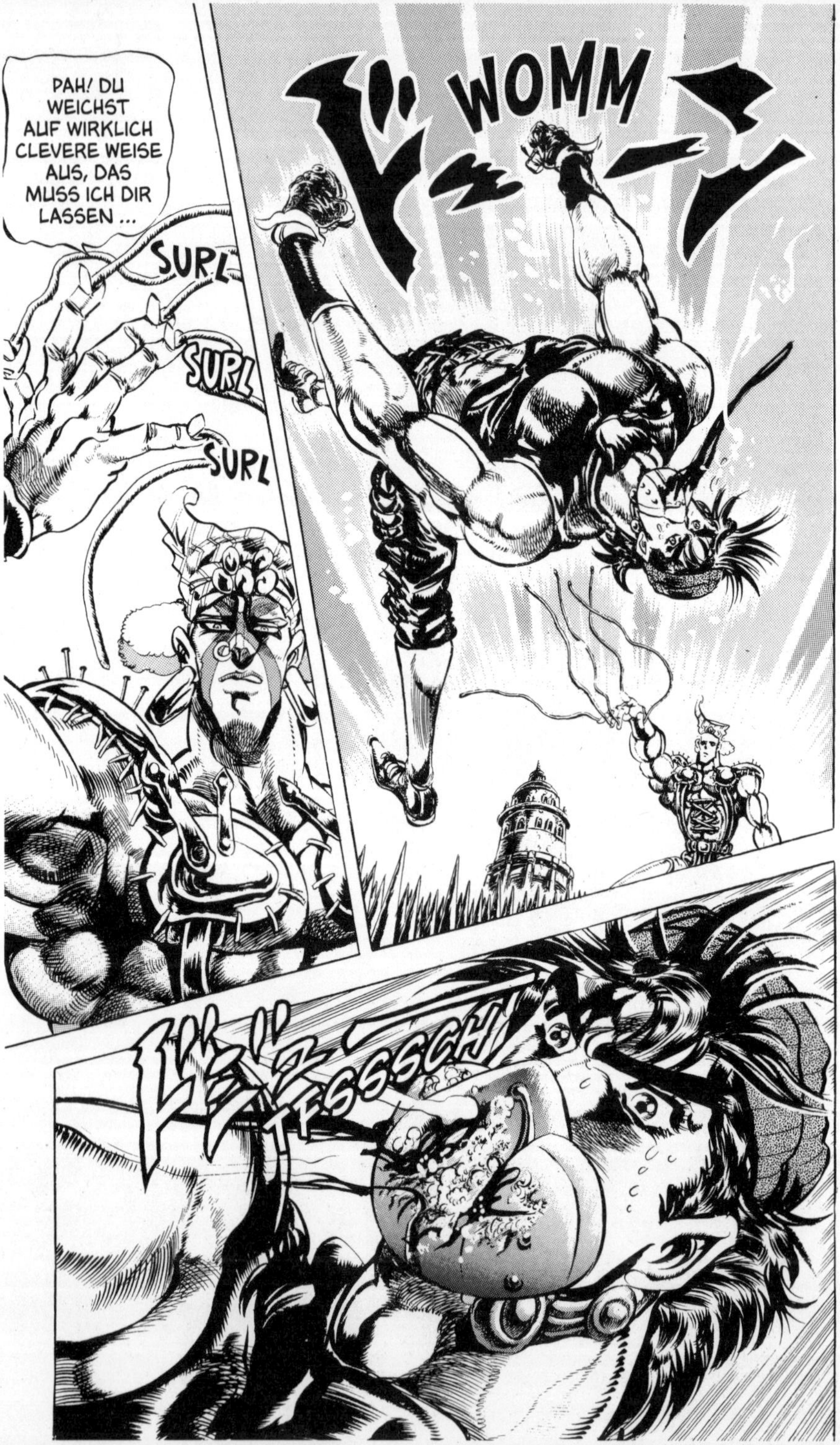
PAH! DU WEICHST AUF WIRKLICH CLEVERE WEISE AUS, DAS MUSS ICH DIR LASSEN ...
SURL
SURL
SURL
WOMM
TFSSSSCH

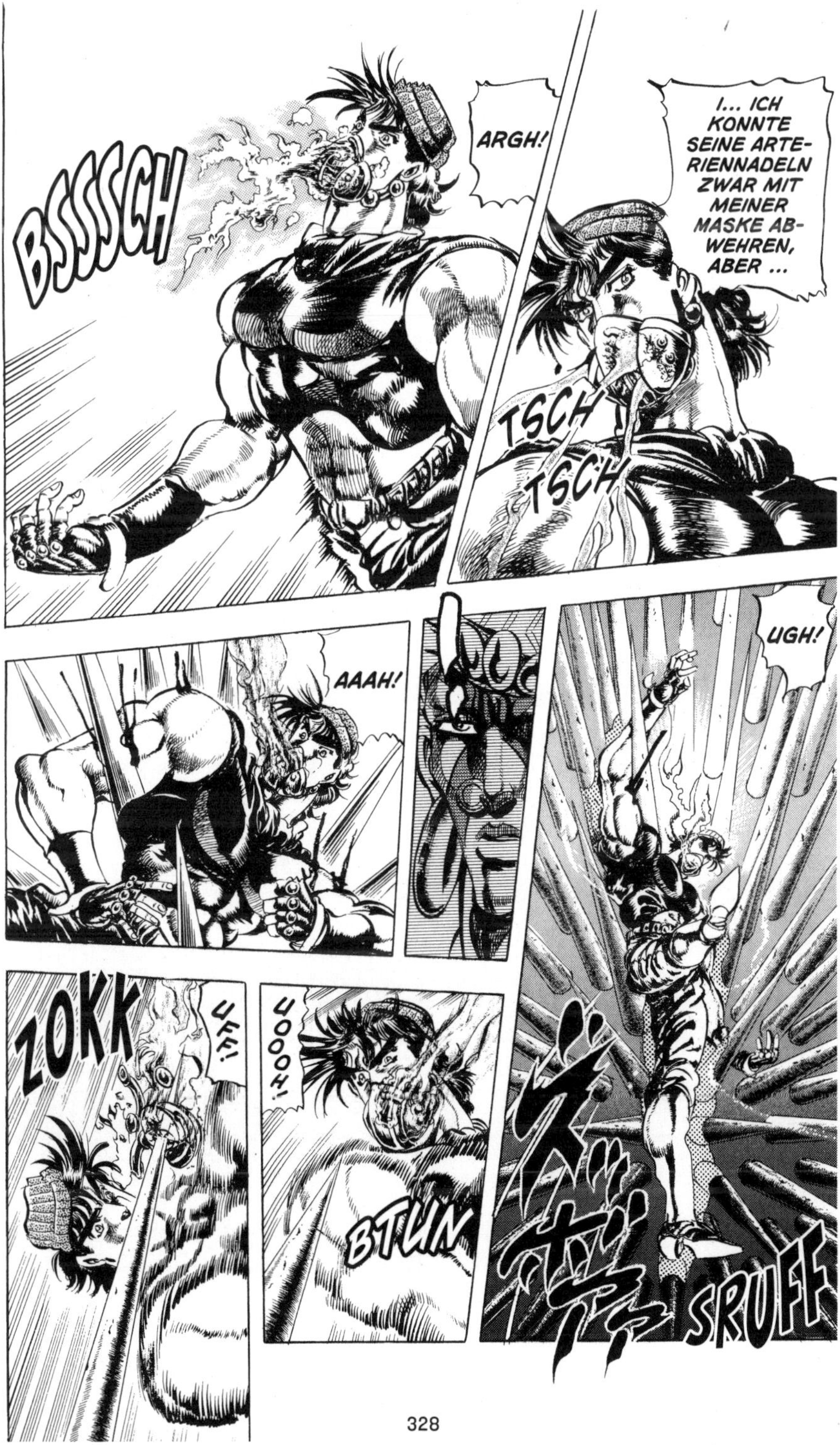
I... ICH KONNTE SEINE ARTERIENNADELN ZWAR MIT MEINER MASKE ABWEHREN, ABER ...
ARGH!
BSSSCH
TSCH
TSCH
UGH!
AAAH!
SRUFF
UOOOH!
BTUN
UFF!
ZOKK

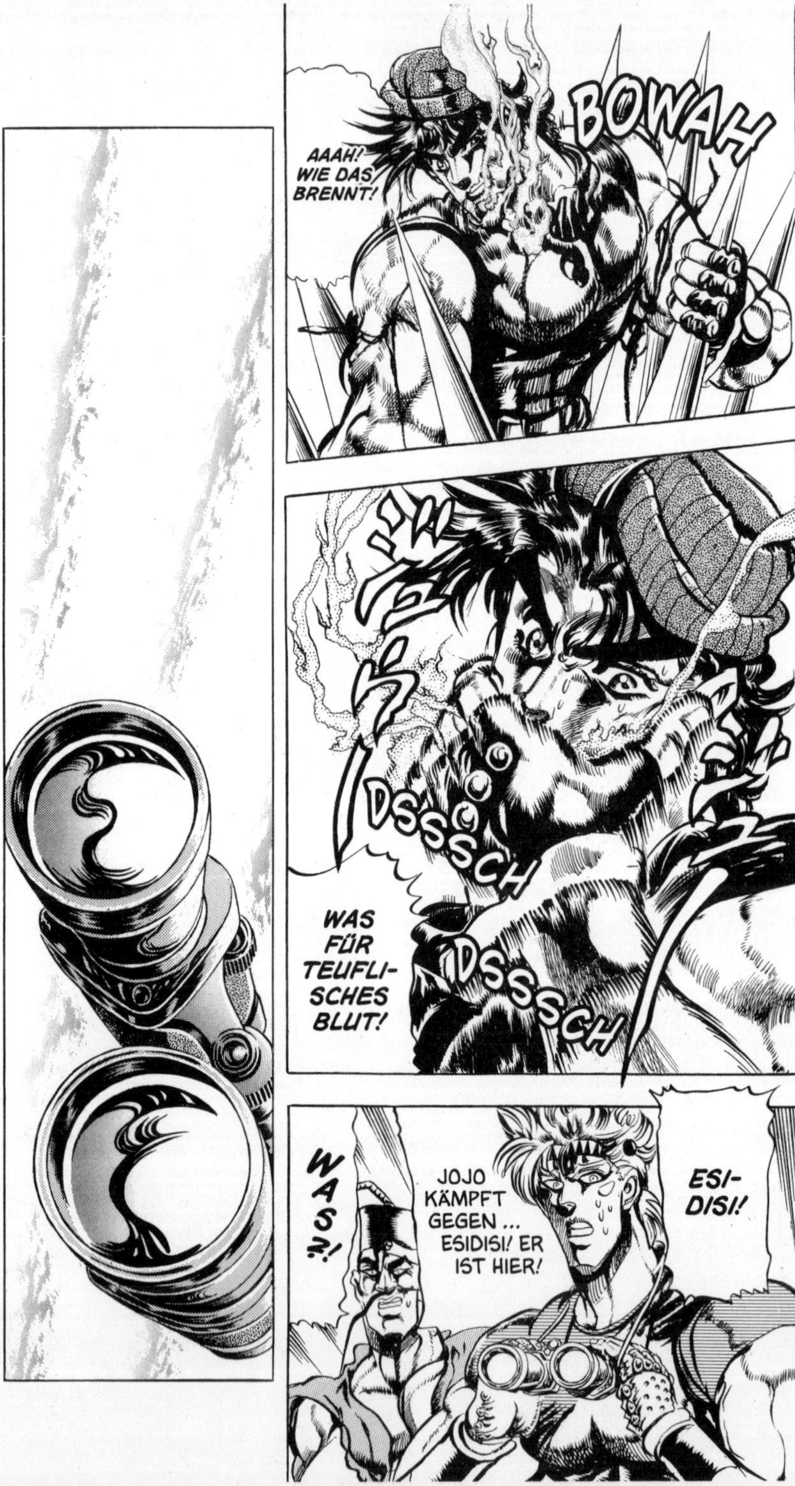
BOWAH
AAAH! WIE DAS BRENNT!
DSSSSCH
WAS FÜR TEUFLI-SCHES BLUT!
DSSSSCH
ESI-DISI!
JOJO KÄMPFT GEGEN ... ESIDISI! ER IST HIER!
WAS?!

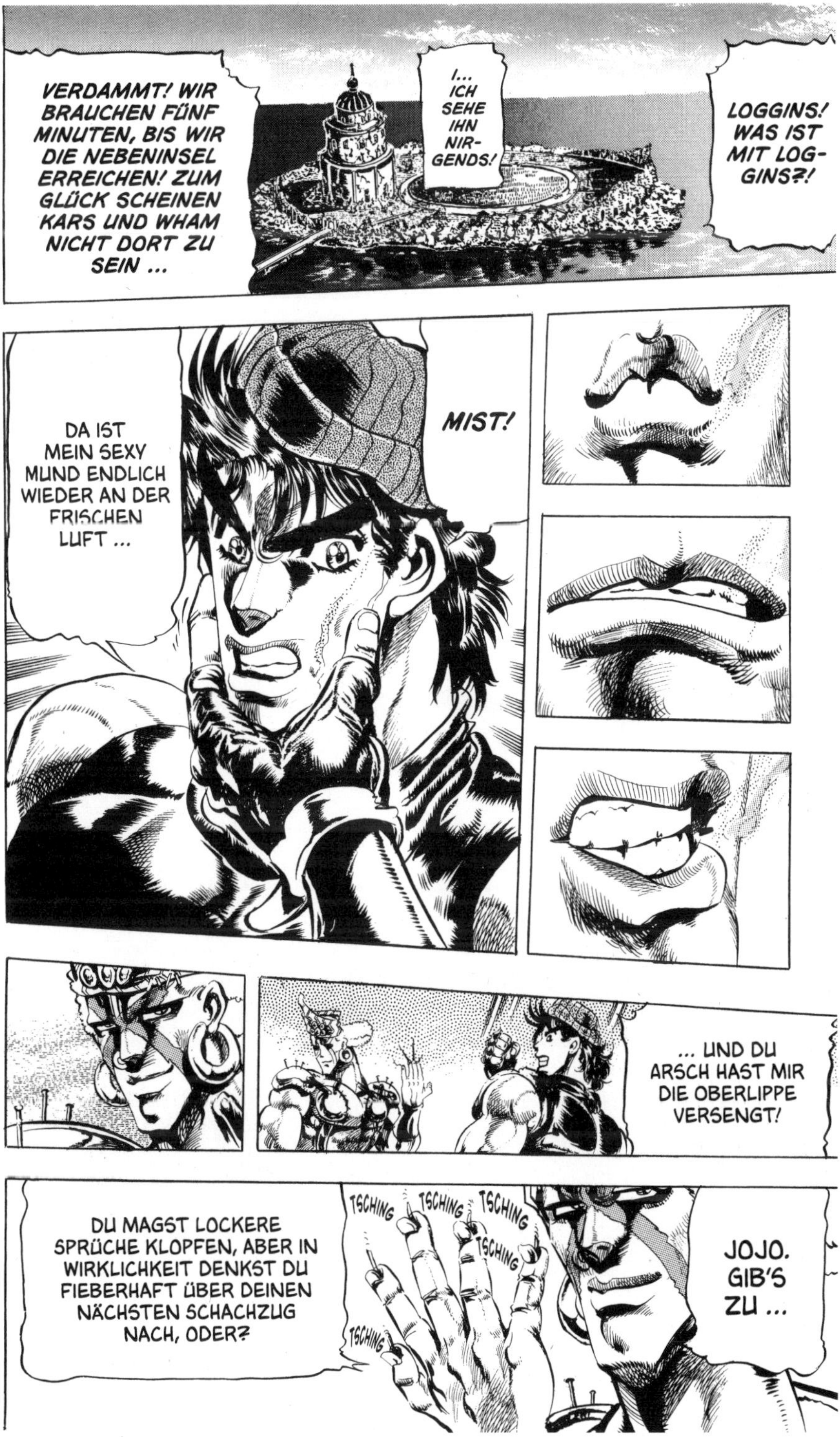
VERDAMMT! WIR BRAUCHEN FÜNF MINUTEN, BIS WIR DIE NEBENINSEL ERREICHEN! ZUM GLÜCK SCHEINEN KARS UND WHAM NICHT DORT ZU SEIN ...
I... ICH SEHE IHN NIR-GENDS!
LOGGINS! WAS IST MIT LOG-GINS?!
DA IST MEIN SEXY MUND ENDLICH WIEDER AN DER FRISCHEN LUFT ...
MIST!
... UND DU ARSCH HAST MIR DIE OBERLIPPE VERSENGT!
DU MAGST LOCKERE SPRÜCHE KLOPFEN, ABER IN WIRKLICHKEIT DENKST DU FIEBERHAFT ÜBER DEINEN NÄCHSTEN SCHACHZUG NACH, ODER?
TSCHING
TSCHING
TSCHING
TSCHING
TSCHING
JOJO. GIB'S ZU ...

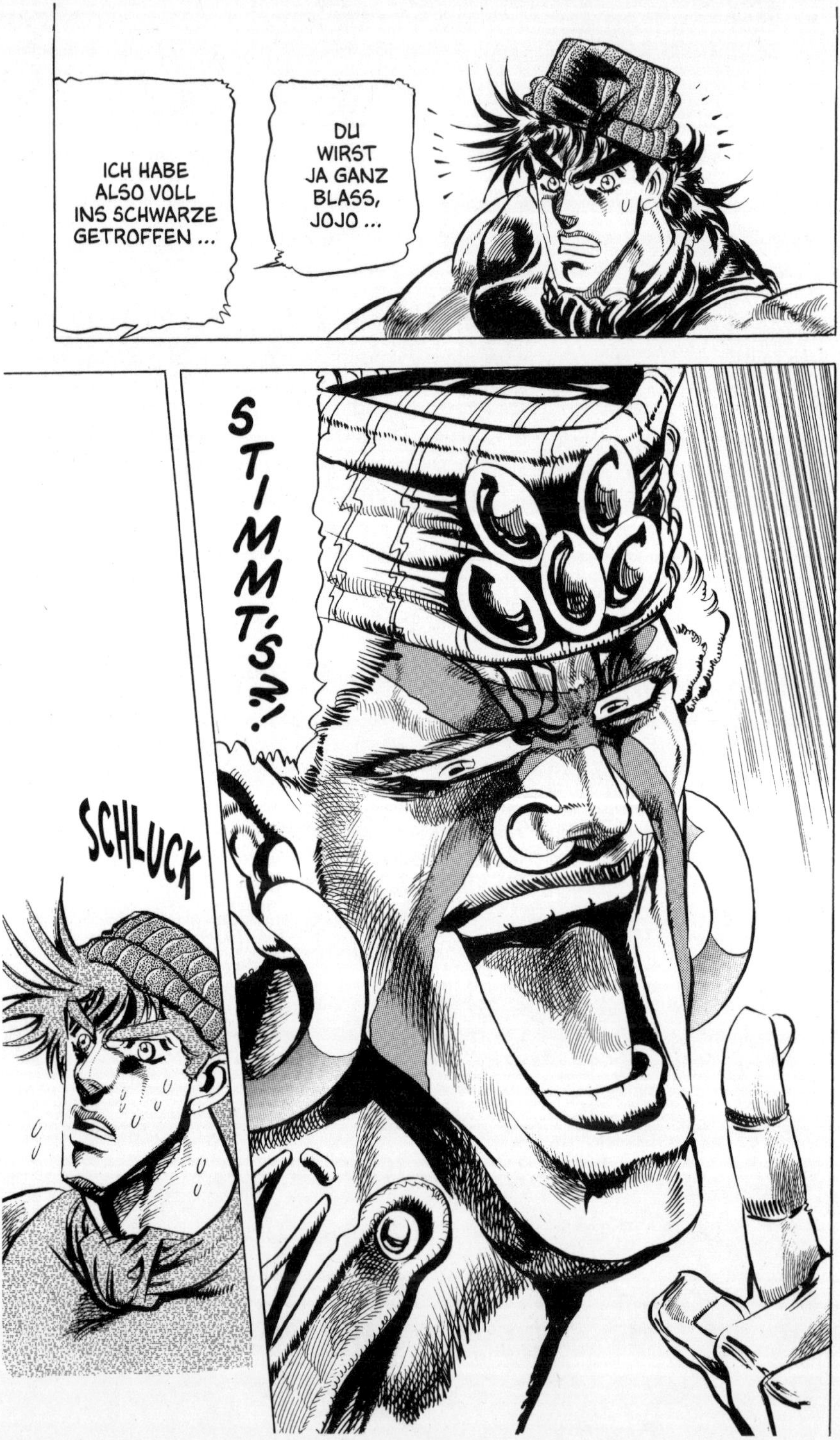
DU WIRST JA GANZ BLASS, JOJO ...
ICH HABE ALSO VOLL INS SCHWARZE GETROFFEN ...
STIMMT'S?!
SCHLUCK

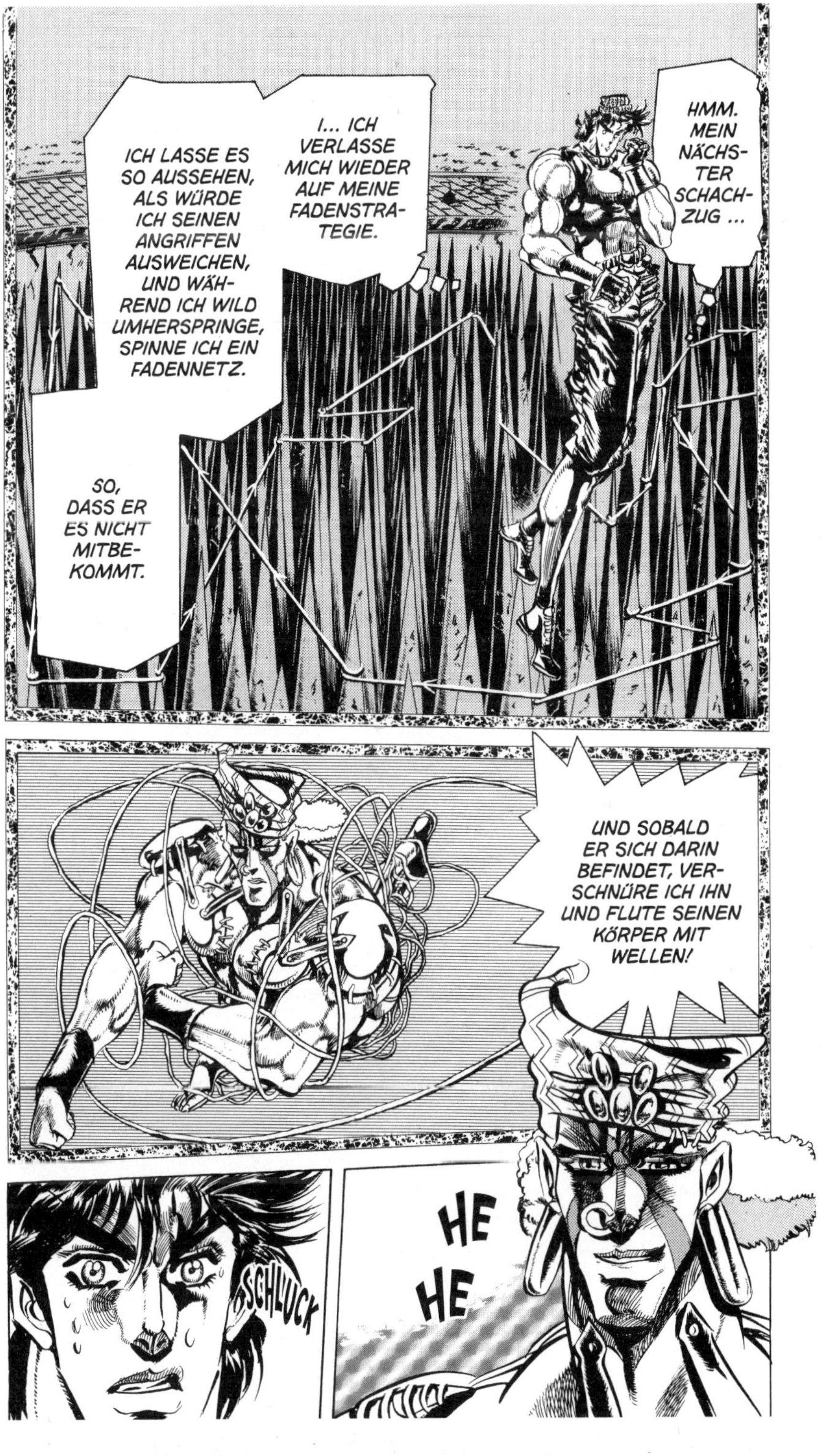
HMM. MEIN NÄCHSTER SCHACHZUG ...
I... ICH VERLASSE MICH WIEDER AUF MEINE FADENSTRATEGIE.
ICH LASSE ES SO AUSSEHEN, ALS WÜRDE ICH SEINEN ANGRIFFEN AUSWEICHEN, UND WÄHREND ICH WILD UMHERSPRINGE, SPINNE ICH EIN FADENNETZ.
SO, DASS ER ES NICHT MITBEKOMMT.
UND SOBALD ER SICH DARIN BEFINDET, VERSCHNÜRE ICH IHN UND FLUTE SEINEN KÖRPER MIT WELLEN!
HE
HE
SCHLUCK

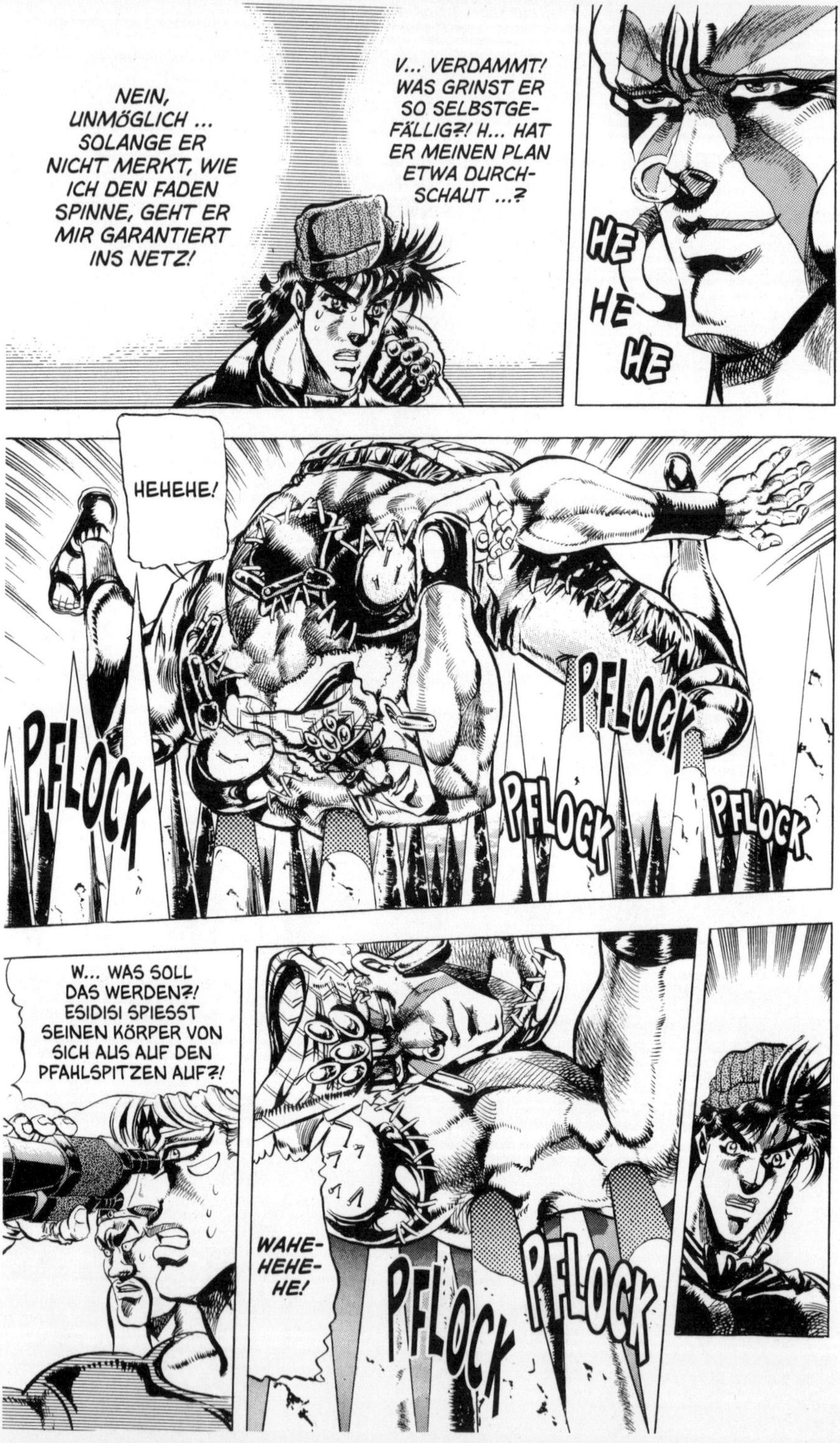
HE
HE
HE
V... VERDAMMT! WAS GRINST ER SO SELBSTGE-FÄLLIG?! H... HAT ER MEINEN PLAN ETWA DURCH-SCHAUT ...?
NEIN, UNMÖGLICH ... SOLANGE ER NICHT MERKT, WIE ICH DEN FADEN SPINNE, GEHT ER MIR GARANTIERT INS NETZ!
HEHEHE!
PFLOCK
PFLOCK
PFLOCK
PFLOCK
PFLOCK
PFLOCK
WAHE-HEHE-HE!
W... WAS SOLL DAS WERDEN?! ESIDISI SPIESST SEINEN KÖRPER VON SICH AUS AUF DEN PFAHLSPITZEN AUF?!

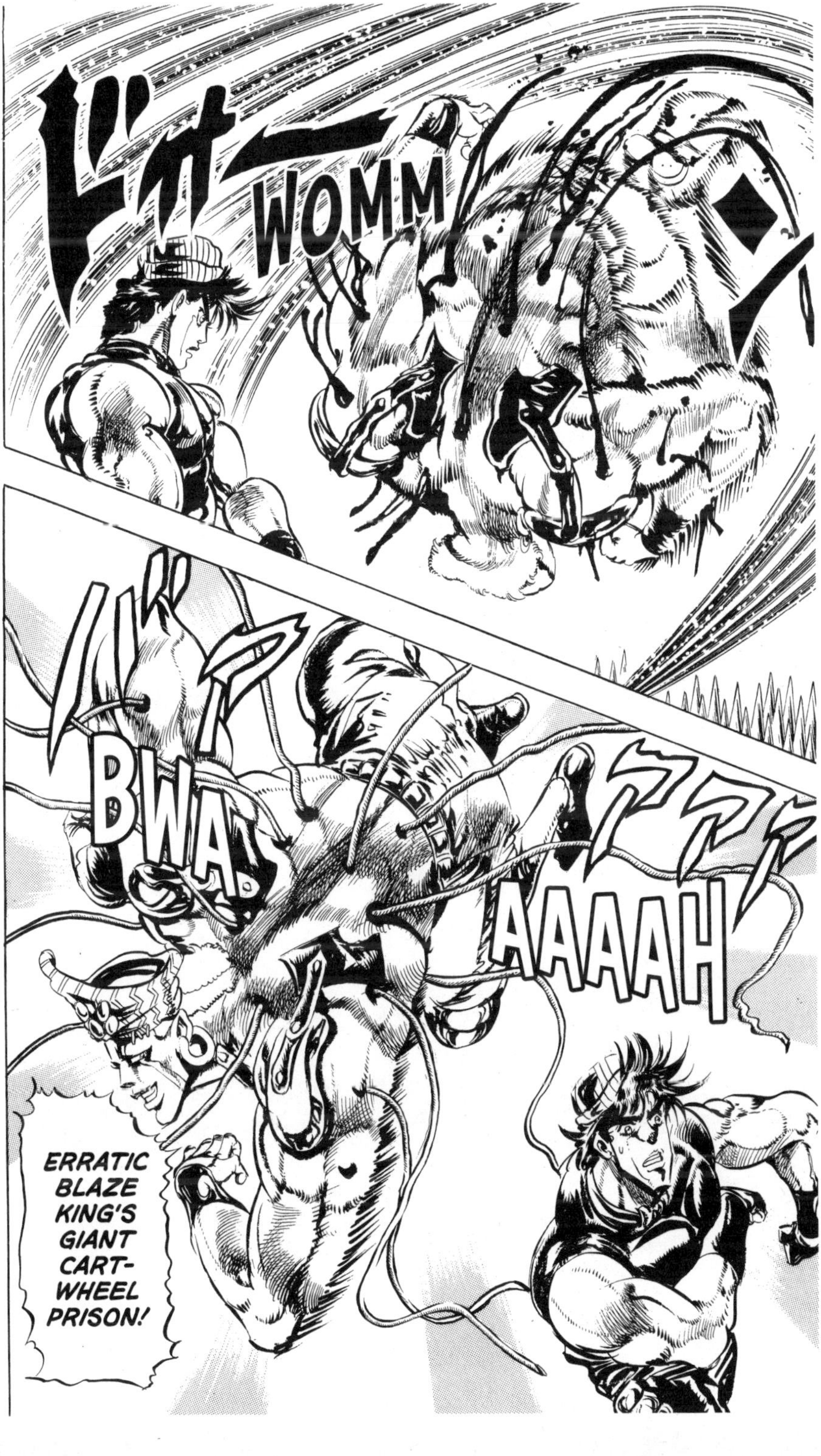
ドガー
WOMM
バババ
BWA
アアア
AAAAH
ERRATIC BLAZE KING'S GIANT CART-WHEEL PRISON!

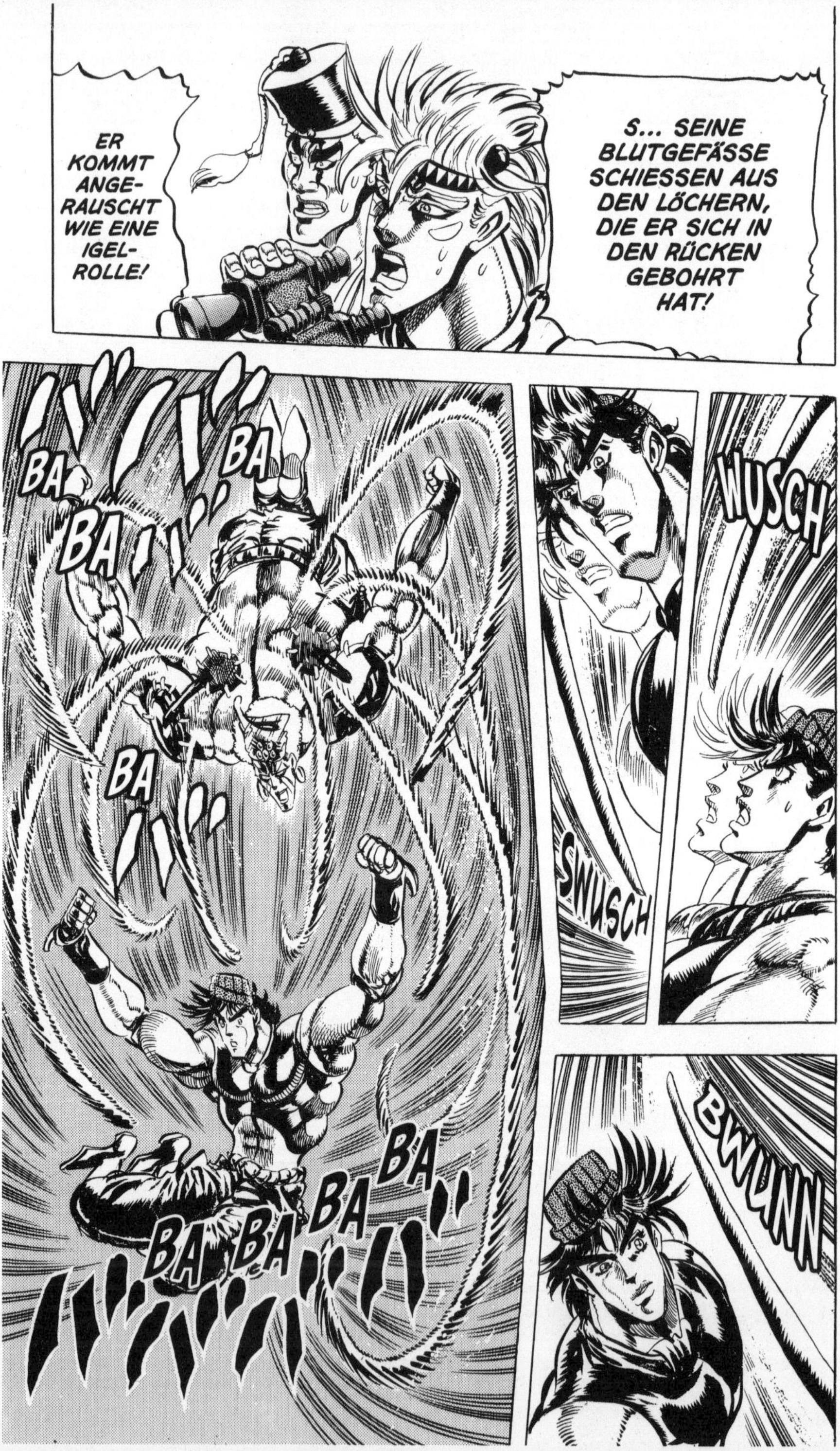
S... SEINE BLUTGEFÄSSE SCHIESSEN AUS DEN LÖCHERN, DIE ER SICH IN DEN RÜCKEN GEBOHRT HAT!
ER KOMMT ANGE-RAUSCHT WIE EINE IGEL-ROLLE!
WUSCH
SNUSCH
BWUNN
BA
BA
BA
BA
BA BA BA BA

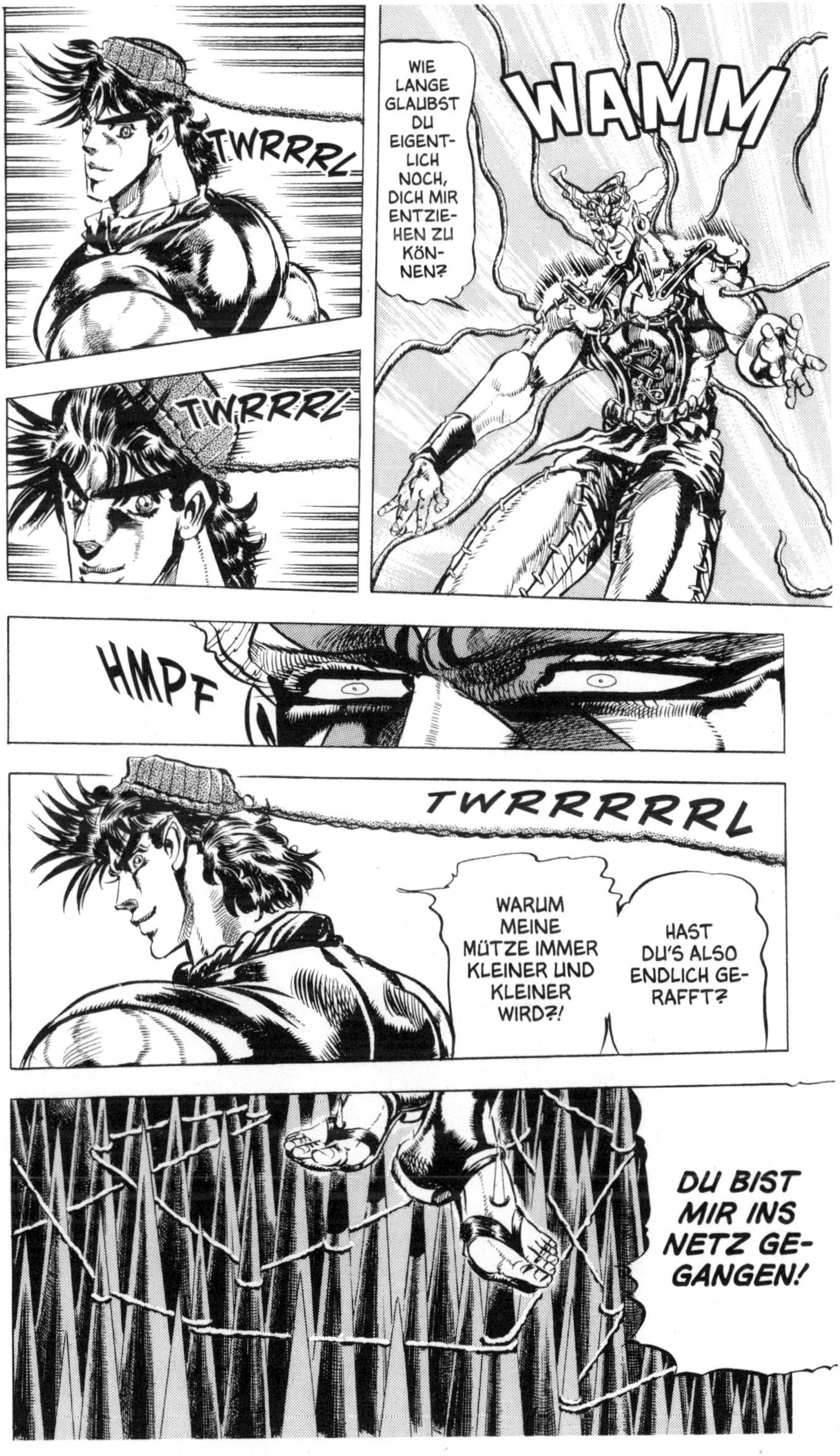
TWRRRL
TWRRRL
WIE LANGE GLAUBST DU EIGENTLICH NOCH, DICH MIR ENTZIEHEN ZU KÖNNEN?
WAMM
HMPF
TWRRRRRRL
HAST DU'S ALSO ENDLICH GERAFFT?
WARUM MEINE MÜTZE IMMER KLEINER UND KLEINER WIRD?!
DU BIST MIR INS NETZ GEGANGEN!

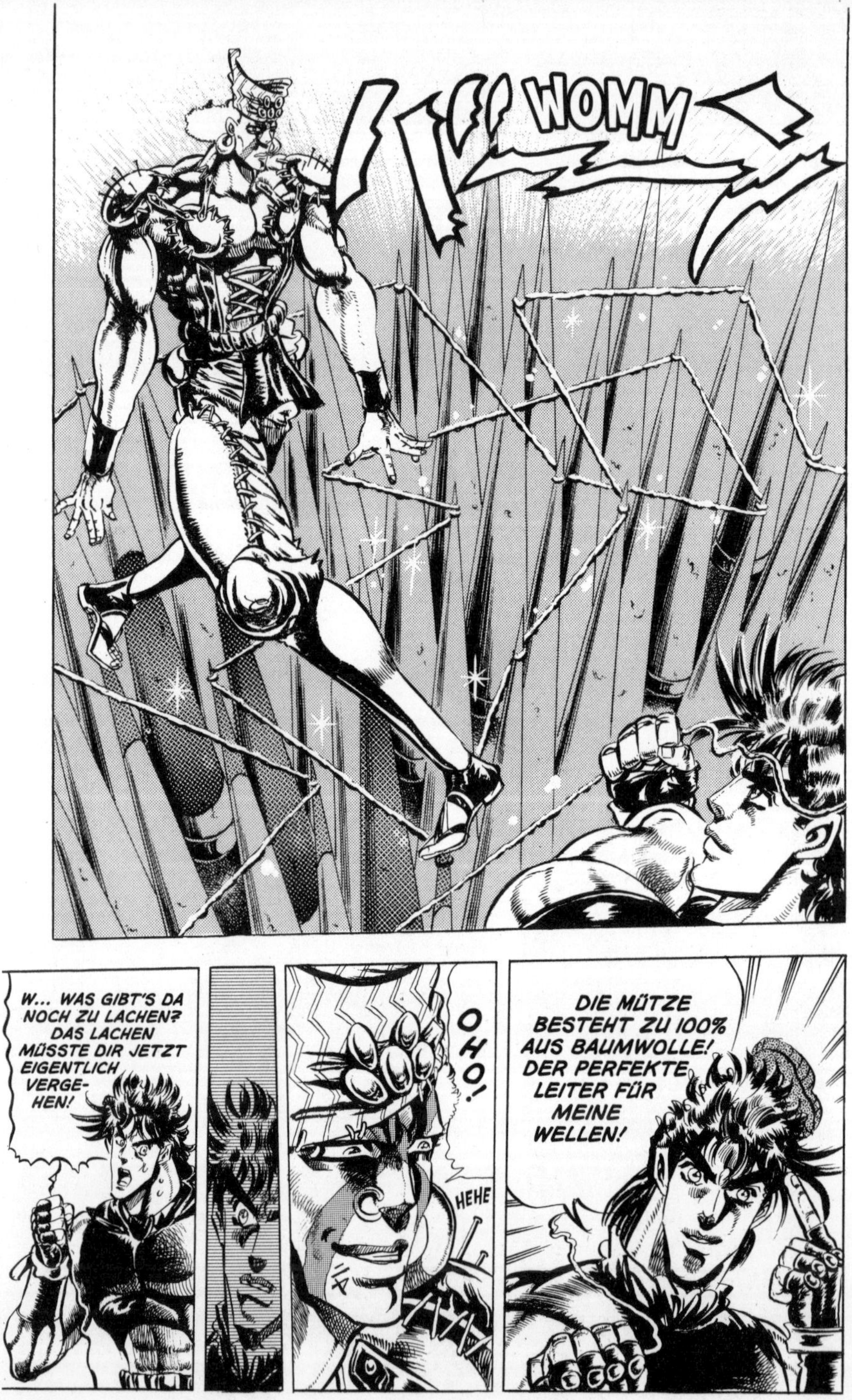
WOMM
W... WAS GIBT'S DA NOCH ZU LACHEN? DAS LACHEN MÜSSTE DIR JETZT EIGENTLICH VERGE-HEN!
OHO!
HEHE
DIE MÜTZE BESTEHT ZU 100% AUS BAUMWOLLE! DER PERFEKTE LEITER FÜR MEINE WELLEN!

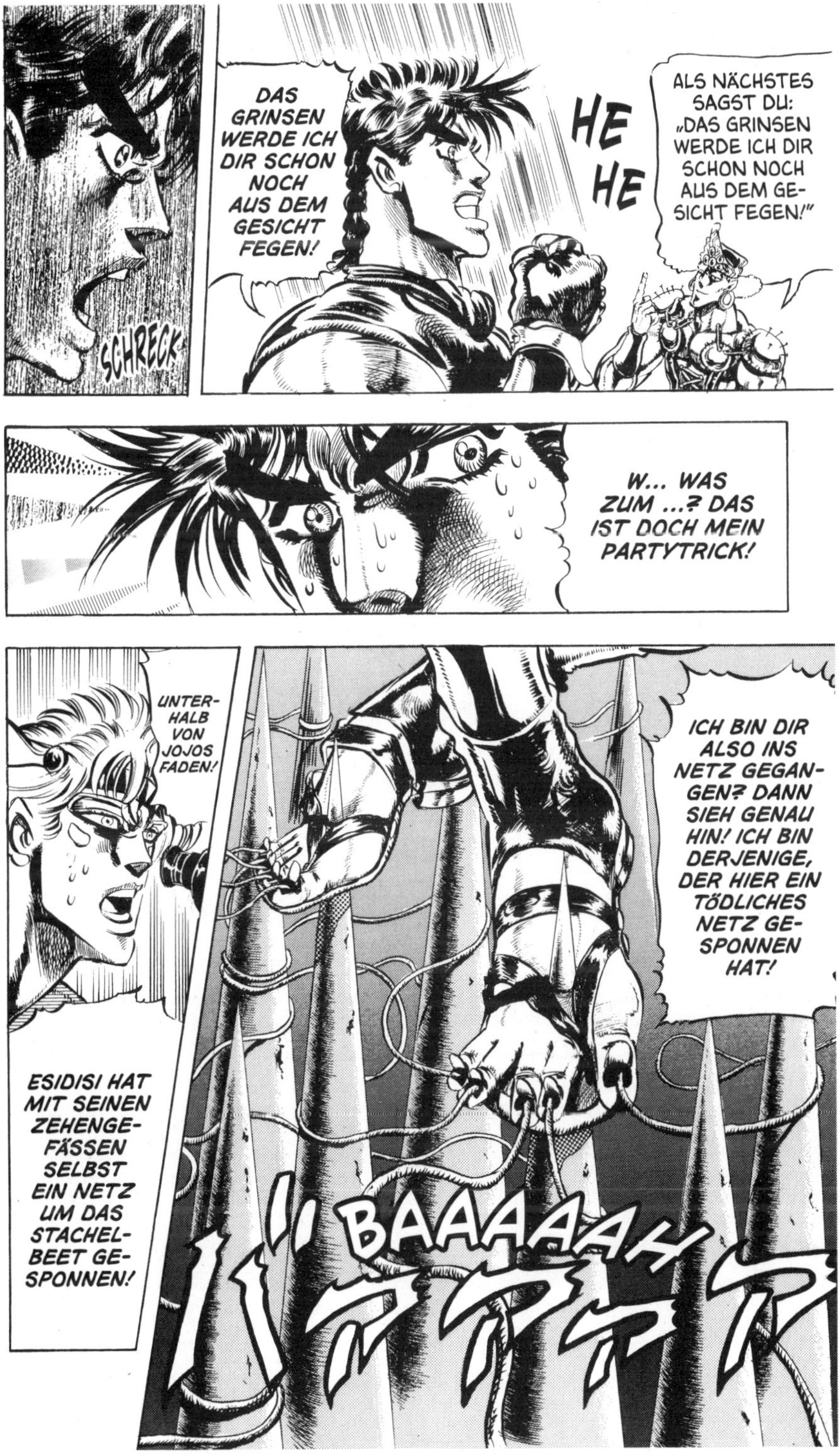
SCHRECK
DAS GRINSEN WERDE ICH DIR SCHON NOCH AUS DEM GESICHT FEGEN!
HE HE
ALS NÄCHSTES SAGST DU: „DAS GRINSEN WERDE ICH DIR SCHON NOCH AUS DEM GESICHT FEGEN!"
W... WAS ZUM ...? DAS IST DOCH MEIN PARTYTRICK!
UNTERHALB VON JOJOS FADEN!
ICH BIN DIR ALSO INS NETZ GEGANGEN? DANN SIEH GENAU HIN! ICH BIN DERJENIGE, DER HIER EIN TÖDLICHES NETZ GESPONNEN HAT!
ESIDISI HAT MIT SEINEN ZEHENGEFÄSSEN SELBST EIN NETZ UM DAS STACHELBEET GESPONNEN!
BAAAAAH

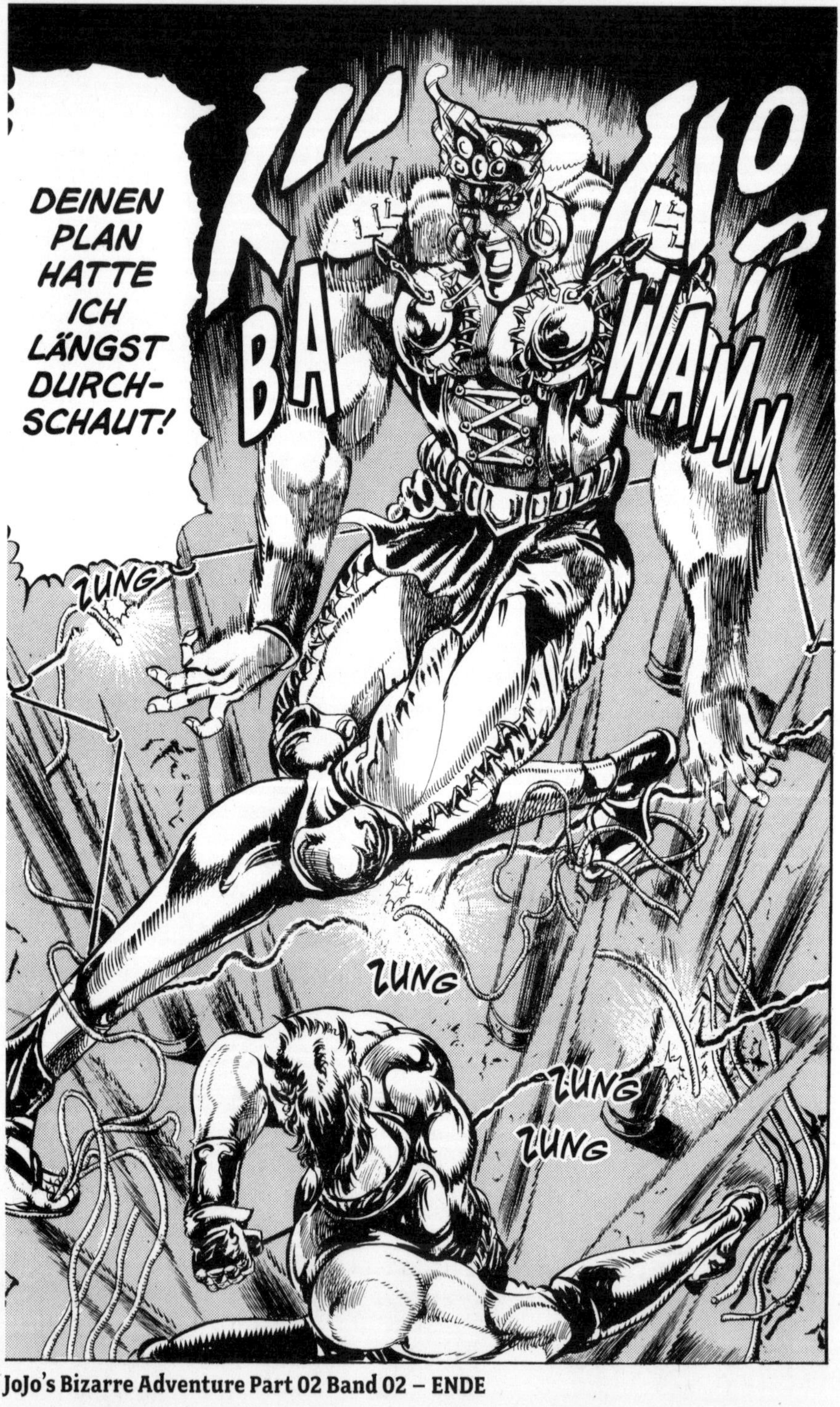

JoJo's Bizarre Adventure Part 02 Band 02 – ENDE

SKETCH
JOJO'S BIZARRE ADVENTURE
PART 2 Battle Tendency

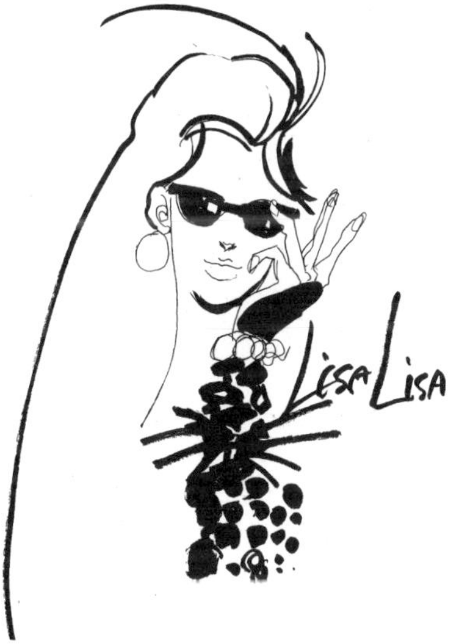

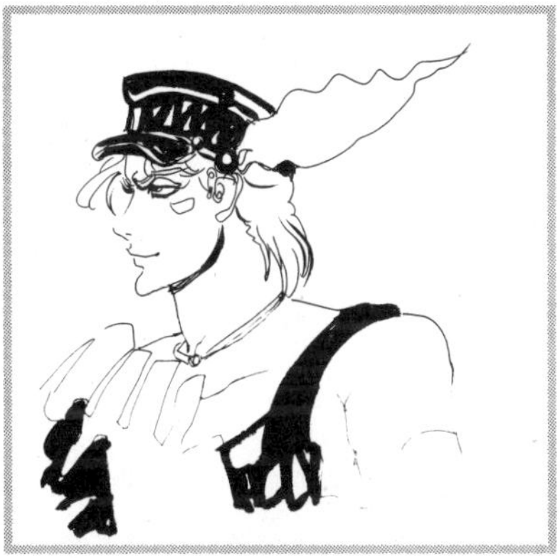

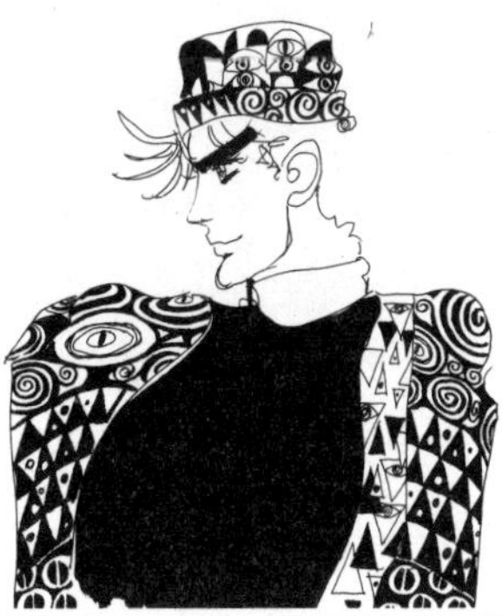

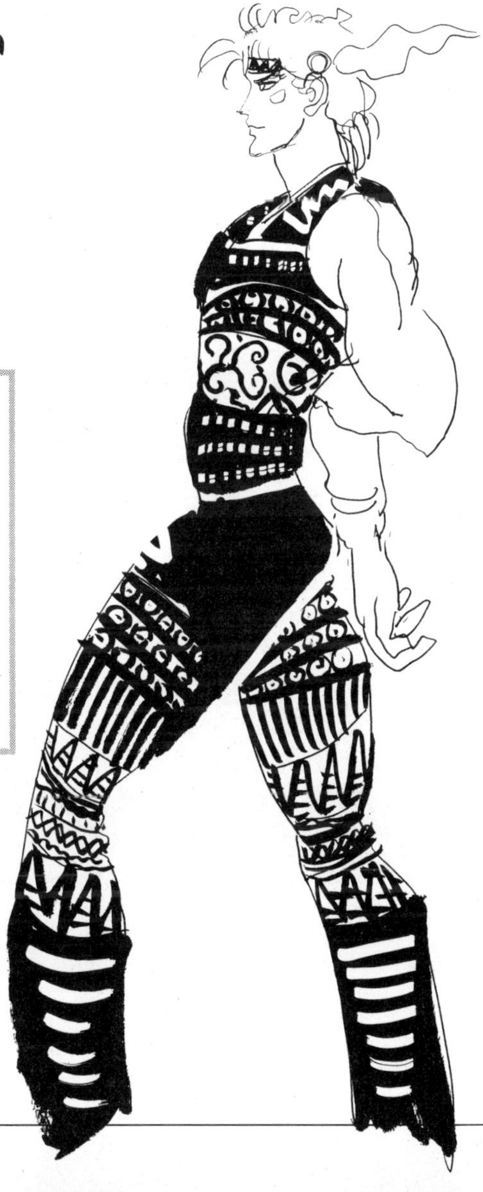

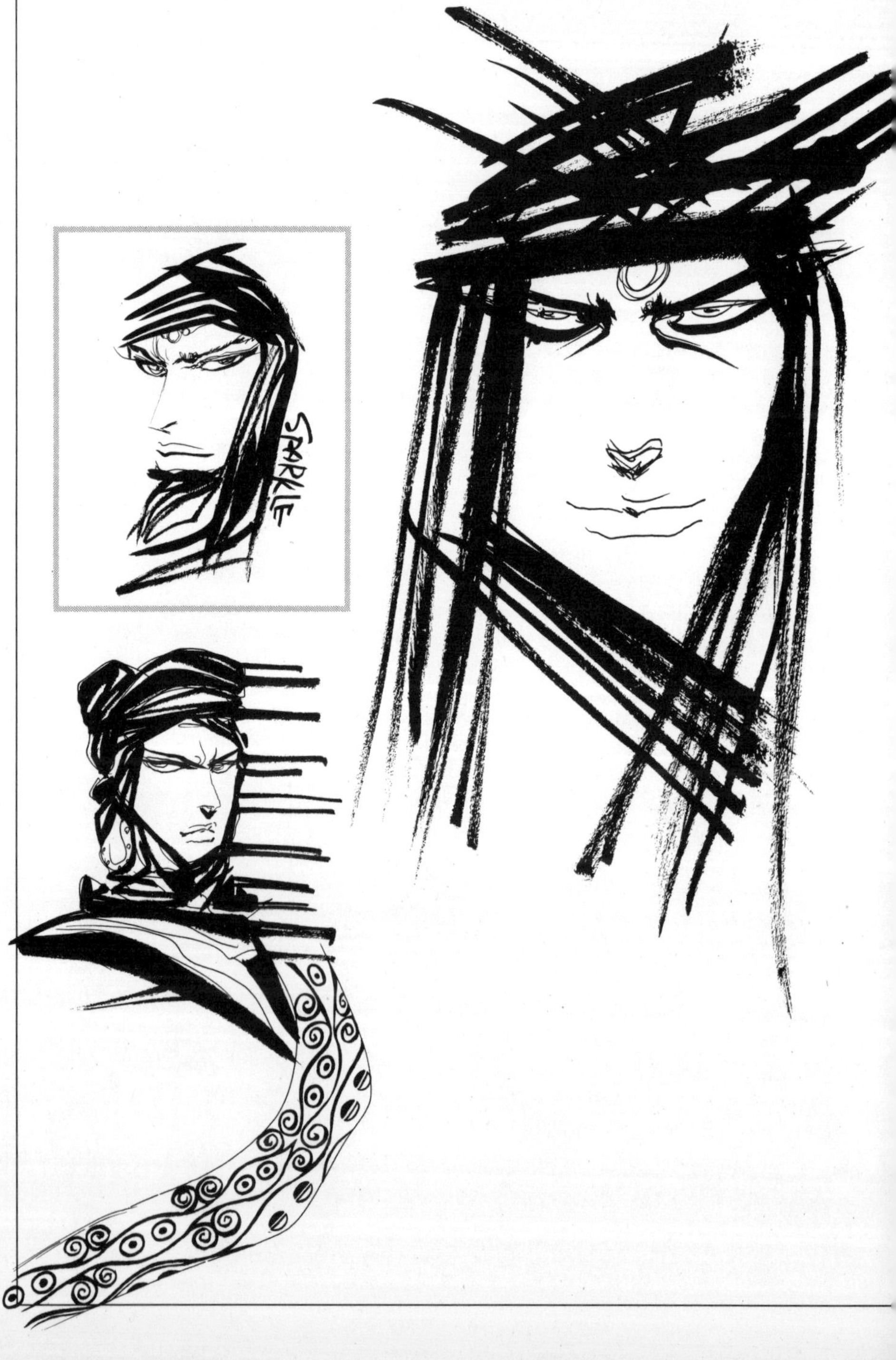

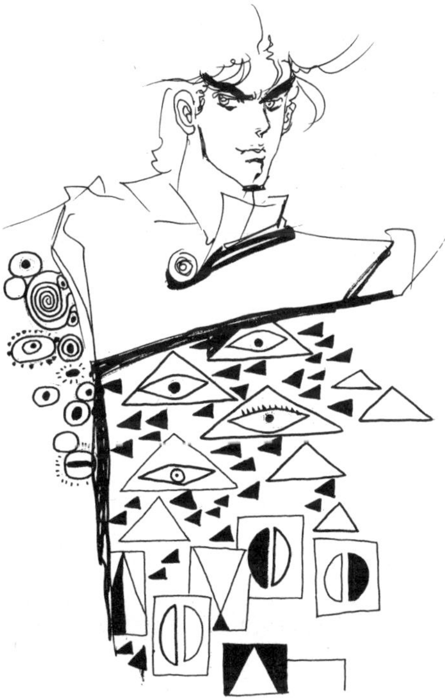
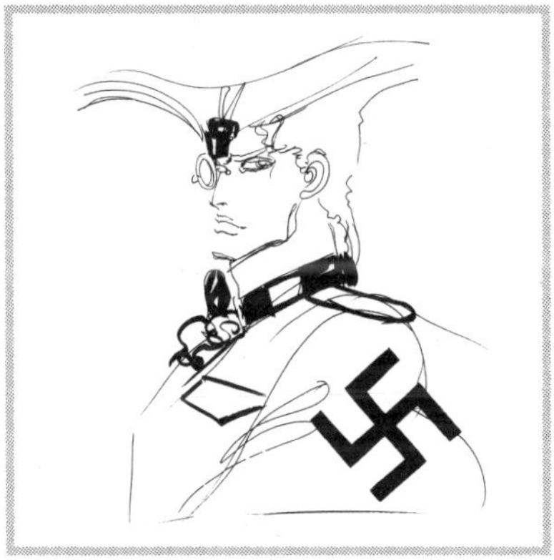
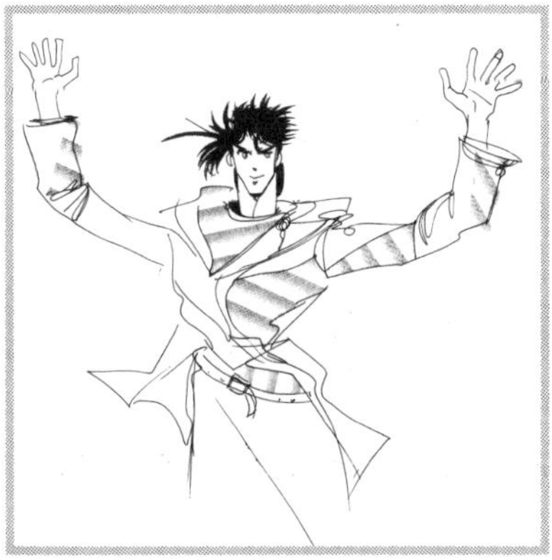
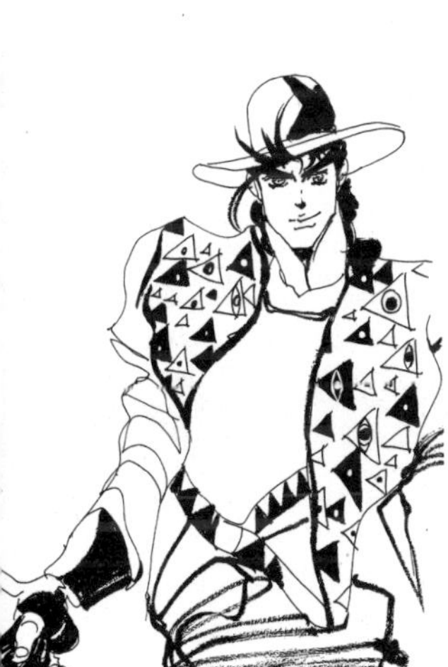
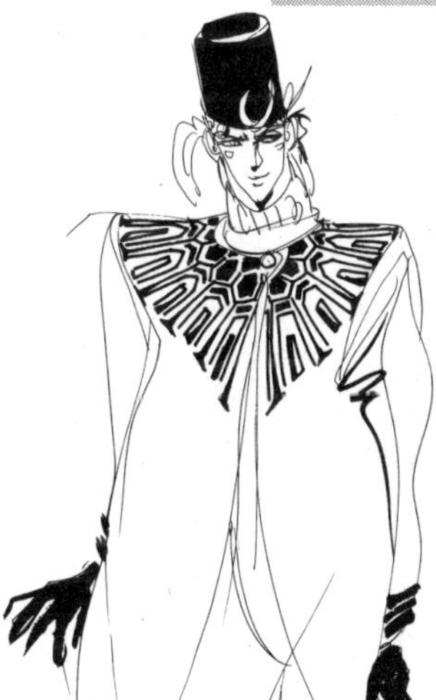
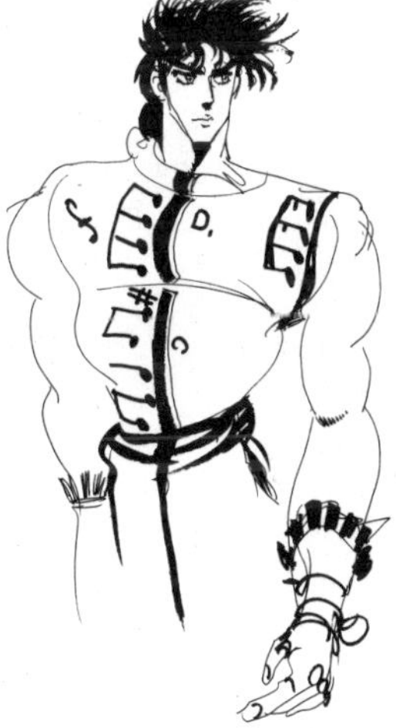

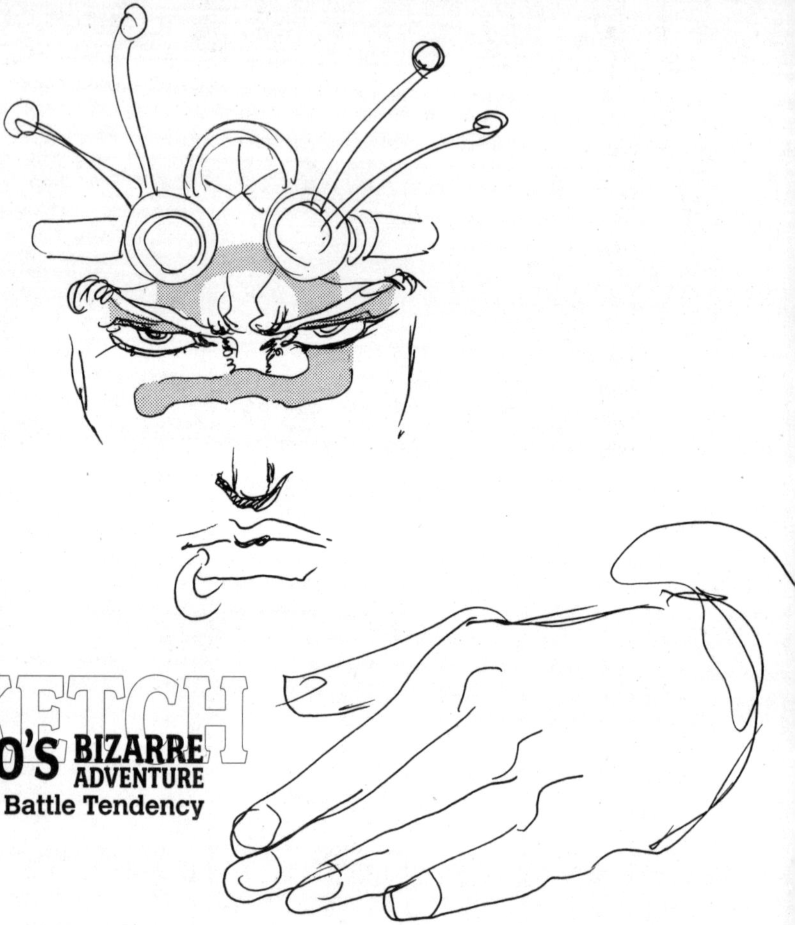

SKETCH

JOJO'S BIZARRE ADVENTURE
PART 2 Battle Tendency

Der Inhalt dieses Bandes
erschien zuerst im Weekly Shonen Jump,
Ausgabe 15 bis Ausgabe 31
des Jahres 1988.

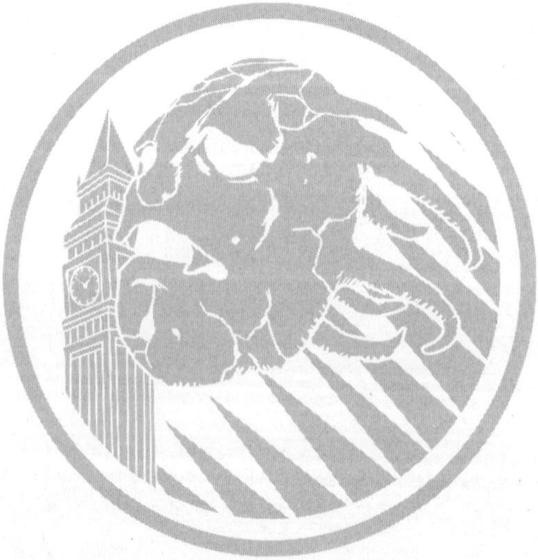

(Dieser Sammelband wurde vom Verlag Shueisha unter dem Label Jump Comics ursprünglich in drei Einzelbänden im Dezember 1988 und im Februar und April 1989 publiziert.)

STOPP! DIES IST DIE LETZTE SEITE!

JOJO'S BIZARRE ADVENTURE ist ein Manga, und einen japanischen Comic liest man von hinten nach vorne. Auch die Lesereihenfolge der Bilder und Sprechblasen auf den Seiten ist anders als gewohnt: von rechts oben nach links unten.

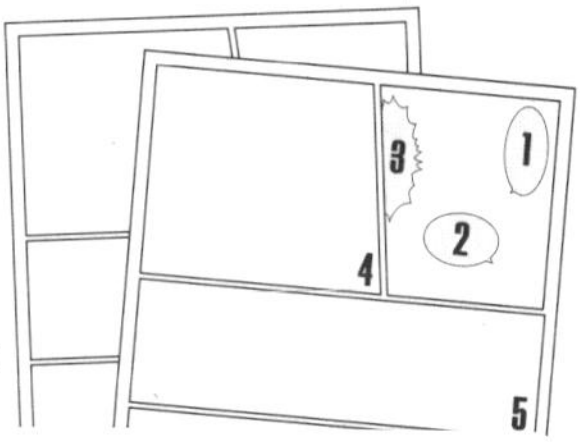

AF645563

JOJO'S BIZARRE ADVENTURE PART 2
BATTLE TENDENCY 02

von
Hirohiko Araki

1. Auflage, 2022
Deutsche Ausgabe/German Edition

Aus dem Japanischen von Josef Shanel

Programmleitung: Alexandra Grimsehl
Redaktion: Alexandra Grimsehl
Lektorat: Anna Franziska Horne
Korrektorat: Beatrice Tavares
Layout und Lettering: Manga Cult, Datagrafix GSP GmbH, Berlin
Original Cover Design: Editorial Ivrea+Javier Heredia
Druck: GGP Media GmbH, Poessneck

Print-ISBN: 978-3-96433-399-5

www.manga-cult.de | April 2022